全国各类高等院校食品加工工艺专业"十三五"规划与创新系列教材

# 食品物流学基础

主 编 和东芹

中国商业出版社

图书在版编目(CIP)数据

食品物流学基础/和东芹主编.——北京:中国商业出版社,2019
ISBN 978-7-5208-0780-7

Ⅰ.①食… Ⅱ.①和… Ⅲ.①食品工业-物流管理 Ⅳ.①F407.826.5

中国版本图书馆 CIP 数据核字(2019)第 110513 号

责任编辑:蔡 凯

中国商业出版社出版发行
010-63180647　www.c-cbook.com
(100053　北京广安门内报国寺1号)
新华书店经销
北京京丰印刷厂印刷

\*

787×1092 毫米　1/16 开　25.5 印张　450 千字
2019 年 8 月第 1 版　2019 年 9 月第 1 次印刷
定价:68.00 元

\* \* \* \*
(如有印装质量问题可更换)

# 前　言

　　食品是人类赖以生存的最基本的物质条件。食品的消费水平是衡量一个国家文明程度和生活质量的重要标志。食品工业是我国第一大支柱产业，随着食品工业的持续发展，食品行业对物流的需求越来越大，并随着人们生活水平的提高，对食品品质要求也越来越高，不仅要求食品的新鲜，还要求种类多样、配送及时。但我国目前食品行业现有的硬件和软件设备还不能满足人们"多品种、少数量"的消费模式。由于我国目前物流技术的落后，仅水果、蔬菜等农产品在采摘、运输、储存等物流环节上损失率就达25%～30%。因此，发展和完善我国的食品物流业，不仅能满足人们对食品的多样化和快捷化要求，而且能保证食品安全、提高食品企业的规模效益。

　　"食品物流学"既是食品科学的一个分支，同时又是物流和管理学的一个分支，本书集学术性、理论性、应用性于一体，较为深入、系统地探讨了食品采购、食品供应链管理、食品销售及其管理等方面的理论和技术应用。

　　由于食品的特殊性，食品物流较其他商品物流显得尤其重要。食品物流是食品从供应地向接收地的实体流动过程，即根据实际需要，将食品运输、储存、装卸、搬运、包装、流通加工、配送、信息处理等基本功能实现有机结合的过程。由于食品自身的要求，食品物流与其他商品物流相比，具有高度的专业性，食品物流对产品前置期有严格标准要求；不同品种的果蔬不能混装、水产品鲜货与冻货不能混装、生熟食品不能混装等。这些都给食品物流各环节的科学管理及设施设备提出了更高的要求。本书分章节讲述以下方面的知识和内容：物流科学的发展史、物流信息技术、食品物流系统、食品供应链模式、食品采购与库存控制、食品运输和配送、食品安全销售及售后服务，食品安全可追溯系统，物流机械与设备。通过对本书的学习，读者能够系统掌握食品物流学的知识，具备食品物流各环节的操作和管理能力，成为食品物流行业的高级专业人才。

　　本书是由邯郸职业技术学院、河北农业大学、河北工程大学等高校联合编写。该书各章编写分工为：绪论，和东芹；第一章，杜坤；第二章、第三章、第四章，和东芹；第五章，杨林华；第六章，赵赟、赵芳；第七章，李志民、赵芳；

第八章，郭亚辉。河北农业大学食品学院王颉教授对全书进行了审定。同时，本教材作为河北省教改课题"高校教师培训的理论研究"的成果。

本书适用于高等职业院校、高等院校食品科学与工程专业的教学用书，也可以作为食品行业相关人员参考用书。

由于本书涉及食品和物流两大行业，作者水平有限，加之编写时间紧迫，作者分居各地，书中疏漏和不当之处在所难免，祈盼诸位同人和读者指正。

编者

2019 年 8 月

# 目 录

绪 论 ································································································· (1)

## 第一章 物流学概述 ········································································· (9)
第一节 物流科学发展史 ································································ (10)
第二节 现代物流的发展动态 ························································· (24)
【本章小结】 ············································································· (42)
【复习思考题】 ·········································································· (43)
[案例1]麦当劳的第三方物流案例分析 ············································ (44)

## 第二章 现代物流信息技术与管理技术 ················································· (47)
第一节 物流信息技术概述 ···························································· (48)
第二节 物流信息技术的分类 ························································· (55)
第三节 现代化物流管理技术 ························································· (74)
【本章小结】 ············································································· (87)
【复习思考题】 ·········································································· (88)
[案例2] 沃尔玛的信息技术实践对供应链效率的促进 ·························· (89)
[案例3] EDI铸造联华超市"生命链" ············································· (91)

## 第三章 食品物流系统和供应链管理 ····················································· (93)
第一节 物流系统的概述 ······························································· (94)
第二节 食品物流系统及其功能要素 ··············································· (105)
第三节 食品供应链管理 ······························································ (113)
第四节 食品冷链物流系统 ··························································· (131)
【本章小结】 ············································································ (149)

【复习思考题】……………………………………………………………………(149)
　　[案例4]双汇：供应链管理带来高速发展 ……………………………………(150)
　　[案例5]乳制品的冷链物流 ……………………………………………………(151)

## 第四章　食品安全采购与库存控制 ……………………………………………(153)
　　第一节　食品采购概述 …………………………………………………………(154)
　　第二节　食品采购中的安全防范措施 …………………………………………(169)
　　第三节　食品安全采购控制 ……………………………………………………(177)
　　第四节　食品的库存控制 ………………………………………………………(184)
　　【本章小结】………………………………………………………………………(193)
　　【复习思考题】……………………………………………………………………(193)
　　[案例6]沃尔玛的八大采购策略 ………………………………………………(194)
　　[案例7]本田与其供应商的伙伴型合作关系 …………………………………(195)

## 第五章　食品的运输与配送管理 ………………………………………………(197)
　　第一节　食品运输及其功能 ……………………………………………………(198)
　　第二节　食品运输的要求 ………………………………………………………(210)
　　第三节　食品的安全配送管理 …………………………………………………(231)
　　【本章小结】………………………………………………………………………(257)
　　【复习思考题】……………………………………………………………………(258)
　　[案例8]联华生鲜食品加工配送中心 …………………………………………(260)
　　[案例9]蒙牛奶的物流运输 ……………………………………………………(263)

## 第六章　食品安全销售管理及召回制度 ………………………………………(265)
　　第一节　食品安全销售管理 ……………………………………………………(266)
　　第二节　食品召回制度 …………………………………………………………(290)
　　【本章小结】………………………………………………………………………(303)
　　【复习思考题】……………………………………………………………………(304)
　　[案例10]美国最大规模鸡蛋召回事件 …………………………………………(304)
　　[案例11]雀巢碘超标事件 ………………………………………………………(305)

## 第七章　食品可追溯系统 …………………………………………………………(307)
　　第一节　食品可追溯系统概述 …………………………………………………(308)

第二节　信息技术在食品可追溯系统中的应用……………………（319）
　　【本章小结】………………………………………………………（334）
　　【复习思考题】……………………………………………………（334）
　　［案例12］都乐公司的生鲜农产品追溯………………………………（335）

# 第八章　物流机械与设备……………………………………………（338）
　　第一节　物流机械与设备概述……………………………………（339）
　　第二节　物流机械的分类…………………………………………（348）
　　【本章小结】………………………………………………………（393）
　　【复习思考题】……………………………………………………（393）
　　［案例13］海尔国际物流中心设备的配置与运用……………………（395）

# 主要参考文献……………………………………………………………（399）

# 绪　论

俗语说民以食为天，食品安全是关乎社会和谐、国家稳定的政治问题。"十三五"规划建议更是将食品安全问题提到国家战略高度，提出"实施食品安全战略，形成严密高效、社会共治的食品安全治理体系，让人民群众吃得放心。2016年作为"十三五"规划开局之年，在中央1号文件中，再次强调实施食品安全国家战略，足以凸显食品安全的重要性，也突出了食品安全要立足"三农"、从源头治理的理念。食品安全涉及种植、养殖、生产、加工、储藏、运输、销售等多个环节以及农业、食品加工等多个行业和部门监管，食品物流安全管理现状远不能满足人民日益增长对美好生活的需求。

在21世纪的今天，外部市场环境变幻莫测，消费者的消费行为日益个性化，食品物流行业正面临如下两方面的难题。

第一，随着生活水平的不断提高，人们对食品消费提出了新的要求。不仅要求产品新鲜，还要求安全无污染；不仅要求种类多样，还要求配送及时。但食品的营养性、期限性决定其物流半径和物流环境条件，要求食品供应链的实物流、信息流更加畅通。食品作为一种快速消费品，数量多、成本低、附加值低，更加要求供应链高效性，以降低成本提高效益。

第二，随着我国经济社会发展和人民群众生活水平不断提高，冷链物流需求日趋旺盛，市场规模不断扩大，冷链物流行业实现了较快发展。但由于起步较晚、基础薄弱，冷链物流行业还存在标准体系不完善、基础设施相对落后、专业化水平不高、有效监管不足等问题。

食品流通过程中浪费严重，物流费用在食品成本中占据很大比重。据估计，中国每年有总值约750亿元人民币的食品在运送环节中腐坏。一些容易腐坏食品的售价其中七成便是用来补贴在物流过程中损耗的支出。这是一个触目惊心的数字。我国食品物流业专业人才的匮乏，以及食品供应链理论研究的不足，是造成我国食品流通环节高损耗的主要原因。

我国食品行业有着负面的公众形象，中国食品物流供应链给人们的总体印象是"昂贵，耗损严重，无利可图，容易造成食物中毒"。据统计，我国每年食物中毒报告例数约为24万人，专家估计这个数字尚不到实际发生数的1/10。这使我国食品业在国际市场上的竞争造成了不利影响，也使我国消费者对食品行业缺乏信心和忠诚度。

综上所述，发展我国食品物流是当务之急。基于我国食品物流面临的困境，就必须引进先进的物流供应链管理思想，将生产链的上下源头有机结合起来，以其先进的技术和管理体系来保障我国食品的安全，提高食品企业的竞争力。

## 一、食品物流学及其研究内容

### 1.食品物流学

食品物流学是食品科学的一个分支,同时又是物流和管理学的一个分支。它系统地探讨了食品系统模式、食品供应链管理、食品采购与库存控制、食品运输与配送管理、食品安全销售、食品可追溯系统及食品物流机械设备等方面的知识。

食品物流是食品从供应地向接收地的实体流动过程,即根据实际需要,将食品运输、储存、装卸、搬运、包装、流通加工、配送、信息处理等基本功能实现有机结合的过程。食品关系到人们的健康安全,食品的营养性、易腐性等,对食品保藏、运输等流通环节提出了苛刻的要求。因此,食品物流与其他商品物流相比,具有高度的特殊性,食品物流管理较其他行业物流显得尤其重要。

建立现代食品物流,构建食品供应链,将传统的基础物流转变为整合物流模式——供应链物流管理模式,可以充分发挥物流环节的桥梁作用;引进先进的物流硬件设备,用现代物流技术推进食品物流合理化;推进集约化共同配送,降低企业物流成本,实施配送—流通—加工一体化,可以加快食品物流标准化体系的构建,建立食品物流质量安全保障体系。

### 2.现代食品物流学研究的内容

(1)研究食品在空间位移的合理化问题

在社会化大生产条件下,由于食品原材料生产具有地域性,食品常常是在此地生产而供给其他地区使用。即便是产需都在一地,也存在着由生产地送达消费地的问题。因此,解决食品由生产地点到需求地点的空间位移的合理化问题,创造食品的空间效用,实现其使用价值,满足社会需要,是现代食品物流研究的首要问题。一般来说,食品的空间位移是通过运输和配送实现的。因此,食品物流中的运输技术、运输设备和专用设施,以及食品流动的路线、运输批量、运输方式等都是重点研究的内容。

(2)研究食品在产需之间的时差效用

食品的生产和消费在时间上都存在着差异,而且生产和消费在形式上也存在着多样性。这样,生产出来的食品就不一定立即或全部进入消费,消费需要的食品也不可能立即或全部得到满足。要解决食品在生产与消费之间的时间差异,就要建立一定的仓储,来保证生产和消费的连续性。因此,储藏具有创造食品时间效用的功能。在保证食品品质的前提下,为了降低储存费用,还要考虑库存量的控制,保鲜库、冷藏库、气调库等材料及技术的研究与应用等。尤其重要的是,要创造食品的时间效用,必须考虑如何使食品按质、按量、按时满足消费需要,使储存场所发挥食品物流中转站的作用。

(3)研究与食品空间效用和时间效用相关的包装、装卸和搬运、储存、运输等问题

包装:为了保证食品安全完好地运达消费者手中,一般需要不同方式、不同程度的包装。食品包装的主要作用有保护食品、方便储运、宣传等。因此,包装形式、包装方法的选择,包

装单位的确定、包装材料、包装技术以及包装物的回收使用等,都是食品物流学需要研究的问题。

装卸和搬运:是由运输和保管而产生的必不可少的物流活动,它是衔接运输、保管、包装以及流通中的食品再加工等物流活动的中间环节。装卸、搬运管理主要包括对装卸、搬运方式的选择,装卸、搬运工具的合理配置和使用,装卸、搬运合理化,尽可能减少装卸、搬运次数等。

(4)研究食品物流过程中的信息处理问题

在物流过程中,为了使物流成为一个系统而不是各自孤立的活动,就需要及时交换信息。从物流系统本身来讲,物流管理除了要对物流活动的各项活动进行计划、预测、及时收集和传输信息外,还要对物流费用、生产情况、市场动态等信息,进行及时、准确的分析和反馈。为了管理好物流信息,就要建立物流管理信息系统,实现信息管理系统化,以便充分地发挥信息对整个食品物流过程的指导作用。

(5)研究食品物流的技术经济管理

物流的技术经济管理是实现物流经济效益的重要手段。物流职能的发挥,除了应具备先进的物流设施和物流技术外,还应有先进的物流技术经济管理技术,这样才能实现物流的最佳目的。物流的技术管理包括的内容非常丰富,如物流设施、设备和技术的更新与改造,物流质量的管理等。

## 二、现代食品物流的特殊性

食品原材料生产具有季节性和区域性,同时食品又具有营养性、易腐性、安全与卫生性、生产加工条件的特殊性、鲜活性等,这些都决定了食品物流的特殊性。

1.食品原材料的生产具有季节性,而食品消费却具有全年连续性,因而需要对食品原材料、半成品或成品进行较大量的库存,这就要求有较高的食品储藏保鲜技术。

2.食品原材料的生产具有区域性,而食品消费具有全球性。要解决生产和消费的空间矛盾,就需要食品原料或产品进行较大范围的调度或运输,对运输技术及合理化调度等提出了较高要求。

3.无论原材料还是食品成品,其营养成分都比较丰富,容易感染微生物而腐败变质。现代食品物流对环境条件有严格的要求,不管是原料的运送、加工和产品的配送,都对温度和湿度有着严格的规定。现代食品物流属于控温性物流。由于食品通常易腐坏变质、保质期短,因此,食品的储存和运输都要在控温条件下进行。控温物流过程中,按食品储存运输属性分为常温品、低温品和冷冻品。冷藏和常温食品也需分置在不同的待发区。恒温型食品配送的运作难度较小,而冷冻型、冷藏型商品运作难度较高,特别是超低温区,食品物流难度更大。

4.由于食品是供给人们日常生活中食用的,除提供营养成分外,还必须是安全和卫生的。因此相对一般的商品,对其生产和储运就提出了更高要求。如加工中要求的无菌;产品配送过程中不能和有其他气味的商品混运,如果造成串味,将使食品的风味和口感变差;此外,还应注意配送中生物性和化学性的交叉污染等问题。

5.食品品质具有期限性,所以食品物流对产品的交货时间,即前置期有严格的标准。这就限制了现代食品物流的服务半径。由于大部分食品的生鲜或鲜活性,使它们在运输中需要防腐保质,需要采用特定的控温运输设备或保鲜设备等组织冷链物流。但是食品运输中仍会有一定的损耗,并且损耗随时间和距离的增加而增加。因此,一般情况下生鲜食品配送服务半径较小,吞吐量小。

6.生鲜食品和冷链食品在食品消费中占有很大的比重,所以食品物流必须有合适的冷链、保鲜链,甚至是气调链,这类物流的前期投资较大。

7.现代食品物流设备专业性强。为了实现食品物流的信息处理及时、配送流程优化以及存取选拣自动化、物流管理智能化,食品物流需要国际先进水平的物流设备。例如专门的冷藏冷冻设施,较多的加工容器和设备,同时辅以电子地图(GIS)、卫星定位(GPS)、仓库管理系统(WMS)、企业资源计划(ERP)的配置,现代食品物流的正常运营需要较大的投资。

8.现代食品物流注重流通加工能力。由于大部分食品属生鲜农副产品,同时大多是初级产品。在进入家庭消费之前,还需经过分类、加工、包装、整理等流通加工活动,保证食品的品质风味与营养,保证食品作为商品在储运和流通过程中的卫生质量。食品物流的流通加工能力较一般物流要强得多。

## 三、我国食品物流的现状

我国的食品业是最早开放的行业之一,市场化程度相对较高。加入世界贸易组织(WTO)后的几年来一直保持着高速发展的势头,是国民经济和区域经济发展的重要支柱产业。然而很多食品企业的经营状况却不容乐观,造成这种局面的原因主要有:

### 1.技术水平低下,基础设施建设滞后

以食品物流中所必需的冷冻、冷藏技术及其设施设备条件为例,我国的冷冻冷藏技术落后,设备陈旧,冷冻、冷藏企业大多仍使用老的制冷工艺。目前中国保温车辆约有3万辆,只有美国的七分之一、日本的四分之一。冷藏保温汽车占货运汽车的比例仅为0.3%左右,美国为0.8%~1%,英国为2.5%~2.8%,德国为2%~3%。由此看来,我国投入冷链物流中的基础设施严重不足,缺乏规范式的保鲜冷藏运输车辆和温度控制设施,不能为易腐食品的冷链物流提供强有力的保障。我国的铁路冷藏车仅占总运行车辆的2%,且大多仍为发达国家早在20世纪80年代就已停止生产使用的加冰冷藏车,修理费用高,使用率低。落后的技术和设施设备条件严重阻碍了我国食品物流乃至食品工业的发展。

### 2.物流费用占食品成本比重过大

长期以来,我国食品的物流成本一直高居不下,生鲜产品的物流成本占产品销售成本的70%以上。随着人们消费需求的变化,对食品也提出了更高的要求。食品物流缺少标准,物

流质量保障体系薄弱、缺少高效率的配送体系等是我国食品物流成本居高不下的重要原因。食品物流系统的落后严重制约了中国食品行业的发展，也严重影响了在 WTO 规则下的市场竞争力。

食品行业是个小生产大流通的行业。资料显示，目前美国的食品物流费用占商品价格的 30%，而我国食品行业的物流费用占到 30%~70%。食品物流运作难度大、交货期长、送货不及时、配送成本较高、经常出现突发性运作"瓶颈"、运输过程中的责任难以区分和消费者投诉不断等等是食品物流中遇到的常见问题；农副产品的物流链源头不明、货源不确定等问题也与食品物流现状有关；没有标准化管理和监督往往是导致食品变质的主要原因。据统计，在我国食品的常温流通中，水果蔬菜损失 20%~30%、粮油 15%、蛋 15%、肉 3%，加上食品的分级操作、运输及加工损耗，每年造成上千亿元的经济损失。美国埃森哲咨询公司公布的统计数据表明，在运输过程中腐烂、变质的损失不低于 750 亿元人民币。一些容易腐烂的食品售价中 70% 是用来补贴在物流过程中货损的支出。发达国家，如美国的水果、蔬菜等农产品在采摘、运输、储存等物流环节的损耗率仅有 2%~5%，已形成一种成熟的模式。

3. 总体服务效率低下

食品物流相比一般物品的物流具有更高的技术和管理要求，而我国食品物流技术水平不高，设施设备条件落后，食品行业的专业物流人才还是一片空白，很少有企业能针对食品行业提供全方位的、系统的、一体化的综合性物流服务。物流各环节间衔接不良，经常断链，最终造成了我国食品物流的总体服务效率十分低下，订单满足率低、处理时间长、交货不及时、货损率高等问题普遍存在，无法满足我国食品工业发展对食品物流便捷、快速、保鲜、安全、低成本的要求。

## 四、发展食品物流的必要性

1. 减少食品运输浪费的需要

中国食品工业从 1996 年起一直居各工业部门之首，是我国国民经济和区域经济发展的重要支柱产业之一，在全面建设小康社会的过程中发挥着十分重要的作用。然而长期以来，由于许多食品企业从采购物流、生产物流到销售物流的整个供应链仍然停留在传统的储运模式上，不仅使企业不能集中财力、物力和人力进行产品研发和市场竞争，而且还使成本居高不下。

由于道路建设以及现代化冷藏储运基础设施落后，易腐保鲜食品的冷藏运输只占运输总量的 20%，其余的 80% 大多是通过普通卡车运输。每年在运输途中腐烂变质的食品，如水果、蔬菜、乳制品等，流通损耗成本占产品售价的七成以上。

食品运输过程中的装卸搬运环节，应该按照国际食品标准在冷库和保温场所进行，而实际情况是，我国目前易腐保鲜食品的装卸搬运大多是在露天操作，造成食品冷链断链，引起食品品质下降。

可见，我国现阶段食品物流运输环节的损耗惊人，引进先进的物流设备和技术，完善物流标准，改善物流运输现状具有重大意义。

2.食品消费结构多样化与超市连锁化对食品物流配送提出了更高要求

随着我国社会经济的持续发展以及电子商务的普及，人们的食品消费结构呈多元化方向发展，对食品的购买动机趋向品种多、数量少的模式，产品的高质量不再是确保顾客忠诚度的唯一因素。大多数食品的附加值不高，但品种数量却非常多，需要在短期内快速分送到所有地方，这就要求食品物流满足快速、多样化等需求，对目前落后的物流业来说无疑是一大挑战。

此外，近年来我国食品零售业的超市连锁化趋势逐渐形成，大型量贩店、中型生鲜超市、小型便利店、食品专门店如雨后春笋般地出现在各城市的大小街道，要对这一庞大的连锁超市群体进行及时有效的食品供应，就对食品物流配送业提出了更高的要求。

运输的快捷和安全是考核食品物流配送能力的重要方面，其JIT配送体系可以保证食品的新鲜和运送及时，其先进的多式联运可以保证食品大范围的空间转移。

3.进一步发展我国食品工业、提高食品企业国际竞争力的需要

目前我国食品物流发展还不充分，食品物流效率低、浪费大、成本高、反应慢，无法适应我国食品工业进一步快速发展的需求，已成为我国食品工业发展的"瓶颈"。随着我国经济的飞速发展和人们生活水平的提高，食品消费观念已逐渐从传统、单一向多样、快捷转变，这就要求食品产业必须为顾客提供更好的质量、更大的柔性、更多的价值和更低的价格。食品企业为了保持竞争力，必须不断地缩短产品开发研制周期，提高产品质量，降低生产成本，缩短交货周期。为此，必须大力发展我国的食品物流，构建中国食品产业的现代物流平台，改变传统的作业模式，通过变革将传统的基础物流向食品供应链物流转变，通过大力发展现代食品物流来缓解食品产业的众多压力和尴尬，提高食品产业竞争力，满足顾客需求。

4.提高食品质量和安全水平的需要

近年来，各级政府、食品生产企业和消费者都越来越重视食品质量和安全问题，国务院还做出了在全国范围内实施"食品放心"工程的决定。食品的质量和安全风险源于以下两个方面：一是食品生产过程中原材料和制成品的质量问题，即食品在生产过程中由于技术、工艺和管理等方面产生的质量问题，包括原材料如种子和各种添加剂的品质问题；二是在食品流通过程中，由于管理不当或流通设施设备与技术水平落后而引起的食品安全问题，即食品本身没有质量安全问题，而在流通过程中出现了质量安全问题。由此可见，食品物流过程也是涉及食品质量安全的关键环节之一。要真正提高我国食品的质量安全水平，必须大力发展我国的食品物流，用先进的食品物流管理理念和技术、现代化的食品物流设施设备对食品物流全过程进行安全质量控制。

### 五、全程食品物流安全保障体系的建立与实施

食品供应链是由农业、食品加工业、物流配送企业和批发零售业等相关企业构成的食品生

产和供应网络，其环节主要包括食品原材料生产、食品加工、食品销售以及食品物流，还有最终的食品消费。这些环节环环相扣，互相影响，使保障食品安全不仅仅是某个企业的事情，而是必须从供应链和整个食品物流业的角度来研究和建立食品安全保障体系，才能使食品安全不流于空谈。

1. 建立全程食品物流安全保障体系

建立食品"从田间到餐桌"的全程安全保障体系应该包括以下几个方面：

(1) 食品供应链中各环节的安全保障

原材料（农、牧、渔业产品）安全生产、食品企业安全采购、安全生产加工与包装、食品安全储存和运输、食品安全配送与销售、食品安全消费。

(2) 建立食品安全信用管理系统

食品安全信用是指食品在从农场到餐桌的食品供应链中，各环节的生产者、加工者、运输者、储藏者、销售者向消费者提供不危害人体健康、不污染环境、安全有营养的食品的可靠程度。建立食品安全信用管理制度，就要建立食品安全信用管理体制、食品安全信用标准制度、食品安全信用信息征集制度、食品安全信用评价制度和完善食品安全信用披露制度。食品安全信用管理系统的建立和完善，有利于维护食品流通市场秩序，有利于降低企业交易成本，有利于增加消费者对食品企业的信任度。

(3) 食品安全可追溯体系

通过食品供应链的可追溯管理，能够及时发现食品安全危害发生的源头以及其他有同样危害的食品，有助于及时修正发生食品安全危害的环节和收回其他同样具有危害的食品。

2. 实施全程食品物流安全保障体系的途径

(1) 通过政府、行业组织、食品供应链中各节点企业的密切配合，实现食品的全程安全保障

实施食品全程安全保障的行为主体应该包括三个层次：

其一，政府主管部门。其行政职能主要是维护公平、公正、公开的市场秩序，为企业创造良好的市场环境。具体体现：①建立严格的、先进的、科学的质量标准体系。如被国际认为是保证食品安全最有效的危害分析和关键点控制体系（HACCP）系统。②建立食品安全信用体系。③建立食品安全可追溯体系。④建立健全食品安全、食品召回等各项食品法律法规，加大执法力度。在食品监管领域做到"有法可依、有法必依、执法必严、违法必究"。

其二，物流行业组织，如物流行业协会等。行业协会在发达国家无处不在，存在于供应链的每个环节。许多由行业组织制定的技术标准得到广泛的支持和执行，如英国零售商共同组织的技术标准（BRC）、欧洲零售商联合组织/优质农产品标准（EUR／GAP）。行业组织的作用除了制定质量标准、实施质量监管外，还可以协调产供销。因此，物流行业组织可以非常好地辅助政府对物流业进行引导、监管和控制，为物流企业的发展创造良好的市场环境。

其三，食品供应链中各节点企业。它们是食品质量保障措施的实施者，是食品安全管理的"重中之重"。无论食品安全的法律、规章、制度、标准等制定得多好、多先进，如果企业在实

际的食品管理中不去执行，那么一切都没有意义。因此，企业的内部质量管理是整个全程质量管理的关键。如果每个企业都能保证自己提供的产品或服务的质量安全，那么整个供应链就会高效运行，质量管理成本就会大大降低，最终食品安全就会得到全程保障。

（2）成立一个由核心企业主导的质量管理机构，负责整个供应链的质量管理

食品供应链一般是围绕核心企业建立而成的多个相互独立的利益体的结合体，一般的单个成员企业的质量管理很难保证整个供应链的稳定运行，只有核心企业拥有实力和能力来管理整个食品供应链的质量。因此，有必要成立一个由核心企业主导的质量管理机构来负责整个食品供应链的质量管理。全球最大的快餐巨头麦当劳，在全世界拥有三万多家餐厅，面对大量的食品和复杂的供应链条，却能在各个环节保证食品的安全、质量与卫生，秘诀就在于麦当劳对食品供应链的质量严格控制。

（3）提升食品物流技术，为食品在物流环节的安全提供技术保障

为了确保食品安全，我国应一方面大力发展先进的物流设施设备，如现代化的冷库、先进的运输车辆、新一代环保无菌和节能化的冷藏设施等；另一方面，引进和发展物流信息技术。食品物流信息技术系统主要包括条形码技术、射频识别技术、计算机网络技术、地理信息技术、全球卫星定位技术、电子数据交换技术等。通过先进信息技术的综合运用，实现对生鲜食品的品质进行细致的、实时的监控和管理，可以在完成食品流通过程中质量监控功能的同时，提高处理食品安全突发事件的能力。

（4）实行规范化和标准化管理，形成完备的食品安全控制体系

目前我国食品物流缺少标准，物流质量安全保障体系薄弱，缺少高效率的配送体系。近年来的食品安全问题使消费者失去了对食品安全的信任。要想重新获得消费者的信任，就必须建立更严格的、更先进的、更科学的质量标准体系。在这一点上，我们不妨借鉴西方发达国家的质量标准和食品安全控制体系。以欧盟为例，欧盟对食品质量要求非常高，质量标准有很多种，从标准的通用上看，有国际统一标准（如 ISO9001 即国际标准化组织指定的农产品质量保障标准）、欧盟统一标准（如 HACCP 即危害分析和关键点控制）、国家标准（如 BRC 即英国零售商共同组织的技术标准）、行业标准（如 EUR/GAP 即欧洲零售商联合组织/优质农产品标准）四类，这些标准各有适用的标准和范围，互不冲突。其中，HACCP 系统国际上被认为是保证食品安全最有效的方法。

（5）培育完善的食品冷链物流服务体系

冷链物流作为物流业中的高端物流，具有投资大、经营成本高、技术含量高、操作要求高、监测难度大的特点，但冷链物流在我国还相当不完善。目前，我国已有一些实力雄厚的大型企业，看到了冷链物流市场的机遇，参与到冷链物流的建设中，成为了食品业的第三方物流企业。2006 年 8 月，中铁快运开始研发快递产品，首创了全国网络型物流企业开办地区以上城市的冷链快递业务，实现"门到门"的冷链快递配送服务。国家应该鼓励和支持更多的大企业参与冷链物流的建设，大力发展我国食品业的第三方物流，培育完善的冷链物流服务体系。

# 第一章　物流学概述

【知识目标】

　　了解物流的产生与发展过程、现代物流的特点和发展趋势，掌握物流的概念、内涵的演变和分类。

　　物流科学自产生以来就已显示出它强大的生命力，成为当代最活跃、最有影响力的新学科之一。业界人士称其为"第三方利润源"，为什么这样说呢？1962年管理大师德鲁克在《财富》杂志上发表《经济的黑暗大陆》一文。文中指出：消费者在支付的商品价格中，约50%是与商品流通有关的费用，所以物流是降低成本的最后领域。物流是"经济的黑暗大陆"，是"一块未被开垦的处女地"。这就是物流"黑暗大陆说"。

　　物流学是一门综合性、应用性、系统性和拓展性很强的科学。20世纪70年代以来，物流学在世界范围内受到广泛重视并获得迅速发展。物流学是研究如何对实物流、信息流和资金流进行计划、调节和控制的科学。德国的R.尤尼曼："物流学（Logistics）是研究对系统（企业、地区、国家、国际）的物料流（material flow）及有关的信息流（information flow）进行规划与管理的科学理论。"物流学是研究生产、流通和消费领域中的物流活动过程及其规律的科学，是寻求创造最大时间和空间效益的科学。

# 第一节  物流科学发展史

## 一、物流的基本概念

物流科学是以物的动态流转过程为主要研究对象,揭示了物流活动(运输、装卸搬运、仓储、包装、配送、流通加工、物流信息等)之间存在的相互关联、相互制约的内在联系,它们都是物流系统的子系统。

物流科学是现代技术科学和现代经济科学完美的结合,全面融合了经济科学和技术科学。例如:资源配置科学、仓储科学、流通科学、环境科学、运输科学、搬运科学、营销科学、再生科学及系统科学等。所以,物流科学是一门综合科学,这种综合科学是现代科学的发展趋势之一。

物流是跨学科的概念,但多少与一般跨学科理论不同的是,物流没有原来的基础领域。作为一般的跨学科理论,如在经济学的研究领域,融合自然科学的人类学就成为人文经济学,但其基础还是经济学的范畴;又如人文地理学与自然地理学的融合产生经济地理学等,即在跨学科领域总存在原本的基础。反观物流理论,尽管存在有社会需求,但却是在没有任何学科基础上产生的。因此,各学科领域的专家学者,利用各自学科的理论、方法研究物流,形成了形式上的跨学科理论。其结果导致了物流与其他理论不同,各领域的学者从各自研究的领域出发,对于一个相对抽象的定义进行解释,也就形成了到目前为止,世界各国均没有一个完整、准确、得到大家公认的统一概念。

到底什么是物流呢?物流概念随着其产生与发展有个演变的过程,不同的时期有不同含义。

## 二、物流科学的产生与发展

### (一)物流科学的产生

1.物流科学的萌芽时期

物流活动具有悠久的历史,从人类社会开始有商品的交换行为时就存在物流活动,而作为物流科学的历史很短,只有几十年,是一门新的学科。以系统的观点来研究物流活动,是从第二次世界大战末期,美国军方后勤部门的科学研究结果开始的。作战形式的发展和军需品供应间的矛盾,比如供应基地、中间基地、前线供应点的合理配置,各级供应基地的合理库存,运输路线和工具的合理使用都是影响战争顺利进行的因素,形成了综合性的研究课题。美国军事部门结合运筹学和刚刚问世的电子计算机技术,以系统的观念来解决军事后勤保障问题,可以说这是物流科学的萌芽阶段。

20世纪50年代,由于生产机械化的发展,产品数量急剧增加,生产成本相对下降刺激了消费,市场繁荣、商品丰富,在流通领域出现了超级市场和商业街等大规模的物资集散场所。而此时生产商却发现,流通成本在生产成本中有上升的趋势,影响了商品的竞争力。因此,人们不得不对物流活动的规律进行认真的研究,试图找到降低流通费用的途径。流通费用是在商品的运输、保管、装卸搬运和包装等物流活动中产生的,这些活动具有共同的本质,也就是都是为了实现物资的空间效果或时间效果,而加工活动是为了改变"物"的性质、形状或功能,是与物流活动有根本区别的。这些物流活动是相互联系相互制约的,可以看成是一个大系统的子系统,这个大系统就是物流系统。在理论上可以用时间维度和空间维度的变化来揭示物流系统的本质,物流系统的界定使其在社会经济活动中处于潜隐的状态显示出来,结束了各种物流活动处于孤立、分散、从属地位的历史,形成了现代物流科学,并且日臻完善。

2.物流的后进性

在人类社会的生产活动和交易行为形成的同时就有物流活动的发生,所以说物流活动作为客观存在的事实具有久远的历史,但物流科学的形成只有几十年。物流技术的发展落后于生产技术,物流学家把这种现象称为物流的后进性。

形成物流后进性的原因有以下两个:

(1)运输、搬运和仓储等物流活动是在生产活动和社会经济活动中产生的,它们被当作辅助环节来完成特定的功能,彼此之间没有发生联系,只是相互孤立地处于从属地位。随着生产水平和科学技术的发展,物流技术也在不断地发展并走向现代化,比如运输技术由人畜力到汽车火车等,但其从属地位并没有改变,这就在很大程度上限制了物流技术的发展和经济潜力的发挥。只有到了生产高度发展和产品较为丰富的20世纪50年代,流通成本相对上升的矛盾突出以后,物流科学的重要性才被人们所认识,从而促进了物流学科的研究和产生。也就是说,物流科学是生产发展到一定水平以后,适应社会经济的需要才产生的,这是形成物流后进性的根本原因。

(2)物流科学是在融合了许多相邻学科的成果以后逐渐形成的,比如运筹学、技术经济学、系统工程、计算机技术等都是物流科学形成的重要基础。

## (二)物流科学的发展过程

人们虽然长期对物流现象习以为常,但是一直到20世纪初以前,还没有"物流"这个概念。

物流的概念最早起源于20世纪初的美国。从20世纪初至今的一个世纪时间内,物流概念的产生和发展经历了四个阶段:

1.孕育阶段(20世纪初到20世纪50年代)

这一个阶段是物流概念的孕育和提出阶段。这一阶段的特点,第一个是局部范围,主要是在美国;第二个是少数人,是几个人提出来的;第三个是意见不统一。主要有两种意见、两个提法:一是美国市场营销学者阿奇·萧(Arch W. Shaw)于1915年提出的叫作Physical Distribution 的物流概念。他是从市场分销的角度提出的。二是美国少校琼西·贝克(Chauncey B. Baker)于 1905 年提出的叫作 Logistics 的物流概念。他是从军事后勤的角度提出的。

应该说，这两个概念的实质内容是不一样的。阿奇·萧是从市场营销的角度来定义物流，Physical Distribution，直译应该是"实体分配"，按中国人的语言习惯应该译成"分销物流"。它实际上就是指把企业的产品怎么样分送到客户手中的活动。而 Logistics 是后勤的意思，主要是指物资的供应保障、运输储存等。这两种不同的概念，之所以都分别能存续下来，是因为它们都分别在各自的专业领域中得到了一定程度的响应、应用和发展。同时也因为这两个概念都在各自的专业领域中独立运用，二者之间没有发生冲突，也没有一个统一的物流学派来进行统一规范，也不需要得到社会广泛一致的公认。因此这个阶段可以说是物流概念的孕育阶段，是市场营销学和军事后勤学孕育了物流学。

2.以"PD"命名的物流科学时代(20 世纪 50 年代到 80 年代中期)

随着分销物流学(Physical Distribution)概念的发展，进而占据了统治地位，并且从美国走向了全世界，得到世界各国一致公认，形成了一个比较统一的物流概念，形成和发展了物流管理学，因而也形成了物流学派、物流产业和物流领域。1961 年斯马凯伊(Edward W. Smykay)、鲍尔索克斯(Donald J. Bowersox)和莫斯曼(Frank H. Mossman)撰写了《物流管理》，这是世界上第一本物流管理的教科书，建立起了比较完整的物流管理学科。20 世纪 60 年代初期，密歇根州立大学以及俄亥俄州立大学分别在大学部和研究生院开设了物流课程。

1963 年成立了美国物流管理协会，该协会将各方面的物流专家集中起来，提供教育、培训活动，这一组织成为世界第一个物流专业人员组织。20 世纪 50 年代中期，美国的 Physical Distribution 概念传到了日本，在日本得到了承认、发扬光大，以后又逐渐传到了欧洲、北美、70 年代末也传到了中国。基本上全世界各个国家都接受了这样的物流概念和物流管理学。

PD 是 Physical Distribution 的简称，物流的概念是在发展中形成的。如前所述，物流科学是在世界经济进入大量生产、大量销售时期后，为了降低物流成本，在"二战"后期军事后勤保障研究的基础上形成的一门学科。新学科成立的标志是提出了物流系统的概念，界定了物流系统的范围，认为运输、仓储、装卸等具有共同的特征，即为了改变物资的空间状态和时间状态，相互制约相互关联。

新学科是在流通领域产生的，就用概念相近的 PD 作为新学科的名称。美国物流管理协会(NCPDM)1960 年对 PD 定义为："是把完成品从生产线的终点有效地移动到消费者手中的广范围的活动，有时也包括从原材料的供给源到生产线始点的移动。"这个定义明确表明，现在所说的生产物流是不包括在这个概念内的。

物流科学的研究成果很快在经济领域取得显赫的成就，物流科学也被认为是最有生命力的新学科之一。20 世纪 60 年代 PD 概念引进日本以后被译成"物的流通"，日本著名的学者平原直提出，用"物流"一词代替"物的流通"将更加简洁并且能更加深刻地表达其内涵。在此之后"物流"一词迅速广泛使用，平原直也因此在日本被称为"物流之父"。

这一时期的五六十年代，日本丰田公司创造的准时化生产技术（Just In Time，JIT），以及相应的看板技术是生产领域物流技术的另外一朵奇葩。它不只是在生产领域创造了一种革命性的哲学和技术，而且为整个物流管理学提供一种理想的物流思想理论和技术，现在已经应用到物流的各个领域。

1965 年美国 J. A. 奥列基博士（Dr. Joseph A. Orlicky）提出独立需求和相关需求的概念，并指出订货点法的物资资源配置技术只适用于独立需求物资，而企业内部的生产过程相互之间的需求则是一种相关需求，应当用 MRP 技术。在 MRP 发展的基础上，受 MRP 思想原理的启发，20 世纪 80 年代又产生了应用于分销领域的 DRP（Distribution Requirement Planning）技术。在 MRP 和 DRP 发展的基础上，为了把二者结合起来运用，90 年代又出现了 LRP（Logistics Resources Planning）技术和 ERP（Enterprise Resources Planning）技术。

企业内部另一个重要的物流领域是设施规划与工厂设计，包括工厂选址、厂区布局、生产线布置、物流搬运系统设计等，也都成为物流学强劲应用和发展的领域，形成了物流管理学一个非常重要的分支学科。

所有这些企业内部物流理论和技术的强劲发展，逐渐引起了人们的关注。分销物流的概念显然不能包含它们，使原来只关注分销物流的人们自然想到，仅仅使用分销物流（Physical Distribution）的概念已经不太合适了。特别是到 20 世纪 80 年代中期，随着物流活动进一步集成化、一体化、信息化的发展，改换物流概念的想法就更加强烈了，于是就进入了物流概念发展的第三个阶段。

3.以 Logistics 命名的现代物流学阶段

从 20 世纪 80 年代中期至今，叫作现代物流学（Logistics）阶段。物流业的发展，使全世界都自然意识到，物流已经不只是仅仅限于分销领域，而已经涉及包括企业物资供应、企业生产、企业分销以及企业废弃物再生等全范围和全领域。原来的分销物流（Physical Distribution）概念，已经不适应这种形势，应该扩大概念的内涵，因此决定放弃使用 Physical Distribution，而采用 Logistics 作为物流的概念。

这个时候的物流概念 Logistics 虽然和第一阶段的军事后勤学上的物流概念 Logistics 字面相同，但是意义已经不完全相同了。第一个阶段军事后勤学上的 Logistics 概念主要是指军队物资供应调度上的物流问题，而新时期的 Logistics 概念则是在各个领域物流全面高度发展的基础上，基于企业供、产、销全方位物流问题，无论是广度、深度以及涵盖的领域、层次都有不可比拟的差别。因此，这个阶段的 Logistics，不能译为后勤学，更不能译为军事后勤学，而应当译为现代物流学。它是一种适应新时期所有企事业（包括军队、学校、事业单位）的集成化、信息化、一体化的物流学概念。

以 Logistics 代替 PD 作为物流科学的代名词标志着物流科学走向成熟。美国物流管理协会对 Logistics 的定义是：Logistics 是对货物及相关信息从起源地到消费地的有效率、有效益的流动和储存进行计划、执行和控制，以满足顾客要求的过程。该过程包括进向、去向、内部和外部的移动以及以环境保护为目的的物料回收。

1985年前后，各国物流行业团体为了适应物流内涵的变化纷纷更名。美国物流管理协会(NCPDM)、英国物流管理协会(IPDM)都将名称中的PD改为Logistics，其简称分别改为CLM和ILDM。1989年第八届国际Logistics大会在北京召开，经专家讨论，会议名称定为"第八届国际物流大会"。此后，物流对应的英文是Logistics，已普遍为物流界所接受。2000年，我国国家标准《物流术语》又明确规定"物流"的对应英文词是Logistics。

这个阶段的主要事实是：

20世纪80年代中期以来企业内部的集成化物流：例如，MRPII是把生产与生产能力管理、仓储管理、车间管理、采购管理、成本管理等集成起来；DRP是把分销计划、客户管理、运输管理、配送管理、车辆管理、仓储管理、成本管理等集成起来；LRP是把MRP和DRP集成起来；ERP是把MRPII与人事管理、设备管理、行政办公等系统集成起来等。

物流外包和第三方物流的产生，进一步导致物流专业化、技术化和集成化，实现了生产和物流的分工合作，提高了各自的核心竞争力。

20世纪90年代供应链理论的诞生，供应链管理系统的形成进一步导致物流管理的联合化、共同化、集约化和协调化。

4.供应链管理时代

供应链最早来源于彼得·德鲁克提出的"经济链"，而后经由迈克尔·波特发展成为"价值链"，最终日渐演变为"供应链"。它的定义为：围绕核心企业，通过对信息流、物流、资金流的控制，从采购原材料开始，制成中间产品及最终产品，最后由销售网络把产品送到消费者手中，它是将供应商、制造商、分销商、零售商、直到最终用户连成一个整体的功能网络模式。所以，一条完整的供应链应包括供应商(原材料供应商或零配件供应商)，制造商(加工厂或装配厂)，分销商(代理商或批发商)，零售商(大卖场、百货商店、超市、专卖店、便利店和杂货店)以及消费者。供应链实际上是一种企业联盟，其成员具有独立法人地位，不依靠行政手段干预而是按照市场规律，通过维系共同利益来产生凝聚力。

同一企业可能构成这个网络的不同组成节点，但更多的情况下是由不同的企业构成这个网络中的不同节点。比如，在某个供应链中，同一企业可能既在制造商、仓库节点，又在配送中心节点等占有位置。在分工越细，专业要求越高的供应链中，不同节点基本上由不同的企业组成。在供应链上各成员单位间流动的原材料、在制品和库存产成品等就构成了供应链上的货物流。

供应链管理就是指对整个供应链系统进行计划、协调、操作、控制和优化的各种活动和过程，其目标是要将顾客所需的正确的产品(Right Product)能够在正确的时间(Right Time)、按照正确的数量(Right Quantity)、正确的质量(Right Quality)和正确的状态(Right Status)送到正确的地点(Right Place)，并使总成本达到最佳化。

作为中国最大的IT分销商，神州数码在中国的供应链管理领域处于第一的地位。在IT

分销模式普遍被质疑的环境下,依然保持了良好的发展势头,与 CISCO、SUN、AMD、NEC、IBM 等国际知名品牌保持着良好的合作关系。e－Bridge 交易系统 2000 年 9 月开通,截至 2003 年 3 月底,实现 64 亿元的交易额。这其实就是神州数码从传统分销模式向供应链模式转变的最好体现。

2005 年初美国物流管理协会(CLM)正式更名为供应链管理协会(CSCMP)。这不仅意味着协会的服务对象和领域的扩展,而且从物流的角度看,标志着物流管理进入到供应链一体化时代,从中可以看出物流管理发展的脉络。企业物流管理水平和发展阶段是与经济发展程度和市场环境紧密联系在一起的。随着企业经营环境的变化,企业参与世界经济分工程度的加深,物流管理必将朝着供应链一体化的方向发展。

为了反映物流内涵的新变化,1998 年美国物流管理协会又一次修改了 Logistics 的定义:Logistics 是供应链流程的一部分,是为了满足客户需求而对商品、服务及相关信息从原产地到消费地的高效率、高效益的正向和反向流动及储存进行计划、实施和控制的过程。

从上述介绍的物流概念中我们可以看到不同的时期、不同的国家对物流概念的理解有所不同。我国国家标准《物流术语》中对物流的定义是:物品从供应地向接收地的实体流动过程,根据实际需要,将运输、储存、装卸搬运、包装、流通加工、配送、信息处理等基本功能实施有机结合。对于物流的概念,不必在文字上做更多的探索,但应该注意完整的物流概念包含以下几个要点:

第一,物流的研究对象是贯穿流通领域和生产领域的一切物料以及相关的信息流。研究目的就是对其进行科学规划、管理与控制,使其高效率高效益完成预定的服务目标。

第二,物流的作用是将物资由供给主体向需求主体转移(包含物资的废弃和还原),创造时间和空间价值,并且创造部分形质效果。

第三,物流作为供应链的一个组成部分,在供应链管理与整合中起着非常重要的作用。

第四,物流活动包括运输、储存、装卸搬运、包装、流通加工、配送以及相关信息活动。

## 三、我国物流的发展

20 世纪 70 年代以前,中国的经济研究中几乎没有使用过"物流"一词。自 80 年代初由日本引入物流概念之后,开始了对物流的研究。经过近四十年的发展,物流已成为我国经济发展的重要因素,并成为企业创造利润的源泉。2000—2009 年,我国社会物流总额和物流业增加值年均分别增长 21.2% 和 14.4%,但也应看到,在对物流的研究及应用上,与发达国家相比,还有一定距离。

1.我国物流发展沿革

物流概念本身作为舶来品,引入我国的时间并不长,但物流各环节的活动很早就存在于国民经济的各个领域。20 世纪 80 年代初,在物资部专业刊物《物资经济研究通讯》上刊登了由北京物资学院王之泰教授撰写的"物流浅谈"一文。文章较为系统地讲述了物流的概念、物流的管理、物流的结构以及物流信息等,第一次较为完整地将物流概念介绍进我国。从那以后在我国的报刊、杂志、词典以及论著中,开始出现"物流"一词。

中国对物流的引进、研究与欧美及日本有很大的不同。西方发达国家及日本等国侧重于研究物流与企业的关系,不论是从物流作为企业的工具还是作为利润源泉,都侧重于从微观角度对物流进行研究。而中国,从引进物流的第一天起,主要集中研究和考察国民经济中的物流,从宏观角度和社会再生产领域考察物流,这是由我国的经济结构及产业结构所决定的。20世纪80年代初,我国刚刚开始实行改革开放政策,流通领域还带有很浓的计划经济色彩,作为生产资料流通的主要承担者—国有物资部门经历了从物资的分配者向商品经营者的转变。其中,所有制模式、经营方式等发生了重大变革,促使物资部门寻找自己新的出路。这时物流的出现,给物资部门的经营管理者带来新的希望,开始了从宏观角度研究物流的历史。而此时的商业系统,由于改革开放,生活水平的提高,促进了消费,带来了很大的商流利润,还无暇顾及物流领域,使当时的商业系统对物流的研究远远落后于物资系统。这一现象直到90年代初,由于竞争的激烈,业态的多样化导致流通利润下降,商业系统才开始重视物流,特别是开始重视连锁经营与物流配送关系的研究,使商业系统对物流的研究迈向了新的高度。

进入20世纪90年代后期,随着中国经济体制的改革,企业产权关系的明确,生产企业及其他流通企业开始认识物流。同时,对物流的研究也从流通领域向生产领域渗透。特别是近几年网络经济的发展,电子商务对物流提出了新的要求,使物流走进了千家万户。

以上事实表明,中国物流的研究,经历了从宏观向微观的发展历程,同时也表明,中国的物流研究逐步向国际化迈进。

2.我国物流的发展

从1949年新中国成立以来,中国物流的发展大体可以分为四个时期。

(1)初期发展阶段(1949—1965年)

这个阶段,新中国成立时间不长,国民经济尚处在恢复性发展时期。工农业生产水平较低,经济基础较薄弱,并且出现了重生产、轻流通的倾向。物流的发展刚刚起步,只是在一些生产和流通部门开始建立数量不多的储运公司和功能单一的仓库;运输业无论是铁路、公路、水路、航空运输等,都处在恢复和初步发展时期,搬运和仓储环节比较落后,物流业远远不能适应工农业生产和人民生活水平发展的需要。随着生产的发展,初步建立了物资流通网络系统,在物流管理方法中也采取了一些新的措施,如组织定点供应,试行按经济区域统一组织市场供应等。

(2)停滞阶段(1966—1977年)

1966年开始的持续十年的动乱时期,给国家在政治上、经济上以及其他方面都造成了严重破坏,当然物流的发展也遇到了同样的情况。在此期间流通渠道单一化,从整体上看物流基础设施基本上没有发展,甚至连原来的一些设施也遭到了不同程度的破坏。这期间虽然也进行了一些个别项目建设,但对整个物流影响不大,实力没有多大增强。物流理论的研究和物流实践基本处于停滞状态。

(3)较快发展阶段(1978—1990年)

在此期间我国实行了改革开放政策,国民经济特别是物流业得到了较快发展,取得了显著成绩。尤其是运输业、仓储业、包装业的发展较快,新建了大量的铁路、公路、港口、码头、仓库、机场等,不仅增加了物流设施,而且提高了物流技术装备水平,同时开展了水泥、粮食的散装运输和集装箱运输,开始建设立体自动仓库。尤其是有关物流学术团体在此期间都相继成立,积极有效地组织开展国内国际物流学术交流活动,了解和学习国外先进的物流管理经验。中国物资流通学会于1989年5月在北京成功地承办了第八届国际物流会议,对我国的物流发展起到了促进作用。物流学作为一门独立的学科而正式确立,一些物流学的专著和译著也相继出版发行。物流学研究开始被人们重视,人们在观念上逐步改变了孤立地对待包装、装卸、运输、保管等环节,开始以系统的观点对它们的作用进行研究,在认识上前进了一大步。

(4)高速发展阶段(1991年以后)

这个阶段正是我国进入"八五"计划建设时期,也是我国国民经济进入高速发展的时期。1993年到2008年,国民经济年均增速10%以上,国民经济的高速发展必然要求物流体系迅速现代化并与之相适应。正因为如此,国家为调整发展物流业而采取了一系列重要措施。在"八五"规划中明确地把发展第三产业特别是物流业作为重点,在此期间动工兴建的10项特大型工程中,物流业就占有5项,而且全部是运输方面的。

进入"九五"规划时期,我国总货运量持续快速增长,1997年已达到12.55亿吨,相应的货物周转总量达到23337亿吨公里。因此,我国物流事业面临十分艰巨的任务,同时也意味着开展物流研究、提高物流水平的迫切性和重要性一定会被人们所认识,我国物流事业的发展前景十分广阔。

在此期间,我国也加快了物流系统的建设,向标准化和国际化方向发展。由于引进不少家用电器生产线和汽车生产线,国外先进的物流技术得到传播,有力地推动了物流技术水平的提高。各种物流机械新产品不断涌现,成为机械工业中引人注目的领域。这一切都表明我国物流业正稳步地走向现代化。

3.我国物流业发展现状及存在问题

目前,与发达国家相比,我国物流业的发展无论是从规模还是技术水平上都存在较大的差距,我国物流业的现状可以从以下两个方面来分析:

(1)取得的成绩

①物流业处于快速增长期。我国经济的快速发展,特别是处于工业化中期,城镇化加速,经济总量快速增长,使物流的总需求增长很快。

②物流业在国民经济中的重要性越来越显现。物流业已成为生产性服务业中的重要组成

部分，国民经济的发展，特别是转变经济发展方式需要物流业的基础性支撑。

③物流企业快速成长。我国已形成由国有物流企业、民营物流企业、外资物流企业"三足鼎立"的格局。国有物流企业加快重组改制和业务转型，民营物流企业快速发展，外资物流企业利用其优势抢占市场份额。

④物流业市场化、社会化、专业化水准有所提高。农业物流，特别是农业生产资料物流与农产品物流得到积极探索，并取得明显成效。

⑤加强物流基础性设施建设，物流通道明显改善，物流信息化工程加速推进。

⑥物流标准化进程扎实推进。按《全国物流标准2005—2010年发展规划》，在"十一五"期间要完成300项左右物流标准的制修订工作。现已完成《物流术语》、《企业物流成本构成与计算》等基础性标准的制定。

⑦全方位推进物流人才教育工程。到2007年底，已有273所本科院校设立了物流管理与物流工程专业，200多所高职、1000多所中专开设物流专业，在校生达到50万人。

⑧优化了物流发展的外部环境。建立了全国现代物流工作部际联席会议制度，综合协调涉及现代物流发展的政策、战略和规划。"十一五"规划纲要明确提出"大力发展现代物流业"。《国务院关于加快发展服务业的若干意见》也提出"提升物流的专业化、社会化服务水平，大力发展第三方物流"。

（2）存在的问题

①我国物流业尚存在"三高一低"的问题，与发达国家差距较大。"三高"是指，一是物流总费用与GDP的比率高。2007年中国为18.4%，而发达国家一般为8%至10%。说明我国物流成本较高，这与产业结构有关，但从另一方面也说明物流发展的空间很大。二是库存水平高。中国历年库存占当年GDP的20%左右，而发达国家一般在3%左右。库存过高，占用资金多，资金周转速度慢，加大了生产与经营成本，降低了市场竞争力。三是管理费用高。我国物流管理费用占GDP的比重2007年为2.3%，而美国、日本均只有0.4%，这一问题反映我国物流的体制性和机制性约束，部门分割、地区封锁的现象依然存在，尚未建立公正、公平、公开的物流竞争市场。"一低"即物流总体水平偏低，包括物流基础设施、物流标准化、物流信息化、物流人才、物流科技、物流企业等方面，我国物流业还处于初级阶段，与发达国家差距较大。

②我国物流产业增长方式仍然属于粗放式经营模式。尽管我国物流产业规模不断扩大，但与发达国家物流产业相比较，我国物流产业整体水平弱，物流产业仍然处于粗放式经营的层面，质量和效益并不理想。一方面，发达国家通过推行现代物流精细化经营，物流成本占国内生产总值的比重已经降低到10%左右，而我国2005年这一指标仍为18.5%，这就意味着我国物流成本是发达国家的近两倍，物流产业效率偏低。另一方面，我国物流业务附加值低，增值服务少。多数从事物流服务的企业只能提供单一运输和仓储服务，缺乏流通加工、物流信息服务、库存管理、物流成本控制等增值服务，特别是在物流方案设计以及全程物流服

务等高附加值服务方面还没有全面展开,导致物流活动长期处于低水平的粗放阶段。

③我国物流产业市场机制不健全,缺乏高效的现代物流体系。现代物流产业涉及内贸、外贸、铁道、交通、民航、邮政、海关、质检等多个部门,横跨运输、仓储、装卸等不同的行业和地区。这就必然要求通过建立政府部门间的综合协调机制,构建统一、高效的现代物流体系。然而,受计划经济以及物流产业起步晚等因素的影响,目前,我国物流产业实际上处于条块分割的管理体制。物流产业的管理权限被分割在若干个部门和地区,各部门和地区自成体系、自我管理,使得部门之间、地区之间的权利和责任相互重叠,无法形成有效合作和协调发展的现代物流产业体系。在现代物流体系缺位的背景下,物流资源无法得到科学、有效的统一配置,阻碍物流产业的进一步发展。

④目前我国物流业注意力主要集中在工业物流以及相关联的商贸物流,而对农业物流、再生资源物流缺乏必要的关注。城乡一体化物流,不仅是把工业品送到农村,更重要的是如何实现农产品物流的现代化,在这方面,有些发达国家的经验是值得借鉴的。至于再生资源,我国可回收的品种多,数量大,如废钢铁、废纸、废塑料、废玻璃、废汽车、废家电等,这个领域空间很大,但需要工程物流的支撑,也需要财力支持。

⑤标准化工作滞后。物流是跨地区、跨行业的运作系统,标准化程度的高低不仅关系到各种物流功能、要素之间的有效衔接和协调发展,也在很大程度上影响着全社会物流效率的提高。我国物流标准化滞后主要表现在缺乏有关的标准及规章制度,同时在推行标准方面也缺乏必要的力度。例如,一是各种运输方式之间装备标准不统一,海运与铁路集装箱标准存在差异,在一定程度上影响着我国海铁联运规模的扩展,对我国国际航运业务的拓展、港口作业效率的提高以及进出口贸易的发展都有一定程度的影响。二是物流器具标准不配套,纵然是现有托盘标准采用了国际标准规格,但却没有推行的制度和原则,这样等于没有标准。托盘标准和各种运输装备、装卸设备标准之间都有衔接关系,这就影响了托盘在整个物流过程中的有效使用。三是产品包装标准与物流设施标准之间缺乏有效的衔接。虽然目前我国对商品包装已有初步的国家和行业标准,但在与托盘和各种运输装备、装卸设施、仓储设施相衔接的集装单元化包装标准方面还比较欠缺,这对各种运输工具的装载率、装卸设备的荷载率、仓储设施空间利用率方面的影响较大。四是信息系统之间缺乏接口标准,工商企业内部物流信息系统与第三方信息系统之间缺乏有效衔接,运输信息系统、仓储信息系统、物流作业管理信息系统之间互不沟通,由于没有公共物流信息交流平台,以 EDI 互联网等为基础的物流信息系统难以得到实际应用。

## 四、物流的分类

可以按照物流活动覆盖范围的大小以及物流系统在供需链中所处的位置、属性及作用的空间范围和物流的经济学意义等对物流进行分类。

### (一)按照物流活动覆盖的范围分类

按照物流活动覆盖的范围,物流可以被划分为国际物流和区域物流。

**1.国际物流**

国际物流是指在两个或两个以上国家(或地区)之间所进行的物流。例如意大利有一家专门经营服装的公司,它有5000家专卖店,分布在60个国家,每年销售的服装约5000万件。其总部在意大利,所有的工作都是通过80家代理商进行。若某一专卖店发现某一款式的服装需要补货,立即通知所指定的某一代理商,该代理商立即将此信息通知意大利总部,总部再把这一信息反馈给配送中心,配送中心便根据专卖店的需求在一定的时间内进行打包、组配、送货。整个物流过程可在一周内完成。

世界范围的社会化大生产必然会引起不同的国际分工,任何国家都不能够包揽一切,因而需要国际间的合作。国际间的商品和劳务流动是由商流和物流组成的,前者由国际交易机构按照国际惯例进行,后者由物流企业按各个国家的生产和市场结构完成。为了克服他们之间的矛盾,这就要求开展与国际贸易相适应的国际物流。

**2.区域物流**

区域物流是相对于国际物流而言的,是指一个国家范围内的物流,或一个经济区域的物流,或一个城市的物流。它们都处于同一法律、规章、制度之下,都受相同文化及社会因素影响,都处于基本相同的科技水平和装备水平之中,因而都有其独特的区域特点。

研究各个国家的物流,找出其区别及差异所在,找出其连接点和共同因素,是研究国际物流的重要基础。物流有共性,但不同国家有其特性,例如日本的物流,海运是其非常突出的特点,日本国土狭小,覆盖全国的配送系统也很有特点。美国物流中,大型汽车的作用就非常突出等。研究认识各国物流的特点,能够促进互相学习、促进各个区域物流的发展。

区域物流尤其是地区物流、地方物流,作为区域经济大系统的子系统,都是相对独立的经济利益主体,每个区域或地区都有其自身的经济利益。区域物流的形成与物流水平的提高是区域或地区经济利益的反映,因而,区域或地区之间的物流竞争是合理的,符合市场经济发展要求,有利于提高整个国民经济发展水平,应当受到鼓励、保护和正确引导。但在一国之内,区域物流应当接受国家宏观调控,相互之间的支持、帮助也是必要的。

### (二)按照物流在供需链中的作用分类

供需链是在生产及流通过程中,为将货物或服务提供给最终消费者而创造价值,连接上游与下游而形成的组织网络。为了提高效率和降低成本,供需链中的物流活动应按照专业化原则进行组织,即在整个供需链上,可以有不同类型的物流。

**1.供应物流**

为生产企业、流通企业或消费者购入原材料、零部件或商品的物流过程称为供应物流,也就是商品生产者、持有者至使用者之间的物流(为生产企业提供原材料、零部件或其他物品时,物品在提供者与需求者之间的实体流动)。对于工厂而言,是指生产活动所需要的原材料、备件等物资的采购、供应活动所产生的物流;对于流通领域来说,是指交易活动中,从买方立场出发的交易行为中所发生的物流。企业的流动资金大部分是被购入的物资材料及半成品占用,因此供应物流的严格管理及合理化对于企业的成本有重要影响。

2. 生产物流

从工厂的原材料购进入库起,直到工厂产品库的产品发送为止,这一全过程的物流活动称为生产物流。这是制造产品的工厂企业所特有的,与生产流程同步。原材料、半成品等按照工艺流程在各个加工点之间不停顿的移动、流转形成了生产物流。如果生产物流中断,生产过程也将停止。生产物流的合理化对于工厂的生产秩序、生产成本有很大影响。生产物流均衡稳定,保证了在制品的顺畅流转,缩短生产周期。

3. 销售物流

销售物流是指企业为实现自身的经营利润,产品所有权转让给客户的物流活动。

生产企业、流通企业售出的产品或商品的流通过程称为销售物流,是指从产品的生产者或持有者到用户或消费者之间的物流。对于工厂来说是指售出产品,而对于流通企业来说是指交易活动中,从卖方角度出发的交易行为中的物流。通过销售物流,企业得以回收资金,进行再生产活动。销售物流的效果关系到企业的存在价值是否被社会承认。销售物流的成本在产品及商品的最终价格中占有一定的比例。因此,在市场经济中为了增强企业的竞争力,销售物流的合理化是可以收到立竿见影效果的。

4. 回收物流

企业在生产、供应及销售活动中总会产生各种衍生产品及废料,对它们的处理就是回收物流。在生产和流通活动中有一些物资是要回收并加以利用的,如作为包装物的纸箱、塑料瓶、啤酒瓶等,建筑业的脚手架也属于这一类物资。还有可用杂物的分类和再加工,例如旧报纸、书籍通过回收、分类可以再制成纸浆加以利用,特别是金属的废弃物,由于金属具有良好的再生性,可以回收并重新熔炼成有用的原材料。目前我国冶金生产每年有3000万吨废钢铁作为炼钢原料来使用,也就是说我国钢产量中有30%以上是由回收的废钢铁重熔冶炼而成的。回收物资种类繁多,流通渠道也不规则,且多有变化,因此管理和控制的难度较大。

5. 废弃物物流

废弃物物流是指对企业排放的无用物进行运输、装卸和处理的物流活动。生产和流通系统中所产生的废弃物,如开采矿山时产生的土石,炼钢中产生的废渣、工业废水,以及其他一些无机垃圾等。如果不妥善处理,不但没有再利用价值,还会造成环境污染,就地堆放会占用生产用地以致妨碍生产。对这类物资的处理过程产生了废弃物物流,废弃物物流没有经济效益,但是具有不可忽视的社会效益。为了减少资金消耗,提高效率,更好地保障生活和生产的正常进行,对废弃物的综合利用及研究很有必要。

### (三)按照物流系统性质分类

按照物流系统性质可以分为企业物流和行业物流。

#### 1.企业物流

企业是为社会提供产品或服务的一个经济实体。一个工厂，要购进原材料，经过若干工序的加工，形成商品销售出去，必然涉及物品实体流动。企业物流是企业在生产经营活动中所发生的加工、检验、运输、存储、包装、装卸等物流活动。

#### 2.行业物流

同一行业中的企业是市场竞争中的对手，但是在物流领域中常常互相协作、共同促进行业物流的合理化。例如日本的建筑机械行业，提出行业物流系统化的具体内容有：各种运输手段的有效利用；建设共同的零部件仓库，实行共同集中配送；建立新旧设备及零部件的共同流通中心；建立技术中心，共同培训操作人员和维修人员；统一规定机械的规格等。又如在大量消费品方面，采用统一发票，统一商品规格，统一法规政策，统一托盘规格，陈列柜和包装模数化等。

### (四)按照物流活动的主体分类

可以按照物流活动的承担主体，划分为企业自营物流、专业子公司物流和第三方物流。

#### 1.企业自营物流

企业要出产品就如同军队要打仗一样，也要有后方的支援和保障，即产品制造需要组织原材料或零部件的供应，优化工厂和车间的布局，保持一定的库存；市场营销需要将产品运送到有市场需求的地方去，以及在流通过程中对产品实施必要的加工处理；等等。这就需要企业(尤其是生产制造企业)自身开展物流业务，企业自备车队、仓库、场地、人员，自给自足的自营物流已成为传统企业物流的主体。在该方式下，企业也会向仓储企业购买仓储服务，向运输企业购买运输服务，但是这些服务都只限于一次或一系列分散的物流功能，而且是临时性的纯市场交易的服务。

企业开展自营物流主要有两种表现形式：

(1)物流功能自备。该种表现形式在传统企业中非常普遍，企业自备仓库，自备车队等，企业拥有一个完备的自我服务体系。这其中又包含两种情况：一是企业内部各职能部门彼此独立地完成各自的物流使命。二是企业内部设有物流运作的综合管理部门，通过资源和功能的整合，专设企业物流部或物流公司来统一管理企业的物流运作。我国的工业企业基本上还处于第一种情况，但也已经有不少企业开始设立物流部或物流公司，如海尔公司。

(2)物流功能外包。该种表现形式主要包括两种情况：一是将有关的物流服务委托给物流企业去做，即从市场上购买有关的物流服务。如由专门的运输公司负责原料和产品的运输。二是物流服务的基础设施为企业所有，但委托有关的物流企业来运作，如请仓库管理公司来管理仓库，或请物流企业来运作管理现有的企业车队。

### 2.专业子公司物流

物流专业子公司一般是指在大型企业集团中，将物流部门成立单独的子公司作为企业集团中的一员，在承担本企业集团物流的责任之外，还作为独立法人开展与集团外其他企业物流经营服务活动。

物流子公司是一个自负盈亏、自我核算的独立经营实体，这样有利于其内部进行有效的物流费用管理，控制物流成本水平。另外，成立物流子公司后，为了自己的经营利益，物流子公司会努力实现物流的合理化和现代化，提升物流工作的效率，以适应生存和竞争的要求。最后，物流子公司具有对外承接各种物流服务的功能，这帮助总公司拓展了经营领域，实现了多角化经营，利于公司整体的发展。从相互关系上看，物流子公司和其他企业子公司的关系可以是一般联合形式，也可以是相互持股关系，总公司之间还可以是控股关系。

日本的企业大多数都有自己的物流公司。东芝公司为了开拓新的业务，在1974年出资建立了东芝物流（株）的独立物流子公司，主要管理东芝集团的家电产品和信息产品。随后，日本其他电子行业也陆续建立起自己的物流子公司。东芝公司的内部物流业务大概在70%左右，外部业务在30%左右，基本上实现了与社会物流公司的资源共享。日本的家电行业基本采用这种模式，内部物流为主，外部物流为辅，比如松下、索尼等。

### 3.第三方物流（3PL）

第三方物流（Third—Party Logistics，3PL，也简称TPL）的概念源自管理学中的"Out—sourcing"，意指企业动态地配置自身和其他企业的功能和服务，利用外部的资源为企业内部的生产经营服务；将"Out—sourcing"引入物流管理领域，就产生了第三方物流的概念。所谓第三方物流是指生产经营企业为集中精力搞好主业，把原来属于自己的物流活动，以合同方式委托给专业物流服务企业，同时通过信息系统与物流企业保持密切联系，以达到对物流全程管理和控制的一种物流运作与管理方式。因此第三方物流又叫合同制物流。

第三方物流是相对"第一方"发货人和"第二方"收货人而言的，它通过与第一方或第二方的合作来提供其专业化的物流服务，它不拥有商品，不参与商品买卖，而是为顾客提供以合同约束、以结盟为基础的系列化、个性化、信息化的物流代理服务，以这种方式企业可以更好地提高物流运作效率以及降低物流成本，它已成为现代物流管理的主流模式。包括设计物流系统、EDI能力、报表管理、货物集运、选择承运人、货代人、海关代理、信息管理、仓储、咨询、运费支付和谈判等。

## （五）按照物流的经济学意义分类

按照经济学意义可以将物流分为宏观物流和微观物流。

### 1.宏观物流

宏观物流是指社会再生产总体的物流活动，从社会再生产总体角度认识和研究的物流活动。这种物流活动的参与者是构成社会总体的大产业、大集团，宏观物流也就是研究社会再生产总体物流，研究产业或集团的物流活动和物流行为。

宏观物流还可以从空间范畴来理解，在很大空间范畴的物流活动，往往带有宏观性，在很小空间范畴的物流活动则往往带有微观性。宏观物流也指物流全体，从总体看物流而不是从物流的某一个构成环节来看物流。

因此，在我们经常提出的物流活动中，下述若干物流应属于宏观物流，即社会物流、国民经济物流、国际物流。宏观物流研究的主要特点是纵观性和全局性。宏观物流主要研究内容是物流总体构成，物流与社会关系在社会中之地位，物流与经济发展的关系，社会物流系统和国际物流系统的建立和运作等。

2.微观物流

微观物流也称企业物流（Internal logistics），是指消费者、生产企业所从事的物流活动，物流活动以企业为范围，面向企业。在整个物流活动中，其中的一个局部、一个环节的具体物流活动也属于微观物流；在一个小地域空间发生的具体的物流活动也属于微观物流；针对某一种具体产品所进行的物流活动也是微观物流。我们经常涉及的下述物流活动皆属于微观物流，即企业物流、生产物流、供应物流、销售物流、回收物流、废弃物流、生活物流等，微观物流研究的特点是具体性和局部性。由此可见，微观物流是更贴近具体企业的物流。

微观物流是一个自适应体系。企业物流是一个承受外界干扰作用的、具有输入—转换—输出功能的自适应体系。微观物流活动具有连续性。企业内部的生产物流是由静态和动态相结合的节点连接在一起形成的网状结构，它把整个生产企业的所有孤立的作业点、作业区域有机联系在一起，构成了一个连续不断的企业内部物流体系。物料流转是微观物流的关键特征。生产物流是微观物流的核心内容，而物料流转又贯穿于生产、加工制造过程的始终。无论是大范围的厂区、库区、车间，还是小范围的工序之间、机台之间，都存在大量频繁的物料流转运动，因此微观物流的目标应该是提供畅通无阻的物料流转，保证生产过程顺利、高效率地进行。从企业实践来看，物料流转网络不畅也恰恰是许多企业经营管理中的瓶颈。

# 第二节 现代物流的发展动态

现代物流是伴随社会化大生产进程产生和发展的，随着科学技术的进步、贸易范围的扩大，其功能也在不断拓展，服务领域不断延伸。因此现代物流的发展呈现出一体化、网络化、智能化、专业化、柔性化、标准化、社会化、国际化、精益化和绿色物流等趋势。

## 一、现代物流的特征及发展趋势

1.现代物流的概念

现代物流（Modern Times Logistics）指的是将信息、运输、仓储、库存、装卸搬运以及包装等物流活动综合起来的一种新型的集成式管理，其任务是尽可能降低物流的总成本，为顾客提供最好的服务。我国许多专家学者则认为:"现代"物流是根据客户的需求,以最经济的费用,将物流从供给地向需求地转移的过程。它主要包括运输、储存、加工、包装、装卸、配送和信息处理等活动。

2.现代物流的特征

根据国外物流发展情况,将现代物流的主要特征归纳为以下几个方面:

(1)物流反应快速化

物流服务提供者对上下游的物流、配送需求的反应速度越来越快,前置时间越来越短,配送间隔越来越短,物流配送速度越来越快,商品周转次数越来越多。

(2)物流功能集成化

现代物流着重于将物流与供应链的其他环节进行集成,包括物流渠道与商流渠道的集成、物流渠道之间的集成、物流功能的集成、物流环节与制造环节的集成等。

(3)物流服务系列化

现代物流强调物流服务功能的恰当定位与完善化、系列化。除了传统的储存、运输、包装、流通加工等服务外,现代物流服务在外延上向上扩展至市场调查与预测、采购及订单处理,向下延伸至配送、物流咨询、物流方案的选择与规划、库存控制策略建议、货款回收与结算、教育培训等增值服务;在内涵上则提高了以上服务对决策的支持作用。

(4)物流作业规范化

现代物流强调功能、作业流程、作业、动作的标准化与程式化,使复杂的作业变成简单的易于推广与考核的动作。

(5)物流目标系统化

现代物流从系统的角度统筹规划一个公司整体的各种物流活动,处理好物流活动与商流活动及公司目标之间、物流活动与物流活动之间的关系,不求单个活动的最优化,但求整体活动的最优化。

(6)物流手段现代化

现代物流使用先进的技术、设备与管理为销售提供服务,生产、流通、销售规模越大、范围越广,物流技术、设备及管理越现代化。计算机技术、通信技术、机电一体化技术、语音识别技术等得到普遍应用。世界上最先进的物流系统运用了全球卫星定位系统(GPS)、卫星通信、射频识别装置(RF)、机器人,实现了自动化、机械化、无纸化和智能化,如20世纪90年代中期,美国国防部(DOD)为在前南地区执行维和行动的多国部队提供的军事物流后勤系统就采用了这些技术,其技术之复杂与精尖堪称世界之最。

(7)物流组织网络化

为了保证对产品促销提供快速、全方位的物流支持,现代物流需要有完善、健全的物流网络体系,网络上点与点之间的物流活动保持系统性、一致性,这样可以保证整个物流网络有最优的总库存水平及库存分布,运输与配送快速、机动,既能铺开又能收拢。分散的物流单体只有形成网络才能满足现代生产与流通的需要。

(8) 物流经营市场化

现代物流的具体经营采用市场机制，无论是企业自己组织物流，还是委托社会化物流企业承担物流任务，都以"服务—成本"的最佳配合为总目标，谁能提供最佳的"服务—成本"组合，就找谁服务。国际上既有大量自办物流相当出色的"大而全"、"小而全"的例子，也有大量利用第三方物流企业提供物流服务的例子。比较而言，物流的社会化、专业化已经占到主流，即使是非社会化、非专业化的物流组织也都实行严格的经济核算。

(9) 物流信息电子化

由于计算机信息技术的应用，现代物流过程的可见性(Visibility)明显增加，物流过程中库存积压、延期交货、送货不及时、库存与运输不可控等风险大大降低，从而可以加强供应商、物流商、批发商、零售商在组织物流过程中的协调和配合以及对物流过程的控制。

3. 现代物流和传统物流的比较

为了更深刻地认识二者的区别，下面从物流功能、运作理念、价值实现和管理模式四个角度对现代物流和传统物流做一比较分析。

(1) 从物流功能上看，传统物流的主要功能是运输和仓储，而现代物流则包括了除运输、仓储之外的物流配送、物流信息技术处理和物流服务等诸多功能，同时强调功能的集成。物流功能的集成是现代物流与传统物流的本质区别之一。

(2) 从运作理念上看，传统物流理念是以企业的生产制造过程即产品生产为价值取向的。企业在向市场提供服务时，主要着眼于企业所拥有的资源并以自身的成本核算为服务价值取向，从而造成了比较淡薄的服务意识。服务意识的缺乏主要表现在服务的被动性、波动性、短期性，难以达到服务增值的目的。现代物流理念则是以企业的客户服务为价值中心取向，因而更加强调了物流运作的客户服务导向性。现代企业物流服务由传统的单项发展到综合，由一般化发展到个性化。

(3) 从价值实现上看，传统物流主要通过商流与物流的统一来实现物的使用价值的转换，从而创造时间价值和空间价值，价值实现的方式和途径比较单一。现代物流强调以满足消费者和市场需求为目标，以第三方物流为基础，联合供应商和销售商，把战略、市场、研发、采购、生产、销售、运输、配送和服务等各个环节的活动有机整合在一起。现代物流通过"商"、"物"分离，降低物流成本，优化物流资源配置，加强物流信息化建设，提供特色和专业物流服务等来实现物流价值的增值，其价值实现的方式和途径灵活多样。

(4) 从管理模式上看，传统物流还没有出现真正意义上的物流管理意识。物流各要素相互之间独立发展，基础设施和管理机构"条块分割"现象严重，强调单项的物流管理，不能控制物流链，而且商流与物流合一，以第一、第二方物流为主等。在物流成本管理上，不是以降低物流总成本为目标，而是分别停留在降低运输成本和保管成本等个别环节上，结果只能是物流总成本的上升。现代物流的管理强调建立横向产业关联或系统集成的新机制，超越现有的组织界限，由企业内部延伸到企业外部而注重外部关系，将供应商、分销商以及用户等纳入物流管理的范围，并建立和发展具有网络组织特点的物流联盟，实现最终消费者和供应商之间的物流与信息流的整合。

此外，二者在信息和信息技术应用水平、专业化分工水平、系统化和一体化水平上也是不同的。

4.现代物流业的发展趋势

现代物流的发展趋势呈现出全球化、多功能化、系统化、信息化和标准化的特征，其中信息化是现代物流的核心。现代物流充分利用现代信息技术，打破了运输环节独立于生产环节之外的行业界限，通过供应链建立起对企业产供销全过程的计划和控制，从而实现物流信息化，即采用信息技术对传统物流业务进行优化整合，达到降低成本、提高水平的目的。

(1)第三方物流日益成为物流服务的主导方式

从欧美看，生产加工企业不再拥有自己的仓库，而由另外的配送中心为自己服务，已经成为一种趋势。1998年美国某机构对制造业500家大公司的调查显示，将物流业务交给第三方物流企业的货主占69%（包括部分委托）。同时研究表明，美国33%和欧洲24%的非第三方物流服务用户正积极考虑使用第三方物流服务。

(2)信息技术、网络技术广泛应用

信息技术、网络技术日益广泛应用于物流领域，物流与电子商务日益融合。20世纪70年代电子数据交换技术(EDI)在物流领域的应用曾简化了物流过程中烦琐、耗时的订单处理过程，使得供需双方的物流信息得以即时沟通、物流过程中的各个环节得以精确衔接，极大地提高了物流效率。而互联网的出现则促使物流行业发生了革命性的变化，基于互联网实现的及时准确的信息传递，满足了物流系统高度集约化管理的信息需求，保证了物流各网络点和总部之间以及各网点之间信息的充分共享。

(3)物流全球化

物流全球化就是以满足全球消费者的需求为目标，组织货物在国际间的合理流动，也就是发生在全球范围内的物流。具体而言就是在全球范围内，把商品的采购、运输、仓储、加工、整理、配送、销售和信息等方面有机结合起来，选择最佳的方式与路径，以最低的费用和最小的风险，保质、保量、适时地将货物从某国的供方运到另一国的需方，为消费者提供多功能、一体化的综合性服务。物流全球化的实质是按国际分工协作的原则，依照国际惯例，利用国际化的物流网络、物流设施和物流技术，实现商品和服务全球流动与交换，以促进区域经济的发展和世界资源优化配置。

二、第三方物流

1.第三方物流兴起的原因

随着专业化物流对商品生产、流通和消费的影响日益明显，越来越引起人们的注意。物流对企业在市场上能否取胜的决定作用变得越来越明显。从本质上说，企业在市场上的表现主要是由产品的质量、价格以及产品的供给三个因素决定，其中任何一个因素对企业的竞争能力都起着重要的影响作用，而这三个因素都分别直接受到物流的影响。世界经济将在纵向上对工业、供应商、客服、贸易和物流公司进行重新分工，鉴入生产以及销售环节的物流公司的出现将是物流业发展的必然趋势。随着现代企业生产经营方式的变革和市场外部条件的变化，"第三方物流"(Third Party Logistics)这种物流形态开始引起人们的重视，并对此表现出极大的兴趣。在西方发达国家，先进企业的物流模式已开始向第三方物流方向转变。

首先，信息技术的发展为第三方物流的兴起提供了技术支持和物质基础。以信息技术为标志的新技术的兴起，带动了全球经济的迅速发展，全球经济日趋一体化。

其次，第三方物流是一般企业与物流企业的专业化分工强化的结果。市场竞争日益国际化的发展，使得市场范围大规模扩大，这促进了专业化的进一步发展。社会专业化发展的过程必定会伴随着大量企业调整其经营范围的行为。于是一些物流活动为非核心业务的企业为了更好地利用社会分工带来的好处，就会把物流活动交给以物流活动为其核心业务的企业来运作，这也促进了第三方物流的兴起。

再次，现代管理思想和管理技术推动了第三方物流的发展。进入20世纪90年代后，信息技术的高速发展与社会分工的进一步细化，推动着管理技术和管理思想的迅速更新，由此产生了供需链、虚拟企业等一系列强调外部协调和合作的新型管理理念。这些理念对物流活动提出了零库存、准时制、快速反应等更高的要求，复杂的物流活动使得一般企业很难承担此类业务，这就产生了对专业化物流服务的需求。第三方物流正是为满足这种需求而产生的。

最后，第三方物流是物流领域企业自身竞争的结果。随着经济自由化和贸易全球化的发展，物流领域的政策不断放宽，同时物流企业自身竞争也日益激烈化，物流企业为了自身更好的发展，需要不断地拓展服务内涵和外延，从而最终导致了第三方物流的出现。

2.第三方物流的定义与内涵

第三方物流(Third Party Logistics 缩写为 3PL 或 TPL)的概念源自管理学中的 Out-sourcing。Out-sourcing 是指企业动态地配置自身和其他企业的功能和服务，利用外部的资源为企业内部的生产经营服务。将 Out-sourcing 引入物流管理领域，就产生了第三方物流。

第三方物流又称为契约物流、合同物流、物流联盟和物流外部化，是指生产经营企业为集中精力搞好主业，把原来属于自己企业的物流活动，以合同的方式委托给第三方物流企业，同时通过信息系统与第三方物流企业保持密切联系，以达到对物流全过程的管理和控制的一种物流运作和管理模式。第三方物流企业是指受各个供方企业和需方企业的委托、专业承包他们各项物流业务活动的物流企业，它是实现第三方物流活动的载体。

第三方物流是随着物流业的发展而发展的，它是物流专业化的重要形式：只有当物流业发展到一定阶段，才会出现第三方物流，同时第三方物流的占有率与物流产业发展水平之间也存在着非常规律的相关关系。西方国家的物流业实证分析证明,独立的第三方物流要占社会物流总量的50%时,现代物流产业才能形成。所以,第三方物流的发展程度反映和体现着一个国家物流业发展的整体水平。

3.第三方物流的特点

第三方物流作为一种新型物流形式,它与传统物流相比具有以下几大特点:

(1)第三方物流运作是建立在电子信息技术基础之上的。信息技术的发展是第三方物流出现的必要条件。第三方物流在信息技术的支持下,可以使物流数据更快速、准确地传递,提高库存管理、装卸运输、采购、订货、配送发货、订单处理的自动化水平,使订货、包装、保管、运输、流通加工等实现一体化。同时,接受第三方物流服务的企业可以更方便地使用信息技术与第三方物流企业进行交流和协作,保证了物流的高效运行。目前,第三方物流企业普遍使用的信息技术有:实现信息快速交换的EDI技术、实现资金快速支付的EFT技术、实现信息快速输入的条形码技术和实现网上交易的电子商务技术等。

(2)第三方物流是以合同为导向(又称合同制物流),按系统工程运作的,提供全面的物流服务。第三方物流不仅能为物流委托方提供传统的运输、仓储服务,而且能为其提供多功能甚至全方位的物流服务。第三方物流根据合同条款规定,把客户企业的物流当作系统工程来运作,把涉及物流的各个相关要素全部纳入物流系统,分析系统中各个要素相互之间的作用和每个要素对系统功能的独立作用,使整个物流系统达到最优化。一般而言,第三方物流能提供仓库管理、运输管理、订单处理、产品回收、搬运装卸、物流信息系统规划、物流方案设计、物流信息搜索管理、产品安装装配、运输、报关等全面的物流服务。

(3)第三方物流与客户企业之间是利益共享,风险共担的战略联盟关系。第三方物流企业作业效率的提高会加快物流速度,降低单位物流成本,节约双方的交易费用,有利于货主企业提高产品市场占有率,增加利润,这又必然会扩大货主企业对第三方物流的需求规模。因此,可以说双方具有利益一致性,第三方物流与其客户之间不是一般意义上的买卖关系,而是利益共享、风险共担的战略联盟关系。不断降低物流成本,不断提高物流生产效率,以最少的投入获得最大的利润,是客户企业与第三方物流企业共同追求的目标。

(4)第三方物流可提供特殊的、"量体裁衣"式的、个性化的增值物流服务。传统物流的服务项目较为单一,多是提供公共性的常规化服务,而第三方物流提供的是全方位的物流服务。由于物流需求方所在行业和企业自身运作方式的不同以及用户对物流企业的要求也很不一样,因而要求第三方物流服务需按照客户的流程来定制,提供个性化物流服务。

(5)第三方物流企业不一定具备物流作业能力。第三方物流企业一般充当中间人或代理人的角色,依靠自己的特殊经济功能来获取利润。有时它只是利用自己丰富的专业知识和经验为物流的供需双方提供有价值的物流解决方案,它可以将一些具体的物流活动对外委托给其他的物流公司,而自身只负责物流系统设计和对物流系统运营承担责任。

总之,第三方物流是在物流渠道中由第三方提供的服务,第三方以合同的形式在一定期限内,提供企业所需的全部或部分个性化的物流服务。第三方物流并不在供需链中占有一席之地,仅是第三方,但第三方物流大大延伸了传统物流的服务领域,通过提供的一整套物流活动来服务于供需链。

4. 第三方物流发展的现状

(1) 发达国家第三方物流发展的现状

第三方物流自 20 世纪 80 年代中期在欧美等国出现以来,以其高效率、低成本的物流服务优势引起了人们极大的兴趣和重视,被誉为企业发展的"加速器",21 世纪的"黄金产业"。

美国最早提出了第三方物流这一概念,但第三方物流的最初发源地却在欧洲,因此欧洲企业接受第三方物流服务的比例也相对较高。欧洲的第三方物流企业,以汽车制造厂和家电生产厂为主要顾客,以制造业为中心而进行第三方物流服务。在欧洲,1290 亿欧元的物流服务市场,约 1/4 由第三方物流完成。其中德国 99% 的运输业务和 50% 以上的仓储业务交给了第三方物流;英国的第三方物流,在商业领域已从货物配送发展到店内物流,即零售店从开门到关门,从清扫店堂到补货上架等原先由商店营业员负责的一系列服务工作,全部交给第三方物流商完成。在美国,第三方物流业虽然仍被认为尚处于发展期,但第三方物流正以两位数的速度持续发展。美国最大的生产性公司中约有 74% 使用第三方物流商提供的服务,目前,第三方物流在整个物流市场中的比重,日本已达到 80%,美国达 57%,德国为 23.3%。

(2) 国内第三方物流发展的现状

目前,我国物流业的发展尚处于起步阶段,与世界上发达国家的企业相比,尚有很大差距。据统计,目前德国的物流成本已下降到国民生产总值的 10% 左右,日本则下降到 6.5%,而我国的物流成本却占国民生产总值比重 30% 以上。在我国企业的全部物流中,第三方物流所占比重又明显偏低。据中国仓储协会于 2000 年 3～4 月对全国范围内的供求状况进行的调查,生产企业原材料的物流中,第三方承担的比例仅为 18%,而商业企业物流中第三方承担得更少,仅占总比例的 5.9%。这种现象的存在,一方面,说明许多工商企业仍受"大而全、小而全"思想及纵向一体化模式的约束,从"肥水不流外人田"的角度思考问题,宁愿自己设置仓储库房、运输车队、包装和加工车间从事物流活动,宁愿承担高额费用和各种风险,也不愿将业务转包给第三方;另一方面,说明第三方物流在我国还远不成熟,尚缺乏将物流管理单项功能进行集成化、专业化管理的经验,存在着信息不灵、运输不快捷、仓储设备不完善、服务质量不过关等问题,还没有将制造商与购买方信息集合在一起并快速有效处理的能力。

20 世纪 90 年代中期,第三方物流的概念开始传到我国。我国第三方物流企业从形成途径看,大体有四种类型:

第一种是传统仓储、运输企业经过改造转型而来的,它占据较大市场份额。如中远国际货运公司、中国对外贸易运输(集团)总公司、中国储运总公司等。

第二种是新创办的国有或国有控股物流企业,它们是现代企业改革的产物,管理机制比较完善,发展比较快。例如,中海物流公司成立于 1993 年 11 月,从仓储开始发展物流业务,现发展成为国际大型跨国物流公司——提供包括仓储、运输、配送、报关等多功能物流服务的第三方物流企业。

第三种是外资和港资物流企业,它们一方面为原有客户——跨国公司进入中国市场提供延伸服务;另一方面用它们的经营理念、经营模式和优质服务吸引中国企业,逐渐向中国物流市场渗透。

第四种是民营物流企业。它们具有机制灵活、管理成本低等特点,发展迅速,是我国物流行业中最具朝气的第三方物流企业。如广州的宝供物流集团,经过几年的开拓创新,已在澳大利亚、泰国、中国香港及国内主要城市设有40多个分公司或办事处,成为40多个跨国公司和一批国内企业提供国际物流服务的物流集团公司。

从提供的服务范围和功能来看,我国的第三方物流企业仍以运输、仓储等基本物流业务为主,加工、配送、定制服务等增值服务功能还处在发展完善阶段。像宝供、中海这样功能完善的第三方物流企业目前为数不多,规模也不是很大。中远集团、中外运集团、中国储运总公司等大型的运输、仓储企业虽已向第三方物流企业转化,但它们的传统运输、仓储业务仍占主要部分,第三方物流的功能还不完善。食品物流的发展首先受限于我国的第三方物流发展。调查显示,我国的第三方物流能提供的综合性服务还不足总体需求的5%。

### 三、第四方物流

信息技术以及电子商务的飞速发展,带来了物流模式的不断变革。当第三方物流刚刚被世界物流界普遍认同时,一种全新的物流理念——第四方物流又在物流界备受瞩目。虽然它还处于萌芽阶段,但随着对物流服务更深层次、更全面要求的提高,第四方物流必将会有广阔的发展前景。

1.第四方物流的概念

第四方物流(4PL)的概念是1998年由著名的安德森(或埃森哲)管理顾问公司首先提出并注册的。他们认为:"所谓第四方物流是专门为第一方、第二方和第三方提供物流规划、咨询、物流信息系统、供应链管理等活动。第四方并不实际承担具体的物流运作活动。"

第四方物流供应商是一个供应链的集成商,又称之为"总承包商"或"领衔物流服务商"。通俗地讲,所谓第四方物流是指集成商们利用分包商来控制与管理客户公司的点到点式供需链运作,不仅控制和管理特定的物流服务,而且对整个物流过程提出策划方案,并通过电子商务将这个过程集成起来。

它实际上是一种虚拟物流,是依靠业内最优秀的第三方物流供应商、技术供应商、管理咨询顾问和其他增值服务商,整合社会资源,为用户提供独特的和广泛的供应链解决方案。这是任何一家公司所不能单独提供的。因此,第四方物流的特点之一是其提供了一整套完善的供应链解决方案,以有效地适应需方多样化和复杂的需求,集中所有的资源为客户完善地解决问题。它不仅集成了管理咨询和第三方物流(3PL)服务商的能力,更重要的是,一个前所未有的、使客户价值最大化的统一的技术方案的设计、实施和运作,只有通过咨询公司、技术公司和物流公司的齐心协力才能够实现。

第四方物流在解决企业物流的基础上,整合社会资源,解决物流信息充分共享、社会物流资源充分利用的问题。因此,它也是发挥政府职能、推进我国现代物流产业发展所能做的唯一切入点。所以,第四方物流是中国物流业发展和提升的助力器。

第四方物流的前景非常诱人,但是成为第四方物流的门槛也非常得高。

美国和欧洲的经验表明,要想进入第四方物流领域,企业必须在某一个或几个方面已经具备很强的核心能力,并且有能力通过战略合作伙伴关系很容易地进入其他领域。专家列出了一些成为第四方物流的前提条件:

- 世界水平的供应链策略制定、业务流程再造、技术集成和人力资源管理能力;
- 在集成供应链技术和外包能力方面处于领先地位;
- 在业务流程管理和外包的实施方面有一大批富有经验的供应链管理专业人员;
- 能够同时管理多个不同的供应商;具有良好的关系管理和组织能力;
- 全球化的地域覆盖能力和支持能力;
- 对组织变革问题的深刻理解和管理能力。

2.第四方物流与第三方物流的区别

第三方物流企业是为客户提供所有的或一部分供需链物流服务,以获取一定的利润,它的最大附加值是基于信息和知识,它以一定程度上的信息整合为契机,提供物流供需链上的一条龙服务。而第四方物流企业是通过影响整个供需链的能力来为客户提供更为复杂的供需链解决方案和价值。两者的区别在于:

(1)第三方物流侧重于实际的物流运作以及面对客户需求的一系列信息化服务,它通过将供需链上每一环节的信息进行比较和整合,力求达到跟踪满足客户需求的目标。而第四方物流则侧重于从宏观上对供需链进行优化管理,其优势在于管理理念的创新和变革管理能力,它的目标在于将一定区域内甚至全球范围内的物流资源根据客户的需要进行优化配置。

(2)第三方物流帮助企业节约了物流成本、提高了物流效率。但是第三方物流在整合社会所有的物流资源以解决物流瓶颈、达到最大效率方面显得力不从心。从局部来看,第三方物流是高效率的。但从地区、国家的整体来说,第三方物流企业各自为政,这样的结果"不一定是高效率的,甚至是低效率的"。同时在实际的运作中,第三方物流企业缺乏对整个供需链进行运作的战略性专长设计和整合供需链流程的相关技术。第四方物流却能在整体范围内有效率地整合资源,依靠业内最优秀的第三方物流供应商、技术供应商、管理咨询顾问和其他增值服务商,为客户提供独特的和广泛的供需链解决方案,形成区别于第三方物流的最大优势。

例如,北京富基创联管理咨询有限公司为北京吉野家快餐有限公司提供的第四方物流服务,包括仓储管理功能、领料管理功能、订单管理功能、供应商管理功能、业务管理功能、生产管理功能、数据管理功能、运输管理功能和绩效考核、成本核算、报表分析,等等。

3.第四方物流的运作模式

第四方物流的运作模式分为:协同运作模式、方案集成商运作模式和行业创新模式。

(1)协同运作模式是指第四方物流和第三方物流共同开发市场,第四方物流向第三方物流提供一系列的服务,包括技术、供需链策略、进入市场的能力和项目管理的能力。第四方物流在第三方物流公司内部工作,其思想和策略通过第三方物流这样一个具体实施者来实现,以达到为客户服务的目的。第四方物流和第三方物流一般会采用商业合同的方式或者战略联盟的方式合作。

(2)方案集成商运作模式

在这种模式中,第四方物流为客户提供运作和管理整个供需链的解决方案,第四方物流对自身和第三方物流的资源、能力和技术进行综合管理,借助第三方物流为客户提供全面的、集成的供需链方案。第三方物流通过第四方物流的方案为客户提供服务,第四方物流是一个枢纽,具有集成多个服务供应商和客户的能力。

(3)行业创新模式

在行业创新者模型中,第四方物流为多个行业的客户开发和提供供需链解决方案,以整合整个供需链的职能为重点。第四方物流将第三方物流加以集成,向下游客户提供解决方案。在这里,第四方物流的责任非常重要,因为它是上游第三方物流的集群和下游客户集群的纽带。行业解决方案会给整个行业带来最大的利益。第四方物流会通过卓越的运作策略、技术和供需链的运作来提高整个行业的效率。

第四方物流无论采取哪一种模式,都突破了单纯发展第三方物流的局限性,能真正地低成本运作,实现最大范围的资源整合。

## 四、逆向物流

全球知名的化妆品品牌雅诗兰黛(Estee Launder)一年的销售额高达40亿美元,而其每年因为退货、过量生产、报废和损坏的商品也很惊人,达1.9亿美元,约占销售额的4.75%。美国的消费电子业,每年的退货额超过150亿美元。如今,美国各行业每年的退货额已达到650亿美元。中国每年因退货、过量生产、不合格品退回、报废和损坏等产生的损失正在以惊人的速度增长,开展逆向物流对遭遇巨大资源和环境制约的中国而言,前景诱人。

随着人们环保意识的增强、政府环境立法的加快和法规约束力度的加大,逆向物流正在被社会各界越来越多的人士所认识和重视。而基于人口、资源、环境和谐发展的要求和提升企业竞争优势的目标,一些国际知名企业,如通用汽车、IBM、惠普、西门子、飞利浦、西尔斯等已先行一步进入逆向物流领域,产生了良好的经济效益和社会影响。然而在中国,逆向物流仍然未能引起企业界的普遍重视,绝大多数企业也都对逆向物流退避三舍。

1.逆向物流的概念

目前,理论界对逆向物流概念表述也有很多,较专业、准确地概括其特点的定义是:与传统供应链反向,为价值恢复或处置合理而对原材料、中间库存、最终产品及相关信息从消费地到起始点的有效实际流动所进行的计划、管理和控制过程。可见,逆向物流的表现是多样化的,从使用过的包装到经处理过的电脑设备,从未售商品的退货到机械零件,等等。也就是说,逆向物流包含来自客户手中的产品及其包装品、零部件、物料等物资的流动。简而言之,逆向物流就是从客户手中回收用过的、过时的或者损坏的产品和包装开始,直至最终处理环节的过程。但是现在越来越被普遍接受的观点是,逆向物流是在整个产品生命周期中对产品和物资的完整的、有效的和高效的利用过程的协调。

逆向物流有广义和狭义之分。狭义的逆向物流(Returned Logistics)是指对那些由于环境问题或产品已过时的原因而将产品、零部件或物料回收的过程。它是将排泄物中有再利用价值的部分加以分拣、加工、分解,使其成为有用的资源重新进入生产和消费领域。广义的逆向物流除了包含狭义的逆向物流的定义之外,还包括废弃物物流的内容,其最终目标是减少资源使用,并通过减少使用资源达到废弃物减少的目标,同时使正向以及回收的物流更有效率。

2001年8月1日起正式实施的《中华人民共和国国家质量标准物流术语》中所讲的"逆向物流"就是狭义的逆向物流,是指不合格物品的返修、退货以及周转使用的包装容器从需方返回到供方所形成的物品实体流动。比如回收用于运输的托盘和集装箱、接受客户的退货、收集容器、原材料边角料、零部件加工中的缺陷在制品等方面物品实体的反向流动过程。这里不包含废弃物物流。

2.逆向物流的分类

(1)按照回收物品的渠道来分

按照回收物品的特点可分为退货逆向物流和回收逆向物流两部分。退货逆向物流是指下游顾客将不符合订单要求的产品退回给上游供应商,其流程与常规产品流向正好相反。回收逆向物流是指将最终顾客所持有的废旧物品回收到供应链上各节点企业。

(2)按照逆向物流材料的物理属性分

按照逆向物流材料的物理属性可分为钢铁和有色金属制品逆向物流、橡胶制品逆向物流、木制品逆向物流、玻璃制品逆向物流等。

(3)按成因、途径和处置方式及其产业形态来分

按成因、途径和处置方式的不同,逆向物流被学者们区分为投诉退货、终端使用退回、商业退回、维修退回、生产报废与副品、包装6大类别。

投诉退货。此类逆向物流形成可能是由于运输差错、质量瑕疵等问题,它一般在产品出售短期内发生。通常情况下,客户服务部门会首先进行受理,确认退回原因,做出检查,最终处理的方法包括退换货、补货等。电子消费品如手机、家用电器等通常会由于这种原因进入回流渠道。

终端退回。这主要是经完全使用后需处理的产品,通常发生在产品出售之后较长时间。

终端退回可以是出自经济的考虑,最大限度地进行资源利用,例如地毯循环、轮胎修复等这些可以再生产、再循环的产品;也可能是受制于法规条例的限制,比如,一些电子产品在生命周期结束后,为了避免造成环境污染,法律规定必须收回生产厂家进行专业拆解。

商业退回,指未使用商品退回还款,例如零售商的积压库存,包括时装、化妆品等,这些商品通过再使用、再生产、再循环或者处理,尽可能进行价值的回收。

维修退回,指有缺陷或损坏产品在销售出去后,根据售后服务承诺条款的要求,退回制造商,它通常发生在产品生命周期的中期。典型的例子包括有缺陷的家用电器、零部件和手机。一般是由制造商进行维修处理,再通过原来的销售渠道返还用户。

生产报废与副品。生产过程的废品和副品,一般来说是出于经济和法规条例的原因,发生的周期较短,而且并不涉及其他组织。通过再循环、再生产,生产过程中的废品和副品可以重新进入制造环节,得到再利用。生产报废和副品在药品行业和钢铁业中普遍存在。

包装。包装品的回收在实践中已经存在很久了,逆向物流的对象主要是托盘、包装袋、条板箱、器皿,它考虑经济的原因,将可以重复使用的包装材料和产品载体通过检验和清洗、修复等流程进行循环利用,降低制造商的制造费用。

3.逆向物流的特点

逆向物流作为企业价值链中特殊的一环,与正向物流相比,既有共同点,也有其不同的特点。二者的共同点在于都具有包装、装卸、运输、储存、加工等物流功能。但是,逆向物流与正向物流相比又具有其鲜明的特殊性。

(1)分散性

逆向物流产生的地点、时间、质量和数量是难以预见的。废旧物资流可能产生于生产领域、流通领域或生活消费领域,涉及任何领域、任何部门、任何个人,在社会的每个角落随时都可能发生。正是这种多元性使其具有分散性。而正向物流则不然,按量、准时和指定发货点是其基本要求。

(2)缓慢性

一般情况下,开始的时候逆向物流数量少,种类多,只有在不断汇集的情况下才能形成较大的流动规模。汇集的废旧物资也往往并不能立即满足人们的某些需要,它需要经过加工、改制等环节,甚至只能作为原料回收使用,这一系列过程的时间是较长的。同时,废旧物资的收集和整理也是一个较复杂的过程。这一过程反映了逆向物流的缓慢性特点。

(3)混杂性

回收的物品在进入逆向物流系统时往往难以进行确切的类别划分,常常是多种废旧物资混杂在一起的,当经过检查、分类后,逆向物流的混杂性随着废旧物资的产生而逐渐消失。

(4)多变性

由于逆向物流的分散性以及消费者退货、产品召回等事件发生的不确定性,企业很难控制产品的回收时间与空间,这就导致了多变性。多变性主要表现在:逆向物流具有极大的不确定性；逆向物流处理系统与方式复杂多样；逆向物流技术具有一定的特殊性；逆向物流成本相对高昂。

4.中国企业缘何冷落逆向物流

(1)对逆向物流的认识存在误区。从形成因素来看，逆向物流一般是由对不满意产品的退货、不合格材料和残次品的退(召)回、包装品的循环利用、废弃物的处理、有害物品的回收等引起的。因此，大多数企业认为逆向物流是负面的。

(2)企业高层重视不够。通常企业都乐于在正向物流上投入资金、下大功夫。相比之下，高层领导对逆向物流普遍不够重视，并将其排除在企业经营战略之外。

(3)对逆向物流的操作存在困难。正向物流通常是在人们的计划和掌控之下，基本按照规定的时间和数量从某一点流出，终止于另一点，何时出发、数量多少、从哪里出发、流往何处基本上是已知的和可控的。对逆向物流，其产生的地点、时间和数量几乎无法预料，人们难以掌控。

(4)缺乏相应的技术和管理手段作为支撑。正向物流的处理方法一般比较规范，而逆向物流的处理系统与方式则复杂多样，不同的处理手段对恢复资源价值的贡献差异显著。一般的物流管理信息系统都具有对正向物流的管理功能，但是却鲜有对逆向物流的处理与管理功能。

(5)企业综合素质差。运作逆向物流对企业的生产能力、物流技术、人员素质、管理水平、组织结构等方面的要求非常高，并且需要投入大量的人力、物力、财力，使得企业对逆向物流的成本控制、经济效益以及成功概率等持怀疑态度。

另外，逆向物流业务是由供应链上各个企业共同运作的，因而企业开展逆向物流需要与供应链上其他企业充分合作、协商，并结合整个供应链的业务能力集体做出决策。这对缺乏合作精神和供应链整合能力比较差的中国企业而言，是一个不小的挑战。

## 五、绿色物流

随着经济的发展，环境恶化的程度不断加深。作为经济活动的一部分，物流活动同样面临严峻的环境问题，倡导绿色物流成为物流业发展的当务之急。绿色物流是部分学者近几年提出的一个新课题，从环境和可持续发展的角度建立的环境共生型的物流管理系统。

绿色物流(Environmental Logistics)是指在物流过程中抑制物流对环境造成危害的同时，实现对物流环境的净化，使物流资源得到最充分合理的利用。现阶段，由于环境问题的日益突出以及与环境的密切关系，在处理社会物流与企业物流时必须考虑环境问题。尤其是在原材料的取得和产品分销中，运输作为主要的物流活动，对环境可能会产生一系列的影响，而且废弃物如何合理回收，减少对环境的污染或最大可能地再利用也是物流管理所需要考虑的内容。例如贝克啤酒出口业务的最重要运输方式是船舶运输。贝克啤酒厂毗邻不来梅港，是其采取海运的最大优势。凭借全自动化设备，标准集装箱可在8分钟内罐满啤酒，15分钟内完成一切发运手续。每年,贝克啤酒通过海运方式发往美国一地的啤酒就达9000TEU(为货柜容量的计算基础)。欧洲乃至世界范围陆运运输的堵塞和污染日益严重,贝克啤酒选择环保的方式不仅节约了运输成本,还为自己贴上了环保的金色印记。

1. 绿色物流之内涵分析

(1)集约资源。这是绿色物流最本质的内容,也是发展绿色物流的主要指导思想之一。通过整合现有资源,优化资源配置,企业能够提高资源利用率,减少资源消耗和浪费。这正是可持续发展所提倡的。这也是我国发展绿色物流亟待逾越的障碍。以基础设施建设为例,我国有的地区在新建物流中心时,没有考虑和原有物流硬件设施的兼容问题,结果新的修起来,旧的就弃置了,造成资源的巨大浪费。据悉,我国物流设施空置率高达60%。这显然与绿色物流发展的方向背道而驰。

(2)绿色运输。毫无疑问,运输过程中的燃油消耗和尾气排放,是物流对环境污染的主要因素之一。绿色运输首先是要对货运网点、配送中心的设置做合理布局与规划,通过缩短路线和降低空载率,实现节能减排。绿色运输的另一个要求是采用使用新型内燃机技术的设备和使用清洁燃料,以提高能效。绿色运输还应当防止运输过程中的泄漏问题,以免对局部地区造成严重的环境危害。

(3)绿色仓储。绿色仓储要求仓库布局合理,以节约运输成本。布局过于密集,会增加运输的次数,从而增加资源消耗;布局过于松散,则会降低运输的效率,增加空载率。仓库建设前还应当进行相应的环境影响评价,充分考虑仓库建设对所在地的环境影响。例如,易燃易爆商品仓库不应设置在居民区,有害物质仓库不应设置在重要水源地附近等。

(4)绿色包装。包装是商品营销的一个必要手段,但大量的包装材料在使用一次以后就被遗弃,从而造成环境问题。例如现在我国比较严重的白色污染问题,就是不可降解的塑料包装随地遗弃引起的。绿色包装要求提供包装服务的物流企业进行绿色包装改造,包括使用环保材料、提高材质利用率、设计折叠式包装以减少空载率、建立包装回用制度等。

(5)逆向物流。逆向物流中所有与资源循环、资源替代、资源回用和资源处置有关的物流活动,也属于绿色物流。它能够充分利用现有资源,减少资源消耗,常被发达国家作为建设循环型经济的重要举措。

2. 我国绿色物流存在的问题

中国物流业的起步较晚,绿色物流还刚刚兴起,人们对它的认识还非常有限。在绿色物流的服务水平和研究方面还处于起步阶段,与国际上先进技术国家在绿色物流的观念上、政策上以及技术上均存在较大的差距,主要表现在:

(1)观念上的差距

一方面,绿色物流的思想还没确立。部分政府领导仅仅有物流的概念,对传统物流的发展尚没有重视起来,更谈不上绿色物流,缺乏对物流发展的前瞻性,与时代的步伐存在差距。另一方面,经营者和消费者刚刚接受了绿色经营和绿色消费的理念,绿色物流的思想还几乎为零。在人们追求和享受绿色消费的同时，却忽视了从生产到消费的这条绿色通道。因此在发展物流的同时，要尽快提高认识，更新思想，把绿色物流作为世界全方位绿色革命的重要组成部分，确认和面向绿色物流的未来。

(2) 政策性的差距

绿色物流是当今经济可持续发展的一个重要组成部分，它对社会经济的不断发展和人类生活质量的不断提高具有重要的意义。正因为如此，绿色物流的实施不仅是企业的事情，而且还必须从政府约束的角度，对现有的物流体制强化管理，构筑绿色物流建立与发展的框架，做好绿色物流的政策性建设。一些发达国家的政府在绿色物流的政策性引导上，制定了诸如控制污染发生源，限制交通量和控制交通流的相关政策和法规，而且还从物流业发展的合理布局上为物流的绿色化铺平道路。如日本在1966年就制定了《流通业务城市街道整备法》，以提高大城市的流通机能，增强城市物流的绿色化功能。尽管我国自20世纪90年代以来，也一直在致力于环境污染方面的政策和法规的制定，但针对物流行业的还不是很多。另外，由于物流涉及的有关行业、部门、系统过多，而这些部门又都自成体系，独立运作，各做各的规划，各搞各的设计，各建各的物流基地或中心，导致物流行业的无序发展，造成资源配置的巨大浪费，也为以后物流运作上的环保问题增加了过多的负担。因此，打破地区、部门和行业的局限，按照大流通、绿色化的思路来进行全国的物流规划整体设计，是我国发展物流在政策性问题上必须正视的大事情。

(3) 技术上的差距

绿色物流的关键所在，不仅依赖物流绿色思想的建立，物流政策的制定和遵循，更离不开绿色技术的掌握和应用。我们的物流技术与绿色要求有较大的差距。比如，中国的物流业规模小，基本上是各自为政，没有统一规划，存在物流行业内部的无序发展和无序竞争，对环境和资源造成很大的压力；在机械化方面，物流的机械化程度和先进程度与绿色物流要求还有距离；在物流材料的使用上，与绿色物流倡导的可重用性、可降解性也存在巨大的差距；另外，在物流的自动化、信息化和网络化环节上，绿色物流更是无从谈起。

由此可见，中国的绿色物流与发达国家尚有较大差距，物流绿色化对我们来说，还有相当漫长的一段路途。由于中国经济已经成为全球经济的一部分，世界上一些大型物流公司、跨国物流企业纷纷进入中国，抢滩中国市场，因此我们必须要加快物流的绿色化建设，物流企业必须加快调整和整合，否则就会失去竞争力，一旦国外在物流业的绿色化上设置准入壁垒，我国稚嫩的物流业就将遭受巨大打击。可以说，发展绿色物流是参与全球物流业竞争的重要基础。

因此，大力加强对物流绿色化的政策和理论体系的建立和完善，对物流系统目标、物流设施设备和物流活动组织等进行改进与调整，实现物流系统的整体最优化和对环境的最低损害，将有利于中国物流管理水平的提高，保护环境和可持续发展政策，对于我国经济的发展意义重大。

3.如何实现绿色物流

绿色物流包含三个子范畴:绿色运输、绿色包装以及绿色流通加工。

(1)绿色运输

运输是物流活动中最主要的活动,但同时也是物流作业耗用资源、污染和破坏环境的重要方面。运输过程中产生的尾气、噪声、可能出现的能源浪费等都对绿色物流管理提出了课题。发达国家的成功经验为我国企业运输绿色化提供了借鉴。

①发展多式联运:多式联运可以减少包装支出,降低运输过程中的货损、货差。多式联运还可以通过最优化运输线路的选择,各种运输方式的合理搭配,使各种运输方式扬长避短,实现运输一体化,保证了运输过程的最优化和效率化,以此降低能源浪费和环境污染。

②发展共同配送:共同配送指由多个企业联合组织实施的配送活动。它主要是针对某一地区的客户所需要物品数量较少而使用车辆不满载、配送车辆利用率不高等情况。共同配送可以最大限度地提高人员、物资、资金、时间等资源的利用效率,取得最大化的经济效益。同时,可以去除多余的交错运输,并取得缓解交通,保护环境等社会效益。

③建立信息网络:当前经济形式对多品种小批量的物流要求成为趋势,就更要求企业信息系统的顺畅可靠。因此采用和建立库存管理信息系统、配送分销系统、用户信息系统、EDI/Internet 数据交换、GPS 系统以及决策支持系统、货物跟踪系统和车辆运行管理系统等,对提高物流系统的运行效率起到关键作用。同时要更好地建立和运用企业间的信息平台,将分属不同所有者的物流资源通过网络系统连接起来进行统一管理和调配使用,物流服务和货物集散空间被放大,使物流资源得到充分利用。

(2)绿色包装

绿色包装(Green Package)又可以称为无公害包装和环境友好包装(Environmental Friendly Package),指对生态环境和人类健康无害,能重复使用和再生,符合可持续发展的包装。它的理念有两个方面的含义:一个是保护环境,另一个就是节约资源。这两者相辅相成,不可分割。其中保护环境是核心,节约资源与保护环境又密切相关,因为节约资源可减少废弃物,其实也就是从源头上对环境的保护。绿色包装应具以下含义:

①包装减量化(Reduce):绿色包装在满足保护、方便、销售等功能的条件下,应是用量最少的适度包装。欧美等国将包装减量化列为发展无害包装的首选措施。

②包装应易于重复利用(Reuse)或易于回收再生(Recycle):通过多次重复使用,或通过回收废弃物,生产再生制品、焚烧利用热能、堆肥改善土壤等措施,达到再利用的目的。既不污染环境,又可充分利用资源。

③包装废弃物可以降解腐化(Degradable):为了不形成永久的垃圾,不可回收利用的包装废弃物要能分解腐化,进而达到改善土壤的目的。

④包装材料应无毒无害:包装材料中不应含有有毒物质或有毒物质的含量应控制在有关标准以下。

⑤在包装产品的整个生命周期中,均不应对环境产生污染或造成公害。即包装制品从原材料采集、材料加工、制造产品、产品使用、废弃物回收再生,直至最终处理的生命全过程均不应对人体及环境造成公害。

(3)绿色流通加工

流通加工指物品在从生产地到使用地过程中,根据需要施加包装、分割、计量、分拣、组装、价格贴付、标签贴付、商品检验等简单作业的总称。流通加工具有较强的生产性,也是流通部门对环境保护可以大有作为的领域。绿色流通加工主要包括两个方面措施:一是变消费者加工为专业集中加工,以规模作业方式提高资源利用效率,减少环境污染。如饮食服务业对食品进行集中加工,以减少家庭分散烹调所带来的能源和空气污染。二是集中处理消费品加工中产生的边角废料,以减少消费者分散加工所造成的废弃物的污染,如流通部门对蔬菜集中加工,可减少居民分散加工垃圾丢放及相应的环境治理问题。

## 六、精益物流

精益是对英文 Lean 的一种翻译,Lean 的一般含义,是指事物的一种极端或一种倾向,是带有瘦弱、贫瘠、细小、干瘦、扁平、精确、精准含义的一个英文词汇。在中文里是"精益求精"的简称。反映的是"少而精"的概念,能够非常妥帖地表述 20 世纪末在发达国家出现的"精益思想"、"精益企业"、"精益生产",以及在农业、工业、建筑业、物流乃至军事领域的一种趋势。

精益物流是起源于日本丰田汽车公司的一种物流管理思想,其核心是追求消灭包括库存在内的一切浪费,并围绕此目标发展的一系列具体方法。它是从精益生产的理念中蜕变而来的,是精益思想在物流管理中的应用。

1.精益物流产生的背景

"二战"结束不久,汽车工业中占统治地位的生产模式是以美国福特制为代表的大批量生产方式,这种生产方式以流水线形式,少品种,大批量生产产品。在当时,大批量生产方式即代表了先进的管理思想与方法,大量的专用设备、专业的规模化生产是降低成本,提高生产率的主要方式。而当时日本的汽车工业则处于相对幼稚的阶段,丰田汽车公司从成立到 1950 年的十几年间,总产量甚至不及福特公司 1950 年一天的产量。丰田汽车公司在参观美国的几大汽车厂之后发现,采用大批量生产方式降低成本仍有进一步改进的余地,而且日本企业还面临需求不足与技术落后等严重困难;加上战后日本国内的资金严重不足,也难以保证日本国内的汽车生产达到有竞争力的规模,因此他们认为日本应考虑一种更能适应日本市场需求的生产组织策略。

以丰田的大野耐一等人为代表的精益生产的创始者们,在不断探索之后,终于找到了一套适合日本国情的汽车生产方式:及时制生产、全面质量管理、并行工程、充分协作的团队工作方式和集成的供应链关系管理,逐步创立了独特的多品种、小批量、高质量和低消耗的精益生产方法。1973 年的石油危机,使日本的汽车工业闪亮登场。由于市场环境发生变化,大批量生产所具有的弱点日趋明显,而丰田公司的业绩却开始上升,与其他汽车制造企业的距离越来越大,精益生产方式开始为世人所瞩目。

2.精益物流的内涵

作为即时制管理(Just-In-Time)的发展,精益物流的内涵已经远远超出了Just-In-Time的概念。因此可以说,所谓精益物流指的是:通过消除生产和供应过程中的非增值的浪费,以减少备货时间,提高客户满意度。

作为一种新型的生产组织方式,精益制造的概念给物流及供应链管理提供了一种新的思维方式。它包括以下几个方面:

(1)以客户需求为中心

要从客户的立场,而不是仅从企业的立场或一个功能系统的立场,来确定什么创造价值、什么不创造价值。

(2)对价值链中的产品设计、制造和订货等的每一个环节进行分析,找出不能提供增值的浪费所在。

(3)根据不间断、不迂回、不倒流、不等待和不出废品的原则制订创造价值流的行动方案。

(4)及时创造由顾客驱动的价值。

(5)一旦发现有造成浪费的环节就及时消除,努力追求完美。

3.精益物流系统的特点

(1)拉动型的物流系统。在精益物流系统中,顾客需求是驱动生产和物流的原动力,是价值流的出发点。价值流的流动要靠下游顾客来拉动,而不是依靠上游的推动,当顾客没有发出需求指令时,上游的任何部分不提供服务,而当顾客需求指令发出后,则快速提供服务。

(2)高质量的物流系统。在精益物流系统中,电子化的信息流保证了信息流动的迅速、准确无误,还可有效减少冗余信息传递,减少作业环节,消除操作延迟,这使得物流服务准时、准确、快速,具备高质量的特性。

(3)低成本的物流系统。精益物流系统通过合理配置基本资源,以需定产,充分合理地运用优势和实力;通过电子化的信息流,进行快速反应、准时化生产,从而消除诸如设施设备空耗、人员冗余、操作延迟和资源浪费等,保证其物流服务的低成本。

(4)不断完善的物流系统。在精益物流系统中,全员理解并接受精益思想的精髓,领导者制定能够使系统实现"精益"效益的决策,全体员工贯彻执行,上下一心,各施其职,各司其责,达到全面物流管理的境界,保证整个系统持续改进,不断完善。

### 七、应急物流

所谓应急物流,就是指以提供突发性自然灾害、突发性公共卫生事件等突发性事件所需应急物资为目的,以追求时间效益最大化和灾害损失最小化为目标的特种物流活动。与普通物流一样,应急物流由产品的流体、载体流量、流程、流速等要素构成,具有空间效用和时间效用，供求关系也要求空间均衡与时间均衡。但与普通物流有所不同，应急物流具有很强的政策含义，又有自己的特点。

(1)突发性和不可预知性：这是应急物流区别于一般物流的一个最明显的特征。应急物流的不确定性源于突发事件的不确定性。由于人们很难准确估计某些突发事件的时间、地点、持续多久、强度大小、影响范围，而使应急物流具体内容也很难事先确定。

(2)应急物流需求的随机性：应急物流是针对突发事件的物流需求，应急物流需求的随机性主要是由于突发事件的不确定性。

(3)时间约束的紧迫性。

(4)峰值性。

(5)弱经济性：普通物流既强调物流的效率，又强调物流的效益；应急物流主要以追求时间效益最大化和灾害损失最小化为目标，经济收益不是考虑的首要问题。

(6)超常规性：即应急物流的流程与常规物流有所不同。应急物流本着特事特办的原则，许多常规物流的中间环节被省略，整个物流流程表现得更紧凑，物流机构更精干，物流行为表现出很浓的非常规色彩。

(7)政府与市场的共同参与性。

(8)社会公益性：应急物流属于社会公共服务范畴，通常由公共财政支撑。应急物流的时效性要求极高，必须在最短的时间，以最快捷的流程和最安全的方式实施应急物流保障。一般而言，常规物流远远无法满足应急物流的需求，必须有超常的机制来配合。普通物流属于企业生产经营范畴，不仅强调物流的时间效率，更追求物流的经济收益；而应急物流更关注的是社会效益，强调的是全力以赴地快速动员、快速送达应急物资。

## 本章小结

阐述了物流科学的产生与发展过程及物流内涵的演变过程；物流的分类；分析了现代物流的概念、特点、存在的问题，现代物流和传统物流的区别，现代物流的发展趋势；现代物流业的发展动态。

## 复习思考题

### 一、名词解释

1.物流 2.第三方物流 3.供应物流 4.生产物流 5.绿色物流 6.逆向物流 7.应急物流

### 二、判断题

( )1.流通实际上就是物流。

( )2.物流科学是管理工程和技术工程相结合的综合学科。

( )3.物流活动克服了供给方和需求方在空间和时间方面的距离。

( )4.根据物流活动发生的先后次序，企业物流可划分为供应物流、生产物流、销售物流、回收废弃物物流四部分。

( )5.物流科学是以物的动态流转换过程为主要研究对象，揭示了物流活动之间存在相互关联、相互制约的内在联系。

( )6.我国是从美国引进"物流"一词的。

( )7.自从人类社会开始有商品交换行为时就存在物流活动，因此物流科学是一门古老的科学。

( )8.废弃物物流没有经济效益，所以为了减少资金消耗，提高效率，更好地保障生活和生产的正常秩序，对废弃物物流的研究是不重要的。

( )9.物流中的"流"泛指一切运动形态，有移动、运动、流动的含义，静止不是物质的运动形态。

( )10.物流是不但改变了物的时间状态，也改变了物的空间状态，运输则承担了改变时间状态的主要任务。

### 三、填空题

1.( )取代( )，成为物流科学的代名词，这是物流科学走向成熟的标志。

2.物流活动产生于( )。

3.( )是物流的主要功能。

4.物流概念最先由( )提出。

5.物流技术的发展落后于生产技术，物流学家把这种现象称为( )。

6.产生物流后进性的两个原因是( )和( )。

7.物流科学的发展经历了( )、( )、( )和( )四个阶段。

8.在物流学的孕育阶段，美国市场营销学者( )从市场分销角度提出了( )的物流概念，美国少校( )从军事后勤学角度提出了( )的物流概念。

9.( )和( )共同孕育了物流学。

10.日本著名学者平原直提出用( )一词代替物的流通将更加简洁深刻表达地其内涵，

因此平原直在日本被称为"物流之父"。

11. 按照物流活动覆盖范围的大小，物流可分为（　　）和（　　）。
12. 逆向物流的特点是（　　）、（　　）、（　　）、（　　）。
13. 应急物流的特点是（　　）、（　　）、（　　）、（　　）、（　　）、（　　）。
14. 绿色物流内涵可以理解为（　　）、（　　）、（　　）、（　　）。

## 四、简答题

1. 简述物流科学的发展史。
2. 按照在供需链中的作用分类，物流有哪些种类？
3. 第三方物流与第四方物流的区别是什么？
4. 简述现代物流的发展动态。

## 五、技能题

1. 从汶川地震看我国的应急物流。

## 案例分析

### 案例1：麦当劳的第三方物流案例分析

McDonald's Plaza 麦当劳餐厅（McDonald's Corporation）是大型的连锁快餐集团，在世界上大约拥有三万家分店，主要售卖汉堡包、薯条、炸鸡、汽水、冰品、沙拉、水果。麦当劳餐厅遍布在全世界六大洲百余个国家。在很多国家麦当劳代表着一种美国式的生活方式。

北京夏晖食品有限公司是美国夏晖食品集团与北京经济技术投资开发总公司合作成立的中外合作企业。夏晖是麦当劳的全球物流服务提供商，从1974年在美国芝加哥开始合作至今，双方已经有了近40年的交情。北京夏晖现在全面负责华北地区100多家麦当劳餐厅的分发业务。

麦当劳和夏晖——独特的物流外包模式

麦当劳对物流服务的要求是比较严格的。在食品供应中，除了基本的食品运输之外，麦当劳要求物流服务商提供其他服务，比如信息处理、存货控制、贴标签、生产和质量控制等诸多方面，这些"额外"的服务虽然成本比较高，但它使麦当劳在竞争中获得了优势。

另外，麦当劳要求夏晖提供一条龙式物流服务，包括生产和质量控制在内。这样，在夏晖设在台湾的面包厂中，就全部采用了统一的自动化生产线，制造区与熟食区加以区隔，厂区装设空调与天花板，以隔离落尘，易于清洁，应用严格的食品与作业安全标准。所有设备由美国SASIB专业设计，生产能力每小时24000个面包。在专门设立的加工中心，物流服务商为麦当劳提供所需的切丝、切片生菜及混合蔬菜，拥有生产区域全程温度自动控制、连续式杀菌及水温自动控制功能的生产线，生产能力每小时1500公斤。此外，夏晖还负责为麦当劳上游的蔬果供应商提供咨询服务。

麦当劳利用夏晖设立的物流中心,为其各个餐厅完成订货、储存、运输及分发等一系列工作,使得整个麦当劳系统得以正常运作,通过它的协调与连接,使每一个供应商与每一家餐厅达到畅通与和谐,为麦当劳餐厅的食品供应提供最佳的保证。目前,夏晖在北京、上海、广州都设立了食品分发中心,同时在沈阳、武汉、成都、厦门建立了卫星分发中心和配送站,与设在香港和台湾的分发中心一起,斥巨资建立起全国性的服务网络。

例如,为了满足麦当劳冷链物流的要求,夏晖公司在北京地区投资5500多万元人民币,建立了一个占地面积达12000平方米、拥有世界领先的多温度食品分发物流中心,其中干库容量为2000吨,里面存放麦当劳餐厅用的各种纸杯、包装盒和包装袋等不必冷藏冷冻的货物;冻库容量为1100吨,设定温度为零下18摄氏度,存储着派、薯条、肉饼等冷冻食品;冷藏库容量超过300吨,设定温度为1~4摄氏度,用于生菜、鸡蛋等需要冷藏的食品。冷藏和常温仓库设备都是从美国进口的设备,设计细致而精心,目的是为了最大限度地保鲜。在干库和冷藏库、冷藏库和冷冻库之间,均有一个隔离带,用自动门控制,以防止干库的热气和冷库的冷气互相干扰。干库中还设计了专用卸货平台,使运输车在装卸货物时能恰好封住对外开放的门,从而防止外面的灰尘进入库房。该物流中心并配有先进的装卸、储存、冷藏设施,5吨、20吨多种温度控制运输车40余辆,中心还配有电脑调控设施用于控制所规定的温度,检查每一批进货的温度。从设立至今,夏晖设在北京的物流中心已向麦当劳餐厅运送货物近1000万箱。

麦当劳的冷链物流标准,涵盖了温度记录与跟踪、温度设备控制、商品验收、温度监控点设定、运作系统SOP的建立等领域。即便是在手工劳动的微小环节,也有标准把关,比如一台8吨标准冷冻车,装车和卸车的时间被严格限制在5分钟之内,根据货品的需要,还会使用一些专用的搬运器械,以避免在装卸过程中出现意外的损失。夏晖公司在中国并没有使用昂贵的跟踪手段,而是选择了一种类似于民航飞机上黑匣子(BLACKBAG)的技术。借助这些由清华大学开发的工具和技术,不仅可以记录车的位置,也可记录车的状态。只要在事后打开记录,有关车的发停时刻、温度变化等数据就会尽收眼底。

## 案 例 分 析

在这个案例中,不仅涉及麦当劳作为一个连锁企业的自身物流管理过程,还包含了其供应商夏晖公司的第三方物流运作模式。让我们来分析一下二者的关系。

案例包含了供应物流、生产物流及销售物流三方面,而对供应物流和销售物流来说,夏晖公司特别之处在于,它不仅扮演了第三方物流公司的角色,而且还承担着供应商的责任。一方面可以说是麦当劳采用了委托第三方物流代理的方式为其制造、库存、配送及管理,另一方面,他完全采用了供应商代理的形式,由供应商管理麦当劳的库存,采购也是由夏晖公司来完成,而麦当劳和其供应商夏晖公司的关系也就完全成了伙伴型的,不管夏晖是作为第三方物流公司也好,作为供应商也好,它无疑都在整个物流运作过程中起到了不可忽视的作用。

从夏晖公司为麦当劳建立面包厂和在北京地区投资5500多万元人民币,建立一个占地面积达12000平方米、拥有世界领先的多温度食品分发物流中心可以看出,麦当劳遵从了企业物流近距离化的原则。同时,这种做法也大大地减少了麦当劳的库存,满足了在制品库存最小原则。

夏晖采用了准时供应方式。供应物流活动的主导是麦当劳,它可以按照最理想的方式选择供应物流,而供应物流的承担者夏晖,必须以最优的服务才能被用户所接受。这也是麦当劳和夏晖之间能保持几十年合作关系的原因。麦当劳因为夏晖的供应而节约了巨大的物流成本,两家企业互相扶持,形成了坚不可摧的伙伴型关系。

# 第二章 现代物流信息技术与管理技术

**【知识目标】**

了解物流信息的概念、分类及特点，了解几种库存控制技术和原理，掌握物流信息技术的种类及其在不同物流领域中的应用。

**【技能目标】**

通过本章学习，能够将各种物流信息技术运用在物流领域的各个环节中，确保产品的质量安全。

物流管理的发展大致经历了三个阶段，即传统储运物流阶段、系统优化物流阶段和物流信息化阶段。传统储运物流阶段以仓储、运输为主要物流业务，并将仓储和运输看成是两个独立的环节，把商品库存看成是调节供需的主要手段，因而物流功能简单、系统性差、整体效益低。系统优化物流阶段是将系统化的理论和方法应用于物流活动中，把物流活动的各环节看成是相互联系和相互作用的有机整体，管理上寻求物流过程的整体优化，以提高物流系统的经济效益和社会效益。这一阶段人们对物流的认识已不再是储存和运输的概念，而是包括包装、装卸、流通加工、配送、信息处理在内的物流系统。物流信息化以信息技术的应用为重要标志，实现信息标准化和数据库管理、信息传递和信息收集电子化、业务流程电子化。

# 第一节　物流信息技术概述

英国著名物流专家 Martin Christopher 认为：现代物流是指经信息技术整合的、实现物质实体从最初供应者向最终需求者运动的最优化的物理过程。利用信息技术整合物流是真正意义上的供应链管理。

现代物流体系的核心是信息技术的应用，信息技术也是现代物流技术的核心。信息技术将原来孤立的各个物流环节整合在一起，成为现代物流体系的特征。信息技术在不断提高速度和能力的同时又在不断地降低成本。因此信息技术被认为是提高生产率和竞争能力的主要手段，是整个物流体系运作的基础，起到重要的支撑作用。

资金流、物流、信息流是从流通内部结构来描述流通过程的"三流"概念。物流信息系统同其他物流作业系统一样都是物流系统的子系统。但物流信息不同于其他物流职能，它总是伴随其他物流职能的运行而产生，又不断地对其他物流职能以及整个物流起支持保障作用。

## 一、物流信息的概述

信息，是指能够反映事物内涵的知识、资料、情报、图像、数据、文件、语言、声音等。信息是事物的内容、形式及其发展变化的反映，是事物的运动状态和过程以及关于这种状态和过程的知识。信息在物流系统中起着神经系统的作用。加强物流信息的管理能使物流成为一个有机的整体。流通过程中的信息活动主要指的是信息的产生、加工、检索、存储及传递。在物流活动中不仅要对各项活动进行计划预测、动态追踪与分析，还要及时提供物流费用、生产情况、销售情况、市场动态等有关信息。只有及时收集、分析、传输相关信息，物流才能做到高效畅通。

1.物流信息的概念

物流信息指的是在物流活动进行中产生及使用的必要信息，它是物流活动内容、形式、过程以及发展变化的反映。在物流活动中，物流信息流动于各个环节之中，并起着神经系统的作用。因此，对物流信息的有效管理是物流现代化管理的基础和依据。

整个物流过程是由多环节或子系统构成的复杂系统，系统中各环节的相互衔接是通过信息予以沟通的，基本资源的调度也是通过信息传递来实现的。因此组织物流活动必须以信息为基础，一刻也不能离开信息。为了使物流活动正常而有序地进行，必须保证信息通畅。

2.物流信息的分类

（1）狭义物流信息，指物流系统内部信息，是伴随着物流活动（如运输、保管、包装、装卸等）而发生的信息，包括物料流转信息、物流作业层信息、物流控制层信息和物流管理层信息。物流信息对运输管理、仓储管理、订单管理、包装管理、装卸搬运管理、流通加工管理、供应链管理等物流活动具有支持保障的功能。如在物流管理决策中，货物运输的路线、运输工具的选择、配送的批量、最佳库存的确定等都需要详细准确的信息支持。

(2)广义物流信息,不仅指与物流活动有关的信息,还包括与其他流通活动有关的信息,如商品交易信息和市场信息等。商品交易信息是指与买卖双方的交易过程有关的信息,如销售和购买信息、订货和接受订货信息、发出货款和接受货款等;市场信息是指与市场活动有关的信息,如消费者的需求信息、竞争业者或竞争性商品的信息、销售促进活动信息、交通通信等基础设施信息等。广义的物流信息包含了与物流有关的流通活动的全部信息,遍布物流的各个环节和各个方面,是物流领域的神经网络。整个供应、生产、销售、回收物流的运输、仓储、装卸、搬运、包装、加工等各个环节都广泛存在信息,包括供货人信息、顾客信息、订货合同信息、交通运输信息、市场信息、政策信息,以及来自有关企业内部生产、财务等部门与物流有关的信息。

由于在现代经营管理活动中,物流信息与商品交易信息、市场信息相互交叉、融合,有着密切的联系。所以,广义的物流信息不仅能起到连接整合生产厂家、经过批发商和零售商最后到消费者的整个供需链作用,而且在应用现代信息技术(如 EDI、EOS、POS 互联网、电子商务等)的基础上能实现整个供需链活动的效率化。具体地说,就是利用物流信息对供需链各个企业的计划、协调、顾客服务和控制活动进行有效管理。

3.物流信息的特点

(1)量大、面广

物流信息随着物流活动以及商品交易活动展开而大量产生。现代物流的多品种、小批量、多层次、个性化服务,使货物在运输、仓储、包装、装卸、搬运、加工、配送等环节产生大量的物流信息,且分布在不同的厂商、仓库、货场、配送中心、运输线路、运输商、中间商、客户等处。随着物流产业的发展,这种量大、面广的特征将更趋明显,会产生越来越多的物流信息。

(2)信息动态性强

由于各种物流作业活动的频繁发生,市场竞争状况和客户需求变化,会使物流信息瞬息万变,呈现一种动态性。物流信息价值也会随着时间的变化而不断贬值,表现出一种适时性。物流信息的这种动态性和适时性,要求我们必须及时掌握和管理变化多端的物流信息,为物流管理决策提供依据。

(3)信息种类多

现代物流信息不仅包括企业内部产生的各种物流信息,而且还包括企业间的物流信息以及与物流活动有关的法律、法规、市场、消费者等诸多方面的信息。随着物流产业发展,物流信息的种类将更多,来源也将更趋复杂多样,这给物流信息的分类、处理和管理带来了困难。

(4)共享、标准

现代物流信息涉及国民经济各个部门,在物流活动中需要在各部门之间进行大量的信息交流。为了实现不同系统间物流信息的共享,必须采用国际和国家信息标准,如不同系统的物品必须采用统一的物品编码和条码进行标识。

4.物流信息的作用

(1)信息化使物流功能得到整合

物流系统是由运输、储存、包装、装卸、搬运、加工、配送等多个作业环节(或称为物流功能)构成的,这些环节相互联系形成物流系统整体。在物流信息化之前,即使从观念上考虑了系统整体优化,但由于信息管理手段落后,信息传递速度慢、准确性差,而且缺乏共享性,使得各功能之间的衔接不协调或相互脱节。运输规模与库存成本之间的矛盾、配送成本与顾客服务水平之间的矛盾、中转运输与装卸搬运之间的矛盾等,都是现代物流系统经常需要平衡的问题。解决这些矛盾,需要利用现代信息技术对上述物流环节进行功能整合,联合运输、共同配送、延迟物流、加工—配送一体化等都是物流功能整合的有效形式。

(2)信息化使供应链各环节之间协调运行

物流信息化通过物流信息网络,使物流各环节上的成员能实现信息的实时共享。处在销售终端的零售商直接面对消费者,他们充分了解消费者的需求,能详尽地记录客户的信息;制造商与分销商借助物流信息网络,几乎可以同时共享零售商所获取的市场信息以及零售商的经营状况,从而迅速调整各自的生产和运营计划。此外,物流信息网络也可使制造商的产品调整和销售政策能及时被其他物流成员了解,有利于他们及时调整经营策略。在这种物流信息实时反映的网络条件下,物流各环节成员能够相互支持,互相配合,实现了协调运行。

市场营销中普遍存在的一种高风险现象叫"牛鞭效应",指的是供应链上的信息流从最终客户向原始供应商端传递时,由于无法有效地实现信息的共享,使得信息扭曲而逐渐放大,导致了需求信息出现越来越大的波动。这种波动将会增大供应链中上游供应商的生产、供应、库存管理和市场营销风险,甚至导致生产、供应、营销的混乱。而通过物流信息的集中控制和信息共享,可以有效抑制这种"牛鞭效应"。

(3)信息化改善了物流系统的时空效应

时间效应和空间效应是物流系统的两个主要功能。时间效应指通过商品库存消除商品生产与消费在时间上的矛盾,使生产与消费在时间上达到统一;空间效应指通过运输、配送等活动消除商品生产与消费在空间位置上的矛盾,达到生产与消费位置空间上的一致。物流信息化通过快速、准确地传递物流信息,使生产商和物流提供商能随时掌握商品需求者的需求状况,生产商实行准时制(Just In Time)生产,物流提供商实行准时制配送,将生产地和流通过程中的库存减少到最低限度。供应商与生产商或消费者之间的距离被拉近,甚至达到"零库存"或"零距离",由此降低物流费用。

(4)信息化提高了物流系统的快速反应能力

现代生产系统是以订单为依据,即采用定制化生产方式,以满足消费者的个性化需求。满足消费者的个性化需求则必须具备快速反应的能力,这既是消费者的要求,也是生产者降低成本、形成竞争优势的需要。生产系统的快速反应必然要求物流系统与之匹配,只有物流信息化才能实现快速反应。

海尔以现代物流技术和信息管理技术为依托，通过海尔电子商务平台在网上接受用户订货。用户根据网上提供的模块，设计自己需要的产品。海尔采取 JIT 采购、JIT 配送、JIT 分拨来与生产流程同步。海尔的采购周期只有 3 天。产品下线后，中心城市在 8 小时以内、辐射区域在 24 小时内、全国在 4 天内即可送达。

（5）物流信息技术促使物流传输方式发生新变化

物流信息化网络是现代物流活动中最大的载体，人们通过物流信息网络获得各种相关的物流商品信息。用户只需通过网络订货，剩余的工作就可以由物流企业的配送中心来完成。同时，有些商品可以通过简单的方式获得，如音乐、电影、游戏、电子图书、计算机软件、教学节目等都可以从网上直接下载。

（6）物流信息系统极大地方便了物流信息的收集和传递

由于物流信息技术得到广泛应用，物流信息系统能够收集到大量的市场信息。通过对这些信息的加工和处理，很容易得到富有价值的商业资讯和情报，如客户的订购数量、购买习惯，商品需求变化特征等。这对于企业制定营运管理政策、商品开发和销售都具有重要价值。

总之，物流信息是物流活动的基础，起着连接整合整个供应链的作用，实现使整个供应链活动效率化的功能。

因此，物流信息化在现代物流企业经营战略中占有越来越重要的地位，建立物流信息系统，提供迅速、准确、及时、全面的物流信息是现代物流企业获得竞争优势的必要条件。

## 二、物流信息技术构成

从构成要素上看，物流信息技术作为现代信息技术的重要组成部分，本质上都属于信息技术范畴。因为信息技术应用于物流领域而使其在表现形式和具体内容上存在一些特性，但其基本要素仍然同现代信息技术一样，可以分为四个层次：

1. 物流信息基础技术

即有关元件、器件的制造技术，它是整个信息技术的基础。例如微电子技术、光子技术、光电子技术、分子电子技术等。

2. 物流信息系统技术

物流信息系统技术是指有关物流信息的获取、传输、处理、控制的设备和系统的技术。它是建立在信息基础技术之上的，是整个信息技术的核心。其内容主要包括物流信息获取技术、物流信息传输技术、物流信息处理技术及物流信息控制技术。

3. 物流信息应用技术

这是基于管理信息系统（MIS）技术、优化技术和计算机集成制造系统（CIMS）技术而设计出的各种物流自动化设备和物流信息管理系统。例如自动化分拣与传输设备、自动导引车（AGV）、集装箱自动装卸设备、仓储管理系统（WMS）、运输管理系统（TMS）、配送优化系统、全球定位系统（GPS）、地理信息系统（GIS）等。

**4. 物流信息安全技术**

这是指确保物流信息安全的技术，主要包括密码技术、防火墙技术、病毒防治技术、身份鉴别技术、访问控制技术、备份与恢复技术和数据库安全技术等。

## 三、物流信息技术在国内应用现状

物流信息技术是现代信息技术在物流各个作业环节中的综合应用，是现代物流区别传统物流的根本标志，也是物流技术中发展最快的领域，尤其是计算机网络技术的广泛应用使物流信息技术达到了较高的应用水平。在国内，各种物流信息应用技术已经广泛应用于物流活动的各个环节，对企业的物流活动产生了深远的影响。

**1. 物流自动化设备技术的应用**

物流自动化设备技术的集成和应用的热门环节是配送中心，其特点是每天需要拣选的物品品种多，批次多、数量大。因此在国内超市、医药、邮包等行业的配送中心部分地引进了物流自动化拣选设备。一种是拣选设备的自动化应用，如北京市医药总公司配送中心，其拣选货架（盘）上配有可视的分拣提示设备，这种分拣货架与物流管理信息系统相连，动态地提示被拣选的物品和数量，指导着工作人员的拣选操作，提高了货物拣选的准确性和速度。另一种是一种物品拣选后的自动分拣设备。用条码或电子标签附在被识别的物体上（一般为组包后的运输单元），由传送带送入分拣口，然后由装有识读设备的分拣机分拣物品，使物品进入各自的组货通道，完成物品的自动分拣。分拣设备在国内大型配送中心有所使用。但这类设备及相应的配套软件基本上是由国外进口，也有进口国外机械设备，国内配置软件。立体仓库和与之配合的巷道堆垛机在国内发展迅速，在机械制造、汽车、纺织、铁路、卷烟等行业都有应用。例如昆船集团生产的巷道堆垛机在红河卷烟厂等多家企业应用了多年。近年来，国产堆垛机在其行走速度、噪声、定位精度等技术指标上有了很大的改进，运行也比较稳定。但是与国外著名厂家相比，在堆垛机的一些精细指标如最低货位极限高度、高速（80米/秒以上）运行时的噪声、电机减速性能等方面还存在不小差距。

**2. 物流设备跟踪和控制技术的应用**

目前，物流设备跟踪主要是指对物流的运输载体及物流活动中涉及的物品位置进行跟踪。物流设备跟踪的手段有多种，可以用传统的通信手段如电话等进行被动跟踪，也可以用RFID手段进行阶段性的跟踪，但目前国内用得最多的还是利用GPS技术跟踪。GPS技术跟踪利用GPS物流监控管理系统，它主要跟踪货运车辆与货物的运输情况，使货主及车主随时了解车辆与货物的位置与状态，保障整个物流过程的有效监控与快速运转。物流GPS监控管理系统的构成主要包括运输工具上的GPS定位设备、跟踪服务平台（含地理信息系统和相应的软件）、信息通信机制和其他设备（如货物上的电子标签或条码、报警装置等）。在国内，部分非物流企业为了提高企业的管理水平和提升对客户的服务能力也应用这项技术，例如，沈阳等地方政府要求下属交通部门对营运客车安装GPS设备工作进行了部署，从而加强了对营运客车的监管。

3.物流动态信息采集技术的应用

企业竞争的全球化发展、产品生命周期的缩短和用户交货期的缩短等都对物流服务的可控性提出了更高的要求,实时物流理念也由此诞生。如何保证对物流过程的完全掌控,物流动态信息采集应用技术是必需的要素。动态的货物或移动载体本身具有很多有用的信息,例如货物的名称、数量、重量、质量、产地等,以及移动载体(如车辆、轮船等)的名称、牌号、位置、状态等一系列信息。这些信息可能在物流中反复地使用,因此准确、快速读取动态货物或载体的信息并加以利用可以明显地提高物流的效率。在目前流行的物流动态信息采集技术中,一、二维条码技术应用范围最广,其次还有磁条(卡)、语音识别、便携式数据终端、射频识别(RFID)等技术。

(1)一维条码技术

一维条码是由一组规则排列的条和空及相应数字组成的符号。这种用条、空组成的数据编码可以供机器识读,而且很容易译成二进制数和十进制数。因此,此技术广泛地应用于物品信息标识中。因为符合规范且无污损条码的识读率很高,所以一维条码结合相应的扫描器可以明显地提高物品信息的采集速度。加之条码系统的成本较低,操作简便,又是国内应用最早的识读技术,所以在国内有很大的市场,大部分超市都在使用一维条码技术。但一维条码表示的数据有限,条码扫描器读取条码信息的距离也要求很近,而且条码上损污后可读性极差,所以限制了它的进一步推广应用。同时,一些其他信息存储容量更大、识读可靠性更好的识读技术开始出现。

(2)二维条码技术

一维条码的信息容量很小,如商品上的条码仅能容纳几位或者十几位阿拉伯数字或字母,商品的详细描述只能依赖数据库提供,离开了预先建立的数据库,一维条码的使用就受到了局限。基于这个原因,人们发明一种新的码制,除具备一维条码的优点外,同时还有信息容量大、可靠性高、保密防伪性强等优点。这种码制根据不同的编码技术,容量是一维的几倍到几十倍,可以存放指纹、照片等大容量信息,即使在损污50%情况下仍可读取完整信息,这就是在水平和垂直的二维空间存储信息的二维条码技术。二维条码继承了一维条码的特点,条码系统价格便宜,识读率高且使用方便,所以在国内银行、车辆等管理信息系统上开始应用。

(3)磁条技术

磁条(卡)技术以涂料形式把一层薄薄的定向排列的磁性粒子用树脂黏合在一起,并粘在诸如纸或塑料非磁性基片上。磁条从本质意义上讲和计算机用的磁带或磁盘是一样的,可以用来记载字母、字符及数字信息。优点是数据可多次读写,数据存储量能满足大多数需求。这种技术在很多领域得到广泛应用,如信用卡、银行ATM卡、机票、公共汽车票、自动售货卡、会员卡等。但磁条卡的防盗性能、存储容量等性能比起一些新技术如芯片类技术还是有些差距。

(4) 声音识别技术

这是一种通过识别声音并将其转换成文字信息的技术，其最大特点就是不用手工录入信息，这对那些采集数据同时还要完成手脚并用的工作场合，或键盘上打字能力低的人尤为适用。但声音识别的最大问题是识别率，要想连续地高效应用仍有一定难度。目前，此项技术更适合语音句型简单，数量集中且反复应用的场合。

(5) 视觉识别技术

视觉识别技术是一种能够对一些有特征的图像加以分析和识别的技术，能够对限定的标志、字符、数字等图像内容进行信息的采集。目前的视觉识别技术对于一些不规则或模糊图像的识别率仍偏低，通常要用接触式扫描器扫描，对此项技术的推广应用形成一些障碍。随着自动化技术的发展，视觉技术将会朝着更细致、更专业的方向发展，并与其他自动识别技术结合应用，具有很广的前景。

(6) 接触式智能卡技术

智能卡是一种将具有处理能力、加密存储功能的集成电路芯片嵌装在一个与信用卡一样大小的基片中的信息存储技术，通过识读器接触芯片可以读取芯片中的信息。接触式智能卡的特点是具有独立的运算和存储功能，在无源情况下，数据也不会丢失，数据安全性和保密性都非常好，成本适中。智能卡与计算机系统相结合，可以方便地满足对各种各样信息的采集传送、加密和管理的需要，它在国内外的许多领域如银行、公路收费、水表煤气收费等得到了广泛应用。

(7) 便携式数据终端

便携式数据终端（PDT）一般包括一个扫描器、一个体积小但功能很强并有存储器的计算机、一个显示器和供人工输入的键盘。所以是这一种多功能的数据采集设备，允许编入一些应用软件。PDT 存储器中的数据可随时通过射频通信技术传送到主计算机。

(8) 射频识别（RFID）技术

射频识别技术是一种利用射频通信实现的非接触式自动识别技术。RFID 标签具有体积小、容量大、寿命长、可重复使用等特点，可支持快速读写、非可视识别、移动识别、多目标识别、定位及长期跟踪管理。RFID 技术与互联网、通信等技术相结合，可实现全球范围内物品跟踪与信息共享。

从上述物流信息技术的应用情况及全球物流信息化发展趋势来看，物流动态信息采集技术应用正成为全球范围内重点研究的领域。我国作为物流发展中国家，已在物流动态信息采集技术应用方面积累了一定的经验，例如条码技术、接触式磁条（卡）技术的应用已经十分普遍。但在一些新型的前沿技术，例如 RFID 技术等领域的研究和应用方面还比较落后。

#### 四、物流信息技术的发展趋势

1.RFID 将成为未来物流领域的关键技术

专家分析认为，RFID 技术应用于物流行业，可大幅提高物流管理与运作效率，降低物流成本。另外，从全球发展趋势来看，随着 RFID 相关技术的不断完善和成熟，RFID 产业将成为一个新兴的高技术产业群，成为国民经济新的增长点。因此，RFID 技术有望成为推动现代物流加速发展的润滑剂。

2.物流动态信息采集技术将成为物流发展的突破点

在全球供应链管理趋势下，及时掌握货物的动态信息和品质信息已成为企业盈利的关键因素。但是由于受到自然、天气、通信、技术、法规等方面的影响，物流动态信息采集技术的发展一直受到很大制约，远远不能满足现代物流发展的需求。借助新的科技手段，完善物流动态信息采集技术，成为物流领域下一个技术突破点。

3.物流信息安全技术将日益被重视

借助网络技术发展起来的物流信息技术，在享受网络飞速发展带来巨大好处的同时，也时刻面临着可能遭受的安全危机。例如网络黑客的恶意攻击、病毒的肆虐、信息的泄密等。应用安全防范技术，保障企业的物流信息系统或平台安全、稳定地运行，是企业长期将面临的一项重大挑战。

## 第二节 物流信息技术的分类

物流信息技术是指现代信息技术在物流各个作业环节中的应用，是物流现代化极为重要的领域之一，尤其是飞速发展的计算机网络技术的应用使物流信息技术达到了新的水平。物流信息技术是物流现代化的重要标志，也被视为提高生产率和竞争能力的主要来源。与其他资源不同，信息技术在不断地提高速度和能力的同时又在降低成本。有许多信息技术已经在物流方面得到广泛应用，这些技术包括电子数据交换(EDI)、个人电脑、人工智能专家系统、通信技术，以及条形码和扫描仪、电子自动订货(EOS)和销售时点系统(POS)等。

#### 一、电子数据交换(技术)EDI

1.电子数据交换技术概念

电子数据交换技术(Electronic Data Interchange，EDI)为公司计算机与计算机间交换商业文件的标准形式，即按照统一规定的一套通用标准格式，将标准的经济信息通过网络传输，在贸易伙伴的信息系统之间进行数据交换和自动处理。它是一种在公司之间传输订单、发票等作业文件的电子技术，而非传统的邮件、传真或快递。它通过计算机通信网络将贸易、运输、保险、银行和海关等行业信息，用一种国际公认的标准格式，实现各有关部门或公司与企业之间的数据交换与处理，并完成以贸易为中心的全过程。它是20世纪80年代发展起来的一种新颖的电子化贸易工具，是计算机、通信和现代管理技术相结合的产物。EDI是目前较为流行的商务、管理业务信息交换方式，它使业务数据自动传输、自动处理，从而大大提高了工作效率和效益。

EDI采用电子方式交换数据，是EOS、POS系统得以顺利运行的基础，它采用格式化的标准文件，利用计算机到计算机的自动传输和自动处理，不需人工干预，对于传送的文件具有跟踪、确认、防篡改、防冒领、电子签名、格式校验等一系列安全保密功能，能够做到确保相关数据信息（如食品生产和流通过程信息）的安全可靠。

使用EDI的目的是通过建立企业间的数据交换网来实现票据处理、数据处理等事务作业的自动化和信息共享。在EDI中，传统贸易中的各种单据、票证全部被计算机数据传送代替，原来由人工处理的单据核对、入账、结算及收发等均由计算机来进行，基本上取消了纸张信息，从而消除了贸易过程中的纸面文件，因此EDI也被称为"无纸贸易"或"无纸交易"。以往世界每年花在制作文件的费用达3000亿美元，所以"无纸贸易"被誉为一场"结构性的商业革命"。

对EDI定义有三点需要注意：首先，传输的内容是标准的商业文件，并且采用标准格式，如采购文件、订货文件、发票、电子支付转移、运输文件、订货和状态报告文件等；其次，文件是在组织间传输，不适合组织与个人、个人与个人之间的信息传输；最后，文件是在计算机系统间的直接传输，至于通过电话、传真或电子邮件传输后的间接传输则不属于EDI范围。

交换的信息可以是商业单证，如订单、回执、发货单、装箱单、收据、保险单、报税单、进出口申报单等。也可以是各种凭证，如信用证、配额证、商检证、进出口许可证等。

电子数据交换最大的特点是利用计算机和网络来完成标准格式的数据传输，不需要人为地将数据重复输入。由于报文结构与含义有公共的标准，交易双方所往来的数据能够被对方的计算机系统识别并处理，因此大幅度提高了数据传输与交易的效率。

2. 在物流中应用EDI的效果及意义

(1)降低了纸张的消费，从而降低经营成本，增强市场竞争力。根据联合国组织的一次调查，进行一次进出口贸易，双方约需交换近200份文件和表格，其纸张、行文、打印及差错可能引起的总开销等大约为货物价格的7%。据统计，美国通用汽车公司采用EDI后，每生产一辆汽车可节约成本250美元。按每年生产500万辆计算，可以产生12.5亿美元的经济效益。据有关方面研究分析，应用EDI后可使商业文件传递速度提高81%，文件成本下降40%，文件处理成本下降38%，竞争力增加34%。

(2)减少重复劳动，提高了工作效率。如果没有EDI系统，即使是高度计算机化的公司，也需要经常将外来的资料重新输入本公司的电脑。调查表明，从一部电脑输出的资料有多达70%的数据需要再输入其他的电脑，既费时又容易出错。

（3）EDI使贸易双方能够以更迅速有效的方式进行贸易，大大简化了订货或存货的过程，使双方能及时地充分利用各自的人力和物力资源。美国DEC公司应用了EDI后，使存货期由5天缩短为3天，每笔订单费用从125美元降到32美元。新加坡采用EDI贸易网络之后，使贸易的海关手续从原来的3~4天缩短到10~15分钟。

（4）通过EDI可以改善贸易双方的关系。厂商通过EDI可以准确地估计日后商品的需求量，货运代理商通过EDI可以简化大量的出口文书工作，商户利用EDI可以提高存货的效率，大大提高企业的竞争能力。

3. EDI的应用范围

企业间往来的单证都属于商业EDI报文所适用的范围，目前各行业所制定的单证都已转换成商业EDI报文标准。在商业贸易领域，通过采用EDI技术，可以将不同制造商、供应商、批发商和零售商等商业贸易之间各自的生产管理、物料需求、销售管理、仓库管理、商业POS系统有机地结合起来，从而使这些企业大幅提高其经营效率，并创造出更高的利润。在运输行业，通过采用集装箱运输电子数据交换业务，可以将船运、空运、陆运、外轮代理公司、港口码头、仓库、保险公司等企业之间各自的应用系统联系在一起，从而解决传统单证传输过程中的处理时间长、效率低下等问题。可以有效提高货物运输能力，实现物流控制电子化，从而实现国际集装箱多式联运。在外贸领域，通过采用EDI技术，可以将海关、商检、卫检等口岸监管部门与外贸公司、原料加工企业、报关公司等相关部门和企业紧密地联系起来，从而可以避免企业多次往返多个外贸管理部门进行申报、审批等。大大简化进出口贸易程序，提高货物通关的速度。最终起到改善经营投资环境，加强企业在国际贸易中的竞争力的目的。

从EDI的应用主体来说，EDI的应用范围主要有：

（1）零售商

零售商与其贸易伙伴之间的商业行为大致可分为订购、进货、对账及付款四种作业。零售商应用EDI系统除了数据传输外，还可依次引入采购进货单、出货单、催款对账单及付款明细表，并与企业内部信息系统集成，逐渐改善订购、进货、对账及付款作业。

（2）批发商

通过采用EDI技术，批发商可以将自己与制造商、供应商和零售商等商业贸易之间的生产管理、物料需求、销售管理、仓库管理、商业POS系统有机地结合起来，从而大幅提高其经营效率，并创造出更高的利润。

（3）制造商

制造商将EDI技术与企业内部的仓储管理系统、自动补货系统、订单处理系统等企业MIS系统集成使用之后，可以实现商业单证快速交换和自动处理，简化采购程序、减低营运资金及存货量、改善现金流动情况等。也使企业可以更快地对客户的需求进行响应。

制造商应用EDI也是业务发展的需要。目前，许多国际和国内的大型制造商、零售企业、大公司等对于贸易伙伴都有使用EDI技术的需求。当这些企业评价一个新的贸易伙伴时，其是否具有 EDI 的能力是一个重要指标。某些国际著名的企业甚至会减少和取消给那些没有 EDI 能力的供应商的订单。因此，采用 EDI 是企业提高竞争能力的重要手段之一。

（4）配送中心

通过在配送中心应用 EDI 系统，可以在上游供应商、下游客户之间实现信息共享，使供应链上各个节点企业都能了解到商品的销售、库存、生产进度等方面的信息，增强供应链经营的透明度。通过 EDI 系统处理和交换有关订货、库存、销售数据、需求预测，以及运输日程、通知等方面的信息，可以减轻票据处理、数据输入输出等事务性作业，而且可以减少库存、缩短订货时间，提高工作效率。

（5）运输商

美国是提出电子数据交换技术最早的国家。早在 20 世纪 60 年代后期，为解决运输业中大量货物运输数据的电子传送问题，以缩短交货和付款周期，美国率先提出了电子数据交换的概念，并首先在美国工业交通同盟和美国运输协会内实现了电子数据传输。

EDI 技术是国际贸易、结算通关、数据处理的最佳通道，目前国际航运界已广泛地应用了 EDI 技术。例如在集装箱管理中，采用 EDI 技术，将集装箱的编号、重量、尺寸等数据存储后，再输入集装箱运行及修理情况等信息，就很容易获悉集装箱在各地的分布数量，利用这些信息能使运力调配达到最优化。此外，利用 EDI 还可以进行统计工作，计算出成本、净利润、周转率、总收入等，并进行收益分析。

4. EDI 的操作过程

当今世界通用的 EDI 通信网络，是建立在 MHS 数据通信平台上的信箱系统，其通信机制是信箱间信息的存储和转发。具体实现方法是在数据通信网上加挂大容量信息处理计算机，在计算机上建立信箱系统，通信双方需申请各自的信箱，其通信过程就是把文件传到对方的信箱中。文件交换由计算机自动完成，在发送文件时，用户只需进入自己的信箱系统。

完整的 EDI 通信流程（见图 2—1）中各个模块说明如下：

（1）映射（Mapping）—生成 EDI 平面文件

EDI 平面文件（Flat File）是通过应用系统将用户的应用文件（如单证、票据）或数据库中的数据，映射成一种标准的中间文件。这一过程称为映射。

平面文件是用户通过应用系统直接编辑、修改和操作的单证和票据文件，它可直接阅读、显示和打印输出。

（2）翻译（Translation）—转换生成 EDI 标准格式文件

其功能是将平面文件通过翻译软件生成 EDI 标准格式文件。

EDI 标准格式文件，就是所谓的 EDI 电子单证，或称电子票据。它是 EDI 用户之间进行贸易和业务往来的依据。EDI 标准格式文件是一种只有计算机才能阅读的 ASCII 文件。它是按照 EDI 数据交换标准（即 EDI 标准）的要求，将单证文件（平面文件）中的目录项，加上特定的分割符、控制符和其他信息，生成的一种包括控制符、代码和单证信息在内的 ASCII 码文件。

(3) 通信

这一步由计算机通信软件完成。用户通过通信网络，接入 EDI 信箱系统，将 EDI 电子单证投递到对方的信箱中。EDI 信箱系统则自动完成投递和转接，并按照 X.400（或 X.435）通信协议的要求，为电子单证加上信封、信头、信尾、投送地址、安全要求及其他辅助信息。

(4) EDI 文件的接收和处理

接收和处理过程是发送过程的逆过程。首先需要接收用户通过通信网络接入 EDI 信箱系统，打开自己的信箱，将来函接收到自己的计算机中，经格式校验、翻译、映射还原成应用文件。最后对应用文件进行编辑、处理和回复。

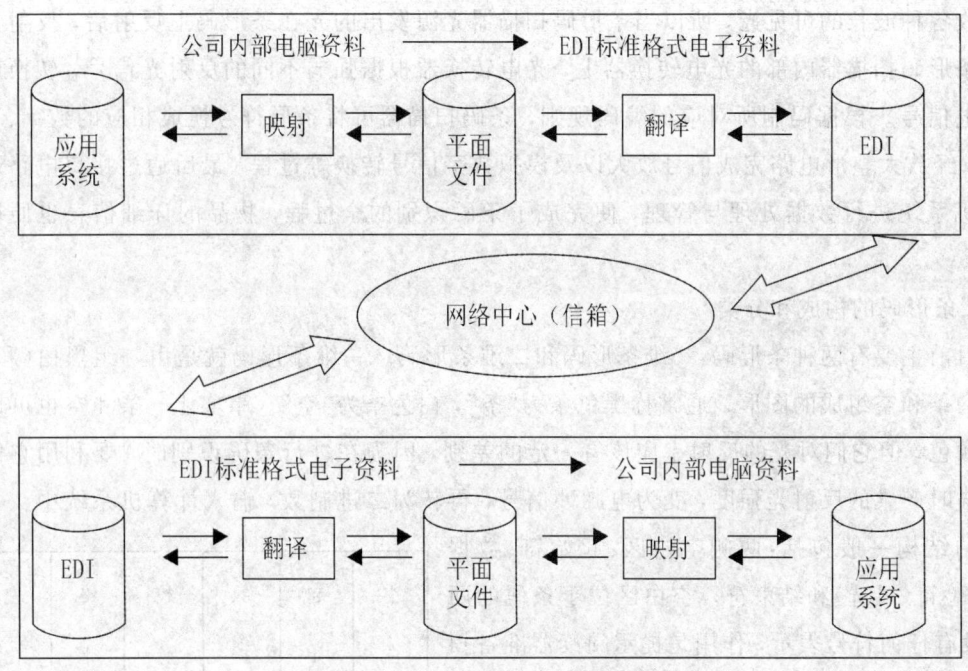

图 2-1　完整 EDI 的通信流程

在实际操作过程中，EDI 为用户提供的 EDI 应用软件包，包括了应用系统、映射、翻译、格式校验和通信连接等全部功能。这个处理过程，用户可以看作是一个"黑匣子"，完全不必关心里面具体的过程。

## 二、条码技术

信息收集和交换对于物流信息管理和控制来说至关重要。典型的应用包括仓库的入库跟踪和零售店的销售跟踪。在过去，信息的收集和交换是通过手工的书面程序完成的，既费时又容易出差错。条形码和扫描仪属于识别技术，该技术的应用大大方便了物流信息的收集和交换。条形码技术是现代物流系统中非常重要的信息采集技术，能适应物流大量化和高速化要求，是可以大幅度提高物流效率的技术。

1. 条形码的概念

条形码简称条码,是由一组规则排列的条、空及字符组成的,用于表示一定信息的代码。条码隐含着数字信息、字母信息、标志信息、符号信息,主要用于表示商品的名称、产地、价格、种类等,是全世界通用的商品代码的表示方法。条码技术是目前应用最广的一种自动识别技术。

2. 条形码的使用原理

将按照一定规则编译出来的条形码转换成有意义的信息,需要经历扫描和译码两个过程。物体的颜色是由其反射光的类型决定的,白色物体能反射各种波长的可见光,黑色物体则吸收各种波长的可见光,所以当条形码扫描器光源发出的光在条形码上反射后,反射光照射到条形码扫描器内部的光电转换器上,光电转换器根据强弱不同的反射光信号,转换成相应的电信号。根据码制所对应的编码规则,条码扫描器可将条形符号换成相应的数字、字符信息,经放大整形电路完成信号放大以及模拟数字信号转换等过程,最后通过接口电路送给计算机系统进行数据处理与管理,便完成了条码识别的全过程,物品的详细信息也便被识别了。

3. 条形码的构成和分类

目前主要有两种条形码:一维条形码和二维条形码。一维条形码就是由一组黑白(彩色)相间的条和空组成的图形。通常称黑色条为"条",白色条为"空"。事实上,条和空也可以为其他颜色,但它们对光的反射率应该有一定的差别,因为在进行条码识别时,要利用它们对光扫描时产生的反射光强度,变为电脉冲信号,再转为二进制数,输入计算机系统中。一维条码的结构一般包括:两侧空白区、起始符、数据符、校验符(可选)和结束符。空白区位于条码的两侧,没有任何符号表示,作用是提示阅读器准备扫描条码字符;起始符就是条码的第一位字符,阅读器首先确定此字符的存在,然后获得一系列的电脉冲;数据符代表一定信息的条码字符;校验字符是通过对数字符进行运算得到的,用于对识别的信息准确性进行校验。条形码结构如图 2-2 所示。

| 空白区 | 起始字符 | 数据字符 | 校验字符 | 终止字符 | 空白区 |
|---|---|---|---|---|---|

图2-2 条形码构成图

目前在世界上应用的一维条形码有许多种,应用范围最广的主要是 UPC 条形码和 EAN 条形码。UPC 条形码是由美国统一代码委员会(UCC)制定的一种条形码,由 12 位数据组成。第一位代表国别,再接下来五位代表制造商,接下来五位代表产品,最后一位是校验码; EAN 码由欧洲编码委员会编制的,由 13 位数据组成,前两位数(或三位数)代表国别,接下来的五位数(或四位数)代表制造商,后五位数代表产品,最后一位数为校验码。我国制定的通用商品条码结构与 EAN 码结构相同。EAN 码是当今世界上广为使用的商品条码,已成为电子数据交换(EDI)的基础;UPC 码主要为美国和加拿大使用。

EAN 商品条形码分为 EAN-13(标准版)和 EAN-8(缩短版)两种。

EAN-13 通用商品条形码一般由前缀部分、制造厂商代码、商品代码和校验码组成(见图 2-3)。商品条形码中的前缀码是用来标识国家或地区的代码,其赋码权在国际物品编码协会,如 00-09 代表美国、加拿大,45-49 代表日本,690-695 代表中国大陆,471 代表我国台湾地区,489 代表香港特区。制造厂商代码的赋码权在各个国家或地区的物品编码组织,我国由国家物品编码中心赋予制造厂商代码。商品代码是用来标识商品的代码,赋码权由产品生产企业自己行使,生产企业按照规定条件自己决定在何种商品上使用哪些阿拉伯数字为商品条形码。商品条形码最后用1位校验码来校验商品条形码中左起第1-12数字代码的正确性。

EAN-8 商品条形码是指用于标识的数字代码为8位的商品条形码,由7位数字表示的商品项目代码和1位数字表示的校验符组成。具体由左侧空白区、起始符、左侧数据符、中间分隔符、右侧数据符、校验符、终止符、右侧空白区及供人识别字符组成。为保护左右侧空白区的宽度,可在条码符号左下角加"＜"符号,在条码符号右下角加"＞"符号,"＜"和"＞"符号的位置见图 2-4。

图 2-3 条形码 EAN13 的符号结构

图 2-4 EAN-8 商品条码符号结构及空白区中"＜""＞"的位置及尺寸

4.条码在物流中的应用

条码技术为我们提供一种对物流中物品进行标识和描述的方法,借助自动识别技术、POS 系统、EDI 等现代技术手段,企业可以随时了解有关产品在供应链上的位置并及时作出反应。当今欧美发达国家兴起的 ECR、QR、自动补货(EOS)等供应链管理策略都离不开条形码技术的应用。条形码是实现 POS 系统、EDI、电子商务、供应链管理的基础。

由于条形码技术具有输入速度快、信息量大、准确度高、成本低、可靠性强等优点,发展很迅速,在短短 40 年内已广泛应用在交通运输业、商业贸易、生产制造业、仓储等生产及流通领域。它不仅在国际范围内为商品提供了一套完整的代码标识体系,而且为供应链管理的各个环节提供了一种通用的语言符号。

(1)条形码在流通企业中的应用

在商品上印刷条码可以实现商店结算和信息采集的自动化。当顾客在装有扫描阅读器的商店(扫描商店)购物付款时,收款员拿着带有条码的商品经过条码阅读器,商品的生产国家、制造厂商、种类、规格、价格等商品信息被输入电子计算机。不仅可以实现售货、仓储和订货的自动化管理,而且通过产、供、销信息系统,商品的销售信息可及时传递到生产厂家。

货物的条形码是建立整个供应链的最基本条件,它是实现仓储自动化的第一步。借助条形码,POS 系统可以实现商品从订购、送货、内部配送、销售、盘货等零售业循环的一元化管理,使商业的管理模式实现三个转变:从传统的依靠经验管理转变为依靠精确的数字分析管理;从事后管理(隔一段时间进行结算,盘点)转变为"实时"管理(对每一商品项目,如品种、规格、包装样式等细致的管理)。这样一来,销售商可随时掌握商品早晚销售情况,以调整进货计划,组织适销货源,从而减少脱销、滞销带来的损失,并可以加速资金周转,有利于货架安排的合理化,提高销售额。

(2)条形码在加工制造业中的应用

加工制造业范围很广,以汽车制造业为例来说明。汽车制造是通过流水作业线来完成的。一辆汽车要由成千上万个零件装配而成,根据汽车型号不同,所需要的零部件的品种和数量也不同。有的要空调,有的要后备箱,有的要手动挡变速箱,有的要自动挡变速箱等。为了能按订单生产,在先进的工业化国家,不同型号的汽车是要在同一生产线上装配的。为了避免差错,在零部件进入装配线前,要用扫描器识别零部件的条形码,确认它与所要装配的汽车匹配。在汽车装配完毕后还要识别整车上的条形码。一方面对生产完成情况做一个记录;另一方面,不同型号的车辆要通过不同的试验程序。试验机可以根据整车的条形码信息自动完成所需要的试验项目。

(3)条形码在仓储管理领域中的应用

仓储管理已成为供应链管理的核心环节。这是因为仓储总是出现在物流各环节的接合部,例如采购与生产之间,生产的初加工与精加工之间,生产与销售之间,批发与零售之间,不同运输方式转换环节等。仓储是物流各环节之间存在流量不均衡的表现,仓储也正是解决这种不均衡的手段。仓储环节集中了上下游流程整合的所有矛盾，仓储管理就是在实现物流流程的整合。

①对仓库的库位进行科学编码，并用条码加以标识，实现仓库的库位管理

对仓库的库位用条码符号加以标识，并在入库时采集库存品所入的库位，同时导入管理系统。对仓库储位编码，可以为进出货、拣货、补货等操作提供货品位置，方便储位管理，提高工作效率。仓库的库位管理有利于在大型仓库或多品种仓库中快速定位库存品所存放的位置，有利于实现先进先出的管理目标及仓库作业的效率。

②对库存品进行科学编码，并列印库存品条码标签

根据不同的管理目标（例如要追踪单品，还是实现保质期或批次管理）对库存品进行科学编码，在科学编码的基础上，入库前列印出库存品条码标签，以便于后续仓库作业的各个环节进行相关数据的自动化采集。货品编码有利于提高货品资料的正确性、提高货品活动的工作效率、便于计算机分析货品信息、便于拣货和送货及货品核对、降低库存量等。

③条码在仓储作业流程中的应用

订货：以便利店订货簿的方式为例。连锁总部定期将订货簿发给各便利店，订货簿上有商品名称、商品货号、商品条形码、订货点、订货单位、订货量等信息。便利店工作人员只需根据本店存货数量，确认订货数量，将订货商品的条码和数量输入电脑，通过网络传输订货数据到总店。

配送中心的进货验收作业：对整箱进货的商品，其包装箱上有条形码，放在输送带上经过固定式条形码扫描器的自动识别，电脑系统根据条码识别商品，然后指令将其传送到指定存放位置。对整个托盘进货的商品，叉车驾驶员用手持式条形码扫描器扫描外包装箱上的条形码标签，利用计算机与射频数据通信系统，可将存放指令下载到叉车的终端机上。

补货作业：基于条形码进行补货，可确保补货作业的正确性。商品进货验收后，移到保管区，需适时、适量地补货到拣货区。为避免补货错误，可在储位卡上印上商品条形码与储位码的条形码。当商品移动到位后，以手持式条形码扫描器读取商品条形码和储位码条形码，由计算机核对是否正确，这样就可保证补货作业的正确。

拣货作业：拣货有两种方式，一种是按客户进行拣取的摘取式拣货；另一种是先将所有客户对各商品的订货汇总，一次拣出，再按客户分配各商品量，称为播种式拣货。对于摘取式拣货作业，在拣取后用条形码扫描器读取所拣商品上的条形码，即可确认拣货的正确性。对于播种式拣货作业，可使用自动分货机，当商品在输送带上移动时，由固定条形码扫描器识别商品货号，指示移动路线与位置。

交货时的交点作业：交货时传统的交点作业通常分为两种形式，一种是由配送中心出货前复点数量，另一种是交由客户当面或事后确认。对于配送中心出货前的复点式作业，由于在拣货的同时已经以条形码确认过，就无须进行此复点作业了。对于客户的当面或事后确认，由于拣货时已用条形码确认过，也无须交货时双方逐一核对。

仓储配送作业：其实商品的自动识别方法还可以采用磁卡、IC卡等其他方式来完成。但对物流仓储配送作业而言，由于大多数的储存货品都具备有条形码，所以用条形码作自动识别与资料收集是最便宜、最方便的方式。商品条形码上的资料经条形码读取设备读取后，可迅速、正确、简单地将商品资料自动输入，从而达到自动化登录、控制、传递、沟通的目的。

### 三、电子自动订货系统(Electronic Order System, EOS)

1. EOS的概念与分类

电子自动订货系统(EOS)是零售商将各种订货信息通过计算机和网络系统传递给批发商或供应商，完成从订货、接单、处理、供货、结算等全部处理过程的计算机系统。EOS按应用范围可分为：企业内的EOS(如连锁店经营中各个连锁分店与总部之间建立的EOS系统)；零售商与批发商之间的EOS系统以及零售商、批发商和生产之间的EOS系统。

电子订货系统采用电子手段完成供应链上从零售商到供应商的产品交易过程。因此，一个EOS系统必须由供应商、零售商、网络和计算机系统几部分构成。

2. 结构

电子订货系统的构成内容包括：订货系统、通信网络系统和接单电脑系统。就门店而言，只要配备了订货终端机和货价卡(或订货簿)，再配上电话和数据机，就可以说是一套完整的电子订货配置。就供应商来说，凡能接收门店通过数据机传来的订货信息，并可利用终端机设备系统直接进行订单处理，打印出货单和检货单，就可以说已具备电子订货系统的功能。但就整个社会而言，标准的电子订货系统绝不是"一对一"的格局，即并非单个的零售店与单个的供应商组成的系统，而是许多零售店和许多供应商组成的大系统的整体运行。

3. EOS系统在企业物流管理中的作用

(1)对于传统的订货方式，如上门订货、邮寄订货、电话、传真订货等。EOS系统可以缩短从接到订单到发出订货的时间，缩短订货商品的交货期，减少商品订单的出错率，节省人工费。

(2)有利于减少企业的库存水平，提高企业的库存管理效率，同时也能防止商品特别是畅销商品缺货现象的出现。

(3)对于生产厂家和批发商来说，通过分析零售商的商品订货信息，能准确判断畅销商品和滞销商品，有利于企业调整商品生产和销售计划。

(4)有利于提高企业物流信息系统的效率，使各个业务信息子系统之间的数据交换更加便利和迅速，丰富企业的经营信息。

计算机、网络通信是支持EOS系统的硬件基础，而商品的统一标识、企业统一代码等则是支持EOS的软件基础。没有物品的统一标识，就没有信息交换、资源共享的统一语言，EOS、EDI都无法实现。

**4．企业应用 EOS 系统的基础条件**

（1）订货业务作业的标准化，这是有效利用 EOS 系统的前提条件。

（2）商品代码的设计。在零售行业的单品管理方式中，每一个商品品种对应一个独立的商品代码。商品代码一般采用国家统一规定的标准，对于统一标准中没有规定的商品则采用本企业自己规定的商品代码。商品代码的设计是应用 EOS 系统的基础条件。

（3）订货商品目录账册（Order Book）的生成和更新。订货商品目录账册的设计和运用是 EOS 系统成功的重要保证。

（4）计算机以及输入输出设备和 EOS 系统设计是应用 EOS 系统的基础条件。

**5．EOS 系统的操作流程**

（1）在零售店或生产商的终端利用条码阅读器获取准备采购的商品条码，并在终端机上输入订货资料，通过计算机网络传到批发商或原料供应商的计算机中。

（2）批发商开出提货传票，并根据传票开出拣货单，实施拣货，然后根据送货传票进行商品发货。

（3）送货传票上的资料便成为零售商店的应付账款资料及批发商的应收账款资料，传递到应收账款的系统中去。

（4）零售商对送到的货物进行检验后，就可以陈列出售了。

## 四、销售时点信息系统(Point of Sale，POS)

**1．POS 概念**

销售时点信息系统是指通过设在销售商处的终端设备（如收银机）将销售商品的商品信息以及销售信息（如商品名、单价、销售数量、销售时间、销售店铺、购买顾客等），通过通信网络和计算机系统传送至有关部门进行分析加工以提高经营效率的系统。POS 系统最早应用于零售业，以后逐渐扩展至其他如金融、旅馆等服务行业，POS 系统的应用范围也从企业内部扩展到整个供应链。

POS 具体工作内容有：以不同的方式（批发、零售、折扣、调价等）、不同的结算手段（现金、支票、信用卡等）完成商品交易并产生所需要的数据，对商品销售信息进行统计和实施管理，如统计交易次数、时段交易金额、时段各类商品的销售量，自动更新库存量，提供可靠的存货信息，控制各类商品的库存量并管理商品的订货等。

**2．销售时点信息系统的应用功效**

（1）基础信息采集。这是 POS 系统的主要功能，它能够即时地从源头采集整个物流活动的基础信息，可以说是物流信息的最基本工作。

（2）提高数据采集效率。这个系统由于采用了自动读取的设备进行数据的采集，可以使工作效率大大提高。在数据量比较大时，这个系统的数据采集优势就更加突出，它可以在瞬间对复杂的数据进行读取和采集。

(3)提高管理水平。利用这个系统,可以使管理工作从分类管理上升到单品管理。对精细物流系统而言,后续的仓位管理、自动存取货物的管理等都可以这种单品的信息采集为基础。

(4)提高统计效率。通过计算机网络,利用智能化的信息处理手段,可以使非常烦琐的统计和统计分析工作自动完成。这样一来,就使过去物流过程中经常容易出现差错和造成时间延误的环节变得准确而通畅。

(5)将管理领域延伸。采用POS系统,在对物流对象管理的同时,还能实现物流环节和工作人员的管理。

3.POS系统的运行步骤

(1)店铺销售商品都贴有表示该商品信息的条形码或OCR标签。OCR(Optical Character Recognition)叫作光学字符识别或者文字识别,是文字自动输入的一种方法。它通过扫描或摄像等光学输入的方式获取字符图像信息,然后利用各种模式识别方法分析字符图像的形态特征,判断并识别字符,达到自动输入的目的。

(2)在顾客购买商品结账时,收银员使用扫描器自动读取商品条码或OCR标签上的信息,通过店铺内的微型计算机确认商品的单价、计算顾客购买总金额等,同时返回收银机,打印出顾客购买清单和付款总金额。

(3)各个店铺的销售时点信息通过通信网络即时传送给总部或物流中心。

(4)总部、物流中心和店铺利用销售时点信息来进行库存调整、配送管理、商品订货等作业。通过对销售时点信息进行加工分析来掌握消费者购买动向,找出畅销商品和滞销商品。以此为基础,进行商品品种配置、商品陈列、价格设置等方面的作业。

(5)在零售商与供应链的上游企业(批发商、生产商、物流企业等)结成协作伙伴关系的条件下,零售商利用VAN(增值网络,Value Added Network的缩写)以在线连接的方式把销售时点信息即时传送给上游企业。这样上游企业可以利用销售现场的最及时准确的销售信息制订经营计划、进行决策。这种协作关系也称作战略联盟。

### 五、无线射频技术(RFID)

1.无线射频识别技术的概念及应用现状

无线射频身份识别系统(Radio Frequency Identification System,简称RFID,是一项利用射频信号通过空间耦合(交变磁场或电磁场)实现无接触信息传递并通过所传递的信息达到识别目的的技术。可见,RFID是一种非接触式的自动识别技术,自20世纪90年代开始兴起并逐渐走向成熟。2004年全球最大的零售商沃尔玛要求其前100家供应商在2005年1月之前向其配送中心发送货盘和包装箱时使用RFID技术,2006年1月前在单件商品中使用这项技术。其实,RFID并不是新技术,早在"二战"时它就被美军用于战争中识别自家和盟军的飞机,但自2003年这项技术又开始被众人所追捧。研究机构Forrester Research称RFID

是 2004 年四大 IT 趋势之一，其构建的物联网将为世界带来革命性的变化。IBM、SAP、微软等 IT 巨头纷纷重金投入此项技术和解决方案的开发。

目前全世界已经安装了约 5000 个 RFID 系统，实际年销售额约为 9.64 亿美元，但主要用于宠物与野生动物跟踪、公路和停车收费等有限的领域。事实上，RFID 还有望在交通管理、门禁保安、RFID 卡收费、生产线自动化、仓储管理、汽车防盗、防伪、电子物品监视系统、火车和货运集装箱的识别、物流管理、生产线追踪等领域大显身手。

目前大多数射频标签应用在非金属物品上，应用在金属上需要使用特殊的抗金属屏蔽标签。但在使用时，金属对标签仍有一定的影响，同时标签的成本也在 20 元左右。阅读器的成本较高，国产的在 1 万元以内，进口的在 2 万元左右。目前全球 RFID 标签的年需求量大约是 1000 万片，而只有需求量超过 50 亿片后，价格才能降到 2 美分（就是 1 角 5 分钱），这才有可能在零售业大规模应用。

RFID 技术在国外的发展较早也较快，尤其是在美国、英国、德国、瑞典、瑞士、日本、南非均有较为成熟且先进的 RFID 系统。目前中国市场上的 RFID 技术主要应用于电子门禁卡、电子预付费卡（如车票、饭卡）、物资仓库管理、航空行李管理系统、图书管理系统、防伪标签物流管理、邮政包裹管理系统、高速公路收费系统。但在物资流通领域，如超市、商场还未得到实际应用。

标准无法统一、成本过高、投资回报不明显、应用需求不足、RFID 标签读取率不高等限制 RFID 在我国的广泛应用。但我国铁道部、香港机场、广州、上海、四川政府、中国重汽卡车公司、杭州卷烟厂和昆明市烟草公司已率先采用 RFID 技术，并获得了明显的效益。例如铁道部铁路车号自动识别系统（ATIS）是我国最早应用的 RFID 系统，采用此技术以后，铁路车辆管理系统实现了统计的实时化、自动化，降低了管理成本。据相关报道，实施货车自动抄号后，货运物流每年新增直接经济效益达到 3 亿多元。但铁道部车号自动识别系统目前还是封闭的，无法和其他系统相连接。如果系统开放，将有利于推动整个物流行业的信息化和标准化，有利于 RFID 技术得到更有效的应用，有利于物流与信息的有效整合。

2. RFID 系统的工作原理

当装有电子标签的物体在距离 0~10 米范围内接近读写器时，读写器受控发出微波查询信号，安装在物体表面的电子标签收到读写器的查询信号后，将此信号与标签中的数据信息合成一体反射回电子标签读出装置。反射回的微波合成信号，已携带有电子标签数据信息。读写器接收到电子标签反射回的微波合成信号后，经读写器内部微处理器处理后即可将电子标签储存的识别代码等信息分离读取出来。

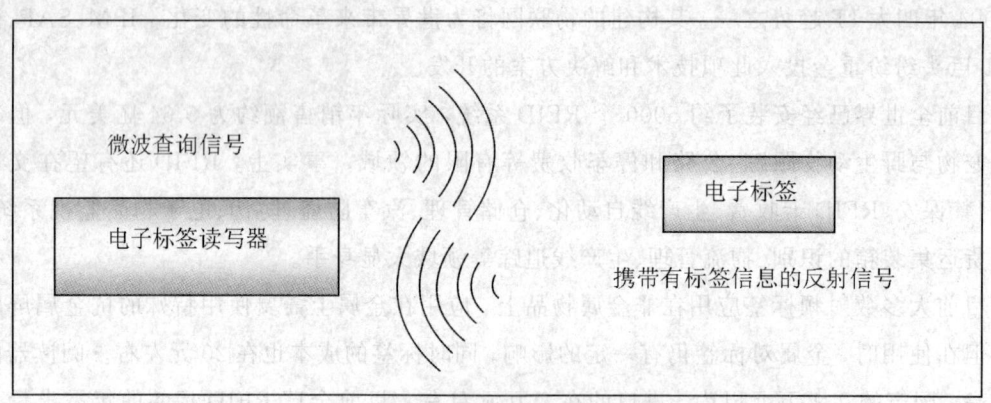

图2-5 FRID工作原理

3. RFID系统的组成

最简单的RFID系统由标签(Tag)、阅读器(Reader)和天线(Antenna)三部分组成。在实际应用中还需要其他硬件和软件的支持。

电子标签(Tag)：由耦合元件及芯片组成，且每个电子标签具有全球唯一的识别号(ID)，无法修改、无法仿造，这样提供了安全性。在实际应用中，电子标签附着在物体上标识目标对象，其中一般保存有约定格式的电子数据。

天线(Antenna)：在标签和阅读器间传递射频信号，即标签的数据信息。

阅读器(Reader)：读取(或写入)电子标签信息的设备，可设计为手持式或固定式。阅读器可无接触地读取并识别电子标签中所保存的电子数据，从而达到自动识别物体的目的。通常阅读器与计算机相连，所读取的标签信息被传送到计算机上，进行下一步处理。

4. RFID系统的类型

据RFID系统完成的应用功能不同，可以粗略地把RFID应用系统分成四种类型：EAS系统、便携式数据采集系统、网络系统、定位系统。

(1) EAS系统

Electronic Article Surveilance(EAS)是一种设置在需要控制物品出入的门口的RFID技术。这种技术的典型应用场合是商店、图书馆、数据中心等地方，当未被授权的人从这些地方非法取走物品时，EAS系统会发出警告。在应用EAS技术时，首先在物品上黏附EAS标签，当物品被正常购买或者合法移出时，在结算处通过一定的装置使EAS标签失活，物品就可以取走。物品经过装有EAS系统的门口时，EAS装置能自动检测标签的活性，发现活性标签EAS系统会发出警告。EAS技术的应用可以有效防止物品的被盗，不管是大件的商品，还是很小的物品。应用EAS技术，物品不用再锁在玻璃橱柜里，可以让顾客自由地观看、检查商品，这已经在超市等场合广泛应用很多年了。典型的EAS系统一般由三部分组成：附着在商品上的电子标签即电子传感器；电子标签灭活装置，以便授权商品能正常出入；监视器，在出口造成一定区域的监视空间。

EAS系统的工作原理是：在监视区，发射器以一定的频率向接收器发射信号。发射器与接收器一般安装在零售店、图书馆的出入口，形成一定的监视空间。当具有特殊特征的标签进入该区域时，会对发射器发出的信号产生干扰，这种干扰信号也会被接收器接收，再经过微处理器的分析判断，就会控制警报器的鸣响。根据发射器所发出的信号不同以及标签对信号干扰原理不同，EAS可以分成许多种类型。关于EAS技术最新的研究方向是标签的制作，EAS标签是否能像条码一样，在产品的制作或包装过程中加进产品，成为产品的一部分。

(2) 便携式数据采集系统

便携式数据采集系统是使用带有RFID识读器的手持式数据采集器采集RFID标签上的数据。这种系统具有比较大的灵活性，适用于不宜安装固定式RFID系统的应用环境。手持式阅读器(数据输入终端)可以在读取数据的同时，通过无线电波数据传输方式(RFDC)实时地向主计算机系统传输数据，也可以暂时将数据存储在阅读器中，再分批地向主计算机系统传输数据。

(3) 物流控制系统

在物流控制系统中，固定布置的RFID读写器分散布置在给定的区域，并且读写器直接与数据管理信息系统相连，射频识别标签是移动的，一般安装在移动的物体、人上面。当物体、人流经过读写器时，读写器会自动扫描标签上的信息并把数据信息输入数据管理信息系统存储、分析、处理，达到控制物流的目的。

(4) 定位系统

定位系统用于自动化加工系统中的定位以及对车辆、轮船等进行运行定位支持。读写器放置在移动的车辆、轮船上或者自动化流水线中移动的物料、半成品、成品上，射频识别标签嵌入到操作环境的地表下面。射频识别标签上存储有位置识别信息，读写器一般通过无线的方式或者有线的方式连接到主信息管理系统。

5. RFID的特点及与条形码的区别

(1) 非接触操作，长距离识别，识别距离为0～10米，因此完成识别工作时无须人工干预，应用便利。

(2) 抗污染能力和耐久性：条码一旦受到脏污就会识别不出，但RFID卷标是将数据存在芯片中，对水、油和药品等物质却有强力的抗污性。RFID在黑暗或脏污的环境之中，也可以读取数据。传统条形码的载体是纸张或物体表面，因此容易受到污染，且条形码是附于塑料袋或外包装纸箱上，所以特别容易受到折损。

(3) 可识别高速运动物体并可同时识别多个电子标签。与条形码相比，RFID标签无须直线对准扫描，读写速度快，可多目标识别、运动中识别，每秒最多同时识别50个。

(4) 小型化和多样化的形状：RFID标签在读取上并不受尺寸大小与形状的限制，不需为了读取精确而配合纸张的固定尺寸和印刷品质。此外，RFID电子标签更易于小型化并应用在不同产品。因此，特别适合生产线上的物品传送。

(5) RFID 卷标内储存的数据可以重复修改,方便信息的更新、删除,而条形码印刷上去之后就无法更改。

(6) 穿透性和无屏障阅读:在被覆盖的情况下,RFID 能够穿透纸张、木材和塑料等非金属或非透明的材质,进行信息识别和读取。条形码扫描机则必须在近距离且没有物体阻挡的情况下,才可以辨读条形码。

(7) 数据的记忆容量大:数据容量会随着记忆规格的发展而扩大,未来物品所需携带的信息量越来越大,对卷标所能扩充容量的需求也增加,对此 RFID 不会受到限制。一维条形码的容量是 50 字节,二维条形码最大的容量可储存 3000 字节,RFID 最大的容量则有数百万字节。

(8) 系统安全和数据安全性:数据安全方面除电子标签的密码保护外,数据部分可用一些算法实现安全管理。读写器与标签之间存在相互认证的过程,实现安全通信和存储。

6. RFID 技术应用分类

RFID 的应用大致分为两类。一类应用是静态的,主要是应用标签本身存储的信息,用于门禁、防伪等领域,技术相对比较成熟。由于应用于相对封闭的系统,只要成本足够低,伪造的技术难度比较大,这类应用会越来越多,但产生的效益是有限的。

另一类应用是动态的,主要是在物流领域的应用。动态的应用涉及必须把标签本身的信息和其他信息系统如定位系统、产品生命周期管理系统等相链接才能够产生效果,对产品在退出市场前的所有流程进行监控。与条码相比,RFID 的明显优势只有在运动中才能得以充分发挥。

7. RFID 在物流中的应用

在物流领域中推广和使用 RFID 技术是相当必要和有益的。企业可以通过在整个物流活动的过程中广泛采用此项技术来减少企业对于人力、财力、时间等方面的不必要投入,节约成本;增强物流活动过程中商品信息的准确性和及时性,使整个物流活动中的各个阶段的透明度提高,便于企业对其物流活动进行管理,从而更好地为企业的生产活动服务,使其真正成为企业的第三利润源泉。

(1) 生产环节

RFID 技术在这个环节中主要应用于完成自动化生产线运作,实现对原材料、零部件、半成品以及最终成品在整个生产过程中的识别与跟踪,降低人工识别成本和出错率,从而提高生产效率和提高企业效益。特别是在采用了 JIT 的生产流水线上,原材料与零部件必须准时送达到工位上。运用了 RFID 技术之后,企业就能够通过识别 RFID 标签来快速准确地从品类繁多的库存中,找出适当的原材料和零部件,并结合运输系统及传输设备,实现物料的转移。

RFID 技术还能及时根据生产进度发出补货信息,从而协助生产管理人员实现对流水线均衡协调,确保稳步生产,同时也加强了对产品质量的控制与追踪。

(2)存储环节

在仓储环节，RFID技术最广泛的应用是存取货物与库存盘点，能用来实现自动化的存货和取货等操作。在整个仓库管理中，收货计划、取货计划、装运计划等与RFID技术相结合，能够高效地完成各种业务操作，如指定堆放区域、上架取货与补货等。这样，增强了作业的准确性和快捷性，提高了服务质量，降低了成本，节省了劳动力和库存空间。同时，采用此项技术减少了整个物流中由于商品误置、送错、偷窃、损害和库存、出货错误等造成的损耗。RFID技术的另一个好处在于在库存盘点时降低对人力的要求。RFID可以使商品的登记自动化，盘点时不需要人工的检查或扫描条码，更加快速准确，并且减少了损耗。RFID智能标签可提供有关库存情况的准确信息，管理人员可由此快速识别并纠正低效率运作情况，从而实现快速供货，并最大限度地减少储存成本。

(3)运输环节

在商品运输过程中，在在途运输的货物和车辆上贴上RFID标签，同时在运输路线上的一些检查点安装RFID接收转发装置。当接收装置收到RFID标签发出的信息后，可以将商品当前情况以及所在的地理位置等信息上传至通信卫星，再由卫星传送给运输调度中心送入数据库中。这可使企业直接了解目前有多少货箱处于转运途中、转运的始发地和目的地，以及预期的到达时间等信息，方便对在途货物进行管理，同样便于货物的发货人或收货人掌握货物行进状况，相应调整收货时间。

(4)配送环节

在配送环节，采用RFID技术能够大大加快配送的速度，提高拣选与分发过程的效率和准确率，并能减少人工作业量、降低配送成本。假设到达中央配送中心的所有商品都已经贴有RFID标签，当这些商品在进入配送中心时，配送中心的读码设备可以读取所有商品各自标签中所包含的内容。配送系统将这些信息与发货记录进行核对，以检测出可能的错误，然后将RFID标签更新为最新的商品存放地点和状态，并且根据要求将商品进行下一步处理，确保了对商品的精确控制。

(5)销售环节

RFID智能标签可以在供应链终端的销售环节中，改进零售商的库存管理水平，实现适时补货，有效跟踪运输与库存，提高效率，减少出错率，免除了跟踪过程中的人工干预，并能够生成百分之百准确的业务数据，因而具有巨大的吸引力。特别是在超市中，智能标签能对某些时效性强的商品有效期限进行监控。商店还能利用RFID系统在付款台实现自动扫描和计费，从而取代人工收款，解决现有的超市顾客排队交费的问题。

## 六、全球定位系统(GPS)技术

1.GPS的概念及组成

GPS是Global Position System开头字母的缩写，称作全球定位系统。它是美国从20世纪70年代开始研制，历时20年，耗资近200亿美元，于1994年全面建成的利用导航卫星进行测时和测距，具有在海、陆、空全方位实时三维导航与定位能力的卫星导航与定位系统。它是继阿波罗登月计划、航天飞机后的美国第三大航天工程。如今，GPS已经成为当今世界上最实用，也是应用最广泛的全球精密导航、指挥和调度系统。我国在建的北斗卫星导航系统［BeiDou(COMPASS) Navigation Satellite System］是自主研发的全球定位系统，预计在2012年服务覆盖亚太地区，2020年覆盖全球。

GPS组成：GPS系统主要包括有三大组成部分即空间星座部分、地面控制部分和用户设备（接收机）部分。

GPS系统的空间部分由24颗GPS工作卫星所组成，这些GPS工作卫星共同组成了GPS卫星星座，其中21颗为可用于导航的卫星，3颗为活动的备用卫星，均匀分布在6个轨道面上。地面控制部分是整个系统的中枢，由美国国防部军事卫星司令部管理，由分布在全球的一个主控站、三个信息注入站和五个监测站组成。每颗GPS卫星所播发的星历（描述卫星运动及其轨道的参数算得的），是由地面监控系统提供的。卫星上的各种设备是否正常工作，以及卫星是否在预定轨道运行，都要由地面设备进行监测和控制。地面监控系统另一重要作用是保持各颗卫星处于同一时间标准——GPS时间系统。用户GPS信号接收机的任务是：能够捕获到按一定卫星高度截止角所选择的待测卫星的信号，并跟踪这些卫星的运行，对所接收到的GPS信号进行变换、放大和处理，以便测量出GPS信号从卫星到接收机天线的传播时间，实时地计算出接收机所处的三维位置，甚至三维速度和时间。

2.GPS在物流中的应用

GPS在现代物流中的应用主要有车辆使用方、运输公司、接货方三个方面。现代物流中引入GPS后可及时进行调度和配载，降低车辆空驶率，可对承运货物的车辆进行全程跟踪以保证其安全性，也可实时掌握车货的所在位置，提前完成对相应工作的安排。

由于物流运输过程是实物的空间位置转移过程，所以在物质运输过程中，对货物的运输、仓储、装卸、送递等环节所涉及的问题如运输路线的选择、仓库位置的选择、仓库的容量设置、合理装卸策略、运输车辆的调度和投递路线的选择都可以通过运用GPS的导航功能、车辆跟踪、信息查询等功能进行有效的管理和决策分析。这无疑将有助于配送企业有效地利用现有资源，降低消耗，提高效率。

（1）车辆使用方（货运代理、生产厂家等用车单位）

运输公司将自己的车辆信息指定开放给合作客户，让客户自己能实时查看车与货的相关信息。客户能较为直观地在网上看到车辆分布和运行情况，找到适合自己使用的车辆，从而省去不必要的交涉环节，加快车辆的使用频率，缩短运输配货的时间，减省相应的工作量。在货物发出之后，发货方可随时通过互联网或是手机来查询车辆在运输中的运行情况和所到达的位置，实时掌握货物在途的信息，确保货物运输时效。

(2)运输公司

运输公司通过互联网实现对车辆的动态监控式管理和货物的及时合理配载,以便加强对车辆的管理,减少资源浪费,减少费用开销。同时将有关车辆的信息开放给客户后,既方便了客户的使用,又减少了不必要的环节,提高了公司的知名度与可信度,拓展了公司业务面,提高了公司的经济效益与社会效益。例如,我国铁路开发的基于GPS的计算机管理信息系统,可以实时收集全路列车、机车、车辆、集装箱及所运货物的动态信息。只要知道货车的车种、车型、车号,就可以立即从近10万公里的铁路网上流动着的几十万辆货车中找到该货车,还能得知这辆货车现在何处运行或停在何处,以及所有的车载货物发货信息。

(3)接货方

接货方只需要通过发货方所提供的相关资料,就可在互联网实时查看到货物信息,掌握货物在途的情况和大概的运输时间,以此来提前安排货物的接收、停放以及销售等环节,使货物的销售链可提前完成。

## 七、地理信息系统(GIS)

### 1.GIS的概念

GIS是地理信息系统(Geographic Information System)的简写,它是一套可以整合各项相关地理资料的信息化操作系统,其架构于完整丰富的地理数据库之上,并具有资料采取、编修、更新、储存、查询、处理、分析及展示等不同功能。如都市信息系统、土地监控系统、地籍信息系统、交通信息系统及环境监控系统、流域管理系统等,皆属于地理信息系统的一环。

地理信息系统处理、管理的对象是多种地理空间实体数据及其关系,包括空间定位数据、图形数据、遥感图像数据、属性数据等,用于分析和处理在一定地理区域内分布的各种现象和过程,解决复杂的规划、决策和管理问题。

### 2.GIS在物流信息系统中的功能与应用

(1)辅助决策分析

在物流管理中,GIS提供全方位的信息:历史的、现在的、空间的、属性的,并在空间数据上集成各种信息进行销售分析、市场分析、选址分析以及潜在客户分析等空间分析,获得客户资料以及企业相关的综合数据,帮助企业制订正确的生产和销售计划,提高决策分析的能力以及决策正确性和工作效率。

(2)优化货物运输路径

在物流网络中,货物总是在流动:从供应商到各个分销商、从配送中心到商场或消费者等。货物运输线选取的好坏直接影响物流成本的多少,选择最优路径就是确定从起点出发到终点的最短等效长度。借助GIS技术来选择网络中的最优路径,首先要确定影响最优路径的因素,如经验时间、几何距离、道路质量、拥挤程度等,采用层次分析法来确定最优路径,进而安排车辆调度计划。

(3) 实时监控车辆和货物

GIS 可以接受 GPS 传来的数据，并将数据显示在电子地图上，帮助企业动态地进行物流管理。首先，可以实时监控运输车辆，实现对车辆的定位、跟踪与优化调度，以最低成本在规定时间内将货物送到目的地，避免了迟送或错送的现象。其次，根据电子商务网站的订单信息、供货信息和调度信息等，货主可以对货物进行全程的跟踪和调度，增强供应链的透明度和控制能力，提高客户的满意度。

(4) 选择机构设施地理位置

在物流领域，供应商、第三方物流、配送中心、销售商等不仅存在空间位置分布上的差异，而且它们的服务范围和销售市场也存在一定的空间分布形式。因此，这些机构设施地理位置的选择和确定要科学合理，这将直接影响到企业的经济效益和自身发展，是现代物流管理必须面临的问题。通过 GIS 系统可以对设施位置进行评价和优化，确定最佳位置。

# 第三节　现代化物流管理技术

物流管理是指为了以最低的物流成本达到用户满意的服务水平，实现物流合理化，对全部物流活动过程的计划、组织、指挥、协调、控制和监督。其目的是要运用系统的观点，对物流诸活动进行综合管理，使各项物流活动实现最佳的配合与协调。

现代化的物流系统需要现代化的物流管理技术。现代物流管理的目标就是供应链物流的一体化，从供应链最优的角度对物流系统进行管理和控制。

## 一、有效客户反映(ECR)

1. ECR 概念及产生背景

ECR(Efficient Consumer Response)是有效客户反映的简称，是以满足顾客要求和最大限度地降低物流过程费用为原则，能及时做出准确反应，使提供的物品供应或服务流程最佳化的一种供应链管理战略。

ECR 是 1992 年从美国发展起来的一种供应链管理策略。20 世纪 80 年代末 90 年代初，美国的食品杂货业面临着与纺织和服装行业相似的挑战，其增长速度缓慢。为提高竞争能力，并给客户带来更大效益，食品杂货业分销商和供应商努力消除系统中不必要的成本和费用，进行密切合作而发展起来的一种供应链管理策略。

几乎同时，欧洲食品杂货业为解决类似问题也采用 ECR 策略，并建立了欧洲 ECR 委员会(ECR Europe)以协调各国在实施 ECR 过程中的技术、标准等问题。

ECR 的主要目标是降低供应链各个环节的成本。

ECR 的最终目标是建立一个具有高效反应能力和以客户需求为基础的系统，使零售商及供应商以业务伙伴方式合作,提高整个食品杂货供应链的效率,而不是单个环节的效率,从而大大降低整个系统的成本、库存和物资储备,同时为客户提供更好的服务。

要实施"有效客户反映"这一战略思想,首先,应联合整个供应链所涉及的供应商、分销商以及零售商,改善供应链中的业务流程,使其最合理有效;然后,再以较低的成本,使这些业务流程自动化,以进一步降低供应链的成本和流转时间。具体地说,实施ECR需要将条码技术、扫描技术、POS系统和EDI集成起来,在供应链(由生产线直至付款柜台)之间建立一个无纸系统(如图2—6所示),以确保产品能不间断地由供应商流向最终客户,同时,信息流能够在开放的供应链中循环流动。这样,才能满足客户对产品和信息的需求,即给客户提供最优质的产品和适时准确的信息。

"有效客户反映"是一种运用于工商业的策略,供应商和零售商通过共同合作(如建立供应商/分销商/零售商联盟),改善其在货物补充过程中的全球性效率,而不是以单方面不协调的行动来提高生产力,这样能节省由生产到最后销售的贸易周期的成本。

通过ECR,如计算机辅助订货技术,零售商无须签发订购单,即可实现订货;供应商则可利用ECR随时满足客户的补货需求,使零售商的存货保持在最优水平,从而提供高水平的客户服务,并进一步加强与客户的关系。同时,供应商也可从商店的销售点数据中获得新的市场信息,改变销售策略。对于分销商来说,ECR可使其快速分拣运输包装,加快订购货物的流动速度,进而使消费者享用更新鲜的物品,增加购物的便利和选择,并加强消费者对特定物品的偏好。

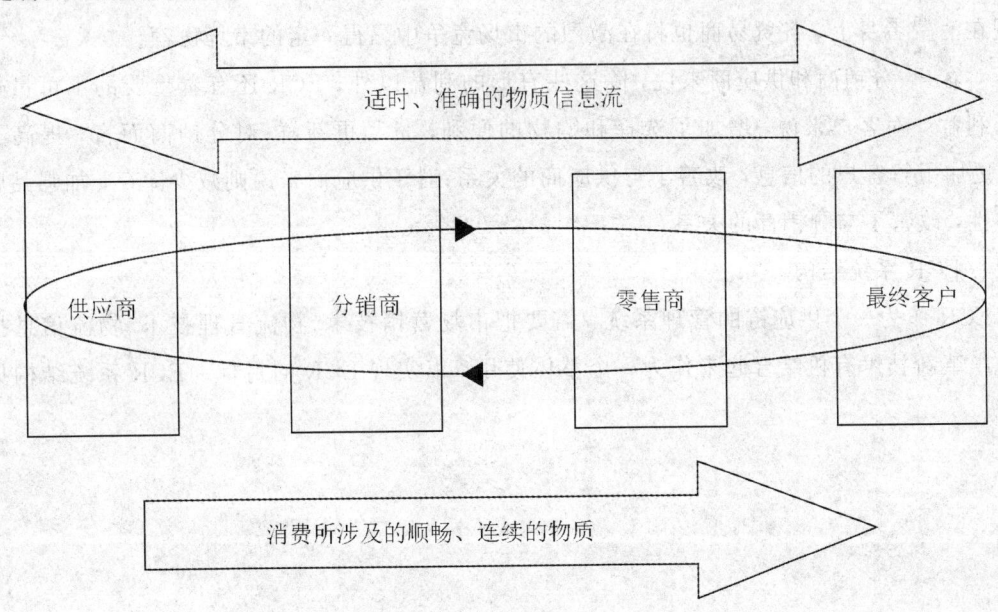

**图2—6 ECR系统示意**

ECR模式在许多国家和地区迅速推广,所覆盖的领域由原先的食品杂货行业,延伸到流行服装行业、超级市场等,其管理理念和系统方法在整个零售行业中都得到了广泛应用。

2.实施 ECR 的原则

ECR 工作组制定了 5 项指导原则：

(1)以较少的成本，不断致力于向食品杂货供应链客户提供更优的产品、更高的质量、更好的分类、更好的库存服务以及更多的便利服务。

(2)ECR 必须由相关的商业带头人启动。该商业带头人应通过代表共同利益的商业联盟取代旧式的贸易关系而达到获利的目的。

(3)必须利用准确、适时的信息以支持有效的市场、生产及后勤决策。这些信息将以 EDI 的方式在贸易伙伴间自由流动，在企业内部将通过计算机系统得到最充分、高效的利用。

(4)产品必须以最大的增值过程进行流通，以保证在适当的时候可以得到适当的产品。

(5)必须采用共同、一致的工作业绩考核和奖励机制，它着眼于系统整体的效益(即通过减少开支、降低库存以及更好的资产利用来创造更高的价值)，明确地确定可能的收益(例如，增加收入和利润)并且公平地分配这些收益。

3.实施 ECR 的效益

根据欧洲供应链管理系统的报告，接受调查的 392 家公司，其中制造商使用 ECR 后，预期销售额增加 5.3%，制造费用减少 2.3%，销售费用减少 1.1%，货仓费用减少 1.3% 及总盈利增加 5.5%。批发商及零售商也有相似的获益：销售额增加 5.4%，毛利增加 3.4%，货仓费用减少 5.9%，货仓存货量减少 13.1% 及每平方米的销售额增加 5.3%。由于在流通环节中缩减了不必要的支出，零售商和批发商之间的价格差异也随之降低。这些节约了的成本最终将体现在消费者身上。各贸易商也将在激烈的市场竞争中赢得一定的市场份额。

对客户、分销商和供应商来说，除这些有形的利益以外，ECR 还有着重要的不可量化的无形利益。对客户来说，增加了选择和购物的便利，货品更新鲜；对分销商而言，提高了信誉，更加了解客户的信息，改善了与供应商的关系；对于供应商来说则减少库存，加强品牌的完整性，改善了与分销商的关系。

4. ECR 系统结构

ECR 作为一个供应链的管理系统，需要把市场营销技术、物流管理技术、物流信息技术和组织革新技术有机结合起来作为一个整体使用，以实现 ECR 的目标。ECR 系统结构见图 2—7。

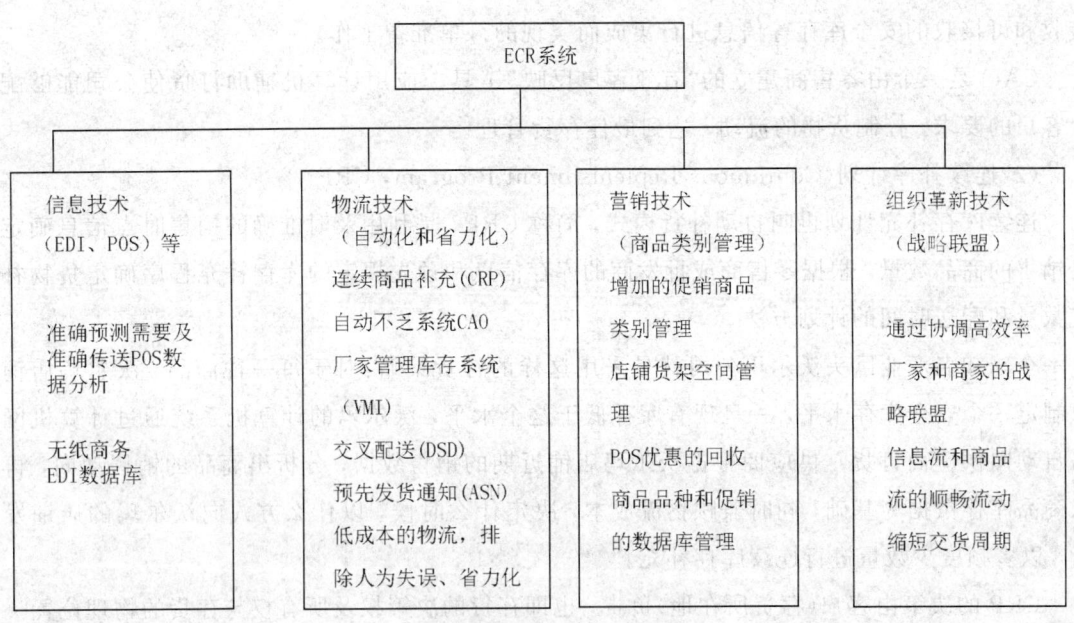

图 2-7 ECR 系统结构

5. 实施 ECR 的四大要素

快速产品引进（Efficient Product Introductions）、快速商店分类（Efficient Store Assortment）、快速促销（Efficient Promotion）以及快速补充（Efficient Replenishment）被称为是 ECR 的四大要素（见表 2.1）。对于前 3 种，目前主要还停留在理论研究阶段，而谈论最多的要属"快速补充"了。

表 2.1 ECR 的四大要素

| 高效的新产品引进（Efficient Product Introductions） | 最有效的开发新产品，进行产品的生产计划，以降低成本 |
|---|---|
| 快速商店分类（Efficient Store Assortment） | 通过第二次包装等手段，提高货物的分销效率，使库存及商店空间的使用率最优化。在有限的店铺空间内，选择最佳的陈列方式，增加畅销商品，减少滞销商品 |
| 快速促销（Efficient Promotion） | 提高仓库、运输、管理和生产效率，使贸易和促销的整个系统效益最高 |
| 高效的补货系统（Efficient Replenishment） | 包括电子数据交换（EDI），以需求为导向的自动连续补充和计算机辅助订货，使补充系统的时间和成本最优化 |

6. ECR 的主要策略

（1）计算机辅助订货（Computer Assisted Ordering，即 CAO）

CAO 是通过计算机对有关产品转移、影响需求的外在因素（如季节变化）、实际库存、产品接收和可接收的安全库存等信息进行集成而实现的订单准备工作。

CAO是一个由零售商建立的"有效客户反映"工具。应用计算机辅助订货使公司能够配合客户的要求，控制货物的流动，达到最佳存货管理。

(2)连续补库计划(Continuous Replenishment Program，CRP)

连续库存补充计划也叫自动补货模式，简称CRP，是利用及时准确的销售时点信息确定已销售的商品数量，根据零售商或批发商的库存信息和预先规定的库存补充程序确定货物补充数量和配送时间的计划方法。

全球知名商业巨头沃尔玛公司就是采用这样的补货策略：对于每一种商品，沃尔玛店铺都制定一个安全库存水平，一旦现有库存低于这个水平，沃尔玛的计算机系统通过计算机网络自动向供应商订货。供应商根据沃尔玛店铺近期的销售数据，分析出商品的销售动向，再以商品库存数据为基础，同时兼顾物流成本，决定什么时候，以什么方式向沃尔玛的店铺发货，以多频度少数量进行连续库存补充。

CRP的决策由客户(存货所在地)负责，也即存货的决策权及所有权与存货的物理位置一致。仅从决策主体的角度来看，CRP与传统的推式库存补货模式并没有什么不同，但CRP是基于事实上的需求数据即时补货的，而传统的推式补货是基于预测需求数据超前补货的。

CRP成功的关键因素是：在信息系统开放的环境中，供应商和零售商之间通过进行库存报告、销售预测报告和订购单报文等有关商业信息的最新数据交换，使得供应商从过去单纯地执行零售商的订购任务转而主动为零售商分担补充存货的责任，以最高效率补充销售点或仓库的货品。

值得注意的是，为了确保这些数据能够通过EDI在供应链中畅通无阻地流动，所有的参与方都必须使用一个通用的编码系统来标识产品、服务以及位置。EAN物品和位置编码是确保CRP顺利实施的唯一解决方案。

(3)交接运输(Cross Docking)

交接运输是将仓库或配销中心接到的货物不作为存货，而是为紧接着的下一次货物发送做准备的一种分销系统。因此，交接运输要求所有的归港和出港运输尽量同时进行。

交接运输实施的成功取决于三个因素：交付至仓库或配销中心的货物预先通知；无论交付包装的尺寸或原产地如何，仓库或配销中心要具备利用自动数据采集(ADC)设备对所有交付包装的识别能力；具备交货接收的自动确认能力。

供应商利用EANCOM发货通知报文向仓库或配销中心提供装运货物的预先通知。报文发送方可发送唯一标识的运输包装箱代码(SSCC)和EAN物品编码。在交货地，仓库或配销中心可利用ADC设备扫描接收到的货物包装，核查其是否与供应商发出的货物匹配，并自动生成EANCOM收货通知报文，以便传回供应商。在交货地点，利用扫描技术可使仓库或配销中心自动处理交付的货物，并自动跟踪货物的下一项分销事宜，使其正确到达最终目的地。

(4) 产品、价格和促销数据库

当我们学习 ECR 概念,强调有关实物供应链的问题时,应注意的是,要想成功地改善供应链关系的效率,仍必须着眼于供应商和零售商最初所关注的问题,那便是产品、价格和促销数据库。将信息存取到产品、价格和促销数据库中对 ECR 概念的有效运作是很重要的。离开这些数据库,无纸系统的诸多好处就不能实现。这些数据库必须对供应链上的所有信息节点都是可存取的。利用共享的信息,供应商和零售商互相校对产品细目,将消除在贸易链的许多节点上通常出现的种种错误,如由于使用专有物品代码而出现的错误产品运输,在销售点扫描出错误价格的产品,出现在供应商发票上却不被买方接收的产品等。

在 EANCOM 中,有两个报文涉及产品、价格和促销数据的通信,即价格/销售目录报文和产品数据报文。这两个报文都具有从数据库中生成、修改和删除产品的功能。除此之外,供应商还通过这两个报文向客户传送其产品的 EAN 物品编码。

## 二、快速反应(QR)

1. QR 概念与发展

快速反应(Quick Response,,QR)是指在供应链中,为了实现共同的目标,零售商和制造商建立战略伙伴关系,利用 EDI 等信息技术,进行销售时点的信息交换以及订货补充等其他经营信息的交换,用多频度小数量配送方式连续补充商品,以实现缩短交货周期、减少库存、提高客户服务水平和企业竞争力的供应链管理方法。QR 是供应链管理的主要方法之一,它不单纯是某种技术,而是一种全新的业务方式和业务管理思想。

QR 是从美国纺织与服装行业发展起来的一种供应链管理方法。20 世纪 70 年代末期,美国的纤维纺织业出现了大幅度萎缩的趋势,纺织品进口大幅度上升。到 80 年代初,进口产品几乎占据了美国纺织品市场的 40%。1984 年美国 84 家大型企业结成了"爱国货运动协会",该协会在积极宣传本国产品的同时,委托克特·萨尔蒙公司调查、研究提升美国纤维产业竞争力的方法。克特·萨尔蒙公司的研究报告表明,美国纤维产业的主要问题是,尽管在整个产业链的某些环节存在着生产效率比较高的现象,但是整个产业链或供应链的效率却非常低。克特·萨尔蒙公司的研究报告提出通过信息的共享以及生产商与零售商之间的合作,确立其能对消费者的需求做出迅速响应的 QR 体制。在克特·萨尔蒙公司的倡导下,从 1985 年起美国纤维行业开始大规模开展 QR 运动,正式掀起了供应链构筑的高潮。

当时,在美国积极推动 QR 的零售商主要有三家,即迪拉德百货店、J.C.朋尼公司和沃尔玛。沃尔玛是最早推行 QR 的先驱,通过自身的 QR 实践,大大推动了供应链管理中各种运作体系的标准化,倡导建立了 VICS 委员会(Voluntary Inter－Industry Communications Standard Committee),并制定了行业统一的 EDI 标准和商品识别标准,即 EDI 的 ANSIX12 标准和 UPC 商品条码。1983 年沃尔玛导入了销售时点系统(Point of Sales,POS),并且当时采用了 UPC 条码,所以在整个行业最早实现了产业链中的信息共享。沃尔玛成为 QR 的主导者。由于沃尔玛的先驱性活动,不仅使美国服装产业的恶劣环境得到改善,削减了贸易赤字,而且也大大推动了QR在美国的发展,并形成了高潮,成为现代企业管理变革的主要趋势之一。

2. 实施 QR 成功的条件

Black Burn 在对美国纺织服装业研究的基础上,认为QR成功的五项条件是:

(1)改变传统的经营方式、企业经营意识和组织结构

①企业不能局限于依靠本企业独自的力量来提高经营效率,要树立通过与供应链各方建立合作伙伴关系,努力利用各方资源来提高经营效率的现代经营意识。

②零售商在QR系统中起主导作用,零售店铺是QR系统的起始点。

③在QR系统内部,通过POS数据等销售信息和成本信息的相互公开和交换,来提高各个企业的经营效率。

④明确QR系统内各个企业之间的分工协作范围和形式,消除重复作业,建立有效的分工协作框架。

⑤必须改变传统的事务作业方式,利用信息技术实现事务作业的无纸化和自动化。

(2)开发和应用现代信息处理技术

(3)与供应链上各个节点企业建立战略伙伴关系

(4)改变传统的对企业商业信息保密的做法

将销售信息、库存信息、生产信息、成本信息等与合作伙伴交流共享,并在此基础上,要求各方一起发现问题、分析问题和解决问题。

(5)供应方必须缩短生产周期,降低商品库存

具体来说供应方应努力做到:缩短商品的生产周期;进行多品种少批量生产和多频度少数量配送,降低零售商的库存水平,提高顾客服务水平;在商品实际需要将要发生时采用JIT方式组织生产,减少供应商自身的库存水平。

3. QR 实施的步骤

(1)条形码和EDI

对所有的商品单元条码化,即对所有商品消费单元用商品条码标识,对商品储运单元用ITF—14码标识,而对贸易单元则用UCC/EAN—128条码标识。零售商首先必须安装条形码识别、POS扫描和EDI等技术设备,以加快POS机收款速度、获得更准确的销售数据并使信息沟通更加流畅。

许多零售商和厂商都了解EDI的重要性,所以已经实施了一些基本交易(如采购订单、发票等)的EDI业务。很多大型零售商也强制其供应商实施EDI来保证快速反应,但EDI的全面实施还需要时间。

(2)固定周期补货

QR的自动补货要求供应商更快更频繁地运输订购的商品,以保证店铺不缺货,从而提

高销售额。

自动补货是指基于商品销售预测的补货自动化。自动补货使用软件系统，基于过去和目前销售数据及其可能的变化进行定期预测，同时考虑目前的存货情况和其他一些因素，以确定订货量。

（3）先进的补货联盟

成立先进的补货联盟是为了保证补货业务的流畅。零售商和制造商联合起来研究销售数据，制订关于未来需求的计划和预测，在保证有货和减少缺货的情况下降低库存水平。还可以进一步由消费品制造商管理零售商的存货和补货，以加快库存周转速度，提高投资毛利率。

（4）零售空间管理

零售空间管理是指根据每个店铺的需求模式来规定其经营商品的花色品种和补货业务。

一般来说，对于花色品种、数量、店内陈列及培训或激励售货员等决策，消费品制造商也可以参与甚至制定决策。

（5）联合产品开发

这一步的重点不再是一般商品和季节商品，而是服装等生命周期很短的商品。

厂商和零售商联合开发新产品，他们之间不仅是购买与销售的业务关系，从而缩短从新产品研发到新产品上市的时间，而且经常在店内对新产品进行试销。

（6）快速反应的集成

通过重新设计业务流程，将前五步的工作和公司的整体业务集成起来，以支持公司的整体战略。

这一步要求零售商和制造商重新设计其整个组织、业绩评估系统、业务流程和信息系统。设计的中心围绕着消费者而不是传统的公司职能，它们要求集成的信息技术。

4. ECR 与 QR 的比较

QR 这种新型的合作方式意味着双方都要告别过去的敌对竞争关系，要以战略伙伴关系来提高向最终用户的供货能力，同时降低整个供应链的库存量和总成本。只有当贸易双方共同有效地管理彼此间的商品流和信息流的时候，并在管理中接受这种新的"开放"关系的时候，快速反应才能真正发挥作用。

（1）二者共同点：表现为超越企业之间的界限，通过合作追求物流效率化。具体表现在如下三个方面：贸易伙伴间商业信息的共享；商品供应方进一步涉足零售业，提供高质量的物流服务；企业间订货、发货业务全部通过 EDI 来进行，实现订货数据或出货数据的传送无纸化。

（2）QR 与 ECR 的区别

①侧重点不同：QR 侧重于缩短交货提前期，快速响应客户需求；ECR 侧重于减少和消除供应链的浪费，提高供应链运行的有效性。

②管理方法的差别：QR 主要借助于信息技术实现快速补发，通过联合产品开发缩短产品上市时间；ECR 除新产品快速有效引入外，还实行有效商品管理、有效促销。

③适用的行业不同:QR 适用于单位价值高、季节性强、可替代性差、购买频率低的行业,QR 主要集中在一般商品和纺织行业;ECR 适用于产品单位价值低、库存周转率高、毛利少、可替代性强、购买频率高的行业,如食品行业。

④改革的重点不同:QR 改革的重点是补货和订货的速度,目的是最大限度地消除缺货,并且只在商品需求时才去采购。ECR 改革的重点是效率和成本。

### 三、供应链库存控制技术

管理专家说,库存是万恶之首。库存占用了大量的流动资金,影响着企业的资金运转效率。供应链库存控制技术主要包括供应商管理库存(VMI)和联合库存管理(JMI)。

1.供应商管理库存(VMI)

(1)供应商管理库存的概念

VMI(Vender Managed Inventory)是一项供应链管理新技术,简而言之就是以双方都获得最低成本为目标,建立在共同认同的框架协议下的,通过供应商参与并管理分销商(或零售商)库存的库存决策代理模式。其核心思想在于零售商放弃商品库存控制权,而由供应商掌握供应链上的商品库存动向,即由供应商依据零售商提供的每日商品销售资料和库存情况来集中管理库存,替零售商下订单或连续补货,从而实现对顾客需求变化的快速反应。

VMI 系统是为解决供应链中的"牛鞭效应"而产生的。传统供应链中的库存是各自为政的。供应链中的每个环节(尤其是供应商、批发商、零售商)都有自己的库存控制策略,都由各自管理自己的库存。由于各自的库存控制策略不同,上游供应商往往维持比其下游需求更高的库存水平,以应付销售商订货的不确定性。因此不可避免地产生了需求的扭曲现象,即所谓的需求放大现象,形成了供应链中的"牛鞭效应",加重了供应商的供应和库存风险。

在由供应商、制造商、分销商、零售商和客户依次连接的供应链中,沿着供应链环节向上游移动,随着需求不稳定性的增加,预测的准确度也逐渐降低,其根源是由零售商管理库存的方式所导致的结果。其中补充订货的决策及相关信息管理由库存的使用者掌握,而库存的供应者只是被动地接收信息,响应周期长、库存积压风险大,导致制造商和零售商库存增加。而如果由供应商管理库存,将大大减少信息失真和库存积压,减少库存使用者的管理负担,降低总成本。

众所周知,库存与服务水平总是相互矛盾的。提高顾客服务水平就需要更多的缓冲库存以减少缺货,提高准时交货率;而降低库存水平又会增加缺货的可能性,影响服务水平。早在 20 世纪 80 年代末,沃尔玛和宝洁就开始实施 VMI,但当时并未引起学术界和企业界的重视。随着产品寿命周期缩短,需求不确定性的加大,顾客对服务水平的要求不断提高,库存与服务水平的矛盾更加突出。但随着信息技术的发展,信息共享能力增强,信息成本下降,VMI 优越性也逐步显现出来。

供应商管理库存(VMI)作为一种目前国际上前沿的供应链库存管理模式,对整个供应链的形成和发展都产生了影响。VMI帮助供应商等上游企业通过信息手段掌握其下游客户的销售和库存信息,并对下游客户的库存调节做出快速反应,降低供需双方的库存成本。目前许多跨国巨头和国内知名制造企业都在应用VMI,并享受着由它带来的丰硕果实——提高库存周转率,降低库存成本,消灭库存冰山,实现供应链的整体优化。

整体而言,VMI和传统模式的关键区别在于,供应商由原来努力将商品推销给分销商转变为努力地帮助分销商销售。供应商、零售商和分销商共同关注如何更有效地将更多的商品卖给最终消费者。

(2) 供应商管理库存的主要好处

供应商受益表现在:通过销售点(POS)数据透明化,简化了配送预测工作;结合当前存货情况,使促销工作易于实施;减少分销商的订货偏差,减少退货;需求拉动透明化、提高配送效率,以有效补货避免缺货;有效的预测使生产产能更好地安排生产计划。

分销商和消费者受益表现在:提高了供货速度;减少了缺货;降低了库存;将计划和订货工作转移给供应商,降低了运营费用;在恰当的时间,适量补货,提升了总体物流绩效;供应商更专注地提升物流服务水平。

共同的利益表现在:通过计算机互联通讯,减少了数据差错;提高了整体供应链处理速度;从各自角度,各方更专注于提供更优质的用户服务。真正意义上的供应链合作伙伴关系得以确立。长期利益包括:更有效的促销运做、更有效的新品导入和增加终端销售量等。

(3) 供应商管理库存的局限性

供应商和零售商的协作水平有限;VMI对企业间的信任度要求较高;VMI中供应商处于主导地位;VMI中库存费用、运输费用、意外损失等都是由供应商承担,风险大。

为了克服VMI的局限性和规避传统库存控制中的"牛鞭效应",产生了联合库存管理。

2.联合库存管理(JMI)

联合库存管理(Jointly Managed Inventory,JMI),是基于协调供应链上游节点企业和下游节点企业间权利、责任、风险共担的库存管理模式。联合库存管理强调的是供应链上各节点企业间库存的管理者共同参与,共同制订库存管理计划,互相协调,从供应链的角度考虑保持供应链相邻节点企业间需求预测的一致性,从而消除供应链上的需求变异放大现象,即所谓的"牛鞭效应",体现了供应链节点企业间的互惠互利和合作的关系。

JMI思想的发展是建立在供应商管理库存(VMI)的基础上的,可以看作是对供应商管理库存的深化。供应商管理库存模式有助于供应链下游节点企业实现零库存和上游节点企业合理库存的建立,从而实现对供应链的优化。但是,VMI也存在着缺乏供应链系统集成、协作水平有限、对传统库存控制策略进行"责任倒置"以及增大供应商风险的局限性。JMI正是解决传统库存管理导致的需求放大现象以及克服供应商管理库存局限性的有效方法。

JMI不是一种库存决策代理模式,而是供应链相邻节点企业对库存管理的共同参与和决策,将VMI中供应商的全责转化为各节点企业间的责任分摊,实现风险共担、利润共享,提高供应链的同步化程度和运作效率。这种共同管理和决策建立在对供应链各节点间的信息共享和紧密合作之上,可以说JMI注重的是供应商管理的无缝化整合和战略联盟关系的有效开发与维护。

局限性:建立协调的成本比较高;企业合作联盟的建立困难;建立的协调中心运作困难;JMI需要高度的监督。

3.联合计划、预测与补货(CPFR)

(1)CPFR概念及由来

CPFR的形成始于沃尔玛所推动的CFAR,CFAR(Collaborative Forecast and Replenishment)是利用Internet通过零售企业与生产企业的合作,共同做出商品预测,并在此基础上实行连续补货的系统。后来,在沃尔玛的不断推动之下,基于信息共享的CFAR系统又在向CPFR发展。

该系统是在1995年,由沃尔玛与其供应商Warner—Lambert、管理信息系统供应商SAP、供应链软件商Manugistics、美国咨询公司Benchmarking Partners5家公司联合成立的工作小组,进行CPFR的研究和探索,1998年美国召开零售系统大会时又加以倡导,目前实验的零售企业有沃尔玛、凯马特和威克曼斯,生产企业有P&G、金佰利、HP等7家企业,可以说,这是目前供应链管理在信息共享方面的最新发展。从CPFR实施后的绩效看,Warner—Lambert公司零售商品满足率从87%提高到98%,新增销售收入800万美元。在CPFR取得初步成功后,组成了由零售商、制造商和方案提供商等30多个实体参加的CPFR委员会,与VICS(Voluntary Interindustry Commerce Standards)协会一起致力于CPFR的研究、标准制定、软件开发和推广应用工作。由于CPFR巨大的潜在效益和市场前景,一些著名的企业软件商如SAP、Manugistics、i2等争相开发CPFR软件系统和从事相关服务。

CPFR(Collaborative Planning Forecasting and Replenishment)是在CFAR共同预测和补货的基础上,进一步推动共同计划的制定,它不仅要求合作企业实行共同预测和补货,同时将原来属于各企业内部事务的计划工作(如生产计划、库存计划、配送计划、销售规划等)也由供应链各企业共同参与。

CPFR是一种建立在贸易伙伴之间密切合作和标准业务流程基础上的经营理念。

(2)CPFR的本质特点

①协同。从CPFR的基本思想看,供应链上下游企业只有其立起共同的目标,才能使双方的绩效都得到提升,取得综合性的效益。CPFR这种新型的合作关系要求双方长期承诺公开沟通、信息分享,从而确立其协同性的经营战略,尽管这种战略的实施必须建立在信任和承诺的基础上,但是这是买卖双方取得长远发展和良好绩效的唯一途径。正因为如此,所以协同的第一步就是保密协议的签署、纠纷机制的建立、供应链计分卡的确立以及共同激励目标的形成(例如不仅包括销量,也同时确立双方的盈利率)。应当注意的是,在确立这种协同性目标时,不仅建立起双方的效益目标,更要确立其协同的盈利驱动性目标,只有这样,才

能使协同性能体现在流程控制和价值创造的基础上。

② 规划。1995年沃尔玛与Warner-Lambert的CFAR为消费品行业推动双赢的供应链管理奠定了基础,此后当VICS定义项目公共标准时,认为需要在已有的结构上增加"P",即合作规划(品类、品牌、分类、关键品种等)以及合作财务(销量、订单满足率、定价、库存、安全库存、毛利等)。此外,为了实现共同的目标,还需要双方协同制订促销计划、库存政策变化计划、产品导入和中止计划以及仓储分类计划。

③预测。任何一个企业或双方都能做出预测,但是CPFR强调买卖双方必须做出最终的协同预测。像季节因素和趋势管理信息等无论是对服装或相关品类的供应方还是销售方都是十分重要的,基于这类信息的共同预测能大大减少整个价值链体系的低效率、死库存,促进更好的产品销售、节约使用整个供应链的资源。与此同时,最终实现协同促销计划是实现预测精度提高的关键。CPFR所推动的协同预测还有一个特点是它不仅关注供应链双方共同做出最终预测,同时也强调双方都应参与预测反馈信息的处理和预测模型的制定和修正,特别是如何处理预测数据的波动等问题。只有把数据集成、预测和处理的所有方面都考虑清楚,才有可能真正实现共同的目标,使协同预测落在实处。

④补货。销售预测必须利用时间序列预测和需求规划系统转化为订单预测,并且供应方约束条件,如订单处理周期、前置时间、订单最小量、商品单元以及零售方长期形成的购买习惯等都需要供应链双方加以协商解决。根据VICS的CPFR指导原则,协同运输计划也被认为是补货的主要因素。此外,例外状况的出现也需要转化为存货的百分比、预测精度、安全库存水准、订单实现的比例、前置时间以及订单批准的比例。所有这些都需要在双方公认的计分卡基础上定期协同审核。潜在的分歧,如基本供应量、过度承诺等双方事先应及时加以解决。

4.JIT模式

(1)JIT模式的概念

在20世纪后半期,整个汽车市场进入了一个市场需求多样化的新阶段,而且对质量的要求也越来越高,随之给制造业提出的新课题。这就是如何有效地组织多品种小批量生产,否则的话,生产过剩将导致一系列的浪费,从而影响到企业的竞争能力以至生存。在这种历史背景下,1953年,日本丰田公司综合了单件生产和批量生产的特点和优点,创造了一种在多品种小批量混合生产条件下高质量、低消耗的生产方式即准时生产(Just In Time,JIT)。准时制指的是,将必要的零件以必要的数量在必要的时间送到生产线,并且只将所需要的零件、只以所需要的数量、只在正好需要的时间送到生产。

JIT的核心理念是及时、准确、减少浪费。JIT理念用于生产就是JIT生产。

JIT采购也叫准时采购法,是一种先进的采购模式,也是一种管理哲学。JIT采购是:在恰当的时间、恰当的地点,以恰当的数量、恰当的质量为JIT生产提供恰当的物品。JIT采购可以减少库存、加快库存周转、提高购物的质量、获得满意的交货等效果。

(2) JIT 采购的目的

①消除不必要的工作:在 JIT 生产方式下,"不能产生价值的工作就是浪费"。一般企业的采购中有大量活动是不增加产品价值的,如订货、改订、收货、开票、装卸、运输、品质检查、入库、点数、运转、送货等。

JIT 就是为了减少这些活动的浪费,例如通过流程再造或采购方式的改进,把订货作业的时间从 2 小时减为 10 分钟,就节省了工作时间,达到了消除不必要劳动的效果。

②与供应商建立新型伙伴关系:在 JIT 生产方式下的供应商与大批量生产的传统供应商有很大不同。为了消除采购中的浪费,必须选择较少的、合格的供应商,并与之建立长期、互利的合作伙伴关系。只有建立长期的关系,才便于解决原料品质问题。合格的供应商具有较好的设备、技术条件和较好的管理水平,可以保证准时供货、保证品质。

③消除厂内原材料库存:如果满足品质标准的物料能够在需要时随时送到,那么实际上不需要原材料存货。只有在供应商不太可靠时,才有必要储存原材料。在这方面日本的一些企业做得非常好,例如丰田汽车公司,它们平均只有 0.2 天的库存量。我国的一些公司也开始意识到 JIT 在消除库存方面的巨大威力。

④提高品质和信任度:减少供应商的数目,并且提高供应商的品质与信任度,加强对供应商的长期投入,使供应商乐意也有能力参与到企业的产品开发中来,建立企业的供应链网络,与供应商共同发展和盈利。这样才能保持长期及时获得数量充足、品质优良的物料。

(3) JIT 采购的特点

准时化采购和传统的采购方式有许多不同之处,其主要表现在如下几个方面。

①采用较少的供应商,甚至单源供应:传统的采购模式一般是多头采购,供应商的数目相对较多。从理论上讲,采用单供应源比多供应源好。一方面,管理供应商比较方便,也有利于降低采购成本;另一方面,有利于供需之间建立长期稳定的合作关系,质量上比较保证。但是,采用单一的供应源也有风险,比如供应商可能因意外原因中断交货,以及供应商缺乏竞争意识等。

在实际工作中,许多企业也不是很愿意成为单一供应商的。原因很简单,一方面供应商是具有独立性较强的商业竞争者,不愿意把自己的成本数据披露给用户;另一方面是供应商不愿意成为用户的一个产品库存点。实施准时化采购,需要减少库存,但库存成本原先是在用户一边,现在转移到了供应商。因此用户必须意识到供应商的这种忧虑。

②对供应商的选择标准不同:在传统的采购模式中,供应商是通过价格竞争而选择的。供应商与用户的关系是短期的合作关系,当发现供应商不合适时,可以通过市场竞标的方式重新选择供应商。但在准时化采购模式中,由于供应商和用户是长期的合作关系,供应商的合作能力将影响企业的长期经济利益,因此对供应商的要求就比较高。在选择供应商时,需要对供应商进行综合的评估,在评价供应商时价格不是主要的因素,质量是最重要的标准。这种质量不单指产品的质量,还包括工作质量、交货质量、技术质量等多方面内容。高质量的

供应商有利于建立长期的合作关系。

③对交货准时性的要求不同:准时采购的一个重要特点是要求交货准时,这是实施精细生产的前提条件。交货准时取决于供应商的生产与运输条件。作为供应商来说,要使交货准时,可以从以下两个方面着手:一方面不断改进企业的生产条件,提高生产的可靠性和稳定性,减少延迟交货或误点现象。作为准时化供应链管理的一部分,供应商同样应该采用准时化的生产管理模式,以提高生产过程的准时性。另一方面,为了提高交货准时性,运输问题不可忽视。在物流管理中,运输问题是一个很重要的问题,它决定准时交货的可能性。特别是全球的供应链系统,运输过程长,而且可能要先后经过不同的运输工具,需要中转运输等,因此要进行有效的运输计划与管理,使运输过程准确无误。

④对信息交流的需求不同:准时化采购要求供应与需求双方信息高度共享,保证供应与需求信息的准确性和实时性。由于双方的战略合作关系,企业在生产计划、库存、质量等各方面的信息都可以及时进行交流,以便出现问题时能够及时处理。

⑤制定采购批量的策略不同:小批量采购是准时化采购的一个基本特征。准时化采购和传统的采购模式的一个重要不同之处在于,准时化生产需要减少生产批量,因此采购的物资也应采用小批量供应。当然,小批量采购自然增加运输次数和成本,特别是供应商在国外等远距离的情形下,实施准时化采购的难度就更大。这个问题可以通过混合运输、代理运输等方式或尽量使供应商靠近用户等方法解决。

(4)JIT采购的四个要素

①供应商:选择过程中,应选择距离较近的供应商,并与供应商保持长期的合作关系,积极帮助合适的供应商,使他具备价格竞争优势,降低自己的成本。

②采购数量:小批量采购是JIT采购的基本特征。JIT采购和传统的采购模式的重要不同之处在于,JIT生产需要减少生产批量,直至实现"一个流"生产,因此采购的物资也应采用小批量供应。

③供货质量:如果货物的质量达不到要求,就会给JIT的生产方式带来很大的影响。因为供货商是按照所需要的量来采购的,有废品的情况下只有重新采购。这会大大延误后面的工序,所以一定要保证供货质量。企业可以采取的措施是帮助供货商满足质量要求,鼓励供货商使用工序控制而不是批量抽样检查。

④货物运输:JIT采购的另一个重要特点是要求交货准时,这是实施JIT生产的前提条件。

## 本 章 小 结

本章系统讲述了物流信息的概念、特点及分类,国内外物流信息的发展趋势,以及目前几种库存控制技术,介绍了目前物流领域中用的物流信息技术、原理、特点及其作用。

## 复习思考题

### 一、名词解释

1.物流信息  2.物流信息技术  3.条码  4.EDI  5.EOS  6.RFID  7.供应商管理库存  8.QR

### 二、判断题

(　　)1.物流信息指的是在物流活动进行中产生及使用的必要信息，它是物流活动内容、形式、过程以及发展变化的反映。

(　　)2.条形码技术的应用解决了数据录入和数据采集的"瓶颈"问题，为物流管理提供了有力的技术支持。

(　　)3.电子数据交换（EDI）是通过电子方式，采用标准化的格式，利用计算机网络进行结构化数据的传输和交换。

(　　)4.物流信息系统是物流中心的灵魂，物流信息系统构建是物流中心能否发挥作用的关键。

(　　)5.物流信息的有效管理是现代化管理的基础和依据。

(　　)6.狭义物流信息是指与物流活动有关的信息和与其他流通活动有关的信息，如商品交易信息和市场信息等。

(　　)7.条形码是由一组规则排列的条、空以及对应的字符组成的标记，"条"指对光线反射率较高的部分，"空"指对光线反射率较低的部分。

(　　)8.GPS系统包括空间部分、地面控制部分和用户设备部分这三大部分。

(　　)9.物流信息不仅对物流活动具有支持保证的功能，而且具有连接整合整个供应链和使整个供应链活动效率化的功能。

### 三、填空题

1.ECR指的是（　　），实施ECR的四大要素是（　　）、（　　）、（　　）和（　　）。

2.一般信息系统的功能有（　　）等。

3.无线射频技术是一种（　　）的自动识别技术。

4.由于使用EDI可以减少直到最终消除贸易过程中的纸面单证，因此EDI也被俗称为（　　）。

5.JIT采购的四个要素是（　　）、（　　）、（　　）和（　　）。

6.物流信息指的是在物流活动进行中产生及使用的（　　）。

7.反映物流各种活动内容的知识、资料、图像、数据、文件的总称我们称之为（　　）。

8.全球定位系统的英文缩写（　　）。

9.从狭义范围看，物流信息是指直接产生于（　　）活动的信息。

10.POS系统最早应用于（　　）。

11. 目前主要应用的条码技术有（　　）和（　　）。
12. （　　）是目前应用最广泛的一种自动识别技术。
13. 应用最广泛的一维条码有（　　）和（　　）。

### 四、简答题

1. 信息技术的特点是什么？
2. 简述条码的分类。
3. 简述 EDI 的特点。
4. 简述无线射频技术和条码的比较。
5. 简述供应商管理库存和联合库存管理的区别。

### 五、技能题

伊藤洋华堂是日本的知名超市型零售企业，发展到今天取得了良好的经营业，这与它在1982 年以后进行的三次业务革新有关，其中 POS 系统的导入对华堂商场的影响是相当显著的。由于 POS 系统是通过扫描商品上的条码进行记账，减少了结算过程中的出错率，降低了工人的劳动强度，更重要的是 POS 数据能及时把握每个商品的销售动向，从而确定哪种商品是畅销商品或者是滞销商品，为管理层提供决策依据。同时，企业总部计算机可以对 POS 数据进行分析和处理，并结合时间、地点和天气情况把握各门店的销售特点、顾客特性和销售动向，从而针对性地制定各种销售政策。除此之外，还利用 POS 系统进行进货管理，大力改善与上游供应商的关系，形成紧密、协调一致的商品生产和配送管理团队，使得商品能够在指定的时间送到指定的门店。

针对上述案例请分析：

1. 什么是 POS 系统？其销售过程是什么？
2. POS 系统的作用有哪些？
3. 通过华堂商场对 POS 系统的导入给企业带来的效益，谈一谈 POS 系统对 VMI（供应商管理库存）的支持作用。

## 案 例 分 析

### 案例2 沃尔玛的信息技术实践对供应链效率的促进

**1. 沃尔玛的信息技术**

沃尔玛的信息技术可以总结为"四个一"，即"天上一颗星"——通过卫星传输市场信息；"地上一张网"——有一个便于用计算机网络进行管理的采购供销网络；"送货一条龙"——通过与供应商建立的计算机化连接，供货商自己就可以对沃尔玛的货架进行补货；"管理一棵树"——利用计算机网络把顾客、分店或山姆会员店和供货商像一棵大树有机地联系在一起。

沃尔玛领先于竞争对手，先行对零售信息系统进行了非常积极的投资。与其说它是零售企业，不如说它是科技企业。它最早使用计算机跟踪存货(1969年)，全面实现S.K.U.单品级库存控制(1974年)，最早使用条形码(1980年)，最早使用CM品类管理软件(1984年)，最早采用EDI(1985年)，最早使用无线扫描枪(1988年)，最早与宝洁公司(Procter & Gamble)等大供应商实现VMI—ECR产销合作(1989年)。在信息技术的支持下，沃尔玛能够以最低的成本、最优质的服务、最快速的管理反应进行全球运作。尽管信息技术并不是沃尔玛取得成功的充分条件，但它却是沃尔玛成功的必要条件。这些投资都使沃尔玛可以显著降低成本，大幅提高资本生产率和劳动生产率。

沃尔玛的全球采购战略、配送系统、商品管理、人力资源管理、天天平价战略在业界都是可圈可点的经典案例。可以说，所有的成功都是建立在沃尔玛利用信息技术整合优势资源、信息技术战略与传统物流整合的基础上。可以说，强大的信息技术和后勤保障体系使它不仅在经营商品，更在生产商店，经营物流。

20世纪90年代沃尔玛提出了新的零售业配送理论，开创了零售业的工业化运作新阶段：集中管理的配送中心向各商店提供货源，而不是直接将货品运送到商店。其独特的配送体系，大大降低了成本。加速了存货周转，形成了沃尔玛的核心竞争力。90年代初，沃尔玛就在公司总部建立了庞大的数据中心，所有店铺、配送中心和经营的所有商品，每天发生的一切与经营有关的购销调存等详细信息，都通过主干网和通信卫星传送到数据中心。任何一家沃尔玛商店都具有自己的终端，并通过卫星与总部相连，在商场设有专门负责排货的部门。沃尔玛每销售一件商品，都会即时通过与收款机相连的电脑记录下来，每天都能清楚地知道实际销售情况，管理人员根据数据中心的信息对日常运营与企业战略作出分析和决策。

沃尔玛的数据中心已与6000多家供应商建立了联系，从而实现了快速反应的供应商管理库存。供应商通过这套系统可以了解所供应的商品在沃尔玛的销售数据、沃尔玛各仓库的存货、调配状况和电子邮件与付款通知等信息，以此作为安排生产、供货和送货的依据。生产厂商和供应商都可通过这个系统查阅沃尔玛产销计划。

沃尔玛总部的通讯网络系统使各分店、供应商、配送中心之间的每一进销调存节点都能形成在线作业，使沃尔玛的配送系统高效运转。这套系统的应用，在短短数小时内便可完成"填妥订单→各分店订单汇总→送出订单"的整个流程，大大提高了营业的高效性和准确性。

2.沃尔玛的整合物流体系

沃尔玛在美国本土已建立62个配送中心，整个公司销售商品85%由这些配送中心供应，而其竞争对手只有50%~65%的商品集中配送。沃尔玛完整的物流系统号称"第二方物流"，相对独立运作。不仅包括配送中心，还有更为复杂的订单处理系统、自动补货系统等。其配送中心的平均面积约10万平方米，相当于23个足球场，全部自动化作业，现场作业场面就像大型工厂一样蔚为壮观。

沃尔玛要求它所购买的商品必须带有UPC条形码。从工厂运货回来，卡车将停在配送中心收货处的数十个门口,把货箱放在高速运转的传送带上,在传送过程中经过一系列的激光扫描,读取货箱上的条形码信息。门店需求的商品被传送到配送中心的另一端,那里有几十辆货车在等着送货。其十多公里长的传送带作业就这样完成了复杂的商品组合。其高效的电脑控制系统,使整个配送中心用人极少。数据的收集、存储和处理系统成为沃尔玛控制商品及其物流的强大武器。

为了满足美国国内 3500 多个连锁店的配送需要,沃尔玛公司在国内共有近 3 万台大型集装箱挂车,5500 辆大型货运卡车,24 小时昼夜不停地工作。每年的运输总量达到 77.5 亿箱,总行程 6.5 亿公里。合理调度如此规模的商品采购、库存、物流和销售管理,离不开高科技的手段。为此,沃尔玛公司建立了专门的电脑管理系统、利用卫星定位系统和地理信息系统调配控制运营。

全球 4500 多个店铺的销售、订货、库存情况可以随时调出查询。公司 5500 辆运输卡车,全部装备了卫星定位系统。每辆车在什么位置,装载什么货物,目的地是什么地方,总部一目了然。可以合理安排运量和路程,最大限度地发挥运输潜力,避免浪费,降低成本,提高效率。

沃尔玛正是通过信息流对物流、资金流的整合、优化和及时处理,实现了有效的物流成本控制。从采购原材料开始到制成最终产品,最后由销售网络把产品送到消费者手中的过程都变得高效有序,实现了商业活动的标准化、专业化、统一化、单纯化,从而达到实现规模效益的目的。

**通过以上案例分析:**

(1)什么是物流信息?
(2)物流信息技术在零售业的应用所带来的效益有哪些?
(3)物流信息技术在沃尔玛的成功应用对我国物流业的发展有哪些启示?

## 案例 3 EDI 铸造联华超市"生命链"

1.基本状况

1995 年起,全球零售业大鳄"家乐福"开始进军中国市场。为应对挑战,上海联华借鉴大卖场、便利店各自的优势,走多元化路线,由单一的标准超市转变成大卖场、标准超市和便利店兼有的多元化经营模式,营业额随之激增。联华感受到了成长的喜悦,但"成长的烦恼"很快也接踵而来。最大的困扰来自供货系统,那时联华的一整套供货系统尚处于完全手工操作的状态。当大卖场、便利店、标准超市需要某种商品时,传递信息的方式只有两种:一是门店通过发传真的方式将所需物品的种类和数量传递给采购中心,然后采购中心按照收到传真的先后顺序,检查各类商品的仓储情况,确定所能发出货物的数目和种类,再通过传真反馈给各门店,最后完成发货工作;二是对于紧急或特殊商品,门店通过电话直接联系供货商,由供货商直接发货给各门店。这两种供货方式在单一标准超市的模式下,尚可以基本解决供应链问题,但在多元化后的联华,这样的供货方式就举步维艰。其供应系统既不能满足便利店对反应速度的极高要求,也不能满足大卖场对数以万计不同类别商品的复杂需求。

联华到了必须改变供应链系统的时刻。联华首先需要建立电子化的采购中心,然后在此基础上与长期合作的供应商建立起B2B的电子交易平台。2002年9月,联华将"个性生鲜"定为自己的特色,它占用资金少,周转速度快,同时也是其他国外大型超市所不具备的,但内部供应链的信息化必须立刻跟上。

自电子平台上线后,许多供应商为了简化手续,对联华的供货统一通过电子平台完成,这意味着它们只向采购中心供货,不再单独向各门店供货了。而采购中心和门店之间的供货由于没有采用信息化模式,依然停留在传统的电话和传真方式上。其突出问题表现在:首先,门店要进货,总是需要极大的耐心,因为前面有长长的等候队伍。采购中心也一样的困惑,他们与各门店之间没有交易平台,因此不了解各门店的销售状况和需求信息,也无法及时传递他们的仓储信息。内部供应链的改革被逼到了死角。其次,由于要货单信息没有通过网上传输,而是从计算机中打印出来,通过传真形式传送到配送中心,配送中心的计算机工作人员再将要货信息输入计算机系统。这样做的结果不仅导致了数据二次录入可能发生的错误和人力资源的浪费,也体现不出网络应用的价值和效益。最终,公司决定采用EDI系统管理公司的业务。

2. 系统解决方案

负责具体建设联华EDI系统的是上海同振信息技术有限公司,它们为联华各门店与采购中心之间、各门店与供应商之间建立全面的大规模网络系统,各门店订货采用了两条线的方式,而且两条线是完全建立在电子平台的基础上。各门店可以通过EDI系统向采购中心或供应商发送订货单,采购中心和供应商也可以在系统中查询自己商品在联华各门店的销售状况,合理安排生产和库存。内部供应链完善的最大受益者还是生鲜产品。如联华超市与光明乳业之间建立了自动要货系统,联华各门店在每天晚上12点之前汇总当天光明乳业的牛奶销售和库存信息,并在次日9点前将该数据传送至联华总部EDI系统,这些数据处理后在当天12点加载到光明乳业有效客户反映系统(ECR)。光明乳业收到数据后,根据天气、销售、促销指标等因素进行订单预测。经预测的订单产生后,该公司开始做发货准备,并将订单数据发送到联华总部EDI系统,联华门店当日晚上9点前将收到收货信息,光明乳业在第三天上午6点半以前将所订的牛奶送到联华各门店。

**通过以上案例分析:**

(1) 什么是EDI系统?

(2) 分析EDI系统在企业应用带来的效果。

# 第三章 食品物流系统和供应链管理

【知识目标】

了解物流系统的概念、特点、功能、构成要素及模式,重点掌握食品物流系统的概念、目标和功能要素;了解食品供应链的概念、种类,国内外食品供应链管理现状,中国食品供应链管理中存在的问题,重点掌握食品供应链的种类;了解国内外食品冷链物流的发展概况,掌握食品冷链的概念、特点、温度要求及控制,冷链物流的构成及冷链运输模式。

【技能目标】

在了解食品系统相关知识的基础上,能够运用系统理论来看待食品供应链的质量安全监管;能够运用食品冷链的知识,在实际工作岗位上针对不同食品冷藏特点选择不同的冷藏模式,保证食品冷链的畅通衔接,从而保证食品的质量安全。

随着科技的进步和生产的发展,一些工业发达国家,在市场剧烈竞争的条件下,逐步认识到物流系统的开发和研究,并把它视为"第三个利润源泉"。因为,在一个发达的经济社会中,为了适应大规模生产、大规模流通和大量消费的需要,已不能静止地、孤立地去对待这些问题。必须把社会再生产的过程——生产、分配、流通、消费,看成一个有机的整体,并且是相互制约、相互依存的。如在国民经济大系统中,虽然生产发展很好,但流通不畅,它会给社会经济发展造成影响。反之,流通工作很好,生产发展停滞,同样也会给社会经济发展带来不利。

要实现物流合理化,就是指物流系统整体而言的,不只是要求物流过程某一环节的合理化。要把物流系统的各种功能或各子系统联系起来,进行综合分析研究,以谋求物流大系统的整体经济效益。对物流大系统来说,各个子系统存在着互相制约、互相依存的关系,有时甚至是矛盾的。例如在包装环节,如果片面地强调节省包装材料和包装费用,虽然包装环节费用降低了,但由于包装质量差,在运输和装卸搬运过程中,造成货物破损错乱,反而是一种浪费。又如在装卸搬运环节,若单纯为了追求数量,不顾质量,不按操作规程作业,甚至野蛮装卸、损坏商品等,也同样会造成不应有的损失。再如,在联合运输当中,轮船与码头、车与船、船与货之间衔接不好,就会出现船等泊、车等船、等货的不协调现象,影响物流系统的经济效益。所以,物流系统功能环节,既各个子系统之间,既是独立的,又是互相联系和互相制约的。各子系统环节之间,要紧密衔接,互相适应,特别是前一道环节(工序)要为后一道环节创造条件。各个环节要为物流大系统取得最好的、整体的经济效益创造条件,这才是真正的从系统的角度去优化物流。

## 第一节 物流系统的概述

### 一、系统及物流系统的概念

#### (一)系统的定义

所谓系统是由若干相互关联、相互制约的要素所构成的,为实现特定的目的或具有特定功能的有机整体(集合体)。如食品物流管理信息系统、销售管理系统、生产系统、采购系统、食品加工系统、食品供应链管理系统、食品安全控制系统、质量管理系统、低温运输系统、分销资源计划管理系统及其他各类系统。系统与系统的关系是相互依赖、相互制约的,一个系统可能是另一个更大系统的组成部分,也可以继续分为更小的系统。一个食品的加工车间、包装车间、一个食品采购计划、一个食品研究项目、一个销售计划等均可以看作一个系统。

可见,系统的形成应该具备下列条件:

(1)系统是由两个或两个以上的要素组成。

(2)各要素之间相互联系、相互制约、相互依赖,从而使系统保持相对的稳定。

(3)系统具有一定的结构,保持系统的有序性,从而使系统具有特定的功能。

物流系统是指由两个或两个以上的物流功能单元构成,以完成物流服务为目的的有机集合体。作为物流系统的"输入"就是采购、运输、储存、流通加工、装卸、搬运、包装、销售、物流信息处理等环节的劳务、设备、材料、资源等,由外部环境向系统提供的过程。所谓物流系统是指在一定的时间和空间里,由物料、输送工具、仓储设备、人员以及通信联系等若干相互制约的动态要素构成的具有特定功能的有机整体。

物流系统各要素之间存在着有机联系。系统主要受内部环境以及外部环境的因素影响，使物流系统整体构成十分复杂，其外部存在过多的不确定因素，内部存在着相互依赖的物流功能因素。

### (二)物流系统的特点

物流系统具有一般系统所共有的特点，即整体性、相关性、目的性、环境适应性，同时还具有规模庞大、结构复杂、目标众多等大系统所具有的特征。

1. 物流系统是一个大跨度系统

这反映在两个方面，一是地域跨度大，二是时间跨度大。一方面在现代经济社会中，企业间物流经常会跨越不同地域，国际物流的地域跨度更大；另一方面，从物流系统的起始端——原材料提供者，到物流系统的末端——客户或消费者，中间要经过加工、包装、分销等诸多环节，往往要经历很长的时间跨度。

2. 物流系统是一个"人机系统"

物流系统是由人和形成劳动手段的设备、工具所组成。在研究物流系统的各个方面问题时，利用物流软件和物流咨询把人和物有机地结合起来，作为不可分割的整体，加以考察和分析，而且始终把如何发挥人的主观能动作用放在首位。

3. 物流系统是一个多目标函数系统

物流系统的复杂性使系统结构要素间有非常强的"背反"现象，常称为"交替损益"或"效益背反"现象，处理时稍有不慎就会出现系统总体恶化的结果。要使物流系统在各方面都满足人们的要求，并在多目标中求得物流的最佳效果，显然要建立物流多目标函数。

4. 物流系统是一个可分系统

作为物流系统无论其规模多么庞大，都可以分解成若干个相互联系的子系统。这些子系统的多少和层次的阶数，是随着人们对物流的认识和研究的深入而不断扩充的。

5. 物流系统是一个复杂的系统

物流系统运行对象——"物"遍及全部社会物质资源，资源的大量化和多样化带来了物流的复杂化。从物资资源上看，品种成千上万，数量极大；从从事物流活动的人员上看，需要数以百万计的庞大队伍；从资金占用上看，占用着大量的流动资金；从物资供应点上看，遍及全国乃至世界各地。这些人力、物力、财力资源的组织和合理利用，是一个非常复杂的问题。

6. 物流系统是一个动态系统

一般的物流系统总是联结多个生产企业和用户，随需求、供应、渠道、价格的变化，系统内的要素及系统的运行也经常发生变化。这就是说，社会物资的生产状况、社会物资的需求变化、资源变化及企业间的合作关系，都随时随地地影响着物流，物流受到社会生产和社会需求的广泛制约。

## 二、物流系统的要素

**1. 物流系统的条件要素**

物流系统的建立和运行,需要有大量的硬件和软件支撑要素。这些要素对实现物流系统的功能必不可少,有利于提高物流系统的效率和效益。

(1)人。人是物流系统的核心要素,是物流系统的主体。物流系统的规划、控制、管理、实施都是由人完成的。因此,人是保证物流得以顺利进行和提高物流管理水平的关键因素。积极引导,采取灵活有效的教育和培训形式,提高人的素质。运用合理激励手段,加强考核,发挥人的主动性、积极性和创造性,形成强有力的凝聚力,是建立一个合理化的物流系统并使其有效运转的根本。

(2)财。财是物流系统中不可缺少的资金要素。物流系统建设是资本投入的一大领域,提高物流基础设施现代化水平需要资金投入,建设功能齐全的物流中心更需要资金投入等。离开资金这一要素,物流活动就不可能实现。加强资金管理,提高资金使用效率,运用资金的组合优势,是物流系统得以健康发展的强有力支持。

(3)物。物是物流系统中的基础要素。从生产企业角度看,物常指的是物料。它是生产企业在生产领域中流转的一切材料,包括原材料、零部件、燃料、半成品、成品、其他辅助材料、工具以及生产过程中必然产生的边角余料和各种废弃物。从物流企业角度看,物常指的是物资商品、货物,包括各种各样的生产资料和生活资料。物的移动和形态改变是物流活动的基本任务。可见,物是组织物流系统运行的基础条件,没有物,物流系统便成了无本之木。

每一物流系统都是经过专门设计的,服务于特定物流环境和规定的物,以便迅速、准确、便捷地把物移送到规定位置或场所,满足生产和用户的需要。

(4)技术与设备

物流技术与设备是物流劳动工具,是物流系统的物质技术基础。每一物流系统都运用物流技术,配有不同的物流机械设备,用于完成不同的物流作业。物流技术与设备是实现物流功能的手段和技术保证。

(5)信息

物流系统的一切活动,都依赖于物流信息。物流信息是物流活动过程中的各环节间的联系纽带,是物流活动圆满完成的基本条件,同时也是物流、商流间联系的纽带。

物品在生产与流通过程中不断改变形态,不断增值,不断产生新的信息。这些信息包括物品在流动、加工、重组的动态过程中产生的品种、规格、数量、重量、成分、批次、日期、等级、质量、厂商代码等。物流过程中各种信息的采集、识别、分析、控制、反馈、处理和科学管理,有利于实现精益生产,促进物流科学化、合理化;为新产品开发、质量跟踪、物流服务评估、创新决策等提供快速、科学、准确的数据信息;按用户和生产要求优质完成物流活动,提高各项物流功能的效率,达到物流的最佳经济效益。因此,从基本数据的收集做起,建立完善的物流信息管理系统,是不断提高物流系统现代化水平的强有力支持。

(6)组织与管理

组织与管理是物流系统的支持要素和"软件",起着联结、调运、运筹、协调、指挥各要素的作用。物流的组织与管理是作为物流系统的体制、制度、标准的支撑条件来保证物流环节协调运行,从而保证物流系统功能的实现。

管理制度和标准是管理思想、管理组织、管理技术的综合体现,是管理赖以依托的基本手段。要适应现代物流发展的趋势,必须大胆吸收和借鉴当今先进的管理制度,建立健全物流管理制度。科学的物流管理制度是进行科学管理的前提和保证,是物流规范化、高效运作的基础。

上述要素对物流发生的作用和影响,构成了对物流系统的"输入"。物流系统所拥有的各种手段和功能,在外部"输入"要素的作用下,对"输入"进行必要的转化活动,使系统产生满足外部环境要求的"输出"。显然,物流系统的"输出"是物资商品位移、各种劳务服务、各种信息。

2.物流系统的功能要素

物流系统的功能要素是物流系统所具有的基本能力,这些基本能力相互有效地组合、协调和紧密衔接,形成了物流的总体能力,从而可以合理、有效地实现物流系统的总目的。物流系统的功能要素一般包括:运输、储存保管、包装、装卸搬运、流通加工、配送、信息采集与应用等。上述功能要素中,运输及保管分别解决供给者及需要者之间场所和时间上的矛盾,分别创造"场所效用"及"时间效用",因而在物流系统中处于主要功能要素的地位。

3.物流系统的构成要素

从物流运行过程来研究,可抽象出物流系统的六项构成要素:

(1)流体

流体是指物流中的实体,即物流的对象,如商品(货物或物料)。物流活动的目的是实体物流由供应者向需求者的合理、高效地流动。

(2)载体

载体是指物流过程中流体借以实现流动的设施与设备。物流载体的配置及运用状况,对物流运作的质量、效益和效率,具有决定性的作用。

(3)流向

流向是指流体从起点到终点的流动方向。深刻认识和准确把握流向的变化规律,对优化配置物流资源、合理规划物流流向、提高物流运作效率、降低物流成本具有重要的意义。

(4)流量

流量是指流体在一定流向上通过载体的物质数量的表现。最大限度地消除流量分布不均衡,对有效配置和利用物流资源、方便实施物流组织及管理具有重要的意义。

(5)流程

流程是指流体通过载体在一定流向上实现空间位移的路程长短的表现。其大小对物流成本水平及物流载体方式的选择等具有重要作用。

(6)流速

流速是指流体通过载体在一定流程上的速度的表现。它是衡量物流效率和效益的重要指标。

以上从三个方面分析了物流系统要素,可以看出,物流系统的活动表现为物流劳动者运用物流载体,作用于物流流体的一系列活动。在物流活动中,人是物流系统的主体,人、物品、设备、信息构成物流系统不可分割的整体。物流活动不仅要调动人的主观能动性,还要依赖物流机械设备。正确、合理地配置和运用物流机械设备,是提高物流效率的根本途径,也是取得良好物流效益的关键环节。

### 三、物流系统的功能

#### (一)物流系统的基本功能

物流系统的基本功能是任何一个物流系统都必须具备的,它包括七个主要功能。

1.运输

运输是物流的核心业务之一,也是物流系统的一个重要功能,选择何种运输手段对于物流效率具有十分重要的意义。在选择运输手段时,必须权衡运输系统要求的运输服务和运输成本,可以从运输机械的服务特性作为判断的基准,即运费、运输时间、频度、运输能力、货物的安全性、时间的准确性、适用性、伸缩性、网络性和信息等。

2.仓储

在物流系统中,仓储和运输是同样重要的构成因素。仓储功能包括了对进入物流系统的货物进行堆存、管理、保养、维护等一系列活动。仓储的作用主要表现在两个方面:一是完好地保证货物的使用价值;二是为将货物配送给用户,在物流中心进行必要的加工活动或组合。随着经济的发展,物流由少品种、大批量进入到多品种、小批量多批次的物流时代,仓储功能从重视保管效率逐渐变为重视如何才能顺利地进行发货和配送作业。流通仓库作为物流仓储功能的服务据点,在流通作业中发挥着重要的作用,它将不再以储存保管为其主要目的。流通仓库包括拣选、配货、检验、分类等作业,并具有多品种、小批量、多批次等收货配送功能,以及附加标签、重新包装等流通加工功能。根据使用目的,仓库的形式可分为:

①配送中心(流通中心)型仓库:具有发货、配送和流通加工的功能;

②存储中心型仓库:以存储为主的仓库;

③物流中心型仓库:具有存储、发货、配送、流通加工功能的仓库。

物流系统现代化仓库是以生产支持仓库的形式,为有关企业提供稳定的零部件和材料供给,将企业独自承担的安全储备逐步转为社会承担的公共储备,减少企业经营的风险,降低物流成本,促使企业逐步形成零库存的生产物资管理模式。

3.包装

为使物流过程中的货物完好地运送到用户手中,并满足用户和服务对象的要求,需要对大多数商品进行不同方式、不同程度的包装。包装分工业包装和商品包装两种。工业包装的作用是按单位分开产品,保护货物,便于装卸和运输。商品包装的目的是便于最终的销售。因此,包装的功能体现在保护商品、单位化、便利化和商品广告等几个方面。前三项属物流功能,最后一项属营销功能。

4.装卸搬运

装卸搬运是随运输和保管而产生的必要物流活动,是对运输、保管、包装、流通加工等物流活动进行衔接的中间环节,以及在保管等活动中为进行检验、维护、保养所进行的装卸活动,如货物的装上卸下、移送、拣选、分类等。装卸作业的代表形式是集装箱化和托盘化,使用的装卸机械设备有吊车、叉车、传送带和各种台车等。在物流活动的全过程中,装卸搬运活动是频繁发生的,因而是物品在物流途中损坏的重要环节之一。对装卸搬运的管理,主要是对装卸搬运方式、装卸搬运机械设备的选择与合理配置,以使装卸搬运合理化,尽可能减少装卸搬运次数,以节约物流费用,获得较好的经济效益。

(1)装卸搬运的特点

①附属与伴随性。装卸搬运是伴随生产与流通的其他环节发生的。无论是生产领域的加工、组装、检测,还是流通领域的包装、运输、储存,一般都以装卸搬运作为起始和终结。所以说,无论是在生产还是流通领域里,装卸搬运环节既是不可缺少的,又与其他环节密不可分。因而,装卸搬运具有与其他环节"伴生性"和"附属性"的特点。

②支持与保障性。附属性、伴随性的特点决定了装卸搬运对物流活动的支持、保障作用。这种作用在某种程度上对其他物流活动还具有一定的决定性。例如,装卸搬运会影响其他物流活动的质量和速度,装车不当,会引发运输安全问题;装卸能力不足,会引起物流活动的堵塞。因此,物流活动在有效的装卸搬运支持下,才能实现高效率运作。

③衔接性。其他物流活动在互相过渡时,都以装卸搬运来衔接。因而,装卸搬运往往成为整个物流系统的"节点",是物流各功能之间形成有机联系和紧密衔接的关键。高效的物流系统,关键看衔接是否顺畅。如集装箱多式联运,正是运用适宜的运输载体(集装箱),高效的装卸搬运设备(集装箱门吊、吊运机、叉车等),使一贯性运输得以实现。

④装卸搬运不产生有形的产品,而是提供劳动服务,是生产领域与流通领域的其他环节的配套"保障"和"服务性"作业。

⑤装卸搬运过程不消耗作业对象,不排放废弃物,不会大量占用流动资金。

⑥装卸搬运没有提高作业对象的价值和使用价值的功能。因为它既不改变作业对象的物理、化学、几何、生物等方面的性质,也不改变作业对象的相互关系(指零件组装成部件或机器、机械设备拆解为零部件等)。

⑦装卸搬运作业具有均衡性与波动性。生产领域的装卸搬运必须与生产活动的节拍一致,表现为与生产过程均衡性、连续性的一致性。流通领域的装卸搬运,虽力求均衡作业,但随着车船的到发和货物出、入库的不均衡,作业是突击的、波动的、间歇的,因此装卸搬运作

业应具有适应波动性的能力。

⑧复杂性与延展性。通常认为装卸搬运改变物料存放状态和几何位置者居多，作业比较单纯。但装卸搬运经常和运输、存储紧密衔接，同时还要进行堆码、装载、加固、计量、取样、检验、分拣等作业，以保证充分利用载运工具、仓库的载重能力与容量，因此作业是比较复杂的。这些作业也可看成是装卸搬运作业的分支或附属作业，它丰富了"改变货物存放状态和位置"这一基本概念的内涵。装卸搬运系统对这些分支作业应有较强的适应能力。

（2）装卸搬运在物流活动中的地位和作用

①连接物流活动的重要环节。装卸搬运是物流过程中的一个个"节"，对运输、储存、配送、包装、流通加工等活动进行有效连接。装卸搬运在整个宏观物流中虽然只是"节"，然而从局部、微观的角度来研究时，它本身又是一个不容忽视的子系统。例如，以装卸搬运活动为中心的港口物流系统就是一个社会、区域或行业物流系统的子系统。

②提高物流效率的关键因素。由于在物流过程中装卸搬运是不断出现和反复进行的，且装卸搬运的合适与否将直接影响后续作业的顺利进行，因此往往成为决定物流速度的关键。据统计，铁路货运列车运距低于500公里时，装卸时间将超过实际运输时间。美日两国间的远洋货运，一个往返需25天，其中运输时间13天，装卸时间12天。

③物流成本的重要组成部分。由于当前装卸搬运的效率不高而消耗的人力、物力却不少，所以装卸费用在物流成本中所占的比重也较高。以我国为例，装卸作业费在铁路运输中占运费的20%左右；在船舶运输中占40%左右；机械工厂每生产1吨成品，需进行252吨次的装卸搬运，其成本为加工成本的15.5%。

④影响物流质量与环境保护。装卸搬运是各物流要素的连接点，操作时往往需要接触货物，容易引起货物破损、散失和混合而造成资源浪费，并影响物流服务质量。此外，一些泄漏、废弃物还会对环境造成污染，如化学液体物品的泄漏易造成水体和土壤污染，煤或水泥在装卸搬运过程中的粉尘易造成大气污染等。

5.流通加工

流通加工功能是在物品从生产领域向消费领域流动的过程中，为了促进产品销售、维护产品质量和实现物流效率化，对物品进行加工处理，使物品发生物理或化学变化的功能。这种在流通过程中对商品进一步的辅助性加工，可以弥补企业在生产过程中加工程度的不足，更有效地满足用户的需求，更好地衔接生产和需求环节，使流通过程更加合理化。这是物流活动中的一项重要增值服务，也是现代物流发展的一个重要趋势。

流通加工的内容有装袋、定量化小包装、拴牌子、贴标签、配货、挑选、混装、刷标记等。流通加工功能主要表现在：进行初级加工，方便用户；提高原材料利用率；提高加工效率及设备利用率；充分发挥各种运输手段的最高效率；改变品质，提高收益。

6.配送

配送功能的设置可采取物流中心集中库存、共同配货的形式，使用户或服务对象依靠物流中心的准时配送,而无须保持自己的库存或只需保持少量的保险储备,减少物流成本的投入。配送是现代物流的一个最重要的特征。

7.信息服务功能

现代物流需要依靠信息技术来保证物流体系正常运作。物流系统的信息服务功能,包括进行与上述各项功能有关的计划、预测、动态(运量、收、发、存数)的情报及有关的费用情报、生产情报、市场情报活动。物流情报活动的管理要求建立情报系统和情报渠道,正确选定情报科目和情报的收集、汇总、统计、使用方式,以保证其可靠性和及时性。

从信息的载体及服务对象来看,该功能还可分成物流信息服务功能和商流信息服务功能。商流信息主要包括进行交易的有关信息,如货源信息、物价信息、市场信息、资金信息、合同信息、付款结算信息等。商流中交易、合同等信息,不但提供了交易的结果,也提供了物流的依据,是两种信息流主要的交汇处。物流信息主要是物流数量、物流地区、物流费用等信息。物流信息中库存量信息不但是物流的结果,也是商流的依据。

物流系统的信息服务功能必须建立在网络技术和国际通用的EDI信息技术基础上,才能高效地实现物流活动一系列环节的准确对接,真正创造空间效用及时间效用。可以说,信息服务是物流活动的中枢神经,该功能在物流系统中处于不可缺少的重要地位。

信息服务功能的主要作用表现为:缩短从接受订货到发货的时间;库存适量化;提高搬运作业效率;提高运输效率;使接受订货和发出订货更为省力;提高订单处理的精度;防止发货、配送出现差错;调整需求和供给;提供信息咨询等。

## (二)物流系统的增值服务功能

1.物流增值服务是在物流基本服务基础上延伸出来的相关服务

物流增值服务是指在完成物流基础任务上,根据客户需要提供的各种延伸业务活动,为客户提供其他服务性的项目。

常规的物流服务是上面介绍的几种物流基本功能服务,而超常规的创新性物流服务则没有明确的服务项目名称。只要客户需要,只要服务提供方有能力提供或者有能力从市场获得资源来提供,并且这种服务是有利可图的,这种服务就是增值性的服务,就可找到需求市场。增值性的物流服务需求可以由客户自己提出,但实际情况是,客户往往自己不能提出。这就需要领先的物流服务提供方分析和研究客户需求,事先设计出一些新型的服务项目和服务方式,然后提供给需求方。

2.增值性物流服务的内容

增值性的物流服务包括以下几层含义和内容:

(1)增加便利性的服务

一切能够简化手续、简化操作的服务都是增值性服务。简化是相对于消费者而言的,并不是说服务的内容简化了,而是指以前需要消费者自己做的一些事情,现在由商品或服务提供商以各种方式代替消费者做了。这样消费者获得这种服务变得简单,而且更加好用,这当然增加了商品或服务的价值。在提供物流服务时，推行一条龙门到门服务、提供完备的操作或作业提示、免培训、免维护、省力化设计或安装、24小时营业、自动订货、传递信息和转账（利用EOS、EDI、EVF）、物流全过程追踪等都是对客户有用的增值性服务。

(2) 加快反应速度的服务

快速反应是指物流企业面对多品种、小批量的买方市场，不是储备了"产品"，而是准备了各种要素，在客户提出要求时，能以最快速度抽取要素，及时"组装"，提供所需服务或产品。

快速反应已经成为物流发展的趋势之一。传统观点和做法将加快反应速度变成单纯对快速运输的一种要求，而现代物流的观点却认为，可以通过两条途径使过程变快，第一条途径是提高运输基础设施和设备的效率，比如修建高速公路、铁路提速、制定新的交通管理办法、将汽车本身的行驶速度提高等，这是一种速度的保障。第二条途径，也是具有重大推广价值的增值性物流服务方案，应该是优化生产和流通系统的配送中心、物流中心网络，重新设计适合生产和流通需要的流通渠道，以此来减少物流环节、简化物流过程，提高物流系统的快速反应能力。

(3) 降低成本的服务：开发第三利润源泉的服务

通过提供增值物流服务，寻找能够降低物流成本的物流解决方案。可以考虑的方案包括：采用TPL服务商；采取物流共同化计划；同时，可以通过采用比较适用但投资较少的物流技术和设施设备，或推行物流管理技术，如运筹学中的管理技术、单品管理技术、条形码技术和信息技术等，提高物流的效率和效益，降低物流成本。

(4) 延伸服务：即集成供应链的服务

物流服务提供商，尤其是一个企业集团或者一条供应链上的物流企业，其服务范围可以根据需要进行延伸，而这种延伸服务就是增值性物流服务。向上可以延伸到市场调查与预测、采购及订单处理；向下可以延伸到配送、物流咨询、物流方案的选择与规划、库存控制决策建议、货款回收与结算、教育与培训、物流系统设计与规划方案的制作等。

关于结算功能，物流的结算不仅仅只是物流费用的结算，物流服务商还可以替货主向收货人结算货款等，从中收取佣金或服务费，这种延伸增值服务在物流业已相当普遍。

关于需求预测功能，物流服务商可以根据物流中心商品进出货信息来预测未来一段时间内的商品进出库量，进而预测市场对商品的需求，从而指导订货。

关于物流系统设计咨询功能，还以电子商务为例，第三方物流服务商要想充当电子商务经营者的物流专家，必须为电子商务经营者设计物流系统，代替它选择和评价运输商、仓储商及其他物流服务供应商。国内有些专业物流公司正在进行这项尝试。

关于物流教育与培训功能，物流系统的运作离不开电子商务。通过向电子商务经营者提供物流培训服务，可以提高电子商务经营者的物流管理水平，可以将物流中心经营管理者的要求传达给电子商务经营者，也便于确立物流作业标准。

以上这些延伸服务很具有增值性,但也是很难操作的服务,能否提供此类增值服务,现已成为衡量一个物流企业是否真正具有竞争力的标准。

### 四、物流系统模式

#### (一)一般物流系统模式

物流系统与一般系统一样,具有输入、输出、处理(转化)、限制(制约)、反馈等功能。其具体内容如下:

(1)输入。各种原材料或产品、商品、生产或销售计划、需求或订货计划、资源、资金、劳力、合同、信息等,通过提供资源、能源、机具、劳动力、劳动手段等,对某一系统发生作用,称这一作用为外部环境对物流系统的输入。

(2)输出。物流系统以其本身所具有的各种手段和功能,在外部环境一定的制约作用下,对环境的输入进行必要的处理(转化),使之成为有用(有价值)的产品,或其位置的转移及提供其他服务等,称为物流系统的输出。所输送物品的场所转移,各种信息报表的传递,各种合同的履行,各种良好优质的服务等都是物流系统的输出。

(3)处理(转化)。物流系统本身的转化过程,即从输入到输出之间所进行的生产、供应、销售、服务等物流业务活动,称为物流系统的处理(转化)。各种生产设备、设施(车间、机械、车辆、库房、货场等)的建设;各物流企业进行的物流业务活动(运输、储存、包装、装卸搬运等);各种物流信息的数据处理;各项物流管理工作,以上这些都是物流系统的处理(转化)功能的表现。

(4)限制(制约)。由于外部环境如资源条件、能源限制、需求变化、运输能力、技术进步以及其他各种变化因素的影响,而对物流系统施加一定的约束,称之为外部环境对物流系统的限制(干扰)。

(5)反馈。物流系统在把输入转化为输出的过程中,由于受系统内外环境的限制(干扰),不会完全按原来的计划实现,使系统的输出未达到或超出预期的目标。所以,需要把输出结果返回给输入环节,称为信息反馈。各种物流活动分析,包括各种统计报表、数据;典型调查、工作总结、市场行情信息、国际物流动态等都是信息反馈。

#### (二)生产物流系统模式

1.系统的范围

生产物流系统,从广义而言,一般指从厂址选择、原材料采购到车间生产、成品入库、销售这样一个很广的范围。即原材料的采购、运输、储存,车间送料、搬运、半成品的流转、检验、成品的组装、分类拣选、包装、搬运,一直到成品入库保管或运往用户手中。所以,任何一个生产企业,从生产到销售,都离不开物流。也可以说,物流活动贯穿于生产全过程。

### 2.系统设计的原则

生产物流系统设计的原则应从以下方面考虑：原材料供应的满足；运输、储存的适应；最短的物流距离；最少的物流环节；最短的送料时间；最低的物流费用；减少搬运次数；进出方便；机械化、省力化；各子系统之间协调化；安全生产的原则。

一个生产企业（工厂），在选定厂址、施工建设、开工生产之后，主要任务是投入资金、劳力和原材料，产出产成品。原材料供应不足，生产就中断。所以，首先要考虑保证原材料的供应。同时，为了适应运输和储存的需要，还必须配置一定数量的车辆和仓库，多了则闲置浪费，少了则不够用。在整个生产过程中，生产工艺流程的设计，必须科学合理。特别对厂内运输和搬运，要周密考虑，很好地安排，贯彻物流合理化的基本原则。在原材料运输、储存，车间送料，产成品的流转、包装、入库作业过程中，要做到距离短、环节少、时间快、费用省、搬运次数少。避免在厂内各车间之间及物料搬运中，发生迂回、对流或倒流等现象。一般中小工厂因物流量较小，多采取往复运输；而大工厂，因厂内结构复杂，物流量大，则采取单一流向的办法，对原材料和产成品，分别按不同线路进行运输和搬运。这样，可以避免工厂物流活动因运输堵塞而受阻，使整个生产受到影响。

### （三）销售物流系统模式

#### 1.系统的范围

销售物流系统，一般包括物流据点（物流中心或仓库）的选择；商品的采购、运输、验收、储存；流通加工、包装、装卸搬运；分拣备货，配送服务，一直到零售商店或消费者手中。这主要是对一般商业批发企业和物流企业的业务活动而言的。至于有些工厂进行自销的商品，即生产与销售结合在一起，其销售系统的物流活动，与此不完全一致。

#### 2.系统设计的原则

销售物流系统设计的原则应从以下几个方面考虑：物流据点（库址）的选择；规模适当的研究；仓库建设的结构；运输车辆的配置；装卸搬运机械化；包装标准化；分拣自动化；配送及时性；各环节之间作业的连续性；防止缺货；费用便宜；高服务水平。

一个物流企业在确定地址后，进行投资建设时，首先要考虑设计的规模，必须根据地理位置、周围环境及物流量的大小确定适当的经营规模。并按总体的设计规划来考虑仓库的结构和布局、运输车辆台数的多少、装卸搬运机械的类型及机械化程度以及分拣、包装的技术和方法，选择合理的运输路线，规定配送时间等。并保证使这些环节之间操作作业的连续性和规程化，即有固定规范的流水作业的物流工艺流程，以充分发挥物流系统功能的作用。

当然，任何一个批发商和物流企业，在进行这些业务活动时，首先，要保证不缺货，不拖延配送时间，源源不断地及时地把商品送到顾客手中。其次，要做到费用便宜，千方百计节约物流费用，降低收费标准，以广招顾客。最后，要努力提高服务水平，开发新的服务项目，使顾客满意，进而取得最好的经济效益。

## 第二节　食品物流系统及其功能要素

### 一、食品物流系统的概念及目标

食品物流系统是指为了有效达到食品物流目的，由运输、仓储、保管、搬运、装卸、包装、流通加工、配送、物流信息等各个环节所组成，各环节之间存在有机联系并使食品物流总体功能合理化的综合体。其目的是"追求以最低的物流成本向客户提供优质的物流服务"。在原则上具体表现为"7R"，即适当的质量(Right Quality)、适当的数量(Right Quantity)、适当的时间(Right Time)、适当的地点(Right Place)、适当的产品(Right Product)、适当的条件(Right Condition)和适当的成本(Right Cost)。

食品物流系统的目标就是要把食品物流的各个环节(子系统)联系起来作为一个系统，进行整体的设计与规划，以最佳的结构、最好的配合，充分发挥其系统的功能、效率，实现整体物流的合理化。具体目标有：

服务性：在为用户服务方面要求做到无缺货、无货物损伤和丢失等现象，且费用便宜。

快捷性：按照客户指定的时间和地点迅速及时地把货物(食品)送到。

有效地利用面积和空间：应逐步发展立体化设施和相关的物流机械，使空间得到有效利用。

规模优化：物流设施集中与分散是否适当、机械化与自动化程度是否合理利用、信息系统的集成化所要求的设备的使用等。

库存控制：正确确定食品库存的方式、数量、结构、分布等。

### 二、食品物流系统的功能要素

食品物流系统包括食品物流作业系统和食品物流信息系统两部分。前者包括食品的运输、储存、装卸、搬运、包装、流通加工、配送等诸多活动。食品物流信息系统则是由人员、设备和程序组成，为物流管理者执行计划、实施、控制等职能提供信息。

1.食品的运输

食品运输是指运用设备和工具，实现食品由生产地向消费地的空间转移。运输食品的设备和工具必须无毒无害、符合有关的卫生要求，防止污染，而且在运输时不得将食品与污染物同车运输。

食品作为一类特殊的商品，要实现最廉价、最快速、最低耗损的运输，必须充分了解食品的特性，如营养性、卫生性、易腐败等。

食品运输必须采用符合卫生标准的外包装和运载工具，并且要保持清洁和定期消毒。运输车厢的内仓，包括地面、墙面和顶，应使用抗腐蚀、防潮、易清洁消毒的材料。车厢内无不良气味和异味。

杂货类食品应该具备符合安全卫生和运输要求的独立外包装，装车后应有严格全面的覆盖，避免风吹雨淋和阳光直晒；运输过程中不得和其他对食品安全和卫生有影响的货物混载。有条件单位推荐使用箱式车辆运输。

直接食用的熟食产品必须采用定型包装或符合卫生要求的专用密闭容器包装，并采用专用车辆运输，严格禁止和其他商品、人员混载。推荐使用专用冷藏车运输。对于水果蔬菜的运输，要注意控温控湿控气。

冷藏、冷冻食品必须用专用冷藏、冷冻载具运输，应当有必要的保温设备。冷冻食品在装车前，车辆要预冷，具体温度与食品特性有关；在整个运输过程中保持稳定的冷藏、冷冻温度，温度波动不能超过3℃；食品在装卸时，速度要快（5分钟以内），注意车门与冷库门的严格对接，温度回升不能超过−12℃。为了防止装卸货时温度的变化，冷库和外面应设预冷间，作为收货、装货的温度缓冲区。有条件单位推荐使用温度跟踪器进行记录，特别是对于长途运输的食品，保证食品在运输全过程处于合适的温度范围。

2.食品的储存

食品储存是指对进入物流系统的食品进行保管、并对其数量、质量进行监测管理的物流活动。其目的是克服食品生产与消费在时间上的差异。仓储作用主要表现在以下两方面：一是最大限度地保证食品的质量、食用价值和营养价值；二是使其产生时间效果，在物流中心进行必要的加工以便保藏运输。

食品在仓储过程中，需要适当的储藏设施和合理的储藏管理技术，才能防止食品在储藏期间的质量劣变。

(1)食品储藏的环境条件

储存食品的场所、设备应符合食品卫生场所要求，保持清洁，定期清扫，无积尘、无食品残渣、无霉斑、鼠迹、苍蝇、蟑螂，不得存放有毒、有害物品(如杀鼠剂、杀虫剂、洗涤剂、消毒剂等)及个人生活用品。

食品应当分类、分架存放，距离墙壁、地面均在10厘米以上，并定期检查，取用时应遵循先进先出的原则，变质和过期食品应及时清除。

食品冷藏、冷冻储藏的温度应分别符合冷藏和冷冻的温度范围要求，同时应有足够的容量和适当的制冷设备。冷库温度保证在−18℃，温度波动控制在±2℃以内。

冷库设计应符合GB 50072规定，应建有能控制温度在15℃以下的封闭式月台，并配有与运输车辆对接的密封装置。冷库门应配有空气幕、塑料门帘或回笼间等隔热隔湿装置。

食品冷藏、冷冻储藏应做到原料、半成品、成品严格分开存放。冷藏、冷冻柜(库)应有明显区分标志，外显式温度(指示)计便于对冷藏、冷冻柜(库)内部温度的监测，库温记录档案至少保存两年。食品在冷藏、冷冻柜(库)内储藏时，应做到植物性食品、动物性食品和水产品分类摆放。为确保食品中心温度达到冷藏或冷冻的温度要求，不得将食品堆积、挤压存放。

冷藏、冷冻柜(库)应由专人负责检查，定期除霜、清洁和维修，保持霜薄气足，无异味、臭味，以确保冷藏、冷冻温度达到要求并保持卫生。

(2)食品储藏管理

在食品专用独立仓库或存储区域，和其他食品保持适当物理分隔避免受到污染。按常温、冷藏和冷冻等不同存储要求相应存放食品。例如，干燥的农产品采用一般仓库储藏，易失水腐烂的果品蔬菜采用保鲜库储藏，而易腐烂的肉制品、鱼等则采用冷藏库保存。

食品存储仓库和货架的设计应满足食品卫生要求和先进先出的操作原则。

与食品直接接触的内包装应使用合法安全的食品级包装材料；外包装要满足相关运输和存储安全及质量要求。散装食品入库前应转移进带盖的食品专用周转箱存放。

在冷库存放的食品应按生产单位、品种分别放置于食品货架上或食品级的专用栈板上，做到生熟食品分开存放于不同的冷库内，避免交叉污染。

不同类别的食品应分库或分架存放，库房内备有相应的货架和货垫。

食品外包装应完整，无积尘，码放整齐，隔墙离地，要便于检查清点，便于先进先出。

常温存放的食品应储存在温度适宜(按不同产品的具体要求)、干燥的库区，避免阳光照射。

冷藏存放的食品应储存在温度湿度适宜的冷藏库中。预冷的果蔬可一次性入库，未预冷的可分批入库。第一次入库以不超过总库存量的 $1/5$ 为宜，以后每次以 $1/10\sim1/8$ 量入库为宜，以避免冷库温度波动太大。食品在冷库存放要做到"三离一隙"，即离地离墙 $20-30cm$，离天花板 $50\sim80$ 厘米，垛与垛之间及垛内要有一定的间隙，以利于通风和温度均匀。新鲜蔬菜、水果的存放温度应控制在 $5℃\sim15℃$。要求冷冻存放的食品应储存在温度 $-18℃$ 以下冷冻库中。

冷库要定期检查、记录温度、定期进行除霜、清洁保养和维护。库房内安装温度表、湿度表。冷藏库(柜)温度为 $-2℃\sim5℃$ 以下。冷冻库(柜)温度低于 $-18℃$。热柜的温度达到 $60℃$ 以上。不得将有冷藏、冷冻要求的食品在无冷藏、冷冻的条件下储存。

根据食品储藏要求进行相应的湿度控制，多数果蔬储藏的相对湿度在 $80\%-95\%$。

3.食品的装卸搬运

食品的装卸搬运是指在同一区域内进行的、以改变食品的存放状态和空间位置的物流活动。其中装卸就是将食品在指定的地点以人或机械装入或卸下；搬运则是指在同一场所对食品进行水平短距离移动为主的物流作业。食品的装卸搬运可以说是食品物流各功能环节之间能否有机联系和紧密衔接的关键，其效率直接影响到其他更多环节的质量与速度。

物流活动的全过程里，装卸搬运是最频繁发生的一项操作。它将各个物流环节连接成一个整体、一个连续的"流"，是决定物流效率和质量的关键环节，同时也是造成食品损坏的主要环节之一。所以对装卸搬运的方式、工具设备都要进行有效的管理，尽量减少搬运的次数、防止食品的损坏与污染。

因此在食品物流活动中,要减少装卸搬运的次数,首先要做到选择合适的装卸方式和工具。例如,将动态电子秤安装到起重机上,装卸作业的同时完成检斤作业;厂房仓库的合理设计,装卸运输设备可以自由出入,减少二次搬运;采用托盘、升降机及电梯作业,减少对食品的震动和损坏。其次要有合理的运输方式,如多式联运,将不同的运输方式结合起来,既可以做到"门对门"又可以减少装卸搬运次数。最后,合理设计工艺流程,流水化作业,使食品原料、半成品及成品在各车间、各工序、各环节能够连续流动,避免多次搬运。

4. 食品的包装

食品包装是指为了在食品的运输、储存、销售等流通环节中保护食品、方便储运、促进销售,按照一定的技术而采用的容器、材料及辅助物等的总称及其操作活动。包装通常分两类:一类是为了促进市场销售而包装,称为商业包装,另一类是为了方便装卸、存储、保管、运输的目的,称为工业包装。食品包装是食品生产的终点又是食品流通的始点。包装的功能体现在保护商品、单位化、便利化和商品广告等几方面,前三项属于物流功能,后一项属于营销功能。

食品在流通过程中不可避免地经历了运输、装卸、在库管理、配送等几大环节,包装的好坏直接影响物流系统各环节的效率和质量。现代食品包装顺应物流系统各环节的要求,其功能已不再局限于传统意义上的"容纳"、"保护"、"便利"、"促销"四大功能了,而是还要兼有"运输"、"装卸"、"在库管理"、"智能识别"、"信息传递"等功能。例如在食品包装上安装检测器,在食品货架寿命周期期间,能够即时"告知"顾客产品是否处于最佳状态。这种检测器可以检测食品的各个质量信息,包括湿度、化学组成、生理变化、呼吸作用等。

作为食品包装材料,首先要无毒无害,绿色化;其次要方便运输、装卸搬运和储存;最后要结合食品特性,对于不同的食品给予不同的包装。例如冷藏食品的包装要满足以下要求:①防止货物积压损坏;②承受运输途中发生的冲击;③标准的外型尺寸适于货盘或直接装入冷箱;④防止货物脱水或降低水汽散失速度;⑤防止氧化;⑥在低温和潮湿情况下保持强度;⑦防止串味;⑧经得住-30℃或更低的温度;⑨能支持堆放高度2.3米(7英尺10英寸)的货物等。

5. 食品流通加工

食品流通加工是指在食品从生产地到消费地的过程中(流通过程中),根据需要施加包装、分割、计量、分拣、刷标志、拴标签组装等简单作业过程。由于食品产销方式及消费需求的不同,生产性消费一般要求大包装、单花色、大统货、单规格、散装件,而个人生活消费则需要商品小包装、多花色、分规格、组合件等。这就需要在流通中进行必要的流通加工,才能适应商品销售的需要。

流通加工的内容,包括装袋、分装、贴标签、配货、数量检查、挑选、混装、刷标记、剪断、预制、组装和再加工改制等。流通加工职能的发挥,有利于缩短食品的生产时间,满足消费者的多样化需求,克服生产单一性与需求多样化的矛盾,提高食品的适销率。

流通加工实际是生产的延续,是生产加工的深化,对弥补生产领域加工不足有重要意义。

(1)流通加工和一般性生产加工的区别

流通加工与一般性生产加工主要存在加工对象和加工程度方面的区别,其表现为:

①流通加工对象是指进入流通过程的商品,具有商品的属性,其加工对象是商品,而生产加工对象则是指原材料、零配件、半成品等。

②流通加工程度大多简单,相比之下生产加工过程则要复杂得多。流通加工是对生产加工的一种辅助及补充,而不是对其的取消或取代。

③生产加工目的在于创造价值及使用价值,而流通加工则是在于完善其使用价值,并无较大改变的前提下提高价值。

④流通加工的组织者是从事流通工作的人,能密切结合流通的实际需要从事这种加工活动,是由商业或物资流通企业完成,而生产加工这一过程则是由生产企业来完成。

⑤商品生产和流通加工的共同之处在于都是为了消费(或再生产)所进行的加工。但流通加工有时则是以自身流通为目的,纯粹为流通而创造条件,这种以流通为目的进行的加工与直接以消费所进行的加工,从自身方面存在很大区别,是流通加工与一般生产相区别的特殊之处。

(2)流通加工的地位及作用

①流通加工有效地完善了流通。流通加工在实现时间和场所效用、普遍性方面与运输和储存存在明显差异。流通加工虽不是所有物流中必然出现的,但实际上它也是不可轻视的,流通加工起着补充、完善、提高和增强的作用,同时具有运输、储存等其他功能要素所无法起到的作用。所以,流通加工是提高物流水平,促进流通向现代化发展的必不可少的物流环节。

②流通加工是物流中的重要利润源。流通加工是一种低投入高产出的加工方式,可以用简单加工解决物流中的大问题。从实践方面也充分证明,通过流通加工可以改变包装,使商品档次跃升而充分实现其价值,将产品利用率有效提高20%~50%。这是一般生产企业所难以达到的,其效果并不亚于从运输和储存中挖掘的利润,是物流中的重要利润源。

③流通加工在国民经济中也是重要的加工形式。在整个国民经济的组织和运行方面,流通加工是其中一种重要的加工形态,对推动国民经济的发展和完善国民经济的产业结构和生产分工有一定的意义。

(3)食品的流通加工类型

①冷冻加工

为解决鲜肉、鲜鱼在流通中保鲜及搬运装卸的问题,采取低温冻结方式加工。这种方式也用于某些液体商品、药品等。

②分选加工

农副产品规格、质量离散度较大,为获得一定规格的产品,采取人工或机械分选的方式加工称分选加工。广泛用于果类、爪类、谷物、棉毛原料等。

③精制加工

农、牧、副、渔等产品精制加工是在产地或销售地设置加工点,去除无用部分,甚至可以进行切分、洗净、分装等加工。这种加工不但大大方便了购买者,而且还可以对加工的淘汰物进行综合利用。比如,鱼类的精制加工所剔除的内脏可以制成某些药物或制饲料,鱼鳞可以制高级黏合剂,头尾可以制鱼粉等;蔬菜的加工剩余物可以制饲料、肥料等。

④分装加工

许多生鲜食品零售起点较小,而为了高效率运输,包装则较大,也有一些食品如液态奶、浓缩果汁等采用集装运输方式运达销售地区。为了便于销售,在销售地区就要按照零售起点进行新的包装,由大包装改为小包装,散装改为销售包装等。这种加工形式节约了物流成本,保证了产品质量,增加了产品的附加值。

⑤果蔬的商品化处理

果蔬制品的商品化处理包括筛选分级、清洗、被膜处理、包装等步骤。

通过筛选分级,可以剔除不合乎标准的果蔬,包括未熟和过熟的、腐烂的果蔬。同时剔除果蔬内的砂石、虫卵和杂质。此外将果蔬按照成熟度和大小进行分级,有利于以后各项工序的顺利进行。

果蔬清洗的目的主要洗去果蔬表面附着的尘土、泥沙和大量的微生物以及部分农药,保证果蔬的卫生和质量。

果蔬的被膜处理也称为"液体包装",就是在果蔬表面包裹一层涂膜保鲜剂,抑制果蔬的气体交换,降低呼吸强度,减少水分的蒸发,阻止空气的氧化作用,防止微生物的大量繁殖,更好地保护果蔬的营养成分以及色、香、味。

6.食品的配送

食品配送在发达国家已有50余年的历史,连锁经营已有100多年的历史,形成了较为完善和规范的配送、销售系统,成为社会生活不可缺少的组成部分。食品供应链配送安全作为国家公共安全体系中的一个重要组成部分具有十分重要的意义。随着我国经济的快速发展,人们的食品消费方式正不断变化,已从传统的家庭操作消费转向方便、熟食消费。因此,近几年来大型量贩店、中型生鲜超市、小型便利商店、食品专门店等零售业如雨后春笋般地出现在各大小城市,食品的物流配送成为主要问题。

食品配送是一种现代的食品流通方式,是指在经济合理的区域内,根据顾客要求对食品进行拣选、加工、包装等作业,并按时送达指定地点的食品物流活动。食品的配送一般是直接从生产地或生产厂大批购进产品,经过初加工(如水果蔬菜的清洗、整理分级、包装等)或分装,按照客户要求的内容、数量与标准,按时送到客户的手中。这一系列的活动都是有计划有序地进行,配送是一个完整的系统。

食品的配送不单是食品的运输,而是运输与其他活动共同构成的组合体。配送所包含的运输,在整个食品运送过程中处于"二次运输"、"末端输送"的地位,更直接地面向并靠近用户。

(1)食品配送的优点

①食品的安全性高、新鲜质优。由于配送机构（配送公司或配送中心）是一个较大的经销单位，实行统一标准、统一采购、统一配送、统一标志、统一经营、统一服务等，货源清楚，食品安全能够保证，出现问题易于追溯。食品从田间或从厂家到消费者餐桌经历的时间较短，而且新鲜、优质。

②食品价格低。一方面食品在流通过程中经历的买卖次数少；另一方面有些产品经过分级（如果蔬），可按质定价，公平买卖。

③食用、烹调方便。配送的食品一般是经过加工和杀菌消毒的，可以免洗、直接生食（如果蔬）或烹调。这可减轻人们的家务劳动，提高生活质量。对集体食堂和餐馆而言，可提高蔬菜清洁度，减少厨师的工作量。

④节约用水，减少城市垃圾。配送机构集中清洗果蔬，不仅水的利用率高、清洗质量高，而且分选去除的下脚废弃物可统一处理。消费者食用免洗粮和菜，可大大减少废水和垃圾的排放量。同时建立配送系统及其相应的连锁超市后，取代了农贸市场，又促进了城市环境保护，使城市清洁、有序。

(2)食品配送的特殊性

食品配送与其他行业的配送相比有其特殊性，一方面表现为量大、点多、面广、时效性强、安全性要求高。食品种类繁多，而且保藏条件各异，冷藏食品的质量在流通过程中会随着温度和时间的变化而变化，不同的食品都必须要有对应的温度控制和储藏时间。如同是低温保鲜蔬菜，洋葱、鲜豆类、白菜、甘蓝、萝卜等均可在0℃低温中长时间储藏，而茄子、青椒、黄瓜、番茄、葱、红薯等均需10℃或更高温度才能获得较好的储藏效果。食品具有营养性，易受微生物的污染而腐败，引起食品安全问题。因此为了保证食品安全，必须在最短时间内、最适宜的储藏条件下送达门店。

另一方面大多数食品的单位价值相对较低，对运输和仓储条件等环节的要求却相当严格，运输设备和仓库需要有控温甚至控气能力，成本较高。例如生鲜食品易腐烂，保质期短，其储存和运输都要在低温条件下进行。冷库建设和冷藏车的购置需要的投资比较大，是一般库房和干货车辆的3倍至5倍。为了提高物流运作效率又必须采用先进的信息系统等。

7.食品物流信息

食品物流信息技术就是应用在食品原料种植养殖、运输、储藏、加工、销售等环节的各种信息技术。信息技术在食品物流中的应用，不仅能提高物流效率、降低物流成本，更重要的意义在于保证食品安全、对食品"农田—餐桌"的全程监管作用。食品物流需要借助信息系统实现数据交互，保证食品在仓储、运输中严格达到温度、时间、环境、卫生等硬性指标的要求，保证食品安全不出现任何隐患。

近年来各种食品安全问题接踵而来，如毒奶粉、瘦肉精、苏丹红、假粉丝等，食品安全直接关系到广大人民群众的身体健康和生命安全，关系到经济健康和社会稳定。因此，加快食品物流信息化建设迫在眉睫。

(1)国内外食品物流信息化现状

在欧美等发达国家,食品物流信息化受到非常高度的重视。信息技术的应用和信息体系都非常的发达,建立诚信体系、实行公众监督、接受市场评判,使食品信息化、透明化。2002年,欧洲就推行了一个标号为EU178/2002的法令。该法令约束食品的生产厂商和软件提供商必须建立一种可以追溯的食品信息流控制机制,用来记录和控制食品的加工和储藏等过程。以农产品为例,2003年,美国农业部就要求零售商、加工厂商和农民认真做好家畜跟踪记录,以便建立家畜标识,帮助消费者了解家畜的出生、养殖和屠宰加工过程。

荷兰、丹麦等国实施"档案"管理,农场的每头奶牛自出生之日起就都有自己的"档案",事无巨细都有记录。加拿大联邦、省级政府农业部门都设立农业信息服务中心。而与我们毗邻的日本,通过全国农协上市的肉类和蔬菜等所有农产品编排识别号码,实施"身份"管理制度,将下属农协生产的所有的农产品都编上号码,在零售商店销售时,必须标明该农产品的名称、产地、生产者、使用过的农药名称、浓度、使用次数、使用日期以及农产品的收获、上市日期等具体数据。全国农协还将这些具体的数据通过因特网公布,消费者可以通过网络清楚地了解和确认农产品的生产和流通过程,以消除消费者对农产品安全问题的担心。

目前,我国食品物流信息化发展还相当缓慢,一方面是因为食品物流属于多层管理,缺乏统一的标准和监管制度。没有从头至尾的监管体系,缺乏一套完整的监管体制,这就给食品物流信息化的推广造成很大的难度。另一方面,食品物流信息化也受到国情限制。据统计约有73.6%的食品加工企业不具备经营许可资格。同时,日常生活中,老百姓还是习惯去就近的一些农贸市场。这样一来,就使食品物流市场变得分散,监管难度增大,食品物流信息化的推广难以实行。

(2)食品物流信息化策略

①树立和强化食品物流信息化意识。树立信息化意识是建设信息化的前提。我国中小食品物流企业信息化意识很淡,真正认识到其重要性并付诸实践的少之又少。食品物流企业要想树立信息化意识,首先必须明确信息化建设的重要性。食品物流信息化是大势所趋,是企业生存和发展的一条必由之路。这是由食品物流本身的特殊性质及时代发展要求所决定的。在当前国际化趋势下,食品供应链变得错综复杂,而食品安全需求的呼声与日俱增,食品物流企业想要降低食品物流成本、提高食品质量安全,实施信息化是必然选择。其次,在明确信息化建设重要性的基础上,企业管理者应将信息化建设提升到战略层面握。企业只有将信息化转化为战略意识,并制订战略方案,将信息化建设付诸为战略行为,才能真正把它建设好。

②实现食品物流信息的共享化。食品物流信息化要求硬件支撑外,还需要公共信息平台对信息资源进行整合。信息资源既是信息化的出发点,也是归宿。同时,信息资源的整合会推动食品物流业相关资源和市场的整合。由于我国公共信息平台建设滞后,导致食品物流信

息比较分散，而大多数食品物流企业信息化水平低，不能有效利用信息技术进行资源配置。这在很大程度上制约了我国食品物流信息化建设进程。我国要发展现代食品物流，必须抓住全球化和信息化带来的发展机遇，大力推进公共信息平台建设。通过对食品物流信息的采集，为食品物流企业提供基础物流信息，满足企业信息系统对各种公用物流信息资源的需求，实现对资源的整合利用。同时，通过食品物流共享信息，保障政府部门和行业对市场的监管和协调。

③加快食品物流信息标准化建设。由于食品行业缺乏统一标准，导致食品供应链上下游企业之间的协调不一致。整个食品物流供应链的运作效率大大降低，随之而来的是食品物流资源库存和成本开支的上升。为了顺利实现跨行业、跨地区、供应链系统内食品物流企业间的物流信息数据的共享，食品物流信息标准化建设迫在眉睫。

## 第三节　食品供应链管理

直到20世纪90年代中期，先进的供应链管理思想才渗透到中国，食品物流领域采用供应链思想和管理模式进行管理还没有普及。我国的食品物流涉及农业、渔牧业、食品加工业、交通运输、海关、检疫等多个部门，各部门各地区相互独立、相互之间的协调性很差。随着经济的发展和人们生活水平的提高，食品的消费模式已经逐渐从传统的单一模式向"多品种、少数量、高质量"的模式转变。这种转变对食品行业提出更高的要求，必须为消费者提供更好的质量、更大的柔性、更多的选择、更高的价值、更低的价格和更优质的服务。食品企业为了保持竞争力，还必须不断地缩短产品研发时间、改进产品质量、降低生产成本、缩短交货周期、保障食品安全。因此，构筑具有竞争优势的食品供应链管理体系势在必行。

### 一、供应链及食品供应链概述

1.供应链的概念

供应链最早来源于彼得·德鲁克提出的"经济链"，而后经由迈克尔·波特发展成为"价值链"，最终日渐演变为"供应链"。它的定义为："围绕核心企业，通过对信息流、物流、资金流的控制，从采购原材料开始，制成中间产品及最终产品，最后由销售网络把产品送到消费者手中。它是将供应商、制造商、分销商、零售商、直到最终用户连成一个整体的功能网链模式"。所以，一条完整的供应链应包括供应商（原材料供应商或零配件供应商）、制造商（加工厂或装配厂）、分销商（代理商或批发商）、零售商（大卖场、百货商店、超市、专卖店、便利店和杂货店）以及消费者。

国家标准《物流术语》(GB/T 18354—2001)中对供应链的定义是"供应链(Supply Chain)是生产及流通过程中，涉及将产品或服务提供给最终端用户的上游与下游企业所形成的网链结构"。

供应链具有复杂性、动态性、面向用户需求、交叉性、创新性、风险性等特征。

2. 供应链管理的概念

供应链管理(Supply Chain Management，SCM)是一种集成的管理思想和方法，它执行供应链中从供应商到最终用户的物流的计划和控制等职能。从单一的企业角度来看，是指企业通过改善上、下游供应链关系，整合和优化供应链中的信息流、物流、资金流，以获得企业的竞争优势。供应链管理是企业的有效性管理，表现了企业在战略和战术上对企业整个作业流程的优化。整合并优化了供应商、制造商、零售商的业务效率，使商品以正确的数量、正确的品质、在正确的地点、以正确的时间、最佳的成本进行生产和销售。国家标准《物流术语》(GB/T 18354—2001)对供应链管理的定义：利用计算机网络技术全面规划供应链中的商流、物流、信息流、资金流等，并进行计划、组织、协调与控制等。全球供应链论坛(Global Supply Chain Forum，GSCF)将供应链管理定义成：为消费者带来有价值的产品、服务以及信息的，从源头供应商到最终消费者的集成业务流程。

供应链管理与传统的物流管理比较，具有以下几个方面的特点：

(1)供应链管理是一种集成化管理模式；

(2)供应链管理是全过程的战略管理；

(3)供应链管理以最终用户为中心。

作为一种新型的现代管理手段，供应链管理体现了以下几个基本思想：

(1)系统观念：不再孤立看待各个部门和外部关系，而是考虑所有相关的内在外在联系。它认为，供应链是一个系统，是由相互作用、相互依赖的若干组成部分结合而成的具有特定功能的有机体。供应链是围绕核心企业，通过对信息流、物流、资金流的控制，把供应商、制造商、分销商、零售商直至最终用户连成一个整体的功能网链结构模式。

(2)共同目标：明确产品与服务的最终接受者——消费者的要求，应当成为供应链中所有参与者的共同的绩效目标。

(3)主动积极的管理：供应链的管理要求对所有参与供应链的因素进行主动积极的干预，源头管理不再是生产的辅助措施，而是达到质量要求的关键一环。

(4)合作机制下的信息共享：由于供应链管理理念只有在具有良好的信息共享条件下才能实施，尤其是不良的信息共享容易招致供应链管理风险的存在，降低供应链绩效。所以各供应链的参与部分包括消费者都要参与到信息交换体系中来，以利于产品质量与服务水平的改进提高。

3. 食品供应链的概念

1974年11月，联合国粮农组织在世界粮食大会上通过了《世界粮食安全国际约定》，从粮食数量满足人们的基本需求的角度，第一次提出了"食品安全"的概念。经过40多年的发展，"食品安全"的内涵主要包括以下几个方面：

从数量角度而言，食品安全是指食品数量满足人民的基本需要，人们既能买得到又能买得起需要的基本食品。

从质量角度而言,食品安全是指食品品质的优劣程度,是指食品的外观和内在品质,如感官指标色、香、味、形;内在品质包括口感、滋味、气味等。食品要符合产品标准规定的应有的营养要求和相应的外部性状。

从营养角度而言,食品安全是指在人类的日常生活中,要有足够、平衡的并且含有人体发育必需的营养元素供给,以达到完善的食品安全。

从发展的角度来说,食品安全是指人对食品的获取要注重生态环境保护和资源利用的可持续性。

从全球的角度来说,食品安全是指食品和其原料具有能够被跟踪和追溯的能力,满足经济全球化的要求。

由此可见,食品安全的内涵已经从注重数量转移到质量营养并重、从追求经济效益到追求生态效益、从关注区域性问题扩展到全球性问题。因此,解决食品安全问题是一项涉及农业、畜牧养殖、卫生、食品及环保等多领域的系统工程,需要全社会的积极参与才能得到全面解决。

20世纪,食品和农产品行业也纷纷效仿其他行业借助供应链管理这一工具来提高自身的竞争力。食品属于快速消费品,大多数附加值不高而数量非常大,需要在短时间内快速分散输送各地。由于食品的营养性,保质期等特殊性,食品物流被视为一个成本高、耗损大、易出事故且利润微薄的领域。1996年,Zuurbier等学者在一般供应链的基础上,首次提出了食品供应链(Food Supply Chain)的概念,并认为食品供应链管理是农产品和食品生产、销售等组织,为了降低食品和农产品的物流成本、提高质量、提高食品安全和物流服务水平,而实施的一种垂直一体化运作模式。一般而言,食品供应链由不同的环节和组织载体构成:产前种子、饲料等生产资料的供应环节(种子、饲料供应商)—产中种养业生产环节(农户或生产企业)—产后分级、包装、加工、储藏、销售环节—消费环节。在国外,这个供应链被形象地比如为"种子—食品",在我国通常被称之为"田头—餐桌"。

如今在美国、英国、加拿大、荷兰等农业生产较为发达的国家,这一管理模式已经广为应用。

4.食品供应链管理产生的原因

近年来,食品供应链的产生和发展是人们对食品消费的要求不断提高的必然结果。食品供应链管理产生的原因主要有:

(1)消费者对食品和农产品的新鲜度要求越来越高,并要求食品和农产品的交货期越短越好。

(2)消费者对食品和农产品的质量要求也越来越高,迫使食品生产企业实施食品供应链管理,以保证稳定的上游原料供应和下游的销售渠道畅通。

(3)消费者对食品的质量安全也越来越关注。为了满足消费者对食品和农产品在种类和数量上的要求，企业不断寻求和研发使用新技术。但新技术和新方法的过度或不正确使用，有可能在满足了消费者需求的同时，也会产生食品质量和安全问题。比如农药杀虫剂的使用和转基因食品的安全问题等越来越受到关注。

（4）食品和农产品企业迫于政府、相关社会组织和消费者的要求和压力，不得不按食品供应链来进行运作。例如欧盟管理法规第 178 号（2002）规定，从 2004 年起在欧盟范围内销售的所有食品都要实行食品供应链跟踪与追溯；同样，美国食品与药品管理局（FDA）规定，在美国国内外从事食品生产、加工和包装等的部门以及相关组织，在 2003 年 12 月 12 日前要向 FDA 进行登记以便进行食品安全跟踪与追溯，未登记者就不许从事食品生产和销售。由此可见，食品供应链管理是在市场内在动力和政府外在压力的情况下促成的。

5. 食品供应链管理的特点和作用

（1）管理范围涉及整个食品供应链，适用于整个食品供应链中的所有组织，无论其规模与活动的复杂程度。

（2）特别关注食品供应链上的沟通。这种隐含的沟通包括食品供应链中的上下游企业之间的信息沟通。

（3）管理体系系统化。在 SCM 管理中，HACCP 被明确地要求作为实施危害分析的预先步骤，用来识别控制的食品安全危害，其内容涉及食品采购、加工、储存、销售过程中的人、机、料（原辅料、清洁用剂等）、生产工艺、环境设施的要求。

（4）立法先行：SCM 管理不同于其他推荐管理标准如 ISO 9000 系列。SCM 管理的重要特性之一是建立在符合法律法规的基础上的食品安全管理体系，也就是说立法是 SCM 管理实施的基础。这是因为食品安全是关系国计民生的大事，安全事件直接危害到国民的身体健康，危害造成的影响力巨大。如苏丹红事件波及的层面甚至是国际性的。因此，一旦实施 SCM，食品加工企业的行为就应纳入国家法律管理的范畴，有关措施的实施都应是强制性的。

（5）同步于危害分析和食品安全监控网络：危害分析和食品安全监控网络体系的完善可以为 SCM 的具体实施提供数据支持。为保证食品安全管理体系的执行，组织应策划并规定验证活动，其结果依赖于危害分析和食品安全监控网络提供的最新信息，理想的状态应该是危害水平处于确定的可接受范围内，所有相关的程序得以实施并且行之有效。

## 二、国内外食品安全管理体系与供应链管理

### （一）美国的食品质量安全管理体系

美国的食品链是世界上最为安全的食品链之一。了解其先进的食品安全管理手段和体制，将有助于建立和健全我国食品安全保障体系。美国的食品质量安全管理体系主要由组织管理体系、法律法规体系、风险分析体系、质量管理体系等构成。

1. 食品安全组织管理体系

美国历来重视食品安全工作，建立了由总统食品安全顾问委员会综合协调，卫生部、农

业部、环境署等多个部门具体负责的综合性监管体系。负责建立国家食品安全计划和战略，指导政府部门优先投资重要食品安全领域和食品安全研究所的工作，并协调全国食品安全检查措施。食品和药品管理局、美国农业部（USDA）和美国国家环境保护机构（EPA）等分工负责相关食品的安全，并制定有关法规和标准。食品安全机构对总统负责，对国会负责；对评估条例和实施行动负责；对公众负责，通过与立法者沟通参与法律及条例的制定，公开发表有关食品安全问题的言论，确保食品安全水平的提高。

美国还建有联邦、州和地方政府既相互独立，又相互合作的食品安全监督管理网。食品机构中资深的科学家和公共健康专家互相合作，努力保证美国食品的安全性。在食品质量安全监督工作上，联邦政府不依赖各州政府，他们在全美国设立多个检验中心或实验室，并向全国各地派驻大量的调查员。但在一些具体问题上，联邦政府与部分州政府签订协议，授权当地一些检验机构按照联邦政府的方法检验食品。联邦所有具有食品质量安全监督职能的机构都没有促进贸易的职能，从而保证食品质量安全监督免受地方和部门经济利益影响和干扰。

2.食品安全法律法规体系

美国食品安全体系的高水平来自严格的食品管理。美国政府的三大权力分支——立法、执法和司法，都对确保食品供应的安全性有重要作用。美国1906年颁布的第一部有关食品和药品的法律《食品药品法令》（FDA），对美国的食品、药品和化妆品产生了重大和深远的影响。美国关于食品的法律法规包括两个方面的内容：一是议会通过的法案，称为法令（ACT），如美国法典（USC）第21部中有关食品和药品的法律；二是由权力机构根据议会的授权制定的具有法律效力的规则和命令，如《联邦食品、药物和化妆品法》（FFDCA）、《联邦肉类检验法》（FMIA）、《禽类产品检验法》（PPLA）、《食品质量保障法》（FQP）等。美国食品安全法律法规的制订与修订是采用向公众公开、透明的方式，不仅允许，而且鼓励被管理的行业、消费者和其他利益相关者参与到规章的制订和颁布的过程中。从而保证食品行业不仅有保证食品安全的责任，还要有遵守法律和管理条例的责任。

3.食品安全风险分析体系

美国的食品安全计划是以风险分析为基础，确保了公众免受不安全食品的影响。美国食品安全风险分析包括风险评估、风险管理和风险沟通三个方面。风险评估包括危害识别、危害的特性描述和危害显性评估三个环节。对危害的识别，在美国主要根据法律和经验对食品进入市场之前的潜在危害和已经进入市场的食品存在的危害进行识别，以控制风险；危害的特征描述是以此为基础，运用数据说明关于潜在危害不同的显现水平和模式，说明哪些数据对危害的特性描述最相关；对危害显性评估则是对食品安全事故中急性危害的短期发作和慢性危害的长期作用可能发生的概率、损失的程度加以分析，为食品安全风险管理打好基础。

美国的法律要求食品在进入市场前必须确定食品添加剂、动物药品和杀虫剂的使用不会引起危害；而对于食品中固有的有害成分或不可避免的食品污染，则要求管理机构进行干预。

美国联邦食品管理机构每年都举行年度会议,共同商讨综合的、以风险为基础的年度食品抽样检测计划,以测定药品和化学物在食品中的残留,检测结果则作为标准制定和执行的基础。风险沟通贯穿于食品安全透明管理的整个过程,一方面,通过有效的信息发布和信息传播使公众健康免予受到不安全食品的危害。例如,在突发食品安全事故时,政府通过全国范围内各个层级的食品安全系统电信网和大众媒体将紧急情况告知社会大众,并通过信息分享机制告知国际组织(如WHO、FAO等)、地区组织和其他国家,使消费者和相关组织能够及早进行预防。另一方面,将管理部门风险分析程序也向社会大众公开,接受社会大众的评论和建议,可以发挥群策群力的作用。

4. 食品安全质量管理体系

美国食品安全质量管理贯穿于"从田头到餐桌"整个食品供应链的全过程。

(1) 生产标准体系。强制要求企业生产食品必须严格按有关生产标准进行,否则将受到严格的处罚。美国食品生产标准体系包括国家标准、行业标准和企业操作规范。其中,国家标准由农业部的食品安全检验局、农业市场局、粮食检验包装储存管理局、卫生与公共服务部的食品与药品管理局、环境保护局以及由联邦政府授权的其他机构共同制定。行业标准由民间团体制定,是美国食品质量标准的主体。企业操作规范由农场主或公司制定。美国《联邦法规法典》的"农业篇"中有农产品标准(包括等级标准)352个,其中在农药残留限量方面,截至1999年8月,已制定标准8100多项。

(2) 质量认证体系。对食品质量进行认证是美国保证食品安全的一个重要措施。食品经过质量认证体系的认证后,就可在其商品上贴上标签。目前,美国食品企业生产的食品必须通过三项质量认证,即管理上要通过ISO 9000认证,安全卫生要通过HACCP认证,而环保上要通过ISO14000认证。通过质量认证体系和标准等级制度的严格控制和管理,在生产源头控制食品生产,从而保证进入市场的食品质量符合安全要求。

(3) 食品安全检测系统。美国除了建立联邦食品检测体系,还有各州、各行业的检测体系及生产单位、家庭农场自检中心。美国农业部从技术、规划、发展等方面提供支持,即对"田头到餐桌"全过程实行控制和管理,由此形成了严密的食品质量安全网络组织体系。强化安全卫生监控措施,提高对突发事件的应对能力。

(4) 风险分析和关键控制点制度(HACCP)。HACCP体系是一个确定特定的危害并提供控制这些危害的预防措施的体系,是由良好操作规范(GMP),卫生标准操作程序(SSOP)和卫生控制程序(SCP)几部分共同构成。自20世纪60年代由美国提出后,已经作为专门的标准,应用于所有食品生产加工企业。通过运用HACCP可以发现可能发生的风险,同时制订综合有效的计划预防或控制风险。

(5) 食品召回制度。在政府食品卫生部门的监控下,一旦有食品被发现不合格,生产厂家和销售部门便会主动召回,清退消费者已付款项。美国从事食品生产、加工与销售的都是大企业,一般不愿冒信誉受损、失去顾客的风险,未出现过生产厂商拒不召回的情况。

### (二)欧盟的食品质量安全管理体系

1957年欧盟国家签署了《罗马条约》实现欧洲共同市场,1986年欧洲多国又签署了《单一欧洲法》,决议在1992年12月31日完成欧盟"单一市场"。欧盟单一市场消除了欧盟内部国界,动物和食品可以在欧盟内部自由流通。欧盟各成员国遵循相同的食品安全法规和管理规则,执行协调一致的安全控制体系。

欧盟关于食品质量安全方面的法律法规包括:《通用食品法》、《食品卫生法》、动物健康与福利、动物饲料以及添加剂、调料等20多项。还包括:动植物疾病控制规定,农、兽药物残留量控制规范,食品生产、投放市场的卫生规定,对检验实施控制的规定,对第三国食品准入的控制规定,出口国官方兽医证书的规定,对食品的官方监控规定等一系列安全规范要求。到目前为止,欧盟已经制定了13类173个有关食品安全的法规标准,其中包括31个法令,128个指令和14个决定,其法律法规的数量和内容在不断增加和完善中。欧盟食品安全体系涵盖了"从农田到餐桌"的整个食物链(包括农业生产和工业加工的各个环节),是世界上较完善的食品安全法律体系。

### (三)我国的食品质量安全管理体系

相比之下,我国食品安全面临着更加严峻的挑战,加入WTO以后尤为突出,一些具有比较优势的农产品出口屡屡受挫。正如《政府工作报告》中要求的:各级政府应"着力抓好农产品标准和认证体系、检验检测体系、市场信息体系建设",指出了如何构建我国的食品质量安全管理体系。目前我国的食品质量安全管理体系由以下五大体系构成。

#### 1.法律体系

食品安全法律体系由法律、法规、规章、规划、标准等组成。我国的食品安全监管涉及卫生、工商、农业、质量监督等多个部门,相关法律法规有《中华人民共和国产品质量法》(1993年)、《中华人民共和国食品卫生法》(1995年)、《食品卫生行政处罚办法》(1997年)、《食品卫生监督程序》(1997年)、《散装食品卫生管理规范》(2003年)、《关于进一步加强食品安全工作的决定》(2005年)、《国务院关于加强食品等产品质量安全监督管理的特别规定》(2007年)和《中国食品安全法》(2009年)等数部。

近几年来,尽管出台了一系列有关食品安全的法律法规、技术规范,加速了我国食品安全法律体系的建设。但随着我国食品工业的快速发展,食品领域不断扩展,食品安全事件频发,食品安全形势越来越严峻,食品安全法律体系和标准体系诸多弊端和问题凸显。我国的食品安全法律体系存在如下问题:体系不健全,交叉、矛盾、缺失或不规范;食品安全监管执法体系存在多头执法的问题;执法力度不够等。如《食品卫生法》仅对104种农药在粮食、水果、蔬菜肉等45种食品中规定了允许的残留量,总291个指标;而国际食品法典则对176种农药在375种食品中规定了2439条农药残留标准。这样在执法过程中,就会使许多有害物资蒙混过关,留下食品安全隐患,同时无法突破国外有关食品、农产品的技术壁垒。

2009年6月1日，我国《食品安全法》正式实施。《食品安全法》的出台具有里程碑的意义，它对我国目前存在的许多食品安全问题进行了规定，包括整合食品标准、废除免检制度、确立惩罚性赔偿制度、建立食品安全委员会、食品召回制度等，这对改善食品安全现状有着积极意义。但遗憾的是，由于涉及部门利益和大部制改革，《食品安全法》并没有对我国食品安全的中心环节——安全监管体制做出突破。我国食品安全监管的行政组织法体系仍然不健全，监管部门的责任设置也不完备，食品安全监管仍然任重而道远。

2.检测体系

食品安全检验检测是食品安全监管的重要手段之一，它为食品安全监管提供重要的技术支持。我国食品安全检测体系主要包括检验检测机构系统、网络信息系统、控制系统、激励惩罚系统、信用评价系统、责任追究系统和资金保障系统七个系统。

我国初步建立食品安全检测技术体系，建立了219项实验室检测方法，其中农药多残留检测方法可检测150种农药，兽药多残留检测方法可检测122种兽药，并研制出了81个检测技术相关试剂(盒)和现场快速检测技术。我国还建立起了食品安全网络监控和预警系统，构建了全国共享的污染物监测网(含食源性疾病)、进出口食品安全监测与预警网。

从检测机构上看，我国目前有食品安全专门检验检测机构6000多个，主要分布在卫生、农业、质检等政府部门。目前，卫生部门建成了从中央到地方的食品卫生监督体系，建立了食品污染监测网络和食源性疾病监测系统。

从检测水平上看，省部级以上的检测机构设施先进、技术能力强，检测的效率和水平比较高。地级市以下特别是县级的检测机构设施落后、技术能力弱，检测的水平比较低。

从部门分布看，检验检测机构主要分布在农业、质检、卫生、科研院所和大专院校等部门几乎没有其他部门和中介机构介入很少。

从地域分布看，现有的检测机构绝大多数在主城区，而有些偏远县区检验检测机构则几乎是空白。市级以下的基层检验检测机构特别是县级检验检测机构虽然数量多，但绝大多数检验检测技术落后、设备老化、专业人才缺乏，开展检测的项目少、范围窄，检测水平低，检测能力弱，检测的结果只能作为参考数据，缺乏法定性和权威性。

目前，我国食品安全检验检测体系的基本框架已经初步形成，但是食品安全检验检测机制、设施、技术力量和手段等还不够完善，食品安全检验检测体系建设还需要不断加强。

3.认证体系

按照国际标准化组织（ISO）的定义，食品认证制度就是对生产食品的标准化程度的一种界定，是一项系统工程。它包括食品生产、加工、销售、消费等各相关环节，并着眼于现实资源和技术条件，以消费者的身体健康和安全为最高目的，以制定标准、实施标准为主要环节，按照统一、简化、协调、选优的原则，对食品的生产、加工、储藏、运输、销售全过程进行标准化管理。实际上，食品认证是食品从生产源头直到销售终端过程中所有良好记录的集中体现。

目前食品安全认证体系主要有"QS"认证的准入制、无公害食品认证、绿色食品认证、有机食品认证、HACCP认证、GMP认证和ISO 22000认证等。

QS认证是国家质检总局在2002年推出的，于2004年1月1日起实行的食品质量安全标志，是食品质量安全市场准入制度。这是提高食品质量、保证消费者安全健康的需要，是保证食品质量安全所采取的一项重要措施。这是我国食品进入国内市场进行销售所必须达到的最基本的要求。

无公害农产品是指产地环境、生产过程、产品质量符合国家有关标准和规范的要求，经认证合格获得认证证书并允许使用无公害农产品标志的未经加工或初加工的食用农产品。2003年4月农业部农产品质量安全中心成立，负责组织实施无公害农产品认证工作。

绿色食品在中国是对无污染的安全、优质、营养类食品的总称。绿色食品是指按特定生产方式生产，并经国家有关的专门机构认定，准许使用绿色食品标志的无污染、无公害、安全、优质、营养型的食品。1990年5月，中国农业部正式规定了绿色食品的名称、标准及标志。1992年，中国农业部批准组建了"中国绿色食品发展中心（CGFDC）"，负责开展中国国内的绿色食品认证和开发管理工作。

有机食品是指以有机方式生产加工的、符合有关标准并通过专门认证机构认证的农副产品及其加工品。有机食品与国内其他优质食品最显著的区别是，在其生产和加工过程中绝对禁止使用农药、化肥、激素等人工合成物质。1995年中国国家环境保护总局制定并发布了《有机（天然）食品标准管理章程》（试行）和《有机（天然）食品生产和加工技术规范》，初步建立了有机食品生产标准和认证管理体系。

GMP是英文Good Manufacturing Practice的缩写，中文的意思是"良好作业规范"或是"优良制造标准"，是一种特别注重在生产过程中实施对产品质量与卫生安全的自主性管理制度。GMP所规定的内容，是食品加工企业所必须达到的最基本的条件，是中国出口食品所强制达到的基本要求，为建立国际食品标准提供基础。

危害分析及关键控制点（Hazard Analysis Critical Control Point，HACCP）是对某一特定食品生产过程进行鉴别评价和控制的一种系统方法。通过对食品全过程的各个环节进行危害分析，找出关键控制点，采用有效的预防措施和监控手段，使危害因素降到最低限度，并采取必要的验证措施，使产品达到预期的要求。HACCP是一种控制危害的预防性体系，也是一个食品安全控制的体系。HACCP体系认证是一种简便、合理而专业性又很强的先进的食品安全质量控制体系。该体系是强调企业本身的作用，而不是依靠对最终产品的检测或政府部门取样分析来确定产品的质量。近年来，HACCP体系在食品行业中广泛推广，被许多企业采纳，特别是出口产品的企业。

ISO 22000食品安全管理体系标准于2005年9月1日正式出版，是一个国际认证标准。ISO 22000的使用范围覆盖了食品供应链全过程，包括饲料加工、初级产品加工、食品的制造、运输和储存、零售商和饮食业，以及与食品生产紧密关联的其他组织如食品设备生产、食品包装材料生产、食品清洁剂生产等企业。它是通过对食品链中任何组织在生产（经营）过程中可能出现的危害进行分析，确定控制措施，将危害降低到消费者可接受的水平。

**4.市场准入体系**

食品市场准入制度也称食品质量安全市场准入制度，是指为保证食品的质量安全，具备规定条件的生产者才允许进行生产经营活动，具备规定条件的食品才允许生产销售的监管制度。因此，实行食品质量安全市场准入制度是一种政府行为，是一项行政许可制度。

食品市场准入制度的核心内容主要包括以下三个方面：

（1）对食品生产加工企业实行生产许可证管理。这是指对食品生产加工企业的环境条件、生产设备、加工工艺过程、原材料把关、执行产品标准、人员资质、储运条件、检测能力、质量管理制度和包装要求等条件进行审查，并对其产品进行抽样检验。对符合条件且产品经全部项目检验合格的企业，颁发食品质量安全生产许可证，允许其从事食品生产加工。

（2）对食品出厂实行强制检验。其具体要求有三个：一是那些取得食品质量安全生产许可证并经质量技术监督部门核准，具有产品出厂检验能力的企业，可以实施自行检验其出厂的食品。实行自行检验的企业，应当定期将样品送到指定的法定检验机构进行定期检验。二是已经取得食品质量安全生产许可证，但不具备产品出厂检验能力的企业，按照就近的原则，委托指定的法定检验机构进行食品出厂检验。三是承担食品检验工作的检验机构，必须具备法定资格和条件，经省级以上（含省级）质量技术监督部门审查核准，由国家质检总局统一公布承担食品检验工作的检验机构名录。

（3）实施食品质量安全市场准入标志管理。获得食品质量安全生产许可证的企业，其生产加工的食品经出厂检验合格的，在出厂销售之前，必须在最小销售单元的食品包装上标注食品质量安全市场准入标志，并以"质量安全"的英文名称 Quality Safety 的缩写"QS"表示。

**5.信用体系**

建立信用体系是规范市场、解决信用危机的重要途径。建立一个食品安全信用体系，这是治本之策。国家要建立一个食品安全信用监督体系，对食品企业进行定期考评，根据考评结果进行选优汰劣。建立食品安全信用档案，对食品质量安全情况进行跟踪监测，逐步形成优胜劣汰的机制。对高风险的食品品种定期采集监测数据，形成一个时期食品安全现状对策与分析，向社会公布食品安全信息。通过合理利用信息资源，充分发挥信息的导向作用，从生产到消费各个环节监测的基础上，搭建快速信息通道，提高对食品安全隐患事故的监测能力和反应能力。农林、工商、质监、卫生、药监等各部门监管信息共享、互通，提高食品质量安全监管的效率、针对性和有效性。目前我国食品生产企业信用体系还处于不完善状态，多头管理造成信息分散，难以全面掌握企业实际情况。要实现从农田到餐桌的全过程管理，为每个食品生产加工企业建立完善的信用体系，向广大消费者公布企业信用指数，扶优扶强、正确引导消费还需要有关部门的通力协作配合。

## 三、食品供应链管理中存在的安全问题

虽然我国食品的总体质量是安全的。但是，我们也必须清醒地看到，仍有大量的问题存

在，表现在以下几个环节：

1. 生产环节

技术进步满足了人们对食物增长的需求，但同时也带来了食品安全隐患。随着社会的不断发展，人口的增加、人们食物结构的变化与营养意识的优化，都直接或间接地对食品数量、质量的需求产生着影响。在人类还无大规模合成食物的时代，只能依靠生产更多的粮食、蔬菜、水果等生活资料才能满足人们日益增长的食物需求，农药、化肥、激素、抗生素及生物技术的应用恰恰迎合了这种需要。农产品在种植、养殖环节不同程度地受到农药、化肥、"三废"的影响而被污染，而人体食用了这些被污染的农产品后不仅将产生直接的健康危害，而且可造成食源性疾病的增加。因此，在食品供应链的源头，化学药品、生物制剂等的大量使用给食品安全带来极大的隐患。这种化学性、生物性的食品污染，在食物链中经历了长期的蓄积，对人们的健康危害也往往是在很久以后才能显现出来，这给食品安全的评估带来了挑战。

2. 加工环节

食品生产企业规模过小、管理混乱的问题在我国比较严重。这是影响食品加工环节安全的最主要的因素。相关调查显示，仅以小麦粉、大米、酱油、食醋为例，占总销量50%以上的产品都是10人以下、设施简陋的家庭作坊式企业生产的。厂商为追求利润的最大化，往往减少了设备、设施和管理的投入，管理松懈、生产控制不严，使产品在生产过程中受到微生物污染的概率增大，导致产品在储运、流通过程中腐败变质速度加快，最终出现食品安全问题。其次，超量使用或滥用食品添加剂也是引发食品安全问题的重要诱因。此外，在产品的包装环节，采用不符合食品质量安全与卫生要求的材料，造成食品二次污染。再加上相当数量的食品企业并不具备相应的检验能力，产品质量难以保障。新原料、新技术、新工艺的应用所带来的食品安全问题也不容忽视。

3. 流通环节

食品流通领域的交易环境、物流设施、市场管理、检测手段等方面，存在诸多问题。在食品流通领域，为数众多的食品经营企业小而乱，溯源管理难，食品标签不规范，甚至违法使用不合格包装物。有的企业在食品收购、储藏和运输过程中，过量使用防腐剂、保鲜剂。多数农产品仍以未加工或初加工的形式在农贸市场、街头巷尾直接销售。还有相当一部分企业或摊主无照经营，处于食品安全监管之外。调查显示，全国5万多家食品零售企业中建立检测中心的不足1%，全国2.6万家农贸市场配有垃圾处理设备的不足1%。以上种种情况的存在而导致食品安全事件的发生将难以避免。

4. 消费环节

随着现代生活习惯的改变，人们对食品消费日益呈现出多样化、方便化的趋势。非时令食品消费、在外就餐等活动大大增多，使得群体性的食品安全问题变得更加严重。食品安全品质正经历着从"看得见"的因素（如颜色、气味等），到能借助工具检测到的因素（如病原农残等），再到现有技术条件下难以快速检测的因素（转基因）的变化过程。食品作为一种"经验品"甚至是"后经验产品",一方面受消费者相关知识水平等的限制,另一方面因为消费者远离食品的生产、流通过程,而对食品的安全信息知之甚少。如果政府不能有效监管并将食品安全信息迅速有效地传递到消费者,或如果生产者、经营者对不利信息刻意隐瞒,消费者很难对食品品质进行评价,没有能力依靠自身力量来有效地保护自己,食品安全无从谈起。

结合以上分析,食品供给的链条越来越长、环节越来越多、范围越来越广,食品安全问题的产生越来越复杂,任何一个环节出现问题都将增加食品风险发生的概率。

## 四、食品供应链管理与食品质量安全的关系

随着食品供应链的不断延伸,食品质量安全不再只针对供应链上单个环节,而是整个食品系统运作的结果。随着食品系统日趋复杂,食品质量安全与供应链管理之间的关系越来越密切。食品供应链是由农业、食品加工业和物流配送业等相关企业构成的食品生产与供应的网络系统。目前,我国食品供应链管理主要围绕食品生产、供应、物流与需求四个主要领域来组织实施。随着食品贸易发展,基于食品供应链管理的食品安全问题主要表现在生产、加工和流通方面。从实际操作环节上来看,食品物流可以划分为原料采购、运输、生产、包装、储藏、配送、销售等。我们可以重点从物流、信息流与食品质量安全之间的关系着手,分析两者之间的关系。

1. 食品原材料采购与食品质量安全

食品原材料采购是食品安全的第一个环节,也是目前管理最混乱的一个环节。要保证"从农田到餐桌"的食品安全,必须首先保证食品原料的安全,即保证采购环节的产品质量。据农业部有关研究报告,作为食品主要原料的农产品,其质量安全水平,如果按欧美等发达国家标准衡量,合格率仅为30%左右,主要蔬菜、水果、茶叶、畜产品、水产品质量抽检合格率仅为70%左右,有近1/3的产品不符合强制性国家标准要求。农产品生产中的源头污染问题比较突出,农药、兽药的滥用,造成食物中农兽药残留问题严重。正是由于原料采购与食品质量安全问题关系紧密,我国相继出台了《农业法》、《农药管理条例》、《兽药管理条例》、《饲料及饲料添加剂管理条例》等法律法规以此来确保食品原料环节的质量安全。

通过构建有效的食品安全采购管理系统,对食品安全采购进行动态管理。对每一次采购的食品质量进行危害分析,构建食品安全风险评估系统。再通过该系统构建供应商食品安全信用风险管理系统。在该系统中,根据采购、配送、仓储、销售过程中得到的食品检测结果,进行危害识别和危害特征描述,建立危害性评估文档和风险评估报告。将这些资料存入供应商食品安全信用管理系统,由此决定供应商的食品安全信用等级,并能提高讨价还价能力,为实现良性合作奠定坚实基础。

2. 食品运输与安全

运输是食品物流的关键环节,它可以克服空间上的限制,将食品从一个地方运到另一个地方。由于我国目前运输管理不完善,运输工具条件落后,造成运输途中安全隐患较多。据

统计，我国目前粮食产后流通损失占总产量的 12%～15%，果蔬损失率达到 25%～32%，蛋腐蚀率达到 5%，肉干耗变质率达到 3%。这些腐坏变质的食品或食品原材料如果没有及时剔除而最终进入消费环节，将造成食品安全问题。

### 3. 食品生产与安全

食品生产是指对食品原料进行深加工，获得所需要的产品。食品生产环节是食品物流出现安全问题较多的环节之一。目前，我国食品企业生产中的安全问题主要发生在中小规模企业。这些企业存在着很多问题，如管理不完善、生产混乱、添加剂滥用、卫生质量差、环境标准不达标等。食物生产过程中因以上问题而导致的食物中毒事件屡见不鲜，2003 年安徽阜阳劣质奶粉事件、2005 年苏丹红事件等均由于生产加工过程产生问题而最终引发了社会悲剧。

### 4. 食品包装与安全

食品包装是食品生产的最后一个环节，同时，也是食品进入流通领域的首要环节。在食品包装方面出现的安全问题主要有：一是包装材料的安全性，直接接触食品的包装材料如纸、塑料、金属等，不能带有任何污染源。通过在金属罐内涂层印刷，在塑料薄膜内添加复合层等能减少包装材料对于食品的污染。但在印刷所使用的油墨中都不可避免地掺杂着苯等有害物质，从而成为食品质量安全的隐患。二是食品包装管理不完善。如一些企业的产品包装上根本找不到生产日期，产品的包装方式与包装标签根本不符合规定。目前，国内针对食品包装问题的法律法规主要有《食品包装用纸卫生管理办法》、《塑料制品及其原材料卫生管理办法》等，以此来杜绝或减少因包装问题而导致的食品质量安全隐患。

### 5. 食品储藏与安全

食品储藏是对食品进行保存，防止其腐败变质，并起到调节市场供需的一个环节。食品储藏是供应商、生产商、批发商和销售商都面临的一个难题。因为储藏的本意在于通过储藏调节产品供需，但是食品的特殊性使其在储藏过程中容易变质腐败，从而威胁食品质量安全。因此，供应链各参与方不得不付出较高的成本来确保食品的质量安全。因食品储藏过程中产品变质腐败而造成的食物中毒现象时有发生。2006 年 9 月 9 日山西彬县集体食物中毒事件，其原由即为熟肉保存方式不当所致。目前国内关于食品储藏方面的法律法规主要是《流通领域食品安全管理办法》。

### 6. 食品配送与安全

食品配送是指食品企业或配送公司在规定的时间内，按照规定的要求，将食品送到规定的地点。由于我国的食品配送起步较晚，运行不完善，导致配送过程中存在许多安全隐患。在配送过程中，配送公司为了减少配送次数，将不同种类、不同风味的食品混放在一起，极易引起食品的交叉污染。《流通领域食品安全管理办法》中对食品配送以及食品质量安全的问题作了明文规定。

### 7. 食品销售与安全

食品销售是指为方便消费者，在超市、批发市场、便利店等场所进行食品买卖的活动。食品销售是离消费者最近的一个环节,也是容易发生安全问题的环节之一。由于食品销售主体的多元性,手段的多样性等因素,导致销售环节安全隐患也较多。2006年7月4日发生于西安人人乐超市的"过期水果"事件,"霉变水果"事件均是由于超市食品销售终端卫生管理不善所致。目前,为确保食品销售环节的质量安全,国内相关立法主要有《中华人民共和国食品卫生法》、《食品销售卫生制度》等。

8. 食品信息与安全

食品信息是连接并贯穿供应链各环节的纽带,最终提供给消费者参考的依据。食品信息是指为了保证食品的供应、生产、流通和销售,在供应商、生产商和销售商以及消费者之间传递相关信息。食品信息的安全性是指食品信息的及时性与准确性,通过建立食品安全信息监测、通报、发布的网络运行体系,能够促使我国食品安全工作高效、有序、顺利地开展,有利于将突发的、潜在的食品安全风险降至最小。通过建立完善的信息采集机制、有效的信息分析和预测预警系统、高效的信息发布体系、多元化的信息网络体系,能够为最终食品质量安全提供保证及信息追溯途径。

## 五、我国食品质量安全管理存在的问题

我国的食品质量安全问题普遍存在,重大食品安全事件频频发生。伴随着世界经济的一体化,来自国外关于我国食品质量安全的担忧也日益突出,这些都说明我国食品安全管理体系存在着较大的漏洞。如何借鉴发达国家先进的食品安全管理体系,确保食品供应链的安全可靠,是我们必须首要解决的问题。与发达国家相比,我国当前的食品质量安全管理体系还有许多问题,存在很大差距。主要表现在:

1. 缺乏统一协调的管理

食品安全应该是一个系统工程,涉及很多部门,而我国目前所进行的食品质量控制是板块型的。农业部门管原料,质量技术监督部门管生产,工商部门管流通,防疫部门管消费。在食品供应链的每一环节上都有两个以上的职能部门发挥作用,这种多头管理形式使得管理机构之间责任不明确,难以形成协调、配合、运转高效的管理体制。各部门职责不清、分段执法、重复执法、相互扯皮。这样监管责任也就难以落到实处,弱化了监管效果。2009年全国人大通过了《食品安全法》,这是一个历史性的发展,然而这个法规定的依然是分段管理模式。

2. 缺乏严格、规范的监管法律体系

食品质量安全监管相关的法律法规有《中华人民共和国产品质量法》(1993年)、《中华人民共和国食品卫生法》(1995年)、《食品卫生行政处罚办法》(1997年)、《食品卫生监督程序》(1997年)、《散装食品卫生管理规范》(2003年)、《关于进一步加强食品安全工作的决定》(2005年)、《国务院关于加强食品等产品质量安全监督管理的特别规定》(2007年)和《中国食品安全法》(2009年)等数部。但这些法律法规在某些方面依然存在

若干不足：体系不健全，交叉、矛盾、缺失或不规范；食品安全监管执法体系存在多头执法的问题；执法力度不够等。如《食品卫生法》仅对104种农药在粮食、水果、蔬菜肉等45种食品中规定了允许的残留量，总291个指标；而国际食品法典则对176种农药在375种食品中规定了2439条农药残留标准。这样在执法过程中，就会使许多有害物资蒙混过关，留下食品安全隐患，同时无法突破国外有关食品、农产品的技术壁垒。

2009年6月1日，我国《食品安全法》正式实施，具有里程碑的意义。但遗憾的是，由于涉及部门利益和大部制改革，《食品安全法》并没有对我国食品安全的中心环节——安全监管体制做出突破。

3. 食品安全体系不够健全

一个完善的食品安全体系，包括政策法规体系、监督管理体系、技术标准体系、生产控制体系、检测技术体系、监测评价体系、应急反应体系、质量信用体系等诸多方面。我国在体系建设与相互协调方面仍需投入大量工作，如加强标准体系，特别是在有毒有害物质限量标准方面的基础性研究；建立有效的食品安全检测体系，构建共享的食品安全监控网络系统；建立应急机制等。

法律、法规和标准是食品安全的重要保证。我国虽然制定了一系列有关食品安全的标准，但许多标准标龄过长，缺乏科学性与可操作性，在技术内容方面与WTO有关协定和CAC标准存在较大差距。早在20世纪80年代初，英国、法国、德等国家采用国际标准已达80%，日本国家标准有90%以上采用国际标准。我国国家标准只有40%左右等同采用或等效采用了国际标准，食品行业国家标准的采标率只有14.63%。

4. 理论研究滞后

食品生产的原料和技术日新月异，假劣食品制造者的手段也在不断翻新，这些都给食品质量安全管理不断提出新的问题，理论研究滞后于实际就会出现大量问题。目前国内学者主要研究我国食品安全的政府管理层面上的内容，如食品质量安全管理法制化、实施产地标识制度、试行追溯和承诺制度、完善保障体系、建立信息服务网络等。例如，食品质量安全检测技术无论是检测技术水平还是标准都和发达国家存在较大的差距。在农药残留检测方面，美国食品药品管理局(FDA)的多残留方法可检测360多种农药，德国可检测325种农药，加拿大多残留检测方法可检测251种农药，而我国缺乏同时测定上百种农药的多残留分析技术。在环境污染物检测方面，发达国家拥有针对二噁英及其类似物的超痕量检测及对"瘦肉精"、激素、氯丙醇的痕量检测技术和大型精密仪器，而我国尚缺乏对这些污染物的有效快速检测方法、技术和设备。此外，我国尚缺乏定点监测网络，对引起中毒事件中常见的重要致病菌，如沙门氏菌、金黄色葡萄球菌、肉毒梭菌等没有进行系统检测，缺乏危险性评价的背景资料。美国建立了近20年来动物性食品中农药DDT等残留量资料，而我国在一些重要污染物，如农兽药、重金属、真菌毒素等方面仅开展了一些零星的工作，缺乏系统的监测数据。

### 5.处罚力度不足

目前,我国的食品法律法规惩罚力度不够,缺乏威慑力。我国对食品安全事故责任单位和责任人的惩处相对过轻,对违法行为大多予以查封、捣毁窝点、停业整顿和罚款等,处理威慑力不够。

2009年出台的《食品安全法》对食品安全责任人的法律责任进行了调整细化,提高了处罚的金额底线。同时,第九十六条规定:"生产不符合食品安全标准的食品或者销售明知是不符合食品安全标准的食品,消费者除要求赔偿损失外,还可以向生产者或者销售者要求支付价款十倍的赔偿金"。

## 六、食品供应链系统模式

食品供应链的形成是与其物流系统的内容不断变化密切相关的。食品和农产品生产物流系统的不断演变,为人们创建高效率的食品供应链管理模式提供了基础。根据食品和农产品物流的发展阶段,Golan E.等人认为典型的食品供应链可划分为哑铃型、T型、对称型和混合型四种类型。

### 1.哑铃型食品供应链

这种类型的食品供应链严格来说是一种准供应链。

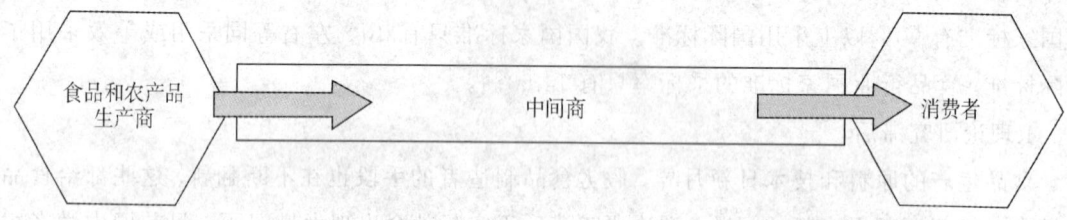

图3-1 哑铃型食品供应链

它的特点是供应链很短,连接位于两端的交易主体很多,而中间环节少且贸易主体也少,呈现为哑铃型。由于上游生产者拥有的技术条件较差、产量低和品种少,故上游集聚为数众多的农产品生产者;同时由于产品生产地距离市场较近且只提供单一食品和农产品,使得链中参与交易的主体大多数为食品和农产品的生产者,他们在市场上直接交易,很少有联系着生产者和消费者的中间商,因此种植者直接将食品和农产品销售给消费者。在发展中国家,特别是靠近城镇地区的蔬菜供应,一般都采用这种类型的供应链。

### 2.T型食品供应链

这类食品供应链一般适用于食品和农产品的生产地和销售地相距较远,消费需求差异较大的情况。由于距离远,食品和农产品易腐烂,生产者不可能直接销售自己的产品,需要通过必要的中间商提供服务。这种食品供应链上游聚集了较多的食品和农产品的生产者,而在中游对产地生产情况比较了解,又在销售地占有一定销售渠道的优势的销售商较少。因此,

T型食品供应链的上游聚集众多的种植者,而中下游的中间商和销售商较少且集中,所以供应链的形状呈现T型。与哑铃型食品供应链相比,它的链条比较长,食品和农产品的销售表现为间接性和增值性服务。这种类型的食品供应链在我国比较普遍。在我国农业不发达的地区,由于缺乏一端连接农户,另一端连接销售市场的、专门从事农产品加工的龙头企业及相应的中间环节,农产品生产和市场需求往往脱节,导致上游盲目生产和下游销售困难的现象出现。

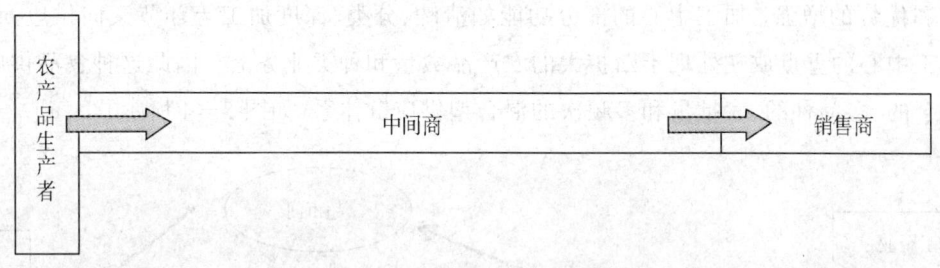

图3-2 T型食品供应链

3.对称型食品供应链

随着新兴销售业态的出现,销售渠道日益被大型专业市场和超市所垄断。食品和农产品的传统销售形式也被超市所取代,而且这种趋势越来越明显。同时由于技术水平的提高,食品和农产品生产也趋于由少数种植商集约经营。Boselie D.(2002,2003)通过对泰国皇家阿荷德生鲜超市食品供应链管理的调查发现,曼谷有50%的食品和农产品是在大型超市售出的。这些大型超市,为了满足市场对农产品品质的一致性和供应稳定性的要求,对供应商进行严格的筛选。因此,皇家阿荷德生鲜超市实施食品供应链管理后,将供应商由原来的250家减少到60家左右,使物流系统更加高效简捷。食品供应链上游供应商和下游超市连锁店数目呈现对称型的增长态势(如图3-3所示)。在发达国家及物流发展较为成熟的大城市里,这种食品供应链经常表现为集中采购、统一配送和尽可能减少不增值的物流环节,以实现节约成本的精益物流(Lean Logistics)战略。

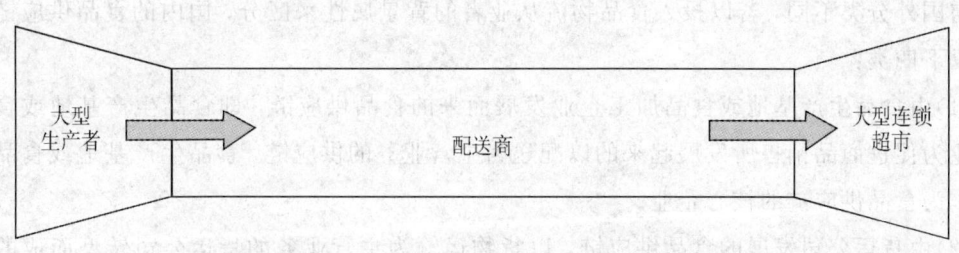

图3-3 对称型食品供应链

4.混合型食品供应链

随着市场对食品和农产品消费需求的多样化,食品和农产品加工的比重也在逐步提高。

据有关统计表明，美国2002年度未加工蔬菜和加工蔬菜的比例分别是15%和85%；水果是30%和70%。其他发达国家的情况也大致如此。大型超市为了适应消费需求的显著变化，将原来由独立企业从事的专业化生产的增值环节进行"内部化"，专门建立大型加工配送中心，对农产品进行清洗、分类、深度加工、包装和配送等增值业务。同时通过在大型加工中心实施HACCP、GMP和卫生安全认证，来保证食品和农产品的质量安全。这个环节是前述三个食品供应链所没有的，这是大型超市和连锁店对市场需求做出快速反应的结果。随着上游供应商实力和优势的增强，加工中心的部分功能如清洗、分类、深度加工等环节又向供应商回流，使得加工中心的重点放在处理不断扩大的农产品数量和种类业务上。因此这种食品供应链是一种综合的、多品种的、大批量和多频次的混合型供应链体系（如图3-4所示）。

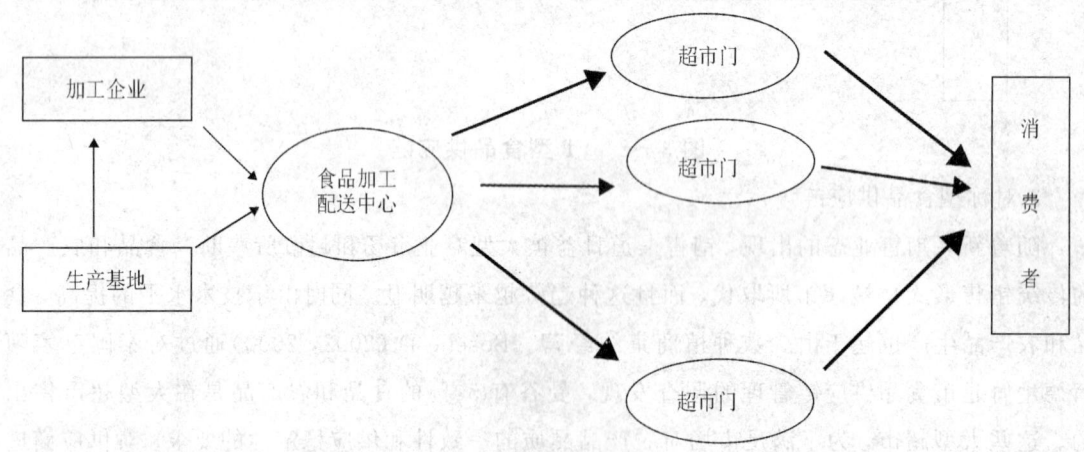

**图3-4 混合型食品供应链**

这种食品供应链更关注消费者的满意度，通过加工中心来对市场需求做出快速反应，并实时对食品和农产品进行"度身定制"和深度加工，以实现不同于精益物流的敏捷物流（Agile Logistics）战略。

5．国内食品供应链分类

与国外分类不同，若以投入食品物流从业者的背景属性来区分，国内的食品供应链可以分成以下四类：

（1）由食品生产基地或食品加工企业发展而来的食品供应链，即食品生产基地或食品加工企业为促进商品销售所发展起来的以配送为主营业务的供应链，食品生产基地或食品加工企业作为食品供应链的核心企业。

（2）由货运公司发展的食品供应链，以货物运输为主营业务的货运公司转型而成的食品物流公司，物流企业为食品供应链的核心企业。如上海海博物流（集团）公司旗下的申宏冷藏储运有限公司成立于1998年3月24日。申宏公司所属企业有腾越路冷库、内江路仓库、军工路冷库、鹤岗路冷库、冷藏运输车队以及位于军工路冷库内的上海申宏冷藏食品交易市场。

（3）由零售业发展起来的食品供应链，特别是由连锁门店数目众多的大型连锁超市发展的食品供应链。零售企业为食品供应链的核心企业，如沃尔玛、家乐福等。

（4）由传统批发商或代理商发展而来的食品供应链，是计划经济转型时期的主要形式，批发商或代理商为供应链的核心企业。

从供应链的分类就可以看出国内外的差距，国内食品供应链还未成型，存在的只是粗线条的框架，没有将集聚和优化资源作为推动食品供应链形成和发展的动因，没有在食品供应链体系中综合考虑食品安全管理和全程质量控制问题，离具体的应用和形成竞争优势还存在非常大的差距。

# 第四节　食品冷链物流系统

我国的农产品是以常温物流或自然物流形式为主，在物流过程中的损失很大。据统计，我国水果蔬菜等易腐农副产品在采摘、运输、储存等物流环节的损失率为25%～30%，也就是说1/4的农产品在物流环节被消耗掉了。发达国家的果蔬损失率在5%以下，美国为1%～2%。

食品冷藏的主要目的是通过温度和时间控制，降低分解反应速度和限制微生物的生长速度来延缓食品品质的劣变。食品冷链是在食品运输、储存、销售过程中保持其原有色、香、味的重要手段，是保证食品安全的重要措施。

## 一、食品冷链概述

1.食品冷链的定义

食品冷链（Cold Chain）是指易腐食品从产地收获或捕捞之后，在产品加工、储藏、运输、分销和零售、直到消费者手中，其各个环节始终处于产品所必需的低温环境下，以保证食品质量安全，减少损耗，防止污染的特殊供应链系统。

目前冷链所适用食品范围包括：

初级农产品：蔬菜、水果；肉、禽、蛋；水产品；花卉产品。

加工食品：速冻食品；禽、肉、水产等包装熟食；冰激凌和奶制品；快餐原料。

食品冷链是随着科学技术的进步、制冷技术的发展而建立起来，是以冷冻工艺学为基础，以制冷技术为手段，在低温条件下的物流过程。因此冷链建设要求把所涉及的生产、运输、销售、经济和技术性等各种问题集中起来考虑，协调相互间的关系，以确保易腐食品在加工、运输和销售过程中的安全，它是具有高科技含量的一项低温系统工程。因此，冷藏链是一个跨行业、多部门有机结合的整体，发展食品冷藏链有助于促进食品加工业、机械制造业、包装材料业、物流仓储业、运输业和连锁商业等相关产业的合作，逐步形成较完善的冷藏链工业体系。

冷链最早是由美国人阿尔贝特·巴尔里尔（Albert Barrier）和英国人J.A.莱迪齐（J.A. Ruddich）于1894年先后提出来的。但是，直到20世纪40年代，冷链才得以足够重视和迅速发展。1943年世界食品物流组织成立，主要目的是改善食品及其他货物在保存、配送过程中的冷藏技术、人才培训、信息沟通等。应该说国外食品冷链物流是随着食品安全理论和供应链理论的发展而发展的。随着供应链理论的发展，Den Ouden、Zuurbier等学者于1996年首次提出了食品供应链(Food Supply Chain)概念，并认为食品供应链管理是农产品和食品生产、销售等组织，为了降低食品和农产品物流成本、提高质量、提高食品安全和物流服务水平，而实施的一种一体化运作模式。

2.食品冷链的特点

由于食品冷链是以保证易腐食品品质为目的，以保持低温环境为核心要求的供应链系统，所以它比一般常温物流系统的要求更高，也更加复杂。

(1)食品流通全程都需要温度控制。就冷冻水产品而言，从最初的加工、储藏到运输和销售，一直要控制在低温状态。在加工时，产品温度要控制在8℃以下，在运输和销售过程中，产品温度都要控制在－18℃以下。

(2)食品的营养性、易腐烂，使得对冷链物流的时间和商品生鲜度的质量控制要求更加严格。易腐食品的时效性要求冷链各环节具有更高的组织协调性。一旦运营过程中的某一环节出现了问题，就很有可能对物品的品质造成威胁，同时降低物流效率。

(3)基础设施投资大，运营成本高。相对普通仓库、卡车、冷库、冷藏车的投资很高，是普通仓库、卡车投资的3～5倍。

(4)监控困难：冷链物流节点上的各企业需要按照严格的管理制度操作，否则很容易造成对产品的损害，但是监控这些企业来却是非常困难。冷链所包含的制冷技术、保温技术、产品质量变化机理和温度控制及监测等技术是支撑冷链的技术基础。冷链管理不是单点的管理，也不能依靠某一点来进行控制，而必须从产品的生产、储存、运输、销售等整个物流链上进行控制。因此，监控困难也是一个特点，要求冷链上下游各环节具有更高组织协调和信息共享。

3.食品冷链的温度要求

对于食品冷链的温度要求，国外称为"不高于原则"，即从生产到消费者之间各个环节的温度都不得高于设定的温度。可以将冷链的实现条件归纳为"3P"、"3C"、"3T"条件。

加工过程应遵循3C、3P原则："3C原则"是指：清洁(Clean)、冷却(Chilling)、小心(Care)。也就是说，要保证产品的清洁，不受污染；要使产品尽快冷却下来或快速冻结，也就是说要使产品尽快地进入所要求的低温状态；在操作的全过程中要小心谨慎，避免产品受任何伤害。

"3P原则"是指：原料(Products)、加工工艺(Processing)、包装(Package)。要求被加工原料一定要品质新鲜、不受污染；采用合理的加工工艺；成品必须采用既符合健康卫生规范又不污染环境的包装。

储运过程应遵循3T原则：是指产品最终质量还取决于在冷链中储藏和流通的时间(Time)、温度(Temperature)、产品耐藏性(Tolerance)。"3T原则"指出了冻结食品的品质保持所容许的时间和品温之间存在的关系。冻结食品的品质变化主要取决于品温。冻结食品的品温越低，优良品质保持的时间越长。如果把相同的冻结食品分别放在－20℃和－30℃的冷库中，则放在－20℃的冻结食品其品质下降速度要比－30℃的快得多。"3T原则"还告诉我们，冻结食品在流通中因时间—温度的经历而引起的品质降低的累积和不可逆性。因此应该对不同的产品品种和不同的品质要求，提出相应的品温和储藏时间的技术经济指标。

根据不同食物对冷藏温度的要求，食品冷链大致可以分为以下几类：

①冷却食品的冷链：将食品冷却到指定温度，但不低于食品汁液的冻结点，通常其流通过程的温度上限是7℃，下限是0℃～4℃。食品经过冷却可以延长储藏期，保持其新鲜状态。经过预冷的蔬菜、水果、鲜肉、水产品和乳制品等都会采用这种温度的冷藏链，发展前景良好。但在冷却温度下，细菌、霉菌等微生物仍可繁殖，食品只能做短期储存。

②冻结食品冷链：对各种冻结食品和冰激凌等都是要求将温度降到冻结点以下，并要求整个流通过程保持在－18℃以下（冰激凌则要求为－25℃～－22℃），使食品中的大部分水分冻结成冰。这就使微生物的生物活性和酶的生化作用均受到抑制，因此冻结食品可作长期储藏，是目前各种冷藏链的主体。

③冰鲜冷链：将某些畜产品或水产品储藏在0℃以下至各自的冰结点的范围内称为冰鲜储藏或冰温储藏，属于非冻结保存。此法保存的食品新鲜度高，且可以延长食品储藏期，但流通过程要求控制的温度波动范围较小，一般为－2℃～0℃，故技术难度较高。

④超低温冷链：对大部分水产品如金枪鱼等储藏温度要求低达－45℃以下，整个流通过程要求保持在－30℃以下，称为超低温冷链，其品质保持程度明显优于－18℃低温冷藏链，货架期也较长。

**4.冷链配送流程及各环节温度控制注意事项**

(1)低温食品拣货至出货暂存区

低温食品从冷冻库或冷藏库拣货出来后会被放置于出货暂存区。一般情况下冷冻库的温度在－25℃至－23℃，食品的中心温度一般在－18℃左右。冷冻品出货暂存区的温度要求在0℃左右，且冷冻食品在暂存区的存放时间不宜超过半个小时。冷藏库的温度一般在2℃～8℃，食品的中心温度在4℃左右，冷藏品的出货暂存区的温度一般要求在10℃～15℃，同时冷藏品也不宜在出货暂存区放置超过1小时。由于对温度的需求不同，冷冻食品与冷藏食品不宜在同一温层的出货暂存区暂存。

(2)装车前准备工作

低温运输车辆于装车前应首先将车箱预冷，一般冷冻品车箱温度降至－10℃以下时方可进行装车，冷藏车温度降至7℃以下、冻结点以上时方可进行装车。同一温层车辆不可既装冷冻品又装冷藏品，除非该冷藏车为双温层车辆。冷藏车降温时间与车辆的性能及所需降至的温层相关，一般情况下开始降温时应与拣货时间相配合。最好的状态是冷藏车箱体温度降到指定温度时，低温食品刚拣货完成搬运至出货暂存区。

（3）装车

低温车辆降温至指定温度时，应将后车箱门打开，车辆缓慢后靠至码头门罩达到与码头库门气密衔接状态后，再打开码头库门调整码头调节板至车箱。在此过程中，低温车辆应保持制冷机组正常运行继续处于降温状态。冷冻车辆一般将车箱内温度降至－18℃以下并在运送过程中保持此低温。生鲜食品应使用物流容器配送，比如使用笼车或栈板装车，这样可在最短时间内完成装车，一般10～15分钟；可最大限度地减少装卸车过程中对生鲜食品造成的损耗；避免生鲜食品与车箱体接触以减少污染。装车完成后应首先收回码头调节板、关闭码头库门，然后再将低温车辆开离、关车箱门，依指定路线出货配送。

（4）运输环节

低温车辆离开生鲜加工物流中心后，制冷系统应保持正常运转状态，全程温度应控制在指定的温度范围内。比如冷冻产品运输车辆全程温度应保持在－18℃以下，冷藏产品运输车辆全程温度应保持在2℃～8℃，冷藏车温度具体依产品而定。配置较好的冷冻（藏）车一般有GPRS装置与温度跟踪记录系统，可让业主时时能追踪到车辆的动向及车箱体内的温度控制情况。

（5）配送到店

低温车辆到达门店至门店理货人员开启车箱门卸货前，车辆的制冷系统应保持正常运转状态并保证车箱体内的温度达标。一般门店很少规划有卸货码头密闭设施及调节设备，因此在门店卸货应快速进行。通过以下方法可以提高装卸速度：冷冻（藏）车辆安装汽车尾板以调节门店卸货区与车辆高差；使用物流笼车装车及配送以便于搬运；生鲜食品卸车后应先入门店冷库或冷柜暂存再进行验收。

（6）验收

验收在开启冷冻（藏）车箱门时就已开始。打开车箱门首先应检测车箱体内的温度是否符合要求，再快速卸货。当生鲜食品进入门店冷冻库或冷柜后再查验食品的数量、质量、中心温度等。

## 二、国内外食品冷链物流发展概况

目前，食品冷链存在两种发展模式：一是以追求高品质、完善服务为目的的品质与服务模式，发达国家主要采用这种模式；二是以保证大批量食品的一般品质、减少食品损失为主的价格与品质模式，发展中国家主要采用这种模式。

1. 欧洲冷链物流的发展

欧洲农产品冷链物流的发展以荷兰为典型，原因之一是它具有非常有利的区位优势——位于欧洲的中心。荷兰充分利用了这一有利条件发展农产品和食品物流，向世界各地配送了优质的农产品，从这个意义上可以说它是欧洲的配送中心。荷兰是世界奶牛大国、蔬菜大国和花卉王国，农产品出口量居世界第三位。荷兰的农产品产值与农产品加工产值之比为1:4，然而中国却只有1:1。荷兰的蔬菜、水果的损耗率是5%，而中国却高达25%，每年要损耗8000万吨。

(1)农产品冷链物流基础设施发达,尤其是该国的航空运输网络。鹿特丹港靠近重要的蔬菜和水果的种植地区,港区四周高速公路纵横交错和通往内地的水路运输网络非常发达,而且靠近欧盟国家水果进出口中心所在地巴伦德雷赫。鹿特丹港和斯希波尔机场是荷兰冷链物流通往欧洲"门户"的两个非常重要的支柱,58%以上的生鲜农产品通过鹿特丹港和斯希波尔飞机场运往欧洲各地,再输送到世界各地。快捷、高效的冷链物流,使得荷兰以发展鲜活农产品而闻名,荷兰完成了全世界65%的花卉贸易。

(2)农产品冷链物流链条缩短,实现了物流增值。通过收集分类、鲜储、拍卖、包装等程序,将来自世界各地的商品花卉集散到世界各国,花卉品种达几千种,几乎全部是标准化生产。成交的花卉迅速由集装箱运往机场或港口,分销世界各地,有的当天就运到销地市场。

(3)发展电子化农产品冷链物流,信息化程度高。荷兰花卉和园艺中心有最先进的拍卖系统、新式电子交换式信息和订货系统,通过电子化农业产品物流园区和配送中心向全球许多国家的广大客户和消费者提供服务。

(4)注重发展冷冻储藏,冷冻行业非常发达。配送保鲜、冷冻和易腐货物的公司大多数在储存和运输的过程中都配备了现代化的冷冻技术设备。这些冷冻设备可以提高工作效率,降低日常开支,保证食品和农产品的储存成本低,运输和配送顺畅,保证了食品和农产品的安全。

2.亚洲冷链物流发展

亚洲冷链物流的先进代表是韩国和日本,这些国家几乎都是"以小博大"的冷链物流发展模式。据悉,日本已经形成了完整的农产品冷链物流体系,形成了陆铁海空多式联运,产地加工企业、批发市场与配送中心和第三方物流企业等多方参与、并存共赢的冷链物流发展模式。韩国的冷链物流基础设施建设基本上由政府主导,基础设施再按照统一的规划方案来运营。

(1)政府主导,推动冷链物流基础设施建设。以韩国为例,为了建设可乐洞市场与严弓洞市场,政府从市场规划开始就统筹安排,并组织方案论证,投入资金,实施市场管理。规划确定以后,资金问题由中央和地方两级政府共同解决。等市场建成以后,政府公职人员组成管理与服务整个市场的市场管理公司。日本政府近年来从本国国情出发,大力进行本国冷链物流现代化建设,在大中城市、港口、主要公路枢纽都对物流设施用地进行了合理规划。在全国范围内开展了包括高速公路网、新干线铁路运输网、沿海港湾设施、航空枢纽港、流通聚集地在内的各种基础设施建设。

(2)加强农产品冷链物流硬件设施和信息系统建设。批发市场早已改变仅有广场、仓库和停车场的局面,配备有完善的保管设施、冷风冷藏设施、配送设施、加工设施等。日本的食品配送中心大都建有低温和常温仓库、包装加工设施等,开展加工、小包装分解、分等分级、电子商务配送等业务。频繁而小批量的配送是日本冷链物流的主要特色。韩国市场管理部门依托市场这一载体,建立起全方位的信息网络,在保障农产品的供应品种、数量和价格形成上,起到了十分重要的作用。信息内容包括农产品交易品种、拍卖定价、交易时间和提货地点以及该类产品主产地相关信息、市场流通费用、市场内出入车辆和入市人员情况等。信息通过网络、自动应答电话、电视广播、报纸杂志等传播媒介，最大限度地实现信息资源的社会共享。

（3）农业合作组织是农产品冷链物流的主要力量。农业合作组织以综合性为主，批发市场最主要的产地供货团体是农协，各大中小城市都有由农协直接参加或组织的农产品批发市场，且相当活跃。农产品生产总量的80%~90%是经由批发市场后与消费者见面的。日本由于人多地少，自然资源有限，很难实现农产品冷链物流的组织化、集约化和规模化。为了解决小而分散的生产规模，降低农户单独进入市场的风险和交易成本，它们非常注重发挥农业协会的作用。通过建立以中心批发市场为核心的农产品冷链物流体系，有效保障城市的生鲜农产品供应。韩国通过"青苹果人协会"和农户以信用为基础，契约为纽带，联结了不同交易主体，节约了交易费用。

3.美国冷链物流发展

美国的冷链物流集中体现了农产品生产和贸易的数量之巨大。由于美国农业生产的长期稳定性，品种繁多，农产品、食品贸易活跃，使得美国拥有一个庞大、协调、通畅、复合、灵活、高效的冷链物流体系。目前，美国已形成了从生产、加工、分拨、仓储、配送、售后等一整套完整的食品冷链体系。政府通过立法、审核认证、协会及企业通过建立标准体系、管理体系、产品召回等各个环节，也已建立了比较完善的冷链物流体系。可以说，美国的冷链物流发展达到世界领先水平。美国50年间低温食品产量增长了1379倍，低温食品的销售量和人均占有量均遥遥领先于世界各国。在美国，冷冻食品的年产量达2000万吨，品种3000种，产值超过500亿美元，人均年占有量60公斤以上；在欧洲，冷冻食品年消费量远远超过1000万吨，人均占有量近30公斤。美国冷冻食品之所以有如此大的发展，很大程度上是由于其完善的冷藏链系统。

（1）物流基础设施发达、物流专用设备先进、物流信息化程度高。交通运输设施十分完备，公路、铁路、水运四通八达。生鲜农产品装卸输送设备主要有各种螺旋式输送机、可移动式胶带输送机及低运载量斗式提升机。美国有发达的信息流基础。成立于1848年的芝加哥期货交易所就是农产品各市场主体了解市场行情、获取价格变化信息的直接窗口。大量的农业网站、信息咨询公司也为农民了解信息提供了方便的途径。有85%的农民上网、从事网上购买业务，农业占电子商务的8%，在各行业中列第5位，1999年的农业电子商务总额已达380亿美元。

（2）冷链物流规模化、专业化、社会化程度高。美国的农业生产主体是以中小型农场主为主，大量连片的土地，便于采用机械化作业，从而农业生产中劳动力达到节约。美国农业生产物流实现了规模经营。20世纪80年代末，从事农产品物流的就业人员是农业从业人员的4.2倍，美国农产品冷链物流业拥有一批专业的从业人员。以蔬菜为代表的农产品生产，实现了生产物流的专业化。就物流通道而言，美国有完善的社会化服务体系，农产品大多数由农场主经产地市场或中央市场的批发商销售给工厂，销售给零售商的销量次之，直接销售的很少(见图3-5)。连接农产品供需的物流主体有农场主参加的销售合作社、政府的农产品信贷公司、农商联合体、批发商、零售商、代理商、加工商、储运商和期货投机商等。全美合作社有6000个左右，实行民主管理制度。

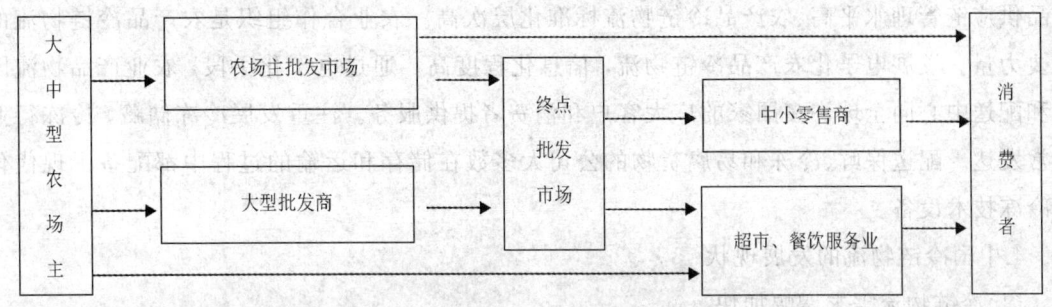

**图3-5 "美加模式"蔬菜物流示意**

(3)冷链物流组织化程度高、供应链管理水平高、冷链物流标准化层次高。美国于2002年成立了冷链协会，该协会由航空公司、卡车运输商、地面搬运商和设备生产商组成，主要研究易腐货物的有关问题，为运输温控货物制定标准化的指导原则。美国冷链协会发布了《冷链质量指标》，并声称这一标准可以用来测试运输、处理和储存易腐货物的企业的可靠性、质量和熟练度，并将为整个易腐货物供应链的认证奠定基础。美国进行了良好的冷链物流组织建设，主要包括产销一体化组织和农业协会。产销一体化组织是把农产品生产同其生产资料的制造与供应(产前部门)，以及农产品的储运、加工和销售(产后部门)等有关环节有机地结合在一起的经济联合体。美国有许多专业性的农业协会，这些协会是自发性组织，相互独立的，资金是自筹的。这两类组织构成了美国农产品冷链物流的主体，对农产品冷链物流高效运行起了关键作用。

在美国，追踪(tracking)系统已经证实了在管理生产物流和追踪相关零售信息方面所具有的价值。绝大部分包装食品和大宗物品(袋装橘子、苹果)使用条形码(bar code)帮助企业进行收集销售信息，这些条形码的设计和使用让企业知道自己食品供应链的物流流出状况和模式，借此来对供应链上游物流的流入进行有效管理。除此之外，一些企业发展了基于质量安全的食品供应链的高新技术回溯(tracing)系统，比如农场主使用电子耳标识和相关数据收集卡来追踪畜牧产品的免疫记录、健康记录和饲养记录等。这些基于食品供应链的信息能使得食品或农产品在市场中得以实现其质量的价格。

(4)充分发挥"两只手"的作用：政府宏观调控，市场功能运行。美国政府干预冷链物流，主要在法律和经济政策方面宏观调控供求均衡和价格稳定。美国政府重视对农业、公共农业研究开发和农村教育项目的投资。1998年推行旨在提高农民素质的"新农民计划"。在美国，建立了农场主批发市场和终点批发市场，批发业务实现了规模化。美国农村中的销售合作社以及大量从事农产品、食品贸易的人员，活跃了冷链物流活动。农产品期货市场和现货市场同步运行，可以促进农产品"物尽其值"。

综合发达国家和地区的农产品冷链物流的发展，可以看出，他们有很多相似的地方。比如政府的扶持力度都很大，通过立法、审核认证，协会及企业通过建立标准体系、管理体系、产品召回等各个环节，建立了比较完善的冷链物流体系。农产品冷链物流组织化程度高、农产品供应链管理水平高、农产品冷链物流标准化层次高。农业合作组织是农产品冷链物流的主要力量。发展电子化农产品冷链物流，信息化程度高。通过电子化手段，农业产品物流园区和配送中心向全球许多国家的广大客户和消费者提供服务。注重发展冷冻储藏，冷冻行业非常发达。配送保鲜、冷冻和易腐货物的公司大多数在储存和运输的过程中都配备了现代化的冷冻技术设备。

4.中国冷链物流的发展现状

(1)冷链物流需求增幅加快

我国是农牧业生产大国，又是易腐食品的生产和消费大国，肉类、水产品和鸡蛋等产品的产销量均居世界首位，分别占世界总产量的25.13%、17.98%和42.85%。城市猪、羊、牛肉销量每年达3000多万吨，禽蛋禽肉近2000万吨，奶类、奶制品约600万吨，水果、蔬菜产销量更大。目前，我国有肉类食品加工厂2500多家，年产肉类食品6000万吨；速冻食品加工厂2500多家，年产速冻食品超过1000万吨；冷饮生产企业1500多家，年产量1000多万吨；此外，每年还有5000万吨的水产品，3.5万吨蔬菜，6100万吨水果，这些超过亿万吨的食品需要通过冷藏运输满足消费者需求。然而，我国上述食品的冷藏运输率只有15%左右，与发达国家80%的比率相差甚远。近年来，随着生活节奏的不断加快，人们对冷冻冷藏食品的消费越来越多，冷藏冷冻食品每年增产约10%。预制食品销售额占冷冻食品销售总额的42.44%，在我国的发达城市，冷冻肉已占到人均年消费肉量的10%~15%，而尽管目前冷藏蔬菜的消费总量仍较小，但随着保鲜技术和产品质量的提高，消费也呈上升趋势。

(2)冷链物流过程逐步规范

近年来，许多食品、药品等生产(销售)企业纷纷成立冷链物流部门或者将冷链物流业务外包，加大力度监控冷链物流运作过程，加上相关冷链物流技术标准出台、法律法规的推动和市场舆论的监督，冷链物流行业的运作管理逐步走向规范。同时，随着冷链物流市场环境的改善以及冷链物流技术水平和组织水平的提高，我国冷链物流将朝着更加高效、更加可靠的方向发展。

冷库设施投资加大、冷库技术水平提高和冷藏车辆多元化发展是食品在流通中质量保证的硬件基础。冷链物流采用封闭化运作策略，将生产企业、冷链物流企业和政府监管部门捆绑在一起，有效地控制食品在物流运作中的质量。从市场的需求导向看，专业的第三方冷链物流企业是未来参与冷链物流市场竞争的主体，而冷链物流企业联盟将是行业发展的重要趋势。冷链物流联盟将有利于整合冷链物流设施资源，并通过行业自律和规范化运作，提高冷链物流运作质量。

夏晖公司是麦当劳的合作伙伴,其在冷链物流方面的规范化管理,成为食品物流业内的典范。它在北京建有世界领先的多温度食品分发物流中心,其中干库容量为 2000 吨,冻库容量为 1100 吨,冷藏库容量超过 300 吨。冷藏和常温仓库设备都是从美国进口的设备,设计细致而精心,目的是为了最大限度地保鲜。麦德龙在食品冷链物流方面也实施了规范化管理。麦德龙率先引进了 HACCP(危害分析与关键控制点)食品安全控制体系,并成为参与标准制订的领先者。举例的这两家公司虽然都是跨国公司在我国的运营分公司,但其先进的管理思想和技术极大地促进和带动了我国冷链物流的规范化和发展。在奥运期间的食品供应方面,北京、天津、沈阳、青岛和上海等地纷纷对奥运食品冷链物流进行了规范,也对我国的冷链物流发展起到了促进作用。

(3)冷链物流企业逐步发展

随着我国冷链物流行业的起步,近几年来,冷链物流企业也开始发展,出现了冷链物流企业。从总体上看,虽然冷链物流企业得到快速发展,但国内专业的大型冷链物流企业仍然不多。目前国内只有极少数的物流供应商能够保证对整个冷藏供应链进行温度控制,而绝大多数从传统的冷藏运输商演变而来的冷藏物流供应商,只能提供冷藏运输服务,并非真正意义上的冷藏物流服务。

(4)冷链物流信息技术开始发展

冷藏车载 GPS 定位系统是冷链信息技术的重要方面。利用多采点智能温度仪与冷藏车载 GPS 系统实现无缝对接,能够迅速准确地记录和回传冷藏车厢体内的多点温度,使冷藏运输温度监控借助 GPS 系统在 Internet 和移动通信系统中实现。

RFID 监测技术是冷链物流信息技术发展的趋势之一。利用 RFID 技术,将温度变化记录在"带温度传感器的 RFID 标签",对产品的生鲜度和品质进行细致、实时的管理。另外,RFID 还可扩展为覆盖全冷链流程的冷链监测中心数据平台服务。企业或联盟成员通过口令获取相关数据,实现对冷链温度的全程、实时监控和预警;同时向消费者提供方便的查询手段,向社会公布产品的安全溯源信息。

冷链物流信息平台也开始发展。截至 2007 年底,中国冷链物流信息平台的建设调试已经完成,中国食品工业协会食品物流专业委员会拟在全国 400 余家冷藏运输公司或相关单位中,筛选出 100 家整体实力强、业务基础好、具备一定的行业示范带动作用的单位(企业),作为中国冷链物流信息平台的"重点推广单位",尽快启动冷链物流协作体系的运行。

5.国内冷链物流存在的问题

我国的食品冷链起步于 20 世纪 50 年代的肉食品外贸出口。1982 年,我国颁布了《食品卫生法》,诞生了我国食品冷链的雏形。近 40 年来,中国的食品冷链不断发展,速冻食品、肉食水产、果蔬类、冰激凌、奶制品等行业及大型快餐连锁企业为先导,已经不同程度地建立了以自身产品为核心的食品冷链体系。但是从整体而言,中国的食品冷链还未形成体系,与发达国家存在较大的差距。

(1)冷链物流硬件设施陈旧落后

在汽车冷藏车辆方面,目前中国保温车辆约有4万辆。美国冷藏保温汽车保有量约16万辆,其中保温汽车约6万辆,冷藏保温汽车占全国载货汽车总保有量的0.8%～1%,另外还拥有冷藏保温挂车和半挂车约30万辆,占挂车和半挂车总数的9%～10%。日本冷藏保温汽车保有量约12万辆,近几年年产量一般为2万多辆,其中冷藏汽车占25%～30%,冷冻汽车占25%,保温汽车占40%～50%。

铁路方面:据不完全统计,全国铁路总运行车辆33.8万辆,冷藏车只有6970辆,仅占2%,规范保温的保险冷藏车、箱缺乏。现有铁路冷藏车辆中使用年限在15年以上的占冷藏车保有量的30%左右,设备状况趋于老化。

冷库结构:虽然国家在食品储藏保鲜方面投资建设了很多冷库,但这些冷库结构存在着"六多六少"的不合理现象,表现在肉类冷库多,果蔬冷库少;城市冷库多,农村冷库少;经营性冷库多,加工性冷库少;普通型冷库多,专业型冷库少;基础型冷库多,高技术冷库少等方面。

冷库容量:据统计,目前我国冷库总容量为880多万吨,但很多冷库只限于肉类、鱼类的冷冻储藏,而且利用率不高。

由此可以看出,中国目前的冷链设施和冷链物流装备不足,原有设施设备陈旧,发展和分布不均衡,无法为易腐食品流通系统提供全面低温保障。这种现状造成了冷藏食品运输过程中浪费严重,物流成本占食品成本比重过大。

(2)冷链物流实现率

铁路方面:冷藏运量仅占易腐货物运量的25%,不到铁路货运总量的1%。根据专家的估计,如果中国铁路设施全部跟上,冷藏食品货物运量可以上升到铁路货运总量的40%。目前易腐货物在铁路冷藏运输中的平均损耗率为20%左右,每年造成的直接损失达50亿～60亿元。

公路方面:易腐保鲜食品的冷藏运输只占运输总量的20%,80%左右的水果、蔬菜、禽肉、水产品大多是用普通卡车运输。由于公路冷藏运输效率低,食品损耗高,整个物流费用占到食品成本的70%左右。按照国际标准,食品物流成本最高不能超过食品总成本的50%。在西方发达国家,公路冷藏运输在食品运输总量中要占到90%,恒温保证100%,否则会遭到拒收。据有关部门估算,全国每年果品腐损近1200万吨,蔬菜腐损1.3亿吨,按1元/千克计算,经济损失超过上千亿元。

从目前冷藏运输结构分析,我国现在公路冷藏运输量不到21%,铁路冷藏运输量占25%左右。在欧美等发达国家,公路冷藏运输占60%—80%,公路冷藏运输在食品运输总量中更是占90%以上。因此,随着我国高速公路和高等级公路的快速发展,必将使公路冷藏运输所占比例有一个飞速的提高。

(3)产业配套不全

易腐产品的时效性要求冷链各环节必须具有高度的组织协调性。然而,我国冷链产业的整体发展规划欠缺,影响了食品冷链的资源整合,供应链上下游之间缺乏配套协调。现存冷库结构的"六多六少"现象表明,我国冷库资源分布不均衡,食品冷链市场还未形成独立完善的运作体系。

(4)技术标准不完善

冷链是以保持低温环境为核心要求,以保证易腐产品品质为目的的供应链系统。所以它比一般常温物流的要求更高、更复杂,建设投资也要大很多,是一个庞大的系统工程,所需要的物流技术档次也高过一般常温物流。我国现行的冷链物流相关标准的制定均参照了国际标准,但因起步晚,仍有诸多标准国内尚属空白和不完善。与国际先进国家相比,我国的冷链物流技术体系仍存在诸多问题,主要反映在冷链技术基础设施薄弱、自动化程度不高、冷链物流标准研制及应用不完善,流通领域中的保鲜、包装技术亟待提高,冷链节能意识和节能方案不强等方面。

(5)食品冷链市场化程度低,第三方冷链介入很少

我国易腐食品除外贸出口的部分外,国内销售部分多由生产商和经销商物流配送完成,食品冷链的第三方物流发展十分滞后,服务网络和信息系统还不够健全,往往延长在运输途中的时间,导致食品品质降低,同时又增加了运输成本。

(6)食品冷链物流软件技术落后

食品冷链涉及的软件技术包括冷藏专业技术、信息技术(EDI、GPS、RFID)、物流技术(自动化、智能化ASN、VMI、CRF等)和组织技术(战略联盟)。目前,我国食品冷链中冷藏专业技术不完善,致使冷链成本居高不下;信息技术落后,没有建立起完善的冷链信息系统;物流技术落后,自动化、智能化水平低,导致效率不高;组织技术落后,没有建立起战略联盟,无法实现上下游企业互利共赢。

(7)完整独立的食品冷链体系尚未形成

美国、日国、德国等发达国家在运输过程中全部使用冷藏车或者冷藏箱,并配以EDI系统等先进的信息技术,采用铁路、公路、水路等多式联运,建立了包括生产、加工、储藏、运输、销售等在内的冷冻冷藏链,使新鲜物品的冷冻冷藏运输率及运输质量完好率都得到极大的提高。

与国外相比,中国的食品冷链还未形成体系,差距十分明显。我国农副产品流通量很大,每年的蔬菜产量达3亿吨,水果产量超过6000万吨,位居世界前列。然而因无法实现冷链流通,从农场到批发市场,新鲜果蔬通常未能做到预冷处理;在初级加工和分拣区没有低温制冷环境;加上储藏方式和消费方式原始,每年有8000万吨的果蔬腐烂;目前大约90%肉类、80%水产品、大量的牛奶和豆制品基本上还是在没有冷链保证的情况下运销,冷链发展的滞后在相当程度上影响着食品产业的发展。据统计,常温流通中果蔬损失20%～30%、粮油

15％、蛋15％、肉干耗3％，加上食品的运输及加工损耗，每年造成经济损失约上千亿元。冷冻食品产销冷链情况稍好，但由于部分产品流入集贸市场拆零散卖，冷链出现中断现象。

### 三、食品冷链的构成

食品冷链由冷冻加工、冷冻储藏、冷藏运输及配送、冷冻销售四个方面构成（如图3-6所示）。

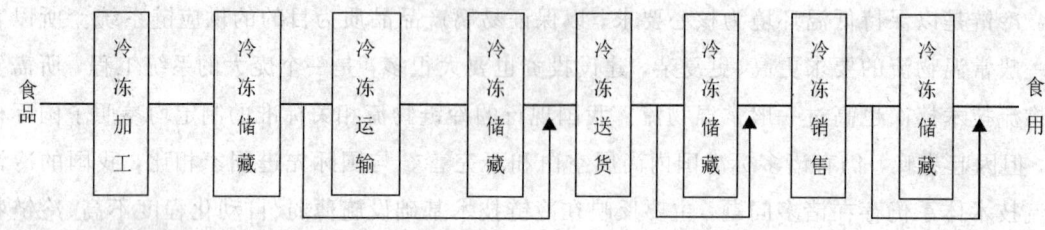

图3-6 食品冷藏链的构成

1.冷冻加工

包括肉禽类、鱼类和蛋类的冷却与冻结，以及在低温状态下的加工作业过程；也包括果蔬的预冷；各种速冻食品和奶制品的低温加工等。在这个环节上主要涉及的冷链装备有冷却、冻结装置和速冻装置。双汇集团引进的荷兰STORK屠宰与冷分割生产线，代表了世界一流技术水平，并率先引用三点式低压麻电、两段冷却排酸、冷分割加工、同步检验等工艺，通过对屠宰后的胴体进行快速冷却、两段排酸，并在低温环境下进行精细分割加工，一头猪能分割出200多个产品。

2.冷冻储藏

包括食品的冷却储藏和冻结储藏，以及水果蔬菜等食品的气调储藏。在此环节主要涉及各类冷藏库、加工间、冷藏柜、冻结柜及家用冰箱等。

3.冷藏运输

包括在低温状态下的食品中、长途运输及短途配送等物流环节。它主要涉及铁路冷藏车、冷藏汽车、冷藏船、冷藏集装箱等低温运输工具。在冷藏运输过程中，温度波动是引起食品品质下降的主要原因之一，所以运输工具应具有良好性能，在保持规定低温的同时，更要保持稳定的温度，远途运输尤其重要。例如双汇配备了700多台冷藏运输车辆，保证优质的冷鲜肉很顺畅地配送到各连锁店及各销售网点。车辆在使用前必须清洗干净并消毒。每辆冷鲜肉配送车都装有温度监控仪，通过与计算机联机，全过程监控温度变化，有效地保证了运输过程中的冷链不中断。

4.冷冻销售

包括各种冷链食品进入批发零售环节的冷冻储藏和销售，由生产厂家、批发商和零售商共同完成。随着经济的快速发展，各种连锁超市正在成为冷链食品的主要销售渠道。在这些零售终端中，大量使用了冷藏/冻陈列柜和储藏库，由此逐渐成为完整的食品冷链中不可或缺的重要环节。

对于水果蔬菜等农产品来说,冷链物流应包括采后处理、气调储藏、气调或冷藏运输与配送、冷藏销售和最终消费等环节。

目前,国际上最典型的农产品冷链物流是美国的蔬菜物流,蔬菜从采收到进入终端始终处于所需的生理低温条件,形成一条田间采后预冷—气调冷藏—冷藏运输—冷藏批发—超市冷柜—消费者冰箱的冷链。

### 四、食品冷链的链式结构

#### (一)冷链的普通链式结构

根据冷链的定义和一般运作过程,可以构建出一条一般冷链的链式结构模型:

**图 3-7 一般冷链的链式结构模型**

从图3-7知道,普通冷链链式结构一般由以下几个环节组成:

1. 原材料的获取及冷却

这是冷链的第一个环节。该环节的质量高低很大程度上决定了整个冷链的质量。低温储藏可以有效地保持食品原料的新鲜度。但低温储藏的前提是新鲜,如果产品在储藏之前没有经过任何处理,即使立即进行低温处藏也是毫无意义的。及时、快速地对原材料进行冷却和保鲜对于确保产品从加工到销售各环节的原有品质具有非常重要的意义。

2. 冷藏加工环节

包括肉禽类、果蔬等的预冷和各类速冻食品的加工等。加工过程中要对温度进行有效控制是不容易的,但是该环节却是整个冷链中必不可少的一个环节。如冷鲜肉的生产,要求将牲畜宰杀后的胴体迅速进行冷却处理,使其温度在24小时内降到0~4℃,并在后续的加工、流通和分销过程中始终保持0~4℃的冷藏范围。因此,对于这个环节的温度控制非常重要。通常在这个过程中会涉及各类冷藏加工设备、冷藏柜以及最终消费者所使用的冰箱等。

3. 冷冻、冷藏环节

食品易腐败的原因主要有两个:第一,食品本身所含有的酶以及周围环境的因素容易导致其自身发生物理变化及化学变化;第二,食品中附带的微生物或周围环境中的微生物的繁殖和代谢导致食品腐烂和变质。针对这两个主要原因,目前的保鲜储藏技术主要可以分为四类:气调储藏技术、冰温储藏技术、减压储藏技术和MAP储藏技术。通过这些冷藏技术,可以有效地抑制微生物的生长繁殖和酶的生化反应,从而防止食品的劣变。

4. 冷藏销售环节

从配送中心出来之后,产品进入了批发零售环节,一般在各零售柜台上进行销售。这是由生产商、批发商和零售商共同来完成的。随着城市的快速发展，各种连锁超市成为了冷链产品的主要销售渠道。在这种冷链的销售终端，冷藏库、冷冻陈列柜以及储藏库成为了整个冷链中越来越重要的不可缺少的一个重要环节。

5. 冷藏运输环节

这个环节的最大特点就是贯穿了整个冷链的始终，衔接了冷链不同环节，将其他环节串联起来形成一个完整的冷链物流。冷链运输有多种形式，如公路冷藏运输、铁路冷藏运输、水路冷藏运输和航空冷藏运输等，用到的运输工具主要有冷藏车、冷藏集装箱以及其他的保温运输工具。在冷藏运输环节中，温度的波动极易造成产品质量的下降。因此，一条效果较好的冷链对于运输工具的要求很高，必须具有良好的性能，不仅要保持在规定的温度，而且不能有大的温度波动，长距离的运输要求更高。

### (二)冷链的特殊链式结构

食品种类繁多，不同的食品要求储藏的温度、湿度等条件均不相同，冷链结构也有所不同。

1. 奶制品冷链

奶制品对于冷链技术要求比较高，目前国外发达国家在奶制品冷链方面已发展得较为成熟，巴氏奶占据了95%的鲜奶市场。与之相比，我国奶制品冷链的发展还有很多不足，需要吸收借鉴国外的先进经验。巴氏奶冷链要求从源奶的取得到奶站集中检测、杀菌、加工直至最终的消费，在生产、运输、销售和存储的全过程中，都将牛奶温度控制在0℃～4℃范围内，以此来保持牛奶的新鲜口味和营养价值。

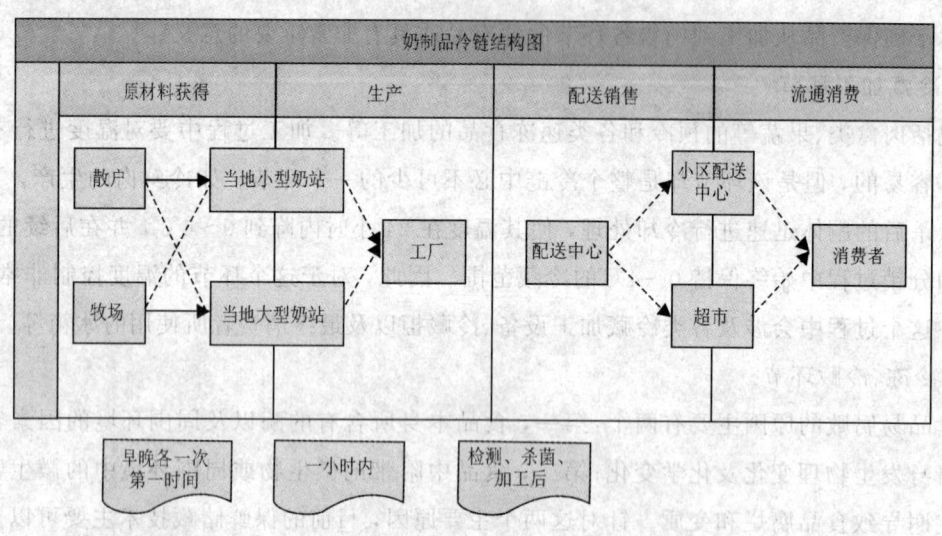

图3-8 奶制品冷链的流程结构图

2. 水果蔬菜冷链

近年来，我国果蔬业发展迅速，果蔬年产量达3亿吨，其中水果产量达6000万吨，位居世界前列。但是我国果蔬损耗率为25%～30%，每年因果蔬腐烂而造成的经济损失高达800

亿元左右。与此形成鲜明对比的是发达国家的农产品因为采用了先进的保鲜储藏技术,甚至已经形成了完整的冷链系统,损失率仅为1.7%至5%。

果蔬冷链是一项系统工程,要求水果蔬菜从采摘后至销售末端中的各个环节都在适度的温度条件下进行,以形成完整的冷链。果蔬冷链的一般步骤为:田间采摘—真空预冷—分选清洗—杀菌消毒—分级包装。通过这些步骤以形成田间采摘—冷藏运输—冷藏批发—生鲜超市冷藏销售—最终消费者这样一条完整的冷链。在这个过程中,要求加工处理及时到位,才能保证果蔬的质量,维持其最佳品质,延长储藏期。

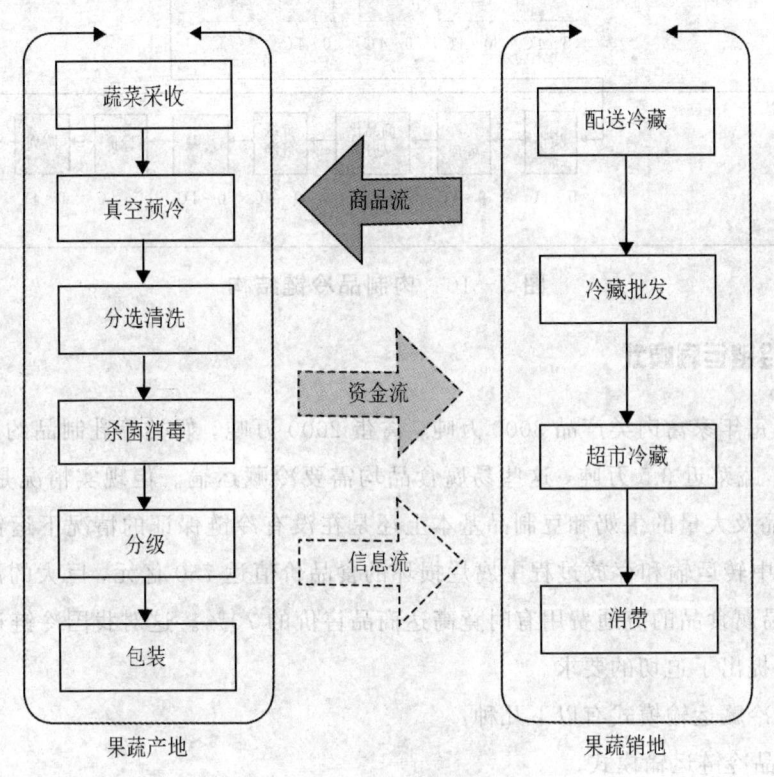

图3-9 果蔬冷链结构图

### 3.冷冻肉冷链

随着人们对食品安全要求的进一步提高,由于冷却肉具有安全卫生、肉嫩味美、便于切割等特点,必将成为人们对于肉类消费的主体。冷却肉是在生产销售的过程中,采取低温冷却、低温加工、低温配送、低温流通和定量包装的手段,特别是在冷藏中温度需要始终保持在0℃～4℃,所以新鲜、卫生。牲畜进行屠宰后在18～24小时内对初期的胴体进行充分冷却,之后进行排酸处理、分割剔骨、包装、冷藏、运输送至配送中心,通过验收后进行保鲜处理、商品化处理以及分级包装,直至最后冷藏、标价、陈列和销售,每个环节对于温度和时间都有严格的要求,整个过程的时间应控制在两天内。

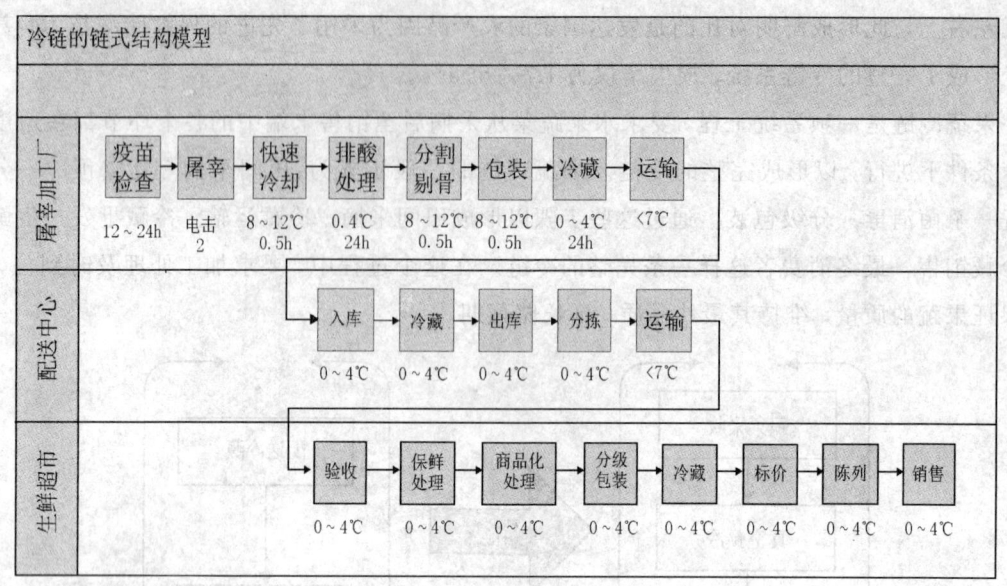

图 3-10 肉制品冷链结构

**五、食品冷链运输模式**

目前我国每年家禽肉类产品 3000 万吨，禽蛋 2000 万吨，奶类等乳制品约 600 万吨，水果 6100 万吨，蔬菜近 3.5 万吨，这些易腐食品均需要冷藏运输。但现实情况是大约 90% 肉类、80% 水产品及大量的牛奶和豆制品基本上还是在没有冷链保证的情况下运销。由于保鲜技术落后，在中转运输和存放过程中腐烂损坏的食品价值达 750 亿元，巨大的浪费导致新鲜的水果蔬菜、易腐食品的流通费用有时竟高达商品售价的 70%。这对我国冷链运输模式的研究开发和推广提出了迫切的要求。

目前食品冷藏运输模式有以下几种：

1. 推式食品冷链运输模式

在冷链环境有待规范的条件下，为了能保证食品质量安全，食品加工企业自行承担着商品运输，缺乏外包的意愿。即使外包也是部分区域短途配送，而且对技术和质量的要求比较高。为了共同降低冷藏链运营成本，以食品生产企业为核心，整个食品供应链成员结成联盟，以合作竞争的发展战略共同提高竞争优势，特别是形成以食品生产企业联盟为核心的冷链体系。

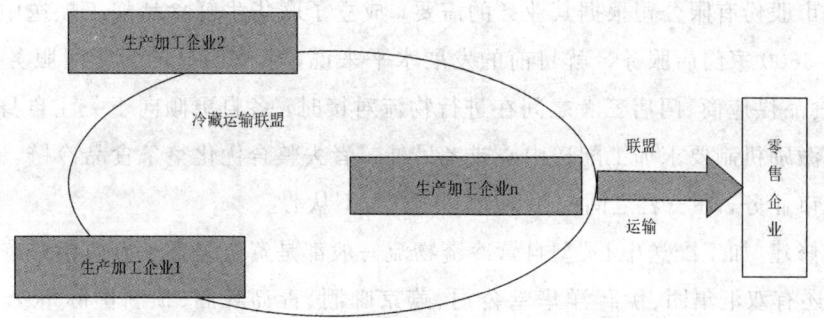

图 3—11　推式食品冷链运输模式

由于有竞争关系的存在，合作联盟企业主要是速冻食品企业、冷饮企业、乳品企业等不同领域的企业。随着规模的扩大，可以逐步扩展到同行企业。由生产加工企业联盟建立的推式食品冷链运输模式见图 3—11。

这种冷链运输模式的应用可以进一步整合和优化生产加工企业拥有的仓储和配送冷藏资源，并加大社会资源的整合力度，形成一个风险和利益共担的利益联盟，建立一个科学的稳定的食品冷链。

2.拉式食品冷链运输模式

随着零售企业市场地位的提升，以零售业为核心的冷藏链也将逐步形成和发展，零售企业建立联盟共同开展食品冷藏配送业务。虽然这些零售企业处于同一个竞争环境中，但在共同利益的驱使下，处于一定的辐射半径内的连锁超市和卖场等零售企业合作建立食品冷藏运输联盟(见图 3—12)。通过这种冷藏运输联盟，可以持续优化零售业的冷藏资源和社会资源，提高资源利用率，降低了联盟成员的物流成本。

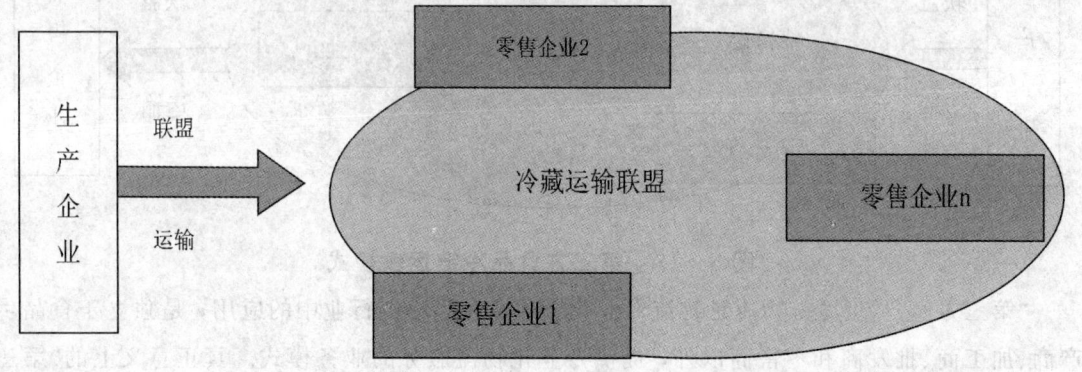

图 3—12　拉式食品冷链运输模式

由于零售企业更加密切联系着市场，对市场需求的把握更加准确，冷藏运输联盟形式能够快速地对市场需求做出反应，并且联盟也将随着零售企业的扩大逐步壮大，从一个区域的冷藏配送网络向外辐射，形成一个专业化的具有竞争优势的食品冷链。

联华超市股份有限公司根据其业务的需要,成立了联华生鲜食品加工配送中心,主要为联华集团的3609家门店服务。就目前的发展水平来说,带有明显的为集团服务性质。加工配送中心、食品供应商、门店三者之间在进行物流对接时,各自更倾向于关注自身业务,并没有一个好的激励机制要求加工配送中心或者另外二者去整合优化整条食品冷链,而集团公司主营连锁超市业务,在三者之间的协调上也毕竟力不从心。

像这种修建"加工配送中心"型自营冷链物流一般都是资金等各个方面相对有实力的集团公司,比如还有双汇集团、伊藤洋华堂公司、燕京啤酒、青岛啤酒、顶新国际等。目前国内的"各自为政"型自营冷链物流更多情况是自己配备一些冷藏运输车、修建一些冷藏仓库的简单形式。

3.第三方食品冷链运输模式

无论推式还是拉式冷藏链,对社会资源的整合力度相对较弱。随着竞争的加剧和市场环境的优化,生产加工企业和零售企业的冷链资源将逐渐向第三方冷藏运输服务公司集聚,形成第三方冷藏物流公司。

第三方是相对于第一方供应方和第二方需求方而言的。国家标准《物流术语》(GB/T 18354—2001)中给出了第三方物流的概念:"第三方物流是指由供方与需方以外的物流企业提供物流服务的业务模式。"从概念上来说,第三方物流源自于管理学中的"外包"。从经济社会发展实质上来说,第三方物流是社会分工的结果,是随物流业发展而发展的物流专业化的重要形式。

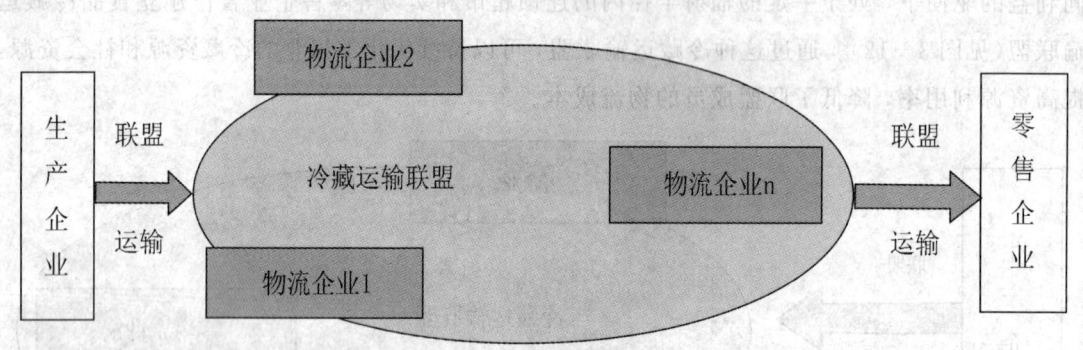

图3—13 第三方食品冷链运输模式

"第三方经营"型冷链物流是物流专业化形式在食品冷链行业中的应用,是独立于食品生产商、加工商、批发商和零售商以外,提供专业化物流服务的业务模式。真正意义上的"第三方经营"型冷链物流企业,不仅能够提供冷藏运输、冷藏仓储、冷藏加工等,更重要的是为冷链物流需求方提供高效率和完备的冷链物流解决方案,能实现冷链物流的全程监控,具有整合冷链食品供应链的能力。

在第三方冷藏物流公司形成过程中,具有核心地位的公司将成为冷藏链的核心,逐渐集聚和整合专业化的第三方冷藏资源,建立一个具有竞争优势的第三方食品冷藏运输模式(见

图3-13)。此模式中社会资源的利用率会进一步提高。

北京夏晖食品有限公司是麦当劳的第三方物流公司,不仅为麦当劳提供了高效率和完备冷链物流解决方案,并实现了冷链物流的全程监控,是真正意义上的第三方冷链物流型企业。目前国内以第三方冷链物流定位新成立的企业中,基本都是原来以食品运输、仓储、批发或代理为主的公司转型而成的,提供冷链物流服务的一些基本功能,还没有在食品供应链体系中综合考虑食品安全管理和全程质量控制问题,还不能提供高效率和完备的冷链物流解决方案。

从需求方角度来讲,一些食品制造商或零售商已开始尝试寻求第三方冷链物流企业合作,并已从中受益。上海太太乐食品有限公司是中国著名的调味品食品企业之一,其食品物流业务就外包给了第三方。据公司物流部部长杨培义介绍:"自营物流时,太太乐的销售额3亿元,物流部有60个人,物流外包后,我们现在的销售额13亿元,物流部40个人就够了。"

## 本章小结

本章介绍了物流系统的概念、特点、功能、构成要素及模式,重点阐述了食品物流系统的概念、目标和功能要素;介绍了食品供应链的概念、种类,分析了国内外食品供应链管理现状及中国食品供应链管理中存在的问题,特别介绍了食品冷链的概念、特点、温度要求及控制,国内外食品冷链物流的发展概况、冷链物流的构成及冷链运输模式。

## 复习思考题

**一、名词解释**

1.物流系统 2.食品供应链 3.食品配送 4.食品冷链

**二、填空题**

1.物流系统是由( )要素、( )要素和( )要素构成的。

2.物流系统的基本功能是( )、( )、( )、( )、( )、( )。

3.国外食品供应链可以分为( )、( )、( )和( )四种。

4.食品冷链所适用的食品范围包括( )和( )。

5.食品冷链的特点是( )、( )和( )。

6.食品冷链的温度要求遵循( )原则,其实现条件可归纳为( )、( )和( )。

7.根据不同食物对冷藏温度的要求,食品冷链大致可以分为( )、( )、( )和( )四类。

8.食品冷链由( )、( )、( )和( )四部分构成。

9.目前食品冷藏运输模式有( )、( )、( )三种。

## 三、简答题

1. 阐述食品物流系统的功能要素并分析其与一般物流系统功能要素的区别。
2. 简述食品供应链的分类。
3. 食品冷链的特点及温度实现条件有哪些？
4. 简述食品冷链运输模式

## 案例分析

### 案例4 双汇：供应链管理带来高速发展

双汇集团是以肉类加工为主的跨行业、跨地区、跨国经营的特大型食品集团，是中国最大的肉类加工基地。资产总值70多亿元，员工4万多人，在全国十多个省、市建有二十多家现代化的肉类加工基地，年屠宰生猪能力1500万头、年销售冷鲜肉及肉制品200多万吨，是中国最大的肉类加工基地。

随着企业规模逐渐扩大，问题也开始逐步显现。2001年之前，在整个双汇集团，已达到了集团内各企业内部之间的信息共享，但是在各个企业之间，尤其是上游的供货商、生产厂商、仓储、运输下游的专卖店和销售分公司之间却还没有实现信息实时交换。信息传递仍然依靠电话、E-mail和传真，然后再人工整理。由于人工统计信息无法支持总部及时准确汇总、计算各地需求信息，从而不能高效地处理订单，不能完成集团统一采购，统一组织生产，统一物流配送和统一组织销售的目标，就不可能从整体上来控制采购、生产、仓储、运输、配送、销售等物流环节的效率和成本。最终可能引起成本上升、利润下降，随着市场的波动会产生周期性的缺货、退货和库存积压，进而导致市场的逐渐流失。

双汇软件的研发人员经过在双汇集团的实地考察，先后在双汇上了生产管理信息系统、总经理查询系统、生猪屠宰生产线实时质量监控系统等，建立了一套上自采购源头、下至零售终端的完整供应链管理系统以支撑其冷鲜肉的运营。这套系统的关键在于实现整个供应链上需求、库存与生产计划的平衡。借助于这套系统，双汇集团不仅实现了72小时订单化生产，而且大大减少了无效库存。另外，利用信息系统对历史数据进行分析，预测未来的销售走势，对需求和库存计划给出指导或进行评估，双汇做到了更好地控制库存。

在信息化实施之前，双汇集团配送中心76个人管理60家连锁店，出错率在13%左右，而实施后是4个人管理200家连锁店，出错率在1%以下。2002年6月与去年同期相比，月销售额增加5.8%，毛利率增加3.7%，而货仓费用减少6.4%，存货量减少15.1%。最重要的是原来双汇的管理模式支撑60家连锁店已经喘不过气来了，而信息化之后的双汇集团连锁店不仅遍布全国各地大小城市，而且还要扩展到乡村市场。

如今在双汇任意一家连锁店里面，系统会自动、实时采集POS机收据，自动生成配货单、报表等;而集团总部则可以及时了解到各店的实时库存,并根据库存由系统自动生成订单,从而制订出符合市场需求的生产计划,并可以通过大宗采购、统一配送来降低采购和流通成本,并从源头上控制了一些以前经常发生的财务问题。这种信息传递和自动匹配的过程也正好形成了一个以客户为中心,决策迅速透明的扁平化管理模式。如果不是借助这样一条信息化通道,在这样大的跨地区、跨行业、跨地域的企业集团中,实现这种扁平化的管理模式简直是不可能的。这就是集团供应链管理系统与商业连锁管理系统、连锁店 POS/MIS 系统、集团财务管理系统等结合的综合效果。

**通过以上案例分析:**

1. 什么是食品供应链管理?
2. 信息技术在食品供应链管理中所起的作用。

### 案例5 乳制品的冷链物流

在乳制品行业的整体供应链中,乳制品生产企业扮演着主要角色。乳制品的种类不同、温控需求不同、保质期不同,决定了乳制品生产企业对整体供应链的控制程度。一般来说,乳制品的保质期越短,企业对全程物流的控制度越强,比如生鲜牛奶。20世纪90年代初,光明乳业从国外引进生鲜奶的全程保鲜概念。

在乳制品从奶牛到消费者的过程中,乳制品冷链物流相对应的控制过程如下:

(1)奶源选择:更多考虑奶牛的品种、饲料、养殖环境、防疫等,从源头保证奶的品质。

(2)挤奶设备挤完奶后,应立即通过保温管路将鲜奶传到急速预冷容器中进行急速降温,并在最短时间内将鲜奶温度降至4℃左右,同时在最短时间内将已降温的鲜奶通过保温管路传到专业冷藏奶车的储奶罐中。

(3)专业冷藏奶车的储奶罐在整个运输过程中应始终保持0~4℃,直至送达工厂,并将鲜奶通过保温管路传到工厂冷藏储奶罐。

(4)乳制品加工厂在乳制品生产过程中,应始终保持鲜奶在有冷链控制的环境中,即使在有人员作业的场所,工作环境的温度也不应过高,一般保持在12℃以下而鲜奶则在低温容器中进行加工,产成品依据不同的温度需要进入冷藏(0-4℃)或冷冻(-18℃以下)存储。存储区域的码头与外界冷藏冷冻车、箱的衔接,需要是气密的及低温的,并在此环境中进行乳制品传递。如图3-14所示。

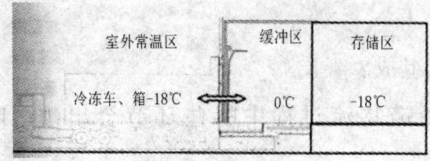

**图3-14 乳制品从储存至出库的冷链控制**

(5)冷藏或冷冻运输环节中有两个重要冷链控制点:一是车辆接收乳制品装入前需将车厢内温度先降至乳制品要求的储存温度,并在气密及低温的环境中接货;在卸下乳制品时,需在乳制品卸完后方可停止车箱体的制冷系统,并在气密及低温环境中卸货。二是车辆在整个运输过程中均应使车厢内保持需求温度,不能中途回温。

正确的封闭式码头的乳制品交接方式,能保证乳制品在气密及低温环境中交接;开放式码头,乳制品会因人工卸货及往库内搬运的过程而在常温环境中停留1~2个小时以上。这在国内许多企业的冷链体系中是典型的"断链"环节。

(6)冷链物流中心的规划设计,应以未来所需处理乳制品的种类、存量与流量水平为基础,并依据各类乳制品的温度、湿度要求进行规划建设。

需要明确的是,冷链物流中心不是冷库。目前国内大多数定位于冷链物流中心的企业还停留在冷库阶段,许多新建的冷链物流中心还只是在建"冷库"。这些在建设前未进行充分的数据分析、合理的目标定位及需求分析、进行既定目标下的工艺规划设计,建成后的结果是发现内部物流动线不合理、码头装卸货时间长、造成码头拥堵、货进不来也出不去,物流效率低下、冷藏乳制品及冷冻乳制品出现回温现象、乳制品保质期减短或是提前变质等一系列的问题。

(7)低温销售环节是每个消费者均能看得到的环节。不同的奶制品根据其储存温度的不同而储存在不同冷藏柜中,供消费者选购。定期检查冷藏柜的温度,保证奶制品在销售给消费者前一直处于适宜的温度条件下。

从以上乳制品冷链的基本流程中可以看出,乳制品行业的"冷链"是由以下几个方面关键点的紧密衔接而得到保障的:冷藏、冷冻存储——各种不同功能用途的冷库、冷藏容器;冷藏、冷冻运输设施——各种型号冷藏、冷冻车辆;恒温作业区也是一个经常被忽视的冷链保障环节;冷藏、冷冻展示柜——零售环节售卖过程中的冷链保障,如冷藏箱、蓄冷柜、冷藏包、蓄冷板等辅助冷链保障设备;全程冷链信息系统追踪体系建设。

乳制品行业供应链体系的"全程"冷链保障系统是否能够完善建设,取决于冷链物流硬件体系建设、物流营运信息系统建设、全程冷链追踪信息系统建设、现代物流管理体系建设的全面发展。同时还取决于乳制品行业的全程冷链物流的管理流程建设,包括:各作业环节的标准作业流程(SOP)的建立、商品及包装的标准化、存储单元的标准化、搬运及装卸过程的标准化、运输过程的标准化,这是保证乳制品冷链物流体系顺畅运行的软性管理环境。

**通过以上案例分析:**

(1)什么是食品冷链?

(2)食品冷链有哪些环节组成?

(3)试分析易腐食品的冷链物流过程中哪些环节会出现"断链"现象?如何做到全程冷链?

# 第四章 食品安全采购与库存控制

**【知识目标】**

掌握食品采购的概念、特点、采购的模式和采购流程，了解食品采购过程中容易出现的问题、食品行业采购流程特点及内部控制难点，掌握食品安全采购的措施、食品安全采购的控制方法；掌握库存的概念、作用、产生的原因及食品库存控制策略。

**【技能目标】**

通过本章学习，在了解食品采购特点、模式及已出现问题的基础上，能够选择合适的食品采购模式；在采购的过程中，能够选择合适的食品及其原料供应商，并能对其进行持续的考核、评估；能够对食品采购进行控制，从而控制合理的食品库存，降低食品库存和采购成本，保障食品安全。

采购成本是企业成本控制中的主体和核心部分。对于典型的制造型企业来说，采购成本（包括原材料和零部件）要占产品总成本的60%，例如汽车行业的采购成本约占一辆车成本的80%。可见采购成本直接影响着企业最终产品的定价和企业的利润，良好的采购将直接增加企业的利润和价值，有利于企业在市场竞争中赢得优势。

同时，合理采购对提高企业竞争能力、降低经营风险也具有极其重要的作用。一方面，科学的采购不仅能降低产品生产成本，而且也是产品质量的保证；另一方面，合理采购能保证经营资金的合理使用和控制,从而以有限的资金有效开展企业的经营活动。

在食品流通领域,由于食品具有保质期和安全性等特殊性,食品的采购管理趋于复杂化,降低食品及原料的采购成本和提高采购的安全性成为一对难以化解的矛盾。对于生产企业,原料的质量决定产品的质量;对于零售企业,采购的食品直接面临消费者。食品采购环节作为销售市场的一个重要入口,不仅决定了食品进入零售业的时间、地点、价格和质量,而且决定了食品的安全性。因此,通过建立健全规范的食品采购制度,才能在一定程度上约束食品生产企业生产出合格的高质量的产品,才能使不合格食品被挡在流通市场之外。所以,食品采购是保障食品安全的关键控制点。

## 第一节 食品采购概述

### 一、采购及食品采购

1.采购

采购是企业向供应商获取商品或服务的一种商业行为,企业生产经营活动所需要的物资绝大部分通过采购获得,采购是企业物流管理的起点。采购管理的目标就是以正确的价格,在正确的时间,从正确的供应商处购买到正确数量和质量的商品或服务。

采购供应物流是为生产企业提供原材料、零部件和其他物品时,物品在提供者和需求者之间的实体流动。

2.食品采购

对于食品生产企业来说,食品采购是指食品加工所需要的原材料、辅助配料、包装物等物资的采购;对于经营食品的商业企业来说,食品采购是指食品交易活动中从买方角度出发的交易行为中所发生的食品商品采购。

无论是食品生产企业还是经营食品的商业企业,大部分流动资金是被用作购进食品原料、半成品或成品等。因此食品及其原料采购的严格管理及合理的库存控制,对于企业的成本降低有很重要的影响。尤其是食品的特殊性,即无论是原料、半成品还是成品都具有营养性、易腐性和保质期。因此对于食品生产企业和经营食品的零售企业来说,食品及其原材料采购的控制对于食品安全性更具有深远的意义。

3.食品采购的特点

了解食品采购的特点,首先要了解食品的特点。与一般商品相比,食品具有以下特点:

(1)保质期的要求,易变质腐败,耗损大大高于一般商品。在高温季节,超市水果耗损一般是 3%~5%,蔬菜耗损为 5%~7%,肉类耗损也达到 3%。

(2)价格波动大,批零差价大,多数生鲜食品一天一个价。很多商品的价格变动幅度全年能达到10%以上。

(3)许多食品的季节性强,在生产、销售、价格上都表现出明显的季节性。

(4)生鲜食品多为初级农产品,其质量目前还主要依靠感官鉴定,缺乏统一的质量标准,造成生鲜食品在质量分级定价上困难。

食品采购的特点:

(1)采购的复杂性和不确定性:由于食品价格波动较大,造成了采购人员市场比价的困难,同时也增加了对采购人员控制的难度;食品尤其生鲜食品质量及原料难以标准化,造成采购部门对厂家的产品质量对比和控制的困难,同样也给采购人员降低质量以谋取私利留下空间;由于季节性强,加上农产品依赖自然环境所造成的产量的不确定性,都造成了食品及其原料采购的数量和品种的预测困难。以上三个原因造成了食品采购的不确定性和复杂性。

(2)风险性高:生鲜食品尤其是生鲜果蔬,经营成本高、耗损大、操作复杂,如果采购管理不慎,就有可能使超市因经营生鲜食品而出现亏损或加大亏损。这也是很多超市想经营生鲜食品,却又不敢贸然进入的一个原因。

(3)规模性低:由于食品保质期短,有的生鲜食品仅有1~2天,再加上很多超市没有形成规模经营,使得生鲜食品的采购半径缩短。许多超市特别是跨地区经营的超市门店自行采购商品,降低了连锁经营在统一集中采购上所能获得的规模效益。

4.食品采购过程中易出现的问题

(1)食品采购人员业务不熟。作为食品的采购人员,应该熟知食品及其原料在种植养殖、生产加工、包装等环节为保证食品质量所实施的各项质量认证体系,如HACCP、GMP等;熟悉各种食品及其原料的质量要求和能感官鉴别其质量;在采购过程中,熟知并严格遵守采购规定和采购流程。

(2)选择供应商时考核不严,合作过程中监管力度不够,从而导致问题食品流入市场。美国、欧盟已立法强制性要求食品生产企业建立和实施HACCP体系,日本、加拿大、澳大利亚等国家食品卫生当局也已开始要求本国食品企业建立和实施HACCP体系。在沃尔玛负责食品安全的防损部对供应商进行审核有全球统一的标准,一般是优秀供应商两年复审一次,合格供应商一年复审一次,有条件合格的供应商半年复审一次。先过了防损部的检验之后,采购部才能和供应商签协议。所有负责食品的采购员都必须经过食品安全管理的培训,在选择食品供应商时,食品安全是供应商与沃尔玛合作的最低要求。

## 二、食品采购的模式

1.按采购的集中程度分类

(1)分散采购(门店采购)

是指企业将采购权分散到各个分支机构(包括分公司、分厂、零售分店等),由各分支机构在核定的资金金额范围内,直接向供应商采购食品。如各零售分店经营的生鲜食品。

分散采购的优势:具有相当的弹性,较强的市场针对性;价格由分店自定,机动性强,有较好的经营主动权;较能符合消费者的需求。缺点是较难发挥大量采购、以量压价的优势;利润很难控制;无法塑造集团连锁经营的统一形象。

由零售分店自行分散采购的模式,多适用于分店之间空间距离分布较广的连锁企业,并且适合于保质期相对较短的生鲜食品,如蔬菜中的叶菜、鲜活水产品等。

(2)集中采购(总部采购)

是指企业设有专门的采购机构和专职采购人员统一负责企业的食品采购工作,企业所属的各分支机构只负责食品的销售。

集中采购比较适合物流一体化的建设。集中统一的食品采购是实现规范化经营的前提和关键。只有实行统一采购,才能真正做到统一陈列、统一配送、统一促销策划、统一核算、才能真正发挥企业的集体效益,尤其是经营食品的连锁超市的优势。但这种采购模式的缺点是,门店工作弹性小,较难满足消费者的需求;采购工作和销售工作较易脱节。

集中采购的优势:①有利于提高企业与供应商谈判议价的能力。例如,2004年我国武钢、唐钢等大型钢铁企业联手与全球最大的多种资源矿业公司达成合作意向,成立合营企业并通过该公司在25年内每年向这几家钢铁企业提供约1200万吨铁矿砂。据估计协议采购价格约25美元/吨,到岸价约为59美元/吨。这同当时120美元/吨的澳矿到岸价相比,采购成本降低逾五成以上,极大地降低了企业的生产成本。

②集中采购有利于降低食品采购成本(低价+低的运输成本)。采购成本是企业成本控制中的主体和核心部分。

③有利于规范企业的采购行为。

总部采购是连锁超市中非食品以及干杂食品的最常用的采购方法。在生鲜食品上,它较多地运用于门店较为集中的企业,特别是局限在某一城市的连锁企业。在品种上,它比较适宜保质期较长的品种,如冻肉、冷冻水产品等。

2.按采购的渠道分类

(1)当地采购

当地采购的生鲜商品主要适用于不适合远途运输的生鲜商品,采购渠道又可分为农产品批发市场和城市周围农产品生产基地。生鲜商品的品类包括蔬菜中的叶菜类;按照政府规定必须从当地肉联厂采购的鲜肉类产品;淡水养殖的鲜活水产品,部分副食产品(豆腐和豆制品,以及当地制作的新鲜糕点和熟食制品等);各种半成品凉菜和切配菜等。麦当劳就是采用本土化的采购模式,对于缩短采购周期和降低采购成本具有极大的优势。麦当劳在中国的原材料采购额每年高达10亿元人民币,97%的原材料都是本土采购。

(2)跨地区产地采购

跨地区产地采购的生鲜食品主要是可以在一定时间和距离内远途调运,或者经过保鲜加工处理的生鲜食品，包括具有耐储存、大批量大宗菜(大白菜、洋葱、土豆和冬瓜等)；部分果实类水果(柑橘、苹果、香蕉和箱装水果等)；冷冻水产品；干鲜产品和保鲜封装的加工制成品。

目前，超市生鲜区的经营品种很大程度上是依靠当地的采购货源渠道，其主要原因：一是由于大量非标准化的生鲜商品因保鲜问题，不适于远途贩运；二是超市生鲜区的销售流量无法支撑批量采购。所以，现在同一地区的超市生鲜经营经常会出现商品雷同化的现象，超市生鲜经营的特色未能得到发挥。

真正能形成品种、价格和新鲜度等渠道优势的还是产地采购，包括城市周围农产品生产基地和跨地区的产地采购。这种采购渠道优势的发挥会使超市生鲜经营更加生动，运作空间更加宽阔，例如联华超市的跨地区采购战略就使其差异化经营策略得以充分展示。但生鲜采购渠道优势的发挥程度是与连锁超市生鲜经营规模(销售量)和生鲜供应链中配送体系的完善程度密切相关的。相信随着农产品保鲜运输问题的逐步解决和超市区域性连锁规模的扩大，跨地区采购的品种和数量将会不断增加，超市生鲜经营也会越来越丰富多彩。

3.按照采购方法分类

(1)传统的采购

传统采购是企业一种常规的业务活动。企业根据生产需要，首先在月末、季末或年末，企业各个分支机构报下个单位周期的采购申请单，包括需采购食品的品种和数量，编制需要采购物资的申请计划。然后由物资采购供应部门汇总成企业物资计划采购表，报经主管领导审批后，组织具体实施；最后，所需物资采购回来后验收入库，组织供应，以满足企业生产的需要。传统采购存在市场信息不灵、库存量大、资金占用多、库存风险大的不足，经常可能出现供不应求，影响企业生产经营活动正常进行，或者库存积压、成本居高不下，影响企业的经济效益。

这种采购是以各个分支机构的采购申请单为依据，以填充库存为目的，属于库存采购。

传统的采购模式中，物流采购和物料管理为一体，由一个职能部门来完成，缺乏必要的监督和控制机制。采购业务流程中信息共享程度很弱，采购大多是通过电话来完成，没有必要的文字信息记录，业务的可追溯性差。

(2)科学的采购

①订货点采购

订货点法是一种使库存量不低于安全库存的库存补充方法，又称订购点法，始于20世纪30年代。订货点法指的是：对于某种物料或产品，由于生产或销售的原因而逐渐减少，当库存量降低到某一预先设定的点时，即开始发出订货单(采购单或加工单)来补充库存，直至库存量降低到安全库存时，发出的订单所订购的物料(产品)刚好到达仓库，补充前一时期的消耗。发出订货时的库存量即称为订货点。订货点也就是订货的启动控制点，是仓库发出订货的时机。

这种方法适合于稳定消耗独立、连续的需求，提前期已知且固定。

②准时制采购

准时制采购也称为JIT采购法,是一种先进的采购模式,是一种管理哲学。它的基本思想是:在恰当的时间、恰当的地点、以恰当的数量、恰当的质量提供恰当的物品。它是从准时制生产发展而来的,是为了消除库存和不必要的浪费而进行持续性改进。要进行准时化生产必须有准时的供应,因此准时化采购是准时化生产管理模式的必然要求。

JIT采购的特点:合理选择供应商,并与之建立战略合作伙伴关系,要求供应商进入食品企业的生产过程;小批量采购;实现零库存或少库存;交货准时,包装标准;信息共享;重视教育与培训;严格质量控制,产品国际认证。

实施JIT采购的优点在于:大幅度减少库存;提高采购产品的质量;降低采购原料的价格;节约资源,增强企业的适应能力。

供应链管理下的JIT采购方式和传统采购方式的区别:

首先,是JIT采购选择较少的供应商。传统采购模式一般是多头采购,供应商的数目较多,企业与供应商的关系是通过质量和价格的综合竞争而选择的短期合作关系。从理论上讲,单供应源比多供应源好,一方面,供应商管理比较方便,也有利于降低采购成本;另一方面,有利于供需方之间建立长期的稳定的合作关系,质量上比较有保证。但是采用单一的供应源也有风险,比如,若供应商因意外原因导致供货中断,将使供应链的后续活动受到影响。

其次,二者对交货准时性的要求不同。准时采购的一个重要特点是要求交货准时,这是精细供应链生产运作的前提条件。准时交货取决于供应商的生产与运输条件。对供应商来说,要使交货准时,可以从两个方面入手:一是要不断改进企业的生产条件,提高生产的可靠性和稳定性;二是要加强运输的控制。

再次,对于信息共享的需求不同。JIT采购方式要求供应和需求双方信息高度共享,同时保证信息的准确性和实时性。

最后,制定采购批量的策略不同。可以说小批量采购是JIT采购的一个基本特征,相应增加了运输次数和成本。可以通过混合运输、供应商寄售等方式来解决。

3.供应链采购

供应链采购是供应链内部企业之间的采购。供应链内部的需求企业向供应商企业采购订货,供应商企业将货物供应给需求企业。与传统的采购相比,物资供需关系没变,采购的概念没变,但由于供应链各企业间是一种战略伙伴关系,所以采购的观念和采购的操作都发生了很大的变化。主要表现在:供应链采购是基于需求的采购,是主动性采购,是合作型采购,处于一种友好合作的环境中;而传统采购是一种利益互斥、对抗性竞争环境。供应链企业之间实现了信息连通、信息共享;由供应商管理用户的库存,使用户达到零库存;是由供应商负责送货,而且是连续小批量多频次的送货;在供应链采购中,由于供应商的责任与利润相连,所以主动自我约束,其产品可以免检,大大节约了费用、降低了成本,保证了质量。

在供应链管理模式下,采购工作必须做到准时制,即供应商要按照买方所需物料的时间与数量进行供货。从而在适当的时间、地点,以适当的数量和质量提供买方所需的物料。其中,对供应商的选择和质量控制是关键。采购方式是订单驱动,用户需求订单驱动制造定单,制造订单驱动采购定单,采购订单再驱动供应商。这就使供产销过程一体化,采购管理由被动(订存驱动)变为主动(定单驱动),真正做到了对用户需求的准时响应。从而使采购、库存成本得到大幅度的降低,提高了流动资金周转的速度。

4.电子商务采购

电子商务是指交易双方利用现代开放的互联网络,按照一定的标准所进行的各类商业活动,是商务活动的电子化。电子商务的产生使传统的采购模式发生了根本性的变革。这种采购制度与模式的变化,使企业采购成本和库存量得以降低、采购人员和供应商数量得以减少、资金流转速度得以加快。

电子商务采购是在电子商务环境下的采购模式,也就是网上采购。通过建立电子商务交易平台(如阿里巴巴、慧聪网等),发布采购信息,或主动在网上寻找供应商、寻找产品,然后通过网上洽谈、比价、网上竞价实现网上订货,甚至网上支付货款,最后通过网下的物流过程进行货物的配送,完成整个交易过程。

电子商务采购为采购提供了一个全天候、全透明、超时空的采购环境,即 $365 \times 24$ 小时的采购环境。该方式实现了采购信息的公开化,扩大了采购市场的范围,缩短了供需距离,避免了人为因素的干扰,简化了采购流程,减少了采购时间,降低了采购成本,提高了采购效率,大大降低了库存,使采购交易双方易于形成战略伙伴关系。从某种角度来说,电子商务采购是企业的战略管理创新,是政府遏制腐败的一剂良药。

由于食品的营养性、易腐性、保质期、区域性强、价格波动大等方面的特性要求,使得企业对食品和农产品的采购模式、采购策略不断地变换,根据食品特性选择不同的采购模式。集中采购、分散采购、联合采购、协议采购、预购,农超对接等采购模式单一或组合使用。

## 三、食品的采购流程

采购业务按照 IS/ISO 16949 或 ISO 9000—2000 的标准要求可以视为两个过程:供方的选择评价过程和采购的实施过程。

### (一)供应商的选择

现代食品的生产供应已不限于一个企业、一个部门或一个国家,而是具有跨部门、跨地区、跨国界的商品经济属性,其中任何一个环节的食品源发生污染都有可能随着大范围流通而扩散至全国甚至全球。食品供应链存在着一种潜在的威胁,它会利用食品供应链系统的脆弱性对供应链系统造成破坏,给上下游企业以及整个供应链带来损害和损失,影响和破坏食品供应链的安全运行,从而造成供应链效率下降,成本增加。其中供应商的选择是食品供应链风险管理的关键,合理选择供应商将直接影响到企业降低风险、增加企业柔性、提高企业竞争力等方面。

1. 食品供应商选择的原则

食品不是一般的商品,关系到人民日常生活,一旦发生食品安全问题影响恶劣。对于零售企业来说,选择食品供应商要慎重,并且要充分考虑到食品供应商与其他供应商在产品特性上的不同。在评价和选择供应商时,不仅要注意一般的分析原则,更应该注意以下原则:

(1)系统性原则。食品安全问题的产生不是单独一个环节造成的,往往是诸多因素的共同结果。指标的设置应该尽量全面,防患于未然,才能将食品安全问题减少到最低。

(2)重点性原则。虽然各类研究表明供应商选择中最重要的是质量和成本,但在食品供应商选择指标体系中,质量绝对是重中之重,且是选择供应商最基础的指标,任何置质量于不顾、片面追求降低成本的做法都会为企业埋下隐患。

(3)定量与定性相结合的原则。为了客观地评价供应商,多采用定量指标,这可以使评价清晰明确,但是不可忽视定性指标。一方面定性指标弥补了定量指标不能说明的模糊状态,另一方面采用一定的统计方法能够使之量化,能克服主观偏好带来的决策失误。

2. 食品供应商选择指标分析

根据食品供应商的特点和侧重点,结合及时需要,归纳出以下指标:

(1)食品认证和食品质量信誉指标。这两个指标是刚性指标,如果企业没有经过认证或者生产的食品曾经产生过质量问题都应该一票否决。

(2)食品卫生监测指标、生产及运输设备指标、生产运输存储环境指标和食品膳食营养结构指标。前三者是为了减少食品受污染而造成食品变质发生毒副作用,但是食品质量不仅应该包括食品对人体没有伤害,还应该膳食平衡最大限度地给人体提供均衡营养,阜阳大头娃娃正是由于奶粉中蛋白质等营养素全面低下造成的恶果。

(3)价格。这是企业选择供应商必须考虑的问题。降低成本是追求利润的必然方法,但价格不应该作为选择食品供应商的首要因素,但仍然是比较重要的因素。食品企业或零售商在选择供应商时,要为供应商留有一定的利润空间,质量的保证需要有成本付出的,否则供应商会在原料、生产、运输、储存等环节偷工减料,一旦出现食品安全问题就得不偿失了。

(4)交货提前期和完成订单的履行率。对于零售企业来说,保持物流的通畅能够降低储存成本,提高食品周转率,降低食品腐烂和变质的可能,同时提高企业对客户需求的反应速度。

(5)供应商的资金实力和企业管理水平。这两项指标使供应商有能力也有条件为可能发生的食品问题承担责任,从而降低了采购企业承担的食品安全风险。该指标越优,对零售企业和客户越好。

3. 供应商选择流程

(1)供应市场的调研

供应市场调研是指为了满足企业目前及未来发展的需要,针对所采购的商品,系统地进行供应商、供应价格、供应量、供应风险等基础数据的搜集、整理和分析,为企业的采购决策提供依据。

采购既要站在顾客需求的角度结合企业的经营战略了解商品市场的状况,同时更要从专业化的立场完整了解供应市场。现实中,企业针对自己销售的目标市场大多会进行比较深入的研究,但对于采购的供应市场开展系统调研的却不多见。在供过于求的买方市场情况下,一般商业企业更是被动地"等货上门",完全放弃主动了解市场、优选供应商的上游控制机会。

供应市场研究是采购的前期工作,也是供应商考核与选择的基础。它针对所采购的商品或服务,系统地进行供应商、供应价格、供应量等相关情报数据的调研、收集、整理和归纳。它包括供应商所在国家或地区的宏观经济研究、供应行业及其市场的宏观经济研究以及供应厂商的微观经济研究。

供应市场研究作为采购管理的一个重要手段,可以连续进行。收集市场信息及价格数据,也可以针对某项商品专门实施。研究的方法有定性研究和定量研究,时间跨度可长可短,主要步骤包括:

①确定目标:针对什么商品、现有什么问题、需要什么信息、如何获取信息、谁负责获取信息、如何处理信息、信息来源于哪里、市场范围多大等。

②成效分析:研究需要多少人力物力和财力、研究是否有附加值等。

③可行性分析:现在已有什么信息,从可掌握的刊物、网络、年报、统计材料等可能获取哪些信息,是否需要利用咨询公司,是否要外出调研等。

④制订研究方案及方案实施:确定市场调研的具体安排,包括目标、工作内容、时间进度、负责人、所需资源等,然后按确定的方案开展供应市场调研。

⑤总结报告及评估:供应市场调研及信息收集结束,要对所获信息和情报进行归纳、总结、分析。在此基础上提出总结报告,就不同的供应商初选方案进行评估比较。供应市场研究过程具体可概括如图4-1所示。

表4-1 供应市场调研过程

(2)供应商的审核

供应商审核是了解供应商优缺点、控制供应过程、促进供应商改善的有效手段,也是降低经营风险、保障供应的重要依据。

就采购控制层次来说,供应商审核可限于商品层次和生产过程层次,也可深入到质量保证体系甚至供应商的整体经营管理体系。

①商品层次：主要是确认、改进供应商的商品质量，包括正式供应前的商品样品认可与供货过程中的商品质量检查和控制。

②生产过程层次：对那些质量、安全等对生产工艺有很强依赖性的商品，要保证供货质量等的可靠性，往往必须深入到供应商的生产现场了解其工艺过程，确认其工艺水平、质量控制体系及相应的设备设施能够满足商品的质量等要求。

③质量保证体系层次：就供应商的整个质量体系和过程，可参照 ISO 9001 标准或其他质量体系标准而进行的审核。目前，美国、欧盟已立法强制性要求食品生产企业建立和实施 HACCP 体系，日本、加拿大、澳大利亚等国家食品卫生当局也已开始要求本国食品企业建立和实施 HACCP 体系，我国也将食品安全问题列入《中国食物与营养发展纲要》。一些著名食品生产营销企业如沃尔玛、麦当劳，开始以 HACCP 作为考核供应商的重要条件。

④公司层次：这是供应商审核的最高层次，不仅要考察供应商的质量体系，还要审核供应商的经营管理水平、财务与成本控制、计划制造系统、设计工程和营销服务等主要企业管理过程。

现实情况中，管理水平一般的商家对商品要求不高，通常采取第一个层次的审核。管理规范、技术先进的国际大公司则超越了前两个层次，采用质量保证体系层次和公司层次的全面审核来控制供应管理体系。实际操作时，商家对所有的商品都必须实施第一个层次的供应商审核。对于主力商品、战略商品或者买断购销或经销商品，则必须对供应商进行生产过程层次以上的审核。

供应商审核的方法有主观法和客观法两类。所谓主观法是指根据个人的印象和经验对供应商进行评判，评判的依据十分笼统。而客观法则是依据事先制定的标准或准则对供应商情况量化考核、审定，典型的有调查表法、现场审核法等。

供应商审核的具体内容包括供应商的企业资质审核、供应商的评估和商品审核。

企业资质审核包括了解供应商的企业资质信用情况。主要审核的资质材料包括：供应商营业执照副本；税务登记证；一般纳税人证书；组织机构代码证（集团化公司有其所属分、子公司使用集团组织机构代码的情况）；卫生许可证；企业执行标准；生产许可证等。

对供应商的评估审核是在供应商自评的基础上，依据同行业标准或企业执行标准，通过照片、图片、其他资料，进行考评。食品安全管理部门对上报材料进行复评，并有一定比例的抽检，对供应商进行实地考察。实地考察项目应具体明确。对高风险、技术含量低、非知名品牌及自有品牌供应商进行实地考察。生产企业应严格按照企业产品执行标准的要求组织生产，确保产品的理化、卫生、感官等质量指标符合国家法律、法规和强制性标准规定。

商品审核主要是对食品资质审核，并对食品的包装、直观品质、理化指标、微生物指标、感官等方面进行审核。

供应商的选择是保证食品及其原材料质量的关键，无论食品生产企业还是营销企业对此都是十分重视。例如所有进入沃尔玛商场销售的食品，特别是高风险的食品，其供应商生产场地都必须经过资产保护部质量保证专家小组的QPR(供应商审核计划)现场审核。该审核覆盖了"良好生产规范(GMP)"的所有方面,不仅评估生产场地的卫生状况,同时还要评估其质量管理体系以保证其产品质量的稳定性,通过审核后才可以进入商场销售。沃尔玛会向供应商逐一提出质量保证的硬件、软件问题和改进要求,出具审核报告。供应商必须根据沃尔玛提出的要求做出改进方案,在沃尔玛对其下一次的复审时将会验证这些问题是否已经得以改进,从而使供应商持续地提高食品安全水平。例如一些供应商在一年左右的时间内被审核了4次到5次,最终达到了沃尔玛的要求。沃尔玛还会不定期地请第三方实验室对商场销售的食品进行微生物、理化指标的抽检。

对于所提供的食品,供应商还必须提供其产品在国家认定检测机构的合格检测报告,以确保其符合国家标准。沃尔玛所有负责食品的采购员都必须经过食品安全管理的培训,在选择食品供应商时,食品安全是供应商与沃尔玛合作的最低要求。

### (二)接受采购申请

确认需求,产生采购订单:采购需求的确认环节经常出现问题,采购需求的预见性和准确性是决定采购实施成败的关键。采购统计不准确会导致重复进货,库存积压(采购策划问题)。采购需求的准确性必须依靠准确的计划、严谨的计算,尤其是相关的管理参数必须准确有效,如日消耗数量、采购提前期、采购价格、安全库存等。

采购申请的内容:需求单位、需求品种、规格、型号、需求的数量(包括申请数量、领导审批数量)、需求时间、品种用途、特别要求、质量要求及到货期限。

食品生产企业的采购申请,必须严格根据生产部门的需要,以及现有库存量、安全库存量做出科学的计算后才能提出,并且要有审核制度。通过采购申请环节的控制,可以有效地防止随意采购和盲目采购。

### (三)价格谈判

价格永远是采购活动中的敏感焦点,企业在采购中最关心的要点之一就是采购能节省多少资金。因此采购人员不得不把相当多的时间和精力放在与供应商的"砍价"上。商品的价格与该商品的种类、品质、是否长期购买、是否大量购买及市场供求关系等有关,也与采购人员对该商品的市场状况熟悉程度有关。采购价格谈判是采购谈判的中心环节,主要包括询价、报价、比价、议价等。

采购人员的询价主要分为口头询价与书面询价两种形式:

口头询价:采购人员以电话、电子邮件或当面向供应商说明采购商品的品名、规格、单位数量、交货期限、交货地点、付款方式、报价期限及运输方式等资料。口头询价的方式快捷、简便,可以免除以书面方式询价所需耗费的邮寄时间。不过,采用这种方式询价的商品大多是以双方经常性交易,且规格简单、标准化的商品为主。

书面询价:鉴于口头询价可能发生语言沟通上的误会,且口说无凭,若将来发生报价或交货规格上的差错，不但浪费时间，也容易引起合作双方的交易纠纷。因此，对于规格复杂且不属于标准化的商品，应采用书面询价的方式为宜。但为了节省双方的通信时间，目前许多公司使用传真或电脑将询价单送发供应商，不但翔实而且快速。

多渠道获得报价：这不仅要求有渠道获得老供应商报价，还要要求一些新供应商的报价。这样对该商品的市场价有了一个大体的了解，并进行比较。

比价：俗话说"货比三家"，由于供应商的报价单中所包含的条件往往不同，故采购人员必须将不同供应商报价中的条件转化一致后才能进行比较，只有这样才能得到真实可信的比较结果。

议价：经过比价环节后，筛选出最适当的两至三个供应商。随着进一步地深入沟通，不仅可以将详细的采购要求传达给供应商，而且可进一步"杀价"，供应商的第一次报价往往含有"水分"。但是，如果采购物品为卖方市场，即使是面对面地与供应商议价，最后所取得的实际效果可能比预期的要低。

定价：经过上述三个环节后，买卖双方均可接受的价格便作为日后的正式采购价，一般需保持两至三个供应商的报价。这两三个供应商的价格可能相同，也可能不同。

食品的采购不仅仅是价格的问题，还有食品质量的问题、交货时间、包装、运输条件和运输方式等问题。因此要权衡利弊，综合考虑，绝不能因为价格上一点点小利而带来更大的损失和危害。

## （四）签发采购订单

食品订单相当于合同文本，具有法律效力。签发食品采购订单必须仔细，每项条款都要认真填写，关键处用语要严谨、表达简洁、含义明确。现在，信息技术使得企业可以和供应商用计算机连接，不需要任何纸的媒介，就可以简洁、迅速地完成食品采购订单。

食品采购订单的内容除了食品的种类、数量、品质要求外，还要对以下问题进行规定。

### 1.配送问题的规定

食品主要是供给日常生活所需，加上人们对食品新鲜度、营养性等的要求越来越高，因此要求周转快。此时如欲保证充分供应高质量的食品，就必须依靠供应商的准时配送。因此，在食品采购订单中对配送方式、配送时间、配送的频度、配送的地点、运输车辆的条件等都要加以规定，并明确规定供应商若违反了规定必须承担的责任。

### 2.缺货问题的规定

对于供应商的供货，若出现缺货的现象，必然会影响到企业的生产、经营活动。根据中国连锁经营协会的调查，国内零售业门店缺货率在10%左右，而国际零售业缺货率是7%。因此，应规定一个比例，要求供应商缺货时应承担的责任，以保证供应商能准时供货。例如，某连锁超市允许供应商的欠品率为3%，超过此值时，每月要付1万元罚金等。

### 3.食品品质的规定

原料的品质决定产品的品质，同时消费者选购食品尤其是生鲜食品，要求新鲜、美味、营养、省力、经济。因此进行食品采购时，采购人员应了解食品的成分及品质等是否符合政府卫生部门或工商行政等部门的规定。但因为采购人员的能力并不足以判断各种食品的成分，因此在采购时，必须要求厂商在合同中做出保证符合政府法律规定的承诺，并提供政府核发合法营业的证明，以确保在食品销售中不会出现问题。

超市门店鲜度管理最多只能维持产品的鲜度，而决不会提高产品的新鲜度。鲜度管理的积极做法应该从生鲜食品的采购开始，最大限度地控制上游供货商，以免在采购中就造成生鲜食品的"先天不足"。为此，一是超市应加大力度培养一批生鲜食品的"买手"。没有高素质的专业的采购人员，生鲜食品的品质就没有基本的保证。生鲜食品采购人员不仅要熟悉生鲜食品包括原材料、半成品和成品的市场行情，而且要了解生鲜食品的理化属性，以及品质和鲜度鉴别的方法，同时还要了解生鲜食品的生产和加工工艺，了解原材料、半成品的品质对制成品质量的影响。在此基础上，采购人员要严把产品质量关，在注重质量的同时，追求低价格，不应追求价格低廉而放弃或放低对质量的要求。二是要建立与生鲜食品供应商品战略合作伙伴关系。由于生鲜食品质量标准难以用感官鉴定，同时又由于生鲜食品易腐烂变质，需要供应商准确及时地配送。因此超市更应该与生鲜食品供应商保持一种良好的战略合作伙伴关系，一些较大规模的超市还应建立自己的生鲜食品的生产基地。

4. 价格变动的规定

农作物的生产受天气影响较大，产量不稳定，生产季节性强。因此食品及其原料价格的波动性较大，尤其生鲜食品，全年的价格变化幅度能达到10%。生鲜食品中的蔬菜、肉类和水产品的价格变化很快，价格几乎每天都不同。生鲜食品一般是以永续订单的方式订货，在签订永续订单时，要对未来价格变动的处理做出规定，如在价格上涨时，要在调整生效前通知超市并经超市同意方为有效等。

5. 付款的规定

采购时，支付货款的日期是一种采购条件，在此不再赘述。但在合同中须对付款方式有所规定。例如：对账日定在每月的哪一天、付款日定在哪一天、具体付款时间，是以人员领款方式还是转账方式等均要有准则，并请厂商遵守。

沃尔玛与供应商定时结账的时间较短，平均29天结算一次，而美国第三大零售商凯马特是平均45天结算一次。这不仅激发了供应商与沃尔玛建立合作关系的积极性，还可以降低采购商品的价格。沃尔玛与宝洁公司之间的货款结算采用的是电子资金转账（Electronic Funds Transfer，EFT）系统。

6. 退货的规定

食品经销企业最感头痛的问题便是退货，供应商送货很快，但退货却不积极。但若不退货，企业的利益就会受损，因此必须制定退货规定。比如规定出现哪几种情况下可退货、费用如何分摊等。

### (五)跟踪订单

食品采购订单签发后并不是食品采购工作的结束,必须对订单的执行情况进行跟踪,防止违约,保证订单的顺利执行,食品按时出库。对订单的跟踪还可以使企业随时掌握货物的动向,万一发生意外可及时采取措施,避免不必要的损失或将损失降到最低。

严格来说,跟踪订单是一种被动式管理。这种问题来源于供应商自身的经营管理、配送能力、生产能力、采购量在供应商销售量的比例及与供应商的关系处理等诸多方面。如果在供应商的选择上能够严格把关,如果在与供应商合作过程监中管得当,与供应商建立战略合作伙伴的关系,那么这种问题将会大大减少。

### (六)到货验收入库

食品或其原料到货后,应马上组织人员进行验收。库管人员首先要检查运货车辆的温度条件、卫生条件是否符合要求;然后要根据购货发票及订单的品名、规格、数量、外观特征、标识等内容进行核对;同时还要查对货损情况,确定货损是否超标;验收无误后,最后填写"入库单",记录明细包括日期、品种名称、数量、金额、保质期限、供应商/商家、送货单编号及送货人、收货人签名等。

对进库的各种食品原料、半成品进行验收和登记时,要掌握食品的进出状态,做到先进先出,尽量缩短储存时间。建立健全卫生管理制度,库房做到定期清洁、消毒、换气,经常保持清洁状态,避免尘土、异物污染食品。入库食品应存放在货架上,隔地、离墙,分类存放,标签立卡。库房保持良好通风,无蝇、无鼠害、无虫害。有毒、有害物品严禁存放于食品库房中。

### (七)支付货款

查对支付发票和食品订单是否一致,确认没有差错后签字付款。

## 四、食品行业采购流程特点及内部控制难点

### (一)食品行业采购业务流程特点

1.采购周期的时间性要求较高

采购绩效评价关键的一项就是采购周期的控制,因为采购周期影响着企业所需采购物资供应的及时性,也影响着企业采购资金的周转。在食品行业采购中,除了以上原因强调采购的时间性外,所采购物资特别是食品原料的储存时间较短也是重要原因。所以要求企业一方面保证所采购物资有效地满足企业经营管理需要,另一方面也要努力降低企业的营运成本。

2.采购流程对原材料的供给要求较高

原材料采购是采购环节中一个重要的方面,采购量的选择是一个复杂的问题。原材料采购过多会导致原材料积压,而采购量少则会造成原材料供应的短缺。对食品加工企业来说,原材料的积压和短缺都将带来严重的问题,甚至是安全问题。食品加工企业的原材料大都是

农产品,保存时间过长可能会导致变质,也可能会导致其营养成分的流失。原材料采购量过大,食品加工企业将面临巨大的资金周转和库存的压力;原材料短缺也将导致企业无法进行正常的生产经营活动,丢失市场份额。

3.采购流程对产品的质量要求较高

采购流程节点控制的严格与否与采购材料的质量紧密相关。一般情况下,食品加工企业的原材料大多是农产品,如粮食、食用油、水果、蔬菜等,如果采购环节缺乏严格的监督,这些原材料质量不合格,将直接导致加工出的产品质量不合格。

4.采购流程对产品的成本影响较大

食品加工企业采购的原材料种类繁多,供应商参差不齐。若对供应商缺少严格的筛选,缺少信息的沟通,容易造成部分原材料价格过高,导致产品成本上升。若是原材料短期内采购的数量过大,可能会引起原材料的变质过期,从而导致库存资金积压甚至损失,增加库存成本,这些都是采购过程控制不合理的表现。

### (二)食品行业采购流程内部控制难点

1.采购控制活动的环节较多、关系复杂

全国虚假财务报告委员会下属的发起人委员会(the Committee of Sponsoring Organizations of the National Commission of Fraudulent Financial Reporting,COSO委员会)指出:企业必须制定控制的政策及程序并予以执行,以帮助管理层"为保证其控制目标的实现,其用于辨认并用于处理风险所必须采取的行动业已有效落实"。食品行业不仅采购对象复杂丰富,而且采购的完成还牵涉多个部门。由各部门提出采购申请,由供应保障部对供应商的生产能力进行评定,签订合同。此阶段需要公司管理者进行审核签字,并且由质检部对样品进行质量检验,最终收到货物由仓库保管。这就要求做好控制环节的识别工作,整合控制流程,以实现效率与控制的有机协调。

2.采购监督活动频率要求较高

食品企业整个采购内部控制的过程必须施以恰当的监督,在必要时对其加以修正。监督可分为业务监督、内部审计监督、外部审计监督三方面。采购控制活动贯穿于采购过程的每一个环节,对于食品业频繁的采购活动更是如此,因而对其的监督尤其是业务监督频率要求也较高。

3.采购的内部控制环境要求较高

采购涉及人财物的相互关系,又是专门性较强的业务,采购内部控制环境直接决定着采购业务的成败。任何企业的核心是企业中的人及其活动。食品行业采购部门的员工职业道德操守如何、企业是否建有既有利于采购工作开展又有利于监督考评采购工作的机制、企业管理者是否重视采购工作并带头在企业内部形成良好的采购控制氛围等内部控制的环境因素决定着采购工作的质量。这样,必然对食品行业采购的内部控制环境提出了较高的要求。

### (三)食品行业采购内部控制的实施方法与途径

#### 1. 控制点与关键控制点的确定

实现采购内部控制目标,主要是控制容易发生偏差的采购业务环节。这些可能发生问题的环节,通常称为控制环节或控制点。通过辨别流程环节的各个业务节点,可以辨别出相应的内部控制点。控制的多少和怎样设置则必须根据每个企业采购的实际情况加以确定。这样,采购内部控制的运行状况就可以通过识别并判断是否存在缺失控制点及缺失控制点的性质加以掌握,并为改进采购内部控制提供基础依据。

控制点按其发挥作用的程度,可以分为关键控制点和一般控制点。在整个业务活动中发挥作用最大、影响范围最广,对控制目标具有至关重要的影响,甚至决定全局成效的控制点,即为关键控制点。那些只能发挥局部作用,影响特定范围的控制点,则为一般控制点。如食品原料采购业务中的"验收"控制点,对于保证食品原料采购业务的完整性、实物安全性等控制目标都起着重要的保障作用。因此,这是食品原料采购控制中的关键控制点。相比之下,"审批"、"签约"、"登记"、"记账"等控制点,则是一般控制点。

值得注意的是,控制点的设置除了兼顾流程特点和内部要求外,鉴于食品行业企业的个性特征,还需要着重考虑采购流程内部控制的难点。如在采购政策中明确批量采购和零星采购的金额划分标准、明确采购招标的范围和程序、明确采购供应商准入标准等。针对采购风险识别的专业化要求较高,就应该加强"岗位轮换"这一控制点的工作,通过轮岗、换岗,拓宽采购人员业务范围,加强业务技能等。

#### 2. 内部控制缺陷判断

在进行采购内部控制缺陷严重性的判断时,应从相关信息披露发生错漏的可能性和造成对采购流程控制错漏的重要程度两个方面进行考虑。

在明确了采购内部控制缺失点可能造成的错漏而对其严重性做出判断后,还需要对缺失控制点的属性进行判断,是属于制度性缺失还是岗位设置缺失,是属于授权缺失还是执行缺失等。只有这样,企业才能知道从何处着手解决采购内部控制缺陷问题。此外,如果要达到从整体上判断采购业务内部控制缺陷情况,还需要对采购流程内部控制点缺失是该子流程的缺失还是整个采购流程共性缺失做出判断。

#### 3. 基于流程控制点的采购内部控制实施与改进

通过对采购流程内部控制环节和控制点的分布情况、控制点是否存在缺失及缺失的属性情况进行了识别和判断,就得到了以控制点形式表达的食品企业采购流程内部控制状况说明表。

根据以上原理,可以从控制供应商、采购计划、实施采购等几个重要环节来对整个采购流程内部控制的整体情况、内部控制环节和控制点的分布情况、控制点是否存在缺失及缺失的属性情况有了较为清晰的了解,探讨我国食品行业企业采购流程内部控制实施途径问题就变得有据可依。

## 第二节　食品采购中的安全防范措施

### 一、食品安全采购体系的建设

1.食品安全采购组织的建设

无论是食品生产企业还是食品经销企业,采购部门无疑是整个企业运营的关键业务部门,是食品质量安全把关的重要防线。食品安全采购管理组织分成四个层次:

(1)采购管理制度。制定解决采购组织部门的方向、关键与重大管理问题。

(2)工作标准。按工作岗位拟定、衡量工作做得好坏的基准,是用于检验并考评工作人员是否称职的依据。

(3)运作流程。规定采购工作层面各接口环节的运作程序。

(4)作业流程。更为详细地制定出各项具体业务的作业流程图,明确指导采购人员按作业流程执行工作指令,及时完成本职工作任务。

这些都是采购系统规范化管理的基础,有利于食品安全采购管理工作全面走上正轨。食品生产企业和营销企业均应建立食品安全管理部门,配备农药残留速测仪、肉类水分测定仪、甲醛速测管、吊白块检测仪等具有高检验速度和精确度的检验设备,并建立完整的检测结果记录与不合格产品退货记录,确保食品安全。

对于中小型食品营销企业可以建立采购联盟,通过联合采购,优化供应链,降低采购成本。

2.采购进货上的规定

(1)订货权限的规定:企业的订货是周而复始,一直循环不断的,相当烦琐。对于订货权限要有明确的规定,超过多少金额要由谁来审核,这样可以避免进货的泛滥。

(2)商品报废的规定:采购进货后,总会存在这样或那样的问题,尤其生鲜食品,问题食品不能出现在陈列柜上,有问题的原材料也不能用于食品生产,其中部分可以退回供应商,有的则必须废弃。所以对废弃食品的处理要规范,如废弃食品由谁来定,组长还是店长;废弃食品最终如何处理等均要有明确的规定,以防止重复报废食品,虚列废弃食品情况的出现。

(3)退货的规定:厂家送货快,退货却不积极,因此要规定退货日,通知厂商在几天内办妥。

3.商品质量监督

对进货食品或原料进行质量监控是企业一项重要的工作。质量监控通过验收工作来实现的,食品质量监控是否得当和验收人员的责任心及专业能力密切相关。沃尔玛所有负责食品的采购员都必须经过食品安全管理的培训,具备食品安全意识是每一个采购员最起码的要求,谁放松产品质量的把关将会受到严厉制裁。沃尔玛商场和配送中心收货部会对进场的产品进行感官检测,同时根据政府事务部提供的法规检查清单进行自查,并确认产品在运输过程中的温度及包装条件,一切无误后才能收货。

积极引进先进的检验检疫和检测技术,加强农药、添加剂、多残留系统检测方法和快速检测方法的应用,加强食品添加剂、生物毒素、农药兽药残留和违禁化学药品监控技术的应用。

4.实施采购绩效管理

通过绩效管理,可以使采购人员认识自己所作的贡献,坚定自己的信心;同时,也使他们看到自己的缺点和不足,明确以后应该努力的方向。另外,依据采购人员的工作业绩,通过绩效考核,可以使他们得到相应公正、合理的奖惩,促使其调整自己的行为。绩效管理的实施能够充分暴露采购过程中存在的问题和不足,并通过对相应工作方式、工作程序等的调整,能大幅度提高企业采购效率。

通过绩效沟通、绩效考核等获得的信息,也可对现有采购人员进行有针对性的培训,提高他们的能力和素质。同时,还可针对他们能力和素质的变动,依据工作的需要进行相应的人事调整和新的工作安排。

绩效管理的实施可大幅度地提高企业采购管理的水平,原因在于:一是采购绩效计划的制定,既确定了一定时期内采购工作的范围和任务,也能使每位采购人员明确其工作的方向和重点;二是通过采购绩效沟通,使采购工作中已出现的或潜在的问题得到有效的解决,避免工作过程中的停滞和混乱现象;三是采购绩效考核能使每位采购人员明确自己实际工作中存在的不足和已取得的业绩,从而改进不足,发挥长处,增强工作的积极性等。因此,通过绩效管理能够做到人尽其才、物尽其用,充分发挥每位采购人员的潜能,合理、有效地利用采购资金。

成熟的绩效考核是按照"20—70—10"的差别化管理模式,提升公司20%表现最为优秀的员工、培养70%的中间员工、辞退10%的垫底员工。

## 二、完善供应商管理体系

采购是保障食品供应链成员企业食品安全的第一道防线,因此采购环节中加强对目标企业的食品安全资质审核和评价尤为必要。农业企业传统的采购没有对众多供应商进行分析、比较、考察,只是凭借采购人员的经验和感官鉴定进行采购,往往会从短期利益出发,失去了供应商的信任和合作。供应商的开发和管理至关重要,在整个采购流程中起着核心的作用。例如沃尔玛在全球的供应商总数达到了6.8万,通过建立一套完整有效的供应商管理制度,使得沃尔玛能够以最低的成本快速反应满足市场需要。

对于食品生产企业来说,原材料的质量决定食品的质量,采购是保障食品质量与安全的基础、前提和关键,质量把关的第一关。对于经营食品的商业企业来说,食品商品的采购是避免问题食品流入消费市场的第二道防线。因此在食品采购中加强供应商的食品安全资质审核评价尤为重要。供应商的评估与选择、绩效考核、持续改进是供应商管理过程中的三个要素,形成了一个整体的、持续的过程(见图4-2)。

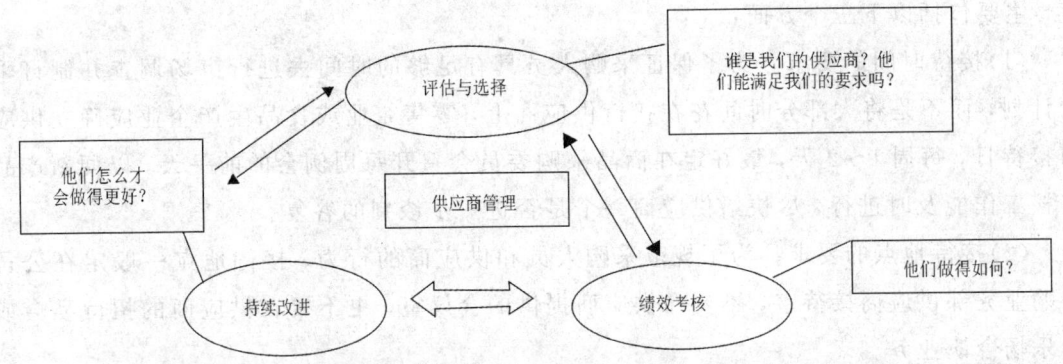

**图4-2 供应商管理过程的三个要素**

1. 建立供应商准入制度

供应商提供商品质量的好与坏是供应商选择的第一条件,可以从市场上商品的等级、品牌、商业上通用标准等方面来评价商品质量。供应商最好应取得ISO的系列认证,并有质量合格证、商检合格证等。供应商准入管理是供应商管理的基础,做好准入工作,可大大提升供应商管理工作的效率。设立供应商的准入制度,目的是从一开始就淘汰和筛选不合格的供应商,节约谈判时间。供应商的准入制度一般由采购业务部门制定、商品采购委员会审核、总经理签发后实施。

供应商准入管理实质上是加强对供应商的资格管理,这是本制度的核心。这种资格范围很广,包括法人资格、注册资金大小、生产产品的能力、社会信誉、售后服务体系、食品质量安全保障能力等。其中涉及资质要求的,供应商应当提供由有关行政主管部门颁发的资质证书;涉及业绩情况的,供应商应当提供以前在相关领域的业绩,包括项目名称、效果及用户意见等。这些条件是供应商供货能力的基础,也是将来履行供货合同的前提保证。目前,在很多行业的采购管理中均采用了供应商准入管理以及资质审核,并通过对供应商严格的准入管理,提高采购工作效率,谋求与供应商长远的战略合作。

在供应商资格达到基本要求后,采购人员应将企业对具体供货要求的要点向供应商提出,初步询问供应商是否能够接受。如对方能接受方可准入,并将这些要点作为双方进一步谈判的基础。这些要点包括商品质量和包装要求,商品送货、配货和退货的要求,商品付款要求等。

此外,各地工商、技术监督部门、卫生检查部门可能还会针对各地自身情况,对生产和经营食品的单位有一些特殊的规定和要求。例如针对外地生产的食品进入本地销售,许多地方要求企业办理进入当地销售的许可证。对这些情况,采购人员要了解。

### 2. 建立供应商会见制度

供应商获得准入后,为了规范采购和提高谈判效率,应该建立严格的供应商接待制度,主要包括以下三个方面:

(1) 接待时间的要求。为了保证采购人员具有足够的时间去进行市场调查并制订采购计划,而不是将大部分时间花在接待供应商上,零售企业或食品生产企业应确立供应商接待日,每周1~2天,最好定在商品采购委员会召开每周例会的前一天,以便新产品审核工作能及时进行,尽快给供应商一个是否进一步谈判的答复。

(2) 接待地点的要求。为了规范采购人员和供应商的行为,接待地点一般定在公司采购业务部供应商接待室,不要在供应商提供的会议室,更不要在供应商的招待宴会或娱乐场合谈业务。

(3) 洽谈内容要求。按商品的类别设置专职洽谈人员,负责接待相关类别的供应商。洽谈内容要紧紧围绕采购计划、促销计划和供应商文件进行,不得随意超越权限增加商品谈判内容。

### 3. 定期考评供应商制度

(1) 进行供应商分类和编号

采购食品或原料十分广泛的企业,应对供应商进行分类管理。这是一项非常重要的工作,也是目前国内零售业供应商管理中最缺乏的。根据食品销售数据确定主要供应商;利用供应商分类矩阵,根据重要性和地理位置对主要供应商进行分类。例如可分为粮油类供应商、果蔬类供应商,肉制品供应商等,给予每个供应商一个4位码编号。

将单一供应商的基本资料如企业的名称、地址、电话、负责人、资本额、营业证、营业额等,建成基本资料卡,由计算机存档管理。建立供应商台账,对于同一供应商所供应的商品进价、售价、规格、数量、毛利率等商品资料建立台账,作为统筹商品的基础,进售价或规格有所变更时要及时修改。统计每家供应商产品的销售量、销售额,作为议价谈判的筹码。

(2) 供应商评价

利用ABC管理法管理供应商,把供应商评价分为A、B、C三级,A级供应商通常由主管亲自控制及管理或由主管来决定合作方式。ABC管理法是根据事物的经济、技术等方面的主要特征,运用数理统计方法,进行统计、排列和分析,抓住主要矛盾,分清重点与一般,从而有区别地采取管理方式的一种定量管理方法。A类是管理的重点,B类是次重点,C类是一般。ABC管理法的原理是按巴雷托曲线所示意的主次关系进行分类管理。广泛应用于工业、商业、物资、人口及社会学等领域,以及物资管理、质量管理、价值分析、成本管理、资金管理、生产管理等许多方面。

供应商评价表见表4—1。

表4-1 供应商评价示例

| 项目 | 评价 | | | | 得分 |
|---|---|---|---|---|---|
| | A | B | C | D | |
| 商品畅销程度 | 非常畅销(10分) | 畅销(8分) | 普通(6分) | 滞销(2分) | |
| 欠品率 | 2%以下(15分) | 2%~5%(12分) | 5%~10%(10分) | 10%(6分) | |
| 配送能力 | 准确 | 偶误 | 常误 | 极常误 | |
| 供应价格 | 比竞争店优惠(20分) | 与竞争店同(18分) | 略差于竞争店(10分) | 与竞争店差异大(2分) | |
| 促销配合 | 极佳(15分) | 佳(10分) | 差(5分) | 极差(5分) | |
| 商品品质 | 佳(10分) | 一般(8分) | 差(5分) | 时常出现坏品(2分) | |
| 退货服务 | 准时(10分) | 偶误(8分) | 常误(6分) | 极常误(2分) | |
| 运营潜能 | 极佳(10分) | 佳(8分) | 普通(6分) | 小(6分) | |
| 备注 | ①评价每半年进行一次,一年两次,取平均分<br>②得分70分以上的为A,60~70为B,50~60为C,50以下为D<br>③A级供应商年度适度表扬 | | | | |

4.建立供应商激励和绩效管理制度

激励是管理者为了使被管理者按照自己设定的程序或要求进行操作,以便取得预定的绩效而对被管理者实施的物质或精神上的奖励或惩罚措施。对供应商的激励是对供应商实施有效管理的手段之一。对供应商实施有效的激励,有利于增强供应商之间的适度竞争,保持对供应商的动态管理,提高供应商的服务水平,降低企业的采购风险。

(1)供应商激励管理

没有有效的激励机制就很难维护良好的供需关系。激励要体现公平、一致、公正的原则。要建立完善的供应商激励机制,需要使用不同的方法和不同的组合手段。对不同的供应商选择不同的控制方式,同时要将供应商现有的控制方式有效地组合起来。从而建立一个完善的供应商激励与控制体系。激励方式主要有以下几种:

①价格激励:在供应链合作下,供应链上企业间的利益分配主要体现在价格上,价格激励是最有效的激励方式之一。价格包含供应链利润或损失,以及因供应链优化而产生的额外收益在所有企业间的分配。价格的确定要充分考虑供应商的合理利润。

②商誉激励:商誉就是信誉、产品质量、服务态度等形象的综合,是企业在公众心目中的评价结果。商誉的好坏直接影响到供应链及其成员企业的预期收益和可持续发展。对于信守合同、注重信誉的供应商应给予大力宣传、赠送匾额等方式激励。

③订单激励:对于表现优秀的供应商,需方可以通过加大订单的方式进行激励,这是供应商最乐于见到的,也是需方最为有效的对供应商进行激励的手段。但从供应商风险评估的角度,半数原则要求购买数量不能超过供应商产能的50%。如果仅由一家供应商负责100%的供货和100%成本分摊,则采购商风险较大。因为一旦该供应商出现问题,按照"蝴蝶效应"的发展,势必会影响整个供应链的正常运行。

④淘汰机制:通过淘汰不合格的供应商增强其他供应商的危机感。

(2)供应商的绩效管理

主要是为了确保供应商供应食品的质量和安全,同时评价和选择优秀的供应商进行合作,淘汰绩效较差的供应商,选择潜在的新的食品供应商。同时通过绩效管理,了解供应商的不足之处,促进供应商改进,提高业绩,为今后良好的合作打下基础。

①监测供应商的表现:每一个企业对供应商考核的标准都不一样。对于食品生产企业来说,供应商所供应的是食品生产所需的主要原材料,考核的指标主要有食品原材料的新鲜度、营养成分含量、种植养殖过程中化肥农药(兽药)的使用情况、储存运输条件、供货的准时率等。对于食品批发或零售企业来说,供应商多是食品生产商,供应的是食品商品,对食品供应商考核的指标多是生产场地所采用质量保证体系如HACCP、GMP,场地的卫生状况,食品包装、食品标签、食品农残及添加剂的使用、食品的运输储藏条件、食品准确送货率、交货周期、食品竞争力等。制定考分卡和考核标准,每半年考核一次。对优秀供应商给予各种形式的表扬,对于不合格的供应商给予改进建议,依然不合格的原则上淘汰。

②报告供应商的表现:在完成供应商的考核后,要写出供应商的表现报告,并进行内部通报。

(3)供应商绩效的持续改进

要培养一个优秀的供应商,就像培养自己的孩子一样,在他成长的过程里帮助他找出不足之处,同时对于其出色表现也要给予鼓励和表扬。主要分两步进行:管理供应商绩效和认可供应商表现。

①管理供应商绩效:先评价供应商绩效和供应商的关系,然后和供应商一起回顾目标和发展计划,确定双方认可一致的绩效考核结果。

②认可供应商的表现:与供应商一起决定供应商的考核、评价和奖励办法,认可供应商的表现,提名表扬出色的供应商。

食品供应商管理体系的建立和完善，有助于从源头上建立食品质量安全保证体系，进一步优化食品供应链和食品采购资源体系。

由于缺乏专业人才及管理技术，许多企业对提高食品安全管理深感"心有余而力不足"。针对这一情况，沃尔玛制定了帮助供应商成长的长期战略。通过不同形式的沟通会、培训课程，反馈店内的投诉数据，加强生产商安全意识，还借助 QPR 帮助企业发现现场管理及质量管理中存在的问题，辅助其做出整改提高。金帅公司是一家主要生产冷冻白条鸡和包装德州扒鸡的加工企业。2003 年，在沃尔玛济南店开业前的 QPR 中，该企业得到的成绩仅为"有条件合格"，离沃尔玛的要求尚有差距。在沃尔玛的指导与帮助下，该企业相继通过了 ISO 9001、AA 级 GSP 等认证，并安装了符合药品生产标准的空气净化系统，卫生管理水平大大提高。

### 三、和供应商建立合作伙伴关系

**1. 伙伴型供应商关系的特点及意义**

伙伴型供应商关系是企业与供应商之间达成的最高层次的合作关系。它是指在相互信任的基础上，供需双方为了实现共同的目标而采取的共担风险、共享利益的长期合作关系。具体来说，伙伴型供应商关系包含下列特点：

(1) 发展长期的、相互依赖的合作关系。

(2) 这种关系有明确或口头的合约确定，双方共同确认并且在各个层次都有相应的沟通。

(3) 双方有共同的目标，并为共同目标制订有挑战性的改进计划。

(4) 双方互相信任，共担风险，共享信息。

(5) 共同开发、创造。

(6) 以严格的尺度来衡量合作表现，不断提高。

伙伴型供应商关系中，有一个重要的概念，就是供应商的早期参与和采购方的早期介入。在采购过程的早期，影响价值的机会比后期大得多。供应商与采购方在早期的共同介入将大大改善工艺、设计、再设计、价值分析等活动。缩短循环周期、提高竞争力、降低成本等好处足以使许多企业将供应商纳入自己的职能交叉团队。供应商会共同参与拯救企业的活动，或自愿成为继续发展的合作伙伴、联盟关系的一部分。

通过与供应商建立长期合作伙伴关系，可以缩短供应商的供应周期，提高供应商的灵活性；可以降低企业的原材料、零部件的库存水平，降低管理费用、加快资金周转；提高原材料、零部件的质量；可以加强与供应商的沟通，改善订单的处理过程，提高材料需求准确度；可以共享供应商的技术与革新成果，加快产品开发速度，缩短产品开发周期；可以与供应商共享管理经验，推动企业整体管理水平的提高。

**2. 如何建立伙伴型供应商关系**

(1) 伙伴型供应商关系的建立途径

与供应商建立长期合作伙伴关系首先要得到公司高层领导的重视与支持。企业高层管理者要意识到供应商管理是整个公司业务管理中最重要的有机组成部分,要支持采购等部门发展供应商的长期合作伙伴关系,然后才能开展具体的工作。

建立长期合作伙伴关系要经过以下几个步骤:

①采购部门要在对供应市场调研的基础上,对有关部门的采购物品进行分析、分类,根据供应商分类模块,确定伙伴型供应商对象。

②根据对伙伴型供应商关系的要求,明确具体的目标及考核指标,制订出达成目的的行动计划。这些行动计划必须在公司内部相关部门进行充分交流并达成一致,同时要完全取得供应商的参与认可,并经双方代表签字。

③通过供应商会议、供应商访问等形式对计划实施进行组织和进度跟进。内容包括对质量、交货、降低成本、新产品、新技术开发等方面的改进进行跟踪考核,定期检查进度,及时调整行动。

④在公司内部还要通过供应商月度考评、体系审核等机制跟踪供应商的综合表现,及时反馈并提出改进要求。

(2)合作伙伴关系的评价

从采购方来看,可以根据以下几条原则来判断合作伙伴关系是否奏效:

①正式的沟通程序;

②利于供应商的成功;

③共同获利;

④关系稳定,不依赖个别人;

⑤始终仔细审视供应商绩效;

⑥对对方具有合理的预期、期望;

⑦员工有责任遵循职业道德;

⑧共享有益信息;

⑨指导供应商改进;

⑩基于采购的总成本进行磋商,共同决策。

## 第三节　食品安全采购控制

### 一、食品订货和补货

#### (一)食品订货原则

食品尤其是生鲜区农产品的产量和品项受季节、天气与产地的影响较大,因此订货作业很难把握。订货既要掌握"货品齐全,不能缺货",又要控制达到"质量好,鲜度足"。食品加工企业或营销企业必须掌握各种农产品的生产季节、产地、各种保鲜方法、鲜度判断方法、市场价格变化等产品因素,这是订货管理中必须做好的工作。

1.果蔬订货原则

(1)考虑库存天数、当日库存数量及生鲜库存空间(冷冻、冷藏库房)。考虑当日库存量的大小,可售卖天数多少;另外如需冷藏库保鲜,则要考虑库房的容积,是否能承受。

(2)结合天气、节庆、周六日各种"旺日"下单。参考第二天的天气状况对人流量的影响;是否到假日人流高峰日(可参考以往假日销售量);是否某一节庆高峰日,是否有特殊品项需求(如"腊八"增订杂粮)等。

(3)季节性大宗产品。蔬果的季节性体现最强,从夏至秋都有当年应季品项上市,考虑增大陈列面积、陈列量,加大订货量。

(4)日均销售量及商品的周转率。要有以往销量的记录,如 DMS、月销售量、商品周转率来作为订货参考值。

(5)生鲜基本的陈列面乘以补货次数。简单地说,某品项一个排面的陈列量乘以一天补货的次数,即是大致订货量。

(6)促销期及折扣期。

(7)依据往年的销售记录及购买习性下单。依据往年的销售记录及顾客消费习惯订货;特别是在春节等这样的重大节日及销售旺季,保留以往的销售记录,作为参考,并把握当地顾客的消费习惯。

(8)健康、安全、卫生的生鲜绿色食品。品质是蔬果的关键,订货的前提是健康的、安全的、卫生的,符合验收品质标准的商品。

(9)根据市场流行趋势下单。参考当地是否有新品种上市、市场的价格波动变动等。

2.肉类订货的参考原则

(1)充分了解货源:确保供应商可以提供充足的货源,不论是一般商品还是季节性商品,供应商要有一定规模。

(2)了解区域性商圈:对于区域内的农贸市场、竞争超市、餐厅等大众的消费习惯,作深入了解,以便了解商品品项与价格。

(3)确定肉类品质:肉类一定是放心肉,并经过检疫是合格的。坚决杜绝私宰肉,注水肉进入超市。

(4)开发新品项:除一般大众所需,更需引导、教育顾客新的食肉方式,做到人无我有,人有我优。

3.水产订货的参考原则

(1)了解市场:实际下单前务必先行了解市场的各种鱼类、虾、贝、蟹等商品的价格、规格、鲜度、商品组合、市场变动等情况。

(2)了解周边商圈客户层的需求:通过对顾客的访问调查,了解附近商圈的客层、来客数、人潮分布时间及顾客的需求,以便作为订货时的参考依据。

(3)永续订单与续订货原则:续订货的准确度是相当困难的,前一天好卖的鱼才订货,不好卖的鱼不订货是错误的,实际算出 DMS 才会正确。同时为了避免续订商品被忽略掉,所以要求续订货的规定也就要更明确。

① 商品:依照每月商品群的货号建立永续订单(建档)保证商品齐全,活鱼、鲜鱼的品项数不得少于 30 个。

② 季节:续订货时以季节性商品为主,非季节性水产品,例如肉质肥美而且适合区域性顾客消费的,也应该同时订货。

③ 数量:订货的数量应该考虑到第二天的天气及是否是节日、节庆,是否是快速促销品项而与平常日有所不同。假日时外出郊游及到餐厅的人较多,因此烧烤的鱼、虾、贝类及餐厅用鱼应多订些;平常以家庭食用的水产品多订些,春节时黄鱼、带鱼多订些。

④ 促销与库存:依据促销力度的强弱,库存量的多少,平均日销售的多少来确定订货量及时间。各水产品的存量天数:鲜活水产品 10 天;冰鲜水产品,7 天;冷藏水产品,30 天;水产干货,30 天。

4. 熟食(面包)订货的参考原则

(1)外制熟食、外制面包应依据商品的库存天数、当日的销售量、库存数量以及仓库空间的大小来决定下单量的多少(促销品项除外)。

(2)自制熟食、自制面包要根据每日的"生产日报表"来决定原物料下单。

(3)根据季节性的变化,法定节假日和周六、日等特殊的日子来决定下单量。

(4)依商品每日的平均销量和商品的周转率下单。

(5)依商品最基本的陈列面积乘以每天需补货的次数来决定下单。

(6)快讯商品与店内促销品应依据每天的销量来决定。

(7)季节性商品依据往年的销售记录以及顾客购买的习惯性下单。

(8)根据熟食、面包天天新鲜的特点,一般用永续订单作为下单的依据。

## (二)食品的补货原则

**1.蔬果的补货原则**

补货的顺序是:DM 快讯商品→店内促销品→大宗商品(敏感商品)→正常 A、B 类商品→其他。

补货的注意事项:

(1)保证先进先出。

(2)整理排面比补货优先,不可因补货不及时而忽略排面。

(3)堆积在库房外的货品先补,再补库房内的货品。

(4)整理时将不可贩卖的商品收回——已变质、受损、破包、过期或接近过期、条码错误受污等。

(5)补货前后都做好陈列架、冷藏柜的清洁,保持良好的商品"卖相"。

(6)利用地车、周转箱、周转筐等工具补货。

(7)货品码放在栈板上时,重的、体积大的放在下层,体积小、易碎的放在上层,交叠码齐。

(8)补货时纸箱、周转箱均不落地。

(9)补货时,货品尽可能靠近陈列架,以免影响顾客,补货完毕迅速将地车、栈板、纸箱、剩余商品归回定位。

(10)补货中注意是否与价格牌、价签对应。

(11)蔬菜、水果补货时务必轻拿轻放,不可重摔、碰撞。

**2.肉类的补货原则**

(1)补货时要遵循先进先出的原则,陈列时新品在后排商品放在前排。

(2)补货时要以不影响顾客购物为原则,避开高峰期补货,补货要迅速及时。

(3)补货时要注意肉的品质,品质不好立即剔除另行加工。排面随时整理,肉类有血水立即擦去,检查肉类是否与价格卡对应、价格是否正确,及时调整。补货时不可将冷柜出风口挡住。

(4)平时补货以不见底为原则,即单层陈列。促销品需扩大陈列,排面饱满、要有量感,要注意中空陈列。晚上补货须注意销售量,以不缺货、可代替性、整齐、清洁为原则。

**3.水产补货原则**

(1)补货时应遵循先进先出的原则。

(2)水产补货,应该将旧货取下,补进新货,再将旧货放在最前边上面。

(3)段块鱼肉与刺身鱼肉均属于鲜度敏感商品,应采用量少勤补的补货原则。

(4)水产部的补货先由补冰鲜水产品作业起,再补冷藏(冻)水产品,后补水产干货。

(5)补货时务必注意水产品的包装日期与质量的变化,核对品名,价格是否与磅称热敏纸一致。

(6)鲜度不良的水产品应该立即除去,以免影响其他商品在顾客心目中的印象。

(7)冷冻(藏)商品陈列时不可超过安全线(送、回风口),并注意除霜时间及次数。

(8)补货完毕,务必清理台(陈列台)周边水渍或垃圾。

4.熟食(面包)补货原则

(1)先进先出原则:所谓"先进先出"是指先进到卖场的商品首先陈列于排面上贩卖、出售,待销售完后,再陈列后到的商品。另外,进行货架补货时,应先把里面的旧商品往外面移动,把新鲜刚补的商品陈列在里面,然后再把旧的商品放在新鲜商品的上面售卖。自制商品相同:售卖完后,再进行加工生产。一般情况下,待商品销售去2/3时,才开始加工生产第二次商品。

(2)一般情况下,应是先整理排面,后进行补货。

(3)堆积在冷藏、冷冻库或者仓库外的商品优先补货,再补库房内的商品。

(4)保质期短的商品优先补货,保质期长的商品后补货。

(5)商品品质寿命短的商品或者快变质的商品优先补货。

(6)促销品和正常商品同时缺货时,应优先补促销品的商品。

## 二、食品订货量的控制

食品按照保质期的长短可分为可库存食品(保质期长的)和不可库存食品(保质期短,如各种生鲜食品)。对于这两类食品,在订货量的控制上应采取不同的控制方式。

1.可库存食品订货量的控制

这类食品订货量的控制,关键在于最小库存量和最大库存量的确定。

(1)最小库存量

根据电脑资料中滚动的N天的销售量计算出某一商品的日平均销售量,再根据商品到货和加工配送的周期来确定最小的压库天数。

最小库存量=某类食品日平均销售量×(厂家将食品送达配送中心的天数+配送中心进行加工的天数+配送中心将食品送达门店的天数+商店陈列量可销售的天数)

对一些没有组建配送中心的连锁企业,其计算公式为:

最小库存量=某类商品的日平均销售量×(厂家将商品送达门店的天数+门店进行商品加工的天数+卖场中陈列量可销售的天数)

如果实际库存低于这个库存,可能会造成食品脱销。在实际中可在计算机管理软件开发时,在程序中设置预警措施,一旦实际库存量临近或低于最低库存量,电脑系统进行预警报告。

(2)最大库存量

最大库存量的确定需要综合考虑以下三个方面的因素:

根据库容量来确定：根据当前仓库的容量来计算库存量，如果一个仓库可存放10吨食品，分摊给每一类食品的库存容量就是该食品的最大库存量。

根据保质期来确定：最大库存量＝(保质期－厂家将食品送达门店的天数－门店进行加工的天数)×日平均销售量

根据最大订货资金预算量来确定：最大库存量＝预算资金÷商品单价

2.鲜活食品的订货控制

鲜活食品不能压货，没有最大最小库存量的限制，必须力争当天购进当天售出。其理论订货量等于日平均销售量，但实际运作中，可能部分食品无法当日全部卖出，因此计算公式为：订货量＝某日销售预测值－前日食品库存值。

鲜活食品一般采用永续订单的形式，签订一张合同，可以分多次交货。对于由总部(或配送中心)集中进货的，总部有了永续订单后，门店可以根据这张订单来填补补货申请单，并实时传到总部，总部经过审核后，将各门店所需的鲜活食品的品种、数量汇总，然后发送给各个供应商。对于由门店自行订货的，程序也大致相同，则由门店直接向供应商订货，只是中间少了一道总部汇总审核这一环节。

永续订单：不限制送货次数的电脑订货单，要货时直接电话或传真供应商确定送货数量及时间。

### 三、采购组织的控制

1.管理制度

采购管理制度是指以文字的形式对采购组织工作与采购具体活动的行为准则、业务规范等做出的具体规定。为了规范采购工作，提高采购工作的效率，企业必须建立健全多种采购管理制度。以此作为采购人员与采购部门的工作准则与行为规范，以保证采购工作健康、有序、高效地运行，从而圆满地完成采购任务，满足企业其他部门对采购业务的要求。

2.工作标准

按工作岗位拟订、衡量工作做得好坏的基准，是用于检验考评工作人员是否称职的依据。

3.运作程序

规定采购人员工作层面各接口环节的运作程序。

4.作业流程

更为详细地制定出各项具体业务的作业流程图，明确指导采购人员按作业流程正确执行工作指令，及时完成本职工作任务。

### 四、采购计划的控制

采购计划是达到经营目标的依据，因此在采购计划的制定中要控制好经营目标值、市场份额值、盈利值和盈利率。一般可考虑以下集中控制的方法：

1.采购计划的制订要细分,落实到商品的小分类。对一些特别重要的商品要落实到计划采购量,采购计划要细到小分类。目的就是控制好商品的结构,使之更符合目标顾客的需求。同时采购计划的小分类也对采购业务人员的业务活动给出了一个范围和制约。

2.如果把促销计划作为采购计划的一部分,那么在供应商签订年度采购合同之前,就要求供应商提供下一年度的产品促销计划方案,以便我们在制订促销计划时参考。必须认识到连锁企业的促销活动,实际上是一种对供应商产品的促销动员、促销组合。还必须认识到在制订采购计划时要求供应商提供下一个年度新产品上市计划和上市促销方案,这是制订新产品开发计划的一部分。

### 五、采购考核指标体系

在日常具体的采购业务活动中,还必须建立考核采购人员的指标体系对采购进行细化的控制。采购考核指标体系一般可由以下指标所组成。

1.销售额指标

销售额指标要细分为大分类商品指标、中分类商品指标、小分类商品指标及一些特别的单品项商品指标。应根据不同的业态模式中商品销售的特点来制定分类的商品销售额指标比例值。

2.商品结构指标

商品结构指标是以体现业态特征和满足顾客需求度为目标的考核指标。如对一些便利店连锁公司的商品结构进行研究发现,反映便利店业态特征的便利性商品只占8%,公司自有品牌商品占2%,其他商品则高达80%。为了改变这种商品结构,就要从指标上提高便利性商品和自有商品的比重,并进行考核,通过指标的制定和考核同时达到两个效果。第一,在经营的商品上业态特征更明显。第二,高毛利的自有品牌商品比重上升,从而增强了竞争力和盈利能力。

3.毛利率指标

根据超级市场品种订价的特征,毛利率指标首先是确定一个综合毛利率的指标。这个指标的要求是反映超市的业态特征,控制住毛利率,然后分解综合毛利率指标,制定不同类别商品的毛利率指标并进行考核。采购人员通过合理控制订单量来加快商品周转,并通过与供应商谈判加大促销力度来扩大销售量,增大供应商给予的"折扣率",扩大毛利率。对高毛利率商品类的采购人员,促使其优化商品品牌结构,做大品牌商品销售量,或通过促销做大销售量扩大毛利率。超市毛利率的增加,很重要的一个途径就是通过促销做大销售量,然后从供应商手中取得提高毛利率的"折扣率"。

4.库存商品周转天数指标

这一指标主要是考核配送中心库存商品和门店存货的平均周转天数。通过这一指标可以考核采购业务人员是否根据店铺商品的营销情况,合理地控制好库存,是否合理地确定了订货数量。

5.门店订货商品到位率指标

这个指标一般不能低于98%,最好是100%。这个指标是门店向总部配送中心订货的商品与配送中收库存商品可供配送的比例。到位率低就意味着门店缺货率高,必须严格考核。

6.配送商品的销售率指标

门店的商品结构、布局与陈列量都是由采购业务部制定的。如果配送到门店的商品销售率没有达到目标,可能是商品结构、商品布局和陈列量不合理。对一些实行总部自动配送的公司来说,配送商品销售率可能还关系到对商品最高与最低陈列量的上下限是否合理。

7.商品有效销售发生率指标

在超级市场中有的商品周转率很低,为了满足消费者一次性购足的需要和选择性需要,这些商品又不得不备,如果库存准备得不合理损失就很大。商品有效销售发生率就是考核配送中心档案商品(档案目录)在门店POS机中的销售发生率。如低于一定的发生率,说明一些商品为无效备货,必须从目录中删除并进行库存清理。

8.新商品引进率指标

为了提高各种不同业态模式超级市场的竞争力,必须在商品经营结构上进行调整和创新。新商品引进率指标就是考核采购人员的创新能力,对新的供应商和新商品的开发能力。这个指标一般可根据业态的不同而分别设计。如便利店的顾客是消费潮流的创造者和追随者,其新商品的引进力度就要大,一般一年可达60%～70%。当一年的引进比例确定后,要落实到每一个月,当月完不成下一个月必须补上。如年度引进新商品比率为60%,每月则为5%,如当月完成3%,则下月必须达到7%。

9.商品淘汰率指标

由于门店的卖场面积有限,加之又必须不断更新商品结构,当新商品按照考核指标不断引进时,就必须制定商品的淘汰率指标。一般商品淘汰率指标可比新商品引进率指标低10%左右,即每月低1%。

10.通道利润指标

连锁企业向供应商收取事实上的通道费用,只要是合理的就是允许的。但不能超过事实上的限度,以致破坏了供商关系,偏离了连锁经营的正确方向。客观而言,在超市之间价格竞争之下,商品毛利率越来越低,在消化了营运费用之后,利润趋向于零也不是不可能的。由此,通道利润就成为一些连锁超市的主要利润来源。一般通道利润可表现为进场费、上架费、专架费、促销费等,通道利润指标不应在采购人员的整个考核指标体系中占很大的比例,否则会把方向领偏。通道利润指标应更多体现在采购合同与交易条件之中。

## 第四节 食品的库存控制

### 一、库存概述

1.库存的概念

库存指的是仓库中处于储存状态的物品。广义的库存还包括处于生产加工状态和运输状态的物品。通俗地说,库存是指企业在生产经营活动中为现在和将来的生产或者销售而储备的资源。

库存的最基本作用是解决生产和消费时间的不一致性,并创造时间效果。对于食品行业来说,由于食品原料生产的季节性和消费全年性、生产区域性和消费全球性之间的矛盾,加之农业生产受天气影响较大,产量波动较大,只有库存才能保证食品供应的连续性,才能通过库存创造更大的利润。但是,无论食品原料、半成品,还是食品商品,都具有营养性、易腐性和保质期的特点,库存过大不仅造成企业成本上升、利润下降,更主要的是会引起食品安全问题。

2.库存的分类

库存是一项代价很高的投资,无论是对生产企业还是物流企业,正确认识和建立一个有效的库存管理计划都是很有必要的。

根据生成的原因不同,可以将库存分为以下六种类型:周期库存、在途库存、安全库存(或缓冲库存)、投资库存、季节性的库存、闲置库存。

周期库存:补货过程中产生的库存,周期库存用来满足确定条件下的需求,其生成的前提是企业能够正确地预测需求和补货时间。

在途库存:又称中转库存,指尚未到达目的地,正处于运输状态或等待运输状态、储备在运输工具中的库存。企业所要管理的在途库存,主要有采购在途,销售在途,内部转移的在途。虽然在途库存不能使用,但它代表了真正的资产。在没有到达目的地之前,可以将在途库存看作是周期库存的一部分。需要注意的是,在进行库存持有成本的计算时,应将在途库存看作是运输出发地的库存。因为在途的物品还不能使用、销售或随时发货。

安全库存(或缓冲库存):也称安全存储量,又称保险库存,是指为了防止不确定性因素(如大量突发性订货、交货期突然延期、临时用量增加、交货误期等特殊原因)而预备的保险储备量(缓冲库存)。安全库存用于满足提前期需求。在给定安全库存的条件下,平均存货可用订货批量的一半和安全库存来描述。安全库存越大,出现缺货的可能性越小;但库存越大,会导致剩余库存的出现。

投资库存:持有投资库存不是为了满足目前的需求,而是出于其他原因,如由于价格上涨、物料短缺而囤积的库存。

季节性的库存:是投资库存的一种形式,指的是生产季节开始之前累积的库存,目的在于保证稳定的劳动力和稳定的生产运转。

3.库存的作用

库存越来越为企业所重视。评价一个企业的物流业绩重要标准是看企业的库存水平。企业库存量不能过多也不能太少。过多的库存量会占据企业的大量资金,影响企业流动资金的利用率,同时还面临着存货的贬值;过少的商品库存量会导致产品脱销,从而造成客户的流失。过多的库存对于食品业来说,还意味着过期、食品腐败、食品安全等一系列问题。原料的库存量过少,会引起生产的中断,可能同样出现脱销现象。目前为止很多企业都无法实现零库存。

因而,企业必须具有一定量的库存,其基本原因有以下四点:

(1)维持销售产品的稳定

销售预测型企业对最终销售产品必须保持一定数量的库存,其目的是应付市场的销售变化。这种方式下,企业并不预先知道市场真正需要什么,只是按对市场需求的预测进行生产,因而产生一定数量的库存是必需的。但随着供应链管理的形成,这种库存也在减少或消失。

(2)维持生产的稳定

企业按销售订单与销售预测安排生产计划,并制订采购计划,下达采购订单。由于采购的物品需要一定的提前期,这个提前期是根据统计数据或者是在供应商生产稳定的前提下制订的。但存在一定的风险,有可能会拖后而延迟交货,最终影响企业的正常生产,造成生产的不稳定。为了降低这种风险,企业就会增加材料的库存量。

(3)平衡企业物流

企业在采购材料、生产用料、在制品及销售物品的物流环节中,库存起着重要的平衡作用。采购的材料会根据库存能力(资金占用等),协调来料收货入库。同时应根据库存能力、生产线物流情况(场地、人力等)平衡物料发放,并协调在制品的库存管理。另外,对销售产品的库存也要视情况进行协调(各个分支仓库的调度与出货速度等)。

(4)平衡流通资金的占用

库存的材料、在制品及成品是企业流通资金的主要占用部分,因而库存量的控制实际上也是进行流通资金的平衡。例如,加大订货批量会增加企业的订货费用,保持一定量的在制品库存与材料会节省生产交换次数,提高工作效率,但这两方面都要寻找最佳控制点。

反过来,库存也会给企业带来不利的影响,这些影响主要包括:

(1)占用企业大量资金。

(2)增加了企业的产品成本与管理成本。库存材料的成本增加直接增加了产品成本,而相关库存设备、管理人员的增加也加大了企业的管理成本。

(3)掩盖了企业众多管理问题。例如,掩盖经常性的产品或零部件的制造质量问题。当废品率和返修率很高时,一种很自然的做法就是加大生产批量和在制品、完成品库存;掩盖供应商的供应质量、交货不及时问题、计划不周、采购不力、生产不均衡、产品质量不稳定及市场销售不力等。

## 二、库存产生的原因

库存产生的原因一般有以下两种：

第一种为计划性或策略性库存。由于企业生产计划或经营策略而产生的库存。交货期缩短或投机性的购买，都是策略性库存出现的主要原因。例如，由于天气原因，企业预测到某种农作物产量将会下降，价格将会上涨，于是大量购进将要涨价的农产品。这种投机性质的购买实际上是规避风险的方式之一。此外，传统节日如中秋节、腊八节等来临前，大量购置的食品或食品原材料，满足生产或销售所产生的库存也属于这类库存。食品原料的生产多具有季节性，收获季节大量购买，可以满足非生产季节生产所需，而且价格较低，可降低成本。此种情况所产生的库存也属于计划性库存。

第二种为失误性库存。管理工作的失误，也是造成库存量增加的重要原因。企业经营计划对市场估计不足、订单与客户等管理的衔接失误、安全库存量设定事实依据不准确、仓库管理不善、生产产能不均衡等各方面因素都会导致库存的产生。此外企业担心供应商不能稳定供货而影响企业的正常生产计划，企业不得不通过增加库存量来规避风险。这些因素都会导致库存量的增加。

## 三、库存控制的发展

人类为了生存，很久以前就学会了将物品存储起来以备不时之需，就连许多动物也知道将粮食存储过冬。我国最早出现的用来储存产品的地方是"窖穴"，随着生产的发展，粮食成为主要保存的产品。人们把专门藏谷的场所叫"仓"，把专门藏米的地方叫作"库"。后来"仓"和"库"逐渐合并成一个概念叫"仓库"，指储存和保管物资的地方，而这些物资则可以看成库存。

因此，人们对库存的认识首先是从物品的视角出发的，即认为库存是物品，库存是必需的，而且库存越大越好。随着工业革命以及社会化大生产的发展，人们需要获取足够的生产资料，库存使采购、生产、销售等各个环节独立的经济活动成为可能，并可调节各个环节之间供求的不一致，起到了连接和润滑的作用。但这些生产资料的来源不多并且不稳定，人们对库存的倾向还是越大越好。所不同的是，人们对库存的认识开始逐渐由物品的视角转向财务的视角，即认为库存是要花钱买来的，是成本的一种，有了降低库存的意愿。

由于有降低库存或降低成本的要求，人们开始逐步展开对库存的研究。1915年，美国的哈里斯提出关于经济订货批量的模型（EOQ），开创了现代库存理论研究的先河。在此之前，意大利的帕累托在研究世界财富分配问题时曾提出帕累托定律，后来在库存管理方面也得到了运用，即为ABC分类法。

第二次世界大战以后，运筹学、数理统计学等学科被运用到这一领域。特别是20世纪50

年代以来，人们开始运用系统工程理论来研究和解决库存问题，并形成了系统存储理论。随着管理工作的科学化，库存管理的理论有了很大的发展，形成许多库存模型，应用于企业管理中已得到显著的效果。

20世纪80年代以来，人们对库存控制的研究和实践又经历了如下过程：随着计算机科学以及管理科学的发展，MRP开始应用并普及，这对库存控制是一个质的飞跃；随着供应链的研究和发展，人们对降低库存的要求几乎到了极致，提出了"零库存"的管理思想。

### 四、库存控制及策略

#### （一）库存控制的内涵

库存控制（inventory control）又称库存管理，是对制造业或服务业生产、经营全过程的各种物品、产成品以及其他资源进行管理和控制，使其储备保持在经济合理的水平上。

传统的狭义观点认为：库存控制主要是针对仓库的食品或其原料进行盘点、数据处理、保管、发放等，通过执行防腐、温湿度控制等手段，达到使保管的食品或其原料保持最佳状态的目的。这只是库存控制的一种表现形式，或者可以定义为实物库存控制。

那么，如何从广义的角度去理解库存控制呢？应该包括以下几点：

第一，库存控制的根本目的。客户满意度和库存周转率是库存控制的两个关键考核指标（KPI），而这个库存周转率实际上就是库存控制的根本目的所在。

第二，库存控制的手段。库存周转率的提高，单单靠实物库存控制是远远不够的。库存本身是贯穿于整个需求与供应管理流程的各个环节，要想达到库存控制的根本目的，就必须控制好各个环节上的库存，而不是仅仅管理好已经到手的实物库存。它应该是从整个需求与供应链管理的角度，对所有涉及库存的环节如预测与订单处理、生产计划与控制、物料计划与采购控制、库存计划与预测本身等进行控制和管理。

第三，库存控制的组织结构与考核。既然库存控制是整个需求与供应链管理流程的输出，要实现库存控制的根本目的就必须要有一个与这个流程相适应的合理的组织结构。直到现在，很多企业只有一个采购部，采购部下面管仓库，这是远不能适应库存控制要求的。从需求与供应链的管理流程分析可知，采购与仓储管理都是典型的执行部门，而库存的控制应该预防为主，执行部门是很难去"预防库存"的。原因很简单，他们的考核指标在很大程度上是为了保证供应（生产、客户）。如何根据企业的实际情况，建立合理的需求与供应链管理流程，从而设置与之相应的合理的组织结构，是一个值得很多企业探讨的问题。

#### （二）库存控制策略

1.库存结构的控制策略

（1）ABC分析法

企业的库存物资种类繁多，对企业的全部库存物资进行管理是一项复杂而繁重的工作。

如果管理者对所有库存物资均匀地使用精力，必然会使其有限的精力过于分散，只能进行粗放式的库存管理，使管理的效率低下。因此，在库存控制中，应加强重点管理的原则，把管理的中心放在重点物资上，以提高管理的效率。ABC分析法便是库存控制中常用的一种重点控制法。

ABC分类库存管理就是将库存物品按品种和占用资金的多少分为特别重要库存（A类）、一般重要库存（B类）和不重要库存（C类）三个等级，然后针对不同的等级分别进行管理和控制。其主要思想就是针对"关键的少数和一般的多数"这一现象，即在一个系统中，少数事物具有决定性影响，相反其余绝大多数却不太有影响力的实际情况。

A类库存就是指占总库存项目20%却占总资本80%的库存，B类库存是指占总库存项目30%却占总资本15%的库存，C类库存是指占总库存项目50%却占总资本5%的库存。

ABC分析法只是一种管理手段，其真正目的是针对不同的分类采取不同的管理措施，即在设备配置、管理要点、订货方式、检查方式、统计方法、保管条件等方面给予不同的规划，使库存管理更加合理、更加科学。现将ABC分类管理总结如表4－2所示：

表4－2 ABC三类物品的管理措施

| 类别 | A类 | B类 | C类 |
| --- | --- | --- | --- |
| 价值 | 高 | 中 | 低 |
| 管理要点 | 投入较大力量精心管理、重点控制、将库存压缩到最低水平 | 按销量时松时紧来调节库存水平 | 集中订货，以较高库存来减少订货费用 |
| 设备配置 | 配置完备的储运、运输和装卸设备，保证出入库频率和效率 | 适当保证，根据需求程度及重要性来确定设备配置 | 非重点配置 |
| 订货量 | 少 | 较多 | 多 |
| 订货方式 | 定期定量按经济批量订货 | 按过去记录，定量订货 | 按经验订货 |
| 检查方式 | 经常盘点 | 一般检查 | 按年度或季度检查 |
| 控制程度 | 按品种、规格严格控制 | 按品种大类控制 | 控制总金额 |

食品及其原料作为特殊的物品，无论哪一类类别，保证食品安全是最低的管理要求。

(2) CVA管理法

有些公司发现，ABC分类并不令人满意，因为C类物资往往得不到应有的重视。例如，经销鞋的企业会把鞋带列入C类物资，但是如果鞋带短缺将会严重影响到鞋的销售。一家食品生产商会把包装列入C类物资，但缺少包装往往会导致整个生产链的停工。因此有些企业采用关键因素分析法，Critical Value Analysis 简写CVA。

CVA库存管理法又称为关键因素分析法,CVA库存管理法比ABC库存管理法有更强的目的性,是对ABC分类法进行有益的补充。在使用中,不要确定太多的优先级物品,因为太多的优先级物品,结果是哪种物品都得不到重视。在实际工作中可以把两种方法结合使用,效果会更好。

CVA的基本思想是把存货按照其关键性分为3~5类:最高优先级,这是经营的关键性物资不允许缺货;较高优先级,这是指经营活动小的基础物资,但允许偶尔缺货;中等优先级,这多属于比较重要的物资,允许合理范围内缺货;较低优先级,经营中需用这些物资,但可替代性高,允许缺货。

2.订货模式的选择策略

食品库存控制系统是个庞大的系统,就食品采购模式角度而言,可以归结为两大类即定量订货系统和定期订货系统。因此,定量订货法和定期订货法是食品库存控制的最基本方法。

(1)定量订货法

定量订货法是指当库存量下降到预定的最低库存量(订货点)时,按规定数量(一般以经济批量EOQ为标准)进行订货补充的一种库存控制方法,见图4—3。

该方法基本原理是,当库存量下降到订货点R时,即按预先确定的订购量Q发出订货单,经过交纳周期(订货至到货间隔时间)LT,库存量继续下降,到达安全库存量S时,收到订货Q,库存水平上升。

该方法主要靠控制订货点R和订货批量Q两个参数来控制订货,既能最好地满足库存需求,又能使总费用最低。

预先确定一个订货点和订货批量,在销售过程中随时检查库存,当库存下降到订货点时,开始发出经济批量的订货。定量订货法是基于商品数量的订货控制方法,控制参数的确定:

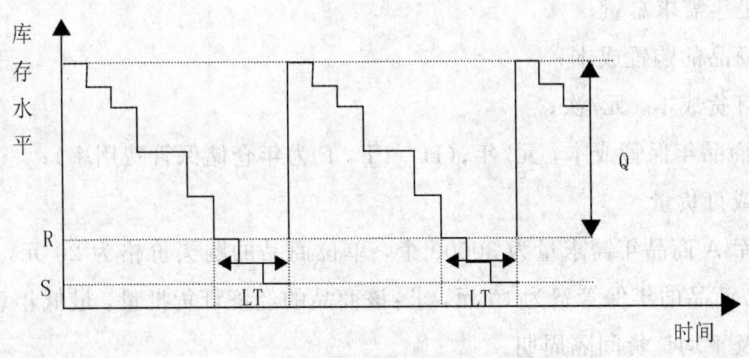

图4—3 定量订货法

①确定订货点

订货点:对于某种物料或产品,由于生产或销售的原因而逐渐减少,当库存量降低到某一预先设定的点时,即开始发出订货单(采购单或加工单)来补充库存,直至库存量降低到安全库存时,发出的订单所订购的物料(产品)刚好到达仓库,补充前一时期的消耗,此时订货的数值点,即称为订货点。从订货单发出到所订货物收到这一段时间称为订货提前期。它与产品生产、运输路途远近和运输速度相关。

订货点计算公式:

$$Q_k = D_L + Q_S$$

式中,$Q_K$ 为订货点;

$D_L$ 为订货提前期的需求量;

$Q_S$ 为安全库存。

订货点是个决策变量,直接控制库存水平的关键。订货点过高,则库存积压;订货点太低则商品出现脱销。

订货点法对原料的要求较高,要求原料具有以下特点:

对各种物料的需求是相对独立的;

物料需求是连续发生的;

提前期是已知的和固定的;

库存消耗之后应立即补充;

无法很好地解决何时订货的问题。

②确定订货批量——经济订货批量(Economic Order Quantity, EOQ)

订货批量 Q 依据经济批量(EOQ)的方法来确定,即总库存成本最小时的每次订货数量。它直接影响到库存量的高低,故而也影响到食品供应的满足情况。

经济订货批量:

$$EOQ = \sqrt{\frac{2CD}{H}} = \sqrt{\frac{2CD}{PF}}$$

式中,D 是年需求总量;

P 是单位商品的购置成本;

C 是每次订货成本,元/次;

H 是单位商品年保管成本,元/年;(H=PF,F 为年仓储保管费用率);

Q 是批量或订货量。

【例】甲仓库 A 商品年需求量为 30000 个,单位商品的购买价格为 20 元,每次订货成本为 240 元,单位商品的年保管费为 10 元,求:该商品的经济订货批量,最低年总库存成本,每年的订货次数及平均订货间隔周期。

解:经济批量 $EOQ = \sqrt{\dfrac{2 \times 240 \times 30000}{10}} = 1200(个)$

每年总库存成本 TC = 30000×20+10×1200 = 612000(元)

每年的订货次数 N＝30000/1200＝25（次）

平均订货间隔周期 T＝365/25＝14.6（天）

基本的经济订货批量模型（EOQ）的主要假设：

年需求量是独立已知的；

货物向外界采购，每次订货数量不变，而且整批订货，一次全部瞬间到达；

不允许发生缺货；物品价格无折扣，每次订货费和全年的单位储存费不变。

(2) 定期订货法

定期订货法是按预先确定的订货时间间隔进行订货补充的库存管理方法，是基于时间的订货方法。

原理：预先确定一个订货周期和最高库存量，周期性地检查库存，根据最高库存量、实际库存、在途订货量和待出库商品数量，计算出每次订货批量，发出订货指令，组织订货。

定期订货法决策思路是：每隔一个固定的时间周期检查库存项目的储备量。根据盘点结果与预定的目标库存水平的差额确定每次订购批量。这里假设需求为随机变化，因此，每次盘点时的储备量都是不相等的，为达到目标库存水平而需要补充的数量也随着变化。这样，这类系统的决策变量应是，检查时间周期 T、目标库存水平 $Q_0$（见图 4—9）。

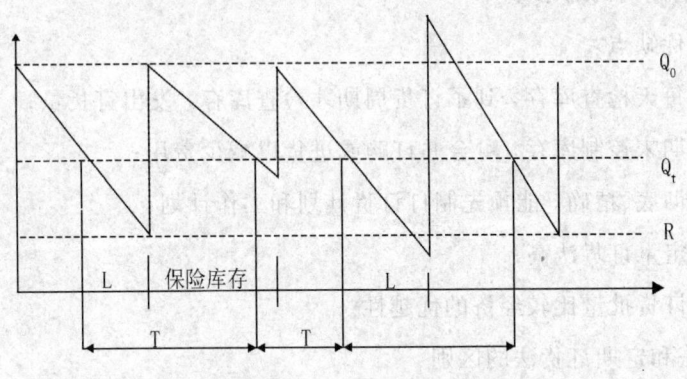

图 4－4　定期订货法

①订货周期（T）的确定

订货周期就是订货间隔期，它与定量订货的订货间隔期是不同的。定量订货法的订货间隔期可能互不相同，而定期订货法的订货间隔周期都是相等的。订货间隔期的长短取决于最高库存量和库存水平的高低。订货周期偏长使得库存水平过高，订货周期过短会使订货批次增多，从而增加订货的费用。

订货周期一般根据经验确定，主要考虑制订生产计划的周期时间，常取月或季度作为库存检查周期，但也可以借用经济订货批量的计算公式确定库存成本最有利的订货周期。

定期订货法订货周期的确定，原则上应该使在采用该订货周期订货过程中发生的总费用最低，即取经济订货周期($T^*$)。

经济订货周期

$$T^* = \sqrt{(2\times C)/(H\times R)}$$

式中变量含义与经济订货批量公式中一样。

②最高库存量 $Q_{max}$ 的确定

控制库存量是很明显的。整个运行过程的最高库存量不会超过 $Q_{max}$。$Q_{max}$ 实际上就是最高库存量的控制线，它是定期订货法用于控制库存量的一个关键性的控制参数。

定期订货法在保证用户需求满足程度方面的方法原理是与定量订货法不同的。定量订货法是以提前期用户需求量为依据，制定策略的目的是保证提前期内用户需求量的满足。定期订货法不是以满足提前期内的用户需求量为目的的，而是以满足订货周期内的需求量再加上满足提前期内用户的需求量为目的的，即是以满足订货周期(T)和订货提前期(TK)内的总需求量为目的的。

$$Q_{max} = D_T + D_{TK}$$

式中，$D_T$ 是订货周期内的需求量；

$D_{TK}$ 是订货提前期内的需求量

定期订货法的优缺点：

管理人员不必每天检查库存，到了订货周期才检查库存，发出订货量；

能通过订货周期来控制库存，可合并订购或进货以减少费用；

周期盘存比较彻底、精确，能预先制订订货计划和工作计划；

安全库存量比定量订货法高；

不能发挥经济订货批量比较经济的优越性。

(3)定量订货法和定期订货法的区别

①提出订购请求时点的标准不同

定量订购库存控制法提出订购请求的时点标准是，当库存量下降到预定的订货点时，即提出订购请求；而定期订购库存控制法提出订购请求的时点标准则是，按预先规定的订货间隔周期，到了该订货的时点即提出请求订购。

②请求订购的商品批量不同

定量订购库存控制法每次请求订购商品的批量相同，都是事先确定的经济批量；而定期订购库存控制法每到规定的请求订购期，订购的商品批量都不相同，可根据库存的实际情况计算后确定。

③库存商品管理控制的程度不同

定期订购库存控制法要求仓库作业人员对库存商品进行严格的控制精心的管理，经常检查、详细记录、认真盘点；而用定量订购库存控制法时，对库存商品只要求进行一般的管理，简单的记录，不需要经常检查和盘点。

④适用的商品范围不同

定量订购库存控制法适用于品种数量少，平均占用资金大的、需重点管理的 A 类商品；而定期订购库存控制法适用于品种数量大、平均占用资金少的、只需一般管理的 B 类、C 类商品。

## 本章小结

本章阐述了采购及食品采购的概念、特点、采购的模式和采购流程，分析了食品采购过程中容易出现的问题、食品行业采购流程特点及内部控制难点，提出了食品安全采购的措施、食品安全采购的控制方法；讲述了库存的概念、作用、产生的原因及食品库存控制策略。

## 复习思考题

### 一、名词解释

1.食品采购 2.库存 3.订货点 4.订货提前期 5.定期订货法 6.定量订货法

### 二、填空题

1.食品采购的特点是（　）、（　）和（　）。

2.造成食品采购复杂性和不确定性的原因是（　）、（　）、（　）。

3. 按采购的集中程度，食品采购可分为（　）和（　）；按采购的渠道则可分为（　）和（　）；按采购的方法分类则可分为（　）和（　）。

4.食品供应商选择的原则有（　）、（　）和（　）。

5.（　）、（　）、（　）是供应商管理过程中的三个要素，形成了一个整体的、持续的过程。

6.一个完善的供应商激励与控制体系，激励方式主要有（　）、（　）、（　）、（　）。

7.完善供应商管理体系包括（　）、（　）、（　）、（　）。

8.可库存食品订货量的控制，关键在于（　）和（　）的确定

9.鲜活食品不能压货，没有最大最小库存量的限制，一般采用（　）形式订货。

10. 库存结构的控制策略有（　）和（　）两种。

11.（　）和（　）是食品库存控制的最基本方法。

### 三、简答题

1.食品采购过程中容易出现的问题有哪些？

2. 食品采购的模式有哪些？
3. 如何对食品供应商进行审核？
4. 食品行业采购流程特点及内部控制难点是什么？

## 案例分析

### 案例6 沃尔玛的八大采购策略

截至2004年，沃尔玛已经连续四年占据世界500强之首的位置，它的采购经验值得零售企业借鉴。在美国，沃尔玛已经占据了零售业销售量6％，与其他零售业不同的是，沃尔玛公司的主要利润来源于供应链。利润率在5％~6％。2002年2月1日以后，沃尔玛停止了采购外包，年销售额2200亿美元的商品全部交给深圳全球采购总部及其所属的采购网络负责。从此，沃尔玛委托太平洋资源进出口公司采购的合作正式停止，沃尔玛的商品采购任务全部由自己的全球采购部承担。沃尔玛的商品采购策略主要有八条：

1. 直接从工厂进货

20世纪80年代，沃尔玛曾采取了一项政策，要求从交易中排除厂商的销售代理，直接从工厂进货；如果厂商不同意，沃尔玛就会终止与其合作生意。由于沃尔玛的采购量巨大，经过一番讨价还价之后，厂商纷纷派出代表赴沃尔玛总部商谈具体事宜，这一举措把商品的进货价压低了2％~6％，正好相当于厂商销售代理的佣金比例。

2. 采取总部采购制，统一进货

沃尔玛对柯达胶卷等高知名度的商品，一次性签订一年的合同，由于购买数量巨大，其进货价远远低于同行，形成别人无法比拟的价格优势。有一次，沃尔玛要求可口可乐公司订购一年所需的全部货物，条件是价格必须比其他商家低5％，并保证不再向第二家提供这样价格的商品。一开始可口可乐公司表示无法做到，但由于购买数量巨大，经过一番谈判和周折，最终达成协议。

3. 买断商品，定时结账

由于零售商品风险较大，很多商店为了转移商品卖不出去的风险采取代销厂家商品的经营方式，即使商品卖不出去也可向厂家退货。但沃尔玛实施的却是买断进货的政策，并固定时间结账，绝不拖延。这样做虽然要冒一些商品积压的风险，却可以大大降低进价，同时赢得供应商的信赖。

另外，沃尔玛与供应商定时结账的时间较短。美国的第三大零售商凯马特对供应商平均45天结一次账，而沃尔玛平均29天就结一次账，这也激发供应商与沃尔玛建立合作关系的积极性，从而进一步降低了沃尔玛的进货价。

4. 通过计算机联网，与供应商信息共享

20世纪80年代末，沃尔玛开始通过计算机联网和EDI与供应商分享信息，让供应商随时了解其商品在沃尔玛各个分店的销售和库存变动情况，以此来调整生产和发货，从而提高了供应商的生产经营效率,降低运营成本。

5.与供应商长期合作

这也是沃尔玛获得最低进货价的原因之一。在商界,给予长期客户以价格上的优惠是一种通行的做法。

6.降低供应商的运输成本

沃尔玛与供应商一旦达成交易,总部便通知供应商把货品送到沃尔玛的配送中心,再由其配送中心和运输车队分送到各商店。这样为供应商节省了部分运费,自然也愿意接受沃尔玛的低价要求。

7.免除供应商额外的负担

禁止采购人员索要回扣,不要求供应商提供广告支持。

8.为供应商在店内安排展示区

在店内为关键的供应商安排适当的展示区,让供应商根据商品的特点布置自己的展区,以营造一种更专业的更吸引顾客的购物环境,从而卖出更多的商品。这一优惠政策也使供应商愿意接受沃尔玛的最低进价。

**案例点评:**

通过以上案例可知,沃尔玛在商品采购中采取了多种有力措施,使供应商愿意接受其提出的最低进货价,因此,沃尔玛能够以最低的零售价让利给顾客,其结果是供应商、沃尔玛、消费者各得其所,三方共赢,这些做法非常值得其他企业参考借鉴。

## 案例7 本田与其供应商的伙伴型合作关系

位于俄亥俄州的本田美国公司,强调与供应商之间的长期战略合作伙伴关系。本田公司总成本的80%都是用在向供应商的采购上,这在全球范围内都是最高的。因为它选择离制造厂近的供应源,所以与供应商能建立更紧密的合作关系,更好地保证JIT(准时制)供货。制造厂库存的平均周转周期不到3小时。

1982年,有27个美国供应商为本田美国公司提供价值1400万美元的零部件,而到了1990年,有175个美国供应商为它提供超过22亿美元的零部件。大多数供应商与它的总装厂距离不超过150英里。在俄亥俄州生产的汽车零部件本地率达到90%(1997年),只有少数的零部件来自日本。强有力的本地化供应商的支持是本田成功的原因之一。

如果供应商达到本田的业绩标准就可以成为它的终身供应商。本田也在以下几个方面对供应商提供帮助,使其成为一流的供应商:

(1)2名员工协助供应商改善员工管理;
(2)40名工程师在采购部门协助供应商提高生产效率和质量;
(3)质量控制部门配备120名工程师,专门解决进厂产品和供应商的质量问题;
(4)在塑造技术、焊接、铸模等领域为供应商提供技术支持;

(5)成立特殊小组帮助供应商解决特定的难题；

(6)直接与供应商进行上层沟通，确保供应商的高质量；

(7)定期检查供应商的运作情况，包括财务和商业计划等；

(8)外派高层领导人到供应商所在地工作，以加深本田公司与供应商之间的相互了解及沟通。

本田美国公司从1986年开始选择Donnelly为它生产全部的内玻璃，当时Donnelly的核心能力就是生产车内玻璃，随着合作的加深，相互的关系越来越密切，本田美国公司开始建议Donnelly生产外玻璃。在本田美国公司的帮助下，Donnelly建立了一个新厂生产本田的外玻璃。它们之间的交易额在第一年为500万美元，到1997年达到了6000万美元。

在俄亥俄州生产的汽车是本田在美国销量最好、品牌忠诚度最高的汽车。事实上，它在美国生产的汽车已经部分返销日本。本田与供应商之间的合作关系无疑是它成功的关键因素之一。

### 从以上案例分析：

1. 什么是伙伴型供应商关系？
2. 分析企业与供应商建立伙伴型关系的意义。

# 第五章 食品的运输与配送管理

**【知识目标】**

理解食品运输的概念、特点,掌握食品配送的功能和方式;了解不同食品的特征,掌握果蔬、粮食和肉制品的运输特征和运输要求;理解食品配送的内涵和发展的必要性,掌握食品配送的特点和配送的方式;了解食品配送中心的含义和分类,掌握食品配送作业流程各个环节的操作和管理要点;了解生鲜食品和肉制品的特性,掌握其配送流程和质量管理。

**【技能目标】**

通过本章学习,能够针对不同食品的特性选择合适的运输工具和运输方式;能够根据食品种类、特性制订出合理的配送方案,做到快速、高效、安全的食品配送。

食品物流包括食品运输、储存、配送、装卸、物流信息管理等一系列活动。食品运输环节是食品物流众多环节中一个十分重要的部分。食品运输环节的安全与否直接涉及食品物流全程安全目标能否实现。近年来,我国在食品运输环节出现的不安全事件屡见不鲜,据不完全统计,1985—2005年9个铁路局货运站和货车发生约482起铁路食品运输污染事件。

由于道路建设、现代化冷藏储运基础设施落后,中国每年在运输途中,腐烂变质的水果、蔬菜、乳制品和其他容易损坏的食品的总损失达到750亿元人民币。这笔巨款如果用来买粮食,可以让2亿人不挨饿。专家认为,中国缺乏训练有素的食品物流及冷链管理人员,以及现代化冷藏储运基础设施。这些是导致中国每年数百亿元食品浪费和损失的最重要原因之一。

一位来自欧洲的物流专家在考察中国冷链管理和物流服务供应链后认为,先不谈食品在产地验收时候的本身质量如何,如果按照欧洲的标准和规范来操作,目前中国食品流通总量中的80%的水果、蔬菜、冷冻食品和乳制品等保鲜食品在抵达目的地后将被收货人拒之门外。

以上问题的存在,源于历史、经济、技术等方面的原因,而不是简单的物流问题。食品的运输管理涉及温控设施设备技术、保温保鲜技术、温度跟踪技术、车辆调度和市场监督等一系列的管理体系。

## 第一节 食品运输及其功能

### 一、食品运输概述

食品的运输可以看作是在距离不定的两个地点之间处于移动状态的暂时储藏。它看上去十分简单,但在操作中必须组织充分的人力和物力,以保证食品的安全。

1.食品运输的概念

运输是指利用运输工具,将人或物从一个地方转移到另一个地方,改变其空间位置的载运及输送行为。食品运输是在不同地域范围间,利用运输工具来改变食品的空间位置为目的的活动。这里"不同地域范围间"有多种形式,可以是两国之间、两个城市之间、两个工厂之间,也可以发生在一个食品企业内相距较远的两车间之间。

运输过程中的食品,是以运输食品的吨数或吨公里(或吨海里)作为计量单位。运输食品的吨数称为食品运输量或货运量,运输食品的吨公里数或吨海里数称为食品周转量。

运输与搬运的区别在于,运输是较大范围的活动,而搬运是在同一地域之内的活动,范围一般较小。

2.食品运输的特征

食品是为人们提供营养的物质,具有其他商品所没有的特性,如营养性、易腐性、保质期等。因此在物流各个环节要特别注意,才能保证食品在流通过程中质量安全。

第一,食品具有食用性。所以要求在运输装卸过程中要始终保持食品及其运输环境的清洁卫生;食品还容易感染气味,所以装卸、保管和运输时要求周围环境通风良好,不受其他气味、潮湿、油污、杂质的感染,一定要与有刺激性气味的货物分开储运。

第二,食品具有吸附性,吸收了水分后,容易滋生微生物,造成食品的腐败变质。吸收光线会发生光氧化,影响食品的色泽、风味和营养。因此食品要避光、密封保存运输。

第三,食品具有营养性,在本身的生化反应或微生物的作用下很容易发生腐败变质,属于易腐品。低温能够抑制酶的作用,延缓生化反应和微生物的生长繁殖速度,可以降低食品劣变的速度。因此，食品的运输多需要在低温条件下进行。这样，易腐食品的运输需要冷藏设备和温湿度监控设备等，运输成本较高。

第四，机械损伤是加速食品劣变的重要因素。果蔬制品受到机械损伤后，汁液流失和氧化，使食品的外观、颜色、味道发生变化，质量下降。同时机械损伤造成的伤口也容易使微生物侵入，加速食品的腐败变质。此外，机械损伤会引起食品尤其是膨化食品外形的变化，营养价值和商品价值会受到不同程度的影响。因此，在食品的流通过程中，一定要采取轻装轻卸、加减震包装、选择合适的运输工具等方式避免机械损伤。

第五，食品种类繁多，保质期长短不一，时效性高。随着人们生活水平的提高，越来越重视营养和健康，不但要求产品新鲜、配送快速及时，还呈现出多品种、少数量的需求特征。生鲜产品的生命周期短，在运送过程中由于运送时间的长短，而造成食品的品质下降。因此，食品尤其生鲜食品的运输不仅全程需要低温或气调控制，还需要尽量缩短运输时间。

3.运输基础设施设备的构成

现代运输的基础设施设备包括：运输线路、运输工具、通信设备和运输站点。这些运输基础设施设备，在食品的运输过程中发挥各自的作用，相互配合形成有机整体，共同完成食品运输任务。

(1)运输线路

运输线路又称运输通路，是指运输工具从始点，经过中间地段，到终点三者连接而成的线路。运输线路按其形成可分为自然形成和人工建设而成两类。自然形成的运输线路是依靠自然条件而形成的，如空中航线和部分水路等。人工建设的运输线路是专门经过人员施工建设而成的，如铁路、高速公路和运河等。运输线路一般分为陆路、水路和空路三种。

(2)运输工具

运输工具的功能是运送和保护食品。因此，运输工具是由两部分组成的，即提供运送功能的动力设备和提供保护功能的保护设备。食品的运输工具主要有汽车、火车、轮船和飞机等。

(3)通信设备

现代化运输方式的特点是运输量大，运输速度快，因此运输的安全十分重要。在运输过程中，运输线路、运输工具、运输站点都要安装通信设备，以加强运输工具、线路、站点与有关部门的联系，保证运输的安全。随着通信技术的不断发展，运输通信技术已由过去单纯的语言传输向信息技术方向转变，如列车无线通信、运行信息处理、自动控制的列车运行系统、GPS/GIS定位系统等。

(4)运输站点

运输站点是指车站、港口、机场等。运输站点的主要功能是提供食品的换装、运输工具的相关服务，同时也提供相关食宿和办公服务等。因此运输站点必须建设为运输服务的相关设施，如仓库、货场、运输工具维修、通信设施等。

4.各国对食品运输、包装的规定

(1)各国对食品运输的规定

在食品流通中,易腐食品是较为敏感的,也是最易发生安全事故的。因而,欧美国家在20世纪90年代开始对易腐食品在运输和配送等环节进行温度立法,规定最高温度和最低温度。例如,美国的蔬菜始终处于采后生理需求的低温条件,形成一条"冷链",即田间采后预冷→冷库→冷藏车运输→批发站冷库→自选商场冷库→自选商场冷柜→消费者冰柜。由于冷藏处理得当,腐烂中毒事件少有发生,且易腐食品在运输中的损耗率仅为1%～2%。

目前,许多欧美国家建立食品流通安全可追溯系统,并以法规的形式将可追溯纳入食品物流体系中,并规定不具有可追溯功能的食品禁止进入市场。欧盟及其主要成员国在追溯制度方面建立了统一的数据库,包括识别系统、代码系统,详细记载生产链和流通链中被监控对象移动的轨迹,监测食品的生产和销售状况。欧盟还建立了食品追踪机制,要求食品经销商对食品来源进行记录,对食品销售去向进行记录,由此建立起了食品流通可追踪的系统,便于对有害食品的追踪和召回。

阿拉伯联合酋长国食品运输:迪拜和阿布扎比港卫生当局规定凡进口食品,必须注明失效期,并随船带有卫生健康说明书,否则港方不予卸货。

黎巴嫩食品运输:黎巴嫩兽医卫生检疫法规定凡进口活动物、畜产品及其制品、所有易腐坏的罐头和食品,均须随船携带有关生产国出具的正式卫生证书,无证书的商品禁止入港。

马尔代夫食品运输:未经马尔代夫对外事务部允许,不准进口酒精饮料、狗、猪或猪肉、雕像等。

澳大利亚食品运输:澳大利亚港务局规定木箱包装货物进口时,其木材需经熏蒸处理,并将熏蒸证书寄收货人。如无木材熏蒸证书,木箱将被拆除烧毁,更换包装费用均由发货人负担。

新西兰食品运输:新西兰港务局规定集装箱的木质结构及箱内的木质包装物和垫箱木料等必须经过检疫处理后方可入境。

(2)各国对食品包装的规定

目前,国际上对食品药品包装的限制措施和技术壁垒经常出现,不断在调整和变化。对进出口食品、农产品本身及其包装的技术检验和卫生检疫要求很高;再加上食品农产品本身的卫生问题不断出现,不少发达国家推出许多的法律法规对食品农产品及其包装实行相当严格的准入制度。目前,美国、欧盟、日本等发达国家(地区)都对与食品接触的包装材料制定了相应的法规和限量标准,成为限制进口的新技术贸易壁垒。仅2005年1～10月,欧盟向我国通报了54起食品包装安全卫生问题,严重影响了我国的食品包装信誉。

美国:美国联邦法规中的第21章,严格规定了食品的包装。通常与食品接触的材料必须符合美国食品及药品管理局(FDA)的规定,并通过以下两种方法的测试。化学成分组成测试:包装使用的材料必须在法规中有明确的确认,包装商还必须遵照法规要求的方法条件处理这些材料。这些规定主要是针对材料而言。迁移测试：包装材料需要经过检验，通过复杂的迁移测试并被认定是安全可靠的材料。迁移测试是用于评测从包装材料中流失出来的食品残留物的含量水平。通常，这个方法是新型包装材料的必选测试。

美国食品及药品管理局（FDA）还允许公司提交一份"食品接触证明"，凭此判定接触食品的一种材料及其使用方法和相关数据是安全可靠的。美国进口的食品包装或用于食品包装的材料，都必须符合 FDA 的严格测试。而确保该包装材料满足 FDA 的规定则是食品包装商的分内职责。

美国联邦法规第 21 卷《食品、药物和化妆品》对关联包装的规定：食品必须在符合卫生要求的条件下包装；食品包装材料的生产必须依据良好的管理规范（GMP）；与食品接触的包装材料及其组成成分必须符合要求。这两条规定了生产企业必须通过相关的认证。

欧盟：欧盟有关食品接触材料的立法始于 20 世纪 70 年代中期，现行的法规是欧盟 2004 年 11 月 13 日颁布的一项欧洲议会和欧盟理事会通过的有关食品接触材料的法规（EC）No.1935/2004。该法规对与食品接触的材料和制品提出了通用要求：进入欧盟市场的所有食品接触材料和制品，应按良好生产规范组织生产，这些材料和制品在正常或可预见的使用条件下，其构成成分转移到食品中的量不得造成危害人类健康，或食品成分发生无法接受的变化，或感官特性的劣变的情况，且材料和制品的标签、广告以及说明不应误导消费者。

法规对与食品接触的材料提出了具有追溯性的要求：便于材料的生产控制、有缺陷产品的召回、消费者信息的获取以及责任分摊，在任何阶段都应保证材料和制品的追溯性。

日本：日本是世界上最讲究包装的国家之一。日本的《食品卫生法》明确要求，食品包装不能太花哨，必须无味，而且印制食品包装时一定要使用专门的油墨，即必须用醇溶油墨取代甲苯溶油墨，这种油墨较稳定，不容易挥发产生有害物质。日本尤其要求儿童食品包装颜色不能太多，包装内层要有一个隔离膜。此外，日本针对该国企业造假现象，于 2008 年 12 月 25 日进一步规范了标签产地国标识。

法国：法国宣布自 2010 年 1 月 1 日起，禁止使用非生物降解的塑料材料包装食品、农产品，改由环保可降解材料完全替代。此外，对食品包装的文字说明出台了新规定，要求食品包装上必须标明食品的商业名称，同时还应标明其法律名称。同时还规定包装盒的体积必须与食品本身的体积大体一致，不得用超出食品本身体积过多的盒子包装。

(3) 食品运输包装使用文种的规定

销往香港的食品运输时，食品标签必须用中文，但食品名称及成分，须同时用英文注明。

希腊政府正式公布，凡出口到希腊的食品运输包装上必须要用希腊文字写明公司名称、代理商名称及产品质量、数量等项目。

销往法国的食品运输装箱单及商业发票必须用法文，包括标志说明，不以法文书写的应附译文。

销往阿拉伯地区的食品、饮料，必须用阿拉伯文说明。

(4)食品运输禁用的包装材料

美国规定，为防止植物病虫害的传播，食品运输禁止使用稻草做包装材料，如被海关发现，必须当场销毁，并支付由此产生的一切费用。

新西兰农业检疫所规定，进口食品运输包装严禁使用以下材料：干草、稻草、麦草、谷壳或糠、生苔物、土壤、泥灰、用过的旧麻袋及其他材料。

菲律宾卫生部和海关规定，凡进口的食品禁止用麻袋和麻袋制品及稻草、草席等材料包装。

澳大利亚防疫局规定，凡用木箱包装(包括托盘木料)的货物进口时，均需提供熏蒸证明。

## 二、食品运输的功能

1. 运输是食品物流的主要功能要素之一

按物流的概念，物流是"物"的物理性运动，这种运动不但改变了物的时间状态，也改变了物的空间状态。运输承担了改变空间状态的主要任务和手段，运输再配以搬运、配送等活动，就能圆满完成改变空间状态的全部任务。食品及其原料的生产具有季节性和区域性，加之区域自然资源和农业科技生产力的差异，而食品的消费具有全年性和全球性。食品运输可以解决食品生产和消费所存在的时间和空间矛盾，实现其空间价值和时间价值，从满足人们消费需求，实现农业、加工业、运输业等的经济效益。例如北京作为全国政治、经济、文化的中心，人口众多，土地资源有限，需要长期外调粮食和蔬菜来满足日常消费。

2. 运输是食品供应链上游企业物质生产的必要条件之一

运输是国民经济的基础和先行。马克思将运输称为"第四个物质生产部门"是将运输看成生产过程的继续。这个继续虽然以生产过程为前提，但如果没有这个继续，生产过程则不能最后完成。所以，虽然运输的这种生产活动和一般生产活动不同，它不创造新的物质产品，不增加社会产品数量，不赋予产品以新的使用价值，而只变动其所在的空间位置。但这一变动使生产能继续下去，使社会再生产不断向前推进。食品作为特殊的商品，来源于农业、畜牧业、食品加工业。食品的运输对于供应链的上游企业，如种植养殖企业、食品加工企业等来说是利润实现的主要途径，是扩大再生产的资金来源。

3. 运输可以创造"场所效用"

"场所效用"的含义是：同种"物"由于空间场所不同，其使用价值的实现程度则不同，其效益的实现也不同。由于改变场所能发挥最大使用价值，最大限度地提高了产出投入比，所以称之为"场所效用"。世界各地由于地质条件、环境条件、生产技术、饮食习惯等方面存在的差异，农产品或食品的生产和消费具有明显的区域差别。但随着中西文化的交融，各国的饮食习惯都在发生变化，对食品的需求也在发生改变。食品生产的区域性所造成的生产和消费之间的矛盾可以通过运输消除。通过运输，将食品运到"场所效用"最高的地方，就能发挥食品最大的效用，实现资源的优化配置。从这个意义来讲，也相当于通过运输提高了食品的使用价值。

4.运输是"第三利润源"

首先，食品运输是动态的储存，它和静止的保管不同，既要实现食品的空间转移，又要保证此过程中食品的质量安全。其次，从运输成本来看，运费在全部物流费中占最高的比例，一般在综合分析计算社会物流费用中，运输费占接近50%的比例，有些产品运费甚至高于产品的生产费，所以运费节约的潜力是很大的。食品，无论是原料、半成品还是成品都具有营养性，是易腐品，需要低温运输。因此，运输成本远高于常温运输。如果使用全程冷链物流体系，食品企业物流成本达产品销售额的50%～70%，而采取土法保温或常温运输方式，物流成本可能只有20%，但易发生食品腐败变质，同样会增加物流成本，还可能引起食品安全事故。

## 三、食品运输的方式

### （一）按运输设备及运输工具不同分类

按运输设备及运输工具分类，食品运输可以分为铁路运输、公路运输、船舶运输、航空运输、管道运输和多式联运。

每年世界上大约有2005亿公吨的食品跨国运输，60%采用海运，35%采用陆运，5%采用空运。在美国国内，大多数食品采用陆运（卡车和铁路）。

1.公路运输

公路运输主要是指使用汽车或其他车辆（如人、畜力车）在公路上进行货客运输的一种方式。公路运输主要承担近距离、小批量的货运和水运、铁路运输难以到达地区的长途、大批量货运及铁路、水运优势难以发挥的短途运输。公路运输有很强灵活性，近年来，在有铁路、水运的地区，较长途的大批量运输也开始使用公路运输。公路运输主要优点是灵活性强，公路建设期短，投资较低，易于因地制宜，对收到站设施要求不高。可以采取"门到门"运输形式，即从发货者门口直到收货者门口，而不需转运或反复装卸搬运。公路运输也可作为其他运输方式的衔接手段。但这种运输方式受路况和天气影响较大。公路运输的经济半径，一般在200公里以内。各类食品都可以采用这种方式运输，尤其对于生鲜易腐烂的食品。

2.铁路运输

这是使用铁路列车运送客货的一种运输方式。铁路运输主要承担长距离、大数量的货运。在没有水运条件地区，几乎所有大批量货物都是依靠铁路，是干线运输中起主力运输作用的运输形式。

铁路运输优点是速度快，运输受自然条件限制较小，载运量大，运输成本较低。主要缺点是灵活性差，只能在固定线路上实现运输，需要其他运输手段配合和衔接。铁路运输经济里程一般在200公里以上。

铁路运输的特点：

①铁路运输的准确性和连续性强。铁路运输几乎不受气候影响，一年四季可以不分昼夜地进行定期的、有规律的、准确的运转。

②铁路运输速度比较快。铁路货运速度每昼夜可达几百公里，一般货车可达 100 公里/小时左右，远远高于海上运输。

③运输量比较大。铁路一列货物列车一般能运送 3000~5000 吨货物，远远高于航空运输和汽车运输。

④铁路运输成本较低。铁路运输费用仅为汽车运输费用的几分之一到十几分之一；运输耗油约是汽车运输的二十分之一。

⑤铁路运输安全可靠，风险远比海上运输小。

⑥初期投资大。铁路运输需要铺设轨道、建造桥梁和隧道，建路工程艰巨复杂；需要消耗大量钢材、木材；占用土地，其初期投资大大超过其他运输方式。

铁路货物运输分为三种：①整车运输；②零担运输；③集装箱运输。其中还包括快运，整列行包快运，但现在开展的范围不大。一批货物的重量、体积或形状需要以一辆以上货车运输的，应按整车托运；不够整车运输条件的，按零担托运；符合集装箱运输条件的，可以按集装箱托运。按零担托运的货物，一件体积最小不能小于 0.02 立方米（一件重量在 10 公斤以上的除外），每批不得超过 300 件。货物托运人向铁路托运一批货物的重量、体积或形状需要以一辆及其以上货车运输，应按整车运输的方式向铁路（承运人）办理托运手续。

3.水路运输

这是使用船舶运送客货的一种运输方式。

水运主要承担大数量、长距离的运输，是在干线运输中起主力作用的运输形式。在内河及沿海，水运也常作为小型运输工具使用，担任补充及衔接大批量干线运输的任务。

水运的主要优点是成本低，能进行低成本、大批量、远距离的运输。但是水运也有显而易见的缺点，主要是运输速度慢，受港口、水位、季节、气候影响较大，因而一年中中断运输的时间较长。水运有以下四种形式：

①沿海运输：是使用船舶通过大陆附近沿海航道运送客货的一种方式，一般使用中小型船舶。

②近海运输：是使用船舶通过大陆邻近国家海上航道运送客货的一种运输形式，视航程可使用中型船舶，也可使用小型船舶。

③远洋运输：是使用船舶跨大洋的长途运输形式，主要依靠运量大的大型船舶。

④内河运输：是使用船舶在陆地内的江、河、湖、川等水道进行运输的一种方式，主要使用中小型船舶。

4.航空运输

这是使用飞机或其他航空器进行运输的一种形式。航空运输的单位成本很高，因此主要适合运载的货物有两类,一类是价值高、运费承担能力很强的货物,如贵重设备的零部件、高档产品等;另一类是紧急需要的物资,如救灾抢险物资等。

航空货运虽然起步较晚,但发展异常迅速,原因之一就在于它具有许多其他运输方式所不能比拟的优越性。概括起来,航空货物运输的主要特征有:

(1)运送速度快。从航空业诞生之日起,航空运输就以快速而著称。到目前为止,飞机仍然是最快捷的交通工具,常见的喷气式飞机的经济巡航速度大都在每小时850~900公里。快捷的交通工具大大缩短了货物在途时间,对于那些易腐烂、变质的鲜活商品,时效性、季节性强的报刊,节令性商品,抢险、救急品的运输,这一特点显得尤为突出。可以这样说,全球密集的航空运输网络为鲜活商品开辟远距离市场,使消费者享有更多的利益。运送速度快,在途时间短,也使货物在途风险降低,因此许多贵重物品、精密仪器也往往采用航空运输的形式。当今国际市场竞争激烈,航空运输所提供的快速服务也使得供货商可以对国外市场瞬息万变的行情即刻做出反应,迅速推出适销产品占领市场,获得较好的经济效益。

(2)不受地面条件影响。航空运输利用天空这一自然通道,不受地理条件的限制。这种运输方式对于地面条件恶劣、交通不便的内陆地区非常合适,有利于当地资源的出口,促进当地经济的发展。航空运输使本地与世界相连,对外的辐射面广,而且航空运输相比较公路运输与铁路运输而言占用土地少,对寸土寸金、地域狭小的地区发展对外交通无疑是十分适合的。

(3)安全、准确。1997年,世界各航空公司共执行航班1800万架次,仅发生严重事故11起,风险率约为三百万分之一。航空公司的运输管理制度也比较完善,货物的破损率较低,如果采用空运集装箱的方式运送货物,则更为安全。

(4)节约包装、保险、利息等费用。由于采用航空运输方式,货物在途时间短,周转速度快,企业存货可以相应的减少。一方面有利于资金的回收,减少利息支出,另一方面企业仓储费用也可以降低。此外,由于航空货物运输安全、准确,货损、货差少,保险费用较低。

与其他运输方式相比,航空运输的包装简单,包装成本减少。这些都构成企业隐性成本的下降,收益的增加。当然,航空运输也有自己的局限性,主要表现在航空货运的运输费用较其他运输方式更高,不适合低价值货物的运输;航空运载工具——飞机的舱容有限,对大件货物或大批量货物的运输有一定的限制;飞机飞行安全容易受恶劣气候影响等。但总的来讲,随着新兴技术得到广泛的应用,产品更趋向薄、轻、短、小、高价值,管理者更重视运输的及时性、可靠性,相信航空货运将会有更大的发展前景。

5.管道运输

这是利用管道输送气体、液体和粉状固体的一种运输方式,是靠物体在管道内顺着压力方向循序移动实现的。和其他运输方式重要区别在于,管道既是运输工具(但并不移动),又是运输通道,驱动方式是用机泵给货物以压能,使货物本身连续不断地被运送。

管道运输具有运量大、占地少、建设周期短、费用低、连续性强等特点,目前主要用于石油、天然气等物质的运输。由于食品的特殊性,长距离的运输很少采用管道的方式,但在生产加工场所可以采用管道短距离输送食品原料。2004年巴西政府计划修建一条长度大约150公里的大豆专用运输管道,以解决大豆从内陆运往出口装运港口的问题。这是一项前无古人的计划,世界上至今没有任何一个国家修建过这样的农产品专用运输管道。

6.多式联运

由两种及其以上的交通工具相互衔接、转运而共同完成的运输过程统称为复合运输,我国习惯上称为多式联运。这种把不同的运输方式综合起来的方式,也称作"一站式"的运输。最早的多式联运是铁路与公路相结合的运输方式,通常称作"驮背式"运输服务。现在,人们越来越强烈地意识到多式联运将成为一种重要的手段来提供高效的运输服务。

从技术上讲,在所有基本的运输方式之间都能够安排协调运输或多式联运。一些术语,如"驮背式运输"、卡车渡运、火车渡船和运货飞机等,已成为标准的运输业行话。对于每一种多式联运的组合,其目的都是要综合各种运输方式的优点,以实现最优化的绩效。例如,一种应用最广泛的多式联运组合是公铁联运即"驮背式"运输,它把汽车跑短距离的灵活性与铁路跑长距离的低成本综合起来去跑更长的距离。集装箱是被多式联运利用来储存产品的"箱子",并在汽车货运、铁路或水路运输之间进行转移。卡车拖车或集装箱被放在铁路平板车上进行城市间长途运输,余下的行程则由卡车拖运完成。

卡车渡运、火车渡船和集装箱船等是最老式的多式联运例子。它们使用水路进行长途运输,也是最便宜的运输方式之一。这些多式联运方式是把卡车拖车、铁路车箱或集装箱装在驳船上或船舶上作长途运输。

多式联运尤其适合食品的运输。通过多式联运,可以减少装卸搬运的次数,减少对食品的机械损伤;有利于运输管理,避免温度波动,保证食品的品质;缩短运输时间,使食品以最快的速度输送到各地等。

## (二)按运输的条件分类

按运输的条件分类,食品运输可以分为低温运输、常温运输和气调运输。

1.食品的低温运输

食品的低温运输即冷链运输,是指易腐食品从产地收购或捕捞之后,在产品加工、储藏、运输、分销和零售、直到消费者手中,其各个环节始终处于产品所必需的低温环境下,以保证食品质量安全,减少损耗,防止污染的特殊供应链系统。

低温条件下,会降低食品内部的生化反应和微生物的繁殖速度,因此会降低食品的劣变速度。多数食品,如初级农产品(蔬菜、水果、肉、禽、蛋、水产品等)和加工食品(速冻食品、禽、肉、水产等包装熟食;冰激凌和奶制品;快餐原料)都需要在低温下进行运输。

(1)食品低温保鲜的原理

食品在储存过程中,往往由于本身的特性和外界环境的影响,会发生各种变化。这些变化其中有属于酶引起的生理生化和生物学变化,有属于微生物污染造成的变化,还有属于外界环境温度、湿度影响而出现的化学和物理变化等。食品储存中的生理生化和生物学变化是由食品的特点所决定的，主要包括呼吸作用、后熟作用、萌发与抽苔、蒸腾与发汗、僵直、软化等。所有这些变化都会使食品的质量受到影响。了解食品在储存中的各种变化，针对引起变化的原因，就能确定适宜的储存方法和储存温度条件。

食品变质的原因是多样的，如果把食品进行冷冻加工，食品的生化反应速度将大大减慢，可以在较长时间内储藏而不变质，这就是低温储藏食品的基本原理。食品在变质过程中的变化是复杂的，动物性食品变质过程中的变化和植物性食品因其在性质上有很大差异而不同。

动物性食品变质的主要原因是微生物和酶的作用。微生物和其他生物一样，只能在一定的温度范围内生存、发育和繁殖，这个温度范围的下限温度称为生物零度。在这个温度之下，微生物呈抑制状态，但不是全部死亡。对一般的腐败菌和病原菌，在10℃以下它们的发育就被显著地抑制了。所以低温对微生物的生存、发育、繁殖有很大影响，而微生物又会对低温产生较强的抵抗力。当食品在低温下冻结时，冰晶使微生物丧失活力而不能繁殖，酶的反应受到严重抑制，生物体内起的化学变化就会变慢，食品就可以作较长时间储藏来维持它的新鲜状态而不会变质。

植物性食品变质的主要原因是呼吸作用。变质过程中的主要矛盾是呼吸作用和耐藏性的矛盾。耐藏性是指储藏期间果蔬的质量无显著恶化，并且其质量损耗也最小；果蔬的耐藏性并非由果、蔬的某一种性质所决定的，而是水果、蔬菜的各种物理、化学、生理学、生物化学性质的综合反应。低温能够减弱果、蔬类食品的呼吸作用，延长储藏期限。但温度又不能过低，过低会引起植物性食品生理病害，甚至冻死。例如，香蕉储藏温度要求在12℃～13℃，如降到12℃以下时，香蕉就会变黑。因此，储藏温度应该选择在接近冰点但又不致使植物发生冻死现象的温度。植物性食品储藏不仅与温度有关，还与储藏间的空气成分有关。不同种类的植物性食品，有各自适宜的气体成分。因此，在降低温度的同时，如能控制空气中成分含量(氧、二氧化碳)，可以取得最佳的效果。

(2)食品冷链的种类

根据不同食物对冷藏温度的要求，食品冷链运输大致可以分为以下几类：

①冷却食品的冷链：将食品冷却到指定温度，但不低于食品汁液的冻结点，通常其流通过程的温度上限是7℃，下限是0℃～4℃。食品经过冷却可以延长储藏期，保持其新鲜状态。经过预冷的蔬菜、水果、冷却肉、水产品和乳制品等都会采用这种温度的冷藏链，发展前景良好。

②冻结食品冷链：对各种冻结食品如冰激凌等都是要求将温度降到其冻结点以下，并要求整个流通过程保持在−18℃以下(冰激凌则要求为−25℃～−22℃)，使食品中的大部分水分冻结成冰。这就使微生物的生命活动和酶的生化作用均受到抑制，因此冻结食品可作长期储藏，是目前各种冷藏链的主体。

③冰鲜冷链:将某些畜产品或水产品储藏在0℃以下至各自的冰结点的范围内称为冰鲜储藏或冰温储藏,属于非冻结保存,食品新鲜度高,且可以延长食品储藏期,但流通过程要求控制的温度范围较小,一般为-2℃～0℃,故技术难度较高。

④超低温冷链:对部分水产品如金枪鱼等储藏温度低达-45℃以下,整个流通过程要求保持在-30℃以下,称为超低温冷链,其品质保持明显优于-18℃低温冷藏链,货架期也较长。

(3)低温运输温度控制与记录

冷藏车辆在运输途中要保证产品的温度要求。长途运输车辆要定时检查制冷机的工作情况,并查看车门关闭情况。城市配送车辆要采取适当措施,以减少车厢内温度的散失。例如,要尽量减少卸货次数,以减少开门的次数;要尽量缩短接货时间,以减少热空气的进入;也可采取车厢内隔离或单元箱的方式,以减少热空气对产品的影响。

冷藏产品的温度散失非常容易发生在货品的装卸货过程中。货品装载方法会影响冷藏箱内冷空气循环的效率,装货时由于没有车厢预冷,也会影响货品温度。所以,货品装车一定要按照装车指导,在货品的上下前后留下冷循环空间。车辆在装车之前要进行预冷,以防止接触车厢底板和侧壁的货品在短时间内发生过大的温度变化。一般冷冻货品装车温度预冷要达到-5℃至+5℃范围内,具体视产品情况而定。

运输中的温度记录与跟踪是低温运输管理的关键环节。运输中的温度记录是货品交接的质量保证依据,也是食品保险与索赔的证据。如何完整、真实、低成本地记录产品的运输温度是低温运输管理的任务。海运冷藏集装箱运输要在不同位置安装温度记录仪,作为产品接收的依据之一。公路运输一般采用可重复使用的温度记录仪。目前很多企业为车辆安装了数字式温度记录仪,它的使用成本低,管理方便,并可在计算机中长期保存。

2.食品的常温运输

有些食品如粮食、干货、调料品等含水量较低,温度对其质量影响小,对储藏温度要求较低,可以在自然条件下进行运输。不过由于技术、成本等方面的原因,目前我国的蔬菜水果等生鲜食品也多采用常温运输。

一般铁路等各种形式的敞车和箱式货车、公路卡车和水路船舶等都是常温运输工具。对于这类食品的运输管理主要侧重于运输车辆的卫生、虫害、湿度等方面。

3.食品的气调运输

果蔬保鲜运输是保证果蔬品质减少果蔬腐烂和提高农民收入的重要措施。由于我国果蔬冷链物流不健全,造成我国每年约有750亿元的果蔬产值在运输中腐烂损失掉。随着消费者对食品安全和食品品质要求的日益提高,亟须提高果蔬品质,减少果蔬腐烂,实现果蔬远距离保鲜运输。目前能实现气调运输的运输设备只有经特殊设计的冷藏集装箱。

气调(即降低$O_2$浓度,提高$CO_2$浓度)有助于抑制果蔬呼吸,延长果蔬保鲜时间。气调保鲜运输无须对果蔬进行化学处理,保证了果蔬的品质,提高了果蔬产品的竞争力,已成为世界各国公认的有效和先进的果蔬保鲜运输方法之一。英国、美国、德国等国家已较早应用气调保鲜技术于海上和陆上进行远距离运输，将果蔬运到世界的更多地方，扩大市场份额。

(1) 国内外气调保鲜运输的现状

国外气调保鲜运输始于20世纪60年代，气调运输主要以气调集装箱为主，研究开发了不同气调类型的冷藏集装箱，用于果蔬等易腐农产品的运输，如 Transicold、AMAF+、Tectrol CA、PurFRESH、Freshcon、Freshtainer、Isolcell、Conair-plus 等机型。以上各机型都对制冷机组加湿装置和气调机组等装置进行了集成设计，占据空间少，技术已趋于成熟。此外，还对集装箱内温度和远程监控等进行了研究。

近年来，国内对气调保鲜的研究发展较快，但主要集中在气调储藏方面，在气调运输方面研究应用不多。20世纪90年代末，济南考格尔汽车有限公司与天津南龙公司设计开发了气调保鲜冷藏汽车，由于制氮机组和气调机组占用空间较大，果蔬储藏空间被缩小，已停产。进入21世纪，柳州联程保鲜设备有限公司生产气调保鲜运输汽车。此外，河南红宇、烟台冰轮、天津森罗等公司设计生产了气调集装箱，大多采用气调库气调技术，其产品产量小，且集成化程度低，气调机组和制冷机组占据集装箱较大空间。同时，气调保鲜运输得到了科研单位的重视，山东科技大学、华南农业大学和华中科技大学等单位在气调保鲜运输方面开展了相关研究，并在气调集装箱集中控制技术等方面取得了一些研究成果。

(2) 食品气调保鲜的原理

气调保鲜是指在低温储藏的基础上，通过人为改变环境气体成分来达到对肉、果蔬等保鲜目的的一项技术。具体来说，气调实际上就是在保持适宜低温的同时，降低环境气体中氧的含量，适当改变二氧化碳和氮气的组成比例。水果蔬菜在收获后仍具有生命力，其生命活动所需能量是通过呼吸作用分解营养物质来获得的。因此，果蔬气调保鲜的实质是降低果蔬呼吸作用以减少营养物质的消耗。氧对呼吸强度的抑制必须降低到7%以下才起作用，但低于2%会出现中毒现象。$CO_2$的浓度越高则对呼吸的抑制作用越强，一般5%的$CO_2$浓度就会使呼吸强度降低70%。对于储藏环境中同时降氧和提高$CO_2$浓度，对果蔬呼吸作用的抑制会更显著。通过减少环境中呼吸作用所必需的氧气含量以及低温储藏即可实现降低呼吸强度的目的，使果蔬在较长期的储藏期里能较好地保持原有天然质地、风味和营养。在肉制品特别是肉的腌制品、腊制品、熏制品的储藏中，不饱和脂肪酸的氧化和霉菌污染是造成腐败、变质的主要原因。通过适当的包装，降低包装容器中氧的含量可明显抑制过氧化脂的生成，防止霉菌的生长，达到保鲜防腐的效果。

(3) 气调保鲜的方法

气调方法有多种，因设备条件和气体浓度指标不同而不同。总的来说，可以分为以下几种：自然降氧、充氮降氧、最适浓度指标气体置换、减压气调和气调包装。

①自然降氧法

自然降氧是依靠水果蔬菜的呼吸作用，使环境$O_2$下降，$CO_2$上升，又称自发气调储藏

(Modified Atmosphere Storage)简称 MA 储藏。是目前在农产品大规模的商业气调储藏中广泛采用的方式。具体又有套袋法、大帐法、硅橡胶窗法等。这种方式最大的优点是工艺简单、降氧设备成本低,适合在经济不发达地区普遍推广。但 MA 储藏对气体成分无法做到精确调控,降氧速度缓慢,保鲜效果有限。同时,此法对管理要求高,容易出现 $O_2$ 过低或 $CO_2$ 过高造成的呼吸失调情况,危及农产品质量安全。

②充氮降氧法

充氮降氧是用充氮的方法置换库内气体以达到降氧的目的。这种方式可实现快速降氧,一般可在 24 小时或稍长点时间内达到气体浓度规定值。

③最适浓度指标气体置换法

最适浓度指标气体置换是指人为地将 $O_2$、$CO_2$ 等气体按最适浓度指标配置成混合气体,向储藏环境输入并同时将储藏环境中的原有气体抽出,以维持最适浓度指标的一种气调方法,又称人工控制气调法(Controll Atmosphere Storage,简称 CA 储藏)或气调冷藏库法(CA 库法)。这种在冷藏基础上发展起来的,对环境气体成分精确控制的方法,对果蔬的储存效果明显好于其他方法,但此法对设备要求高,成本昂贵。

(3)气调保鲜运输的特点

气调运输可以选择成熟度较高、风味更好的果实,无须担心到达目的地时会"熟过头";它还能减少果实内部生理紊乱和各类病害的出现,降低损耗率;与传统冷藏运输相比,果实到岸状态均匀、货架期长,更受销售商欢迎。因此,该技术得到了日益广泛的研究和应用。

利用气调运输,使保质期短、储藏条件苛刻的水果能够运到世界各地。例如,把香蕉从拉丁美洲运至欧洲,把苹果、猕猴桃从新西兰运至欧洲和亚洲,把桃、油桃从智利运到美国等。另外,许多名贵果蔬和热带水果采摘后仅能存放 7~14 天,以往只能空运,现在则可以实现海运或陆运。事实上,与香蕉、苹果等低价位果蔬相比,鳄梨、各类核果、杧果、芦笋和红橘等高价果蔬占了近几年集装箱果蔬运输量的 70% 以上。与空运方式相比,可将运费降低 4~8 倍。

# 第二节 食品运输的要求

## 一、果蔬运输及其基本要求

随着经济的发展和人民生活水平的提高,对品质优良的新鲜水果和蔬菜的需求量越来越大,而新鲜水果和蔬菜的生产有地区性和季节性的限制。为协调解决生产和消费之间的矛盾,运输起着重要的作用。

运输是动态储藏。我国地大物博,地处北温带和亚热带,南菜南果北运线路可长达二三千公里,冬季和初春,产地和销地温差可达 30 度,运输情况复杂。欲在运输途中保持品质、延长寿命,这与新鲜水果蔬菜的采后处理、装卸水平、运输中的环境条件、运输时间、运输工具、路途状况和组织工作均有密切关系。因此,新鲜水果蔬菜的运输是研究其运输组织工作的科学。

运输是果蔬生产与消费之间的桥梁,也是果蔬商品经济发展必不可少的重要环节。在某些发达国家,90%以上的水果、70%的蔬菜是经运输后被销售。近年来随着我国商品经济的飞速发展,果蔬运输业得到了前所未有的重视。

### (一)果蔬的商品特性

**1.易腐性**

果蔬含水量高,一般达到65%~96%,有的幼嫩瓜果甚至达到98%。新鲜果蔬的气体交换和水分蒸散促使呼吸加强和鲜度下降,在呼吸代谢过程中,有机物质逐步分解,并且释放能量。随着有机物质的消耗,鲜度下降,果蔬的耐储性与抗病性逐渐减弱。新鲜果蔬在采收、采后处理、运输、储藏、销售过程中又常易造成机械损伤,易造成微生物的污染而导致其腐败变质。受伤组织会产生大量乙烯,导致呼吸增强,成熟衰老加强。

**2.种类的多样性**

果蔬的种类极多,且采收季节不同,其组织结构特性、生理生化特性等也随之而异。因此,采收的时期、方法,采后的商品化处理和储运管理就千差万别,应该具体品种,具体分析。果蔬种类的多样性,为果蔬的采后处理、流通加工、运输带来难题。

**3.不均一性**

果蔬个体不仅成熟度、品种大小各不相同,而且储运条件也有差别。果蔬的个体差异大,同一块土地上的蔬菜,同一植株上的果实,不仅其成熟度、品质、大小、形状等各有不同,而且储运过程中为保持品质所需要的环境条件也各不一样,如以相同条件储运就会造成巨大损失。所以,果蔬采后通过分级提高其均一性,就成为保证运输质量的重要前提。

### (二)果蔬的流通体系

流通是连接生产领域和消费领域的中心环节。要做到既促进生产的发展,又满足消费的需要,就必须搞活流通,建立完善的流通体系,即建立流通的技术体系和组织体系。

**1.果蔬的流通特性**

(1)快速性:为保持果蔬的新鲜度和优良品质,从果蔬的采收到消费者手中的整个过程,一切处理都要突出一个快字。

(2)集散性:果蔬的生产与销售规模都是零散的,所以作为商品都要经过一次或多次的集聚与分配。

(3)安全性:果蔬作为重要的副产品,不同于一般的商品,在流通过程中的每一个环节都要考虑到对人体的安全,注意卫生,防止污染。

## 2.果蔬流通的技术体系

果蔬流通过程的核心是保证其品质，要求送达消费地货架时能够保持良好的新鲜度和食用品质。为了保持果蔬的品质，首先要进行运输工具和运输系统的技术革新，运输的环境条件虽与储藏时的要求类似，但运输是一种动态储藏，环境的状态变化很快，所以在运输过程中除必要的包装和技术处理外，还必须重视装卸、搬运的操作质量。

采收成熟度的确定，要考虑生产地与消费地的远近，采收期与上市时间间隔的长短，果蔬的成熟特性和流通过程的具体条件。如果是长途运输、延期消费的果蔬，则应适当早采，其采收成熟度以使果蔬在货架期能达到较好的食用品质为限。但采收过早，对于产量及品质都不利。如果是短途运输、即时上市的果蔬，可于临近最佳食用品质时采收。

采收后，立即进行预储和愈伤处理，可减少机械损伤和提高耐寒能力。地下根茎类蔬菜收获时会受到机械损伤，愈伤处理可避免微生物的浸染。

通过挑选、分级、包装，使商品规格一致，便于储运和按质论价。堆码要合理，以利于通风，减少损耗。对进入低温冷链保藏运输的果蔬冷藏车要尽早进行预冷，预冷后，在流通的各个环节都要保持适宜的低温。

## 3.果蔬流通的组织体系

果蔬从生产者转到消费者手中，一般都需要经过几个买卖环节。连接这些环节的正是复杂而有序的交换组织体系。目前，果蔬交换的数量与空间规模巨大，政府对此类商品交换进行干预，使市场组织体系日趋完善。

我国的果蔬等农产品流通领域有两种组织体系。一种是产销联合，另一种是果蔬等农产品批发市场，以后者为主。按照不同的方式，果蔬等农产品批发市场有不同类型。

(1)按交易方式分为：专业批发市场和综合批发市场。专业批发市场是指农产品的种类比较固定的市场，如粮油市场、干鲜果品市场、水产品市场、蔬菜市场、肉禽蛋市场、土畜产品市场等。综合批发市场则是交易多种果蔬等农产品的场所。统计年鉴上大多采用这种分类方式。

(2)按市场所处位置和承担职能以及辐射半径分：产地批发市场、销地批发市场和区域中转(集散型)批发市场。产地批发市场是指在果蔬等农产品生产地建立的市场，产地批发市场的典型特征是"买本地、卖全国"。产地批发市场是在果蔬等农产品生产比较集中的地区形成，通常交通比较便利并能辐射周边地区，有集货、分货交易功能。产地市场一般季节性强，交易设施比较简陋。在山东、河北等蔬菜生产较为集中的地区，就存在大量此类市场。我国产地市场数量占批发市场总数的1/3左右，在农产品集中收获旺季，这类市场活跃着大量熟悉本地情况的农村经纪人，批发商往往通过他们实现产品采购。目前我国大型连锁零售商在产地采购产品的80%~90%是通过产地市场和产地经纪人实现，如山东寿光蔬菜批发市场是产地批发市场的典型。

销地批发市场是在果蔬等农产品消费量较大的地区建立的市场，典型特征就是"买全国、卖本地"。销地批发市场是以满足城市对果蔬等农产品消费需要的公益性农产品交易设施，具有集散、交易、价格、信息、结算、商流和物流及配送等功能。比如北京、上海、南京、广州等地就存在多个此类市场，其主要特点是：市场内果蔬等农产品来自周边及全国各地、多品种、大量交易、在尽量短的时间内、以最新鲜的状态实现产品销售。销地批发市场的交易根据城市大小、季节及所在地不同而不同。比如南方中小城市市场上销售的果蔬等农产品多体现出以本地产品为主，北菜为补的特点，为满足市场品种丰富度需要调入某些品种。北方大城市由于气候条件，本地产品数量上就无法满足本地消费，大多依靠南菜北运，比如山东寿光的蔬菜占北京市场的1/3。

区域中转（集散型）批发市场的典型特征就是"买全国、卖全国"。它一般由产地批发市场发展而来，除交易本产地的特色产品，还因为拥有区位优势、交通条件、品牌优势、信息集散优势、集聚效应等，成为远距离运输的集货和中转市场。如山东寿光农产品批发市场，1984年是地方政府为促进本地农产品销售而设立，逐渐发展壮大，成为全国重要的蔬菜批发和集散市场。由于寿光聚集了大量的客户和信息，甚至远在海南的特种农产品也先运到寿光，通过当地的批发市场实现产品的有效分销。深圳布吉农产品中心批发市场，经营的蔬菜、水果、粮油和土特产品分别占深圳市民消费量的85%、90%、40%和65%以上，不但满足了深圳700万居民的生活所需，而且还辐射到整个华南地区（包括港澳台）乃至全国，并与东南亚、南非及欧美等市场建立了频繁的贸易往来，成为目前中国最大的农产品集散中心、信息中心、价格指导中心和转口贸易基地。

近年来随着超级市场的发展，超市销售迅速地发展起来。这是果蔬处理、包装技术的完善及消费者对产品质量和档次要求的提高而出现的一种新的销售形式。这种形式不但要求有较大的经营场所，较好的经营环境，还要求果蔬从质量、包装、货架寿命都要达到一定的标准。同时，完善的设备如冷气货架、冷藏展示柜等也是必需的。配套的管理工作也比一般商品的超市零售更为复杂。在发达国家里，果蔬销售基本上以这种方式为主。

（三）果蔬的流通信息

1.信息的组成

果蔬这一特殊商品，其信息内容包括以下两个方面：

（1）来自果蔬产地方面的信息：果蔬的种植面积、收获时间、产品的质量、包装的形式及规格、运输能力情况。

（2）来自果蔬销售地方面的信息：市场需求的种类、品种、质量、市场需求容量、需求平均价格、同类产品或可替代产品的动态、竞争对手的情况、社会购买能力、消费水平、消费结构和消费观念的变化、进口贸易情况、国际市场的变化、国内的经济动态、政策的变化等。

2.信息的特征

（1）目的性：为了果蔬产品的流通而进行收集、整理和传递。

（2）真实性：任何夸大、缩小或加工中加入主观臆断的成分会导致决策的失误。

(3)及时性：商品信息变化快，而且错综复杂，果蔬流通信息的变化更快，更难以预测，所以，信息越及时，其效用就越高。

(4)寄载性：信息必须借助于载体才能表现其存在、储存和传递。

(5)可传递性：一方面信息在载体上，通过一种途径进行传递；另一方面，人们获得信息也必须依赖这种传递。

(6)可处理性：能够加工处理。

3.信息的收集与管理

果蔬的信息收集与管理在产品流通中有着非常重要的作用。它不但可以提高果蔬产品质量、降低成本、及时上市，而且可以使经营者及早做出中长期果蔬流通计划和实施方案，为获得更高的经济效益提供了重要保证。

(1)信息目标的确定

对于果蔬来说，可以从以下几点进行信息收集。

①所要经营果蔬种类的国内主要产地在哪里，这些产地的种植面积、产量的多少、品种性质如何。

②近期的天气情况对产地的影响程度、增产或减产情况、预计收购价格情况。

③产地传统的收获、处理习惯、储藏条件、运输能力及方式。

④产地的处理、包装、储藏费用和运输费用情况。

⑤采后各环节的技术应用情况。

⑥销售地对该产品的需求迫切情况、容量及目前价格情况。

⑦销售地的各种推销方式的可操作性及费用、回报情况。

⑧销售地的消费习惯和消费能力。

⑨其他必需的果蔬流通信息目标。

(2)信息收集的方法

①现成资料收集法，是果蔬方面的生产、流通等有关的资料，通过收集整理而得到的。此法费用低、速度快，适合长期的经营活动。但许多重要的信息在资料上不可能全面反映，所以此法的可靠性、准确性相对差一些。

②实地调查法，是通过到果蔬产品的信息源发生地了解情况，获取当前该产品经济活动的第一手情报的方法。此法准确性强，可以全面了解所要获取的信息，最适合做短期经营活动前的决策依据。缺点是费用高、时间长。

③资料预测法，收集有关预测未来时期的信息，进行分析利用。此法可以通过集合计量、专家会议和专家调查来获得。

(3)信息的管理

信息收集起来以后，一定要经过加工，使其去伪存真，方便整理、储存和传递。

信息整理包括归类整理，即把果蔬各种类之间信息区分整理，把产地、储存、包装、运输、销售等方面的各类信息纵向归类。信息的储存最好使用计算机进行处理。信息的传递手段较多,包括电报、电话、网络技术等。

### (四)果蔬运输的基本要求

新鲜果蔬与其他食品相比,运输要求较为严格。我国地域辽阔,自然条件复杂,在运输过程中气候变化难以预料,加之交通设备与运输工具与发达国家相比还有很大差距。因此,必须严格管理,根据果蔬的生物学特性,尽量满足果蔬在运输过程中所需要的条件,才能确保运输安全,减少损失。

**1. 快装快运**

果蔬采后仍然是一个活的有机体,新陈代谢作用旺盛。由于断绝了从母体的营养来源,只能凭借自身采前积累的营养物质的分解,来提供生命活动所需要的能量。果蔬呼吸越强,营养物质消耗越多,品质下降越快。

运输只不过是果蔬流通的一种手段,它的最终目的地是销售市场、储藏库或包装厂。一般而言,运输过程中的环境条件是难以控制的,很难满足运输要求,特别是气候的变化和道路的颠簸,极易对果蔬质量造成不良影响。因此,运输中的各个环节一定要快,使果蔬迅速到达目的地。

**2. 防热防冻防晒防淋**

任何果蔬对温度都有严格的要求,温度过高,会加快产品衰老,使品质下降;温度过低,使产品容易遭受冷害或冻害。此外,运输过程中温度波动频繁或过大都对产品质量造成不利影响。

现代很多交通工具都配备了调温装置,如冷藏卡车、铁路的加冰保温车和机械保温车、冷藏轮船以及近几年来发展的冷藏气调集装箱、冷藏减压集装箱等。然而,我国目前这类运输工具应用还不是很普遍,因此必须重视利用自然条件和人工管理来防热防冻。日晒会使果蔬温度升高,提高呼吸强度,加速自然损耗;雨淋则影响产品包装的完美,过多的含水量也有利于微生物的生长和繁殖,加速腐烂。遮盖是普通的处理方法,但要根据不同的环境条件采用不同的措施。此外,在温度较高的情况下,还应注意通风散热。

**3. 注意装卸安全**

合理的装卸直接关系到果蔬运输的质量,因为绝大多数的果蔬含水量为80%~90%,属于鲜嫩易腐性产品。如果装卸粗放,产品极易受伤,导致腐烂,这是目前运输中存在的普遍问题,也是引起果蔬采后损失的一个主要原因。因此,装卸过程中一定要做到轻装轻卸。这样可大大减少果蔬机械损伤而导致的微生物侵染,实现装卸工作现代化,既可减轻劳动强度,又可保证质量和缩短装卸时间。

### (五)运输中影响果蔬品质的因素

**1. 振动**

振动是果蔬运输时应考虑的基本环境条件。由于振动造成果蔬的机械损伤和生理伤害,会影响果蔬的储藏性能。因此，运输中应尽可能避免或减少振动。

(1) 振动强度

果蔬的振动强度用普通振动所产生的加速度来表示，其大小跟运输方式、运输工具、行驶速度、货物的位置有关。

一般海路运输的振动强度小于铁路运输，铁路运输的振动强度小于公路运输。公路运输的振动强度与路面状况、卡车车轮数有密切关系。此外振动强度还与果蔬在车体内的位置有关，一般后部上端最大，前部下端最小。

(2) 振动对果蔬的影响

振动是水果蔬菜运输时应考虑的基本环境条件。剧烈的振动会给果蔬产品的表面造成机械损伤，促进伤乙烯的合成，促进果实的快速成熟。同时，伤害造成的伤口易引起微生物的侵染，造成果蔬产品的腐烂，并导致果实呼吸高峰的出现和代谢的异常。因此，振动造成果蔬的机械损伤和生理伤害，会影响果蔬的储藏性能。因此，运输中必须避免和减少振动。

在同一箱内的个体之间，或卡车与箱子之间以及箱与箱之间的固有振动频率一旦相同时，就会产生共振现象。箱子堆得越高，共振越严重。如堆得的高度相同，则箱子小、数目多，上部箱子的振动就大。对于不致发生伤害的小振动，如果反复地增强作用次数，则水果蔬菜组织的强度也会急剧下降。以后，如果遇到稍大一些的振动冲击，也有可能使产品受到损伤。新鲜水果蔬菜由于振动、滚动、跌落产生外伤，会使呼吸急剧上升，内含物消耗增加，风味下降。即使运输中未造成外伤的振动，也会使果蔬呼吸上升。在箱子内部，下部的果蔬受到上部果蔬负载的影响，箱子越高，影响越大。堆垛时，堆的方法和箱子的强度不同，则上部的荷重对下部箱子的影响也不相同。车子行驶中，由于振动，果蔬还承受着运动荷重的影响，这些都会使损伤增加。

新鲜果蔬的耐振动性，与果蔬内在因素如遗传性、栽培条件、成熟度、果实大小有关，同时也受运输条件的影响。特别是成熟度不同，对振动的敏感性很不一样。为了防止振动对果蔬的影响，首先要选择合适的装车形式；其次容器内要有一定的填充材料、包装纸等衬垫物。这样就可以吸收一部分振动，使冲击力有所减弱。

2. 温度

温度是运输过程中的重要环境条件之一。在一定范围内，温度越高呼吸强度越大，果蔬的衰老越快，而且呼吸作用产生大量的 $CO_2$ 累积在细胞内危害代谢。采用低温流通措施对保持果蔬的新鲜度和品质以及降低运输损耗是十分重要的。但储运温度并不是越低越好，应根据果蔬对低温的忍耐性尽量降低储运温度，切忌温度的波动。

现代果蔬运输最大的特点，主要是对温度的控制。在西方发达国家，很早就重视实现冷藏运输的问题，普及了低温运输的冷藏火车、冷藏汽车及冷藏船等设施，日本的果蔬有 98% 是通过有制冷系统的运输设施来完成运输的。我国目前低温流通事业发展远不能满足新鲜果蔬运输的需求，大部分果蔬尚在常温中运输。

(1)常温运输

在常温运输中,果蔬的温度直接受到外界气温的影响,特别是在盛夏或严冬时,这种影响更大。南菜北运,外界温度不断降低,应注意做好保温工作,防止产品受冻;北果南运,温度不断升高,应做好降温工作,防止产品的大量腐烂。

(2)低温运输

低温运输受环境温度影响小,温度的控制不仅受到冷藏车或冷藏箱的构造及冷却能力的影响,而且也与空气排出口的位置和冷气循环状况密切相关。一般空气排出口设在上部时,货物就会从上部开始冷却。如果堆垛不当,冷气循环不好,会影响下部货物冷却的速度。此应采用适当的堆垛方法、考虑空气循环通道,使车体内的温度分布均匀。

从理论上讲,果蔬的运输温度与最适储藏温度保持一致是最理想的。但果蔬的最适冷藏温度大多是为长期储存而确定的,现代运输条件下,果蔬陆上运输很少超过 10 天。因此,果蔬运输相当于短期储藏,没必要套用长期冷藏的参数。

3.湿度

运输过程中,果蔬本身水分蒸腾、包装材料、容器大小等因素都会影响储藏环境的湿度,而各种果蔬对湿度的要求有很大的差别。另外湿度还会影响呼吸,有利于微生物的滋长。因此采用隔水纸箱或在纸箱中用聚乙烯薄膜铺垫,就可有效防止水分散失及微生物的影响。

在运输中,果蔬受到各种条件的影响,使其所处环境的湿度高低不同。新鲜果蔬装入普通纸箱,一天可保持 95%~100% 的相对湿度。当纸箱吸潮后抗压强度下降,有可能使果蔬受伤。采用隔水纸箱可有效地防止纸箱吸潮。对于高湿运输,应采取适当的措施预防发生霉烂及某些生理病害。

4.气体成分

除气调运输外,新鲜果蔬因自身呼吸、容器材料性质以及运输工具的不同,容器内气体成分也会有相应的改变。使用普通纸箱时,因气体分子可从箱面上自由扩散,箱内气体成分变化不大,$CO_2$ 的浓度都不超过 0.1%。当使用具有耐水性的塑料薄膜贴附的纸箱时,气体分子的扩散受到抑制,箱内会有 $CO_2$ 气体积聚,积聚的程度因塑料薄膜的种类和厚度而异,须适当地通风换气。

5.包装

包装可以提高果蔬的商品价值、方便储运、减少消耗,包装容器兼有容纳和保护的作用。包装可有效地缩短装卸速度、保护果蔬品质、减少流通中的损耗。包装也有利于销售。为保护果蔬免受运输中损伤,包装箱内应有衬垫、填充物或内包装(包纸、网套)。

包装材料要根据果蔬的种类和运输条件来选择,其材料应质轻坚固、无不良气味,容器的大小应便于堆放和搬运,内部必须平整光滑。常见的包装材料有瓦楞纸箱、塑料箱和木箱。为了防止水分浸湿纸箱,纸箱表面需涂石蜡或防水剂,另外在容器内应有衬垫以避免摩擦与振动,而且还要有利于通风换气。

为了让果蔬既不受损伤又能通风及充分利用空间,装箱的技术颇为重要。常见的装箱形式有:①直线排列:果蔬在箱内上下层对齐,适用于小型、条形果蔬,但底层载荷大,通风透气差;②对角线式:将果蔬逐个错列摆放,适宜于大型果蔬,不宜滚动,底层载荷小,通风透气好;③同心圆式:常用于圆形篓框包装,将果蔬从底层沿篓壁呈同心圆式顺序排列,盛装量大;④板式排列:箱内置个数一定的格板,果蔬逐个放入板格内,便于记数、安全。

果蔬装箱后各项指标(重量、质量、等级、包装等)经检验都合格者即可封箱成件,木箱一般用铁钉封箱,铁丝捆扎,纸箱用强力胶水、纸带封箱、尼龙扁带捆扎。

6. 堆码

果蔬装车,首先应从保证质量的角度来考虑,在此基础上尽量兼顾车辆载重量和容积的充分利用。新鲜果蔬堆码时,各货件之间都必须留有适当的间隙,以使车内空气能顺利地流通。主要的堆码方式有:品字形装车法、井字形装车法、"一二三三二一"装车法、筐口对装法。另外,对不加外包装的甜瓜或娇嫩易腐的货物(荔枝、韭黄等)可采用分层装载法,对一些比较坚实的蔬菜类货物(马铃薯、晚白菜、萝卜、南瓜、冬瓜等)可以堆装运输。

新鲜果蔬的装车方法正确与否,与货物运输质量的高低有非常重要的关系。在国外冷藏运输时,必须使车内冷空气流动,从而使温度保持均匀。每件货物之间以及与车底板和车壁板之间,必须留有适当的间隙。这样,通过车壁和底板进入车内的热量就可以被间隙中的空气吸收,从而较好地保持货物的温度稳定。在装载对低温敏感的水果蔬菜时,货件不能紧靠机械冷藏车的出风口或加冰冷藏车的冰箱挡板,以免导致低温伤害。必要时,可在上述部位的货件上面苫盖草席或草袋,使低温空气不直接与货件接触。发达国家果蔬包装已经规范化,堆码也已规范化和机械化,每车装多少箱留多少间隙都是固定的。

7. 装卸

新鲜果蔬鲜嫩,含水量高,在装卸过程中极易引起机械损伤,从而导致果蔬的腐烂,造成巨大的经济损失。我国果蔬装卸搬运多靠人力,劳动强度大,必须注意要轻装轻卸,把损耗控制到最低限度。大型的车站、码头已逐步实现了机械化,广泛地采用传送带、叉车、电瓶车、起重吊车等设备,改善了搬运条件。

目前,国际上广泛使用的装卸运输工具是集装箱和托盘。通过把小型箱集中装载在较大的集装箱中,以便于集中装卸吊运。集装箱运输果蔬能够最大限度地减少产品的损耗与损伤,缩短运送时间。根据资料报道,采用集装箱运输可使损耗降到7%,而简装运输的损耗为15%。对于果蔬等易腐产品,目前使用较多的是冷藏集装箱和气调集装箱。利用冷藏集装箱运输果蔬,可以从产地装卸产品、封箱、设定箱内条件,利用汽车、火车、轮船等交通工具,在机械化的集装箱装卸设备的配合下,进行长途运输,节省人力、时间,保证产品质量。气调集装箱则是在冷藏集装箱的基础之上,在箱内加设气密层,并改变箱内的气体成分,即降低氧气的浓度,增加二氧化碳浓度,使运输的产品保持更加新鲜的品质。

托盘是一种装卸货物用的板条状货盘。发货人在仓库内事先将货物用托盘码好,用叉车搬运装卸,各托盘之间留有空隙,供空气循环。用托盘运输,货物在车内冷却快,车内各处温度均匀,消除了循环呆滞区,所运货物质量较好。

## (六)运输方式及工具

### 1.运输方式

按照运输路线和运输工具的不同,可把新鲜果蔬的运输分为陆路、水路、空运等不同的运输方式。陆路运输包括公路和铁路运输。水路运输又包括河运和海运。在新鲜果蔬运输中,要选择最经济合理的运输。

长途运输,过去一般用加冰车厢、机冷车厢或冷藏船等。近年来国外采用冷藏集装箱或气调集装箱运输,国内大多采用汽车和火车运输。

低温冷链运输是目前世界上最先进也是最可靠的果蔬运输方式,即从果蔬的采收、分级、包装、预冷、储藏、运输、销售等环节上建立和完善一套完整的低温冷链运输系统,使果品从生产到销售之间始终维持一定的低温,延长货架期,其间任何一个环节的缺失,都会破坏冷链保藏系统的完整性和实施。

### 2.运输工具

目前国外果蔬运输所用的运输工具主要是冷藏汽车和普通卡车,国际间运输主要用冷藏集装箱。我国短途公路运输所用的运输工具包括汽车、拖拉机、畜力车和人力拉车等。汽车只要有普通运货卡车、冷藏汽车、冷藏集装箱。水路运输工具用于短途运输的一般为小船、拖船,远途运输的主要是远洋货轮。铁路运输越来越少。

(1)普通卡车

在我国新鲜果蔬运输中普通卡车是最重要的运输工具。而国外果蔬运输所用的工具主要是冷藏汽车和普通卡车。与火车相比,这种变化是有内在原因的,一是减少中转和多次装卸,节省时间和劳力。二是卡车载量较少,收购和销售速度较快。三是适合批发商的小本经营。虽然普通卡车车厢内没有温度调节控制设备,受自然气温的影响大。但车厢内的温湿度可通过通风、草帘棉毯覆盖、夹冰等措施适当调节。例如我国辣椒冬天用棉被保温包装运输卡车。

(2)冷藏车

冷藏车的特点是:车体隔热,密封性好,在车厢前部有冷却装置,车厢里在温热季节能保持低温。冷藏车是发达国家果蔬采后运输最主要的形式。目前我国很少应用冷藏车,主要是因为运费很高。

(3)集装箱

集装箱运输是当今世界正在发展的运输工具,既省人力、时间,又保证产品质量,实现"门对门"的服务,是现代运输工具中的一大革新。在集装箱的基础上增加箱体隔热层和制冷及加温设备,即为冷藏集装箱,它可以维持新鲜果蔬及其他易腐货物所需的温度。在冷藏集装箱的基础上,加设气密层,改变箱内气体成分(降低 $O_2$ 浓度和增加 $CO_2$ 浓度),即为冷藏气调集装箱。控制气体成分的方法,一般是在冷藏集装箱外装液氮罐和二氧化碳罐,把气体通入箱内,释放氮和二氧化碳代替箱内空气,以达到降氧升二氧化碳从而起到气调的效果。

一般来说冷藏气调集装箱较之冷藏集装箱更能保持货品新鲜品质。

(4)火车

我国果蔬采后长途运输目前还较多应用火车普通货箱。一般用于较耐储运的大宗果蔬的远途运输,火车冷藏货箱也有少量的应用。其主要有加冰冷藏车(冰保车)和机械冷藏车(机保车)。我国现用机保车,仅 B19 型五节机冷车组是国产,其他多为进口车。

## 二、粮食运输及其基本要求

粮食主要包括小麦、大麦、玉米、谷类高粱、豆类、油料等。粮食是人类的主要食品,也是国民经济发展的基础。由于世界范围内各国粮食的产量、品种分布的不平衡产地和销地的布局不均匀,造成了粮食供需不平衡状况,由此引发了粮食物流的需求。

粮食物流是粮食从生产布局到收购储存、运输、加工、销售整个过程的商品实体运动以及在流通环节的一切增值活动,涵盖了粮食运输、仓储、装卸、包装、配送和信息应用的各个环节。

粮食是人们主要食物,具有其他商品所没有的特性,因此在物流各个环节要特别注意。

首先是粮食的食用性。所以要求在运输装卸过程中要始终保持粮食的清洁卫生;粮食还容易感染气味,所以装卸和保管粮食时,要求周围环境通风良好,严格要求粮食不受异味、潮湿、油污、杂质的污染,一定要与有异味的货物分开隔离。由于粮食是宝贵物质,所以在运输和保管时需要精确计量。

其次,粮食具有吸附性,粮食吸收了水分后,当其含水率超过 $14\%\sim15\%$ 时,就要霉变,所以保管粮食时要注意低湿度的要求。

再次,粮食具有流散性。所以在运输时,船舶为了要保持必要的航行稳定性,需要在船舱内设置隔舱板。在装卸时,粮食的漏斗溜管和(存舱的)自然管的倾角不小于 35 度,玉米、小麦和大米最好要大于 60 度。

最后粮食还具有扬尘性。在采用筒仓保管储存粮食的系统中,粉尘往往会引起筒仓爆炸,所以要有防尘、防爆设施。

### (一)国际粮食物流方式

在美国、澳大利亚等主要粮食生产国,粮食物流已基本上实现了"四散化",即散装、散卸、散运、散存。"四散"是粮食流通实现现代化的重要标志,不仅可以大大提高粮食流通效率,降低粮食流通成本,也十分有利于保证粮食品质,减少粮食损失。

1.粮食的储存方式——散存

从粮食的储存方式来看,无论是农场仓库、收纳库还是港口终端库,基本都是散存。粮仓建设根据不同的要求采取不同的类型，主要是采用适合散粮进出的立筒仓、浅圆仓和钢板仓等。粮仓与运输设施之间衔接配套，技术先进，经济合理。粮库作业采用智能化管理，收纳库、中转库、终端库均配有完善的散粮储存、运输计算机管理信息网络。粮食储存设施先进齐全，设备标准化、专用化、系列化、自动化程度高。

2.粮食的装卸方式——散装

从粮食装卸方式看，粮食接收、发送都是散装为主。农场主用卡车把粮食运至收纳库，粮食从卡车底部卸料口卸下，或用起重机抬起车厢，从后部卸下。粮食落入地坑的栅栏口，由刮板输送机送到斗式提升机的地坑，经斗式提升机提升，然后入仓。收纳库发送粮食多数是铁路运输。当火车开始装运时，把装料口调到车厢顶部，粮食从仓内流出，经称重后进入斗式提升机的后入料口，提升到仓顶。经过分配器、装料口进入车厢。粮食的重量到位后，车厢关闭。

3.粮食的运输方式——散运

从粮食运输方式看，主要是铁路运输、公路运输和水路运输。

(1)铁路运输：主要是承担从收纳库到港口终端库的粮食运输。铁路运输与公路运输相比，具有运量大、连续性强的特点，因此铁路粮食运输在发达国家仍占有较高的比重。

(2)公路运输：主要承担农场主仓库与收纳库之间的粮食运输。由于公路运输直接、方便，许多国家粮食公路运量一直比较大。一些不具备铁路运输条件的收纳库，公路运输就成了唯一的选择。

(3)水路运输：主要承担由中转库向港口终端库集并的粮食运输和出口粮食的运输。值得注意的是：近年来集装箱运输发展很快，集装箱运输与火车相比，优势在于：装卸粮食方便，可实行"门到门"的服务，5～7分钟就可装卸一个容纳20吨粮食的标准集装箱。同时，与一般散装运输比，集装箱运输也具有一定的优越性。散装运输的粮食容易招致虫害，也容易造成粮食损耗，使粮食等级下降，而集装箱运输就可以减轻或避免这些问题的出现，有效保护粮食品质。

尽管发达国家的粮食物流，无论硬件还是软件技术都比较先进，但目前还存在以下几个问题：

(1)因货物和信息沟通等多方面的原因，运粮火车许多都是单程运输货物，回空现象较为普遍。

(2)集装箱运输虽具备一定的优势，但因运输成本较高（包括回空导致的高成本），目前还仅限于豆类、油菜和啤酒大麦等少数几个品种。粮食集装箱运输占整个粮食运量的比重还比较低，如加拿大仅为5%。

(3)散装运输需要先进的设备和技术，要求各个环节密切衔接配套。"四散"设施投资很大，发达国家也同样面临资金方面的难题。

## (二)我国粮食物流发展概况和存在的问题

### 1.我国粮食物流的特点及物流现状分析

目前,我国的粮食生产综合能力已经稳定在4.5亿~5亿吨的水平,商品粮约占其中的25%~30%;全国有粮库6万多个,库存粮食2.5亿多吨;粮食加工企业近2.1万家,年生产能力1.88亿吨。由于近几年连续对农业生产进行结构性调整,我国的粮、棉、油生产已经逐渐表现出向优势产区集中的趋势,粮食的品种和质量也呈多元化发展趋势;粮食流通总体上表现出量大、点多、面广、生化特性强的特点。我国的粮食流通工作仍停留在低水平发展阶段,流通效率低、流通成本高,很难与这一发展趋势相适应。因此,建立现代化的粮食物流体系已经成为我国粮食发展的必然要求。粮食流通的量大、点多、面广、生化特性强,决定了粮食商品物流具有与其他商品不同的特点。

(1)粮食物流强调生产上的合理布局;

(2)粮食物流要求科学地规划和合理地制定粮食流向;

(3)粮食物流运作具有相对独立性;

(4)粮食物流从业人员具有较强的专业性。

我国的散粮流通曾经在20世纪六七十年代进行了两次尝试,但是由于当时政治、经济等各方面条件的限制,未能得到持续的推广和发展。到了20世纪90年代初,为了与世界先进的粮食流通技术和体系接轨,我国开始了粮食流通方式的转变,即从传统的包粮流通向散粮流通改变,开展了"利用世界银行贷款,改善中国粮食流通"的粮食流通骨干体系建设项目。现在这些项目已经全面进入试运行阶段,预计四散水平可以达到40%左右。散粮流通的主要优点是机械化程度高、作业效率高、节约包装费和包装运费,具有较好的规模经济效益。

但是散粮流通也存在各种缺点:多次装卸造成粮食受损、品质降低。粮食系统中有这样一句话:"谷物每装卸一次,质量等级就会下降一个档次",粮食散装装卸更是如此。车船的空载返回、港口压船和作业淡季的设备闲置带来的无形损失;为能够调集足够存货支付的港口滞留费用,大宗存货占用的大量资金和为此支付的利息;为了防止粉尘爆炸实施控制措施的费用等,都占用了大量的流动资金。最重要的一点是,散粮流通的前期投资巨大,建成后的维修和保养费也是一笔不小的开支。尤其,我国刚刚在粮食流通中实行散粮流通,"四散"技术水平和作业水平较低,储备库布点不科学、仓容量不足、仓储保管技术落后、机械化程度不高,特别是散粮专用车,全国不足3000辆。因此,粮食散粮流通的优势不能得到充分的发挥。

### 2.我国粮食物流体系存在的主要问题

多年来在计划经济体制的沿袭下,粮食物流已经形成了一种集中垄断的格局。但随着粮食经营的放开,市场经济体制的建立和完善及经营主体多元化带来的竞争的加剧,集中垄断的粮食物流格局的弊病明显显露出来,对现代粮食物流的科学运作和发展形成了严重制约。

(1)管理体制制约粮食物流的发展

粮食物流涵盖粮食生产布局、品种流向的确定、购销粮食的计划、粮食实体运动所必需的装卸、储存运输及加工增值等环节。结构优化的产粮布局是合理组织粮食物流的基础，规范有序的粮食流向是提升粮食物流效率的前提。长期以来，人们把粮食物流片面地当作粮食仓储、运输和装卸等，而把粮食生产布局、种植结构调整及粮食品种流向等看成是农业生产范畴，只重视粮食物流业务的表现形式，而忽视粮食物流的基础和前提，以致粮食物流因产业链的脱节和失调而难以实现整体结构上的优化、合理。

(2)粮食无序流动现象较为普遍

国有粮食流通企业是我国粮食市场的主渠道，发挥着主导作用。但是，国有粮食流通企业存在着政企不分，机制僵化、管理落后等种种弊端，难以发挥主渠道作用。在市场经济条件下，随着粮食流通的逐步放开，粮食经营呈现市场主体多元化的竞争格局，各企业自辟渠道寻找粮源和市场。粮食经营者在组织粮食运输时过分注重自身的经济利益，很难遵照"商流多头，物流统筹"的粮食流通规则，加之近年来运力的相对过剩和宏观调控的不足，粮食物流渠道不规范，不合理运输的现象较为普遍地存在。除铁路对流外，公路对流及重复装卸、迂回、空返、产销区供求脱节等不合理运输现象也时有发生，造成运力的浪费和运输成本的增大。

(3)物流硬件设施落后是制约粮食物流效率提高的直接因素

虽然近几年来，由于运用国债投资建设了一大批现代化粮库，粮食仓储条件得到很大的改善。利用世界银行贷款粮食流通项目已全面通过竣工验收，标志着我国粮食流通方式实现了历史性的跨越，对现代化散粮运输事业的发展起到重大示范和推动作用。上述项目在我国的东北、西南地区、长江流域和京津地区组成了四条现代化粮食流通走廊。但是，与之配套的散粮运输设施却没有相应跟上。粮食"四散"作业在我国至今基本上未得到普及，许多粮库没有散粮接收和发送装置，技术设备等方面与发达国家相比存在较大差距。从总体来说，单靠世界银行项目还不能保证粮食物流的完全畅通。目前的库点建设缺乏整体规划，粮食储备库布点不尽合理，小型库点多，缺乏规模，仓储保管技术落后，机械化程度不高，粮食流通的"四散"技术水平和作业水平仍较低。

粮食流通企业管理技术较差，信息管理系统不健全，粮食信息服务不周到、不及时，企业之间信息沟通少，以致粮食流通不畅，不能适应快捷、高效的集物流、商流、信息流、资金流于一体的现代物流发展趋势。

(4)宏观调控缺乏力度是制约粮食物流科学化的关键因素

粮食储备体系是国家对粮食实行宏观调控的重要手段，但我国的粮食储备体系还不完善，在宏观调控中未能发挥应有的作用。根据国际经验，当粮食储备达到联合国粮农组织规定的17%～18%的安全系数，粮食市场一般不会出现较大的波动。20世纪90年代以来，我国的粮食储备一直高于这一安全系数，但我国粮食市场价格却频繁发生波动，其中最主要的原因是粮食物流体系不完善导致粮食储备体系未能高效灵活运行，市场调控能力大大削弱。

## (三)粮食的运输方式

粮食运输主要有袋装运输、散装运输和集装箱运输三种形式。

1. 粮食的袋装运输

袋装运输是指将粮食装到塑料袋、麻袋或编织袋中,以成包粮食进行运输的一种方式,这是最为传统的运输方式。现在,我国公路、铁路等国内陆路粮食运输主要是采取袋装运输方式。用麻袋、编织袋等将农民生产的粮食装运到基层粮库,经过检验、过秤、拆包等过程后堆放在仓库中。需要外运时,再由人工或机械灌包、称量、装车运到火车站或者码头,到达目的地后,人工装卸、搬运和入库。包粮流通中间环节多,工作效率低下,需要大量的包装材料和人力。以吉林省为例,每年仅运输玉米就需麻袋6000万条~8000万条,占用资金2亿元左右。虽然通过在车站安装装卸搬运机械可以在一定程度上降低工人的劳动强度,但是无法从根本上解决包粮流通系统中由多环节搬运造成的低效率和粮食散落浪费大等缺陷。此外,有些粮食经销商为了降低成本,采用尿素等化肥袋来装粮食。残留的化肥不仅污染了粮食,而且化肥包装袋密封性较好,堆放时间长了,粮食会因水分蒸发不掉而引起霉变,从而影响到粮食的安全性。

在水路方面,粮食的袋装运输属于件杂货运输。件杂货通常是指有包装和无包装的散件装运的货物。在进行袋粮装卸的时候,主要是靠门机或船舶吊杆等起重设备配合吊钩、吊索、网络、货板等夹具进行吊入或吊出船舱。为了充分提高起重机的作业效率,就需要工人在码头和船舱中进行袋粮的堆码作业,由此耗费了大量的人力,这也是制约袋粮装卸效率的主要瓶颈。在装卸过程之中,袋粮还容易因为外力的破坏造成包装破裂,以致粮食发生散落、遗失、污染等问题。另外,在袋装运输过程中,由于同一船舱当中往往载有多票货物,很容易造成混票等情况,以致理货过程缓慢,还容易造成丢货。由此,粮食在国际运输方面,基本不采用袋装方式。

2. 粮食的散装运输

鉴于袋装运输方式存在的诸多缺点,从20世纪50年代开始,国际粮食的运输开始采用散装方式进行。与袋装方式比较,散装运输具有如下优点:

(1) 节约了袋装粮食的包装费用。这包括散粮包装、灌包机械成本和工人灌包人力成本两个方面。东北地区通过北良港及其铁路专用车中转储运粮食,平均每吨粮食可节省港口装卸费用、包装和搬倒费用近70多元人民币;运输中的损耗也由袋装的5%~8%降低到0.2%~1%以下,每年为社会创造效益在10亿元以上。

(2) 易于实现粮食装卸的专业化、机械化。由于物理性质相近,所以粮食的储存、运输、装卸容易使用专业机械。

(3) 提高了粮食装卸的效率。采用散装方式运输之后,可以在码头使用吸粮机、夹皮带机、斗卸船机等连续型卸船机械,能够大幅提高装卸效率。袋装运输时,门机的装卸效率每台时仅60吨左右,而散装运输后,采用专业卸船机每台时不会小于300吨,是袋装方式的5倍。

(4) 降低了工人的劳动强度。散装运输可以把工人从舱内、车内、库内解放出来,从事更加轻便的工作。降低了工人的劳动强度,同时也消除了原有的瓶颈。

当然,散粮流通也存在缺点:多次装卸使粮食受损、品质降低;车船的空载返回、港口压船和作业淡季的设备闲置带来无形损失;为调集足够存货支付的港口滞留费用,大宗存货占用的大量资金和为此支付的利息,以及为了防止粉尘爆炸实施控制措施的费用等,都占用了大量的流动资金。最重要的是,散粮流通的前期投资巨大,建成后的维修和保养费也很高。

3.粮食的集装箱运输

粮食集装箱运输,是指集装箱作为粮食的包装物和运输工具进行的运输。在农村或基层粮库中,将粮食直接装入集装箱封好。集装箱可以选择通用集装箱或者是专用粮食集装箱,如果通用的集装箱,则应当进行适当的处理,保证密封。与袋装运输和散装运输相比较,粮食集装箱运输具有以下各种优点:

(1)使用机械化作业,减轻了工人的劳动强度;节约人力,装效率大大提高。

(2)手续简化,减少了运输环节上的交接程序,利用集装箱多式联运,缩短在途时间,保证市场供应。

(3)适应粮食多品种、小批量以及多种质量等级运输的要求。可以采用公路、铁路、水路不同的运输工具,满足不同的时节要求。

(4)不必另建专用的粮食流通设施,充分利用现有的通用集装箱装卸设备,大大减少基本建设投资。

(5)不受恶劣气候条件的限制,可以全天候作业,保证车船正常运输。

(6)节约包装材料和包装费用、减少粮食损耗和经济损失、保证运输安全。

(7)实行"门到门"运输,提高服务质量。

(8)成本优势。

运输成本优势:与包粮流通相比,集装箱运输在成本上有一定的优势。如果粮食的年发运量是10万吨,包装运输全程的费用平均为157元/吨,而集装箱运输则可以节约31.76元/吨,运费为125.24元/吨。与散粮流通相比,集装箱运输的成本要高一点,如从北美运送粮食到亚太地区的费率,集装箱比散装直接成本要高10%到30%。但是,这种差距随着集装箱船队规模的扩大、粮食收购单位购置集装箱并组成集装箱租赁库、集装箱运输系统的成熟,运费可能进一步降低。

信息技术优势:现代信息系统与粮食集装箱运输相结合,可以充分利用现代信息技术进行网上交易满足客户的不同需求。例如:用集装箱分别装运不同质量等级的小麦,面粉制造厂就能根据每个集装箱上条码标明的小麦品种和品质特征,分别取出搭配进行面粉加工,节省了许多中间环节和费用。

此外,集装箱储粮的灵活性大,收购季节库存不足的时候,用于临时储粮;收购淡季仓容有余,集装箱则可以投入运输。集装箱临时储粮还可以减少环境污染、改善作业条件、降低劳动强度、节省劳动消耗;按照品种、质量、等级进行粮食保管,满足用户多品种小批量的需求。

现阶段,袋装、散装、集装箱三种粮食运输方式在实际中都有采用。袋装运输主要是在国内陆路运输上采用,国际海运主要采用散装运输方式,而集装箱运输方式也逐渐开始在国际粮食运输上崭露头角。

发达国家在粮食运输方面走的是包粮流通→散粮流通→集装箱运输的模式,我国可以充分借鉴它们的经验,结合我国的具体国情,发展有中国特色的粮食物流系统。粮食物流合理化发展就是要以市场为导向,及时、准确、安全、经济地完成粮食运输任务。散粮流通系统适合大宗粮食的运输,而集装箱则适合多品种、小批量粮食的运输。包粮流通系统改造为散粮流通系统需要巨额投资,粮食集装箱运输只要在包粮流通或散粮流通的基础上稍加改造就可以运营。我国目前虽然已经投资建设散粮流通系统,但是由于财力有限,不可能一下就达到发达国家散粮流通系统的水平,而我国的集装箱运输系统经过多年的发展已经初具规模,因此,我国更应该在发展散粮流通系统、合理利用包粮流通系统的同时,大力发展粮食的集装箱运输,形成三者互补的、合理的粮食物流系统。

**(四)运输中影响粮食质量的主要因素**

粮食在运输过程中,影响其质量的因素有化学性、生物性、鼠虫害、物理性等。

1.化学性污染

粮食运输过程中,和化工类产品、农药等物质混装、混运,造成粮食被污染的事故时有发生。1996—2000年全路报告食品运输污染495起,其中由于车辆受农药等有害化学物质污染,造成食品污染321吨。

为了降低成本,有些粮食经销商采用化肥袋来装粮食。目前使用的化肥袋,大多是用聚氯乙烯制成的,含有大量的铅和对人体有害的物质。用化肥袋盛装和储存粮食,化肥袋挥发的有毒气体会跑到粮食里边去,造成粮食污染,并且这种污染很难清除掉。化肥袋上不可避免地会残存各类化肥,例如硝酸铵、硫酸铵、尿素以及碳酸氢铵等化合物,在酶和细菌的作用下,它们很容易转化为致癌物质——亚硝铵。经常食用这种含亚硝铵的粮食,会导致食道癌、胃癌、肝癌、肠癌等疾病的发生。

此外,化肥袋透气性很差,被密封的粮食,会因水分蒸发不出去而发生霉变,从而使粮食中产生黄曲霉素。黄曲霉毒具有很强的毒性和致癌性。

2.物理性污染

粮食在运输过程中,常常会混入一些无机杂质如砂粒、煤渣、矿渣、玻璃碴、灰尘、磁性金属物等。

3.生物性污染

粮食运输污染主要有敞车篷布被割漏雨、敞车篷布渗雨、篷车漏雨、车辆污染、混装污染、站场污染等几种原因,其中致雨水渗漏,引发粮食霉变而造成生物性污染,占到了污染总起数的95.5%,是引发食品运输污染的主要原因。

因此在粮食的运输过程中,要避免使用被污染的工具装卸粮食;运载粮食的车辆一定要彻底消毒;不要和有毒有害的物质混装、混运;装卸粮食的码头、站台等场所干净无杂物;运输的粮食要密封好，防止粮食在运输过程中各种污染。

## 三、肉类食品的运输

这里所说的肉类食品泛指水产海鲜、禽类、蛋类、肉类等食品。肉类食品含有丰富的蛋白质、脂肪等营养成分，极易发生腐败变质。

肉类食品由于酶的分解、氧化和微生物生长繁殖而失去使用价值。采用冷冻可以钝化酶的分解、减缓氧化、抑制微生物生长繁殖，使肉类食品处于休眠状态，在产品生产数周甚至数月后仍保持原始质量。因此肉类食品的加工、运输、储藏需要在低温的条件下进行。

在欧美等发达国家，对肉制品的生产、运输、销售有严格的温度控制法规。对各个环节的温度及时间标准有严格的法规要求，使用时间—温度指示器来监督食品流通全过程，并用于区分食品事故的责任。

1.冷藏运输的条件

冷藏运输是指使用装有特制冷藏设备的运输工具，来搬运易腐食品（如水产品、畜产品、水果和蔬菜，特别是新鲜食品）等的运输方式。在整个运输过程中，通过低温降低食品及其中酶和微生物的新陈代谢，以保持食品的鲜度、味觉和营养价值。

(1)形成低温环境

肉类等易腐食品在进行低温运输前应将其温度降到适宜的储藏温度。冷藏运输过程中，车厢内应维持适宜肉类食品储存的低温环境。为维持这一低温环境，运输载体上应当具有适当的冷源，如干冰、冰盐混合物、碎冰、液氮或机械制冷系统。例如果蔬类在运输过程中，为防止车内温度上升，应及时排除呼吸热，而且要有合理的空气循环，使得冷量分布均匀，保证各点的温度均匀一致并保持稳定，最大温差不超过3℃。有些食品怕冻，在寒冷季节里运输还需要用加温设备如电热器等，使车内保持高于外界气温的适当温度。

(2)有良好的隔热性能

冷藏运输工具的货运应当具有良好的隔热性能，能够有效地减少外界传入的热量，避免车内温度的波动对食品品质造成影响。车辆或集装箱的隔热板外侧面应采用反射性材料，并应保持其表面的清洁，以降低对辐射热的吸收。在车辆或集装箱的整个使用期间应避免箱体结构部分的损坏，特别是箱体的边和角，以保持隔热层的气密性，并且应该定期对冷藏门的密封条、跨式制冷机组的密封、排水洞和其他空洞等进行检查。以防止因空气渗漏而影响隔热性能。

(3)可根据食品种类或环境变化进行温度调节

在长距离的冷藏运输过程中，食品可能会经过不同的环境外部温度，比如从南方运到北方的水果，因此冷藏运输的载体内部空间内必须有温度检测和控制设备。温度检测仪必须能够准确连续地记录货物间的温度，温度控制器的精度要求高，为±0.25℃，以满足易腐食品在运输过程中的冷藏工艺要求，防止食品温度过分波动。

(4) 制冷设备所占空间尽量小

在长途冷藏运输过程中，为了减小单位货物的运输成本，要求在尽可能的空间内装载尽可能多的货物。

(5) 车厢的卫生与安全

车厢内有可能接触食品的所有内壁必须采用对食品无影响的安全材料。箱体内壁包括顶板和地板，必须光滑、防腐蚀、不受清洁剂影响，不渗漏、无腐烂，便于清洁和消毒。箱内设备不应有尖角和褶皱，使进出困难，脏物和水分不易清除。在使用中，车辆和集装箱内碎渣（屑）应及早清扫干净，防止异味污染货物并阻碍空气循环。对冷板采用的低温共熔液的成分及其在渗漏时的毒性程度应予以足够的重视。

(6) 良好的组织管理

冷藏运输的组织管理工作是一项复杂细致而又责任重大的工作，必须对各种冷藏运输工具的特性、易腐货物的冷藏条件、货源的组织、装车方法、调度工作等问题十分熟悉，加强运输过程中各个环节的管理工作，保证易腐货物高品质而又快速地到达目的地。

2. 冷冻运输过程中食品的质量管理

(1) 输送工具应具备的标准

输送冷冻食品的车辆、飞机、船及集装箱等要配有能使冷冻食品的品温保持在 $-18℃$ 以下的制冷结构，要配备冷冻机或者其他的冷却设备。

要装有显示车厢内温度的温度计或者温度测定装置，方便运输过程中随时监控食品的品温变化。

箱体结构应便于冷气循环，还要使货物在装卸及运输过程中不会损坏保冷结构。

(2) 输送操作标准

在装货前，要使运输车辆的箱体预冷，在车厢内温度达到 $-7℃$ 后再装货。

品温高于 $-18℃$ 的冷冻食品不能输送。在输送过程中，为保证冷气在箱体内畅通无阻地循环，装载的食品量要适当。运输车辆的制冷装置，在整个运输过程中一直处于开启状态。

为了保证冷冻食品的品温波动最小，必须快装快卸。输送过程中，冷冻食品的品温不能高于 $-18℃$，要经常检查温度。

(3) 输送、装卸过程中的管理

冷藏运输过程中的质量管理，主要是温度管理。国际标准是把 $-18℃$ 作为特性值要求。

冷冻食品的温度散失非常容易发生在货品的装卸货过程中。货品装载方法会影响冷藏箱内冷空气循环的效率，装货时由于没有车厢预冷，也会影响货品温度。所以，货品装车一定要按照装车指导，在货品的上下前后留下冷循环空间。车辆在装车之前要进行预冷，以防止接触车厢底板和侧壁的货品在短时间内发生过大的温度变化。一般冷冻货品装车温度预冷要达到 $-5℃\sim5℃$ 范围内，视产品情况而定。此外，要尽量减少卸货次数，以减少开门的次数。要尽量缩短接货时间，以减少热空气的进入。也可采取车厢内隔离或单元箱的方式，以减少热空气对产品的影响。

运输中的温度记录与跟踪是冷链管理的关键环节。运输中的温度记录是货品交接的质量保证依据，也是货品保险与索赔的证据。如何完整、真实、低成本的记录产品的运输温度是冷链运输管理的任务。

海运冷藏集装箱运输要在集装箱的不同位置安放温度记录仪，作为产品接收地依据之一。公路运输一般采用可重复使用的温度记录仪。

3.冷冻肉类食品的运输

(1)冻畜禽肉类的运输

畜禽肉类主要包括牛、羊、猪、鸡、鸭、鹅肉等，其主要营养成分有蛋白质、脂肪、糖类、无机盐和维生素等，由肌肉组织、脂肪组织、结缔组织和骨骼组织组成。

畜禽经屠宰后一系列的降解等生化反应，出现僵直、软化成熟、自溶和酸败四个阶段。其中自溶阶段始于成熟后期，是质量开始下降的阶段。特点是蛋白质和氨基酸分解、腐败微生物大量繁殖，使质量变差。肉类的储藏即尽量推迟进入自溶阶段。

通常肉类在$-18$℃以下即达到休眠状态，但$-23$℃以下的低温比$-18$℃的低温可成倍延长冷藏期。在$-30$℃下的冷藏期比在$-18$℃下冻藏期长一倍以上，其中猪肉最明显。许多国家明确规定，冷冻食品、制成品和水产品必须在$-18$℃或更低的温度下运输。客户一般要求货物在运输期间温度保持在$-18$℃以下。

①冻畜肉：畜肉类一般按客户要求或进口国习惯进行分割，再用水密性高的复合材料包装，避免水分散失造成脱水干耗，然后装入纸箱。纸箱必须施封、绑扎，并附识别标签。在冷冻过程中应避免纸箱变形，这既影响外观又损失冷箱内有效堆装空间。

运输的冻肉应肉体坚硬，用硬物敲击时能发出清脆的响声，肌肉有光泽，红色均匀，脂肪洁白或淡黄。外表用手指或温热物体接触时能由玫瑰色转为红色，血管呈石灰光泽，气味正常。发现有发软、色暗褐或有霉斑、气味杂腥等现象的冻肉不能承运。承运温度低于$-8$℃。

冻畜肉装载方法采用头尾交错、腹背相连、长短搭配，紧密装载不留空隙。机械冷藏车装运，车内应保持$-9$℃～$12$℃。加冰冷藏车装运时，冰中加盐热季20%～25%，温季15%～20%，寒季10%～15%。

②冻禽类：禽肉类肌肉组织比畜肉类肌肉组织更丰富，更易出现质量下降。因此，禽肉类应使用气密性高的复合材料包装，并在温度$-18$℃以下运输，以避免脂肪氧化、脱水干耗和腐败菌的繁殖。

③冻鱼和水产品：鱼类和水产品主要含有水分、蛋白质、脂肪、矿物质、酶和维生素。鱼类和水产品死后不但出现僵直、软化成熟、自溶和酸败四个阶段，而且在僵直前还有一个表面黏液分泌过程，这种黏液是腐败菌的良好培养基。上述四个阶段持续时间较短，尤其是软化成熟阶段极短，这是因为多种酶和微生物在较低的温度下仍有很强的活性。在自溶阶段，蛋白质和氨基酸分解，腐败微生物大量繁殖，使质量变差。

鱼类和水产品的储藏时间与温度密切相关。在正常情况下，温度每降低10℃，冻藏期增加3倍。多脂鱼类较低脂鱼类冻藏期短，红色肌肉鱼类冻藏期更短。一般冻藏温度是：少脂鱼和水产品在－18℃～－23℃；多脂鱼在－29℃以下，部分红色肌肉鱼可能要求达到－60℃的低温。在冻藏和运输期间应采用尽可能低的温度，并应避免任何温度波动。

包装和操作方法对冻藏期也有影响，应避免货物暴露在空气中造成脂肪氧化和脱水干耗，装、拆箱作业应快速进行，避免温度波动影响质量。

"镀冰衣"鱼和水产品，即在鱼和水产品表面覆盖上一层薄冰，可避免水分散失保证质量。经"镀冰衣"的鱼和水产品的总重量会增加，托运人应特别注意货物的总重量，禁止超过冷箱的安全载重量。

冻鱼坚硬、鱼鳞明亮或稍微暗淡、眼睛凸出或稍有凹陷、鳃鲜红。在－8℃以下，冻鱼可不包装，也可用箱、筐等进行包装。使用冷藏车装运，车内保持－9℃～－12℃。加冰冷藏车冰中掺盐15%～25%，车内码放采用紧密装载方法。

④冰蛋冷藏运输：冰蛋货温应低于－8℃。外包装应使用坚实的纸箱、钙塑箱，并且有完好的内包装。冰蛋应使用冷藏车装运，装车前车辆应预冷，装载方法应采用紧密装载。用机械冷藏车装运，车内保持－9℃～－12℃；加冰冷藏车冰中掺盐15%～25%。

4.低温物流配送流程及各环节温度控制

(1)低温食品拣货至出货暂存区

低温食品从冷冻库或冷藏库拣货出来后，会被放置于出货暂存区。一般情况下，冷冻库的温度在－23℃至－25℃，食品的中心温度一般在－18℃左右。冷冻品出货暂存区的温度要求在0℃左右，且冷冻食品在暂存区的存放时间不宜超过半个小时。冷藏库的温度一般在2℃～8℃，食品的中心温度在4℃左右，冷藏品的出货暂存区的温度一般要求在10℃～15℃左右，同时冷藏品也不宜在出货暂存区放置超过1小时的时间。由于对温层的需求不同，冷冻食品与冷藏食品不宜在同一温层的出货暂存区暂存。

(2)装车前准备工作

低温运输车辆于装车前，应首先将车厢降温。一般冷冻品车厢温度降至－10℃以下时方可进行装车，冷藏车温度降至7℃以下、冻结点以上时方可进行装车。同一温层车辆不可既装冷冻品又装冷藏品，除非该冷藏车为双温层车辆。冷藏车降温时间与车辆的性能及所需降至的温层相关，一般情况下开始降温时应与拣货时间相配合。最好的状态是，冷藏车箱体温度降到指定温度时，低温食品刚拣货完成搬运至出货暂存区。

(3)装车

车辆降温至指定温度时，应将后车厢门打开，车辆缓慢后靠至码头门罩达到与码头库门气密衔接状态后，再打开码头库门，调整码头调节板至车厢体。在此过程中，低温车辆应保持制冷机组正常运行，继续处于降温状态。冷冻车辆一般将车箱内温度降至－18℃以下，并在运送过程中保持此低温。生鲜食品应使用物流容器配送，比如使用笼车或栈板装车，这样做第一可在最短时间内装车完成,一般10～15分钟;第二可最大限度地减少装卸车过程中对食品造成的损耗;第三避免食品与车箱体接触,以减少污染。装车完成后,应首先收回码头调节板、关闭码头库门,再将低温车辆开离关车厢门,依指定路线出货配送。

(4)运输环节

低温车辆离开生鲜加工物流中心后,制冷系统应保持正常运转状态,全程温度应控制在指定的温度范围内。比如:冷冻产品运输车辆全程温度应保持在-18℃以下,冷藏产品运输车辆全程温度应保持在2℃～8℃,冷藏车温度具体依产品而定。配置较好的冷冻(藏)车一般有GPRS装置与温度跟踪记录系统,可让业主时时能了解到车辆的动向及车厢体内的温度控制情况。

(5)配送到店

低温车辆到达门店后,至门店理货人员开启车厢门卸货前,车辆的制冷系统应保持正常运转状态,并保证车厢体内的温度达标。一般门店很少规划有卸货码头,密闭设施及调节设备。在门店卸货应快速进行。

(6)验收

验收在开启冷冻(藏)车厢门时就已开始。打开车厢门,首先应检测车厢体内的温度是否符合要求,再快速卸货,当生鲜食品进入门店冷冻库或是冷柜后,再验食品的数量、质量、中心温度等。

## 第三节 食品的安全配送管理

食品配送在发达国家已有50多年的历史,连锁经营已有100多年的历史,形成了较为完善和规范的配送、销售系统,成为社会生活不可缺少的组成部分。近些年来在我国大中城市,各种食品配送机构相继出现,表现得非常活跃,但各个配送机构的规模差别较大,配送的内容也各不相同。有些机构只配送某类产品;有些机构配送的产品种类则较繁杂,甚至还进行代销;有些机构只配送有机食品或绿色食品;有些机构则配送各种级别的食品。仅北京每年的食品交易额有300多亿元,今后配送系统还将不断发展、扩大。因此,如何规范食品配送系统,确保到达餐桌上的食品安全、优质,这些都是值得认真研究的问题。

### 一、食品配送的概述

1.食品配送的概念

配送是指在经济合理区域范围内,根据客户要求,对物品进行拣选、加工、包装、分割、组配等作业,并按时送达指定地点的物流活动。

配送概念的内涵:

(1)配送提供的是物流服务,因此满足顾客对物流服务的需求是配送的前提

①由于在买方市场条件下,顾客的需求是灵活多变的,消费特点是多品种、小批量的,因此从这个意义上说,配送活动绝不是简单的送货活动,而应该是建立在市场营销策划基础上的企业经营活动。

②单一的送货功能,无法较好地满足广大顾客对物流服务的需求,因此配送活动是多项物流活动的统一体。(如我国《物流术语》所述)更有些学者认为:配送就是"小物流",只是比大物流系统在程度上有些降低,在范围上有些缩小罢了。从这个意义上说,配送活动所包含的物流功能,应比我国《物流术语》提出的功能还要多而全面。

(2)配送是"配"与"送"的有机结合

所谓"合理地配"是指在送货活动之前必须依据顾客需求对其进行合理的组织与计划。只有"有组织有计划"地"配"才能实现现代物流管理中所谓的"低成本、快速度"地"送",进而有效满足顾客的需求。

(3)配送是在经济合理区域范围内的送货

配送不宜在大范围内实施,通常仅局限在一个城市或地区范围内进行。

配送的主体活动与一般物流却有不同,一般物流是运输及保管,而配送则是运输及分拣配货。分拣配货是配送的独特要求,也是配送中特有的活动,以送货为目的的运输则是最后实现配送的主要手段。从这一主要手段出发,常常将配送简化地看成运输中的一种。

2.食品配送的优点

(1)食品的安全性高、新鲜质优。由于配送机构(配送公司或配送中心)是一个较大的经销单位,实行统一标准、统一采购、统一配送、统一标志、统一经营、统一服务等,货源来路清楚,食品安全能够保证,出现问题易于追溯,其食品从田间或从厂家到消费者餐桌经历的时间较短,而且新鲜、优质。

(2)食品价格低。一方面食品在流通过程中经历的买卖次数少;另一方面有些产品经过分级(如果蔬),可按质定价,公平买卖。

(3)食用、烹调方便。配送的食品一般是经过加工和杀菌消毒的,可以免洗、直接生食(如果蔬)和直接烹调。这可减少人们的家务劳动时间,提高生活质量。对集体食堂和餐馆而言,可提高蔬菜清洁度,减少厨师的工作量。

(4)节约用水,减少城市垃圾。配送机构集中清洗果蔬,不仅水的利用率高、清洗质量高,而且分选去除的下脚废弃物可统一处理,提高资源的利用率和产品的附加值。消费者食用免洗粮和菜,可大大减少废水和垃圾的排放量。同时,建立配送系统及其相应的连锁超市后,取缔了农贸市场,又促进了城市环境保护,使城市清洁、有序。

3.实施食品配送的必要性

实施食品配送的必要性主要体现在以下四个方面:

(1) 食品的流通更方便

建立现代食品配送，可以充分发挥流通环节的桥梁作用。餐饮企业、超级市场、专卖店、大型企事业单位等通过物流链获得安全优质产品和现代化配送服务；生产企业则获得生产订单，按照标准生产出安全的产品，保证了产品质量。随着社会经济的持续发展，食品电子商务的普及，人们的食品消费结构向多元化发展，人们对食品的购买动机已趋向多品种、少数量模式。一般食品的附加值并不高，而品种数量却非常大，需要在短期内快速分拨到所有地方。这对我国目前落后的物流业是一大挑战，要求食品物流达到快速、多样化等标准。运输的快捷、迅速和安全，是物流业提供服务的特色，其JIT配送体系可以保证食品的新鲜和运送的及时，其先进的多式联运方式可以保证食品大量空间位移的实现。因此，配送为我国食品行业"多品种、大批量"的生产和顾客"多品种、小批量"的需求提供了坚实的物质基础和支持。

(2) 减少食品运输浪费

由于道路建设、现代化冷藏储运基础设施落后，我国每年在运输途中腐烂变质的水果、蔬菜、乳制品和其他容易损坏的食品物流成本占产品售价的七成以上，总损失达750亿元人民币。这笔巨款如果用来买粮食，可以让2亿人不挨饿。专家认为，中国缺乏训练有素的食品物流供应链人员和现代化冷藏储运基础设施，是导致中国每年数亿元食品浪费和损失的最重要原因之一。在中国的公路运输中，易腐保鲜食品的冷藏运输只占运输总量的20%（其中能够按照发货人要求保持恒温的只达到95%），其余80%的水果、蔬菜、水产品、禽肉大多是用普通卡车运输。由于公路冷藏运输效率低，所以食品损耗高。按照国际标准，食品物流成本最高不能超过食品总成本的50%。食品配送不畅和手段的落后，严重制约了我国食品工业的发展。

(3) 保障食品安全的需要

中国食品物流供应链被定为"昂贵、耗损食品、无利可图、容易造成食物中毒"，我国食品行业有着负面的公众形象。据统计，我国每年食物中毒报告例数约为24万人，专家估计这个数字尚不到实际发生数的1/10。来路不明、货源不安全的农副产品常常是导致食物中毒的"祸首"，流通中的物流环境与运作也是影响食品安全十分重要的因素之一。食品原料种植和采购、生产、流通加工和配送每一环节都影响食品安全卫生，所以食品物流较其他行业物流更重视一体化模式。

(4) 有利于树立食品行业形象

在现代化社会中，形象和信誉是企业的无形资产，是提高企业竞争力不容忽视的一部分。政府提供的政策支持和资金支持，行业提供食品物流的交流平台，建立食品供应链全面质量管理体系，可以将中毒、腐烂等现象降到最低，从而改变我国食品行业的一贯负面形象，共同打造中国食品行业"健康、绿色"的新形象。通过流通体系的建设，使政府和社会的监督变得简单，只要发现任何一个环节出了问题，就可以直接追究企业责任。使广大老百姓从中增加对安全优质农产品的认识，放心消费。

## 二、食品配送的特点

1. 规模化的配送

配送本身就是一个产业，产业规模化是产品安全、优质、低价的保证。规模化才能有丰富、稳定的货源；规模化才能有大量、稳定的消费客户；规模化才能建立一支精干、有能力、高水平的管理队伍；规模化才能有一个快速、准时、高素质的运输车队；规模化才有可能保证每天24小时送货，以满足不同人群的需要；规模化才有可能形成庞大的销售网络，创立自己的品牌，提高竞争能力；规模化才能获得较高的经济效益。

2. 配送的内容具有选择性

食品的种类很多，如粮油、果蔬、鲜肉、熟肉、奶品、面包、糕点等。由于各种产品的来源、生产或加工过程、产出时间、客户要求、产品对环境和运输要求等不同，以及大量的监测工作，一个配送系统要经营所有食品的配送是不可能的。因此，食品配送要有选择性，应把重点放在粮油、果蔬产品的配送上。因为粮油和果蔬是人们每天必须消费的大宗食品，它们的安全性、质量和价格与民众的关系最为密切。粮食、果蔬类农产品基本是由分散的农户生产出来的，配送可以解决农民没有能力将大量农产品送往城市销售的问题，迅速地将收购的果蔬送到消费者手中。在日本，大型食堂使用蔬菜的90%是配送机构提供的。

3. 配送的食品应达到可直接食用

由于人们工作节奏的加快，现代双职工家庭要求做饭省时、快捷和方便，能在休闲中进食。这就要求烹调用的食品原料须达到免选、免清洗；直接食用的生鲜食品要达到免清洗、免削皮、免分离等。当前我国市场出售的食品，特别是农产品，距离这个目标还相当远。要使食品达到免分选、免清洗和免杀菌的水平，食品配送就要建立现代的农产品加工线。对直接生食用的果蔬，加工线要完成对产品的清洗、分选、去皮、分瓣、分级、杀菌和包装等加工；对烹调用的蔬菜，加工线应完成挑选、清洗、分拣、切分（切片、切条等）、杀菌和包装等加工；对粮食（如大米）等产品，加工线要完成烘干、除铁、清选、去石、色选、抛光和包装等加工。

4. 使配送形成一种文化

发达国家的食品配送企业都有自己的网站，在网上不仅宣传自己的产品，还要讲述营养、保健、减肥、质量标准、食品标签和食品质量鉴别、食品卫生和环保等知识；报道国内外食品发展动态和食品方面的重大新闻；发布配送系统的年度报告；征求客户和消费者的意见；组织消费者到生产基地、配送中心参观、座谈；开展网上咨询和签订订单等。这是一种互动性的交流，商家对销售者的透明度很高。

5. 确定好食品配送客户

客户或销售点的范围很广，各种客户对配送商品的数量、内容、质量、包装、加工程度、配送时间等要求是不同的。配送系统应有重点的配送目标，以达到高质量、高水平的配送效果。就目前我国的国情而言，最好将产品直接送到使用者（如食堂、餐馆）或消费者手中，或者建立本系统的直销零售店。这样，食品到达消费者手中快，也容易得到用户对配送的反馈意见和保持供销平衡。大型超市都应建立自己的配送中心，一方面可以减少中间商的进场费，保证配送价格的优势；另一方面也加快了食品的流通速度。

6.配送的规范化

只有规范化才能保证配送的质量。规范化包括：

①建立原料和产品标准的档案：流入食品配送系统的原料可能是由农户送来的农产品（如牛奶），也可能是从食品加工厂送来的加工半成品或加工成品，这些原料的安全标准要与国际接轨。如果农产品原料来自本系统的生产基地，就要使基地生产管理规范化，以达到原料免检的水平。经过配送系统加工或再包装的食品，要按照国家相关标准建立企业标准。

②配送系统要建立管理规范：引入 GMP 或 ISO 9000 和 HACCP 规范配送系统，各所属的连锁店在采购、配送、经营管理、财务、质量标准、服务诸方面执行统一的规范，各种规范条例都要详细说明。

③配送系统与客户签订合同：合同中除了有经济内容还要有详细的技术内容，如食品的内容、卫生指标、质量、包装和保鲜形式、送货时间和地点、接收人、食品保质期、降价和退货条件。这样，消费者可有效地监督配送系统，配送系统也可获得高的信誉，使购销两旺。如在日本，配送机构与消费者签订配送早餐的合同后，配送单位按时将用冰袋保鲜的早餐送到消费者家门口，保证他们起床后适时地用到新鲜、可口的早餐。

④制定营养合理的配餐：规范的配送系统还应配备食品营养学专家，由专家宣传并配制营养平衡、具有保健性的拼组式食品。为使消费者不发生偏食，还应建立配餐食谱，避免每天重复同一种食品内容。

7.食品配送是一种专业化的分工方式，是食品工业发展的必然趋势

食品配送是大生产、专业化分工在流通领域的体现。配送不仅仅是送货，而是进货、分拣、配货等活动的有机结合体。配送的时间、数量、品种、规格都必须按用户要求进行，以用户满意为最高目标。

8.食品配送是一种综合性物流活动

配送过程包含了采购、运输、存储、流通加工、物流信息处理等，是一种综合性很强的物流活动。

### 三、食品的配送方式

1.按配送组织者不同来分

(1)零售门市或网点配送

商店配送的规模比较小，但经营品种较齐全。一般由零售网点或门市组织配送，主要根据用

户的需求，将商品配齐，如牛奶、食用油、酱油、食盐、饮料等家庭常用的副食品均可采用商店配送。

(2) 配送中心配送

配送组织者为配送中心，通常有完善的配送设施、设备，配送专业性强。配送中心与各用户之间存在固定的配送关系，是现代食品配送的主要形式之一。

配送中心通过食品采购、存储、分拣、分装、送货等工作，将货物按客户要求送达用户手中，具有配送能力强、配送品种多、数量大的特点。如德国阿尔法集团旗下的 WLS GmbH 公司，该公司拥有 23 个配送中心，负责管理麦当劳集团欧洲市场整个物流配送系统，并发展全球网络。麦当劳集团能雄踞欧洲市场 30 多年，阿尔法集团在背后作支援的物流服务供应实在是功不可没。

(3) 生产企业配送

这种配送是由生产厂家直接将客户需要的食品，不通过中转站或配送中心而直接送达用户手中。好处在于避免了物流中转，但配送品种单一，费用高。因此，生产企业配送难以成为现代食品配送的主流。

2. 按配送食品种类、量来分

(1) 少品种、大批量配送

这种配送方式适用于生产企业所需要的某个品种需求量较大且要求供货稳定时采用。由于量大可采用大吨位车辆进行整车运输，运输量大，运输成本也可降低。这种配送方式对配送中心来讲，涉及的内部设置、组织、计划等工作也较为简单，因此，配送成本较低。如水果、蔬菜、食品配料或半成品配送，大多采用此种配送方法。

(2) 多品种、小批量

多品种、小批量配送是根据用户的要求，将所需的各种食品配备齐全，凑整装车后由配送据点送达用户。如每天向各种餐馆配送蔬菜、水果或其他食品，向各牛奶销售点配送牛奶，向超市配送各种食品等，都可采用多品种、小批量配送的方式送货。对现代食品生产企业来讲，采用这种方法配送不会造成库容量的增大，反而有利于企业合理安排生产。但这种配送作业要求水平高，配送中心设备要求复杂，配货送货计划难度大，因此需要有高水平的组织工作保证和配合。

(3) 成套配送

现在有许多食品生产企业都是利用其他食品公司生产的配料来进行终端食品生产与开发。如茶饮料的生产，可直接利用茶粉和其他配料加工生产，而不需要自己也有茶粉生产线。对于这样一些企业，只要配送中心按时、按量将所需配料送达生产企业，即可生产出产品。这有利于生产企业实现"零库存"，从而专注于生产。

3. 按配送时间及数量不同来分

(1) 定时配送

根据用户（可以是生产企业，也可以是消费者、超市、商店或餐馆）与配送中心的协议，在规定的时间间隔内进行食品配送。由于配送时间、方式等都可以事先固定，因此工作计划易于安排，运输设备易于调配，对客户也有利于安排接货等工作。但这种方式不灵活，如果需要配送的食品种类较多，而且是变化的，就会使备货、配货难度加大，导致安排配送运力等工序出现困难。

(2) 定量配送

定量配送就是指在规定的时间范围内，按客户要求的批量进行配送。

定量配送，由于数量的相对固定，备货工作相对简单。对于用户来讲，每次接货都处理同等数量的货物，有利于人力、物力的准备工作。客户还可以根据自己的实际需求或消耗来有效利用定量配送，避免不必要的浪费。

(3) 定时定量配送

定时定量配送是指按照所规定的时间和配送的数量进行配送。这种配送兼有定时配送和定量配送两种方式的优点，但真正要做到定时与定量难度还是比较大的。因此，合适采用的对象不多，不是一种普遍的方式。

(4) 定时定量定点配送：按照确定的周期、确定的食品品种和数量、确定的用户进行配送。这种配送形式一般事先由配送中心与用户签订配送协议，双方严格按协议执行。这种配送适用于重点企业和重点项目的需要，对于保证物资供应、降低企业库存非常有利。

(5) 即时配送：这是一种完全按用户要求的物资配送时间、配送数量，随即进行配送的一种方式。这种配送方式以某天的任务为目标，适合一些临时需要或急需物资的配送。采用这种方式的品种可以实现保险储备的降低，即用即时配送代替保险储备。

总之，按配送时间及数量不同来配送食品，其特殊性必须要考虑。例如：乳制品的仓储与配送属于冷链物流，特点是保鲜度要求高，特别是新鲜牛奶，保质期短、温度控制严格、即产即配、配送时间要求高(有限制)、配送线路和配送点多、配送总量大等。因此，对配送的实时性和处理能力有很高的要求。如新鲜牛奶当日生产当日配送，产品的实际产量会有一定的动态变化。因此，配送时应根据实际产量、配送点(客户)的优先级别和线路来合理调整订单的实际配送量、单车成本核算、各种指标的完成率、员工考核等。

4. 按加工程度不同来分

(1) 配送加工

配送加工是流通加工的一种，但配送加工有它不同于一般流通加工的特点，即配送加工一般只取决于用户要求，其加工的目的较为单一。流通加工指在流通过程中继续对流通中商品进行生产性加工，以便其成为更加适合消费者需求的最终产品。相对其他行业来说，食品的流通加工显得更为广泛和重要。可以通过流通加工来保持并提高食品保存功能，使其提供给消费者时保持新鲜。食品的流通加工主要包括：冷冻食品、分选农副产品、分装食品、重新包装、精制食品。

(2)集疏配送

集疏配送是指只改变产品数量组成形态而不改变产品本身的物理、化学形态的,与干线运输相配合的一种配送方式。例如:大批量购入新鲜果蔬后小批量、多批次发货,再有就是零星集货后以一定批量送货等。这种方式在食品行业中比较多见,特别是在农村农产品的集疏配送比较多。

5.按配送的组织形式不同分类

(1)集中配送

集中配送是由专门从事配送业务的配送中心对多家用户开展的配送。

配送中心规模大、专业性强,与用户可确定固定的配送关系,实行计划配送。集中配送的品种多、数量大,一次可同时对同一线路中几家用户进行配送,配送效益明显,这是配送的主要形式。如上海联华生鲜食品加工配送中心。

(2)集约化共同配送

从配送成本角度考虑,共同配送较厂家直送、一般配送更为经济。所谓共同配送,按照日本工业标准(JIS)所述,是为提高物流效率,对许多企业一起进行配送的方式。共同配送提高了车辆装载率,达到规模效应,是比较理想的选择。对中国目前的食品厂家和食品批发企业而言,有些规模不大,自建配送中心在资金上存在困难。因此,多家食品企业共同构建配送中心是可选方案,尤其是多个厂家协同一致的共同配送——集约化共同配送对节约物流成本更为有利。这种配送有两种情况:一是中小生产企业之间分工合作实行共同配送,另一种是几个中小型配送中心合作实行共同配送。同一行业或同一地区的中小型生产企业,单独进行配送时存在运输量少、效率低的现象,进行联合,实行共同配送。这种配送不仅可减少企业的配送费用,弥补配送能力薄弱的企业和地区,而且有利于缓和城市交通拥挤,提高配送车辆的使用率。后一种配送是针对某一地区的用户,由于所需物资数量少、配送车辆利用率低等原因,几个配送企业将用户所需的物资集中起来,共同制定配送计划,实行共同配送。例如,全球最大的便利连锁店 7—11,早期的物流配送模式就属于集约化配送。

(3)分散配送

对少量、零星货物或临时需要的配送业务一般由商业销售网点进行。商业销售网点具有分布广、数量多、服务面宽等特点,比较适合开展对距离近、品种繁多而用量少的货物配送。

6.按经营形式不同来分

(1)配送中心配送

组织者是专职的配送中心,规模较大,有的配送中心需要储存各种商品,储存量比较大。也有的配送中心储存量较小,货源靠附近的仓库补充。配送中心专业性较强,和用户有固定的配送关系,一般实行计划配送,需配送的商品有一定的库存量,一般情况很少超越自己的经营范围。配送中心的设施及工艺流程是根据配送需要专门设计的,所以配送能力强,配送距离较远,配送品种多,配送数量大。可以承担工业生产用主要物资的配送及向配送商店实行补充性配送等,配送中心是配送的重要形式。从实施配送较为普遍的国家看,配送中心是配送的主体形式,不但在数量上占主要部分,而且是某些小配送单位的总据点,因而发展较快。配送中心覆盖面较宽,是大规模配送形式,因此必须有整套的实施大规模配送的设施。如配送中心建筑、车辆、路线等,一旦建成便很难改变,灵活机动性较差,投资较高,在实施配送时很难一下子建立大量的配送中心。因此,这种配送形式有一定的局限性。

(2)仓库配送

仓库配送是以一般仓库为据点进行配送的形式。可以是仓库完全改造成配送中心,也可以是保持仓库原功能的前提下,增加一部分配送职能。由于不是专门按配送中心要求设计和建立,所以,仓库配送规模较小,配送的专业化较差。但这种配送形式可以利用原仓库的储存设施及能力、收发货场地、交通运输路线等,所以适合开展中等规模配送,而且不需大量投资。

(3)生产企业配送

组织者是生产企业,尤其是产品多样的生产企业,可以直接由本企业进行配送而无须再将产品发运到配送中心进行配送。生产企业配送,由于避免了一次物流中转,所以有一定的优势。但是生产企业,尤其是现代生产企业,往往是进行大批量低成本生产,品种较单一,因而不能像配送中心那样依靠产品凑整运输取得优势。因此,在实际中生产企业配送并不是配送主体。

(4)店铺直接进货

店铺直接进货是指生产厂家不经过仓库和配送中心直接将所生产的食品运输给零售商。这种方式一般是高频率、小批量的配送,其优势在于:食品零售商避免了经营配送中心的费用,缩短了产品交货期。对前置期有特别要求而又极易腐烂的食品采用这种配送比较合适,如货架寿命只有一到两天的新鲜面包,厂商可将出厂后的面包直接运往零售店进行销售。同时对品种少而批量大的某些产品也可采用这种配送方式,如啤酒的直送战略。早期产品处于大量产销、大量运输的时代,配送作业并不怎么困难,通过经销商、零售店,自然就能把商品销售出去。随着消费者对食品的要求逐渐个性化,在提倡物流强度三角(即质量、快速/灵活性和价格三要素)的国际化大背景下,采用店铺直接进货已很难满足顾客的复合要求。这种配送方式的应用越来越少。采用店铺直接进货会存在以下问题:

①高频率、小批量配送使人工费用增加,库内作业的配送费用也增加。
②由于食品配送要求的准时性,运输相对集中,使交通紧张。
③带来大气污染、噪声等问题,与目前全球提倡的绿色食品、绿色消费、绿色物流是不相符的。

(5)共同配送

共同配送也称共享第三方物流服务,指多个客户联合起来由同一个第三方物流服务公司来提供配送服务。它是在配送中心的统一计划、统一调度下展开的。共同配送是由多个企业联合组织实施的配送活动。共同配送的本质是通过作业活动的规模化降低作业成本,提高物流资源的利用效率。

7—11集团是采用食品共同配送的典型事例,按照不同的地区和商品群来划分,组成共同配送体系。即在首都圈附近35公里,其他地方市场为中心的方圆60公里,各地区设立一个共同配送中心,这样真正实现了高频度、多品种、小单位配送。对于食品行业来说,由于一般食品的保鲜期和保质期比较短,再加上食品消费中生鲜食品占有很大比重,更应该考虑配送时间的问题。因此,食品配送中心主要有两项功能:库存协调和流通加工,即将食品从供应商不断地流经仓库配送到顾客处,仓库只是作为一个临时集中地,同时兼具流通加工的任务。一般来说,食品在仓库停留的时间不要超过10~15小时,这样可采取直接转运的方式进行。当食品从生产商到达仓库,立即进行最后几道工序(比如包装、分类等),然后转移到服务于零售商的车辆上进行运输。为达到这样的转运方式,需要具备以下条件:

①食品配送中心、零售商和供应商必须用先进的信息系统连接起来,保证在要求的时间范围内完成食品的分拣配货和运输。

②为了使直接转运系统有效运转,必须有一个快速反应的运输系统。食品杂货占很大比重的沃尔玛成为世界上最大和利润最高的零售商,直接转运是成功的关键。沃尔玛利用直接转运技术运送约85%的商品。

(6)一体化配送

所谓一体化配送,是20世纪90年代产生于日本的一种新配送战略,又叫"一揽子物流",是将货物和信息实现一元化高水平管理的物流。由配送中心把从批发商进来的商品全数检验,确定不存在质量和数量的问题,经店铺清点验收后即可陈列作业,大大提高了配送的服务水平。

随着连锁零售业在中国的发展,占很大比重的食品配送问题显得更为关键。例如,日本某一生活合作社的店铺对职员的作业进行分析,结果表明食品类商品陈列作业占全部作业时间的2/5以上。因此,有必要引入高效率运营的一体化配送。日本伊藤洋华堂公司很早以前就引入了"窗口批发商制度"。该制度的目的是提高店铺商品补充的效率性,根据地区的不同建立数家按照商品划分的窗口批发商,将店铺商品供应业务委托给窗口批发商。通过这种办法使本企业介入了原来批发商具有的批发功能,掌握了流通主导权。窗口批发商制度于1976年出现在伊藤洋华堂下属的方便商店"7—11"中,成功以后在企业全面推广。

## 四、配送中心概述

1.配送中心(Distribution center)定义

配送中心是指接受供应者所提供的多品种、大批量的货物,通过储存、保管、分拣、配货以及流通加工、信息处理等作业后,将按需要者订货要求配齐的货物送交顾客的组织机构和物流设施。配送中心是以组织配送型销售或供应,执行实物配送为主要职能的流通型结点。

配送中心具有减少交易次数和流通环节、产生规模效益、减少客户库存的作用。同时通过与多家厂商建立业务合作关系,能有效而迅速地反馈信息,控制商品质量,是现代电子商务活动中开展配送活动的物质技术基础。

2.配送中心的分类

(1)按服务的性质划分

一般来说,若按服务的性质划分,物流配送中心可以分为供应型配送中心和销售型配送中心。

供应型配送中心:指供应商专门为生产企业或大型商业企业配送半成品、配件的配送中心。如:汽车配件配送中心。供应型配送中心的主要特点是,配送的用户有限并且稳定,用户的配送范围也比较确定,属于企业型用户。因此,配送中心存储的品种比较固定,进货渠道也比较稳固,同时,可以采用效率比较高的分货式工艺。

销售型配送中心:主要目的是销售经营,而配送只是作为销售经营手段的配送中心。销售型配送中心大体有三种类型:一种是生产企业建立的,为本企业产品销售给消费者提供服务而建立的。这种配送中心在国内大型的生产企业比较常见,如南京卷烟厂的江苏烟草配送中心。另一种配送中心是流通企业为了产品流通而建立,这种配送中心在我国大型流通企业比较常见,如北京奥尔其兰物流有限公司。还有一种配送中心是流通企业和生产企业联合共同建立的合作型配送中心,适合于消费者确定、而每一个用户需求量又很少的情况。

销售配送中心是国内外配送中心的发展趋势。此类配送中心的用户一般是不确定的,而且用户的数量很大,每一个用户购买的数量又较少,属于消费者型用户。这种配送中心很难像供应型配送中心一样,实行计划配送,计划性较差。销售型配送中心集中库存的库存结构也比较复杂,一般采用拣选式配送工艺,往往采用共同配送方法才能够取得比较好的经营效果。

(2)按照配送中心的功能划分

按照物流配送中心的功能划分,配送中心可以划分为存储型物流配送中心、流通型配送中心和加工型物流配送中心。

存储型物流配送中心:具有较大规模的仓储设施和很强的仓储功能,从而把下游的批发商、零售商的库存时间和空间降到最低。瑞士 GIBA—GEIGY 公司的配送中心拥有世界上规模居于前列的储存库,可储存4万个托盘;美国赫马克配送中心拥有一个有 163000 个货位的储存区,可见存储能力之大。

流通型物流配送中心:基本上没有长期储存功能,仅以暂存或随进随出方式进行配货、送货的配送中心。这种配送中心的典型方式是,大量货物整进并按一定批量零出,采用大型分货机,进货时直接进入分货机传送带,分送到各用户货位或直接分送到配送汽车上,货物在配送中心里仅做少许停滞。日本的阪神配送中心,中心内只有暂存,大量储存则依靠一个大型补给仓库。这种物流配送中心是典型多品种、小批量的运作模式,在我国大中城市的商品流通中心一般属于流通型物流配送中心类型。

加工型物流配送中：对流通中的物具有加工功能，以强化产品服务为主要目的，提高服务质量和服务水平，为消费者提供更多的便利。如蔬菜的清洗、肉的分割等。世界著名连锁服务店肯德基和麦当劳的配送中心，就是属于这种类型的配送中心。在工业、建筑领域，生混凝土搅拌的配送中心也是属于这种类型的配送中心。

(3) 按照经营主体划分

按照经营的主体，物流配送中心一般可以划分为4种类型，分别为以制造商、批发商、零售商、仓储运输业为主体的物流配送中心。

以制造商为主体的物流配送中心。生产企业为了降低产品的配送成本、提高销售量和服务水平，及时地响应顾客的需求，减少等待时间而专门建立的。如南京卷烟配送中心。

以批发商为主体的物流配送中心。批发商将多个制造商的商品以消费地域为标准进行分类，然后由第三方进行配送的，这种方式配送的社会化程度很高。这种形式，虽然多了一道环节，但是一次送货，品种多样，对于不能确定独立销售路线的工厂或本身不能备齐各种商品的零售店，是一种有效的办法。

以零售商为主体的物流配送中心。这种物流配送中心是零售商发展到一定规模而产生的。如苏宁电器的家电配送中心、苏果的马群配送中心。

以仓储运输业为主体的物流配送中心。这种物流配送中心一般由早期的运输企业或者仓储企业发展起来的。这种配送中心的拥有者一般不是生产企业或流通企业，而是专门依靠提供第三方物流服务而盈利。这种配送中心的现代化程度往往较高。

(4) 按配送货物的属性分类

根据配送货物的属性，可以分为食品配送中心、日用品配送中心、医药品配送中心、化妆品配送中心、家电用品配送中心、电子(3C)产品配送中心、书籍产品配送中心、服饰产品配送中心、汽车零件配送中心以及生鲜处理中心等。

由于所配送的产品不同，配送中心的规划方向就完全不同。例如生鲜食品配送中心主要处理的物品为蔬菜、水果与鱼肉等生鲜产品，属于低温型的配送中心。由冷冻库、冷藏库、鱼虾包装处理场、肉品包装处理场、蔬菜包装处理场及进出货暂存区等组成的。冷冻库为-25℃，而冷藏库为0℃~5℃，又称为湿货配送中心。书籍产品的配送中心，由于书籍有新出版、再版及补书等的特性，尤其是新出版的书籍或杂志，其中的80%不上架，直接理货配送到各书店去，剩下的20%左右库存在配送中心等待客户的再订货。另外，书籍或杂志的退货率非常高，有3~4成。因此，在书籍产品的配送中心规划时，就不能与食品和日用品的配送中心一样。服饰产品的配送中心，也有淡旺季及流行性等的特性，而且，较高级的服饰必须使用衣架悬挂，其配送中心的规划也有其特殊性。

对于不同种类与行业形态的配送中心，其作业内容、设备类型、营运范围可能完全不同，但是就系统规划分析的方法与步骤有其共同之处。配送中心的发展已逐渐由以仓库为主体的配送中心向信息化、自动化的整合型配送中心发展。

### 五、食品配送作业流程

配送作业是按照用户的要求，把货物分拣出来，按时按量发送到指定地点的过程。配送作业是配送中心或物流中心运作的核心内容，因而配送作业流程的合理性以及配送作业效率的高低都会直接影响整个物流系统的正常作业。

食品种类繁多，特性各异，储藏要求也各不相同，不同食品的配送作业流程也不尽相同。食品加工配送中心的配送作业一般包括进货、装卸搬运、存储、订单处理、流通加工、分拣、补货、配货、送货等。

#### (一)进货作业

所谓进货作业是指从货车上把货物卸下、开箱、检查其数量、质量，然后将必要的信息进行书面化的记载。

进货作业是食品配送各项作业活动的基础，进货作业的顺利与否关系到食品配送中心后续各个环节的效率。进货作业包括进货和存储两个子环节，作业流程包括定制食品进货作业计划、食品到达、卸货、收货、货物编号和分类、对有关单据和信息、食品验收检查以及处理进货信息等。其作业流程包括以下主要环节：

1. 进货作业计划

配送中心根据下游客户的需求情况以及上游供应商的送货规律与送货方式来安排进货计划，掌握食品到达时间、品类、数量以及到货方式，尽可能准确预测出到货时间，以尽早做出卸货、储位、人力、物力等方面的计划和安排。进货作业计划的制订有利于保证整个进货流程的顺利进行，同时有利于提高作业效率，降低作业成本。

2. 进货前的准备

在商品到达物流中心之前，必须根据进货作业计划，在掌握入库食品的品种、数量和到库日期等具体情况的基础上做好进货准备。做好入库前的准备，是保证商品入库稳中有序的重要条件。准备工作的主要内容有：储位准备、人员准备、装卸搬运设备、温度检测仪、相关文件准备等。

3. 验收与卸货

货物到达后，在进货暂存区进行卸货。卸货的同时接货人员首先要检查食品外观状态是否有损坏，并检查随车温度监测记录，测试食品卸货温度。外观不符合接货条件的将直接拒收。同时订单中心工作人员需要核对并交接《送货凭证》、《增值税发票》等相关单据。通过人工搬运或相关物流设备把供应商送过来的食品从冷藏车上卸下来，并送入相应库区。

4. 编号、分类

为了便于管理，工作人员会在进货暂存区对不同的食品按其性质进行编号，并将编号卡夹在食品包装箱上。但并不是所有的食品都需要进行编号。大部分需要日配的生鲜食品由于在冷库内暂存时间很短，基本当天入库当天发货，所以不需要编号。进行货品编号的主要是在短期存储区内存储的各类瓜果及生鲜肉类等。

食品分类方式有很多种，可以按照种类、特性等进行分类。如把需要流通加工的生鲜食品分出来；把容易交叉感染、容易串味儿的鲜食品分开，其余的就可以按食品种类进行分类。分好的食品仍然放在进货暂存区。

5.进货信息的处理

(1)商品信息的登录

到达物流中心的食品，经验收确认后一般应填写"入库验收单"，单据的格式根据食品及业务形式而不同，但一般包含供应商信息、食品信息、订单信息等。

(2)作业辅助信息的收集与整理

在进货通道、站台、库房布局等硬件设施的设计与布局中，需要考虑许多相关因素，才能达到既能控制适当的规模，节省投资，又能满足作业需要的目的。这些信息将决定进货工作量的大小、装卸货方式及设备的选择、库内外卸货站台的空间、进货验收对人员及设备等方面的需求、进货作业活动所需场地和空间的大小、车辆等运输工具的安排。进货辅助信息主要来自进货作业过程中发生的相关信息，因此，必须注意收集与整理，以便为管理决策提供重要的参考数据。

### (二)储存作业

储存即按用户提出的要求并依据配送计划将购到或收集到的各种货物进行检验，然后分门别类地存放在相应的设施或场所中，以备拣选或配货。储存作业一般包括入库管理和拣货出库两个环节。储存作业管理是指在把将来要使用或者要出货的商品保管好的前提下，经常对库存进行检查、控制和管理。

1.储存作业管理原则

在储存作业管理中，有几个重要原则必须特别注意，否则作业效率与库存商品的保管质量都要受到严重的影响。

(1)先进先出原则

在仓库保管中，先进先出是一项非常重要的原则，尤其是有保质期的产品如食品。如果不以先进先出的原则进行处理，可能会造成储存货物的过期或者变质，以致影响整个仓库的保管效益。

(2)商品特性原则

在仓库保管中，往往会有许多种类的食品存放在一起，但是每一种产品的特性大都不一样，有时存放在一起会产生变质的情形。如需要冷藏的食品，冷藏条件相同的放在一起；气调储藏条件一致的放在一起；生熟食品分开存储；气味不同的食品分开存储；不与有毒有害的物质同区储存等。

(3)产品相关性原则

相关性大的产品在订购时往往会被同时订购,所以应尽可能存放在相邻的位置,以缩短拣货的路程,减轻劳动强度,使工作得到简化,提高工作效率。

(4)以周转率为基础的原则

依据食品周转率的大小排序,再将其分成若干段,指定储存区域给某一级食品,周转率越高距离出口越近。

2.储存作业管理

(1)库内检验

已经入库的食品还需要再次进行检验,主要包括"品质检验"和"数量检验"。之前卸货时为了保证食品尽快进入冷库保存,并未详细清点食品数量。此时工作人员会对全部货物数目进行清点,并且对食品包装上的名称、规格与发货单上信息进行详细核对。同时对于需要流通加工的一部分生鲜食品还需要进行抽样检测,检测其含水量、农药残余量、激素含量等化学药剂含量。对于发货错误以及品质不合格的食品将单独存放,统一退货。

(2)盘库

食品尤其生鲜食品周转率十分快,盘库作业也比较多。对于日配制的生鲜食品,当日备货当日送货,因此一般不进行盘库。对于短期存储区的货物一般每周会进行一次盘点,主要确认食品数量、质量以及保存条件。

(3)库房监控

食品尤其生鲜食品对保存环境要求十分高,对所有食品储藏库进行定时监控。工作人员每隔20分钟将记录一次库内温度、湿度等信息,并及时制冷通风来控制库内食品储存环境。除此之外,工作人员还定时清洁冷库,将损坏变质的食品清除出库区,除虫捕鼠等。

(4)食品的有效期管理

在食品配送中心的库存管理作业中,食品的保质期管理尤其重要。在接受供货商送货时,应把检查食品的生产日期作为重要内容之一。如果送来的食品从生产日期算起已到保质期的1/3,则配送中心应拒绝入库;当食品出库时,发现食品自生产之日起已到2/3保质期,则配送中心应对此食品封仓,零售店不会接到此类食品,且计算机也通知采购业务人员和供货商联系,设法处理此批食品。

## (三)流通加工作业

流通加工(Distribution Processing)是物品在生产地到使用地的过程中,根据需要施加包装、分割、计量、分拣、刷标志、拴标签、组装等简单作业的总称。这是配送中心的增值性业务,能起到满足客户多样化的需求,保护产品、提高配送效率、促进销售和提高资源利用率等作用。

不同的食品,流通加工作业包含的内容不同,主要包括以下几个环节:

1.划分等级或部位

对于生鲜食品,蔬菜、瓜果需要按照其品质、大小、色泽等划分出不同的等级;对于肉类而言,则需把其不同部位(臀肉、肝脏、大肠等)分别分割出来。

2.去除外皮、根茎(蔬果),去皮去骨(鱼肉)和切分。为了方便消费,在生鲜食品流通加工环节中会根据需要去除部分蔬果的根茎、外皮(如去皮玉米、去核红枣)或鱼肉的骨皮(生鱼片)。有些鱼类需要去鳃、去鳞、去内脏等加工处理。

猪肉、牛肉、羊肉以部位肉的方式出货或再做深加工,分切成肉片、肉丝、肉丁、肉块、绞肉等形态出货。禽类经冷盐水处理后,以毛巾擦干水分。加工过程中,加工室温度要维持在12℃恒温,加工时间(商品在室内停留时间)越短越好,防止回温,变色。加工室要注意场所清洁、个人清洁卫生、保持商品清洁卫生。休息时间商品一定要全部入库保存,并保证商品不落地。休息时间前要做好设备的清洁,下班前,对设备及场地要做彻底清洁及消毒杀菌。

农、牧、副、渔等产品的精制加工大大方便了购买者,而且还可以对加工的下脚料进行综合利用。例如,鱼类的加工所剔除的内脏可以制成某些药物或饲料,鱼鳞可以制成高级黏合剂,头尾也可制成鱼粉等。

3.洗净或预冷:生鲜食品如果蔬需要清洗干净,必要时可以使用符合国家卫生生产要求的各类清洗溶剂。对于肉制品则需要预冷处理:猪肉、牛肉、羊肉都是冷藏或冷冻,所以不需再预冷,直接加工或入冷藏冷冻库;鸡肉须经 0.8%,0℃,15 分钟的冷盐水降温处理(供应商冷链做得较好的除外),其他肉类若是冷藏或常温,也应用冷盐水处理。有些鱼类非冷藏品,须以一层鱼一层碎冰的方式放在篮筐预冷。

4.分装加工:根据预订好的包装方式进行包装作业,如以盒、包、袋、束、个、重量等方式,使用相应的包装材料及型号。包装时注意不可损伤果蔬,同时注意包装完整,外观干净漂亮。对于加工完的肉品,依据加工手册标准陈列在包装盒内,散装商品以塑胶袋或保鲜膜包好,避免与空气接触。

许多生鲜食品的零售起点较小,为了保证高效运输,包装要大。为了便于销售,需要在配送中心进行分装加工,即大包装改小包装、散装改小包装、运输包装改销售包装等。

此外,半成品加工、快餐食品加工也成为流通加工的组成部分。这种加工形式,节约了运输等物流成本,保护了商品质量,增加了商品的附加价值。如葡萄酒是液体,从产地批量地将原液运至消费地配制、装瓶、贴商标,包装后出售,既可以节约运费,又安全保险,以较低的成本,卖出较高的价格,附加值大幅度增加。

5.贴标:对已包装好的商品要称重贴标,标签要定位,散装出货品要标示重量或数量。另外可贴促销标签等,加强促销效果。标签信息主要包括品名、等级、重量、加工日期、保质期、保存温度要求等。

(四)订单处理作业

从接到客户订货开始至准备着手拣货之间的作业阶段,称为订单处理,包括有关客户、订单的资料确认、存货查询、单据处理以及出货配发等。

订单处理是与客户直接沟通的作业阶段,对后续的拣选作业、调度和配送产生直接的影响,是其他各项作业的基础。订单工作的质量和效率直接影响配送中心其他作业的工作质量和对客户的服务水平。

订单是配送中心开展配送业务的依据,配送中心接到客户订单以后需要对订单加以处理,据此安排分拣、补货、配货、送货等作业环节。

订单处理方式:人工处理和计算机处理。目前主要采用计算机处理方式。

1. 接受订货

电子订货主要有三种方式:(1)用订货簿或货架标签配合手持终端机及扫描器实现订货。(2)用POS系统实现自动订货。(3)订货应用系统。

2. 订单内容的确认

(1)货物品种、数量、日期的确认;

(2)确认客户信用;

(3)确认订单形态(一般交易、现销式交易、间接交易、合约式交易等);

(4)确认订货价格;

(5)确认加工包装。

## (五)分拣配货作业

分拣配货作业是依据顾客的订货要求或配送中心的送货计划,迅速、准确地将商品向从其储位或其他区域拣取出来,并按一定的方式进行分类、集中,等待配装送货的作业过程。分拣配货作业是不可分割的整体,是同一个工艺流程中的两项紧密相关的物流活动,通常是同时进行的。分拣配送作业是配送的核心业务,占其作业量的一大部分,作业速度、效率及出错率直接影响配送中心的效率及顾客的满意程度。分拣配货作业常用的作业方法有拣选式、分货式和自动分拣货系统三种。

1. 拣选式配货作业

拣选式配货作业是分拣人员或分拣工具巡回于各个储存点并将分店所需货物取出,完成配货任务,货位相对固定,而分拣人员或分拣工具相对运动。所以这种分拣配货方式又称"人到货前"工艺,又类似人们进入果园,在一棵树上摘下熟了的果子后,再转到另一棵树前摘果,所以又形象称之为"摘果式"或"摘取式"工艺。

拣选式配货作业的方法根据超市配送中心设备水平、不同的分店的需求以及作业量的大小,一般有以下几种形式:

(1)人工拣选。分拣作业由人来进行,人、货架、集货设备(货箱、托盘等)配合完成配货作业,在实施时,由人一次巡回或分段巡回于各货架之间,按各分店的需求拣货,直至配齐。

(2)人工+手推作业车拣选。分拣作业人员推着手推车一次巡回或分段巡回于货架之间,按分店需求进行拣货,直到配齐。它与人工拣选基本相同,区别在于借助半机械化的手推车作业。

(3)机动作业车拣选。分拣作业人员乘车辆或台车为一个分店或多个分店拣选。

(4)传动运输带拣选。分拣作业人员,只在附近几个货位进行拣选作业,传动运输带不停地运转,或分拣作业人员按指令将货物取出放在传动运输带上,或者放入传动运输带上的容器内。传动运输带运转到末端时把货物卸下来,放在已划好的货位上待装车发货。

(5)拣选机械拣选。自动分拣机或由人操作的叉车、分拣台车巡回于一般高层货架间进行拣选,或者在高层重力式货架一端进行拣选。

2.分货式配货作业

分货式配货作业是分货人员或工具从储存点集中取出各个分店共同需要的货物,然后巡回于各分店的货位之间,将货物按分店需求量放在各分店的货位上,再取出下一种共同需求商品,如此反复进行直至按分店需求将全部货物取出并分放完毕,即完成各个用户需求的分拣配货工作。分货式配货作业的分拣又被形象地称为"播种式分拣方法"。

分货式配货工艺是集中取出众多用户共同需要的货物,再将货物分放到事先规划好的配货货位上。这就需要若干用户,有共同需求,形成共同的批量之后,再对用户共同需求进行统计,同时规划好各用户的配货货位进行集中取出,分放配货的操作。所以,这种工艺难度较大,计划性较强,容易发生错误。

由于这种工艺计划性较强,若干用户的需求集中后才开始分货,直到最后一种共同需要的货物分放完毕,各用户需求的配货工作才算完成。之后,同时开始对各用户进行装车送达工作。这样有利于车辆的合理调配,合理使用配送路线,便于综合考虑,统筹安排,发挥规模效益。

分货式配货作业有以下几种方式:

(1)人工分货。在货物体积较小、重量较轻的情况下,人工从普通货架或重力式货架上一次取出若干分店共同需求的某种货物,然后巡回于各分店配货货位之间,将货物按分店订单上的数量进行分放,完成后,再取第二种货物,如此反复直至分货完成。适合人工分货的有药品、钟表、化妆品、小百货等。

(2)人工+手推作业车分货。分拣作业人员利用手推车至一个存货点将各分店共同需求某种货物取出,利用手推车的机动性可在较大范围巡回分放。

(3)机动作业车分货。用台车、平板作业车一次取出数量较多、体积和重量较大的货物,有时可借助叉车、巷道起重机一次取出单元货载,然后由分拣作业人员架车巡回分放。

(4)传动运输带+人工分货。传动运输带一端和货物储存点相接,另一端分别同分店的配货货位相接。传动运输带运行过程中,一端集中取出各用户共同需要的货物,置运输带上运输到各分店货位,另一端分拣作业人员取下该货位分店所需的货物。这种方式一般同重力式货架相配合,而且传动运输带不宜过长。

(5)分货机自动分货。这是现代化高技术的作业方式。自动分货机是新建的现代化配送中心的主要设备,分货机在一端取出多分店共同需求的货物随着分货机上运输带运行,按计算机预先定的指令,在与分支机构连接处自动打开出口,将货物进入分支机构,分支机构的终点是分店集货货位。有时配送车辆直接停在分支机构的终端，所分货物直接分货装车，进行配送。

3.自动分拣系统

自动分拣系统（Automated Sorting System）是第二次世界大战后在美国、日本的物流中心广泛采用的一种物流技术，目前已经成为发达国家大中型物流中心不可缺少的一部分。

当供应商或货主通知物流中心按配送指示发货时，自动分拣系统在最短的时间内从庞大的高层货存架存储系统中准确找到要出库的商品所在位置，并按所需数量出库，将从不同储位上取出的不同数量的商品按配送地点的不同运送到不同的理货区域或配送站台集中，以便装车配送（图5-1）。

图5-1　自动分拣机分拣系统

自动分拣系统，充分发挥了分拣速度快，分拣点多，差错率极低，效率高和基本上实现无人化操作的优点。

自动分拣系统可以充分提升物流能力，提高拣货作业效率，降低拣货错误率，提高企业服务品质。

（六）送货作业

送货是配送中心的最后环节，也是备货和理货工序的延伸。送货包括装车和送货两项活动。在物流活动中，送货活动实际上就是货物的运输（或运送），因此常常以运输代表送货。但是，组成配送活动的运输（有人称为"配送运输"）与通常所讲的"干线运输"是有很大区别的：前者多表现为对客户的"末端运输"和短距离运输，并且运输的次数比较多；后者多为长距离运输。由于配送中的送货需要面对众多的客户，并且要多方向运动。因此在送货过程中，常常要涉及运输方式、运输路线和运输工具的选择。按照配送合理化的要求，必须在全面计划的基础上，制定科学的、距离较短的货运路线，选择经济、迅速、安全的运输方式和适宜的运输工具。通常，配送中的送货都以汽车作为主要的运输工具。

1. 配装作业

工作人员根据分拣清单，分拣、组配商品，还要核对商品与订单是否相符。最后，按照商品送往的门店位置，将准备好的商品放在相应的发货区。配送中心不但将订货单发至仓库，还要将它发至运输组。运输组根据有关内容，确定运输计划，安排车辆，确定路线，并对货物进行配装，核对货物，以保证食品运送的正确率。最后，办理出库手续，食品出库时，要仔细核对出库凭证，检验无误，当面交给运输人员。在办完各种有关手续后，司机要及时、准确、安全地把食品运至各门店，门店接收者要签字，明确责任。

2. 运输调度管理

运输调度要按照运输合理化的原则进行。运输合理化原则要求运输及时、准确、安全、经济，即要选择运距短、速度快、运费低的最佳运输方式。但也要注意到合理运输是一个相对的概念。它受到多方面因素的影响，要根据当前的交通运输条件与可能，制定出合理的运输计划。如果只从最佳路线条件出发，不考虑车辆性能、道路状况等其他因素，可能反而会适得其反，达不到合理运输的目的。

运输部门在拿到有关文件后，要及时掌握线路、车况、驾驶员、装卸力量等基本情况，全面规划，挖掘运输潜力，使运力达到最优运用。在调度车辆时，应尽可能组织循环运输、三角运输和双程运输，尽力减少空驶里程，以提高里程利用率。在实际操作中，首先要计算出配送中心至各门店之间的最短距离；再计算各门店相互间的"节约里程"（起始两地之间，有两条或两条以上运输路线，彼此经过比较，减少的行驶里程就是节约里程）；然后按"节约里程"的大小和各门店订货量和重量，在车辆载重允许的情况下，将可能入选的送货点衔接起来，形成一条配送路线。如果一辆卡车不能满足全部送货要求，可先安排一辆，然后按上述程序继续安排第二、第三或更多辆，直到全部门店连接在多条配送路线中为止。

3. 装卸管理

装卸是汽车货运中重要的一环，直接关系着货物完好、运送及时和运输效率。配送中心中货物的装卸形式主要有三种：运输组专门配有随车装卸的工人；司机自装、自卸；有专门的自动化机械进行装卸。其中第二种装卸形式目前使用较多，它虽然比第一种装卸形式降低了成本，但影响装卸时间，而且容易使司机疲劳，造成事故隐患。所以，在今后的发展中，配送中心的现代化程度提高后，具体装车时，可以通过装载平台直接进入车厢，也可以通过升降机装车或是利用板桥等，大大提高装卸效率，所以机械自动化装卸将成为发展趋势。

在装卸中需遵守的原则是，充分利用车厢的容积，均衡装载，做到重不压轻、大不压小，先卸的后装，后卸的先装，堆码整齐，捆扎牢固。对有特殊要求的商品要严格按照要求作业。具体在配送中心拼载（配装）的送货方式中要做到：按门店的先后顺序组织装车，先到的要放在混载货物的上面或外面,后到的放在下边或里边;轻的放在上面,重的放在下面。

## 六、超市生鲜食品的配送管理

### (一)生鲜食品配送中心的组织结构

生鲜食品配送中心与其他商品配送中心类似,一般由信息中心与仓库构成。信息中心起着汇集信息,并对配送中心进行管理的作用。仓库根据各部门不同的功能又可分为不同的作业区。

1.信息中心

信息中心指挥和管理着整个配送中心,它是配送中心的中枢神经。它的功能是:对外负责收集和汇总各种信息,包括门店的销售、订货信息以及与部分供应商联网的信息,并根据这些信息做出相应的决策;对内负责协调、组织各种活动,指挥调度各部门的人员,共同完成配送任务。

2.仓库

因超市类型不同,配送中心的类型也有所不同,其仓库各作业区面积大小也不尽相同。

(1)收货区。在这个作业区内,工作人员须完成接收货物的任务和货物入库之前的准备工作,如卸货、检验等工作。因货物在收货区停留的时间不太长,并处于流动状态,因此收货区的面积相对来说都不算太大。它的主要设施有:验货用的电脑和卸货工具。

(2)储存区。在这个作业区里分类储存着验收后的货物。在储存区一般都建有专用的冷藏库(温度在0℃以上)、冷冻库(温度在-18℃左右),并配置各种设备,其中包括各种货架、叉车、起重机等起重设备。由于货物需要在这个区域内停留一段时间,并要占据一定位置。因此,相对而言,储存区所占的面积比较大,它是生鲜食品配送中心的主体部分。有的储存区与收货区连在一起,有的与收货区分开。

(3)理货区。理货区是配送中心人员进行拣货和配货作业的场所,其面积大小因超市的类型不同而异。一般来说,拣选货和配货工作量大的配送中心,不但要求要对货物进行拆零,还要完成向多家门店以少批量、多批次的方式进行配送,所以这样的配送中心的拣货和配货区域的面积较大。

与其他作业区一样,在理货区内也配置着许多专用设备和设施。一般有手推货车、货架等。如果采用自动拣选装置,其设施包括重力式钢架、皮带机、传送装置、自动分拣装置、升降机等。

(4)配装区。由于种种原因,有些分拣出来并配备好的货物不能立即发送,而是需要集中在某一场所等待统一发货,这种放置和处理待发货物的场所就是配装区。在配装区内,工作人员要根据每个门店的位置、货物数量进行分放、配车,并确定单独装运还是混载同运。

因货物在配装区内停留时间不长,货位所占的面积不大。所以,配装区的面积比存储区小得多。需要注意的是,有一些配送中心的配装区与发货区合在一起。因此,配装作业常融合于其他相关的工序中。此外,配装作业主要是分放货物、组配货物和安排车辆等,因此在这个作业区除了配装计算工具和小型装卸机械、运输工具以外,没有什么特殊的大型专用设备。

(5)发货区。发货区是工作人员将组配好的货物装车外运的作业区域。在许多企业和配送中心中,配货区和发货区往往是可以共用的。

(6)加工区。在这个区域内对收进的生鲜食品进行整理加工,如对蔬菜去除老叶、清洗等,对鱼类食品剖腹、去鱼鳞等。加工区的大小与超市生鲜食品的加工量有关,生鲜食品加工量直接取决于其加工的深度、加工的品种以及超市的销售量,一般来说生鲜食品经营规模越大的加工区所占的面积也越大。

## (二)生鲜食品配送中心的营运流程

### 1.生鲜食品配送流程分类

(1)保质期较短或对保鲜要求较高的食品,如点心类食品、肉制品、水产品,要求能够快速送货。因此,这类食品的配送过程中不存在储存程序,在收货工序之后紧接着是分拣工序和配货等工序。其流程是:订货→收货→配装→送货。

(2)保质期较长的食品。一般在备货后安插储存工序,有时是放在冷库中储存。这类食品的流程与干货的流程差不多。其流程为:订货→收货→储货→配货→配装→送货。

(3)对需要加工的食品其操作程序如下:大量货物集中到仓库后,先进行初加工,包括将大块的货物分成小块、对货物进行等级划分、给蔬菜去根、去老叶、鱼类去头去内脏,配制成半成品等,然后再进行储存到配送的各道工序。流程是:订货→收货→加工→储存→配货→配装→送货。

(4)对有些产品为了提高商品周转速度,提高商品鲜度,虽由配货中心向供应商订货,但是供应商不是将商品发给配送中心,而是将商品直接发给各个门店,这是流程最短的一种商品配送方式。其流程是:配送中心订货→门店收货。

### 2.生鲜食品的配送流程

以上述第三类的配送方式为例进行说明。

(1)订货。这是配送中心运作周期的开始。配送中心收到和汇总门店的订货单后,首先要确定配送货物的种类和数量,然后要查询配送中心现有库存中是否有所需的现货。如果有现货,则转入拣选流程;如果没有,或虽然有现货但数量不足,则要及时发出订单或向总部采购部门申请发出订单,进行订货。

(2)收货。收货包括收货和验收入库。通常,在商品货源宽裕的条件下,采购部门向供应商发出订单以后,供应商会根据订单的要求很快组织供货,配送中心接到通知后,就会组织有关人员接货,先要在送货单上签收,还要对货物进行检验。验收入库主要包括数量的检验和质量的检验。若与订货合同要求相符,则可以转入下一道工序;若不符合合同要求,配送中心将详细记录差错情况,并拒绝接收货物。按照规定,质量不合格的商品将由供应商自行处理。经过验收之后,配送中心的工作人员随即要按照类别、品种将其分开,分门别类地存放到指定的仓位和场地,或直接进行下一步操作。

事先由采购、生鲜配送中心验收员、厂商、店铺营运人员协商确定验收标准,再由生鲜配送中心验收员统一执行验收标准,若进货时仍有争议,由采购会同相关人员及时解决。验收数量必须按门店订货单数量进行,若缺货,则按合同处理,由采购追货予以补足。

(3)加工。包括两方面的内容:一是制成品加工。这是生鲜经营的利润区,它包括西式糕点和面包;中式面点、面条加工以及半成品配菜、套餐、熟食的加工。二是初级产品加工。它是对生鲜三品的初加工,包括清洁、分拆、分选、包装等工序,目的在于保鲜转配。生鲜食品的加工有助于对企业特色产品、核心产品和主力商品的品质、成本及货源的把握。

对于果蔬商品等初级农产品,验收完毕后具体处理工作如下:

果蔬清洗:有些菜类尤其是蔬菜,含土量较多,要先经过清洗。

果蔬预冷:所有果蔬因呼吸作用会产生热量,加速自身老化,所以须经过预冷,并根据不同的品种采取不同的方法。适用散热法的有木瓜、杧果、香蕉、菠萝等。常温保存法如地瓜、芋头、土豆等。直接冷藏法如水果类。复活处理法:大部分叶菜类使用。冰水处理法如玉米、毛豆等。冷温水处理法如大部分叶菜类。

果蔬分级:由于产地对果蔬分级不甚规范,必须由生鲜配送中心来完成,等级高的果蔬宜送至高档消费区的店铺以提高其售价。

果蔬包装:根据预订好的包装方式进行包装作业,如以盒、包、袋、束、个、重量等方式,使用相应的包装材料及型号。包装时注意不可损伤果蔬,同时注意包装完整,外观干净漂亮。

果蔬贴标:对已包装好的商品要称重贴标,标签要定位,散装出货品要标示重量或数量。另外可贴促销标签等,加强促销效果。

(4)储存。储存主要是为了保证销售需要,但要求是合理库存,同时还要注意在储存业务中做到确保商品不发生数量和质量变化。生鲜食品的储存,有其特殊的要求,而且保管难度大,稍不注意,极易造成腐败变质。为了防止这些损失发生,在存储方面,应用多种保鲜、养护手段和科学方法。目前在配送中心中使用较多的是冷藏储存、臭氧杀菌等方法。在存放地点上,要注意便于分拣、配货和出库;在存放时间上,要贯彻"先进先出"的原则;在储存管理上,要安全、正确、简捷、经济地保存生鲜食品。

(5)配货。配送中心的工作人员根据信息中心打印出的要货单上所要的商品、要货的时间、储存区域,以及装车配货要求、门店位置的不同,将货物挑选出来的一种活动。拣选的方法一般是:以摘取的方式拣选商品。工作人员推着集货车在仓库货架间巡回走动,按照配货单上指出的品种、数量、规格挑选出门店所需要的商品并放入集货车内,最后存放暂存区以备装车。

(6)配装。为了充分利用载货车厢的容积和提高运输效率,配送中心常常把同一条送货路线上不同门店的货物组合、配装在同一辆载货车上,这样能降低送货成本。

(7)送货。送货包括装车和送货两项活动。在一般情况下,配送中心都使用自备的车辆进行送货作业。有时,它也借助于社会上专业运输组织的力量,联合进行送货作业。此外,为适应不同超市的需要,配送中心在进行送货作业时,常常做出多种安排:有时是按照固定时间、固定路线为固定用户送货;有时也不受时间、路线的限制,机动灵活地进行送货作业。

另外,为保障配送中心整体的正常运作,在业务上还需要进行信息处理、业务结算和退货、废弃货物处理等作业。

运输过程中要有温度记录。运输车辆应装有升降尾门,或由店铺准备简易码头,以利于快速下货、点交、缩短验收时间,避免温度波动,保证食品的品质。

### 七、肉制品的配送管理

我国的肉制品主要分为生肉制品和熟肉制品两大类。生肉制品主要是指冷却肉。熟肉制品主要是指以畜禽肉为原料,经选料、修割、腌制、调味和填充(或成型)后再经酱、卤、熏、烧、烤或蒸煮等工艺熟化(或不熟化)而成的方便食品。根据加工工艺和产品口味,还可以细分为腌腊制品、酱卤制品、熏烧烤制品、火腿制品、香肠制品、肉干制品、油炸制品、罐头制品和其他制品九类。

现阶段,国内肉制品供应链中,从养殖场到餐桌,需经过养殖生产、肉制品加工与商品流通等诸多环节。供应链上的每一个环节,尤其是配送环节,都可能因肉制品的温度变化而使得肉制品变质。因此,肉制品配送的质量安全管理直接关系到广大消费者的身体健康与人身安全。为此,分析肉制品配送的质量安全隐患,研究肉制品的产品特性,提出肉制品配送的质量安全管理对策有着重要意义。

肉制品配送是指肉制品加工企业根据客户要求,对肉制品进行分拣、加工、包装、分割、组配等作业,并按时送达指定地点的物流活动。

#### (一)肉制品产品特性研究

要加强肉制品配送的质量安全管理,必须从研究肉制品的产品特性入手。根据肉制品的产品特性,再研究其配送特性,才能从根本上解决肉制品的配送安全。肉制品还可以按照作业温度要求,分成冷却肉制品、低温肉制品和高温肉制品等产品类型。每一类产品的加工工艺、口味特征各不相同,保质期长短也不同,保鲜机理也各不一样。

1. 冷却肉

冷却肉又称冷鲜肉、冰鲜肉,是指严格执行检疫制度屠宰后的畜禽胴体,在 $-20℃$ 的条件下,迅速进行冷却处理,使胴体温度在 24 小时内由 $38℃$ 左右降为 $0\sim4℃$,并在后续的加工、流通和分销过程中始终保持在 $0\sim4℃$ 冷藏范围的冷却链中的生鲜肉制品。

冷却肉的保鲜机理主要是由于冷却肉始终处于冷却温度控制之下,酶的活性和大多数微生物的生长繁殖受到抑制,避免了肉质腐败,确保了冷却肉的安全卫生,保质期可达一周。一般鲜肉的保质期只有 $1\sim2$ 天,而冷却肉可在冷却的环境下在肉制品表面形成一层干油膜,减少水分蒸发,阻止微生物的侵入和繁殖,有利于延长保质期。

2.低温肉制品

低温肉制品是指加工及杀菌过程中的温度在100℃以下(一般为70℃~85℃)的熟肉制品,以西式火腿为主要代表。低温肉制品的保鲜机理主要是由于该类制品的加工温度较低,有利于营养成分的保留和肉制品的口味、口感的提高,使得低温肉制品较高温肉制品更具营养,而且肉质软嫩、鲜香。但该类制品的保质期较短,不利于企业扩大销售半径。

3.高温肉制品

高温肉制品是指加工及杀菌过程中的温度在100℃以上(中心温度在110℃~125℃之间)的熟肉制品,以火腿肠为代表。高温肉制品的保鲜机理主要是由于该类制品经高温蒸煮使包装内的肉制品消毒彻底,在常温下有较长的保质期,一般为3~6个月或更长,从而使企业获得更大的销售半径。但是,由于高温制作,对高温肉制品的口味有一定影响,也降低了制品中的部分营养成分。

### (二)肉制品配送特性研究

1.冷却肉

冷却肉保质期在3~7天,制品中心温度及环境温度要求始终保持在0~4℃,温度变化幅度不超过1℃。其配送特性如下:

(1)仓储:冷却肉所需库房均为冷藏库,库内温度应保护在0~4℃,仓储时间不应超过1天。只有这样才可能延长货架期。

(2)运输:冷却肉的运输车辆应使用箱式冷藏车,车厢内温度应能保持在0~4℃,运输时间一般不应超过12个小时。

(3)装卸搬运:冷却肉装卸搬运时,应减少暴露在外界自然环境的时间,避免因环境温度的变化对制品质量造成的负面影响,应防止野蛮装运导致制品受挤压或变形,甚至包装损坏,而使制品在保质期内就腐败变质。

(4)包装:冷却肉应采用聚乙烯树脂袋真空充氮小包装或塑料托盘覆膜小包装。虽然真空充氮成本较高,但保质期可达7天。其他包装,如塑料托盘覆膜包装的成本虽然较低,可是制品保质期只有3天。

2.低温肉制品

低温肉制品的中心温度及环境温度要始终保持在0~4℃,温度变化幅度不超过1℃。实施包装的低温肉制品保质期为15~30天,而裸露产品只有3天,因此,低温肉制品的配送特性如下:

(1)仓储:低温肉制品需要冷藏库房,库内温度要求保持在0~4℃,并且通风良好;包装箱码放不宜过高,行列之间应留有一定间隙,用于散热。

(2)运输:低温肉制品运输车辆要求为箱式冷藏车,车厢内温度要求保持在0~4℃。运输裸露产品时要生熟分开,不能与生肉制品接触。

(3)装卸搬运:低温肉制品搬运时应尽量减少产品暴露在外界自然环境中的时间,避免因环境温度的变化对产品质量造成的影响。防止野蛮装运导致制品受挤压或变形,甚至损坏包装。

(4)包装:根据加工工艺不同,低温肉制品采用的包装形式也不同。成品后需要用聚乙烯树脂袋进行真空二次包装;在近距离销售的情况下,香肠、熏酱卤等产品可以不用真空袋包装,直接装入塑料箱裸露销售。

3.高温肉制品

高温肉制品的保质期为6个月,产品中心温度及环境温度要求保持在25℃以下。因此,配送特性如下:

(1)仓储:高温肉制品仓库内温度不超过25℃,温度波动不宜过大并且通风良好。包装箱码放不应过高,行列之间要留有一定间隙,以便散热。

(2)运输:高温肉制品对运输车辆无特殊要求,但自然环境温度高于25℃时,应注意控制制品温度。

(3)装卸搬运:在自然环境温度高于25℃时,应注意控制高温肉制品的暴露时间。防止野蛮装运导致制品受挤压或变形,甚至损坏包装。

(4)包装:高温肉制品采用PVC肠衣灌装,高温蒸煮冷却后装入包装箱内打包。包装箱应坚固、完整。

### (三)肉制品配送安全对策

1.实施肉制品全行业的配送标准化

所谓肉制品全行业的配送标准化,是指所有从事肉制品配送的企业均应按照物流过程中的目的和要求,在进行包装、装卸、运输、储存、流通加工、资源回收及信息管理等物流活动中,对重复性的事物和概念,通过制定、发布和实施各类卫生标准、技术标准、工作标准,形成全国乃至国际肉制品配送标准化体系的活动过程,以获得最佳秩序和社会效益。在我国,提倡建立肉制品全行业的配送标准体系,并力求贯彻实施,是保证肉制品配送安全的重要技术基础。

(1)卫生标准。当前,肉制品的长距离运输、大范围销售以及多渠道多环节流通,使微生物与有害物质污染肉制品的可能性增大,有必要针对不同的肉制品配送活动环节,制定统一的行业卫生标准,详细规定各物流活动环节的人员、设备、工具、器具、材料、作业环境的卫生标准。肉制品配送卫生标准要具有威慑性和可执行性,能够随时检测并发现各种危险信息,对经营者和管理者的卫生安全行为要能产生激励与约束效应。

(2)技术标准。制定肉制品运输车辆和储藏设施等技术性能标准,可以提高行业准入门槛,鼓励采用新型保温性能好、制作工艺先进且自重较轻的冷藏运输车辆和冷藏库、冷藏储柜等,配合以技术认证的方式落实和执行有关的技术标准。

(3)工作标准。工作标准包括肉制品配送作业岗位的职责、作业规范、操作方法等。包装标志清晰准确、包装件结实牢固、文明装卸、装载合理、调度科学、运输路径优化、储存管理中账、卡、物、储位清晰有序,出入库准确迅速,周转率提高等,都可以通过工作标准的实施来实现。

（4）管理标准。管理标准包括建立肉制品配送各项活动的绩效考核指标体系、管理规范等内容。管理标准是保证肉制品整个配送过程紧凑有序、高效率、低成本、防止污染，以及消灭肉制品配送错发、漏发、延误等物流责任事故的根本。

2.开展肉制品配送安全认证

安全认证是保证肉制品配送安全的重要措施之一。肉制品配送活动的安全状况经过权威部门的公正评价，为国内肉制品加工企业和广大消费者提供了可信赖的安全依据。实施物流安全认证，也为肉制品配送企业确立了准入门槛，可有效保证肉制品配送数量和质量等方面的安全。

3.推进物流信息化管理

完善的物流信息管理系统可为肉制品配送活动提供统一的信息平台，保证各种物流信息的快速交换和共享，把订单、包装、提货出库、车辆调配、运途跟踪等物流活动整合到一个统一的整体，从而提高物流组织和作业效率。例如，运输信息管理系统可以对运输资源，包括冷藏车辆、运送司机、备品备件、技术状态等进行统一的管理与调配，既可提高运输车辆的装载率、优化运输路径，又可对运程进行跟踪管理，保证肉类产品的运输时间。

此外，应用食品信息可追踪系统也是保证肉制品配送安全的重要手段之一。食品信息可追踪系统是欧盟为应对疯牛病问题于1997年开始建立起来的，可以通过给每件肉制品附上与养殖生产原始资料一致的标记（如序号、日期、批号、件号），追查到从生产加工到流通全过程的各种质量记录。一旦发现问题，能迅速查明原因，采取相应措施，便于对肉制品实行"召回制度"。

## 本章小结

本章分析了食品的特性和食品运输的概念、特征、功能和食品运输的方式；详细分析了果蔬、粮食和肉制品的特性和运输特征及安全运输要求；阐述了食品配送的内涵、发展的必要性、食品配送的特点和配送的方式；食品配送中心的含义和分类，分析了食品配送作业流程各个环节的操作和管理要点及生鲜食品和肉制品的配送流程和质量管理。

【课堂讨论】

食品和其他商品相比有哪些特性，这对运输有什么要求？

复习思考题

一、名词解释

1.食品运输　2.生鲜食品　3.配送　4.配送中心　5.多式联运

二、判断题

(　)1.配送中心的主要功能就是送货。

(　)2.配送中心是专职从事配送的企业,属于第三方物流。

(　)3.送货是用户需要什么送什么,而不是有什么送什么。

(　)4.配送实质是送货,但与一般送货有区别。

(　)5.在同一城市或同一地区中有数个不同的配送企业,各配送企业可以共同利用配送中心、配送机械装备或设施,对不同的配送企业的用户共同实行配送。

(　)6.进货作业是实现商品配送的前置工作。

三、选择题

1.(　)运输具有"门到门"运输的灵活特点。

　A.水运　　　　　B.汽车运输　　　　C.航空运输　　　　D.管道运输

2.(　)运输特别适合于运输长距离高价值的产品。

　A.铁路　　　　　B.航空　　　　　　C.公路　　　　　　D.集装箱

3.运输是实现整个商品交易过程必不可少的重要环节,其作用不包括(　)。

　A.扩大商品的市场范围　　　　　　B.调节商品的时间需求

　C.运输有利于劳动的地区分工　　　D.运输有利于市场专业化

4.按照(　)来划分,运输可以分为铁路运输、公路运输、水路运输、航空运输及管道运输。

　A.运输工具不同　　　　　　　　　B.运输路线不同

　C.运输距离不同　　　　　　　　　D.运输规模大小

5.以销售经营为目的、以配送为手段的配送中心是(　)。

　A.销售配送中心　　　　　　　　　B.柔性配送中心

　C.储存型配送中心　　　　　　　　D.流通型配送中心

6.铁路运输在现在的运输业务中,有逐渐减少的趋势,这主要是因为(　)。

　A.铁路运输的运输规模大　　　　　B.铁路运输的运输距离长

　C.缺乏机动性,不能实现门到门的服务　　D.按时刻表运行

7.配送与送货有一定的区别,下列(　)不是它们二者的区别。

　A.送货主要体现为生产企业的一种推销手段。

　B.送货方式只能满足用户某部分需求。

　C.送货通常是送货单位的附送性工作。

　D.送货只能是一种服务方式,而配送则仅仅是一种物流手段。

8.将配送划分为配送中心配送、仓库配送、商店配送、生产企业配送,是按照( )不同来划分的。
　　A.配送商品的种类和数量的多少　　B.实施配送的节点
　　C.配送时间和数量的多少　　D.经营形式不同

9.将配送划分为销售配送、供应配送、销售—供应一体化配送、代存代供配送,是按照( )不同来划分的。
　　A.配送商品的种类和数量的多少　　B.实施配送的节点
　　C.配送时间和数量的多少　　D.经营形式不同

10.将配送划分为综合配送/专业配送,是按照( )不同来划分的。
　　A.实施配送的节点　　B.经营形式不同
　　C.配送企业专业化程度　　D.加工程度的不同

11.( )只改变产品数量组成形式,而不改变产品本身的物理、化学性质并与干线运输相配合的配送方式,如大批量进货后小批量多批次发资,或零星集货后形成一定批量再送货等。
　　A.加工配送　　B.集疏配送　　C.综合配送　　D.专业配送

12.基本上没有长期储存功能,仅以暂存或随时进随时出方式进行配货、送货的配送中心是( )。
　　A.流通型配送中心　　B.储存型配送中心
　　C.柔性配送中心　　D.销售配送中心

13.( )是配送中心的核心职能。
　　A.储存职能　　B.集货职能　　C.分拣、理货职能　　D.倒装、分装职能

14.( )属于配送中心的末端职能。
　　A.运输　　B.送货　　C.情报职能　　D.装卸搬运职能

15.按顾客订货要求拣出货物并在规定时间内将其送交顾客的物流活动称为( )。
　　A.理货　　B.配货　　C.送货　　D.配送

16.配送中的送货是物流活动中的( )。
　　A.前端运输　　B.终端运输　　C.长途运输　　D.联合运输

### 四、填空题

1.按运输设备及运输工具分类,食品运输可以分为( )、( )、( )、( )、管道运输和多式联运。

2.公里运输主要是指使用( )在公路上进行货客运输的一种方式。

3.铁路运输主要特点是( )、( )、( )等。

4.水路运输主要有( )、( )、( )和( )四种形式。

5.最早的多式联运是( )和( )相结合的运输方式,也称"驮背式"运输。

6. 按运输的条件分类，食品运输可以分为（　）、（　）、（　）。

7. 根据不同食物对冷藏温度的要求，食品冷链运输大致可以分为（　）、（　）、（　）、（　）四类。

8. 果蔬运输的基本要求是（　）、（　）、（　）。

9. 运输过程中，影响果蔬品质的因素主要有（　）、（　）、（　）、（　）包装、堆码和装卸等。

10. 发达国的粮食运输已基本上实现"四散化"即（　）、（　）、（　）、（　）。

11. 按配送组织者不同来分，配送分为（　）、（　）、（　）。

12. 按配送时间及数量不同来分，配送分为（　）、（　）、（　）。

13. 按加工程度不同来分，配送分为（　）和（　）。

14. （　）是配送的核心业务，是同一个工艺流程中的两项紧密相关的物流活动，通常是同时进行的。

15. 分拣配货作业常用的作业方法有（　）、（　）和（　）三种。

16. （　）又称挑选方式，它是用托运车辆，巡回一次完成一次配货作业。一般情况，这种方式适宜于不易移动或每项——用户需要货物品种多而数量较小的情况。

17. （　）是将需要配送数量较多的同种货物集中托运到发货场所，然后将每一用户所需要的数量取出，分放到每项——货位处，直至配货完毕的过程。

18. 运输在开拓市场过程中不仅能创造出明显的"空间效用"，同时也具有明显的（　）。

## 五、简答题

1. 如何理解配送的基本含义？
2. 简述食品运输的方式及其特点。
3. 简述食品配送的作业流程及其操作要点。

# 案例分析

## 案例8 联华生鲜食品加工配送中心

联华生鲜食品加工配送中心是我国国内目前设备最先进、规模最大的生鲜食品加工配送中心，总投资6000万元，建筑面积35000平方米，年生产能力20000吨，其中肉制品15000吨，生鲜盆菜、调理半成品3000吨，西式熟食制品2000吨，产品结构分为15大类、约1200种生鲜食品；在生产加工的同时还从事水果、冷冻品以及南北货的配送任务。联华生鲜食品加工配送中心是在物流服务水平和物流成本这两个方面都做得比较好的一个物流系统。

生鲜商品按其秤重包装属性可分为定量商品、秤重商品和散装商品；按物流类型分为储存型、中转型、加工型和直送型；按储存运输属性分为常温品、低温品和冷冻品；按商品的用途可分为原料、辅料、半成品、产成品和通常商品。生鲜商品大部分需要冷藏，所以其物流周转周期必须很短，节约成本；生鲜商品保质期很短，客户对其色泽等要求很高，所以在物流过程中需要快速流转。两个评判标准在生鲜配送中心通俗地归结起来就是"快"和"准确",下面分别从几个方面来说明一下联华生鲜配送中心是如何做的。

一、订单管理

门店的要货订单通过联华数据通讯平台实时地传输到生鲜配送中心,在订单上制定各商品的数量和相应的到货日期。生鲜配送中心接受到门店的要货数据后,立即生成到系统中,形成门店要货订单,按不同的商品物流类型进行不同的处理。

1.储存型的商品。系统计算当前的有效库存,比对门店的要货需求以及日均配货量和相应的供应商送货周期自动生成各储存型商品的建议补货订单,采购售货员根据此订单,再根据实际的情况做一些修改,即可形成正式的供应商订单。

2.中转型商品。此种商品没有库存,直进直出,系统根据门店的需求汇总按到货日期直接生成供应商的订单。

3.直送型商品。根据到货日期,分配各门店直送经营的供应商,直接生成供应商直送订单,并通过EDI系统直接发送到供应商。

4.加工型商品。系统按日期汇总门店要货,根据各产成品/半成品的BOM计算物料耗用,比对当前有效库存,系统生成加工原料的建议订单,生产计划员根据实际需求做调整,发送采购部生成供应商原料订单。

各种不同的订单在生成完成或手工创建后,通过系统中的供应商服务系统自动发送给各供应商,时间间隔在10分钟内。

二、物流计划

在得到门店的订单并汇总后,物流计划部根据第二天的收货、配送和生产任务制订物流计划。

1.线路计划。根据各线路上门店的订货数量和品种,做线路的调整,保证运输效率。

2.批次计划。根据总量和车辆售货员情况设定加工和配送的批次,实现循环使用资源,提高效率;在批次计划中,将各线路分别分配到各批次中。

3.生产计划。根据批次计划,制订生产计划,将量大的商品分批投料加工,设定各线路的加工顺序,保证配送和运输协调。

4.配货计划。根据批次计划,结合场地及物流设备的情况,做配货的安排。

三、储存型物流运作

商品进货时先要接受订单品种和数量的预检,预检通过方可验货,验货时需进行不同要求的品质检验,终端系统检验商品条码和记录数量。在商品进货数量上,定量商品的进货数量不允许大于订单的数量,不定量的商品提供一个超值范围。对于需要重量计量的进货,系统和电子秤系统连接,自动去皮取值。

拣货采用播种方式,根据汇总取货,汇总单标识从各个仓位取货的数量,取货数量为本批配货的总量,取货完成后系统预扣库存,被取商品从仓库仓间拉到待发区。在待发区配售货员根据各路线各门店配货数量对各门店进行播种配货,并检查总量是否正确,如不正确向上校核。如果商品的数量不足或其他原因造成门店的实配量小于应配量,配货售货员通过手持终端调整实发数量,配货检验无误后使用手持终端确认配货数据。

在配货时,冷藏和常温商品被分置在不同的待发区。

四、中转型的物流运作

供应商送货同储存型物流先预检,预检通过后方可进行验货配货;供应商把中转商品卸货到中转配货区,中转商品配货员使用中转配货系统按配货指令的指定执行,贴物流标签。将配完的商品采用播种的方式放到指定的路线门店位置上,配货完成统计单个商品的总数量/总重量,根据配货的总数量生成进货单。

中转商品以发定进,没有库存,多余的部分由供应商带回,如果不足在门店间进行调剂。

三种不同类型的中转商品的物流处理方式。

(1)不定量需称重的商品。设定包装物皮重;由供应商将单件商品上秤,配货售货员负责系统分配及其他控制性的操作;电子秤称重,每箱商品上贴物流标签。

(2)定量的大件商品。设定门店配货的总件数,汇总打印一张标签,贴于其中一件商品上。

(3)定量的小件商品。在供应商送货之前先进行虚拟配货,将标签贴于周转箱上。供应商送货时,取自己的周转箱,按箱标签上的数量装入相应的商品。如果发生缺货,将未配到的门店(标签)作废。

五、加工型物流运作

生鲜的加工按原料和成品的对应关系可分为组合和分割两种类型,两种类型在BOM设置和原料计算以及成本核算方面都存在着很大的差异。在BOM中每个产品设定一个加工车间,只属于唯一的车间,在产品上区分最终产品、半成品和配送产品,商品的包装分为定量和不定量的加工,对于称重的产品/半成品需要设定加工产品的换算率(单位产品和标准重量),原料的类型区分为最终原料和中间原料,设定各原料相对于单位成品的耗用量。

生产计划/任务中需要对多级产品链计算嵌套的生产计划/任务,并生成各种包装生产设备的加工指令。对于生产管理,在计划完成后,系统按计划内容出标准领料清单,指导生产人员从仓库领取原料以及生产时的投料。在生产计划中考虑产品链中前道与后道的衔接,各种加工指令、商品资料、门店资料、成分资料等下发到各生产自动化设备。

加工车间人员根据加工批次加工调度,协调不同量商品间的加工关系,满足配送要求。

六、配送运作

商品分拣完成后都堆放在待发库区,按正常的配送计划,这些商品在晚上送到各门店,门店第二天早上将新鲜的商品上架。在装车时按计划依路线门店顺序进行,同时抽样检查准确性。在货物装车的同时,系统能够自动算出包装物(笼车、周转箱)的各门店使用清单,装货人员也据此来核对差异。在发车之前,系统根据各个配载情况出各运输车辆随车商品清单,各门店的交接签收单和发货单。

商品到门店后,由于数量的高度准确性,在门店验货时只要清点总的包装数量,退回上次配送带来的包装物,完成交接手续即可,一般一个门店的配送商品交接只需要5分钟。

### 通过以上案例分析:

1. 食品配送模式有哪些?简述其流程。
2. 配送中心的类型有哪些?各有何特点?
3. 联华生鲜食品加工配送中心的作业流程有何特点?

### 案例9 蒙牛奶的物流运输

物流运输是乳品企业重大挑战之一。蒙牛目前的触角已经伸向全国各个角落,其产品远销到香港、澳门,甚至还出口东南亚。蒙牛要如何突破配送的瓶颈,把产自大草原的奶送到更广阔的市场呢?另外一个重要的问题是,巴氏奶和酸奶的货架期非常短,巴氏奶仅10天,酸奶也不过21天左右,而且对冷链的要求最高。从牛奶挤出运送到车间加工,直到运到市场销售,全过程巴氏奶都必须保持在0℃~4℃,酸奶则必须保持在2℃~6℃储存。这对运输的时间控制和温度控制提出了更高的要求。为了能在最短的时间内、有效的存储条件下,以最低的成本将牛奶送到商超的货架上,蒙牛采取了以下措施:

1. 缩短运输半径

对于酸奶这样的低温产品,由于其保质日期较短,加上消费者对新鲜度的要求很高,一般产品超过生产日期三天以后送达商超,商超就会拒绝该批产品。因此,对于这样的低温产品,蒙牛要保证在生产后2~3天内送到销售终端。

为了保证产品及时送达,蒙牛尽量缩短运输半径。在成立初期,蒙牛主打常温液态奶,因此奶源基地和工厂基本上都集中在内蒙古,以发挥内蒙古草原的天然优势。当蒙牛的产品线扩张到酸奶后,蒙牛的生产布局也逐渐向黄河沿线以及长江沿线伸展,使牛奶产地尽量接近市场,以保证低温产品快速送达至卖场、超市的要求。

2. 合理选择运输方式

目前,蒙牛产品的运输方式主要有两种,汽车和火车集装箱。蒙牛在保证产品质量的原则下,尽量选择费用较低的运输方式。

对于路途较远的低温产品运输,为了保证产品能够快速地送达消费者手中,保证产品的质量,蒙牛往往采用成本较为高昂的汽车运输。例如,北京销往广州等地的低温产品,全部走汽运,虽然成本较铁运高出很多,但在时间上能有保证。

为了更好地了解汽车运行的状况,蒙牛还在一些运输车上装上了GPS系统。GPS系统可以跟踪了解车辆的情况,比如是否正常行驶、所处位置、车速、车厢内温度等。蒙牛管理人员在网站上可以查看所有安装此系统的车辆信息。GPS的安装,给物流以及相关人员包括客户带来了方便，避免了有些司机在途中长时间停车而影响货物未及时送达或者产品途中变质等情况的发生。

利乐包、利乐砖这样保质期比较长的产品，则尽量依靠内蒙古的工厂供应，因为这里有最好的奶源。产品远离市场的长途运输问题就依靠火车集装箱来解决。与公路运输相比，这样更能节省费用。

在火车集装箱运输方面，蒙牛与中铁集装箱运输公司开创了牛奶集装箱"五定"班列这一铁路运输的新模式。"五定"即"定点、定线、定时间、定价格、定编组"，"五定"班列定时、定点、一站直达有效地保证了牛奶运输的及时、准确和安全。

2003年7月20日，首列由呼和浩特至广州的牛奶集装箱"五定"班列开出，将来自内蒙古的优质牛奶运送到了祖国大江南北，打通了蒙牛的运输"瓶颈"。目前，蒙牛销往华东华南的牛奶80%依靠铁路运到上海、广州，然后再向其他周边城市分拨。现在，通过"五定"列车，上海消费者在70个小时内就能喝上草原鲜奶。

3.全程冷链保障

低温奶产品必须全过程都保持2℃～6℃，这样才能保证产品的质量。蒙牛牛奶在"奶牛→奶站→奶罐车→工厂"这一运行序列中，采用低温、封闭式的运输。无论在茫茫草原的哪个角落，"蒙牛"的冷藏运输系统都能保证将刚挤下来的原奶在6个小时内送到生产车间，确保牛奶新鲜的口味和丰富的营养。出厂后，在运输过程中，则采用冷藏车保障低温运输。在零售终端，蒙牛在其每个小店、零售店、批发店等零售终端投放冰柜，以保证其低温产品的质量。

物流成本控制是乳品企业成本控制中一个非常重要的环节。蒙牛减少物流费用的方法是尽量使每一笔单子变大，形成规模后，在运输的各个环节上就都能得到优惠。比如利乐包产品走的铁路，每年运送货物达到一定量后，在配箱等方面可以得到很好的折扣。而利乐枕产品走的汽运，走5吨的车和走3吨的车，成本要相差很多。

此外，蒙牛的每一次运输活动都经过了严密的计划和安排，运输车辆每次往返都会将运进来的外包装箱、利乐包装等原材料和运出去的产成品做一个基本结合，使车辆的使用率提高了很多。

**通过以上案例分析：**

1.什么是食品冷链？有哪些特点？
2.分析蒙牛是如何做到全程冷链？

# 第六章 食品安全销售管理及召回制度

【知识目标】

了解目前超市食品销售过程中存在的问题；掌握超市的卫生管理和食品安全管理的重点；掌握超市生鲜食品、水产品、肉制品等食品的安全管理；掌握接近过期食品、过期食品和问题食品的销售管理和预防措施；了解国内外食品召回制度的概况和我国食品召回制度的现状，理解食品召回制度的内涵，掌握食品召回的分类、特点等。

【技能目标】

在了解超市食品销售管理存在的问题的基础上，能够了解不同食品的特性，并能做好相应的安全销售管理；能够在食品销售过程中，正确把握不同问题食品的处理办法；能够运用食品召回体系知识，对已销售的不安全食品，按程序进行召回。

近年来，随着国民收入增加和食品安全意识的增强，新兴零售业连锁超市和大卖场逐渐取代了传统的集贸市场，成为城市家庭采购食品的主要渠道。我国《2005超市食品安全现状调查报告》显示，与其他渠道相比，连锁超市是食品销售最安全的通道，但仍存在着食品安全隐患。最近各媒体相继报道一些超市的食品安全问题：咸鱼生蛆，虾条铝含量超标高达9倍，食品区老鼠乱窜，出售过期进口食品，出售发霉凤爪，矿泉水菌落总数超标等。超市所销售食品的安全问题不仅关系到超市的经营管理和今后的发展方向，更直接关系到广大消费者的身体健康和生命安全。解决好食品安全消费问题，已经成为连锁超市义不容辞的责任和义务。2006年12月20日，由商务部制定的《超市食品安全操作规范（试行）》正式颁布实施。该操作规范是我国首次以法规的形式对超市食品安全操作进行规范。该操作规范对超市现场制作食品、问题产品的退出等都做出了明确的规定。

销售是食品供应链中直接面对消费者的重要环节，食品销售管理包括销售质量合格的食品、提供小票或发票。食品售后服务管理包括对问题食品实施召回制度、建设逆向物流和绿色物流体系，以提高零售业的竞争力，进一步追求生态效率，实现资源、能源和投资的最优组合。食品销售管理和售后服务管理的完善，有利于形成一个"从农田到餐桌"的食品质量安全控制体系。

## 第一节 食品安全销售管理

### 一、我国超市食品安全面临的主要问题

1. 超市生鲜食品源头存在隐患

我国超市生鲜食品污染是食品安全的一个主要问题，而其直接原因是源头污染。据统计，我国目前受污染的农田面积较大，一些作物受到不同程度的污染。尤其是化肥、农药等过量施用，使农产品含有过量的有害化学成分。在饲养业中，饲养主添加抗生素、激素等比较普遍。据对农村生产者的调查，绝大部分农民不知道国家明令禁止使用的农药和兽药；许多农民在使用农药和兽药时没有农业技术人员指导，只是凭感觉，一药多用现象特别普遍；一些农民受利益驱动，打过农药的蔬菜未过休药期即采摘上市销售；大多数蔬菜上市前没有经过产地检验。这些被污染了的农副产品未经检测就流入了超市，形成了安全隐患。

2. 超市食品供应链监控薄弱

据调查，消费者投诉主要集中在食品变质，有杂物异物，过期食品销售（包括赠品过期）添加剂超标，食品的生产日期、保质期、QS标志等标识不全，进口食品无中文标识等。从食品类别看，问题最多的是鲜肉及肉制品，其次是休闲食品，而这些问题的出现主要是因为连锁超市在食品安全供应链控制方面存在薄弱环节。

在采购环节，如上提到的农药超标、食品添加剂超标的农副产品和生鲜食品，之所以会流入超市，实质上是采购环节监控不力的结果。有的超市为了不降低自己的毛利率，往往一味压低供货商的进价，而忽视对供货商所提供食品的质量控制和安全检测，从而导致食品质量和安全问题。在运输环节，不能完全遵从生鲜食品基本的储存和消毒要求，导致食品变质或过期。在销售环节，现有的设备和处理办法也不能充分控制食品安全，甚至人为更换生产日期，欺瞒顾客。

### 3. 超市内部管理上存在漏洞

超市在内部管理上存在的问题，首先是组织结构不合理，超市质量管理部门、食品监管部门，本应该作为替百姓购物把关的"门神"，却都依附于采购、营运等部门，使这些部门的作用受到限制或形同虚设。其次是超市对食品安全相关设施投入不足，如冷柜最高层的温度往往达不到食品要求的低温，有些必须在冷库中存储的食品，大部分超市未能分门别类，无法避免交叉污染。超市中加工食品使用的水大部分是未经过滤的自来水。由于成本问题，在卫生用具及消毒洗液方面的投入也不足。再者超市业发展至今，尚缺乏总体规划，也缺乏完善的法规，正常的市场秩序未能及时建立，给违规行为开了方便之门。

### 4. 加盟店食品安全管理漏洞多

加盟店和联营、招商的部分部门的食品安全管理存在较大的漏洞。由于加盟店70%的商品允许自购，使得加盟店食品安全往往游离在连锁系统管理之外。不少连锁超市对加盟店自行采购的食品安全完全处于失控状态，在阜阳"问题奶粉"事件中，就曾在超市加盟店发现该产品。在我国超市自制食品经营中，全部自营仅占少数，其他大部分是联营或出租。这恰恰是食品安全管理过程中最容易发生问题的地方，如现场加工食品原料存在隐患，鱼快死了、菜快蔫了、肉要剩下了等，统统拿来做熟食，一点都不浪费，是目前超市的普遍做法。虽然，这些食品还在保质期内，但是理化指标和鲜度都已经下降，存在安全隐患。出租和联营的经营方式已经影响到超市食品安全的管理。

### 5. 超市自制的食品更令人担忧

被老百姓青睐的现场加工食品，看似卫生安全，却是安全隐患的所在点。自制食品品种较多，种类繁杂，很难进行工业化生产，作坊式的加工生产本身就容易引发食品安全问题。据中国连锁经营协会发布的我国首份《超市自制食品调查报告》透露，包括物美、易初莲花、家乐福、好又多、麦德龙等接受调查的32家大型连锁超市中，超过一半的超市都承认自制食品已成为接到投诉最多的一个环节，包括烧烤、蒸煮、凉拌、压榨等自制食品。

一些连锁超市为了降低生鲜食品的损耗往往将一些新鲜度不佳，但还在保质期内能使用和食用的生鲜食品作为原材料来现场加工制作食品。有些超市面包专柜，现场制作汉堡包，既没有密闭的防尘、防蝇设施，制作环境也没达到"专人、专室、专工具、专消毒、专冷藏"的标准。

## 二、超市的卫生管理

超市卫生管理是超市经营中非常重要的基本工作，是为了防止食品污染、保证食品质量安全、保障消费者身体健康而服务的日常性工作。超市良好的卫生条件不仅是食品安全质量控制的必要条件，对增加顾客对食品信任度、争取新顾客和提高销售业绩也有着重要意义。

### 1. 超市环境卫生要求

(1) 食品验收的场所、设备应当保持清洁，定期清扫，无积尘、无食品残渣、无霉斑、鼠迹、苍蝇、蟑螂，不得存放有毒、有害物品（如杀鼠剂、杀虫剂、洗涤剂、消毒剂等）及个人生活用品。

食品验收时应当注意按生产单位、品种分别将食品放置于专用栈板上，保证商品分类、分架。做到生熟食品分开，避免交叉污染。

在本环节中应保证冷藏食品脱离冷链时间不得超过20分钟，冷冻食品脱离冷链时间不得超过30分钟。

(2)储存食品的场所、设备应当保持清洁，定期清扫，无积尘、无食品残渣，无霉斑、鼠迹、苍蝇、蟑螂，不得存放有毒、有害物品(如杀鼠剂、杀虫剂、洗涤剂、消毒剂等)及个人生活用品。

食品应当分类、分架存放，距离墙壁、地面均在10厘米以上，并定期检查，使用应遵循先进先出的原则，变质和过期食品应及时清除。

食品冷藏、冷冻储藏的温度应分别符合冷藏和冷冻的温度范围要求。食品冷藏、冷冻储藏应做到原料、半成品、成品严格分开存放。冷藏、冷冻柜(库)应有明显区分标志，外显式温度(指示)计便于对冷藏、冷冻柜(库)内部温度的监测。食品在冷藏、冷冻柜(库)内储藏时，应做到植物性食品、动物性食品和水产品分类摆放，同时为确保食品中心温度达到冷藏或冷冻的温度要求，不得将食品堆积、挤压存放。

冷冻库和常温库均要做到货架干净无锈迹、无冰块、无积水、无异味、地板无垃圾等。冷藏、冷冻柜(库)应由专人负责检查，定期除霜、清洁和维修，保持霜薄气足，无异味、臭味，以确保冷藏、冷冻温度达到要求并保持卫生。

(3)食品加工场所周围环境应整洁，保持适当温度湿度，配备合适的温度、湿度，防蝇虫及灰尘控制设施和设备，具备独立的排水、排污设施。食品加工场所周围直线距离应在10米内不得有粉尘、有害气体、放射性物质和其他扩散性污染源，不得有倒粪站、化粪池、垃圾站、公共厕所和其他有碍食品卫生的场所。法律、法规、规章以及技术标准、规范另有规定的从其规定。

食品生产加工场所外卫生状况良好，地板无垃圾、无积水、无油渍、无杂物，墙面无灰网、无烟熏痕迹、玻璃明亮无污迹；加工间卫生良好，采光、通风良好，空气质量符合要求，并要设置灭鼠、灭蟑、防虫设施。现场制作必须有足够的用房面积，生产过程、所用设备、设施、公用器具、容器符合食品卫生标准和要求。排水设施完善、无积水、无堵塞、无污垢，通风设施完善，空气清新、湿度适当，各种清洁池(如洗手池、清洁器具、食品专用水池)无污垢、无杂物等。

食品加工区应设有与加工产品品种、数量相适应的原料储存、整理、清洗、加工的专用场地，如粗加工间、精加工间、熟食切配间、糕点裱花间等。设备布局和工艺流程合理，不同阶段的加工制作必须在核定区域内进行，不得擅自搬离核定场所，防止交叉污染。

各食品加工区域应设有独立的冷藏(保温)、防蝇、防尘、加工用具和容器清洗消毒、废弃物暂存容器等卫生设施，配备符合卫生要求的流动水源、洗涤水池和下水道。

食品处理区应按照原料进入、原料处理、半成品加工、成品供应的流程合理布局，食品加工处理流程宜为生进熟出的单一流向，并应防止在存放、操作中产生交叉污染。成品通道、出口与原料通道、入口，成品通道、出口与使用后的餐饮具回收通道、入口均宜分开设置。

熟食切配间和糕点裱花间的墙面和地面应当使用便于清洗材料制成，操作间内应当配备空调、紫外线灭菌灯、流动水（净水）装置、冰箱、防蝇防尘设施、清洗消毒设施和温度计等。操作间每天应当定时进行空气消毒，操作间内温度应当低于25℃。

在食品加工区暂存的食品原材料、半成品和成品应严格分开一定的安全距离，分别使用易于识别的专用容器，使用明确的标签识别。原材料和其他生食要和熟食分别使用专用冷柜或冷库存放，避免生熟交叉污染。

粗加工操作场所内应至少分别设置动物性食品和植物性食品的清洗水池，水产品的清洗水池宜独立设置，水池数量或容量应与加工食品的数量相适应。食品处理区内应设专用于拖把等清洁工具的清洗水池，其位置应不会污染食品及其加工操作过程。

食品加工区的地面、食品接触面、加工用具、容器等要保持清洁，定期进行消毒。由专门人员负责配制有关加工用具、容器和人员的安全消毒液。

2.超市设备设施卫生要求

(1)加工设备卫生要求

备有标准的三水消毒池。

熟食、凉菜切配间和裱花间前应设有预进间，避免交叉污染。预进间内应安装紫外线消毒灯。

加工用器具应生熟分开、定位存放、保持清洁防尘防菌存放，避免交叉污染；在每道加工程序完成后严格清理、消毒。

刀具用后清洗完毕应置于专用刀架之上；砧板洁净无油渍、无残渣、无霉斑，应立放、干燥，以抑制微生物繁殖，并做到"三面"（砧板面、砧板底、砧板边）光洁。

机器设备表面均不得有积土、积水、油污、面垢、杂物等污渍；机器设备内部应定期清扫，避免有害菌滋生。

冷冻、冷藏及保鲜设备内外部均应保持清洁卫生。

每日营业结束后，对各种加工用器具按消毒程序进行消毒，使用的消毒方法或药物，必须经当地卫生监管部门认可才能使用，并掌握好消毒时间，药物浓度及使用方法。

消毒后的加工用器具应放入防尘、防蝇、防污染的专用密闭保洁柜内，已消毒器具与未消毒器具应分开存放，并有"已消毒"、"未消毒"标记。

(2)运输设备卫生要求

食品运输必须采用符合卫生标准的外包装和运载工具，并且要保持清洁和定期消毒。运输车厢的内仓，包括地面、墙面和顶，应使用抗腐蚀、防潮，易清洁消毒的材料。车厢内无不良气味、异味。

杂货类食品应该具备符合安全卫生和运输要求的独立外包装，装车后应有严格全面的覆盖，避免风吹雨淋和阳光直晒；运输过程中不得和其他对食品安全和卫生有影响的货物混载。

有条件单位推荐使用箱式车辆运输。

直接食用的熟食产品必须采用定型包装或符合卫生要求的专用密闭容器包装,并采用专用车辆运输,严格禁止和其他商品、人员混载。推荐使用专用冷藏车运输。

冷藏、冷冻食品必须用专用冷藏、冷冻载具运输,应当有必要的保温设备并在整个运输过程中保证食品安全的适宜冷藏、冷冻温度。有条件单位推荐使用温度跟踪器进行记录,特别是对于长途运输的食品,保证食品在运输全过程处于合适的温度范围。

整个运输过程应科学合理,运输车辆应定期清洁,保持性能稳定,符合规定的温度要求,使运输商品处于恒定的环境中。

食品在运输过程中,冷藏车要全程开机制冷,冷藏温度应在-2℃~5℃,冷冻温度应低于-18℃,以防变质。不得将有冷藏、冷冻要求的食品在无冷藏、冷冻的条件下运输。

(3)陈列柜等设备的卫生要求

陈列清洁程序,员工必须使用恰当的用品,正确实施清洁程序。明确每天的清洁计划,每天填写清洁工作记录。

清洁设施适合,工作情况良好。刷子、刮水器使用恰当并清洁,有足够的刷子、刮水器、纸。灭蝇灯工作情况正常,且清洁。紫外线灭菌灯工作正常,食品上方灯防爆膜或灯罩状况正常。

清洁主要内容:地板、墙壁、天花板、货架、地漏、管路、无水积和液滴、展示柜的玻璃、销售及品尝用具、架子、灯罩、价格牌不得接触食品、周转箱等。

检查与食品有关的加工器具的破损、断裂、生锈状况,并清洁:容器、刀具、勺子、周转箱等。

3.食品加工工艺流程卫生要求

食品加工工艺流程布局应按照从生到熟的流程设计,不得出现混流或回流现象。不同阶段的加工制作必须在核定区域内进行,不得擅自搬离核定场所,以防止交叉污染。

食品加工过程中坚持"随手清洁"。接触食品的工用具、容器使用后应清洗干净,妥善保管;接触及盛装生食品材料和熟食的器具应当有明显标志区分,使用前严格消毒;加工工具要放置在固定场所,不得直接放在熟食上,每小时至少消毒一次。

食品加工过程中对于影响食品卫生和安全的关键控制点应设立妥当的控制措施。

具备必要的防止异物进入食品的控制手段。

采用安全可靠的食品解冻方法,使用冷藏解冻或流水解冻,严禁死水或在室温下自然解冻。

烘烤、腌卤、煎炒食物时要注意食物的中心温度达到70℃以上的安全水平并保持足够时间。

改刀、分装等熟食加工操作应在切配操作间内进行,非操作间工作人员不得擅自进入操作间,非操作间内使用的加工用具、容器,不得放入操作间。

食品加工过程中禁止使用工业用的漂白剂、色素等对人体有害的添加剂,应用食用级的添加剂,并控制剂量,保证对人体无害。

按照企业标准的工艺要求执行,供应商应严格按照工艺和关键控制点操作。一般工艺流程包括:原料筛选、添加剂使用、产品成型、温度控制、包装、称重。

为避免发生食品安全中毒事故,在加工环节应注意以下几点:

(1)避免污染。即避免熟食品受到各种致病菌的污染。如避免生食品与熟食品接触、经常性洗手、接触直接入口食品的还应消毒手部、保持食品加工操作场所清洁,避免昆虫、鼠类等动物接触食品。

(2)控制温度。即控制适当的温度以保证杀灭食品中的微生物或防止微生物的生长繁殖。如加热食品应使中心温度达到70℃以上。储存熟食品,要及时热藏,使食品温度保持在60℃以上,或者及时冷藏,把温度控制在10℃以下。

(3)控制时间。即尽量缩短食品存放时间,不给微生物生长繁殖的机会。熟食品应提醒消费者尽快吃掉;食品原料应尽快使用完。

(4)清洗和消毒,这是防止食品污染的主要措施。对接触食品的所有物品应清洗干净,凡是接触直接入口食品的物品,还应在清洗的基础上进行消毒。一些生吃的蔬菜水果也应进行清洗消毒。

(5)控制加工量。食品的加工量应与加工条件相吻合。食品加工量超过加工场所和设备的承受能力时,难以做到按卫生要求加工,极易造成食品污染,引起食物中毒。

4.超市食品销售、加工人员的卫生要求

(1)基本要求

从业人员应每年至少进行一次健康检查,必要时接受临时检查。新参加或临时参加工作的人员,应经健康检查和培训,取得健康合格证明和食品卫生培训合格证明后方可上岗操作。

从业人员应保持良好个人卫生,做到勤洗手、勤剪指甲、勤换衣服、勤理发、勤洗澡。工作时应穿戴清洁的工作服,不留长指甲、不涂指甲油、不化妆、不抹香水、不戴耳环、戒指等外露饰物。接触直接入口的食品时,手部应进行清洁并消毒,并使用经消毒的专用工具。

凡患有痢疾、伤寒、病毒性肝炎等消化道传染病(包括病原携带者),活动性肺结核,化脓性或者渗出性皮肤病以及其他有碍食品卫生疾病的人员,不得从事接触直接入口食品的工作。

从业人员有发热、腹泻、手外伤、皮肤湿疹、长疖子、呕吐、流眼泪、流口水、咽喉痛、皮肤伤口或感染、咽部炎症等有碍食品卫生病症的,应立即脱离工作岗位,待查明原因、排除有碍食品卫生的病症或治愈后,方可重新上岗。应随时进行自我医学观察,不得带病工作。

企业应建立从业人员健康档案。

企业应对新入职及临时参加工作的从业人员进行相关知识的培训,了解企业相关规定和工作流程,掌握各个环节过程中保证食品安全的要点,考核合格后方能上岗。

定期对从业人员进行培训和考核,记录并存档培训和考核的情况。

(2) 从业人员工作服管理

工作服(包括衣、帽、口罩)宜用白色(或浅色)布料制作,也可按其工作的场所从颜色或式样上进行区分。

工作服应有清洗保洁制度,定期进行更换,保持清洁。接触直接入口食品人员的工作服应每天更换。

从业人员上厕所前应在食品处理区内脱去工作服;待清洗的工作服应放在远离食品处理区;每名从业人员应有两套或两套以上工作服。

食品从业人员要穿工作服、戴工作帽进入工作区域,加工、销售直接入口食品的人员操作时要戴口罩,进行工序时要戴一次性手套。

离开工作区必须换下工作服,重回工作区时必须洗手、更衣、消毒完毕才能回到工作区域。工作服、工作帽、口罩要保持干净、本色。

操作生食品后要洗手、消毒,更换干净的工作服以后才能进行接触熟食的操作。进入熟食切配间、糕点裱花间等操作间要洗手、消毒,更换干净的工作服以后才能进行食品加工操作。

由专人加工制作的操作间内,非操作人员不得擅自进入。不得在操作间内从事与加工无关的活动。

### 三、超市食品安全管理

1. 采购环节的管理

(1) 供应商审核

企业应有明确的供应商引进标准。了解供应商的企业资质信用情况。主要审核的资质材料包括:供应商营业执照副本;税务登记证;一般纳税人证书;组织机构代码(集团化公司有其所属分、子公司使用集团组织机构代码的情况);卫生许可证;企业执行标准;生产许可证。

进口商品在国内未进行商标注册的,进口商要出示承诺书,注明该类商品今后涉及的一切侵权、冒用商标等行为均由进口商承担。供应商为进出口贸易公司时:中华人民共和国外商投资企业批准证书或对外贸易经营者备案登记表;生产商生产许可证;自有品牌需提供全国工业产品生产许可证委托加工备案申请书。

全部资质材料应查看正本或清晰的正本复印件,同时留存企业盖章复印件。供应商经营范围应在资质材料中限定的有效范围内。商标注册人应与营业执照注册人一致,如不一致则需核准转让注册商标证明。

对供应商的评估审核:采购人员在供应商自评的基础上,依据同行业标准或企业执行标准,通过照片、图片、其他资料,进行考评。食品安全管理部门对上报材料进行复评,并有一定比例的抽检,对供应商进行实地考察。实地考察项目应具体明确。

对高风险、技术含量低、非知名品牌及自有品牌供应商进行实地考察。生产企业应严格按照企业产品执行标准的要求组织生产,确保产品的理化、卫生、感官等质量指标符合国家法律、法规和强制性标准规定。

商品审核：审核加盖供应商公章的有效资信材料（复印件）：商品条码系统成员证书；属专利性质商品的专利证书；商品进入该地区销售的许可证；商品检验报告；保健食品批准证书；绿色食品证书；原产地域专用标志证明；酒类批发许可证；国产酒类专卖许可证；酒类流通备案登记表；动物防疫合格证；有机农产品证书；无公害农产品产地认定证书；农业转基因生物标识审查认可批准文件等。

进口保健食品批准证、进口保健食品卫生证书；进口食品标签审核证书；进口动植物须提供中华人民共和国出入境检验检疫证明、中华人民共和国出入境检验检疫入境货物通关单。

样品包装的审核：食品品质的直观判定；包装内合格商品的重量应达到规定重量；每批商品应配有商品批次合格证明。

商品评定标准：按照商品执行标准从产品分类、感官、理化指标、微生物指标、净含量、检验规则、出厂检验、标志、包装、运输、储存等方面进行评定。企业根据企业采购标准向供应商提出商品的等级和质量要求，按质论价，等级标准应包括：品质、卫生、规格、感官、色泽、状态、年份、季节等方面。

索证索票：有标准的索证索票流程和制度。门店人员还要对生鲜商品，如禽、肉、水产等商品实行按进货批次索要检疫证明和进货票据，并详细记录进货来源、品名、数量、日销售量，做到一旦发现问题，可以迅速追溯到生产源头。如法律法规对资质材料有特殊要求，厂商应按指定内容及日期提供。

(2)采购流程管理

零售企业应有明确的采购工作流程，采购人员应认真执行。

索证索票应严格、细致、全面、完整；应存档每一种商品的样品或图片资料；对高风险商品、自有品牌商品供应商进行实地考察；企业应设立与采购部门对应的食品安全管理部门；应对采购人员的个人行为进行规范和考核，并签订承诺保证书。

食品安全管理部门在本环节的职责包括：制订相关审核流程，对供应商和商品的资质进行审核，同时与采购人员保持协作。食品安全管理部门对存在质量隐患的供应商和商品有一票否决权。

2. 商品验收环节的管理

企业应有保证食品安全的完整的进退货工作流程。

(1)卸货前检查

供应商的送货车辆应保持清洁；商品堆放科学合理，避免造成食品的交叉污染；如对温度有要求的商品应确定商品的温度，记录送货车辆温度，并记录存档。

(2)商品包装检查

核对订货汇总单，所送商品是否和所定商品一致；纸箱标示是否和商品一致，包装有无损坏和受潮；外包装应清洁、形状完整，无严重破损；内包装应无破损，商品的形状完好无损；

外包装名称和包装内商品名称一致。

(3)商品质量的基本检查

商品应清洁,并符合企业相关验收标准;商品应无损伤、腐烂现象,无寄生虫或已受虫害现象;对温度有要求的商品应确定商品的温度与包装上指示温度一致,冷冻商品没有曾经解冻痕迹。

(4)定型包装食品的验收

门店收货时,对定型包装的熟食卤味、豆制品等食品应索取产品检验合格证和专用送货单;对运输工具、包装日期和产品进行检查、验收,同时做好记录;检查食品的保质期,确保其在允收期限范围内;确保包装完好并符合相关要求,数量、批次和送货单一致。

(5)非定型包装食品(包括生鲜食品)的验收

门店收货时,非定型包装产品根据需要应索取产品检验合格证明,专用送货单据,国家或地方执法机构规定的相关证明文件,如屠宰、加工、检疫、销售的许可证明,相关载具的清洁消毒证明等。对运输工具、加工日期和产品进行验收,同时做好记录。

检查商品的剩余保质期,确保在允收期限内。对保质期较短的生鲜产品须根据实际情况提高允收期要求。

确保包装和运输条件(如温度、湿度、卫生状况等)符合法定要求,无交叉污染危险,数量、批次和送货单一致。

检查食品的相关质量指标,包括但不局限于外观、颜色、气味、新鲜度、中心温度等指标。对高风险产品建议根据产品特点进行定期的理化及微生物检验。建议有条件的超市建立区域性配送中心,统一食品的验收、存储和配送。

(6)预包装商品标示检查

国产商品标示检查应至少具有以下独立信息(对于最小销售包装表面积小于10平方厘米的产品,可以仅标注:产品名称、生产者名称和生产日期):食品名称;配料表;净含量及固形物含量(固液两项产品);制造者;生产者和经销者的名称和地址;日期标志和储藏指南(产品保质与储藏条件有关的产品);质量/品质等级(国家,行业标准中明确规定质量/品质的产品);产品的标准号。

进口商品标示检查应至少具有以下独立信息:食品名称;配料表;净含量及固形物含量;进口食品必须表明原产国、地区名;总经销者的名称和地址;日期标志和储藏指南(产品保质期与储藏条件有关的产品);进口商品应有中文标识,中文标识应大于外文标识。

3.食品仓储管理

(1)食品仓储管理

在食品专用独立仓库或存储区域,和其他食品有适当物理分隔避免受到污染。按常温、冷藏和冷冻等不同存储要求存放相应食品。

食品存储仓库和货架的设计应满足食品卫生要求和先进先出的操作原则。

与食品直接接触的内包装应使用安全的食品级包装材料;外包装要满足相关运输和存储安全及质量要求。散装食品入库前应在带盖的食品专用周转箱存放。

在冷库存放的食品应分类、分架,按生产单位、品种分别放置于食品货架上或食品级的专用栈板上,做到生熟食品分开存放于不同的冷库内,避免交叉污染。

不同类别的商品应分库或分架存放,库房内备有相应的货架和货垫。

食品外包装应完整,无积尘,码放整齐,隔墙离地,要便于检查清点,便于先进先出。

常温存放的食品应储存在温度适宜(按不同产品的具体要求)、干燥的库区,避免阳光照射。

冷藏存放的食品应储存在温度湿度适宜的冷藏库中。新鲜蔬菜、水果的存放温度应控制在5℃~15℃。要求冷冻存放的食品应储存在温度-18℃以下冷冻库中。冷库要定期检查、记录温度、定期进行除霜、清洁保养和维护。库房内安装温度表、湿度表。冷藏库(柜)温度为-2℃~5℃以下。冷冻库(柜)温度低于-18℃。热柜的温度达到60℃以上。不得将有冷藏、冷冻要求的食品在无冷藏、冷冻的条件下储存。

根据食品储藏要求进行相应的湿度控制。

(2)食品存储流程管理

超市应建立食品储存、报废和出入库台账,详细记录所采购食品特别是熟食卤味的品名、生产厂家、生产日期(批号)、进货日期、保质期、进货数量、运输包装、产品质量等信息,确保食品从采购、运输、储存到销售环节的可追溯性。

库内储存商品应有明确直观的标识信息。标识信息至少包括货号、品名、数量等。

超市配送中心或门店仓库应按"先进先出"原则发货给销售部门。认真执行食品入库出库检验登记制度,做到登记清楚,日清月结,账物相符。对库存商品应定期盘点检查,确保无过期报废食品,并做好相关台账记录。

冷冻和冷藏食品在装卸和出入库必须保证冷链的持续有效,任何环节中商品脱离冷链时间不得超过30分钟。对货物验收相关单据的整理应科学有效,不应有遗漏。

商品在入库时,必须经过验收通道由收货部人员负责验收,并按进货日期分类编号,按类别存档备查。对库存商品定期进行保质期和质量检查,发现将过期或腐败变质商品应及时处理。对货物的存放应有系统的管理,将货物放置在规定的区域范围内,以提高工作效率。

4.食品销售环节的管理

(1)食品销售时陈列必须符合其自身保质储存条件

冷藏定型包装食品可以采用敞开式冷藏柜或冰鲜台陈列;自行简易包装和非定型包装食品,应当采用专用封闭式冷藏柜。

冷冻定型包装食品可以采用敞开式冷冻柜陈列;自行简易包装和非定型包装食品,应当采用专用封闭式冷冻柜。

自行简易包装和不改刀非定型包装熟食食品,应陈列于专用的低温陈列柜或封闭式热保温柜。

非定型包装熟食卤味应当设有销售操作间改刀并陈列。

直接入口食品和不需清洗即可加工的散装食品必须有防尘材料遮盖，设置隔离设施以确保食品不能被消费者直接触及，并具有禁止消费者触摸的标志，由专人负责销售，并为消费者提供分拣及包装服务。

供消费者直接品尝的散装食品应与销售食品明显区分，并标明可品尝的字样。

超市内的食品类商品不应与洗涤剂、杀虫剂、消毒剂类商品混放，应保持一定间距，避免交叉污染。

(2) 销售食品的包装和标识

食品的包装材料应达到相关国家或地方卫生标准的要求，不含影响食品质量及消费者健康的有害成分，包装强度设计应足够承受保质期限内的搬运、储存而不影响食品的质量。

定型包装食品的陈列外包装上应该按国标 GB 7718—2004《预包装食品标签通则》的要求清晰标注相关信息。至少包括以下内容：食品名称、配料清单、配料的定量标示/净含量和沥干物（固形物）含量、制造者、经销者的名称和地址、日期标示和储藏说明、产品标准号、质量（品质）等级以及其他强制标示内容。

陈列散装食品时应在盛放食品的容器的显著位置或隔离设施上标识出食品名称、配料表、生产者和地址、生产日期、保质期、保存条件、食用方法。超市必须提供给消费者符合卫生要求的小包装，并保证消费者能够获取符合要求的完整标签。

销售需清洗后加工的散装食品应在销售货架的明显位置设置标签，并标注以下内容：食品名称、配料表、生产者和地址、生产日期、保质期、保存条件、食用方法等。超市应保证消费者能够方便地获取上述标签。

由超市重新分装的食品应使用符合卫生要求的食品级包装材料。其标签应按原生产者的产品标识真实标注，必须标明以下内容：食品名称、配料表、生产者和地址、生产日期、保质期、保存条件、食用方法等。

(3) 销售食品的保质期和销售期限

食品的保质期应严格遵守相关卫生和质量标准的规定，上架销售的食品必须严格控制在保质期内，做到先进先出，并为消费者预留合理的存放和使用期。

由生产者和超市预包装或分装的食品，严禁延长原有的生产日期和保质期限。已上市销售的预包装食品不得拆封后重新包装或散装销售。

对于散装食品，应将不同生产日期的食品区分销售，先进先出，并明确生产日期。如将不同生产日期的食品混装销售，则必须在标签上标注最早的生产日期和最短的保质期限。

定型包装食品按照制造商标注于包装上的生产日期和保质期管理。散装食品标签应明确标注包装日期，如同时标注生产日期，则生产日期必须与生产者出厂时标注的生产日期相一致。

超市自制的生鲜产品，如可以直接烹调的配菜、熟食卤味等保质期不得超过当日。

超过保质期限的食品应在经营场所内就地以捣碎、染色等破坏性方式处理销毁，不得退货或者换货。

(4) 有全面完备的销售记录

## 四、超市生鲜食品的安全质量管理

生鲜食品的概念源于外资零售企业，经过几年的发展，虽然生鲜食品经营普遍为国内消费者所认同。但是学术界以及业界人士对生鲜食品的理解不一，生鲜经营的项目和形式也有很大差异，至今对这类商品的概念没有明确的界定。参照日本的生鲜商品分类方法，中国业界较有代表性的有"生鲜三品"之说，即：蔬果（蔬菜水果）、精肉、水产品，这类商品只需做必要的保鲜和简单整理就上架出售，是生鲜类的初级产品。近年来，随着人们生活节奏的加快，生鲜食品的再加工已成为一种趋势，其内涵也有了进一步的拓宽。传统的"生鲜三品"已经发展为"生鲜五品"，即在原有基础上再加上由西式生鲜加工制品延伸而来的面包和熟食制品。

同时，由于没有明确的界定，生鲜食品又衍生出许多不同的称谓。仅以蔬菜为例，目前大多数文献已经认为"生鲜蔬菜"与"鲜切蔬菜"、"半加工蔬菜"、"最小化加工蔬菜"等概念密切相关，尤其与"净菜"的概念相似。净菜实际上是经过净化加工的新鲜蔬菜，仍进行着旺盛的呼吸作用和其他生命活动，在最大限度地方便消费者的购买和食用，满足消费者对蔬菜的新鲜、安全、营养和卫生的需求。由此，生鲜食品是指在 0℃～10℃温控条件下加工上市的各类营养丰富、洁净卫生、又未经烹调加工的生制食品，它具有广义和狭义两个概念。广义"生鲜食品"的概念不但包括经过清洗、修整、分级、切割、包装等初级加工的新鲜食品，还包括刚刚采摘、捕捞、屠宰等还没有经过初级加工的毛食品等。狭义"生鲜食品"的概念仅包括经过清洗、修整、分级、包装，有时还要求去皮，甚至切分处理的新鲜食品，其可食率接近 100%，并达到可以直接烹食或生食的卫生要求。

在发达国家，超市业态已存在近百年，目前已成为生鲜食品零售的主导业态。从市场份额看，美国食品的 90%，日本生鲜食品的 50%～70%，法国蔬菜的 55.7% 和水果的 59.5%，英国 1993 年生鲜水果蔬菜的 48% 是由超市销售的。超市正在成为生鲜食品零售的主导业态。

1. 生鲜食品的特征及物流要求

生鲜食品不同于其他消费品：它的含水量高，保鲜期短，易腐败变质的特性提出了时效性要求；作为食品本身，它提出了安全性要求；而消费者的口味多变性，则提出品种多样性的要求。这些特性决定了生鲜食品物流的基本特征与要求：

保证生鲜食品以最短的时间、最少的流通环节进入消费环节；

保证生鲜食品在流通中实现品质的稳定或提升；

保证向消费者提供新鲜、安全的多样性生鲜食品。

降低整个物流过程中的损耗，控制逆向物流的生成率，全面节省成本。在物流技术上，生鲜食品不宜采用常温干货配送，而要求有相应保鲜条件，专业性强而投入不菲。同时，生鲜食品的易腐易损性规定了物流时间的上限，其保温保鲜和加工制作周期也限制了物流半径，并要求尽量减少装卸搬运次数以减少在途损耗，增加了流通风险。与此同时，由于生鲜食品属农副产品，它们大多是初级产品，在进入家庭消费之前，还需经过分类、加工、整理等活动，因此，流通环节也是生鲜食品增值的主要环节。

2. 超市生鲜区的经营范围

生鲜经营的新观念源于外资零售企业，尽管它们来自世界各地、风格各异，生鲜商品经营却普遍为国内消费者所认同。近年来国内超市经营生鲜食品渐呈流行之势，但对生鲜区经营的理解不一，经营的项目和形式也有很大差异。

目前生鲜经营范围较有代表性的是日系的"生鲜三品"，即：青果（蔬菜水果/PRODUCE）、精肉（MEAT）、水产品（SEAFOOD），对这类商品基本上只做必要的保鲜和简单整理就上架出售，未经烹调、制作等深加工过程，因此可归于生鲜类的初级产品；再加上较常见的、由西式生鲜制品衍生而来的面包（BAKERY）和熟食（DELI）制品等现场加工品类，就由初级产品的"生鲜三品"和加工制品的面包、熟食共同组合为"生鲜五品"。

在实际运作中，也常把其他一些食品类项目，如日配乳制品、冷冻和冷藏食品、散装杂粮、蜜饯糖果等与生鲜一起经营。它们与生鲜品具有一些共同的特点，如保存条件基本相同，或同属于散装无条码商品并需要用称重打条码方式售卖，或者保质期比较短等，同时在消费习惯上也有很大的关联性。严格来说，这些经营项目不属于生鲜范畴，但由于以上特点和归类管理的需要，通常会与生鲜品并类陈列和统一管理。

以上各项组合在一起基本上覆盖了目前生鲜区经营的主要种类，生鲜区经营者可根据超市规模、店面布局等具体情况来选择适合的经营项目和经营重点。

3. 超市生鲜食品的经营特点

目前，国内的生鲜食品的经营呈现以下几个特点：

(1) 国内生鲜经营尚处于导入期

生鲜经营理念和方法来自外资企业。国内的外资企业对生鲜区经营的定位较高，前期投入大，市场反映较好，但在商品结构和管理方法等方面还要根据中国消费市场情况继续探索和磨合。跨越中外文化差异，真正实现本土化尚需时日。

多数国内企业在这方面起步较晚，无论是对生鲜经营的理解和把握，或者实际运作能力和管理经验都处于初级阶段，前期投入不足，经营的效果自然存在着差距。

随着经济、社会的发展，人们的消费观念和消费能力有所提高，对消费质量、方便性、即时性的要求与日俱增，而高起点经营的外资企业本土化、国内超市经营水平的提高，在生鲜经营的实际运作中，都还要有一个逐步成型化的过程。

(2)环境适应性敏感

生鲜经营要考虑超市当地的经营环境。如果所在城市具有广阔的农业腹地,城市中集贸市场发达,生鲜经营就要在设计阶段搞好调查分析,在经营规模、商品结构以及经营方式上作适当安排,选好经营角度。而城市规划、市政管理、居民小区开发等又会为生鲜食品经营带来诸多的机会,因此超市经营者必须在充分调查经营环境的基础上,找准切入点。

(3)专业性和专业交叉性强

生鲜经营涉及超市经营方法、各类食品保鲜与加工技术、食品加工组织管理等许多方面的专业技术,不仅每个方面和分管部门都有较强的专业性,而且总的专业面广,综合性和交叉性也强。因此,生鲜经营整体专业化水平的高低直接关系到包括商品流转、损耗等在内的超市经营效果,这就对管理和管理者提出了较高的要求。

(4)前期规划设计要求高

由于完整的生鲜区所需要的前期工程和设备资金投入较大,施工一旦完成,就很难再做大的调整,所以对前期规划设计的质量和专业化要求必须从严把握,不可马虎。这对初涉生鲜经营的企业来说尤其应该注意。

(5)超市经营的新生点

由于生鲜食品的经营集客能力强、毛利高,它占超市中的销售份额也在增大。从目前的实况看,生鲜区经营面积以及销售额比重已逐步从10%左右扩大到接近30%,平均毛利超过20%,正逐渐成为超市经营的热点。预计随着消费水平的提高,生鲜区在超市经营中的地位还会进一步地巩固和发展。

4.生鲜食品的陈列规范

(1)食品的摆放要求

食品的摆放整齐笔直、外观干净;

发现包装破损、包装膜松懈的商品应立即返工,重新包装(切记:注意包装日期);

同类商品摆放在一起,牛、羊肉制品应与猪肉制品分开摆放;

要注意保持展柜食品量的充足,出现空档应立即补充;

冷冻、冷藏柜的食品应保证价签位置的准确性。

(2)价签、POP(Point of Purchase,卖点广告)的要求

所有的标价必须正确,保证每个食品都有标价;

每个POP必须用POP袋套住,特惠POP必须标出原价;

所有价格牌、POP必须干净、整齐一致;

在蔬菜陈列处,如有特惠商品,可用特惠POP标出,POP在原价格牌下面。

(3)展柜的要求

展柜的照明应保持良好,灯具无损坏;随时保证展柜的清洁;主管对展柜的温度应定时进行追踪记录,出现异常应立即通知设备组(化霜时间除外)。

(4) 果蔬的陈列要求与原则

分区原则：根据生鲜食品的种类对其进行分区陈列，由区域分类→大分类→中分类。在超市商品结构上，食品区可分为生鲜食品和食品杂货两大类，在生鲜食品大分类中又按照"生鲜五品"的理解划分为蔬菜水果、肉类、水产品、面点类以及熟食五个基本中分类；而商品的小分类则会按照各中类商品群的具体经营项目以及保存方式、商品属性和制作方法再行区分为各小分类，例如：水产品可依保存方式不同分为活鲜类、冰鲜类、冻鲜类和干鲜类几个小分类；小分类之下则是单品。

质检原则：蔬菜在销售区域进行陈列之前，必须进行质检程序，确保所有货架上的食品符合优良品质的标准，体现出果蔬经营的"新线"宗旨；营业期间，随时对销售区域上陈列的商品进行质检，一旦发现腐烂、变质的果蔬，要第一时间挑拣出来。

丰满原则：果蔬的陈列要丰满、货多、达到吸引顾客、货优价平的目的。坚决避免缺货、少货。

色彩搭配原则：果蔬在陈列时，必须要对颜色进行适当的组合、搭配，给顾客一种赏心悦目的感觉，从而使顾客产生购买的欲望。

防损耗原则：陈列时必须考虑到果蔬的特性，选择正确的盛器和摆放方法及陈列温度等，否则将会造成损耗。如桃子不能堆放，否则会压烂，生热。果蔬的陈列面积必须与周转量成正比例，若比例过大，则水果在货架的滞留时间长；若比例过小，则每日补货次数频繁。果蔬陈列的时间必须小于该品种当前温度、湿度、当前品质状态所能维持的生命期。

先进先出原则：即先进的货物先陈列销售，特别是同一品种在不同时间分几批进货时。果蔬的周转期短、质量变化快，坚持这一原则至关重要，这是新鲜商品经营的普遍性、一般性的原则。

季节性原则：果蔬的经营具有非常强的季节性，不同的季节有相应的水果、蔬菜上市。因此，果蔬的陈列应因时而变，将新上市的品种陈列在明显的地方，更好地满足顾客的新需求。

清洁卫生原则：主要是指水果、果菜是否干净整洁、无泥土、杂草等。水果在采后多已进行了处理，蔬菜主要是通过净菜的推广和蔬菜的自行加工过程来保证其整洁。另外，陈列区域设备及用具的卫生应符合要求。

标识清楚正确原则：标识牌与陈列的设备相匹配；标识牌变价的方式满足果蔬的频繁变价的特性；标识位置与商品的位置一一对应；标识的品名与陈列商品一致；标识的价格、销售单位要正确无误，与系统一致。

(5) 熟食的陈列要求

套餐柜：周一到周五，所有产品都用浅盘，这样看起来好看并可减少损耗。周六、周日、节假日，小炒除了包类都可用深盘，要根据当天的营业额来灵活调整。早班开店时水温要开到60℃，没客人时要把玻璃门关上。有质量问题的商品不能出售。价格牌要与电子秤相符。

熟展柜：卤水产品只开灯即可，不能开温度。其他商品开温度到6℃。所有商品价格牌与电子秤一致。所有商品在开门和交接班时要保持丰满,但切片的商品为了减少损耗,可在周一到周五减少一些,在下面垫上成块的商品可达到同样丰富的效果。卤水要每15分钟翻动一次,并撒上香菜调色。有质量问题的商品不能出售和陈列。

(6)肉类的陈列及管理要求

在常温条件下,温度越高,肉品表面污染的微生物繁殖越快,则腐败就越容易发生,肉的保鲜期就越短。因此,低温储存和清洁成为肉类鲜度管理的重要措施。有效控制储存场所、销售场所的温度和清洁工作,缩短暴露在空气中的时间,从而达到减少氧化、减少细菌污染、抑制细菌增长、延续保质期、保持肉品的持水性的目的。

用冷藏方法储藏原料、半成品、成品。冷冻肉的储藏温度低于-18℃,冷藏肉的储藏温度是-1℃~3.5℃。商品在收货后,应迅速进入冷库,尽量减少暴露在常温下的时间。分割处理室的温度控制在-4℃~4℃,相对湿度控制在90%左右,且有良好的通风设施,保证新鲜空气的连续流通。对一些易坏的冷藏禽肉制品,需在包装箱内加入散冰片以降低温度。

展示陈列柜的温度要控制在-1℃~2℃范围内,以保持成品的鲜度。运输肉类制品的送货车应为冷藏车,温度维持在2℃左右。

开店前玻璃要干净;肉类商品可做关联陈列,陈列柜上可放相应的调味品;包装内有血水时要及时收回,重新打包;变质商品坚决不能上货架;肉类商品应每小时整理一次货架;肉类陈列区域要保证地面无积水。

(7)水产的陈列及管理要求

水产品易腐败变质,而且部分水产品变质后会产生毒素,造成食物中毒。因此,鲜度的管理和质量控制就成为营运的重要内容。水产品在捕获后,应及时采取适当的保藏方法,阻止酶的活动,抑制微生物的生长繁殖,从而保证原料的质量。

水产品的鲜度管理措施主要有活养保藏法、低温保藏法、冷盐水处理法。活养保藏法是对购进时成活的动物性原料进行短期饲养而保持或提高其使用品质的一种特殊保藏方法。主要适用于对新鲜程度要求较高,烹调前需要动物排空肠肚内的泥沙或需去除泥腥味的动物性原料,如虾、蟹、甲鱼、泥鳅、黄鳝、鳜鱼、鲫鱼、蝎子等。在活养过程中,可根据烹调的需要,随用随杀,以保证菜点鲜美的滋味和卫生质量。活养时应根据原料的生长环境特点,采用不同的饲养条件和方法,如鱼、虾等水产动物。低温保藏法是指在低温的状态下(通常15℃以下)抑制微生物的生长繁殖和酶的活性及减弱原料中化学反应速度来保存原料的方法。冷盐水处理法即是将原料放在浓度为0.8%~1%(海产品为3.5%),温度为1℃~2℃的流动食盐水中进行浸泡处理。这样有利于原料降温;除去附着在原料表面的微生物;使色泽鲜艳;表皮富有弹性。但同时要注意避免切块后浸泡,浸泡时间不可太长。

陈列原则:要求视觉饱满,颜色搭配和谐,装饰有新意,有正确的货架标签、POP,商品摆放有利于顾客拿取,不易掉落,损耗少。

冰台:冰台的冰不能太多太高,冰面要有倾斜度,让远处的顾客一眼看到冰鲜鱼。冰鲜鱼的颜色要搭配和谐，装饰有新意，每天有不同的花样。冰鲜鱼要充分和冰接触，防止鱼因脱水而变质。陈列在冰台的包装商品，要高出冰面2/3，不能埋入冰内，而且要归类陈列。三文鱼柳、鱼头、北寄贝等即食产品要和冰鳟鱼间隔开，防止细菌感染。每种冰鲜鱼要有醒目的价格牌且一一对应。保持有干净的柠檬水，方便顾客洗手。冰鲜鱼陈列将要风干时，必须用盐冰水泡5分钟后再陈列，保证色泽光亮新鲜。

展示鱼池：淡水鱼和咸水鱼要分开陈列。鱼池内的鱼不能太少，保证每个品种在晚上8点前不少于陈列标准要求。不能有翻肚的鱼、死虾、死蟹在池内。价格牌正确无误，每一个鱼池至少有一个价格牌。保持鱼池、海鲜陈列台干净，鱼池玻璃清洁明亮。

冷冻陈列柜：陈列整齐有序，且饱满以方便顾客拿取。不能有包装破损、漏气的商品，或者商品结霜、结冰现象。有正确的价签。

## 五、超市其他食品的安全质量管理

除了生鲜食品外，超市中粮食及其制品也占有很大的比重。

1.粮食类存在的主要质量问题及管理措施

粮食存在的质量问题是在生长、加工、储藏、流通和销售环节的生物性污染、化学性污染和杂物、掺假等引起的。例如粮食作物在种植中滥用农药、化肥、催熟剂及大气、土壤中污染物、粮食生产加工过程中不适当使用添加剂以及食品包装容器和工业废弃物的污染等都属于化学性污染；物理性危害指粮食在生长、收割、晾晒、加工、储存、运输、销售过程中混入物理性杂质，如杂草的种子、麦秆、泥土、沙石、金属碎屑等而影响粮食的品质和质量安全；生物性危害指粮食在从农田到餐桌过程中造成的微生物污染，如食源性细菌病原体、食源性病毒、食源性寄生虫等。

粮食批发商、零售商要加强对粮食供应商的审核和管理，通过"农户＋公司"、"订单农业"和新的生产技术等方式从源头上控制粮食的质量，采用减少化肥农药的施用；粮食加工企业，要加强食品安全质量保障体系的实施如HACCP、GMP等；仓储业要广泛应用全调储粮、低温储粮、机械通风储粮技术和以"臭氧气调仓储技术"及"粮堆立体均匀通风技术"为核心技术的绿色无公害储粮；广泛采用鼠笼式初清筛、计量电子轨道衡、流化槽烘干机、新型高效清理、除尘、谷糙分离等粮食加工设备；开发高效、节能、环保粮食储存技术与装备；广泛采用和开发新型粮食仓储优化设计集成技术、粮仓建设新技术、新材料；开发粮食精深加工新技术、新设备和粮食资源转化增值技术。

2.膨化食品质量管理

膨化食品又称挤压食品、轻便食品等。它是以含水分较少的谷类、薯类、豆类等作为主要原料，经过加压、加热处理后使原料本身的体积膨胀，内部的组织结构也发生了变化，经加工、成型后而制成的食品。这类食品的组织结构多孔蓬松，口感香脆、酥甜，具有一定的营养价值。

膨化食品存在主要的问题有：油脂型膨化食品的油脂超标，易氧化酸败，影响人体健康；

菌落总数、大肠菌群、致病菌等微生物指标多数超标;铝残留超标,会引起神经系统病变。另外由于包装不严,引起易吸潮、口感欠松脆、串味、脂肪氧化、微生物污染等问题。

因此,对于膨化食品采用适宜的包装、防止挤压、在干燥、避光和低温环境下储存。

### 3.散装食品的销售管理

散装食品,又称"裸装"食品,是那些没有进行预包装即进行零售的食品。散装食品因节省了烦琐的包装,降低了食品的价格,且买多买少随意方便,很受消费者欢迎。但散装食品的卫生管理是超市食品安全管理中的难点和重点。

散装食品目前存在的问题主要是销售环境条件差、从业人员卫生意识淡薄、索证和标签管理漏洞多等。

因此零售企业要加强《食品安全法》的宣传、加强对散装食品卫生管理人员及销售人员的法律和卫生知识培训、加强对散装食品的日常卫生监督管理工作等。

散装食品生产者在运输过程中要有符合储藏条件的专用运输工具,出厂的散装食品必须采用符合卫生标准的包装材料和容器进行密封包装;超市在采购散装食品时必须向生产厂家索取卫生许可证和该产品的合格检验报告;散装食品标签上要标明名称、配料、生产日期、保质期、厂名、厂址;进货后要按照食品保存条件的要求进行储存,生熟食品销售不应在同一区域,要保持一定距离;销售人员必须持有健康证明,要戴口罩、手套和帽子;销售的散装食品必须有防尘材料遮盖,设置隔离设施,保证不被消费者触及,并有禁止消费者触及的标志;要有符合卫生要求的洗涤、消毒、储存和温度调节等设施或设备;供消费者直接品尝的散装食品应与销售食品明显区分,并标明可品尝的字样;要有专门的食品卫生管理员负责散装食品的卫生管理工作;超过保质期限的散装食品,应立即销毁不得重新加工销售。

### 4.糕点、面包、月饼的安全管理

糕点、面包、月饼属于半干食品,水分含量在15%～50%,在储藏和销售过程中的主要质量问题体现在以下几个方面:

微生物的污染。这类食品营养丰富、易于滋生细菌和霉菌,尤其储藏时,如果不严格控制卫生及储存条件,将导致微生物的大量繁殖。

虫害。这类食品裸露储藏时,环境中蚂蚁、蟑螂、苍蝇、蚊子等易污染食品,失去商品价值。

变质。主要是油脂的氧化、淀粉老化等引起的。

串味。吸附环境中的不良气体造成的。

存放这类食品的专柜,要做到低温密封、防尘、防蝇、防鼠;相互不得积压;不得与有毒、有害、有异味、易挥发、易腐蚀、刺激性气味的物品同处储存。

## 六、接近过期、过期食品和问题食品的管理

### 1.基本概念

保质期是指在标签上规定的条件下,保持食品质量(品质)的期限。在此期限内,食品完

全适于销售，并符合标签上或产品标准中所规定的质量（品质）；超过此期限，在一定时间内食品仍然是可以食用的，应当指出《中华人民共和国食品安全法》规定禁止销售超过保质期的食品。

保存期是指在标签上所规定日期的条件下食品可以食用的最终日期。超过此期限，产品质量（品质）可能发生变化，不再具有消费者所期望的品质特征，不宜再食用。

保质期是食品的最佳食用期，而保存期是推荐的最终食用期。

如果保质期或保存期与食品的储期条件有关，必须表明储藏方法，如冷藏储存、避光保存、阴凉干燥处保存等。消费者在选购食品时也应注意销售商的销售环境是否符合标签上规定的条件。《食品标签通用标准》还规定，国家标准或行业标准中已明确规定食品保质期或保存期在十八个月以上的食品，可以免标保质期或保存期。

货架期是指在销售的储存环境条件下，保持食品质量的期限。在此期限内，食品完全适于销售，并保持标签内已说明的特有品质。超过此期限，食品可能不再具有消费者所期望的品质特性，不宜再食用。

由以上定义可以看出，货架期明显不同于保质期或保存期。因为食品在销售条件下，储存条件不一定能充分满足食品标签上规定的储存条件，因此不能简单地把货架期等同于食品标签上的保质期或保存期。

过期食品是指储存或货架陈列期超过该食品标签宣称的保质期的食品。

**2. 影响食品货架期的因素**

食品在货架储藏销售过程中，质量会发生或多或少、或快或慢的变化。食品体系十分复杂，属于性质不稳定的物质，易受微生物污染、发生化学和物理变化。引起食品质量变化因素有很多，都可以影响食品的货架期，这些因素可被分成内在因素和外在因素。

内在因素有水分活度、pH值和总酸度、酸的类型、氧化还原电势、有效含氧量、菌落总数、在食品配方中使用防腐剂等；外在因素有在储藏和分配过程中的相对湿度、温度、微生物控制、加工过程中的温度、包装过程中的气体成分、消费者的处理操作和热处理的顺序等。

以上因素都可通过一些反应变化来影响食品的货架期，这些反应变化可以被简单地归纳为以下几类：

（1）温度变化对食品货架期的影响

温度是食品储存过程中影响质量变化最重要的因素。它不仅影响食品中发生的化学变化和酶促反应，以及由此引起的鲜活食品呼吸作用和后熟作用、生鲜食品的僵直过程和软化过程，而且影响着食品中微生物的生长繁殖，影响着食品中水分变化及其他物理变化。简而言之，温度影响着食品在储存过程中的质量变化。

一般来说，在一定温度范围内（10℃～38℃），食品在恒定水分条件下，温度每升高10℃，化学反应速度加快1倍，腐变反应速度将加快4～6倍。此外，温度还引起蛋白质变性，破坏维生素特别是含水食品的维生素C，失去应有的物态与外形。生鲜食品含有多种酶类,食品中发生的酶促反应会随着温度的升高而加快(温度低于30℃~40℃条件下),加速食品的劣变。此外,生鲜食品在储藏时,温度过低会造成冷害和冻害,品质急剧恶化,温度高会加速果蔬的采后呼吸作用而加速食品营养的消耗。温度变化还会导致食品黏度、溶解度、物质的融化或凝固等物理性状的变化,引起食品品质变化。另外在冻结食品时,温度的波动会使食品内部的冰晶发生变化,从而缩短该食品的保质期。

(2)湿度对食品货架期的影响

环境湿度也会影响到食品的品质变化,从而影响其货架期。水分可以通过物理方式(脱水或吸潮)和化学方式(提高反应速率)来改变食品劣变速度,缩短其货架期。环境湿度过大或过小,会引起食品吸水或失水,导致鲜活食品表面结水、促使微生物的繁殖、助长油脂的氧化分解、促使褐变反应和色素氧化、有些食品受潮而发生结晶、有些食品因吸水吸湿而失去脆性和香味等。湿度过小,食品脱水萎缩,失去挺度、食品干结硬化或结块等,使食品失去商品价值。

(3)光对食品货架期的影响

光照(紫外线、射线)能促进脂肪氧化酸败,蛋白质和氨基酸发生变化,维生素被破坏,色素变化等不良影响,加速食品品质下降,缩短其货架期。

(4)氧气对货架期的影响

大气中的氧气对食品中的营养成分有一定的破坏作用:氧使食品中的油脂发生氧化,这种氧化即使是在低温条件下也能进行;油脂氧化产生的过氧化物,不但使食品失去食用价值,而且会发生异臭,产生有毒物质。氧能使食品中的维生素和多种氨基酸失去营养价值;氧还能使食品的氧化褐变反应加剧,使色素氧化褪色或变成褐色;对于食品微生物,大部分细菌由于氧的存在而繁殖生长,造成食品的腐败变质。

氧气对新鲜果蔬的作用则属于另一种情况,由于生鲜果蔬在储运流通过程中仍在呼吸,以保持其正常的代谢作用,故需要吸收一定数量的氧而放出一定量的$CO_2$和水,并消耗一部分营养。

因此环境合适的氧分压会减缓食品的氧化反应,有效延长货架期。

(5)机械损伤对食品货架期的影响

有生命活力的果蔬受到机械损伤后,呼吸代谢加强,伤口抵御微生物入侵的能力下降,货架期会明显缩短。未包装的定性食品如薯片、饼干、面包、蛋糕等因机械损伤而表面积增大,容易引起氧化、水分丢失或吸水返潮,从而导致变色、洁净、吸潮和微生物的繁殖,商品价值降低。对于预包装的食品,机械损伤会产生漏封或针眼,导致食品腐败和其他质量变化,缩短货架期。

3.接近过期食品的管理

"临界食品"即快到保质期的食品。临近保质期和过期食品的监管一直是个难点。按照购物习惯,消费者往往拒绝"临界食品",实际上食品临近保质期,但只要未超过保质期,仍然是可以购买和食用的,这样也能最大限度地避免食品资源的浪费。国家工商总局曾对"临界食品"发布过指导意见,要求从 2007 年 11 月 1 日起,销售场所应将"临界食品"予以明示,保证消费者的权利。

食品种类繁多,保质期也是千差万别,而货架寿命要小于保质期。因此当某食品的货架期达到该食品保质期的 3/4 时,可以认为该食品接近过期,若货架条件更恶劣的话,这个时间还要缩短,达 2/3 的保质期时已接近过期。这类食品就是接近过期食品。2007 年,国家工商总局发布《关于规范食品索证索票制度和进货台账制度的指导意见》,首次提出在超市卖场和社区食杂店销售的即将到保质期的食品,须在销售场所集中陈列,并做出醒目提示。但这一规定不是强制性措施,只是指导性意见,目的在于引导商家尽量提醒消费者。同年,西安工商局首次对"临界食品"的销售方式做出要求,对于临近过期的食品要集中陈列销售或者给消费者醒目的提示。

食品都有一定的保质期,商场不可能在保质期内将所有的进货全部销售完毕。一些商场为了避免食品烂在商场里,就通过各种"手段"将临近过期的食品"消化"掉。

捆绑销售。将"临界食品"作为特价促销是很多超市普遍采取的方法。临近保质期的食品虽然没有坏,但并不是所有消费者都愿意买的。事实上,将快过期的食品搞捆绑销售,就能顺利卖掉很多。"买一送一"的牛奶或者果汁、折价近 50% 的"特惠"饼干、"买大送小"的面包……每到周末,不少超市卖场就会出现大量"特价"、"特惠"产品。一些商场、超市就是这样,把即将过期的产品与新鲜产品捆绑在一起销售,通过特价、减价或"买一送一"的形式"消化"掉。

化整为零。有些超市为了便于销售,将大包装食品化整为零,分解成小包装,小包装上只标注生产日期,故意回避保质期。顾客在挑选时大都只拿起来简单看一眼包装就扔进购物筐,很少仔细查看过期没有。还有的商家把过期食品的包装拆掉,当作零散食品出售。

去"坏"留"好"。在超市销售瓜果,有时一个月瓜果也没卖出去,开始变坏,就用刀子把瓜果变坏的部分削去,用保鲜膜包装一下再卖。这些二次加工后再没有卖出的,就用刀将瓜果切开,只留下好的一部分,包装后摆上柜台。

4.过期食品的管理

(1)过期食品及其危害

过期食品是储藏或货架陈列期超过该食品标签宣称的保质期的食品。变质食品是由于物理、化学、生物的原因,导致食品质量指标低于其标签和对应的国家卫生标准所宣称的感官、理化和卫生指标,这类食品就是变质食品。近几年,媒体曝光的"冠生园"过期月饼馅(2001年)、"光明"乳品过期后返厂加工再售(2005 年)、安徽皖毛毛加工过期粽子(2007 年)等过期食品典型案例触目惊心、层出不穷。更有甚者,天津 4 家肉肠生产"黑"厂竟把回收过期肉肠当成了一项业务,大量回收过期肉肠,在这些霉变的肉肠里添加大量色素香味剂,重新加工后再入市场。

过期食品含有大量有害物质,过期食品中使用劣质、变质油脂,造成食品过氧化值超标,很容易导致肠胃不适、腹泻并损害肝脏。人们如果食用了被细菌、病毒、寄生虫等污染的过期食品，就会引起急性食物中毒，甚至导致急性传染病或者致癌。

(2)我国目前过期食品回收销毁处理制度存在的问题

首先，过期食品的回收销毁无法可依、无章可循，造成保质期食品难保质，过期食品不退市。到目前为止，我国没有具体的法律、法规明确规定过期食品该由谁、通过何种方式进行销毁、由谁来监督和管理过期食品的回收销毁。只有个别省份，如浙江为了保障食品安全，出台有关食品回收销毁的文件。立法的欠缺致使监管缺位，过期食品的回收销毁成了无人监管的问题，只能靠食品加工销售企业凭着良心办事。

在食品的实际销售过程中，过期食品的回收销毁目前主要存在两种形式，一种形式是由食品的销售者退回生产企业，由生产企业自行销毁。由于利益的驱使，有些生产企业将回收的外观上还未发生变质的过期食品重新换上新的包装，又继续上市销售；还有一部分生产企业将过期食品拿回车间后，作为原材料进行重新加工、消毒，生产成新的食品后再重新上市销售。这些产品尽管已超过保质期，但已经过重新加工，质量监督部门和工商行政管理部门很难通过检测查出问题，但其对消费者的健康却存在很大的潜在威胁。另一种形式是由食品的销售者直接处理过期食品，不退回生产企业。这也导致一部分食品在一些超市商场把一些已过期的食品标签的生产日期涂掉，重新打上新的日期，再进行销售。这样就造成很多标明在保质期内的食品是过期食品的现象。另外，目前我国部分餐饮企业也存在使用过期食品损害消费者的现象，如有些饭店使用地沟油、麦当劳使用过期果酱等。总之，对过期食品处理监管的缺失是当前政府职能部门的一个漏洞，过期食品处理不透明，而工商、质检部门监管又存在漏洞，使得消费者很难对食品保质期真正放心。

其次，多头监管导致无人监管。《食品安全法》第五条规定，我国食品安全的监管部门主要由县级以上人民政府和国务院规定的卫生行政、农业行政、质量监督、工商行政管理、食品药品监督管理部门构成。它们的职责和权限相互重叠，一个产品出了质量问题，它们都有权进行处理，有利时几家执法部门都争着执法，但出了问题几个部门之间相互推诿，造成食品安全监管不力的局面。对于过期食品的回收销毁同样存在这样的问题。

最后，过期食品回收各自为政，处理费用高昂。由于没有法律对过期食品的回收销毁做出具体规定，生产企业各自为政，缺乏专门的部门负责过期食品的回收销毁。目前过期食品的回收销毁既不属于环保部门，也不属于固体废弃物处理部门。这也使得部分有责任心的厂家希望妥善处理积压的过期食品却陷入两难境地：随意处置有潜在危害，找垃圾处理厂帮忙收费太高。在难以解决的情况下，做饲料、当垃圾随意处理、发给职工，成为不少食品生产企业处理过期食品的主要方法。在这种状况下，很难避免有企业将过期食品"回炉"或重新流入市场。

(3)对过期食品监管的建议

第一，尽快加强食品回收销毁的立法，变"暗箱操作"为阳光操作。根据我国过期食品回收销毁法律缺失的现状，应尽快出台相关的法律，明确规定超市、商场和餐饮单位等食品生产销售企业在过期食品回收销毁过程中的责任。2007年9月7日,浙江省工商局发布了全国首个《流通领域食品销售者经营行为规范指引》,工商部门将监督全省食品销售逐步推行不合格食品主动撤柜、过期食品当场销毁、所有商品在一定时间内允许消费者无理由退货等12项行为规范。我国2009年2月通过了新的《食品安全法》对经营超过保质期的食品的企业做出相应的处罚规定,但遗憾的是并未对过期食品的回收销毁做出具体规定,这难免会给我国的食品安全的执法、监管留下漏洞,不利于对过期食品的有效监管。

在新的《食品安全法》实施之后,尽快制定实施细则,确立过期食品退市销毁处理制度。规定只要销售单位发现食品过期变质,就必须在当天进行下架退市,由销售者统一回收过期食品,再将过期食品交给由国家专门指定的机构进行销毁。同时建立退市台账,并对消费者公开以使过期食品处置透明化。这样就从源头上阻止食品生产企业重新包装过期食品或用过期食品作原材料加工食品。另外,对于食品生产厂家和餐饮企业库存积压的过期食品,也应该要求其及时交由专门机构销毁,同时建立过期食品销毁账簿,留待工商行政管理部门和质量技术监督部门检查和监督。

第二,鼓励食品销售企业在食品过期前大力促销,减少过期食品数量。这也是一种解决过期食品的积极办法。国外很多超市对保鲜期短、容易过期食品在经营上都很精心,像面包寿司、生鲜肉、熟肉等食品,一旦过了"最鲜"时段便打折出售,离保质期限越近,价格越低。这样,既让消费者得到了实惠,经营者也减少了损失。另外,我国可效仿美国,建立食品银行,鼓励超市、食品生产企业将快要过期但仍在保质期内的食品,捐给"食物银行",用来救助失业和低收入贫困人。同时超市、食品生产企业也因其善举可以享受一定比例的"免税优惠"。这样既能做到物尽其用,也确保了安全,减少了浪费。

第三,建立专门部门销毁过期食品。过期食品交由专门部门销毁,在短期内可能操作成本较高,但这样做有利于过期食品的充分利用,例如可用来加工动物饲料、制作肥料等;可减少环境污染,防止个别不当处理过期食品给环境带来的压力,给社会带来潜在的危害;可以从源头上彻底阻止食品生产、销售企业违法使用、销售过期食品。

日本每年处理大约2000万吨剩余食品,过期食品的70%得以回收利用,其中50%制成饲料,45%制成肥料,其余用于生产甲烷。在日本,过期食品再利用成为新兴产业。

第四,明确规定工商行政管理部门为过期食品回收销毁的主管部门。为解决食品回收销毁多头监管的现状,选择其中一个部门作为食品回收销毁的监管部门可能是最佳办法。工商行政管理部门对产品的生产、销售都有权监管,规定由其负责过期食品的回收销毁比较合适。

第五,加大对违反过期食品退市销毁处理制度的企业的处罚力度,提高企业的违法成本。发现销售过期食品或使用过期食品作为原料生产食品的,没收违法所得、违法生产经营的食品和用于违法生产经营的工具、设备、原料等物品;违法生产经营的食品货值金额不足一万元的,并处二千元以上五万元以下罚款;货值金额一万元以上的,并处货值金额五倍以上十倍以下罚款;情节严重的,吊销许可证。

第六，应积极加强建设企业自律、市场监管、社会监督的"三位一体"监管模式。由企业和经销商严格履行相互间的过期食品回收销毁协议，而相关部门应积极加强市场巡查、食品检测和专项检查，严防监管漏洞。同时，国家应该加大举报的奖励制度，举报人的保护制度，鼓励新闻媒体和百姓积极举报相关企业违法处理过期食品的行为。从而引导企业自觉地遵守过期食品退市销毁处理制度。

5.问题食品的管理

根据相关的法律法规，任何不恰当、不安全、标签错误的或不符合质量标准、给消费者的健康和安全造成潜在或现实危害的食品均属于问题食品，不得上架销售。销售过程中发现问题食品应立即启动商品撤架流程。企业应该有明确的问题商品撤架工作流程。

企业中，对于发生的食品安全事件，一经发生，立即启动食品安全事件处理流程。主要包括顾客投诉，政府部门的抽查、调查以及协查过程中发现的食品安全事件。企业有明确的食品安全事故应急处理机制的工作流程。对于相关事故的基本状况及处理方式应形成报表，食品安全管理部门进行月/周统计分析并存档。

应根据食品的可溯源程度，事件影响的大小，健康损害风险的大小等因素，将问题商品或食品安全事件进行分析，然后分级别、分步骤地开展实施。

对重大食品安全事件，应建立内部应急处理小组，由采购、存储、加工、销售、食品安全管理、法律、市场等部门人员组成，对发生质量或安全问题的食品的应急处理及时做出决策并付诸实施。

企业处理问题商品和食品安全事件的主要方法：超市内部的联动撤架。

企业中各职能部门应各司其职，互相配合。各相关部门有责任全力配合食品安全管理部门工作，在第一时间将食品质量和安全信息反馈到食品安全管理部门。

一旦启动产品的撤架机制，各部门应积极配合执行。采购、配送中心和门店应在撤架指令下达后于最短的时间内(48小时内)完成问题商品下架、封存、清点、运输在途食品的跟踪，并将有关信息反馈总部汇总。

应及时提供给消费者、公众、媒体和政府执法机构准确、负责和公正的信息，尽快配合控制流通渠道，避免问题食品扩散。调动相关资源尽快查清问题的根源，并采取必要的控制及反应手段，尽最大努力把问题食品可能或已经造成的危害降至最低。

应设置内部及外部食品质量安全监管和通报机制，实时掌握上架食品的质量和安全状态。对内部和外界发现的相关食品质量和安全问题进行应急反应和处理。

## 七、加强超市食品安全管理的建议

1.建立超市食品准入制度和食品安全控制体系

全面严格组织实施超市食品准入制度，认真执行《消费者权益保护法》、《食品安全法》及相关的国家标准、行业标准，加强超市食品卫生管理，保证超市食品卫生安全，不销售不合格的产品。加紧制定一批急需的食品标准,搞好食品、包装、储存、运输等方面的认证。

提高供应商入市门槛,以确保食品安全。要跟踪了解从事食品生产加工的企业是否具备相应的生产设备、检测手段、计量仪器、内部质量管理制度等基本条件,是否获得《食品生产许可证》,食品出厂是否检验合格,食品出厂是否加贴食品市场准入标志,即 QS 质量安全标志。大型连锁零售企业应建立对供应商进行现场审核制度,加强检测。如自身力量不足,可采取委托制,吸引检测中介进入市场,依靠第三方对食品质量安全做定期检测。

在切实落实食品良好操作规范(GMP 规范)的基础上,全面推行 HACCP 体系认证。把 HACCP 体系纳入超市食品安全管理体系,必要时可考虑强制执行。

2.建立超市食品监督管理制度

超市要设立独立的食品安全管理部门,建立不合格食品处理、商品质量巡查、投诉处理、信息公示等制度。对供应商的选择要有标准和要求,特别是肉类制品、蔬菜、熟食、生鲜食品等容易受到污染、容易变质的食品,超市应对供应商按认证标准严格把关。储藏是一个关键环节,不同食品需要不同的环境、温度。储藏环节是否卫生,直接决定着食品的安全卫生。尤其是夏季,更是食品容易出问题的季节。因此,超市的监督管理工作必须到位。

3.建立超市食品质量追究制度

食品安全关系人的健康和生命安全。在食品安全上弄虚作假、坑人牟利,无异于谋财害命。因此,一旦发现食品问题,对违规的超市要予以重罚,即依据法规给予数额不等的罚款并同时责令限期整改,逾期不改或屡教不改的应停业整顿。对相关管理人员实行责任倒查机制,追究当事人法律责任。对于已经发生的食品安全事故,除对当事人严肃查处,还要对其主管部门实行倒查追究制度,让那些没有认真履行执法责任的失职人员也承担相关责任。建立食品销售环节的追溯和承诺制度,按照从生产到销售的每一个环节可相互追查的原则,建立食品生产、经营记录制度,实现食品质量安全的可追溯。

## 第二节 食品召回制度

食品工业是我国的第一大产业。食品行业的发展规模、成长速度以及规范程度关系着广大普通百姓的生活品质和消费安全,同时也关系着国家经济发展命脉,成为国家公共安全中不可忽视的一个重大问题。近年来不断涌现出的食品安全事故,让消费者们对我国的食品安全与卫生问题产生了巨大的质疑和危机感。因此,作为食品安全"守护神"的食品召回制度应运而生,人们开始对食品召回制度给予了极大的关注。2007 年 8 月 31 日,国家质检总局发布并正式实施《食品安全召回管理规定》,标志着我国食品召回制度正式建立。

实施食品召回是加强生产加工后续监管的一种有效措施。食品召回制度与食品质量安全市场准入制度相互配合,共同作用,对于进一步强化食品生产监管,有效应对食品安全突发事件具有非常重要的作用。

## 一、食品召回制度概述

1.食品召回制度的概念

食品召回制度，是指食品的生产商、进口商或者经销商在获悉其生产、进口或经销的食品存在可能危害消费者健康、安全的缺陷时，依法向政府部门报告，及时通知消费者，并从市场和消费者手中收回问题产品，予以更换、赔偿的补救措施，以消除缺陷产品危害风险的制度。

本质上，食品召回制度是一项着眼消费终端的缺陷食品可能造成重大社会危害的预防措施，其从根本上解决了食品的生产商、销售商在权衡因召回而产生的经济损失和因保障食品质量而增加的成本利弊之后被迫选择后者，最终达到消除缺陷食品危害风险并保护消费者的合法权益。实施食品召回制度的目的，就是及时召回缺陷食品，避免对消费者的人身损害，维护消费者的利益。

2.召回的分类

(1)根据召回是否由生产者自愿决定发起，可以分为自愿召回和强制召回

自愿召回，也称主动召回，即生产商经主动或在有关政府部门督促下对可能存在安全隐患的产品调查评估后，确认产品存在缺陷，主动决定对缺陷产品实施的召回。《缺陷产品召回管理条例(征求意见稿)》第十五条明确规定了主动召回："经确认产品存在与人身安全有关的缺陷的，生产者应当立即停止生产、销售缺陷产品，主动召回缺陷产品，并向质检部门报告。"目前，主动召回是世界各国采用较多的一种召回措施。

强制召回，也称指令召回、责令召回，即由政府有关部门发现某种产品存在缺陷，经过一定程序、指令或责令生产者必须采取的召回措施。一般情况下，强制召回是生产者不主动实施缺陷产品召回时，由政府部门做出强制召回的决定。此外，如果政府部门通过对市场上的产品监督检查发现产品存在缺陷时，也可能直接要求生产者召回其产品，此种召回也属于强制召回。我国《缺陷汽车产品召回管理规定》规定了指令召回，《食品召回管理规定》、《药品召回管理办法》、《儿童玩具召回管理规定》等都规定了责令召回。

(2)根据产品缺陷可能造成的危害程度和召回的急迫程度，可以将召回分为三级

一级召回，一般适用于召回缺陷程度最为严重、很可能导致消费者严重伤残或死亡的产品；二级召回主要适用于危害程度仅次于一级召回的缺陷产品；三级召回则适用于产品缺陷危害程度轻微，一般来说不太可能导致较严重伤残或者疾病，以及不一定会导致轻度伤残或者疾病的产品。

我国的食品召回采用了这一分级制度。《食品召回管理规定》要求自确认食品属于应当召回的不安全食品之日起，一级召回应当在1日内，二级召回应当在2日内，三级召回应当在3日内，通知有关销售者停止销售，通知消费者停止消费。

(3)根据食品召回的范围分类

根据召回的范围不同,食品召回分为三个级别:批发级别召回,零售级别召回,消费者级别召回(见图6—1)。

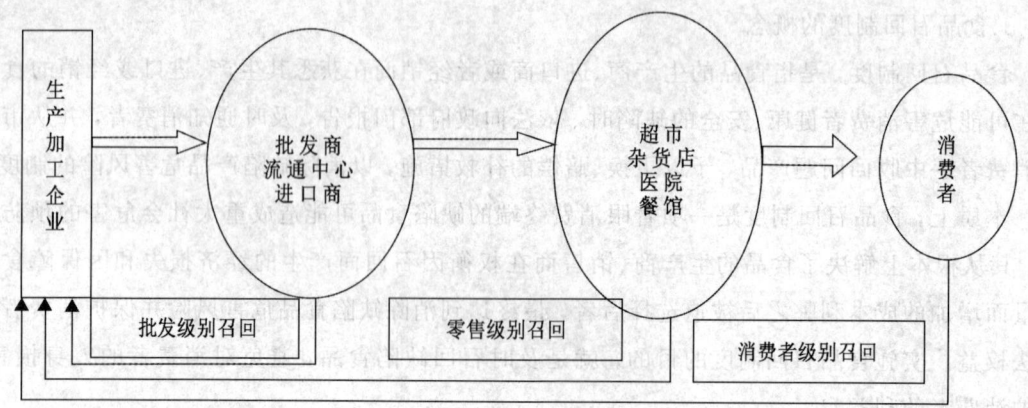

图6—1 食品召回的三个级别

## 二、国内外食品召回制度的发展

### (一)美国食品召回制度

1.美国食品召回制度的概况

美国的食品召回制度,是适应食品安全的需要、政府调控的一种方式。

美国的产品召回制度,开始于1966年,首先在汽车行业根据《国家交通与机动车安全法》明确规定汽车制造商有义务召回缺陷汽车。此后,美国在多项产品安全和公众健康的立法中引入了缺陷产品召回制度。召回制度应用到可能对大众造成伤害的、包括食品在内的主要产品领域。目前,缺陷产品召回制度已经成为发达国家管理产品质量的常用手段。

美国产品召回制度是在政府行政部门的主导下进行的。负责监管食品召回的是农业部食品安全检疫局(FSIS)、食品和药品管理局(FDA)。FSIS主要负责监督肉、禽和蛋类产品质量和缺陷产品的召回,FDA主要负责FSIS管辖以外的产品,即肉、禽和蛋类制品以外食品的召回。

美国食品召回的法律依据主要是《联邦肉产品检验法》(FMIA)、《禽产品检验法》(PPIA)、《食品、药品及化妆品法》(FDCA)以及《消费者产品安全法》(CPSA)。FSIS和FDA是在法律的授权下监管食品市场,召回缺陷食品。

2.美国食品召回的分级

美国FSIS和FDA对缺陷食品可能引起的损害进行分级,并以此作为依据确定食品召回的级别。美国的食品召回有三级:第一级是最严重的,消费者食用了这类产品将肯定危害身体健康甚至导致死亡;第二级是危害较轻的,消费者食用后可能不利于身体健康;第三级是一般不会有危害的,消费者食用这类食品不会引起任何不利于健康的后果,比如贴错产品标签、产品标识有错误或未能充分反映产品内容等。根据 FSIS 记录,1982—1998 年召回肉和禽产品 479 起,涉及数量 59247 吨。其中第一级召回占召回次数的 52%,占召回总数量的 64%;第二、三级召回分别占次数和数量的 8%和 7%。食品召回有增加的趋势,这并不是说食品质量下降了,而是人们对食品质量有了更高的要求。

食品召回级别不同,召回的规模、范围也不一样。召回可以在批发层、用户层(学校、医院、宾馆和饭店)、零售层、也可能在消费者层次。

3.美国食品召回的步骤

美国食品召回在两种情况下发生:一种是企业得知产品存在缺陷,主动从市场上撤下食品;另一种是 FSIS 或 FDA 要求企业召回食品。无论哪种情况,召回都是在 FSIS 或 FDA 的监督下进行的,FSIS 和 FDA 在食品召回中发挥着关键作用。美国的食品召回遵循着严格的法律程序,其主要步骤如下:

(1)企业报告

食品的生产商、进口商或者经销商在发现其生产、进口或经销的食品存在关系到大众安全的问题时,如食用该食品会对消费者的身体造成严重的损害、有产生损害的可能,以及食品不符合相关规定等,应在掌握情况的 24 小时内向 FSIS 或 FDA 提交问题报告。如果 FSIS 或 FDA 得到举报,或通过诉讼案件等获悉食品质量存在问题,要求企业予以说明,企业也必须提交书面报告。企业提交报告,并不表示一定召回产品,是否属于需要召回的缺陷产品,由 FSIS 或 FDA 专家委员会来判断,要看对危害的评估报告。

(2)FSIS 或 FDA 的评估报告

在收到企业的报告后,FSIS 或 FDA 要迅速对食品是否存在缺陷进行评估。如果存在缺陷,进一步对食品的缺陷等级进行评估。还要根据食品上市的时间长短、进入市场的数量多少、流通的方式以及消费群体等资料,评估造成危害的严重程度。FSIS 或 FDA 的评估意见经企业认可,形成最终的评估报告。FSIS 或 FDA 的评估意见并不需要企业同意。

(3)制订召回计划。FSIS 或 FDA 的评估报告如果认定食品存在缺陷并应当召回,企业一方面应立即停止该食品的生产、进口或销售,通知零售商从货柜上撤下该食品;另一方面根据食品的缺陷等级、进入市场的方式、销售的区域,以及流通中的数量和已经销售的数量等,制订缺陷食品的召回计划。

(4)实施召回计划。企业制订的缺陷食品召回计划经 FSIS 或 FDA 认可后即可以实施。首先由 FSIS 或 FDA 在自己的网站上或向新闻媒体发布召回新闻稿,然后由企业通过大众媒体向广大消费者、各级经销商公布经 FSIS 或 FDA 审查过的、详细的食品召回公告。最后在 FSIS 或 FDA 的监督下,企业召回缺陷食品,对缺陷食品采取补救措施或予以销毁,并同时对消费者进行补偿。当 FSIS 或 FDA 认为企业已经采取了积极有效的措施,缺陷食品对大众的危害风险降到了最低,召回结束。

企业自身发现食品存在潜在风险，且还没有造成严重危害，如果主动向 FSIS 或 FDA 提出报告，愿意召回缺陷食品并制订出切实有效的召回计划，FSIS 或 FDA 将简化召回程序，不作缺陷食品的危害评估报告，也不再发布召回新闻稿。只要企业与 FSIS 和 FDA 合作，采取有利于大众的措施，降低危害风险，FSIS 或 FDA 并不一定要对企业曝光。

4.美国食品召回制度的特点

美国是世界上市场经济最发达的国家，在管理市场经济的实践中积累了丰富的经验，其中的食品召回制度，值得参考借鉴。

(1)美国食品召回制度是在政府职能部门的主导下实施的

从表面上看，美国食品召回是企业的自愿行为，实质是在政府职能部门监管下实施的强制行为。食品召回的范围、规模和告知大众的内容，最终都是按照 FSIS 或 FDA 要求进行的。国外消费者利益能得到很好的保护，不能完全归因于消费者保护自己权益的意识更强，而是因为有一套能够帮助消费者的机制。

(2)美国食品召回制度是以相关法律为基础

美国食品召回是依据《联邦肉产品检验法》(FMIA)、《禽产品检验法》(PPIA)、《食品、药品及化妆品法》(FDCA)以及《消费者产品安全法》(CPSA)等法律，食品召回有一套严格的分级标准和操作程序。

(3)美国食品召回制度体现了政府对市场经济的管理而不是代替企业决策

在美国，政府不对投入市场前的产品进行鉴定，政府仅进行形式认证，标准由企业自己提出，进行规范，产品投入市场之后抽查产品一致性。一旦出现问题、发现隐患，责任完全由企业自身承担，政府有权要求企业进行回收。在我国，企业生产和销售都要经过目录管理程序，产品在投入市场前政府进行鉴定，满足标准才准许投产。由政府对社会承担责任，保证投入生产的产品是满足使用要求的。一旦出现问题，政府往往替企业开脱。

(4)美国食品召回制度体现了政府较高的工作效率和完善的检测制度

食品是否存在缺陷？如果存在缺陷，对食品缺陷等级如何认定？如何最大限度地减弱缺陷食品的影响面？这些要求 FSIS 或 FDA 迅速做出评估报告，召回计划的审核也要迅速。否则，缺陷食品将增加对消费者的损害，也将引起企业的不满。召回的前提是"缺陷产品"，而确定缺陷产品则需要必要的技术检测手段和社会认可的检测制度。

(5)美国食品召回制度鼓励企业诚信自律

如果企业发现食品存在安全缺陷，勇于承认问题，在监管部门还没有下"禁令"时就发出产品召回令撤回自己产品；在食品召回过程中与 FSIS 或 FDA 合作，主动提交问题报告要求召回缺陷食品，一般能得到宽大处理，只有较少数量的食品从流通中撤回，也不再向社会发布召回新闻稿。另外，还可以避免违反相关法律的严重后果。反之，如果企业不与政府合作，发现问题有意隐瞒，不仅要承担行政责任，有较多数量的食品被召回，企业还面临以违反《联邦肉产品检验法》(FMIA)、《禽产品检验法》(PPIA)、《食品、药品及化妆品法》(FDCA)

以及《消费者产品安全法》(CPSA)的罪名被起诉,可能承担刑事责任。

### (二)欧盟的食品召回制度

欧盟于2002年1月制定了欧洲议会和理事会第178/2002号法规,该法规就是著名的《通用食品法》。在产品召回方面,欧盟虽不像美国有明确的等级划分,但在确定食品是否安全或对健康有危害的问题上,欧盟在欧洲议会和欧盟理事会章程(EC)第178/2002号中作了详尽的规定。此外,该章程对食品经营者在召回行动中的责任也作了相应的规定。如果一个食品经营者认为或有理由相信所经销的或生产加工的食品不符合食品安全要求,则应立即启动召回程序,并通过发布追溯缺陷产品所需的有关信息,从有关市场上召回这些产品。这些食品即使是由食品源头经营者直接控制着,经营者仍应通知监督管理部门。如果产品已经到了消费者手中,经营者应准确有效地通知消费者召回的理由。在其他措施对消费者不能起到足够的健康保护时,可从消费者处直接召回产品。为了防止、减少或消除来自缺陷食品的风险,食品经营者应与监督管理部门通力合作,不得阻拦其他人与主管部门合作。另外欧盟还建立了食品危害快速预警系统,制定了一系列相应措施和程序,以期阻断缺陷食品对人体健康产生危害,或将其危害减小到最低限度。

欧盟要求,自2005年起,对于任何在食品生产和销售过程中出现的安全问题,食品生产企业都被强制性要求及时向有关行政执法部门通报。EC178条款19和20分别规定了食品和饲料行业经营者的责任,规定如果经营者认为或有理由相信所进口、生产、加工、制造或流通的食品或饲料不符合食品或饲料安全要求,应该立即采取行动将可疑产品从市场上撤回,并通知相关机构或负责人。

### (三)加拿大食品召回体系

加拿大的食品安全监督管理工作原来分属农业和农业食品部、渔业和海洋部、卫生部和工业部等多个部门。这种分散的管理体制难免会有效率低下、各方掣肘等问题。因此,加拿大议会于1997年3月通过了《加拿大食品检验署法》,由此决定在农业部下面设立一个专门的食品安全监督机构——加拿大食品检验署,统一负责加拿大食品安全、动物健康和植物保护等项目的管理和监督工作。加拿大食品检验署(CFIA)下设18个地区行动机构、14个实验室。为了及时处理食品安全突发事件,该署于1999年成立了食品召回办公室。对于食品安全和召回制度,主要依据的是《加拿大食品检验署法》和《食品药品法案》。

加拿大食品监督局食品安全与召回办公室(OFSR)实行24小时工作制,随时对各级别的食品召回做出反应。此外,OFSR就召回问题分别撰写了批发商指南、进口商指南、制造商指南及零售商指南,指导食品从生产到销售各环节(链)责任人制订企业的召回计划,按所制订的计划进行模拟召回,使之完善有效。另外,CFIA在其网站上发布了许多相关的参考资料,如食源性疾病的产生、食品召回与过敏警示、食品安全告示与事例、加拿大餐饮业监督等,供企业和消费者参考。

食品召回分为五个步骤：

第一步，进行调查。食品安全调查员会拜访购买了问题食品的消费者，获取所有相关信息，并收集留存的食品样品和原始包装，以确认生产厂家和食品生产批号。食品安全调查员还要到零售店收集更多的问题食品样品，包括同一批号和不同批号的。这些样品会被送到CFIA的实验室进行分析，同时联系该产品的生产厂家，对生产厂家进行实地调查。

第二步，做出决定。对生产厂家进行实地调查的结果连同实验室的检测结果一同送交CFIA的技术专家，由专家一起对该食品问题的风险进行评估，并确认对这起事故应该启动哪类召回程序。

第三步，实施召回。问题食品的生产厂家被要求发布召回通告，并立即联系销售商从货架上取下该产品。食品召回和紧急反应负责人同生产厂家一起起草新闻稿。考虑到法语居民的利益，CFIA必须把该新闻稿翻译成法文，然后将英法两种版本的召回通知同时刊登在加拿大的全国性媒体以及自己的网站上。另外，已免费订阅食品召回信息的个人或公司还会同时得到邮件通知。

第四步，进行核实。生产厂家需要向CFIA确认召回已顺利完成，同时确认被召回的产品将不再进入市场。生产厂家会给CFIA提供一份完整的经销商的名单，CFIA则随机抽取一些经销商并由各地联络官员进行联系，对召回进行核实，并且确认被召回的商品是否已经下架。

第五步，后续处理。CFIA最后还要确认出问题的生产厂家已经按照有关规章进行了整改。CFIA还有可能继续进行调查，看该生产厂家其他产品是否存在同样问题。如果其他产品也使用了出问题的原料，那么将对原料供货厂家进行追查。

### (四)我国的食品召回制度

1.我国关于食品召回的相关规定

2007年7月26日实施的《国务院关于加强食品等产品安全监督管理的特别规定》(以下简称《特别规定》)，以行政法规的形式规定了产品召回制度。

2007年8月27日实施的《食品召回管理规定》，明确了不安全食品的定义和范围、不安全食品危害分级，规定了食品召回的管理体制、食品安全信息管理、食品安全危害调查和评估、食品召回的实施(包括主动召回、责令召回和召回结果评估与监督及召回食品后的处理办法)及法律责任。

2009年6月1日实施的《中华人民共和国食品安全法》(以下简称《食品安全法》)，首次以法律的形式规定了不安全食品的召回制度，从而使食品召回制度在我国得以正式确立。《食品安全法》规定当食品生产者发现其生产的食品不符合食品安全标准时，应当立即停止生产，召回已经上市销售的食品，通知相关生产经营者和消费者，并记录召回和通知的情况。当食品经营者发现其经营的食品不符合食品安全标准时，应当立即停止经营，通知相关生产经营者和消费者，并记录停止经营和通知的情况。食品生产者认为应当召回的，应当立即召回。食品生产者、经营者未依照规定召回或者停止经营不符合食品安全标准的食品，县级以上质量监督、工商行政管理、食品药品监督管理部门可以责令其召回或者停止经营。

2009年7月20日实施的《食品安全法实施条例》第三十三条规定:依照《食品安全法》第五十三条规定被召回的食品,食品生产者应当进行无害化处理或者予以销毁,防止其再次流入市场。对因标签、标识或者说明书不符合食品安全标准而被召回的食品,食品生产者在采取补救措施且能保证食品安全的情况下可以继续销售,在销售时应当向消费者明示补救措施。县级以上质量监督、工商行政管理、食品药品监督管理部门应当将食品生产者召回的不符合食品安全标准的食品情况,以及食品经营者停止经营不符合食品安全标准的食品情况,记入食品生产者、经营者食品安全信用档案。

2.我国现行食品召回制度的不足

《食品安全法》及其实施条例等法律、法规和规章制度虽然对不安全食品的召回制度进行了一系列的部署,但与发达国家相比,我国的不安全食品召回制度在法律体系、理论研究、技术投入等方面还存在一定的不足。

(1)食品召回体系不完善

首先,法律规定过于笼统,需要补充配套的规章制度。我国的食品召回制度规定了食品生产者、经营者发现不安全食品时的相关义务,但没有明确召回的程序、时限、不安全食品的分级等,在具体执行中存在一定的难度。目前,除了国家质检总局在《食品安全法》实施前颁布的《食品召回管理规定》外,尚没有完善的规章制度对不安全食品的召回进行系统性的规定。

其次,法律规定的食品召回范围过于狭窄。《食品安全法》规定的食品召回范围是不符合安全标准的食品;《特别规定》、《食品召回管理规定》等规定的食品召回范围是存在安全隐患,可能对人体健康和生命安全造成损害的食品。很明显,后者的范围大于前者,更有利于保护消费者的健康和权益,但前者是法律且实施在后,根据法律位阶的规定,确定食品召回的范围时应以《食品安全法》为依据。

(2)尚未针对食品召回工作建立科学的技术支撑体系

食品召回制度需要政府有更加高效、完善的检测技术。与发达国家相比,我国在食品危害分析、检测等方面的能力还比较薄弱,无法给食品召回管理提供有效的技术支撑。

(3)将不安全食品决定权下放企业,不利于对食品进行有效监管

《食品安全法》中的相关规定将食品是否符合安全标准交由企业判定,使企业具有了较大的自主权,但有些企业很可能在利益的驱使下认定其生产的不合格食品为合格食品。此外,由于企业自身检测技术的局限性,有时很难准确地判定食品的危害程度,这将不利于我国有关部门对食品召回进行有效监管。

(4)缺乏对出口食品召回的相关规定

《食品安全法》第五十条第三款规定:食品生产经营者未依照本条规定召回或者停止经营不符合食品安全标准的食品,县级以上质量监督、工商行政管理、食品药品监督管理部门可以

责令其召回或者停止经营。可以看出,《食品安全法》赋予了质量监督、工商行政管理、食品药品监督管理部门监督的权力,但没有赋予出入境检验检疫部门对出口不安全食品召回的权力。因此,《食品安全法》目前只是将不安全食品召回的范围局限在中国境内生产、销售的食品,对出入境的食品召回未进行相应规定。

3. 完善我国食品召回制度的措施

当前我国的食品安全法律法规体系远未完善,《食品安全法》刚刚出台。《食品召回管理规定》刚颁布施行,效果还有待检验。在借鉴国外食品召回制度的基础上,提出完善我国食品召回制度的相关措施。

(1) 完善食品召回法律体系,加强法律责任

各国在食品安全方面都制定了详细的法律法规,食品召回的监管机关、主体、条件、程序、法律责任以及食品的质量标准、检测方法等相关制度都以法律形式予以明确的规定。2000年初,欧盟发表了《食品安全白皮书》,提出了80多项保证食品安全的基本措施,以应对未来数年内可能遇到的问题。要建立我国的食品召回制度,就必须制定专门的法律法规,并建立与其相关的管理制度,形成有机的法律体系。虽然2007年7月24日由国家质量监督检验检疫总局颁布了《食品召回管理规定》这一部法规,但法律位阶太低,不能统领其他食品监管部门。同时,完善的食品召回法律体系除食品召回的基本法律外,还应包括其他具体的单行法规:如标准化法、质量体系的认证、投入品(如农药、兽药、饲料、肥料、激素、添加剂等)使用等法律法规,最终形成权威的、完整的、科学的、系统的食品召回法律体系。完善的法律体系才能使我国在实行食品召回时有法可依,理性、科学地处理风险,有效地预防事故的发生,而不是在安全事故面前惊慌失措,造成事态的恶化。

(2) 建立统一的行政监督管理部门

从国际经验来看,如果没有有效的监管体系,再完备的法律体系也只能是空谈。加强食品管理部门之间的协作则是建立有效监管体系的核心。食品管理机构的设立有两种模型:第一类以美国为代表,美国将食品按种类分为两大块,由两个部门分别管理,而这两个部门负责各自管辖下的食品召回的全过程,职责明确,互不交叉。第二类以澳大利亚、欧盟、加拿大为代表。在中央设立一个独立的食品管理部门,由这一机构对食品的生产、加工、销售、消费全过程进行监管,食品召回是统一由中央机构负责实施。实践证明,无论是统一的监管体系,还是多部门分管的监管体系,只要各部门分工明确,协调一致,就能有效地发挥监督的作用。

我国的食品安全监管体系部门众多,但分段管理、分工过细、职能重叠,不能有效地跟踪食品流通中的安全信息。食品召回牵涉到生产者、销售者和进口者,而生产阶段、销售阶段和进出口检疫分别由不同的部门监管。部门间相互的协调和信息共享比较困难,且容易造成部门之间相互推诿、拖延时间。因此建议建立一个独立的食品安全管理部门,对于原来分散在其他部门的职能实行剥离,划归到食品安全主管部门。由这一部门对食品的生产、流通、贸易

和消费的全过程进行统一的监管,彻底解决部门间分割与不协调问题,做到事权集中,职责分明,责任明确。其主要职责包括:制定食品安全法律法规、政策;制定统一的食品技术规则、标准;食品安全的评估、信息通报;协调、监督各部门的工作;具体管理工作的执行等。当需要进行食品召回时,能够反应迅速、组织有序。为防止地方保护主义,实行垂直管理,可解决跨区域、跨级别进行召回管理内耗大、行动慢等问题,实现中央和地方一致行动、同步行动。

(3)建立完备的食品溯源制度

食品溯源是指进入食品流通领域的食品必须拥有完备的来源记录,并确保依据该来源记录清楚的、详细的获得有关该食品的安全信息的制度。实现食品信息追根溯源是建立和完善食品安全召回制度的前提。

美国和欧盟都建立了完备的食品溯源制度。欧盟食品安全监管强调从农田到餐桌的整个过程的有效控制,监管环节包括生产、收获、加工、包装、运输、储藏和销售等;监管对象包括化肥、农药、饲料、包装材料、运输工具、食品标签等。通过全程监管,对可能会给食品安全造成潜在危害的风险预先加以防范,避免重要环节的缺失,并以此为基础实行问题食品的追溯制度。

食品原料加工过程的追溯在我国已逐步实施。目前,与食品安全相关的物流信息标准化已在上海市部分超市中成功实施。2006年11月我国"动物标识溯源系统"项目开始启动。动物标识溯源,就是通过标识编码、标识佩戴、身份识别、信息录入与传输、数据分析和查询,实现从牲畜出生到屠宰各环节的一体化全程监管,使动物养殖、防疫、检疫、监督有机结合,达到对动物疫情的快速、准确溯源,对动物疫情和动物产品安全事件的快速处理。我国《食品安全管理体系要求》和《食品安全管理体系审核指南》两项标准由国家质检总局批准发布并已于2004年12月开始正式实施,要求食品企业对其出厂食品的消费者食用安全状况进行监视与评价,针对可能出现的食品安全问题预先建立预警防范机制和产品召回计划,并对发生紧急情况时的应急预案以及危害可追溯性记录系统、产品安全特性检验做出了明确规定。

(4)建立食品召回责任保险

召回是要花费金钱的,从市场上召回产品需要巨大的费用并且会造成企业利润损失,一次大型的召回耗费的巨大费用可能使企业陷入严重的财务危机。如果召回花费很多、成本很大,企业就会隐瞒真相,拖延时间,不愿意召回。因此,向保险人转移食品召回风险成为企业风险管理的一个重要内容。

企业可以通过参加保险,支付实施召回所需要的花费并弥补由此带来的利润损失。食品召回保险的主要内容是承保有缺陷的被保险产品由于必须召回所产生的"召回费用",包括:告知费用、运输费用、仓储费用、销毁费用、雇佣额外劳动力的费用、员工加班费用、重新配送费用、聘请专业顾问进行危机处理的费用,以及其他合理及必要的费用。

(5)完善食品质量标准体系和检测技术

完善的质量标准和先进的检验检疫技术是发达国家食品召回的坚实的技术支撑。成功的食品召回离不开先进的技术工作。除了完善的食品召回法律法规外，还要有完善的食品质量标准、卫生标准、检测方法标准等。对于缺陷食品的认定，需要相应的标准以资判断。没有科学的检测手段和检测标准，就无法评估一种食品是否安全，更谈不上召回。

### 三、完善我国食品召回制度的必要性

首先，从政府的角度来说，民以食为天，食以安为先。食品安全直接关系广大人民群众的身体健康和生命安全，关系国家的健康发展，关系社会的和谐稳定。我国党和政府历来高度重视食品安全。但是近年来不断涌现出来的不安全食品丑闻让消费者对我国的食品市场丧失了信心，同时也使消费者对政府的监管行为产生了一定的质疑，政府的管理威信与统治威严也开始遭遇起了信任风波。因此，为了尽快改观这种局面，政府开始下大力气对食品安全予以维护，其中，最先做出的重大举措便是建立食品召回制度。国家质量监督检验检疫总局于2007年8月31日发布第98号局令，公布并正式实施《食品召回管理规定》。该规定第一条明确表示："为了加强食品安全监管，避免和减少不安全食品的危害，保护消费者的身体健康和生命安全。根据《中华人民共和国产品质量法》、《中华人民共和国食品卫生法》、《国务院关于加强食品等产品安全监督管理的特别规定》等法律法规，制定本规定。"管理规定共五章四十五条，主要内容包括食品召回的管理体制、食品安全信息管理、食品安全危害调查和评估；食品召回实施，包括主动召回、责令召回和召回结果评估与监督以及召回食品后处理，以及法律责任。这一规定的出台为规范我国不安全食品的召回活动提供了制度保障。通过规范程序要求，食品生产者必须按照规定的程序，及时对不安全的食品通过更换、退货、补充或修正消费说明等方式，减少和消除不安全食品可能导致的危害。

随后，为了更进一步有力地保障食品安全和消费者的身体健康，全国人大常委会今年2月28日表决通过了食品安全法并将于6月1日起施。《食品安全法》共十章、一百零四条，对食品安全监管体制、食品安全标准、食品安全风险监测和评估、食品生产经营、食品安全事故处置、食品召回制度等各项制度进行了补充和完善。《食品安全法》体现了预防为主、科学管理、明确责任、综合治理的食品安全工作指导思想，进一步明确了我国的食品安全监管体制，打造从农田到餐桌的全程监管，确保监管环节无缝衔接。《食品安全法》的颁布施行，对规范食品生产经营活动，增强食品安全监管工作的规范性、科学性和有效性，全方位构筑食品安全法律屏障，提高我国食品安全整体水平，切实保证食品安全，保障公众身体健康和生命安全，具有重要意义。它颁布实施是我国食品产业的一件大事，是食品安全工作的里程碑，标志着我国的食品安全工作进入了新阶段。

其次，对于企业来说，实施召回可以提高企业的诚信度。尽管召回对于企业而言，意味着巨大的成本付出，然而市场经济也是诚信经济。实施召回，不但不会影响企业在公众中的形象，反而还会提升企业的信誉。但是目前，由于食品小作坊、小生产企业占的比重比较大，我国的食品生产诚信市场仍然没有建立起来。食品召回制度的实施，以其强制性的法律规定

给生产企业以一定的强制力和威慑力,从而为保障食品安全树立了一个牢固的基础。可是,我们同时也应该清醒地认识到,由于法律法规刚刚颁布实施不久,许多配套的措施和细则仍没有出台,具体制度的落实还需要一定的时间。国内现在从事农产品生产的2亿农民,50万的食品生产企业,我国保障食品安全的压力仍然是非常大的,只有不断地将制度进行完善,才能积极顺应社会的进步和经济的发展。

最后,对于广大消费者来说,实施食品召回制度可以更好地保障消费者利益。在国内,由于以前没有召回制,生产厂商缺乏对产品质量意识的足够重视,急功近利,不注意产品质量的提高,甚至将市场作为产品的检测场、试验场,在还不完善的情况下就急于投入市场,产品存在很大的安全隐患。即使在发生了事故之后,许多厂商仍旧百般推脱责任,逃避应尽的义务。一旦有了完善的召回制度,就会迫使厂商不断修改设计,提高质量,弥补产品的内在缺陷,加强食品基础设施的建设,采用新材料、新工艺、新方式加工产品。这自然会促进我国食品企业不断改进技术,提高生产加工水平,使产品技术水平得以提高。由于消费者在食品交易过程中处于相对的弱势地位,食品召回制度的建立和完善将是对其权益的有力保障。就进口产品而言,如果召回制度不完善,境外食品在国内市场上将不受约束,类似曾经出现的召回只在其他国家实施,而遗漏中国市场的情况可能还会发生,消费者的合法权益受到损害的情况还将不能避免,这对中国消费者是不公平的。

## 四、缺陷产品召回的特征

产品召回制度与其他制度相比,能够发挥其不可替代的特殊功能,从而具有以下特征:

### 1.召回主体的广泛性

缺陷产品的召回主体是农场主或养殖场主、生产商、进口商、批发商、零售商等。上述主体根据承担责任的层次不同,可以分为最终义务人和协助义务人。制造商(或进口商)是产品的初始生产者或引进者,作为最终义务人负责产品缺陷的消除;批发商和零售商则进行协助与配合。如果产品系统缺陷是由于批发商、零售商的原因而导致的,则最终义务人为批发商、零售商,现实生活中常见的多为制造商作为最终义务人。

### 2.预防性

食品召回制度的设立有利于预防食品安全事件的发生或者阻止食品安全问题的扩大,从而防止更多人的生命健康利益受到侵害。因此,该制度具有一定的预防功能。

我们说产品召回是基于"产品缺陷",这种"产品缺陷"是不同于传统《产品质量法》中所定义的"产品缺陷"的。一般地,我们可以把产品缺陷分为偶然性产品缺陷和系统性产品缺陷两种。偶然性产品缺陷,即由于各种随机性因素所造的仅存在于某个或者几个产品中的缺陷;而系统性产品缺陷,是指由于设计或制造等方面的原因造成在某一批次或者型号的产品中存在的相同或者近似的缺陷。对于偶然性产品缺陷,产品质量法、消费者权益保护法等就足以保障消费者的权益。对于系统性产品缺陷,法律的适用则显得"捉襟见肘"。缺陷产品召回制度中所讲的缺陷是一种系统性缺陷，这种缺陷并不要求其具有现实的必然性，只要其具有潜在的可能性也可构成缺陷。因而在缺陷性质认定上，比以往《产品质量法》上缺陷的认定较为宽松。这种规定为从源头上预防缺陷产品流入市场和进一步扩散，设置了不可逾越的屏障，所以能够迅速地将缺陷产品的危害性遏制在萌芽状态之中。另外，产品召回制度针对的是某一类或一批产品，而非某一个产品。主管部门所关心的是系统性缺陷产品，抓大放小，因而使政府的危机管理机制更加灵敏和富有效率。

3.召回信息的公示性

一般来说，召回信息的通告是必不可少的环节。这种通告的手段和方式随着科技的发展日趋多样化，除传统的店堂告示、海报、信件、广播、电视外，网络越来越成为召回信息收集、加工、发布的重要手段。召回信息通告所采用的手段、方式、传播范围，是由产品缺陷的严重程度、扩散范围来决定的，且一般由法律在产品召回程序中规定，因而其具有公示性。

4.公益性

产品召回制度的目的在于预防缺陷产品对社会公众安全的威胁。这种安全既包括人身、健康、财产上的安全，还包括环境上的安全。产品召回不仅保护消费者的权益，也最大限度地降低经营者和消费者因缺陷产品而带来的风险。实际上也在维护经营者的利益，由此来确保公众的安全和增进社会的总体利益。

5.无偿性

无偿性是指对于不安全食品，生产者必须依照法律程序无偿地召回，对其在召回过程中产生的运输、销毁等一切费用都应当由生产者承担而不应当转嫁到消费者的头上。

## 五、食品召回对象的界定

《食品安全法》第五十三条规定，食品生产者发现其生产的食品不符合食品安全标准，应当立即停止生产，召回已经上市销售的食品。《食品安全法》有关食品安全标准包括八项内容：食品、食品相关产品中的致病性微生物、农药残留、兽药残留、重金属、污染物质以及其他危害人体健康物质的限量规定；食品添加剂的品种、使用范围、用量；专供婴幼儿和其他特定人群的主辅食品的营养成分要求；对与食品安全、营养有关的标签、标识、说明书的要求；食品生产经营过程的卫生要求；与食品安全有关的质量要求；食品检验方法与规程；其他需要制定为食品安全标准的内容。

食品召回的对象是什么样的食品或者食品出现什么样的情形，必须实施召回措施？是否只要是不符合上述八项内容之一的食品，就是不符合食品安全标准食品，就要被召回？是否应当明确一个食品召回的鉴定标准或者范围？食品不符合食品安全标准，应当由什么监管部门和检验机构来认定？

从食品召回的定义可知，召回对象是"可能危害消费者健康安全"或"存在缺陷"的食品，前者可以概括为"不安全食品"，后者则可界定为"缺陷食品"。食品是否存在缺陷，检验的标准只有一个:安全。因此不安全食品和缺陷食品虽表述不同,从本质上讲二者是没有区别的。

食品召回的对象是不安全食品,这是目前我国食品召回立法的主流。《食品生产加工企业质量安全监督管理实施细则(试行)》第七十一条规定"对不安全食品实施召回制度"。《食品安全法》(草案)第七十七条规定"对发现的或接到报告后核实的不安全食品,应当立即采取查封或者扣押、溯源或者追踪调查、公告禁止销售、责令生产经营者召回等措施"。《广东省食品安全条例》第十三条规定"食品生产、销售和餐饮服务者应及时召回其生产、销售的不安全食品,并承担召回的相关费用"。《国务院关于进一步加强食品安全工作的决定》提出"严格执行不合格食品的退市、召回、销毁和公布制度"。此规定中的食品召回对象是不合格食品,而不是不安全食品。所谓合格,依据我国《产品质量法》第二十六条,应当符合三个条件:"不存在危及人身、财产安全的不合理危险,符合保障人体健康和人身、财产安全的国家标准、行业标准;具备产品应该具备的使用性能;符合在产品或其包装上注明采用的产品标准,符合以产品说明、实物样品等方式标明的质量状况。"可见,不安全食品和不合格产品是截然不同的两个概念。不合格的食品不一定是不安全的,如食品净含量和标签标注等单项指标的不合格,均可对整批产品做出不合格的认定,但绝对不影响消费者安全。其实,从美国等发达国家的食品召回等级上就可以发现,他们所召回的对象不仅仅是不安全食品,同时包括误贴标签等不合格的食品。可是,食品合格的判定自然是依据相关的标准,而我国的食品标准落后,其判定指标中不包含相关的检验项目,如作为工业染料而禁止作为食品添加剂的苏丹红。因此在原有标准的基础上,含有苏丹红的食品按照我国的食品标准是合格的,但是却是不安全的。正因为如此,在召回对象的最终选择上,还是以不安全食品作为召回的标准。

食品零售企业销售和售后服务管理体系的建立和完善,不仅能够增强企业的竞争优势,而且能够有效地提高整个食品供应链的竞争力,保障食品"从农田到餐桌"全程的质量和安全。缺陷食品的召回、逆向物流、绿色物流体系的构建,能够在提高售后服务食品的基础上,增强系统的环保意识和生态效率。

## 本章小结

本章阐述了目前超市食品销售过程中存在的问题和超市的卫生管理和食品安全管理的重点,以及超市生鲜食品、水产品、肉制品等食品的安全管理办法,提出了加强超市食品安全管理的建议;分析了接近过期食品、过期食品和问题食品对人体健康的危害,提出了对这些食品的销售管理和预防措施;分析了国内外食品召回制度的概况和我国食品召回制度的现状,阐述了我国实施食品召回的必要性、食品召回制度的内涵、食品召回的分类、特点以及食品召回的实施程序。

【课堂讨论】

从三鹿奶粉事件看我国食品召回制度所存在的问题。

## 复习思考题

### 一、名词解释

1.生鲜食品 2.食品召回 3.保质期 4.货架期 5.过期食品 6.问题食品

### 二、填空题

1.超市卫生管理包括（　）、（　）、（　）和（　）四个方面。

2.超市食品安全管理则要从（　）、（　）、（　）和（　）几个环节抓起。

3."生鲜五品"是指（　）、（　）、（　）、（　）、（　）。

4.生鲜食品的特征是（　）、（　）、（　）。

5.我国超市生鲜食品经营特点是（　）、（　）、（　）、（　）、（　）。

6.果蔬陈列应遵循的原则是（　）、（　）、（　）、（　）、（　）、（　）、（　）。

7.影响食品货架期的因素主要有（　）、（　）、（　）、（　）。

8.根据食品召回是否由生产者自愿决定发起，可以分为（　）和（　）；根据食品缺陷可能造成的危害程度和召回的急迫程度，可以将召回分为（　）、（　）、（　）三级；根据食品召回的范围可分为（　）、（　）、（　）。

9.美国负责监管食品召回的是（　）和（　）。

10.缺陷产品召回的特征有（　）、（　）、（　）、（　）、（　）。

### 三、简答题

1.我国超市的食品安全现状如何？

2.简述超市生鲜食品经营特点。

3.简述食品召回的含义及其分类。

## 案 例 分 析

### 案例10 美国最大规模鸡蛋召回事件

从2010年5月开始，美国陆续发现多个关于沙门氏菌感染的疫情报告，感染人数超过2000名。经过排查，FDA最终确定其中多数病例都是因为食用了感染沙门氏菌的鸡蛋引起的。

美国疾病控制和预防中心对引发此轮沙门氏菌疫情的"问题蛋"进行召回，截至8月23日召回的问题鸡蛋数量为5.5亿枚。和中国不同，大多数中国消费者习惯在市场上购买零售鸡蛋，来源和供应商都很难追溯；而美国的鸡蛋产业则更成熟，消费者在超市购买盒装鸡蛋时，鸡蛋产地和供应商等信息都会印在包装上，一目了然。此次事件后，FDA很快查出，出问题的两种鸡蛋品牌都出自同一个专门生产鸡蛋的家族企业。

FDA很快制定出一项针对大型鸡蛋生产商的新食品安全规定,以避免更多受污染的鸡蛋流入市场。在规定中,FDA要求大型鸡蛋生产商只能从那些对沙门氏菌有监测机制的供应商那里购买雏鸡和小母鸡;比如在农场中完善灭鼠、灭虫和生物安全措施;必须定期对禽舍进行肠炎沙门氏菌检测。若检测发现细菌,必须在8周内测试典型的鸡蛋样本(每隔2周检测一次,共检测4次),若四次的检测结果中有任何一次为阳性,生产者必须采取进一步措施对鸡蛋进行灭菌,或将鸡蛋用于非食品用途;鸡蛋生产商还必须将被检出肠炎沙门氏菌阳性的禽舍进行清洁消毒;而且在母鸡产卵后36小时内,鸡蛋必须在7℃以下进行储存和运输。而在专门的鸡蛋消毒程序中,FDA要求生产商用巴氏消毒法给鸡蛋消毒,即通过一些温度处理来达到为鸡蛋杀菌的目的。

美国有关鸡蛋安全的相关法规在2010年7月9日生效实施,其中包括要求生产商对鸡蛋的沙门氏菌进行多次测试,对拥有5万只或5万只以上产蛋鸡的生产企业进行监管,而这些生产企业的产量占全国总产量的80%以上。除此之外,新规则还要求生产商采取预防措施,并将鸡蛋在储存和运输过程中冷藏。

从以上案例分析:
1. 食品召回制度及其意义?
2. 国外食品召回对中国食品安全监管的启示?

## 案例11 雀巢碘超标事件

雀巢公司具有150多年的历史,是世界最大的食品制造商之一。拥有138年历史的雀巢公司起源于瑞士,它最初是以生产婴儿食品起家的。2005年,雀巢公司在全球拥有500多家工厂,25万名员工,年销售额高达910亿瑞士法郎。

2005年5月25日,浙江省工商局公布了近期该省市场儿童食品质量抽检报告,其中黑龙江双城雀巢有限公司生产的"雀巢"牌金牌成长3+奶粉赫然被列入碘超标食品目录。同时,浙江省工商局已通报各地,要求对销售不合格儿童食品的经营单位予以立案调查,依法暂扣不合格商品;不合格儿童食品生产厂家生产的同类不同批次商品必须先下柜,抽样送检,待检测合格后才可重新销售。

对于奶粉,国家标准是每百克碘含量应在30微克到150微克,而雀巢的这种产品被发现碘含量达到191微克到198微克,超过国家标准的上限40微克。据食品安全专家介绍,碘如果摄入过量会发生甲状腺病变,而且儿童比成人更容易因碘过量导致甲状腺肿大。

对此,雀巢5月27日向媒体发出声明,强调雀巢碘检测结果符合《国际幼儿奶粉食品标准》,因此产品是安全的。然而,据广州市乳品行业协会有关专家解释,《国际幼儿奶粉食品标准》中对"碘含量"根本没有作出任何规定,也就是说,不管雀巢的产品含碘量是多少,都是符合国际标准的。因此雀巢这一说法并未被公众所接受。尽管政府有关部门表示需要进一步调查，但问题曝光之后，到目前为止雀巢并未主动对市场作出任何"召回"处理，也没有向市场给出进一步的解释。

随后雀巢公司宣称奶粉中碘超标是由于牛奶原料天然碘含量波动引起的，并再次口头强调了"可以换货但不退货"的原则。最后在政府和媒体的压力下开始回收产品。

**从以上案例分析：**

1. 从雀巢碘超标事件看我国食品安全监管上存在的缺陷？
2. 分析跨国食品公司在对待国内外发生食品安全事件态度上的差异的根本原因？

# 第七章　食品可追溯系统

【知识目标】

了解国内外食品安全可追溯系统实施及发展现状,掌握食品可追溯系统的概念、起源、特点、分类及食品行业实施可追溯系统的功能和必要性;了解中国食品行业实施可追溯系统面临的困难和实施措施;掌握实施食品安全可追溯系统涉及的相关信息技术、实施该系统的管理基础;掌握EAN·UCC及RFID技术在食品供应链中的应用。

【技能目标】

在了解食品可追溯概念等相关知识的基础上,能够针对不同食品供应链设计、实施食品可追溯的方案;能够在从"农田到餐桌"的过程中,运用信息技术保障食品的质量安全。

食品卫生安全是我国乃至世界都极其关注的一个话题,未达标准的食品对人体存在着极大的危害。自20世纪90年代以来,随着一系列食品安全事件的发生,特别是人畜共患传染病的暴发带给人们极大的恐慌,世界各国对食品安全越来越关注。疯牛病、口蹄疫和禽流感等疫病的暴发给相关国家的畜牧养殖业造成巨大的甚至是毁灭性的打击,畜禽产品等食品出口受阻,市场销售下降。在食品生产行业,一些不法食品生产者使用违禁添加剂时有发生,药物残留往往严重超标,其产品进入消费市场,严重影响消费者的身体健康。因此,食品生产需要一个安全体系框架,使其生产过程在合理的制度和监督下进行,消费者迫切需要"安全透明",使食品生产和流通过程变得可监督和稽查,使消费者买得放心、吃得放心。针对消费者对食品安全的信心丧失,世界各国纷纷制定相关法律和制度,约束和限制违规生产,并试图从源头上控制和杜绝疫病的引入和传播,尽可能查清食品的迁移历史及进入食物链的危害因素,通过食品安全可追溯系统来确保食物的安全生产与销售。

## 第一节 食品可追溯系统概述

食品安全是当前国际上普遍关注的重点社会问题。在食品供应链中,即"从农田到餐桌"的过程中,食品往往需要经过包括农业生产者、食品加工者、流通者、餐饮业等的传递,最终抵达消费者。显然,在食品供应链的任何一个环节,如果食品受到不安全因素影响都使得消费者餐桌上的食品安全无法得到保证。同时,随着社会分工的逐步细化和专业化生产趋势的增强,食品供给链条将会越来越长、环节越来越多、范围越来越广,这些都加大了食品风险发生的概率。可追溯系统就成为保证食品安全的重要手段之一。在此情况下,食品可追溯体系在欧洲首先出现了,它本质是食品质量和安全管理的一个预防性策略。它可以确保食品从农场到餐桌的安全性具有可追溯性,从而确保食品安全控制的精确性和系统性。

### 一、食品可追溯系统

1.食品可追溯系统的概念

国际食品法典委员会(CAC)与国际标准化组织 ISO(8042:1994)把可追溯性的概念定义为"通过登记的识别码,对商品或行为的历史和使用或位置予以追踪的能力"。可追溯性是利用已记录的标记(这种标识对每一批产品都是唯一的,即标记和被追溯对象有一一对应关系。同时,这类标识已作为记录保存)追溯产品的历史(包括用于该产品的原材料、零部件的来历)、应用情况、所处场所或类似产品或活动的能力。食品的可追溯性实际上是一种严格的食品生产和传递过程,它通过特定程序的观察、检查、抽样和检验来确保食品具有消费者所期待的某种特性属性,尤其是安全属性。简单地讲,食品的可追溯性就是在食品生产或分销的全过程中追踪或跟踪一种食品、饲料、动物源或某种化学物质的能力。

在实践中,"可追溯性"指的是对食品供应体系中食品构成与流向的信息与文件记录系统。可追溯是确保食品安全的有效工具。目前,许多国家的政府机构和消费者都要求建立食品供应链的可追溯机制,并且许多国家已开始制定相关的法律,以法规的形式将可追溯纳入食品物流体系中。在欧美的许多国家,不具有可追溯功能的食品已被禁止进入市场。

实施可追溯性管理的一个重要方法就是在产品上粘贴可追溯性标签。可追溯性标签记载了食品的可读性标识,通过标签中的编码可方便地到食品数据库中查找有关食品的详细信息。通过可追溯性标签也可帮助企业确定产品的流向,便于对产品进行追踪和管理。

2.食品可追溯系统的特点

食品可追溯体系是一种设计用于食品生产和供应过程中追踪某一产品及其特性的信息记录与应用系统。但实际上，一个食品生产或供应过程是非常复杂的，要设计一个能够详细记录和传递一个食品生产过程中所有输入、输出或变化信息的系统几乎是不可能的。一方面，这样的信息数量非常庞大；另一方面，要获得详细的这些细小信息其代价是非常高的。因此，一个食品具备完全的可追溯性实际上是不可行的。鉴于此，特定的追溯体系应该是根据被追溯对象的不同特性来确定记录信息及其广度，也就是食品可追溯体系具有广度、深度和精确度三大特征。

(1)广度。广度描述的是追溯系统记录信息的数量。关于食品，我们需要了解的信息很多，但是要连续记录所有的信息既没有必要，也是费时费力不太现实的。以一杯咖啡为例，我们需要追溯的是咖啡豆来源于哪里？种植时使用的杀虫剂的数量是多少？它是由很多组织一起协作的现代化农场，还是由单个家庭运作传统农场种植？是手工收割还是机器收割？是在干净卫生的仓库中储存还是在滋生害虫的仓库中储存？除去咖啡因使用的是化学溶剂还是热水？……对这些信息的追溯反映了系统广度的大小。从理论上说，可追溯系统的广度越宽，可追溯的信息就越全面，对于控制各种危害的发生就越有利。但从实践中看，追溯的广度越宽，花费的时间、精力、成本就越高，现实性就越差。因此，系统的广度不是越宽越好。在实践中要根据建立系统的目标和对危害因素的具体分析来确定系统的广度。

(2)深度。深度描述追溯系统向前或向后能追溯有多远。在很多情况下，系统的深度在很大程度上是由其广度决定的：一旦企业或管理者决定要追溯产品哪些特性，系统的深度也就基本上决定了。例如，对除去咖啡因的咖啡可能只需追溯到加工阶段，对遮光种植要追溯到培育阶段，对非基因工程需要追溯到咖啡豆或者种子。即不同的目的，追溯的深度是显著不同的。在其他情况下，系统的深度由供应链中的质量控制点或安全控制点所决定。这时，只需追溯到上一个质量控制点或安全控制点。例如，对病原体控制的追溯系统只需要追溯到上一步的"灭死"阶段，即产品被处理、热加工或照射阶段。

(3)精确度。精确性反映对追溯系统能确认产品移动或特性的确信程度，即系统在确定问题源头时的能力。精确性由分析个体和接受错误率决定。分析个体指容器、货车、箱子、日产量、轮班或其他单元。这些都是追溯系统中追溯的个体。系统的追溯个体越大，如把整个饲养场或谷物地窖作为追溯个体，其隔离安全或质量问题的精确性越差。系统的追溯个体越小，如把单个母牛作为追溯个体，其精确性越好。在一些情况下，系统的目标对精确性也有影响。

也有人认为，食品可追溯系统具有正外部性。外部性（外部效应、外在性）是一个经济学概念。萨缪尔森在其著名的《经济学》中，对于外部性是这样定义的：外部性是指一件事情对于他人产生有利（正外部性）或不利（负外部性）的影响，但不需要他人对此支付报酬或进行补偿的活动。例如，在产品实施了可追溯系统之后，一旦出现了影响百姓生命健康的恶性事件,立刻可以追溯到需要对此负责任的企业。由此可以有效帮助政府实施监管职责,其他的企业也不会因此受到无辜牵连,消费者的生命安全得以保障。消费者、政府及行业其他企业都可以从中得到益处。

3.食品可追溯系统的起源

可追溯系统最早不是应用在食品上,而是应用于汽车、飞机等一些工业品的产品召回制度中。自20世纪70年代以来,食品安全问题日益突出,食源性疾病危害巨大。从国际范围内来说,疯牛病、禽流感等疾病相继暴发和传播;就国内市场来看,发生了龙口粉丝、苏丹红、劣质奶粉等食品质量事件,食品安全问题引起了人们的广泛关注。可追溯系统的产生起因于1996年英国疯牛病引发的恐慌。另两起食品安全事件——丹麦的猪肉沙门氏菌污染事件和苏格兰大肠杆菌事件(导致21人死亡)也使得欧盟消费者对政府食品安全监管缺乏信心,但这些食品安全危机同时也促进了可追溯系统的建立。为此,畜产品可追溯系统首先在欧盟范围内产生并建立。

ISO9000认证、GMP(良好操作规范)、SSOP(卫生标准操作程序)、HACCP(危害分析和关键点分析系统)等多种有效的控制食品安全的管理办法,纷纷被引入并在实践中运用,取得了一定的效果。但无论是ISO 9000、GMP还是HACCP,主要都是对加工环节进行控制,缺少将整个供应链连接起来的手段。一旦在食品安全控制过程中某一个环节出现了问题,要想寻找发生问题的源头并将危害和损失降到最低,这些手段就显得不够完善。可追溯系统强调产品的唯一标识和全过程追踪,对实施可追溯系统的产品,在其各个生产环节实行ISO 9000、GMP或HACCP等质量控制方法,对整个供应链各个环节的产品信息进行跟踪与追溯,一旦发生食品安全问题,可以有效地追踪到食品的源头,及时召回不合格产品,将损失降到最低。因此,食品质量安全管理成为可追溯系统重要的应用领域之一。

## 二、国内外食品安全可追溯系统的应用现状

1.发达国家食品可追溯系统应用现状

目前,国际上通用的实施食品质量控制的方法是HACCP(Hazard Analysis and Critical Control Point,危害分析与关键控制点)、GMP(Good Manufacturing Practice,良好加工操作规范)以及ISO 9000。与可追溯系统相比,无论是ISO 9000,HACCP还是GMP都主要是对加工环节进行控制,缺少将整个供应链的全过程链接起来的能力。

为了提高消费者的信任度以及畜产品的地区和品牌优势,世界各国争相发展和实施家畜标识制度和畜产品追溯体系,有的已立法强制执行。"溯源性"系统已经在英国、法国、德国、意大利、比利时等许多欧洲国家以及阿根廷、加拿大等美洲国家的肉类生产中应用。2008年,加拿大有80%的农业食品联合体实行农产品可追溯行动,推进"品牌加拿大"战略。加拿大强制性的牛标识制度2002年7月1日正式生效,要求所有的牛采用29种经过认证的条形码、塑料悬挂耳标或两个电子纽扣耳标来标识初始牛群。据报道,生产商已经售出1200万只耳

标，而加拿大有1300万头牛。日本政府已通过新立法，要求肉牛业实施强制性的零售点到农场的追溯系统。系统允许消费者通过互联网输入包装盒上的牛身份号码，获取他们所购买的牛肉的原始生产信息。该法规要求日本肉品加工者在屠宰时采集并保存每头家畜的DNA样本。但是，日本政府没有要求进口肉类的可追溯。国家牲畜标识计划(NLIS)是澳大利亚的家畜标识和可追溯系统，它是一个永久性的身份系统，能够追踪家畜从出生到屠宰的全过程。英国政府建立了基于互联网的家畜跟踪系统(CTS)，这套家畜跟踪系统是家畜辨识与注册综合系统的四要素之一。在CTS系统中，与家畜相关的饲养记录都被政府记录下来，以便这些家畜可以随时被追踪定位。家畜辨识与注册综合系统的四要素是：标牌、农场记录、身份证、家畜跟踪系统。欧盟要求大多数国家对家畜和肉制品开发实施强制性可追溯制度。欧盟的畜体身份和登记系统由包含唯一的个体注册信息的耳标、出生、死亡和迁移信息的计算机数据库、动物护照以及农场注册机构组成。此外，从2002年1月1日起，所有店内销售的产品必须具有可追溯标签，必须包含如下信息：出生国别、育肥国别与牛肉关联的其他畜体的引用数码标识、屠宰国别以及屠宰厂标识、分割包装国别以及分割厂的批准号和是否欧盟成员国生产等重要信息。在欧盟，家畜标识和注册系统已经实施，提供动物产品源头追踪，饲料和饲养操作透明公开。

同时，"溯源性"生产系统已经应用于其他肉类产品的生产中，如丹麦现在已经有每天1000头生猪按照该系统的要求进行屠宰和生产。瑞典的消费者可以通过扫描印在肉食品包装上的条形码在国际互联网找到生猪生产者及农场的相关图片。澳大利亚则在肉食品的生产和销售中建立了一套可供同时向上游及下游生产者追溯的生产链，确保肉食品在澳大利亚生产中的规范管理及安全。

食品卫生安全除了用可追溯系统对产品进行唯一标识和全过程追踪，还应该在此基础上建立安全预警系统，比如，德国猪肉安全控制中，就有三个重要的信息系统，即储存活动物生产、贸易信息的ANIMO/TRACE系统；动物疾病通知系统(ADNS)；食品安全的预警系统(RASFF)。这些信息系统保证了信息的快速传播和对风险的及时发觉、及早控制。美国食品危险性预警系统主要是通过食品和饲料中某些成分的控制来实现，如通过对某些反刍动物蛋白饲料的禁令来预防BSE(牛海绵状脑病，俗称疯牛病)的传入。

当前，食品安全预警已引起了国内外的广泛关注。发达国家先后建立了食品安全预警体系。在国际上，欧盟于2000年2月发布了《食品安全白皮书》，并根据成员国的需求构建了一个通报食品安全风险等信息的欧盟食品快速预警系统(RASFF)。中国的食品预警工作是近些年才出现的。目前，还缺少完整相应的食品及农产品的预警系统和完善的预警机制。欧盟的RASFF系统和我国有关部门目前所建立的食品预警系统，是通过建立一个针对食品对人体健康引起风险的通报网络来实现的，网络中的某一成员如发现任何有关食品引发的对人类健康有直接或间接严重风险的信息，需立即通过快速预警系统通知食品安全管理部门。同时立即将信息传达给网络中的各成员。这种利用通报网络来实现食品的安全可追溯系统存在着以下不足:不能实时监控和处理有关食品安全的异常信息来产生客观的预警信息;没有关于食品安全全面、深层次的信息,不能准确地划定食品安全异常情况影响的范围;不能快速利用食品追溯系统强大的食品信息追溯能力;不能针对预警信息为决策者提供有效的解决食品安全问题的决策建议。

2.国内食品可追溯系统应用现状

我国加入WTO以后,在食品加工和流通领域都发生深刻的变化,各地区、各部门在食品安全追溯制度建设方面已经开展试点示范工作。

(1)进行了食品可追溯系统初步的研究,制定了一些相关的标准和指南。我国关于食品溯源体系的研究始于2002年,在研究和实施过程中,逐步制定了一些相关的标准和指南。如为了应对欧盟在2005年开始实施水产品贸易可追溯制度,国家质检总局出台了《出境水产品溯源规程(试行)》。中国物品编码中心会同有关专家在借鉴了欧盟国家经验的基础上,编制了《牛肉制品溯源指南》。陕西标准化研究院编制了《牛肉质量跟踪与溯源系统实用方案》。

(3)一些地方和企业初步建立了部分食品可追溯制度,发布了一些法规。2001年7月,上海市政府颁布了《上海市食用农产品安全监管暂行办法》,提出了在流通环节建立"市场档案可溯源制"。2002年,北京市商委制定了食品信息可追踪制度,明确要求食品经营者购进和销售食品要有明细账,即对购进食品按产地、供应商、购进日期和批次建立档案。

2005年9月20日北京市顺义区在北京市率先启动蔬菜分级包装和质量可溯源制。天津市为了确保市民购买到可靠的无公害蔬菜,实行无公害蔬菜可溯源制,推出网上无公害蔬菜订菜服务。

(3)进行了农产品可追溯系统的初步试点。2004年,由国家质检总局、山东省潍坊市及寿光市质量技术监督局等部门共同协作,在寿光田苑蔬菜基地和洛城蔬菜基地进行蔬菜质量安全可溯源系统的探索。中国物品编码中心通过"中国条码推进工程",推动条码技术在我国食品可追溯中的应用。先后在陕西、北京、上海、山东等地开展食品追溯技术研究和试点,如在上海建立的"上海超市农产品查询系统",在北京建立的金维福仁清真食品有限公司"牛肉产品跟踪与追溯自动识别技术应用示范系统",在山东寿光实施蔬菜可追溯信息系统,在江西建立水果溯源信息系统等。

从2004年2月8日起,上海市通过"上海食用农副产品质量安全信息平台"对食用农副产品的生产过程监控、条码识别和网络查询进行系统管理。农业企业通过"食用农副产品安全信息条形码"给每个产品建立起相应的生产档案。

福建省首个肉品质量查询系统2005年8月28日在厦门市正式开通。这种系统可让消费者获知肉品生产经营的所有信息,从而可以有效地控制肉品的生产质量。

2007年中央一号文件提出加快完善农产品质量安全标准体系,建立农产品质量安全追溯制度。近年来,全国各地如天津、北京、河北、上海、新疆、海南等开始了农产品质量追溯系统的建设工作。2009年6月1日开始实施的《食品安全法》对食品的生产、加工、包装、采购等供应链环节提出了建立信息记录的法律要求,以便日后的追溯和召回,为我国开展食品安全追溯提供了法律保障。

2010年1月山东省建立了生猪产业链可追溯系统。

## 三、食品安全可追溯系统的分类

1. 根据食品可追溯性的范围分类

根据食品追溯范围,可以将其分为食品生产企业内部的可追溯性(internal traceability)和食物生产链上的可追溯性(chain traceability)。企业内部的可追溯性是指追溯只在企业内部发挥作用,产品的每一道工序或环节都是一个追溯点。当供应给消费者的食品出现质量问题时,可以通过该体系返回到生产企业,根据所记录的标示确认是什么样的产品、什么材料、材料是由哪家供应商提供的,以及生产过程、测试参数等信息。食物生产链上的可追溯性是指"从农田到餐桌"全程监测与控制网络体系,对供应链上每个成员企业的产品信息的跟踪和追溯。该体系是指生产加工过程供应链之间的相互连接,并且重点关注有关产品从供应链的一个环节到下一个延续环节的可追溯性,其中包括任何产品所经过的生产、加工和分配阶段。伴随这些过程需要建立相应的检测与控制技术,包括产地环境监测与控制、农药与兽药残留控制、饲料安全质量控制以及化学危害、生物性危害检测、农药残留的检测等技术。实际上,食物生产链上的可追溯性是多个企业内部可追溯性的有机结合。

食品供应链的全程跟踪追溯是食品供应链管理的重要内容之一,也是保障食品安全的重要手段。目前的食品可追溯系统主要针对企业层面开发的,缺乏贯穿整个食品供应链的追溯方法和前后一致的标准,没有形成追溯信息共享的解决方案和数据交换信息平台。

2. 根据追溯的方向分类

根据追溯的方向,可将其分为面向生产的追溯和面向消费的追溯,也就是常说的向下跟踪和向上追溯。向下跟踪是指从上游到下游的追踪,即从农场→食品原材料供应商→加工商→运输商→销售商→销售终端→消费者,这种方法用于查找造成质量问题的原因,具有确定产品的原产地和特征的能力。向上追溯是指从下游到上游的追踪,即从消费者→销售终端→销售商→运输商→加工商→食品原材料供应商→农场,也就是消费者在销售点购买的食品若发现有安全问题,可以向上层进行追溯,最终确定问题所在,这种方法主要用于产品的召回或撤销(见图7-1)。

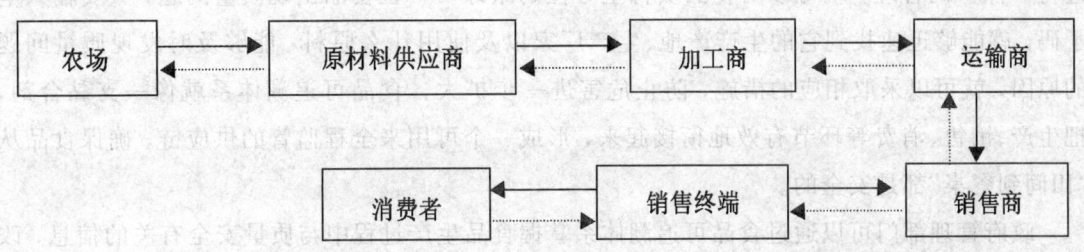

图7-1 食品可追溯的过程(→表示跟踪路径……→表示追溯路径)

### 3.根据政府部门的要求分类

根据政府部门要求的不同，食品可追溯系统分为强制性追溯和自愿性追溯。

强制性可追溯系统是政府制定相关法律法规，强制要求企业的产品必须具备可追溯性，否则不允许上市销售，并采取惩罚措施，把产品的追溯性上升到了法律法规的高度。例如，欧盟要求大多数国家对家畜和肉制品开发实施强制性可追溯制度。自愿性可追溯系统是企业考虑到品牌、声誉和长远利益，为了提高产品的档次和赢得消费者的信任，自愿建立实施的可追溯系统。实践中，自愿性可追溯系统一般由行业协会或产品供应链上的主导优势企业牵头，以主导企业为核心，与供应链中的上下游企业协同合作，共同开发、建立并维持系统的运行。美国的行业协会和企业建立了自愿性可追溯系统。由70多个协会、组织和100余名畜牧兽医专业人员组成了家畜开发标识小组（USAIP），共同参与制定并建立家畜标识与可追溯工作计划，其目的是在发现外来疫病的情况下，能够在48小时内确定所有涉及与其有直接接触的企业。

## 四、建立食品可追溯体系的必要性

### 1.建立食品可追溯体系，可在发生食品安全事故时实现定向召回

一旦发生食品安全事故，可以通过发生食品安全事故跟踪产品的下游供应链，迅速召回相关产品，避免事故进一步扩大，将事故的影响减少到最低，还可以缩小问题食品的范围，使产品召回的损失减少到最低。在发生食品安全事件时可以追溯产品的上游供应链，追查产生质量问题的成因，避免事故再次发生。例如，2008年大连韩伟集团的咯咯哒鸡蛋由于检出三聚氰胺而在超市下架，由于具有可追溯系统，很快查明原因，是因为蛋鸡使用了某饲料厂被污染的玉米酒糟。

### 2.食品可追溯体系赋予了食品电子身份证，加强政府管理部门对食品实行全方位跟踪、监管，确保食品从"田间到餐桌"都是安全的。

目前，我国对食品行业的监管是多头监管，常常会导致职责不清、管理重叠和管理缺位等问题。目前食品虽然贴有"QS"标志，但仅仅加贴标志是不够的，也许企业生产过程是安全的，但在运输过程中出现了问题，或者在仓储过程中发生了变质……追查过来就很困难，而使用可追溯系统，将在这方面起到积极的作用。食品可追溯体系赋予了食品唯一的电子码，进行一件一码管理，就可以对食品实行全方位的跟踪。一旦食品出现质量问题，只要输入电子码，就能够迅速找到它的生产产地、生产厂家以及使用什么原料，能够及时发现质量问题的原因，就可以采取相应的措施，防止危害进一步扩大。食品可追溯体系就像一支黏合剂，把生产、销售、消费等环节有效地衔接起来，形成一个可用来全程监管的供应链，确保食品从"田间到餐桌"都是安全的。

政府管理部门可以通过食品可追溯体系掌握食品生产过程中与质量安全有关的信息，改进政府管理部门对食品安全的监管手段，提高监管效率，预防食品安全事故的发生，加强食

品安全风险控制管理。一旦发生食品安全事故时,可以迅速追查原因,追究责任。

3.建立食品可追溯体系,可以增强消费者的安全感

近几年连续发生的食品安全事件,使食品企业诚信成为困扰消费者的严重问题。对于目前的食品安全状况,只有3.45%的消费者表示很放心;42.6%的消费者认为比较放心;44.53%的消费者认为不放心。在当前食品安全令人担忧的形势下,即使企业能够生产安全合格的产品,消费者也仍然会心有疑虑。要使消费者放心,最好的办法就是将生产过程中与质量安全有关的信息记录下来,让消费者随时可以查询,给消费者以充分的知情权。明确了食品的来龙去脉,无疑是给消费者吃下一枚食品安全的定心丸。食品可追溯体系正是这样一种能够连接生产和消费,让消费者了解符合卫生安全的生产和流通过程,提高消费者放心程度的信息管理系统。

4.建立食品可追溯体系,可以提高生产企业的诚信意识

全面的食品安全信息的收集、分析,可以及时、可靠地向生产者和消费者提供必要的信息,可以建立消费者对生产企业的信任,忠实的消费群带来的利益可以促使生产企业把安全的标准化的食品生产变成生产者自觉、自律的行动;同时完整的信息的收集、分析,可以为有关食品质量安全生产、管理和消费提供科学指导,可以提供有助于在食品生产过程的各个环节改进食品安全操作的适当信息,提高生产管理效率,包括提高生产管理、库存管理的效率,也可节省成本支出,提高产品品质。

5.建立食品可追溯体系,可以有助于我国食品打破国外技术壁垒

我国加入WTO后,越来越多的食品出口到欧盟、美国等国家和地区。近年来随着技术壁垒、绿色壁垒的实施,使我国处于明显的被动适应地位,极不利于我国食品贸易。2001年7月1日起欧盟对茶叶农药残留标准提高100倍,致使广东省2002年1~7月出口欧盟的茶叶数量和金额分别下降了69.2%和79.5%。2006年5月日本正式施行《食品中残留农业化学品肯定列表制度》之后,广东省输日农产品骤降。2006年5月、6月对日出口值分别为比上年同期下降22.4%和22.5%,蔬菜、水果对日本出口下降幅度分别达到30.5%和27%,茶叶、食糖、蘑菇罐头对日出口量更是急剧下滑超过五成。2003年广东被退运的农产品金额达202万美元,猛增87.6%,主要有蔬菜、水果、食品罐头等。

建立食品可追溯体系,可以使我国的食品生产管理在尽可能短的时间里与国际接轨,符合欧盟食品安全跟踪与追溯的要求,提高我国食品质量安全水平,突破技术壁垒,增加食品的国际竞争力,扩大对外出口。

广东食品农产品远销世界各个国家。其中经过检验检疫部门推荐在国外获得注册的食品企业达75家次,对欧盟注册的水产品企业6家,对美国水产品注册17家,对韩国注册的水产品企业17家等。

## 五、食品可追溯系统的功能

在食品生产和分销的不同层面上,食品可追溯体系所体现的功能是不同的。针对不同主

体,食品可追溯体系的功能主要体现在如下四个方面:

1. 农田食品原料生产商

对农田食品原料生产商来说,食品可追溯体系有助于降低配送系统的成本、减少产品召回所需要的费用、提高供应过程的管理等。

2. 消费者

对消费者来说,食品可追溯体系的建立与消费者利益息息相关。它本身作为系统的一部分有以下主要作用:在紧急情况下,通过有效的产品召回保护食品安全,能够较为容易地避免特定食物和食物成分,无论其是否因过敏、食物不耐性或不同生活方式等所引起的不适;可以自由选择不同方式生产的食品。

3. 行政部门

对行政部门来说,食品可追溯体系的建立与政府权益息息相关。它可以通过撤销正在销售的食品保护公共卫生;通过检测与分析避免不可信的商业欺诈,如假冒的土鸡蛋、有机食品等;还可以控制人畜共生传染病,如肺结核、沙门氏菌病、疯牛病等;同时在紧急情况下能有效控制有关影响人类和动物健康的问题,如土地或原材料的污染等;通过迅速确认疾病来源和危险性接触控制家畜流行病和地方性家畜流行病;根据具体情况更为有效地监控或控制家畜数量。

4. 食品生产企业

对生产企业来说,食品可追溯体系本身是构成完整工业生产系统的一部分。该体系的建立可以促使整个生产过程遵从有关的法律法规;采取较为迅速的行动把待售产品从销售过程中转移并以此保护产品商标与名誉,也就是在遇到产品质量或食品安全事件时的一种应急措施;将任何食品召回的规模减小到最低,同时减少由此在修复或做相应的产品重回市场时所产生的费用;在生产和与之相关的责任义务过程中诊断问题所在;产生身份保护,例如非转基因大豆及其他成分等;将任何家畜中的传染性疾病传播规模减小到最低;有效保护食品供应链免予动物疾病污染;保证肉品和家畜质量、提高消费者对企业的信任;根据不同生产方式将产品在市场中进行分区销售等。

## 六、我国实施食品可追溯系统面临的难题及解决措施

建立农产品、食品质量安全追溯制度,是我国从来没有做过的事情,因此也是一项有着巨大挑战的工作。由于我国特殊的国情,决定了我国的农产品、食品质量安全追溯制度,在执行过程当中面临着一些困难和挑战。

1. 实施可追溯系统所面临的难题

第一,有关农产品和食品质量安全的法律法规体系不健全。2006年11月1日起实施的《中华人民共和国农产品质量安全法》为我国农产品质量安全事业奠定了重要的法律基础,进一步规范了农产品产销秩序,更加有效地保障了公众对农产品消费的安全,保障了广大人民

群众的根本利益。该法规的出台填补了我国农产品质量安全监管法律的空白。但总的来说，目前我国关于农产品和食品质量安全的法律法规体系还不健全，难以构筑现代社会的农产品安全和食品安全保障体系。

第二，财力、人力比较短缺。要建立一种财政投入的长效机制，保证有足够的经费和人力，实施农产品、食品的监管。因为现在要监管的对象众多，监管的生产单位众多。要按照这个基数来设计机构和人数，需要一定的人力和财力，目前人力和财力还难以满足。

第三，要发展农业产业化。食品种类繁多，成分及其来源各异，要建立食品及其原料质量可追溯制度，最大的难点就是我国千家万户的小生产和国际化的大市场之间如何实现有效对接。这是由我国农业生产经营的基本特点所决定的。我们要提升农产品的质量安全水平，就要通过农民专业合作组织把松散的农户组织起来。这是不可逾越的必经之路，这就涉及我国农业生产的产业化问题。只有在产业化的框架下，中国农业生产、农产品加工才能在食品安全的道路上走得更远，农产品的质量就有可能追溯下去。食品原料来源于农产品，如果农民组织不起来，农产品质量也难以追溯下去，食品可追溯更是无从谈起。

第四，企业规模小，信息化程度低。目前，由于我国的生产力水平还比较低，还存在相当数量的食品加工小企业、小作坊。它们的规模小、信息化程度比较低，基本上还停留在半手工、半机械化状态，实行全程监管的难度较大。

第五，食品全程可跟踪的供应链尚未形成。由于我国目前对食品行业的监管是多头监管、分段监管，常常会出现职责不清、信息不灵、沟通不便等问题。基本上是农业部门管种植和养殖，质监部门管生产和加工，工商部门管流通领域，而卫生部门则管消费。由于分段监管，各管一个环节，又缺少一个全程监管的载体，很容易出现衔接不到位、断层现象，对食品全程可跟踪的供应链尚未形成。

2. 推动我国实施食品安全可追溯的建议

(1) 完善与食品安全有关的法律法规和政策，提供实施可追溯的制度保障

食品安全既关系到民众的生命健康，也关系到国家的经济发展和经济安全。实施食品安全的可追溯，不仅是出于保障民众健康和经济健康的需要，同时也是应对国际贸易要求的必然选择。因此，首先要完善与食品安全有关的法律法规和政策，对食品从生产、加工、储藏到销售等各个链条和环节的生产经营行为和相应社会关系进行专门系统性立法，提供实施可追溯的制度保障。对有条件的企业和有关种类的食品（比如生鲜食品、肉制品、海产品、冷藏食品等）可以要求率先推行可追溯制度。同时，也要通过法律政策的强制、引导、激励等来推动建立食品安全的可追溯制度。比如为食品供应链全过程实施可追溯的企业提供补贴、实施优惠政策、产品免检等。

(2) 理顺食品安全监管体制，提供实施可追溯的体制保障

当前我国的食品安全监管涉及多个政府部门，分管食品供应链的不同环节。只有协调各个部门的职责，建立相对集中、统一的专业化监管体制，实现对食品供应链的统一监管，才能

实施供应链的全程可追溯。

（3）完善相关的标准体系建设，提供实施可追溯的技术基础

一方面要建立既符合我国食品行业发展现状，又与国际标准接轨的食品生产、加工标准体系，为食品生产、加工提供指导，为食品监管提供依据；另一方面要完善相关的编码、信息技术、物流技术标准，为实施可追溯提供技术基础。

（4）推动农产品等食品生产基地建设，优化食品供应链

建设大规模的食品及原料生产基地，由基地直接将产品供给零售企业，减少了供应链环节。一方面便于利用现代科技，实施标准化生产，保证和提升产品质量；另一方面，也便于生产企业与流通企业间建立直接采购机制，减少供应链环节；同时，也便于从基地开始对产品实施跟踪。

（5）推动物流配送中心建设，实现供应链高效管理

物流配送中心可以对食品等商品实现集中采购、统一配送、统一管理，还可以对食品进行再加工处理，保证食品质量的卫生和标准。物流配送中心既能对产品继续跟踪，也能对产品进行初始编码，建立可追溯标签。

（6）充分发挥现代流通方式在可追溯中的作用

以连锁超市为代表现代流通方式，在食品流通中占据着越来越重要的地位。在发生食品安全事件后，它们也是首先要追溯的第一个环节。因此，它们在实施食品安全可追溯中扮演着重要的角色，可以利用自身的市场优势，从终端向上延伸，参与和干预供应链过程。连锁超市在采购食品时可以要求产品必须具有可追溯性，这样既能保证为消费者提供质量安全可靠的产品，又能降低企业经营风险。同时，在发生食品安全事件后，也能够进行及时、有效的处理。连锁超市企业具有规范化和标准化经营优势，其管理、设施、流程等各方面均好于其他流通方式，因而也更有利于提升食品安全水平。例如，超市企业一般都有相对完善的冷链系统、完备的仓储管理能力、接受过专业培训的操作人员、综合的信息化管理系统，因而更容易实现农产品的可追溯，更好地保证食品安全。

（7）加强相关知识的宣传，建立实施可追溯的社会基础

要抓住当前全社会都比较关注食品安全的契机，加强对可追溯有关知识的宣传，让民众认识到可追溯能够帮助提供安全、放心的食品，能够跟踪和监控食品安全问题的发生，激发消费者对可追溯产品消费诉求，建立实施可追溯的社会基础。同时，通过宣传，让食品企业认识到使用可追溯系统可以对自己的产品进行有效的监控，降低产品质量风险，提高产品形象，扩大贸易范围，增强产品市场竞争力。

（8）规范食品生产、加工、经营企业的资质

对从事食品生产、加工、经营的企业，要求必须具备一定的资金、人才、技术等条件，才能开展相关业务。提高食品行业生产集约化程度，建立实施可追溯的供应链基础，为实施产品质量跟踪与追溯就有了奠定基本的技术人员基础。

(9) 加强可追溯技术的研究，提供更为便利、成本更低的技术

实施可追溯的成本问题也是阻碍其广泛应用一个因素。因此，提供可追溯技术支持的企业和机构，要加强技术研究，提供更加便利、成本更低的可追溯技术支持，才能推动其广泛应用。

(10) 建设食品安全可追溯示范项目，带动可追溯的推广应用

建设食品安全可追溯示范项目，为企业提供实施可追溯的参考，向民众展示可追溯在保障食品安全上发挥的功用，以示范效应带动可追溯的推广应用。

## 第二节 信息技术在食品可追溯系统中的应用

追溯系统的核心在于对食品个体"身份"的跟踪与识别，通过数据载体把信息流与实物流联系起来，实现各个环节的数据交换。具体来说，就是利用特定的标签，以某种技术手段与拟识别的食品个体相对应，可随时对食品个体的相关属性进行跟踪与管理。

最初的食品个体标识是应用于其畜牧产品的识别上，目的是为了满足工业上的需求，包括疾病控制与消除，畜产品管理等，用到的标识方法有背标、尾标、文身、腿标等。随着社会不断进步，原始的畜牧产品标识方法已经不能适应现代畜牧业管理的需求，在畜牧产品标识中自动识别技术开始应用越来越普及，并且扩展到整个食品领域。

### 一、实施食品可追溯的相关技术

从可追溯的概念可以看出，食品的可追溯系统就是食品供应体系中食品构成与流向的信息与文件记录系统。这就意味着，要建立食品供应链各个环节上信息的标识、采集、传递和关联管理，实现信息的整合、共享，才能在整个供应链中实现可追溯能力。因此，从本质上说，可追溯系统就是一套信息管理系统。综合当前国内外的实践经验，实施可追溯系统主要涉及以下几个方面的技术：

#### (一) 信息标识技术

可追溯系统实际上就是一套信息管理系统。信息管理的前提是用能够广泛接受的标准进行信息的标识表示，然后才能进行信息的采集和传递。随着全球化的发展，在实施可追溯的时候必须考虑到信息流动的全球性，必须采用全球通用的标准体系来进行可追溯信息的管理。

当前国际上普遍采用的是由国际物品编码协会 GS1（Global Standard 1，由欧洲物品编码协会 EAN 和美国统一代码委员会 UCC 联合而成）开发的全球统一标识系统 EAN·UCC 系统来实施商品信息的标识、采集和传递。EAN·UCC 系统是以对贸易项目、物流单元、位置、资产、服务关系等的编码为核心，集条码和射频等自动数据采集、电子数据交换、全球产品

分类、全球数据同步、产品电子代码(EPC)等技术系统为一体的、服务于物流供应链的开放的标准体系。目前，全球共有100多个国家和地区的，来自工业、商业、出版业、医疗卫生、物流、金融保险和服务业等行业超过100万家的企业，采用EAN·UCC系统，对物品进行标识和供应链管理。因此，该系统已经成为事实上的国际标准。

EAN·UCC系统包括三个方面的内容：

编码体系：为贸易产品与服务（即贸易项目）、物流单元、资产、位置以及特殊应用领域等提供全球唯一的标识；

数据载体：包括条码、RFID；

数据交换：包括EDI和XML。

由于采用EAN·UCC系统可以对食品供应链全过程中的产品及其属性信息，参与方信息等进行有效地标识，建立各个环节信息管理、传递和交换的方案，实现对供应链中食品原料、加工、包装、储藏、运输、销售等环节进行跟踪和掌控。在出现问题时，能够快速准确地找出问题所在，从而进行妥善处理。因此，该系统也成为当前国际上普遍采用的实施可追溯的技术体系。

目前，欧盟等国已经采用EAN·UCC系统成功地对牛肉、鱼、蔬菜等开展了食品跟踪，有效地对食品供应链全过程进行跟踪与追溯，建立了从"农场到餐桌"的食物供应链跟踪与追溯体系，取得了积极的效果。EAN·UCC系统的编码体系提供了建立可追溯系统的基础，即信息标识技术的标准。它对供应链各参与方、贸易项目、物流单元、资产、服务关系等进行编码，其编码结构保证了在相关应用领域中提供全球唯一的标识代码，解决了供应链上信息编码不是唯一的难题。这些标识代码是计算机系统信息查询的关键字，是信息共享的重要手段，同时也为采用高效、可靠、低成本的自动识别和数据采集技术奠定了基础。该系统对不同的编码对象采用不同的编码结构，并且这些编码结构间存在内在联系，因而具有整合性。在提供唯一的标识代码的同时，EAN·UCC编码体系也提供附加信息的标识，例如有效期、系列号和批号，这些都可以用条码或RFID标签(射频识别标签)来表示。

EAN·UCC系统的编码体系包括六个部分：全球贸易项目代码（GTIN）、系列货运包装箱代码（SSCC）、全球位置码（GLN）、全球可回收资产标识代码（GRAI）、全球单个资产标识代码（GIAI）、全球服务关系代码（GSRN）。这些编码都可以用相关的条码符号表示出来。EAN·UCC系统条码符号主要有三种：EAN/UPC条码、ITF－14条码及UCC/EAN－128条码，其中EAN/UPC条码包括EAN－13条码、UPC－A条码、EAN－8条码及UPC－E条码，用于商品标识。

### (二)信息采集技术

在对有关信息用全球通用的标准的标识以后，还需要用全球通用的标准载体来承载这些信息，以便于信息的采集，实现供应链全程食品安全监管的无缝链接。目前，最常用的信息采集技术是条码技术、RFID（Radio Frequency Identification，射频识别）技术和EPC

(Electronic Product Code,产品电子代码)技术。

1. 条码技术

条码技术将计算机技术与信息技术结合起来,集编码、印刷、识别、数据采集和处理于一体。条码技术利用光电扫描设备识读条码符号,从而实现信息的自动识别,并快速准确地将信息录入到计算机进行数据处理,以达到自动化管理的目的。条码技术具有以下特点:

(1)简单。条码符号制作容易,扫描操作简单易行,信息采集速度快。普通计算机的键盘录入速度是200字符/分钟,而利用条码扫描录入信息的速度是键盘录入的20倍。

(2)采集信息量大。利用条码扫描,依次可以采集几十位字符的信息,而且可以通过选择不同码制的条码增加字符密度,使采集的信息量成倍增加。

(3)可靠性高。键盘录入数据,误码率为三百分之一。利用光学字符识别技术,误码率约为万分之一。采用条码扫描录入方式,误码率仅有百万分之一,首读率可达98%以上。

(4)灵活、实用。条码符号作为一种识别手段可以单独使用,也可以和有关设备组成识别系统实现自动化识别,还可和其他控制设备联系起来实现整个系统的自动化管理。同时,在没有自动识别设备时,也可实现手工键盘输入。

(5)自由度大。识别装置与条码标签相对位置的自由度要比光学字符识别(OCR)大得多。条码通常只在一维方向上表示信息,而同一条码符号上所表示的信息是连续的,这样即使是标签上的条码符号在条的方向上有部分残缺,仍可以从正常部分识读正确的信息。

(6)设备结构简单,成本低。条码符号识别设备的结构简单,操作容易,无须专门培训。与其他自动化识别技术相比较,推广应用条码技术,所需费用较低。

利用条码技术采集信息的速度快、可靠性高、灵活、实用等特点,以及在供应链管理中的成熟、广泛应用,建立对食品的可追溯标签,实现有关信息的标准采集,这也是实施可追溯的关键之一。采用EAN·UCC系统的编码体系可以对食品供应链全过程中的每一个节点进行有效的标识,利用条码技术,建立相关信息的条码载体,通过扫描可以获取各个节点的有关数据编码信息。这包括给每一个产品赋予的全球唯一的EAN·UCC代码,即全球贸易项目代码(GTIN);通过应用标识符(AI)对产品属性进行标识的代码,如批次、有效期、保质期等;通过全球位置码(GLN)对食品供应链中各个环节及参与方进行标识;通过系列货运包装箱代码(SSCC)对食品的运输环节进行标识。供应链中各个环节的有关信息,采用UCC/EAN-128条码符号来表示(在终端销售环节,贸易项目采用EAN·UPC条码符号进行表示)。这样就建立了实施可追溯的基础——以条码为基础的标签,为各个环节实施信息传递和交换提供依据。

2. RFID

RFID(Radio Frequency Identification,射频识别)是一种非接触式的自动识别技术。它通过射频信号自动识别目标对象并获取相关数据,识别工作无须人工干预,可工作于各种恶劣环境。RFID技术可识别高速运动物体并可同时识别多个标签,识别的距离可达几十厘米至几米,且根据读写的方式,可以输入数千字节的信息,同时还具有极高的保密性。

RFID 技术的标签俗称电子标签,与现在广泛应用的条形码技术相比,RFID 标签除了可以省去人工操作,还具有防水、防磁、耐高温、使用寿命长、读取距离大等优势。另外,由于电子标签上的数据可以加密,存储数据容量大,而且存储信息可以更改。因而它比条码的应用范围更广泛,使用起来也更方便。

在食品安全的可追溯应用中,RFID 电子标签能带来更便利、安全、透明的使用。比如在食品或原材料源头由企业加入 RFID 标签,写入食品或原材料在源头的基本信息如产地、出产日期、储存方法及食用方法等;从原产地出来的商品到达食品加工厂,加工厂再把加工好或包装后信息写入;检疫局写入检疫信息;仓储阶段写入入库信息;出库分销到地方代理机构,直到超市、餐饮、快餐以及饭店,再将这一层信息写入实现跟踪链的最后环节,最后食品到达餐桌。经过这个流程能实现从整个供应链上可以追踪食品的各环节信息。

目前,有些国家采用 RFID 和条码结合来对肉食产品的生产、流通进行跟踪。具体方案是在动物的饲养阶段,用 RFID 芯片进行跟踪,而等动物被屠宰上市,肉品包装再采用条码技术。在动物生长阶段使用 RFID 而不是条码,可以避免条码因动物活动而丢失或损坏,并且 RFID 标签在动物屠宰之后可以回收再使用。被销售的肉品一旦发生质量问题,根据包装的条码就可以实现全程追踪和监管。不过,由于 RFID 目前在技术上还存在信号识别范围有限,金属和液态物体会干扰射频信号传播并影响阅读正确性等问题;在经济上还存在成本过高影响推广的问题;在标准上还存在混乱现象。到目前为止,全球范围内还没有像条码技术那样有一个成熟的统一标准。各厂家推出的电子标签产品兼容性不高,因而阻碍了 RFID 产品的使用。随着新的 RFID 标签制造技术的推广应用,将会促使 RFID 标签价格大幅度降低,未来 RFID 标签将会有着更广泛的应用。

3. EPC

EPC(Electronic Product Code,产品电子代码)是为了提高物流供应链管理水平、降低成本而新近发展起来的一项新技术。通过此技术,可以实现对所有实体对象(包括零售商品、物流单元、集装箱、货运包装等)的唯一有效标识,被誉为具有革命性意义的新技术。EPC 系统是一个非常先进的、综合性的和复杂的系统。其最终目标是为每一单品建立全球的、开放的标识标准。它由全球产品电子代码(EPC)体系、射频识别系统及信息网络系统三部分组成。

EPC 可为每一单个食品建立全球的、开放的标识标准,以 EPC 软硬件技术构成的"EPC 物联网",能够使食品的生产、仓储、采购、运输、销售及消费的全过程发生根本性的变化,从而大大提高全球供应链的追溯和管理水平。因此,EPC 系统在食品安全的可追溯中,也具有很强的应用价值。食品在生产阶段被贴上一个唯一的 EPC 标签,并输入生产相关信息。进入配送中心时,通过读写器把所有单品的信息如生产和运输信息等全部记录下来,实际上也实现了对食品的库存管理。从配送中心把食品运到零售店的时候,不管是在门店还是在仓库,通过读写器,可以把商品的生产、运输、仓储等信息再一次记录下来。在最后的零售阶段把产品的所有信息读写下来,这样就实现了产品的全程跟踪,并且处理的效率会更高。

EPC 系统是一个全球的大系统,供应链各个环节,各个节点,各个方面都可受益。但对低价值的识别对象来说,如食品、消费品等,对 EPC 系统引起的附加价格十分敏感。通过技术的进步,EPC 将会进一步降低成本,同时通过系统的整体改进使供应链管理得到更好的应用,提高效益,以便抵销和降低附加价格。目前,在全球共有 90 个终端用户和 75 个系统集成商进行 EPC 系统的测试,他们一起合作,整合 EPC 系统的产品标识,建立 EPC 实施方案。

### (三)信息交换技术

在食品供应链的每个环节建立了可追溯标签之后,还需要在各个环节之间建立无缝链接,实现标签信息传递和交换的关联管理。这样才能实现食品供应链全程的跟踪和追溯。否则任何一个环节断了,整个链条就脱节了,也就无法实现可追溯的目的,这需要采用全球通用的技术标准来进行数据交换。

为实现贸易伙伴间电子数据信息快速、准确、低成本、高效率的交换,国际物品编码协会 GS1 制定了电子数据交换(EDI)的全球标准。它包括电子数据交换标准实施指南(EANCOM)和可扩展的商业标识语言标准(ebXML)两个部分。

EANCOM 以 EANUCC 系统的编码体系(GTIN,SSCC,GLN 等)为基础,EDIFACT(联合国有关行政、商业及交通运输的电子资料交换)标准的应用指南,是经过 GS1 简化而引入的。EANCOM 提供了清楚的定义和说明,让 EDI 的应用更加简单便捷。EANCOM 在全球零售业有广泛的影响,并已扩展到金融和运输领域。

全球标准化组织开发的几个 XML 报文标准,全都使用标准代码,提供了通过因特网交换商业信息的标准,例如 GTIN,GLN。从而,在不论贸易各方所使用的软、硬件类型是否一致的情况下,使数据资料在互联网上可以快速、高效、准确地进行交换。

此外,全球标准化组织还为 ebXML 电子商务的实施提出了整合全球产品数据的全新理念:全球数据同步(GDS:Global Data Synchronization)/全球数据字典(GDD:Global Data Dictionary)。它提供了一个全球产品数据平台,通过采用自愿协调一致的标准,使贸易伙伴彼此间在供应链中连续不断地协调产品数据属性,共享主数据,保证各数据库的主数据同步及各数据库之间协调一致。EANUCC 编码体系的 GTIN,GLN,GDD 等标准使全球供应链中产品的标识、分类和描述一致性成为可能。GDS 提供了实施这一目标的最佳途径,它的实质就是要在供应链上建立一种无缝的信息传递和共享机制,而这正契合了可追溯的信息关联管理的需求。

### (四)物流跟踪技术

食品供应链的各个环节之间有效链接起来,才能实现可追溯,这种链接是通过食品的物流运输来实现的。食品尤其是生鲜食品,对温度等环境变化比较敏感,对物流运输的要求就比较高。因此,物流运输过程的管理对食品的安全来说就非常重要,必须采取有效手段来监控、管理食品物流运输过程，使之能够高效进行。同时，在发生食品安全事件时，也能够对运输环节进行追溯。地理信息系统（Geographic Information System，GIS）和全球卫星定位系统（Geographical Position System，GPS）提供了对物流运输过程进行准确跟踪记录的技术。

　　GIS 是以地理空间数据为基础，采用地理模型分析方法，适时地提供多种空间和动态的地理信息，是一种为地理研究和地理决策服务的计算机技术系统。其基本功能是将表格型数据（无论它来自数据库、电子表格文件或直接在程序中输入）转换为地理图形显示，然后对显示结果浏览，操作和分析。其显示范围可以从洲际地图到非常详细的街区地图，显示对象包括人口、销售情况、运输线路以及其他内容。

　　GPS 是一种先进的导航技术，它由发射装置和接收装置构成。发射装置由若干颗位于地球卫星静止轨道，不同方位的导航卫星构成，不断向地球表面发射无线电波。接收装置通常装在移动的目标（如车辆、船、飞机）上，接收不同方位的导航卫星的定位信号，就可以计算出它当前的经纬度坐标，然后将其坐标信息记录下来或发回监控中心。地面监控中心利用 GPS 技术可以实时监控车辆等移动目标的位置，根据道路交通状况向移动目标发出实时调度指令。GPS 具有全球性、全能性、全天候优势的导航定位、定时、测速功能。

　　GPS 主要用来实时采集、定位目标点的地理坐标，GIS 是在计算机软硬件技术的支持下存储、分析、处理、输出空间地理信息的系统。GIS 可以用来管理和应用由 GPS 获取的坐标位置数据；而 GPS 可以为 GIS 高精度快速地采集数据源，也可为 GIS 提供实时的监控对象。二者紧密联系，共同开创和深化更多领域的空间应用。

　　在物流运输中，GIS/GPS 技术可以对车辆进行定位、跟踪、监控。物流运输过程也就是物品空间位置转移过程，涉及商品的运输、仓储、装卸、送递等处理环节。运用 GIS/GPS 技术，不仅可以对运输车辆进行实时跟踪、监控，还可以对车辆温度进行监控、调整。该技术还能根据实时跟踪状况，计算出最佳物流路径，为运输设备导航，减少运行时间，降低运行费用。因此，GIS/GPS 技术在可追溯系统中，对食品的物流过程进行全程跟踪记录，提供实施追溯的信息基础。

## 二、实施食品可追溯系统的管理基础

　　实施食品安全可追溯，除了需要相关的技术保证以外，还需要供应链各个方面的参与和配合，缺少任何一个环节，就无法实施跟踪与追溯。这就要求对食品供应链的生产、加工、运输、配送、销售等各个环节进行有效管理，保证在每个环节能够进行标准、真实、准确的信息标识，并能够将这些信息安全、快速地传递给下一个环节，使得对商品的跟踪成为可能，也为以后的追溯奠定基础。以蔬菜、水果的供应链来说，主要经过生产→加工/包装→仓储/运输→分销/零售等环节。

### 1.种养殖环节

　　蔬果生产环节，由生产者对产品有关信息进行标识，包括生产者代码、产品名称、等级、尺寸、产地、净重、批号等信息。只有当生产者具有相当的规模,生产效率和生产水平较高,在生产环节建立信息标识才有可能。当前我国的蔬果等农产品生产,绝大部分由千家万户的个体农民进行,生产比较分散,科技应用水平较低,产品质量不稳定。因此,从农产品生产环节实施跟踪,一方面要推动农民与有关企业签订生产合同,定向生产,建立农业经济合作组织,以提高生产的组织化程度。另一方面,要推动蔬果等农产品生产基地建设,提高农产品生产的专业化、科技化、标准化水平。目前,我国有相当部分经营生鲜农产品的连锁超市企业,都建立了自己的生产和采购基地,如北京京客隆超市、福建永辉超市、山东家家悦超市等,这就具备了从生产环节进行信息标识跟踪的基础条件。

在原料收购记录上必须确定原料批识别代码,并录入识别代码、品种、数量、来源基地、使用化学品等相关信息。主要包括建立基地基本信息,如基地的属地性质、面积、产量、原料品种、管理责任人、基地周边情况等;基地日常管理的记录,如栽培、耕作、施肥锄草、防虫治病等具体内容,特别是对耕作的频度、日常使用的各种化学品实施进行科学监控;原料送厂的信息记录,具体包括送厂日期、数量、重量、经办人员、运输形式、原料质量状况等信息。对于牲畜或水产品来说,基地信息则包括养殖场的属地性质、面积、养殖品种、管理责任人、养殖场周边情况等;建立基地活动记录,如养殖场用药、分池、转池等具体内容;建立基地使用化学品的管理制度;建立化学品的购进、领用、使用的详细记录;建立基地原料送厂台账,如养殖场包括出池日期、经办人员、出池数量、运往目的地、运输设备情况等可追溯的有效信息。

2.生产加工/包装环节

在原料进入生产加工流程后,在加工记录上确定生产批识别代码,并在记录上显示加工该批产品的原料批代码,如有不同的原料批次需要合在一起加工,要同时记录并批的其他原料批代码。生产批的识别代码主要涉及该批产品生产时加工企业的卫生状况记录,包括人员健康情况、厂区和车间的日常卫生检查记录,机器设备的清洁卫生检修记录,有毒有害物质的保管使用记录等;该批生产时生产加工的情况记录,包括加工日期、加工时间、加工数量、加工人员、加工方式的情况;成品再加工的情况记录,包括来源的成品批次、加工方式等。

图7-2 不同项目种类托盘上的物流标签(不同的GTIN)相同

这一环节,将根据蔬果产品的质量、尺寸、色彩进行分级,包装成物流单元,并利用生产环节传递过来的标识信息，生成所需信息的条码标签。按照需求不同，可以生成箱/盒标签和托盘标签两种标签。如果产品要进行分销和零售，就生成箱/盒标签，标签要包含：GTIN、批号、包装日期、国家批准号码或供货商全球位置码、原产国(地)、农田代码(可选)、收获日期(可选)等。如果产品要进行仓储和物流运输，就生成托盘标签，标签要包含：SSCC、物流单元内贸易项目的 GTIN、物流单元内贸易项目的数量、托盘化日期、净重、毛重、原产国(地)、农田代码(可选)等。图 7-2 就是一个用于种植者不同的绿色食品的托盘/物流单元级别的包装标签示例，标识了该托盘食品的原产国、托盘化日期、重量、系列货运包装箱代码等信息。

3. 仓储/运输环节

蔬果等生鲜产品在仓储/运输过程中也很容易发生变质等问题，因此有必要对仓储/运输环节的信息如仓储/运输的主体、位置、时间、气体组成、温度、湿度等进行标识和记录。可以通过条码标签、RFID 技术、GIS/GPS 技术等来实现对仓储/运输过程的跟踪。

4. 分销/零售环节

在这一环节，承载产品信息的条码标签要能够通过 POS 扫描，采集有关信息。这些信息进入相应的管理信息系统，并保证能够随时调用和分析。对于蔬菜、水果这些规格、重量不固定的产品，有时还要在这个环节进行再次加工包装，就要采用店内条码。这个环节的标签要包含以下内容：产品名称、分级/分类、原产国(地)、重量等内容(见图 7-3)。当销售出去的商品一旦出现问题，就可以根据条码信息进行追溯，快速、准确地锁定问题出现的环节，找出原因。

图7-3 变量食品零售标签

在销售过程中建立客户完整的档案资料，记录客户名称或营业店名称、销售批次、生产批次和数量等信息，确保出现问题时可实施召回。当产品发现不合格时，可以通过产品识别代码从成品到原料每一环节逐一进行追溯。追溯的途径是：销售识别批代码→生产批识别代码→原料批识别代码。企业也可以通过建立以原料批为单元的产品流向登记记录，从原料跟踪到产品，查找到问题产品的去向，及时召回不合格产品。

另外，在这一环节，一些基本的管理手段和原则，如批次管理、单品管理、先进先出、货位管理等，都将有助于实现食品的可追溯。以上这个几个环节必须协调进行，各方应各负其责地提供正确的条码数据信息,确保记录与维护这些信息的安全、真实和准确。缺少任何一个环节,整个过程就中断了。所以,各方应就各自所标识的信息、方式等达成协议,采用国际通用的有关标准来进行。

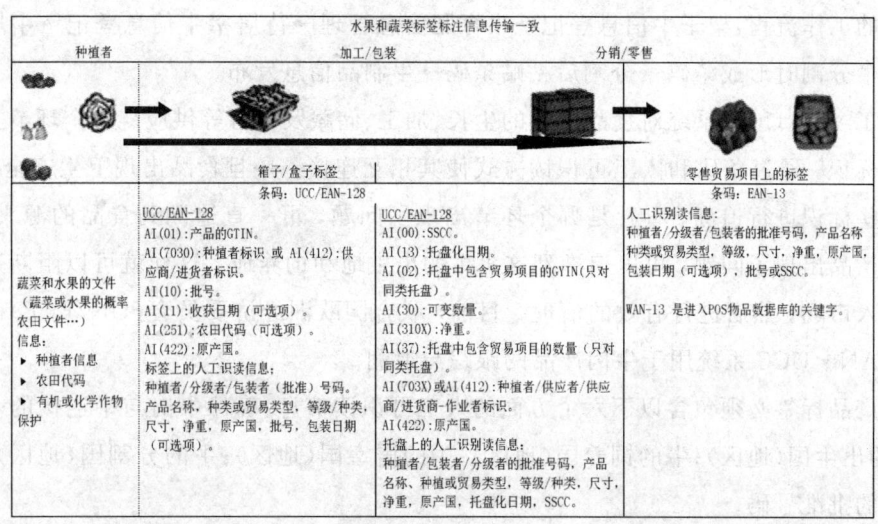

图 7-4 水果蔬菜信息标识、传输、跟踪的全过程

## 三、EAN·UCC系统在牛肉制品安全追溯中的应用

《牛肉产品追溯指南》是国际物品编码协会编制的牛肉产品追溯的指导性文件,提供一个国际通用编码及符号标识系统,即 EAN·UCC 系统牛肉标签解决方案。通用的标识和通讯标准,极大地提高了牛肉加工的相关信息的准确性和信息传输速度,提高了牛肉供应链管理的效率,降低了运行成本。牛肉产品标签保证了牛胴体、二分之一牛体、牛肉块的标识与某一头牛或一群牛之间的连接。

1.系统的目标

(1)牛在饲养场时,对单头牛的防疫、喂料、疾病治疗等信息进行全面的记录。

(2)在屠宰场,对牛的检疫、准宰信息、牛耳标号进行记录。

(3)牛屠宰时,将通过条码标识与登记的牛的基本信息产生关联。

(4)分割牛胴体时,通过扫描条码标识,确定进入分割流水线的牛的耳标号码。此时批量生成新的条码标识(用于信息追溯)与牛的基本信息产生关联。

(5)分割后在牛肉产品的包装上粘贴用于牛肉产品追溯的条码。

(6)信息通过互联网发布。

2.系统的建立原则

(1)选择适合企业生产实际状况的自动识别技术;

(2)系统的可操作性应适应企业的生产设备及人员现状;

(3)企业的生产线应能根据系统建立的要求,进行适当的调整,调整幅度不宜过大;

(4)系统的作业流程应参照 EAN 出版的《牛肉产品追溯指南》；

(5)系统的编码方案应完全参照 EANUCC 系统的标识原则。

3.系统的工作流程

系统的工作流程:架子牛信息登记→牛育肥信息管理→待屠宰牛信息登记→牛屠宰时生成条码→牛分割时形成条码→分割后粘贴条码→牛制品信息发布。

采用 EAN·UCC 系统对食品原料的生长、加工、储藏及零售等供应链各个环节上的管理对象进行标识，通过条码和人工可识读方式使其相互连接。一旦食品出现卫生安全问题，可以通过这些标识进行追溯，看看是哪个环节出现了问题，可一直追溯到食品的源头。例如，如果牛肉产品出现了问题，可以追溯到这头牛的出生地和饲养地。这样就可以阻断这些地方的货源流入市场，然后进行有效的治理。目前，联合国欧洲经济委员会(UN/ECE)已经正式推荐将 EAN·UCC 系统用于牛肉产品的跟踪与追溯。

牛肉产品标签必须包含以下六个方面的人工可识读信息:确保牛肉与牛连接的一个参考代码;牛的出生国(地区);牛的饲养国(地区);牛的屠宰国(地区);牛的分割国(地区);屠宰场和分割厂的批准号码。

牛肉产品标签保证了牛胴体、二分之一牛体、牛肉块的标识与某一头牛或一群牛标识之间的连接。

下面逐一介绍在牛肉产品加工的各个步骤中，是如何应用 EAN·UCC 系统的。

(1)饲养环节

对于活体动物而言，采用 RFID 动物耳标，既具有其标识的全球唯一性，又具有标识的防破坏性，已经广范地被发达国家所采用。例如在澳大利亚，由政府监管部门建立互联网畜牧公共监管平台，并向农民优惠提供具有唯一识别编码的 RFID 电子耳标。农民用 RFID 标签标识每一头饲养的动物，就上专门的网站进行注册登记一次，并随后记录该动物在饲养过程中各种重要信息，该信息将成为日后农民进行活体动物交易时买主最为关注的信息之一。在饲养阶段，必须实现动物个体标识，实行个体管理才能实现有效食品安全的可追溯性。

基于中国目前的国情，一些大型肉类企业为控制风险、降低成本，基本实行了"公司＋基地＋农户"式的产业化经营。2005 年，机械化肉类加工企业自建养殖基地的比例达到 50%。对于大量的非组织的农民来说，采用 RFID 耳标进行活体动物标识并达到像澳大利亚那样的应用水平还有相当长一段历程。值得可喜的是，上海市已经出台了动物饲养标识的地方技术标准，并已经开始推广应用。

动物活体 RFID 电子标签的国际标准有 ISO 11784 和 ISO 11785。

该阶段主要记录和追溯的信息包括:动物所有者信息、育种信息、饲养信息、卫生防疫及疾病管理信息、重量信息、销售信息、饲养管理、饲养环境安全监测及结果等。

数据结构由饲养者代码和牛个体序列号组成(见表 7—1)。

表7-1 牛个体标识号数据结构

| 数据结构 | | | |
|---|---|---|---|
| 饲养者代码 | | 牛个体序列号 | |
| N1N2 | N8 | N9 | N30 |

(2)屠宰环节

从活体动物入厂,到检疫、屠宰、检验和交易,要实现屠宰后的胴体对应其活体动物的追溯管理。由于屠宰环节的过程复杂,因此,要实现其可靠追溯具有相当的困难。目前,先进欧美国家的普遍做法是在机械化屠宰线轨道挂钩或动物胴体上用条形码进行标识追溯管理,通常只能管理到批次。

当牛到达屠宰场时,需要牛的证照或健康证明,以及含有标识代码的耳标。

屠宰环节主要记录和追溯的信息包括屠宰场的批准号码、活体动物供应信息,屠宰场过程信息,卫生检疫信息("瘦肉精"检出等),胴体及对应的脏器信息,胴体数字喷码编号信息,屠宰后的销售与加工信息等。

如果牛的出生、成长与屠宰都在同一国家,标签上的这些信息统一由 AI 426 标识。国际物品编码协会建议用耳标号码标识牛胴体。牛胴体标签上的 UCC/EAN-128 条码符号表示的数据以及应用标识符见表7-2。屠宰阶段的牛胴体标签见图7-5。

表7-2 胴体条码符号表示的应用标识符和数据

| 数据 | UCC/EAN 128 |
|---|---|
| 出生国(地区) | AI 422 |
| 饲养国(地区) | AI 423 |
| 出生、饲养和屠宰在同一国家(地区) | AI 426 |
| 屠宰国(地区)和屠宰场批准号码耳标号码GTIN | AI 7030 |
| | AI 251 |
| | AI01 |

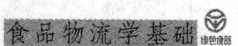

图 7-5　牛胴体标签

（3）分割环节

屠宰场应将所有与牛及其牛胴体的相关信息传递给第一个分割厂。牛体的分割包括牛肉加工的全过程，从切割牛胴体到进一步分割，直至零售包装。

供应链中最多可以为 9 个分割厂编码，每个分割厂应将所有牛及其胴体的相关信息以人工可识读的方式传递给供应链中的下一个分割厂。

在牛胴体分割加工处理过程中要满足牛肉标签规则的要求，并能记录有关信息。每个分割厂必须记录下列信息：连接牛肉与牛的一个参考代码、牛耳标号、屠宰场批准号或位置码、出生国、饲养国、分割厂批准号码、分割国等。

切割后组成的任何一批牛肉产品，应该只包括同一屠宰场屠宰，并且是加工车间同一天加工的牛肉产品。通常只有与整批牛肉相关的信息才可写在分割厂的标签上。每个单独的牛肉块或肉沫包装都必须有一个标签（见图 7-6、图 7-7、表 7-3）。

图 7-6　第一次加工胴体标签

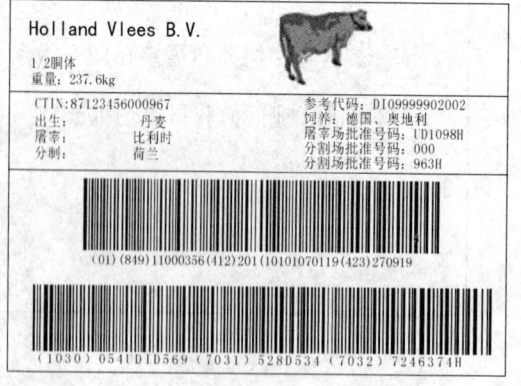

图 7-7　第二次加工胴体标签

表7-3 分割阶段标签表示的内容

| 数 据 | |
|---|---|
| 出生国（地区） | AI 422 |
| 饲养国（地区） | AI 423 |
| 出生、饲养和屠宰在同一国家（地区） | AI 426 |
| 屠宰国（地区）和屠宰场批准号码 | AI 7030 |
| 国家代码与第一分割厂批准号码 | AI 7031 |
| 国家代码与第二分割厂批准号码 | AI 7032 |
| 国家代码与第三分割厂到第九分割厂批准号码 | AI 7033~39 |
| 单个分割的耳标号码或分割组批号 | AI 251或AI10 |
| GTIN | AI 01 |

(4) 销售环节

牛肉的最后一个分割厂应按照规则的要求和商业需求，将所有与牛、牛胴体以及牛肉加工相关的信息传递给供应链中的下一个操作环节，可能是批发、冷藏或直接零售。

所需信息：牛耳标号，屠宰场批准号或位置码，分割厂批准号码，出生国，饲养国，分割国等。

标签类型是零售标签，要符合销售环节POS系统的要求（见图7-8）。

图7-8 零售标签

表 7-4 牛肉供应链信息交换的全过程

| 屠宰 | 分割 | 销售 | 消费 |
|---|---|---|---|
| 身份证/健康证明、耳标 | 胴体标签 | 加工标签 | 零售标签 |
| EAN·UCC 条码符号 | EAN·UCC 条码符号 | EAN·UCC 条码符号 | EAN·UCC 条码符号 |
| 无 | UCC/EAN-128 | UCC/EAN-128 | EAN-13 |
| 条码或射频或人工 | EANCOM EAN/UCC-128 条码 | EANCOM EAN/UCC-128 条码 | 只有 GTIN 是进入物品数据库的关键字 |
| 耳标号 | AI01 GTIN AI251 耳标 | AI01 GTIN AI251 耳标 (或者 AI10 批号) | |

### 四、RFID 在蔬菜追溯系统中的应用

生鲜农产品供应链由蔬菜水果的种植者、加工、包装、销售以及仓储、运输等环节构成。要实现对生鲜农产品的全过程跟踪，就需要在供应链各个环节实现无缝衔接，达到物流与信息流的统一，从而使供应链处于透明的状态，而信息标识是其中的关键和基础。通过使用 RFID 技术，能够方便地把整个供应链中各个环节的信息读入公共数据库，各个环节也可以方便地增加相应环节的数据。消费者和相关主管部门也可以通过通信网络和终端进行查询和追溯。

1. 生产环节

主要指较具规模和规范的蔬菜种植基地，此类生产基地一般实行规模化种植、集约化经营，具有采用 RFID 技术的条件。

跟踪与追溯要求供应链中的各个作业者采用上游参与方提供的信息对产品进行标签标注。种植者是每个生产或收获种植产品的作业者，也是在水果和蔬菜供应链中应用 RFID 标准的第一个作业者。种植者能够为其产品分配一个批号。这样结合批号和种植者标识就能确保追溯。也可为每一个地块或一个品种设定一个标签，对该地块或该品种蔬菜从种植到打包实施的整个过程中的必要信息通过读入或输入设备进行初始信息的录入，如蔬菜品种、生长

时间、喷施农药的名称及次数、施用的化肥、收割时间等，甚至包括该品种的特点描述，根据农产品编码标准，对每一类蔬菜设置一个编号作为其身份的唯一标识。这样在该品种蔬菜完成供应链的第一个环节时，该电子标签已经存储了其所有基本信息。当收购企业对任何一个地块的蔬菜品种收购时，通过采用数据采集器对农产品以及农产品进行信息采集，不仅加快了收购速度，降低了出错率，而且为农产品加工企业提供了POS系统、EDI（电子报关系统）、药物残留测试系统、电子商务等系统的基础数据，为产品溯源提供源头数据。

2. 加工/包装环节

种植者记录的所有生鲜农产品的相关信息必须提供给供应链的下一个参与方，分别为分级者、加工者、包装者或进货商。在加工环节中，可以首先读取电子标签包含的生产信息。然后加工企业根据本身需要和相关主管部门的要求添加必要的信息，如加工单位、加工日期、加工过程使用的添加剂、包装重量、蔬菜的等级等。经过加工企业的数据充实后，产地信息和加工环节信息都已经存储在该电子标签中，终端消费者在零售或批发市场通过查询终端查询该产品信息时，便可以对其相关信息一览无余，对于事故后追溯也变得容易可行。

3. 仓储环节

蔬菜作为一种时令产品，其对仓库环境要求高，尤其是在仓库环境欠佳的情况下，更应该减少蔬菜在仓库的存放时间。对于需要入库保存的蔬菜，在入库前通过电子标签数据读取，其包装规格、包装重量自动读入计算机。由计算机处理后根据仓库特点形成库存信息，如仓储的温度、湿度等，并输出入库区位、货架、货位的指令。盘点时，终端读取蔬菜包装上的电子标签，并实时记录盘点的数量。现场清点完毕后，盘点人员确认清点的数量并上传至后台数据库中。后台数据库根据实时上传的资料与系统中的资料进行比较，数量若有差异，则系统将自动生成盘点清单差异表，然后将数据提交上级或指示终端重复盘点，出库时也无须过多的人工参与就可以对库存数据自动更新。RFID技术的使用，在大大加快出入库及仓库盘点速度、降低错误率的同时，也为使用计算机进行库存管理、提高仓库管理的自动化程度提供了方便。

4. 运输环节

RFID技术在新鲜蔬菜运输环节中的应用主要体现为在途货物的监控、跟踪及口岸检查。把RFID技术和GPS结合起来，可以为物流公司提供实时监控和跟踪服务。同时对业主而言也可以通过计算机网络方便地知道自己的货物到达了什么位置，在经过口岸接受检查时，检查单位无须拆开蔬菜包装，只要通过手持式阅读器就可以知道包装产品的具体内容，大大提高了口岸检查速度并缓解口岸拥挤压力。

5. 销售环节

RFID技术在零售环节中的应用，体现在零售商店或超市内单位包装蔬菜防盗、蔬菜有效期监控和临时销售等方面。RFID防窃技术就是将电子标签置入商品包装，由计算机系统通过现场的阅读器等配套设施实时监控商店中各种商品的标签。这样，零售商就能放心地开架销售。同时 RFID 电子标签能够对某些具有时效性的商品进行监控，一旦食品超过了有效期，标签就会发出报警。

RFID 技术在新鲜蔬菜供应链中的应用，不但可以确保该供应链的高质量数据交换，而且还能实现食品"源头"跟踪以及蔬菜供应链的完全透明。这是因为 RFID 系统通过为每件蔬菜产品提供单独的身份及储运历史记录，从而提供了一个详尽而具有独特视角的供应链，确保到达超市货架及餐馆厨房的蔬菜产品的来源是清晰的。

## 本章小结

本章系统讲述了食品可追溯系统的概念、起源、特点、分类，阐述了国内外食品安全可追溯系统实施及发展现状，食品行业实施可追溯系统的功能和必要性；分析了中国食品行业实施可追溯系统面临的困难，并提出了相应的建议；介绍了实施食品安全可追溯系统涉及的相关信息技术、实施该系统的管理基础；举例分析了信息技术 EAN·UCC 及 RFID 技术在牛肉制品和蔬菜供应链中的应用。

## 复习思考题

### 一、名词解释

食品可追溯性

### 二、填空题

1. 食品可追溯系统具有（　）、（　）和（　）三大特征。
2. 根据食品可追溯性的范围分类，食品可追溯系统分为（　）和（　），根据政府部门的要求不同，食品可追溯系统分为（　）和（　）；根据追溯的方向则可分为（　）和（　）。
3. 实施食品安全可追溯的相关技术有（　）、（　）、（　）和（　）。

### 三、简答题

1. 简述食品可追溯系统的特点。
2. 简述食品可追溯系统的分类。
3. 分析中国农产品产业特点，实施农产品可追溯系统存在的问题。
4. 食品可追溯系统实施的相关信息技术有哪些？
5. 简述食品可追溯系统实施的管理基础。

### 四、技能题

方便面食品企业可追溯系统的设计
具体要求：

(1)论文字数专科3000字左右。

(2)写作格式必须符合科技论文的格式要求，包括文章标题、作者姓名、单位、摘要、关键词、前言、正文、结语、参考文献等内容。

(3)对设计的方案要进行理论上的阐述、论证，并对该方案的应用前景进行说明。

(4)对设计方案对象的相关生产环境、背景要做全面的介绍，对涉及的生产流程分析要有图示说明。

(5)要对课程论文中涉及的食品可追溯的相关名词、技术进行详尽解释和论述。

【课堂讨论】

1.结合美国和我国的农业生产特点，讨论我国实施农产品可追溯系统所面临的难题。

## 案 例 分 析

### 案例12 都乐公司的生鲜农产品追溯

都乐公司是欧洲最主要的生鲜水果和蔬菜经销商，通过遍布全欧的20多个港口进口产品。都乐(欧洲)公司的总部位于法国，在西班牙、希腊、意大利、德国、比利时、南非、瑞典和荷兰等地都有分支机构。

2000年5月，南非编码组织成立了一个名为"南非生鲜农产品跟踪项目"(SAFPTP)的工作组，以满足欧洲对产品可追溯性的要求和由此产生的对物流管理的要求和对食品安全的责任。南非编码组织、南非柑橘协会(CSA)、落叶植物果实生产商托拉斯(DFPT)、易腐产品出口管理局(PPECB)以及物流和行业供应商等组织，都参加了该工作组。

在第一阶段，SAFPTP征询对南非出口水果可追溯性的建议内容，并得知EAN·UCC系统提供的标准可在南非水果和蔬菜行业供应链中发挥作用。在这一框架下，该工作组于2002年10月，以国际物品编码协会的同名文件为蓝本，进入《南非FPT指南》的起草阶段。

1.实施前的企业情况

在南非，只有柑橘和无核水果的出口管制要求按照当地标准使用专用条码(即39条码)对运输托盘进行跟踪。1997年南非废止了一些法律，影响了企业经营的连续性，导致水果和新鲜蔬菜的出口以及在南部非洲市场上的经营方式五花八门，标准化已无迹可寻。

2.可追溯性与EAN·UCC系统

首先，工作组把重点放了无核水果和柑橘的出口方面。都乐(南非)公司同意启动一个试点项目，在托盘和包装箱上使用条码标签。为此，都乐投资开发了DoleTrack系统，这是一套企业内部开发的工具。该工具使都乐公司能够存储已包装产品的所有数据(可追溯性的基础)，并采用UCC/EAN—128条码印制标签。

2001/2002的水果收获季节，在包装纸箱上使用物流标签的试验在南非和纳米比亚的35

个包装厂取得了成功。在进入欧洲的所有都乐产品上使用物流标签(包括 UCC/EAN－128 条码)的良好效果,在安特卫普港口得以显现。该港口接纳都乐公司为欧洲供应商和分销商提供的大部分产品。如今,纳米比亚和南非的大约 50 个包装中心试用了物流标签和"Dole-Track"软件。

都乐公司在实际采用物流标签(如图 7－9、图 7－10 所示)之后的最初成效是:托盘的标签只需要稍微变更,但成本比试验前下降了许多。

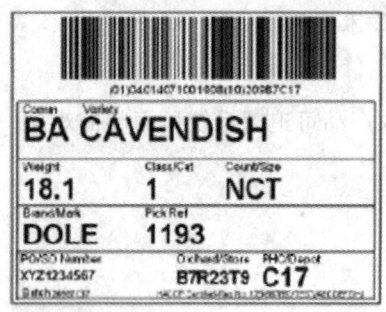 

图 7－9 UCC/EAN－128 纸箱标签　　　　图 7－10 托盘标签

南非具有一套专用的编码系统和内部标准。使用时,在标签上同时印制了 UCC/EAN－128 条码和当地标准条码(39 条码)。对于包装箱,问题则稍微有些复杂,因为客户要求各不相同。

都乐公司使用 DoleTrack 系统及 UCC/EAN－128 条码标签获得以下好处:因标签费用较低,成本降低了;贴标签工序速度的提高降低了人工成本;包装箱上的标签更清晰且结构更合理;实现了对包装箱的完全可追溯性;充分满足了客户的要求;唯一的、全球统一的编码结构可以在整个供应链中使用(从原料供应到最终客户)。

短期内,都乐公司决定进一步扩大该系统的使用范围,将 EAN·UCC 系统用于与更多欧洲国家的贸易中。在此期间,SAFPTP 继续宣传其指南(通过奖励活动和培训课程进行),以启动"端对端"EAN·UCC 系统试点项目。在试验的第二阶段,该工作组将着重关注 EDI、中央数据服务和数据源的互操作性。

3.可追溯性与食品安全

为了保证产品的可追溯性,都乐公司制订了一套完整的方案,要求为供应链各环节分派职责,以保证其能充分发挥作用。因此质量专家要严格控制每一步行动,确保所有程序均得到执行。此外,每年的内外部审计也要对产品保鲜与存储的设备和条件进行评估。

对于都乐公司来说,保证质量意味着从挑选种子到将都乐品牌的水果和蔬菜摆上超市货架的整个过程,实施严格的国际规范和标准。

都乐公司质量控制链如下:

①种植:在播种之前,该公司对生产的水果和蔬菜的营养价值和口味进行评审。原则是,只选择适宜当地土壤和气候种植的品种。在种植期间,由内部和第三方农学家对农田进行定期视察。他们负责确保都乐公司的生产符合 GAP、ICM 和 IPM 等环境管理体系,ISO 9002

和 ISO 14001 等国际标准，以及社会责任管理标准(如 SA8000)等。

②收获：都乐公司对所有果蔬进行检查并记录数据。

③包装：当产品运到包装厂要对产品进行复检。虽然都乐公司的大多数包装厂都靠近种植基地，但产品仍有可能在运输途中受损。都乐公司在开始包装之前，筛选出所有受损的水果和蔬菜。

都乐公司根据 ISO 9002、欧共体标准以及 HACCP 规范，实施严格的包装程序。产品在装船前要采用 EAN·UCC 系统代码(如 GTIN、SSCC)进行系统化的检验。

④运输：在出口前，要对所有产品进行质量控制检验。因为在海运过程中可能发生产品损坏。因此，每艘运输船的船长负责控制温度和空气，并记录数据。都乐公司全资拥有获得国际安全管理（ISM）认证的运输船队，每艘船均严格遵循该程序。

产品到达欧洲后，都乐公司先对产品进行外观检查，再进行全面质量评估。还将检查航运日志，抽取样本，测量大小、重量、成熟度和色泽。其他样品则被送到实验室，进行微生物及最大残留水平（MRL）分析。

⑤储藏、催熟与销售：在配送到都乐公司分布于欧洲各地的分支机构之前，水果和蔬菜被储藏在特殊的温控仓库中。此环节的质量程序符合 ISO 9002 标准和根据 HACCP 建立的卫生程序守则。

每个收货的国家均实行质量控制。当产品需要通过火车或货车直接发送给客户时，都乐公司将提供关于运输、储藏、催熟和预包装的建议。

某些产品(例如香蕉)在发运后仍需要催熟。都乐公司在欧洲的一些催熟室已通过 ISO 9002 认证，有些正处于认证过程中。由分销商进行的催熟，则是按照都乐公司的建议进行的。

都乐公司的质量标准同样适用于其产品的外观，因此，都乐公司向出售其产品的超市提供了产品的陈列建议。

如果发现任何质量问题(这种情况很少发生)，都乐公司将立即采取决定性行动，通过隔离或召回产品以消除问题的根源，保护消费者的利益。如果分销商需要了解有关都乐产品的信息，可随时向都乐公司的质量经理咨询，并将及时得到答复。

**案例点评：**

都乐公司是水果和蔬菜行业中实现产品可追溯性的先行者。此案例研究表明，在食品安全领域的产品可追溯性是一个超越国界的概念，应在全球范围进行。这意味着只有使用国际标准——EAN·UCC 系统，才能确保成功实现产品的可追溯性。要确保能在世界范围内统一传送产品数据，可以依赖 EAN·UCC 系统提供的标准。在食品安全方面，有不少公认的国际认证标准和规范，例如 GAP、ICM、IPM、ISO 9002 和 HACCP。都乐公司的经验表明，综合采用以上标准是实现最优可追溯性的保障。

# 第八章 物流机械与设备

**【知识目标】**

了解物流机械设备的发展情况与发展趋势，现代物流设备的概念、特点；理解物流设施与设备在现代物流中的地位与作用；熟悉各种物流机械设备如包装设备、装卸搬运设备、仓储设备、流通加工设备和运输设备等的基本知识、种类，掌握合理配置、选择、运用物流机械设备的基本方法，科学地进行设备管理；了解各种物流运输基础设施、物流运作基础设施和物流信息技术设施的含义、种类及其在物流中的作用。

**【技能目标】**

通过本章学习，能够运用各种物流设施和设备基本知识，科学地选择和配置物流机械设备。

工欲善其事，必先利其器，高度发达的物流设施与设备是现代物流系统的特征之一，它对提高物流能力与效率、降低物流成本、保证服务质量等方面都有着十分重要的影响。

现代物流通常是由运输、物料搬运、仓储、配送、包装和流通加工、信息等环节组成。为实现高效、快捷、准确、安全的物流服务，要求各个环节必须实现高度的机械化、自动化和信息化。因此，没有现代物流设施与设备的支撑，就没有现代物流的实施和运作。正确把握物流机械设备在物流系统中的地位与作用，充分合理利用物流机械设备，实现物流的空间效益、时间效益、加工附加性效益,以及实现物流各环节的合理衔接,提高企业竞争能力,并取得最佳的经济效益有着非常重要的意义。

物流机械设备作为物流技术中的硬技术,是物流软技术强有力的支撑。许多先进的物流技术的应用是通过物流机械设备来实现的。因此,物流机械设备是物流系统的物质技术基础,是构成物流保障力的重要组成要素,是实现物流功能的手段和技术保证。全面了解物流机械设备发展过程及现状,把握物流机械的发展趋势,对正确、合理地配置和运用物流机械设备具有非常重要的意义。

# 第一节　物流机械与设备概述

## 一、物流机械设备的概念

1.概念

物流活动由包装、装卸搬运、运输、存储、配送、流通加工等环节构成。物流活动的实现需要相应的劳动手段,而这种劳动手段就是物流机械设备。

物流机械设备是指进行各项物流活动所需的机械设备、器具等,可供长期使用,并在使用中基本保持原有实物形态的物质资料。物流机械设备不包括建筑物、装卸展台等物流基础设施。

2.物流设备的特点

物流设备是物流技术水平高低的主要标志,现代物流设备体现了现代物流技术的发展。我国近年来的物流设备现代化、自动化程度较高,其特点主要表现在:

(1)设备的社会化程度越来越高,设备结构越来越复杂,并且从研究、设计到生产直至报废的各环节之间相互依赖,相互制约。

(2)设备出现了"四化"趋势,即连续化、大型化、高速化、电子化,提高了生产率。

(3)能源密集型的设备居多,能源消耗大;同时现代设备投资和使用费用十分昂贵,是资金密集型的,因而提高机械设备管理的经济效益对物流企业来说非常重要。

3.物流设备选择原则

物流设备的配置、选择是物流设备前期管理的重要环节,是企业经营决策中的一项重要工作。物流设备具有投资大、使用期限长的特点,在配置和选择时,一定要科学决策和统一规划。正确的配置与选择物流设备,可为物流作业选择出最优的技术设备,使有限的投资发挥最大的经济效益。选择物流设备,原则上要技术上先进、经济上合理、生产作业上安全适用、无污染或污染小。

(1)适用性原则

这是针对物流设备是否满足使用要求的能力而言,包括适应性和实用性。物流企业在选择运输设备时,要充分考虑到物流设备与目前生产作业的需要及发展规划相适应;要符合货物的特性和货运量的大小,能够在不同的作业条件下灵活方便地操作。实用性就涉及恰当选择设备功能的问题。物流设备并不是功能越多越好,因为在实际作业中,并不需要太多的功能,如果设备不能被充分利用,则造成资源和资金的浪费。同样,功能太少也会导致物流企业的低效率。因此要根据实际情况,正确选择设备功能。

(2)技术先进性原则

这里的先进性主要是指配置和选择的物流设备能够反映当前科学技术的先进成果,主要体现在自动化程度、结构优化、环境保护、操作条件等方面。但是先进性必须服务于适用性,尤其是实用性,来取得经济效益的最大化。

(3)最小成本原则

这主要指的是设备的使用费用低、综合效益最好。它不仅是一次性购置费用低,更重要的是长期使用的费用低。有时候,先进性和低成本会发生冲突,这就需要物流企业在充分考虑适用性的基础上,进行权衡,做出合理选择。

(4)可靠性和安全性原则

可靠性是指设备在规定的使用时间和条件下,按要求完成规定功能的能力。它是物流设备的一项基本性能指标,是设备功能在时间上的稳定性和保持性。如果可靠性不高,无法保持稳定的作业能力,也就失去了物流设备的基本功能。物流设备的可靠性和经济性密切相关,可靠性高意味着可以减少或避免因事故发生而造成的停机损失和维修费用支出。但是可靠性不是越高越好,必须考虑到成本问题,不可片面追求可靠性。

安全性是指物流设备在使用过程中保证人身及货物的安全以及环境免遭危害的能力,它包括设备的自动控制性能、自动保护性能以及对错误操作的防护和警示装置等。随着物流作业现代化水平的提高,可靠性和安全性日益成为选择设备、衡量设备好坏的主要因素。在配置和选择物流设备时,应充分考虑物流设备的可靠性和安全性,以提高物流设备利用率,防止人身事故和保证物流作业的顺利进行。

(5)系统化原则

系统化就是在物流设备配置、选择中用系统的观点和方法,对物流设备运行所涉及的各个环节进行系统分析,把各个物流设备和物流系统总目标、物流系统各要素有机结合起来,改善各个环节的机能,使物流设备的配置、选择最佳,从而使物流设备发挥最大的效能,并使物流系统整体效益最优。

按系统化原则配置与选择物流设备,不仅要求物流设备与整个系统相适应,各个物流设备之间相匹配,而且要求全面、系统地分析物流设备单机的性能,从而进行综合评价,做出决策。

4.物流设备的种类

物流设备的功能和类型是根据物流各项活动逐步形成的，按照不同的标准可以进行如下分类：

按照设备所特有的功能，可以将其分为运输设备、仓储保管设备、装卸搬运设备、流通加工设备、包装设备、信息处理设备等。

按照设备在物流活动中的相对位置，可分为固定设备和活动设备。固定设备如铁路、公路、桥隧、车站、港口、仓库等建筑物；活动设备如火车、汽车、轮船、移动式装卸搬运设备等。

按照设备在物流活动中的服务范围，可分为企业（生产）物流设备和社会（供销）物流设备。企业物流设备是企业固定资产的一部分，属于企业的自有设备，如企业的运输车辆、铁路专用线、装卸搬运机械、包装机械、仓储建筑等。社会物流设备是为社会物流服务的，属于公用设备，如运输线路、桥隧、车站、港口等。

## 二、物流机械设备在物流系统中的地位和作用

1.物流机械设备是物流系统的物质技术基础

不同的物流系统必须有不同的物流设备和设施来支持，才能正常运行。因此，物流设备和设施是实现物流功能的技术保证，是实现物流现代化、科学化、自动化的重要手段。物流系统的正常运转离不开物流设备和设施，正确、合理地配置和运用物流设备与设施是提高物流效率的根本途径，也是降低物流成本、提高经济效益的关键。

2.物流机械设备是物流系统中的重要资产

在物流系统中，物流设备与设施的投资比较大。随着物流机械设备技术含量和技术水平的日益提高，现代物流技术装备既是技术密集型的生产工具，又是资金密集型的社会财富。因而，其造价昂贵，建设一个现代化的物流系统所需的物流机械设备购置投资相当可观。同时，配置和维护这些设备与设施需要大量的资金和相应的专业知识。现代化物流设备与设施的正确使用和维护，对物流系统的运行效益是至关重要的，一旦设备出现故障，将会使物流系统处于瘫痪状态，造成物流效益的损失。

3.物流机械设备涉及物流活动的每一环节

在整个物流过程中，从物流功能看，物料或商品要经过包装、运输、装卸、储存等作业环节，而且还有许多辅助作业环节。各个物流环节的实现，都离不开相应的机械设备，而且这些机械设备的性能好坏和合理配置直接影响着各环节的作业效率。

从企业物流来看，首先在供应过程中，涉及运用物流机械设备把生产所需的材料按时、按质、按量运送到仓库或使用场所。

其次，生产所需的材料从仓库或使用场所开始，进入到车间或流水线，再进一步随生产加工过程一个一个环节地"流"。在"流"的过程中，本身被加工，同时产生一些废料、余料，直到生产加工终结，再"流"至成品仓库，而要实现"流"的过程，必须应用不同的物流机械设备。

最后，企业为保证本身的经营效益，需要把成品销售出去。于是便通过包装、送货、配货等一系列物流活动实现销售，其中必定离不开物流机械设备。如果用人力去完成这些工作，一定耗时、耗力，甚至完成不了这些工作。

4.物流机械设备是物流技术水平高低的主要标志

一个高效的物流系统离不开先进的物流技术和先进的物流管理。先进的物流技术是通过物流设备与设施体现的，而先进的物流管理也必须依靠现代高科技手段来实现。如在现代化的物流系统中，自动化仓库技术的应用中综合运用了自动控制技术、计算机技术、现代通讯技术(包括计算机网络和无线射频技术等)等高科技技术，使仓储作业实现了半自动化、自动化。物流管理过程中，从信息的自动采集、处理到信息的发布完全可以实现智能化。依靠功能完善的高水平监控管理软件，可以实现对物流各环节的自动监控。依靠专家系统可以对物流系统的运行情况及时进行诊断，对系统的优化提出合理化建议。因此，物流设备与设施的现代化水平是物流技术水平高低的主要标志。

近年来，国际范围内物流技术获得快速发展，其发展特点是将各个环节的物流技术进行综合、复合化而形成最优系统技术。如卫星定位系统(GPS)、无线移动通信系统(GMS)、地理信息系统(GIDS)及计算机、网络等多项高新技术结合起来的物流车辆管理技术。

以计算机和通信网络为中心的情报处理技术与运输、保管、配送中心的物流技术在软技术方面的结合等。许多先进的物流技术的应用是通过物流机械设备来实现的。物流机械设备的应用和普及程度，直接影响着整体物流技术水平。

## 三、国外物流机械设备的发展现状

1.仓储设备和装卸搬运机械设备

初期，货物的输送、存储、装卸、管理、控制主要靠人工实现。后来，随着科学技术的发展，机械化程度有了一定提高，开始运用各种各样的传送带、工业输送车、起重机等来移动和搬运物料或货物；用货架、托盘和可移动式货架存储物料；用限位开关、螺旋机械制动和机械监视器来控制设备的运行。

20世纪50年代末和60年代，自动化技术对装卸搬运技术的发展起到了极大的促进作用，相继研制和采用了自动导引运输车(Automated Guided Vehicle，AGV)、自动货架、自动存取机器人、自动识别和自动分拣等系统。

世界上第一台AGV是由美国Barrett电子公司于20世纪50年代初开发成功的。它是一种牵引式小车系统，可十分方便地与其他物流系统自动连接，显著地提高了劳动生产率，极大地提高了装卸搬运的自动化程度，是物料搬运的一次革命。1954年英国最先研制的电磁感应导向的无人搬运车系统(Automated Guided Vehicle System，AGVS)。1960年欧洲就安装了各种形式、不同水平的AGVS 220套，使用了AGV 1300多台。

20世纪60年代，随着计算机技术应用到AGVS的控制和管理上，AGVS进入到柔性加工系统（FMS），成为生产工艺的组成部分，从而得到迅速发展。

20世纪70年代和20世纪80年代，旋转式货架，移动式货架，巷道式堆垛机和其他设备都初步实现了自动控制，并越来越多地应用于生产和流通领域的物流系统中，物流效率大大提高。

20世纪80年代以后至今，装卸搬运机械设备又上了一个台阶。大型起重机、自动运输机、自动上下料机械、智能型装卸堆垛机器人等快速、高效、自动化的物流机械设备的应用，提高了装卸搬运设备的协调性，极大地推进了世界各国物流业的迅速发展。

AGVS变化更大，它采用先进的驱动技术和控制系统，线路网络布置技术也得到发展，逐步实现智能化、自动化作业。

目前世界AGVS的保有量为15000套以上，拥有10万台左右的AGV，起重机械大型化发展势头强劲。当前，世界上的浮游起重机最大起重量已达6500吨，最大的履带起重机起重量为3000吨，最大的桥式起重机起重量为1200吨，堆垛起重机最大运行速度达240米/分钟。

2.运输及装卸设备

20世纪50年代，散货船的载重量一般是几千吨至1万吨，运输的货物是以煤、大宗建材为主。水运工艺的第二次革命是将谷物由袋装改为散装，还将某些本属于散货的件货（如化肥）也改为散货运输。因此，出现了5万～8万吨级的巴拿马型散货船。1987年韩国还建成了超过巴拿马型的散货船，其最大载重量达到36.5万吨。

20世纪60年代末，在公路上首先出现了集装箱运输。集装箱运输因为具有能实现全部机械化作业、提高装卸效率、提高货运质量、适合组织多式联运的运输方式等优点，改变了件货运输和装卸的落后状况。因此，很快地应用到水路运输上，并引发了水运工艺的第三次革命。1976年出现了第一代集装箱运输船，其载箱量仅为200TEU（Twenty－feet Equivalent Unit，是以长度为20英尺的集装箱为国际计量单位，也称国际标准箱单位），航速22kh。经过20多年的发展最近下水的第6代超大巴拿马型集装箱船，其载箱量高达8700TEU，航速达到了36kh。另外，为满足不同货物的运输要求，还出现了各种专用船舶如液货船、滚装船、载驳船、冷藏船等。

汽车运输快捷、方便，能做到"门到门"输送，满足小批量、多品种的原材料、产成品的输送要求。因此，近年来公路运输发展迅速。但普通的载货汽车只能完成一般的货物运输，对于特殊的货物需要专用车辆进行运输，如自卸车、罐式车、冷藏车辆等。

轮胎起重机、汽车起重机等流动式起重机在20世纪50～60年代起重量大多为5吨、8吨。通用型流动式起重机以中小型为主，起重量在40吨以下，专用型流动式起重机向大型化发展。为满足大型石油、化工、冶炼设备和高层建筑构件安装等的需要，已生产了起重量800吨的轮胎起重机。汽车起重机的起重量达到了1000吨，主臂架长度121米。

早期的流动式起重机大多采用机械式传动。由于液压传动具有结构紧凑、可以无级调速、操纵方便、运转平稳和安全可靠等优点,目前在流动式起重机上广泛采用,特别是大吨位的全液压起重机发展迅速。许多流动式起重机还采用液力传动,这种传动方式使液力变矩器与发动机合理匹配,发动机的转矩能自动适应行驶条件;还采用了动力换挡的变速器、液压转向装置。这样大大减小了驾驶员的劳动强度。

为了减小臂架的自重,普遍采用高强度低合金钢,并对臂架截面的合理选型进行了大量的研究。为了防止流动式起重机倾翻,已研制和应用了计算机控制的起重力矩限制器。

近代国际集装箱运输系统的迅速发展,出现了第6代集装箱运输船舶,并相应发展了岸边集装箱起重机。第1~2代集装箱船舶的岸边集装箱起重机的起重量为22.68吨,外伸距23.78米。目前世界上最大的岸边集装箱起重机是由上海振华港口机械有限公司生产的,其外伸距达到了65米,起重量65吨。最新研制的双小车岸边集装箱起重机的生产率达到了60TEU/h。

带式输送机是用来将散货和件货进行平面输送的机械。早期的移动带式输送机单机长度仅几十米,固定带式输送机单机长度不过100多米。通过采用钢绳芯带,增加驱动单元的数量。采用中间驱动方式,增大单个驱动单元的功率,增大输送带与传动滚筒间的摩擦系数等方法使单机长度大大提高。当长距离输送时,可以实现无转载运输。目前,带式输送机单机长度最长达到15000米。

最初,对带式输送机单机采用手动操作,随后对带式输送机系统中各个单机用电器控制方式进行顺序操作。目前已经发展到在中央控制室里对输送系统进行集中控制,实行无人操作及监控运行。

为了提高装卸效率,散货船舶的装卸从采用门座起重机等通用设备发展到用装船机、卸船机等专用机械。目前亚洲最大的抓斗卸船机的生产率达到2500吨/小时,而移动式煤炭装船机的生产率达到了10000吨/小时,弧线式矿石装船机的生产率则达到了16000~20000吨/小时。

3.世界各国的物流机械设备发展

美国是世界上现代化物流发展的比较早的国家,十分重视物流机械的开发、研究和应用,拥有较为完善的运输体系和先进的物流机械设备。大部分公司在货物运输、装卸、储存过程中,都广泛采用了先进自动化物流设备。仓储普遍采用了高层货架及与之相适应的自控搬运工具、自控装卸机械,如APA汽车运输公司仓库建立了库内轨道火车流水线;格兰杰公司建立了自动分拣货机械设备系统和自动存货取货机械设备系统等。港口码头的货物装卸,普遍实现了集装箱标准化,大大地缩短了装卸时间,提高了装卸效率。

日本学习美国的先进经验,于20世纪60年代开始引进和开发先进的物流机械设备,基本上实现了仓储现代化。德国、荷兰等欧洲国家也非常重视物流机械设备的运用。

### 四、我国物流机械设备发展的现状

自20世纪70年代末以来,我国物流设备有了较快的发展,各种物流运输设备数量迅速增长,技术性能日趋现代化,集装箱运输得到了快速发展等。随着计算机网络技术在物流活动中的应用,先进的物流设备系统不断涌现。我国已具备开发研制大型装卸设备和自动化物流系统的能力。总体而言,我国物流设备的发展现状体现在以下几个方面:

1. 物流设备总体数量迅速增加

近年来,我国物流产业发展很快,受到各级政府的极大重视。在这种背景下,物流设备的总体数量迅速增加,如运输设备、仓储设备、配送设备、包装设备、搬运装卸设备(如叉车、起重机等)、物流信息设备等。

2. 物流设备的自动化水平和信息化程度得到了一定的提高

以往我们的物流设备基本上是以手工或半机械化为主,工作效率较低。近年来,物流设备在其自动化水平和信息化程度上有了一定的提高。

从20世纪70年代开始到2009年,我国已建成立体仓库300多座,其中全自动的立体仓库有30多座。自动化仓库中配备了堆垛车、起重机、巷道式堆垛机、输送机、搬运车辆等先进的物流机械设备。20世纪90年代以后,随着计算机网络技术在物流活动中的应用以及物流配送中心的兴建,物流设备广泛采用,先进的物流设备系统不断涌现。目前,我国已具备开发研制大型装卸设备和自动化物流系统的能力,如上海振华港机公司成功研制了2500吨/小时抓斗卸船机外伸距为65米、起重量为65吨,是目前世界上最大的岸边集装箱起重机;昆船技术中心物流实验室和青岛颐中集团联合研制了自动化物流系统,可实现烟箱输送、条码识别、外形检测、自动入库、自动出库、托盘输送、自动拆垛和堆垛、自动发货装车、空托盘自动堆码、自动分发、火灾自动报警和自动消防等功能。

3. 基本形成了物流设备生产、销售和消费系统

以前,经常出现有物流设备需求,但很难找到相应生产企业,或有物流设备生产却因销售系统不完善、需求不足,导致物流设备生产无法持续完成等现象。目前,物流设备的生产、销售、消费的系统已经基本形成。国内拥有一批物流设备的专业生产厂家、物流设备销售的专业公司和一批物流设备的消费群体,使得物流设备能够在生产、销售、消费的系统中逐步得到改进和发展。

4. 物流设备在物流的各个环节都得到了一定的应用

目前,无论是生产企业的生产、仓储环节,流通过程的运输、配送环节,还是物流中心的包装加工、搬运装卸环节,物流设备都得到了一定的应用。

5. 专业化的新型物流设备和新技术物流设备不断涌现

随着物流各环节分工的不断细化,满足顾客需要为宗旨的物流服务需求增加,新型的物流设备和新技术物流设备不断涌现。这些设备多是专门为某一物流环节的物流作业,某一专门商品、某一专门顾客提供的设备,其专业化程度很高。

### 五、我国物流机械设备发展存在的主要问题

近年来,物流的高速发展使先进的物流设备得到了应用,但从整体上来看我国物流设备

的发展并不能满足21世纪全新物流任务的要求，具体来说主要有以下几个方面：

1. 物流基础设施建设投入较少

长期以来我国物流基础设施投入较少，发展比较缓慢。虽然近些年也新建了一些较先进的仓储物流设施，但从总体来看，中低端应用较多。20世纪50~60年代建造的仓库仍在使用，自动化立体仓库等高端的仓储货架系统还不多见，使用了计算机信息化管理的现代化仓库较少。

2. 我国尚处于物流设备发展的起步阶段，既缺少行业标准，又没有行业组织，致使各种物流设备标准不统一，相互衔接配套性差。

3. 物流设备供应商数量众多，但普遍规模偏小，发展不规范。

4. 物流企业只重视单一设备的质量与选型，没有考虑整个系统如何达到最优化。

5. 绝大多数物流企业仍将价格作为选择物流设备的首要因素，而忽视了对内在品质与安全指标的考察。

6. 部分物流企业对物流设备的作用缺乏足够的认识，在系统规划、设计时带有盲目性，造成使用上的不便或资源的浪费。

7. 物流设备的管理并没有被广泛纳入物流管理的内容，物流设备使用率不高，设备闲置时间较长。

### 六、物流机械设备的发展趋势

随着现代化物流的发展，物流设备作为其物质基础表现出了以下几个方面的发展趋势：

1. 大型化和高速化

大型化指设备的容量、规模、能力越来越大，这是实现物流规模效应的基本手段。一是弥补自身速度很难提高而逐渐大型化，包括海运、铁路运输、公路运输。油轮最大载重量达到56.3万吨，集装箱船为6790TEU。在铁路货运中出现了装载716000吨矿石的列车，载重量超过5吨的载货汽车也已研制出来。管道运输的大型化体现在大口径管道的建设，目前最大的口径为1220毫米。这些运输方式的大型化基本满足了基础性物流需求量大、连续、平稳的特点。二是航空货机的大型化。正在研制的货机最大可载300吨，一次可装载30个40英尺（12.2米）的标准箱，比现在的货机运输能力（包括载重量和载箱量）高出50%~100%。

高速化是指设备的运转速度、运行速度、识别速度、运算速度大大加快。提高运输速度一直是各种运输方式努力的方向，主要体现在对"常速"极限的突破。正在发展的高速铁路有三种类型：一是传统的高速铁路，以日本和法国的技术最具商业价值。目前营运的高速列车最大商业时速已达270~275公里/小时。二是摆式列车，以瑞典为代表，商业时速已达200~250公里/小时。三是磁悬浮铁路，目前正处于商业实验阶段。德国、法国在高速铁路上开行的高速货运列车最高速度已达到200公里/小时。随着各项技术的逐步成熟和经济发展，普通铁路最终将会被高速铁路所取代。在公路运输中高速一般是指高速公路，目前各国都在努力建设高速公路网,作为公路运输的骨架。航空运输中,高速是指超音速,客运的超音速已由法国协和飞机所实现。货运方面,双音速(亚音速和超音速)民用飞机正在研制中。无论如何,超音速化将是民用货机的发展方向。在水运中,水翼船的时速已达70公里/小时,气垫船时速最高,而飞翼船的时速则可达到170公里/小时。在管道运输中,高速体现在高压力,美国阿拉斯加原油管道的最大工作压力达到8.2MPa。

2.实用化

物流设备是在通用的场合使用,工作并不很繁重。因此物流设备应朝着好用、易维护、操作,具有耐久性、无故障性和良好的经济性,以及较高的安全性、可靠性和环保性等方向发展。这类设备批量较大、用途广,考虑综合效益,可降低外型高度,简化结构,降低造价,同时也可减少设备的运行成本。

3.专用化和通用化

随着物流的多样性,物流设备的品种越来越多且不断更新。物流活动的系统性、一致性、经济性、机动性、快速化,要求一些设备向专门化方向发展,又有一些设备向通用化、标准化方向发展。

物流设备专门化是提高物流效率的基础,主要体现在两个方面:一是物流设备专门化,二是物流方式专门化。物流设备专门化是以物流工具为主体的物流对象专门化,如从客货混载到客货分载,出现了专门运输旅客和货物的飞机、轮船、汽车以及专用车辆等设备和设施。运输方式专门化中比较典型的是海运,几乎在世界范围内放弃了客运,主要从事货运。管道运输就是为输送特殊货物而发展起来的一种专用运输方式。

通用化主要以集装箱运输的发展为代表。国外研制的公路、铁路两用车辆与机车,可直接实现公路铁路运输方式的转换。公路运输用大型集装箱拖车可运载海运、空运、铁运的所有尺寸的集装箱,还有客货两用飞机,水空两用飞机及正在研究的载客管道运输等。通用化的运输工具为物流系统供应链保持高效率提供了基本保证。通用化设备还可以实现物流作业的快速转换,可极大提高物流作业效率。

4.自动化和智能化

机械技术和电子技术相结合,将先进的微电子技术、电力电子技术、光缆技术、液压技术、模糊控制技术应用到机械的驱动和控制系统,实现物流设备的自动化和智能化将是今后的发展方向。例如,电气控制的大型高效起重机将发展为全自动数字化控制系统,可使起重机具有更高的柔性,以提高单机综合自动化水平。自动化仓库中的送取货小车、智能式搬运车AHV、公路运输智能交通系统(ITS)的开发和应用已引起各国的广泛重视。此外,卫星通信技术及计算机、网络等多项高新技术结合起来的物流车辆管理技术正在逐渐被应用。

5.成套化和系统化

只有当组成物流系统的设备成套、匹配时,物流系统才是最有效、最经济的。在物流设备单机自动化的基础上,通过计算机把各种物流设备组成一个集成系统,通过中央控制室的控制,与物流系统协调配合,形成不同机种的最佳匹配和组合,将会取长补短,发挥最佳效用。为此,成套化和系统化物流设备具有广阔发展前景,以后将重点发展的有工厂生产搬运自动化系统、货物配送集散系统、集装箱装卸搬运系统、货物自动分拣与搬运系统等。

6.绿色化

"绿色"就是要达到环保要求。这涉及两个方面:一是与牵引动力的发展以及制造、辅助材料等有关,二是与使用有关。对于牵引力的发展,一要提高牵引动力,二要有效利用能源,减少污染排放,使用清洁能源及新型动力。对于使用因素,包括对各种物流设备的维护、合理调度、恰当使用等。

# 第二节 物流机械的分类

根据不同的需要,从不同的角度可将物流设施设备分为不同的种类。总体来看可由两大部分构成:物流机械设备和物流基础设施。根据设备所完成的物流作业标准,物流机械设备又可以分为包装设备、物流仓储设备、集装单元器具、装卸搬运设备、流通加工设备和运输设备。物流设施则包括公路、铁路、航空、水运、管道及港口、货运站场和通信等基础设施,这些基础设施的水平和能力直接影响着物流各环节的运行效率。

## 一、包装设备

### (一)包装设备的概念

包装是指在流通过程中保护产品、方便存储、促进销售,按一定技术方法而采用容器、材料机辅助物等的总体名称。包装设备是指能完成全部或部分产品和商品包装过程的机器设备。包装过程包括充填、裹包、封口等主要工序,以及与其相关的前后工序,如清洗、堆码和拆卸等。此外,包装还包括计量或在包装件上盖印等工序。使用机械包装产品可提高生产率,减轻劳动强度,适应大规模生产的需要,并满足清洁卫生的要求。

### (二)包装机械的作用

包装是产品进入流通领域的必要条件,而实现包装的主要手段是使用包装机械。随着时代的发展,技术的进步,包装机械在包装领域中起着越来越重要的作用。其主要作用有以下几点:

1.大幅度提高生产效率

啤酒灌装机的生产率可达36000瓶/小时,糖果包装机每分钟可包糖数千块,快速的贴标机速度可达每分钟1000个以上。

2. 改善劳动条件，降低劳动强度

手工包装的劳动强度很大，如用手工包装体积大、重量重的产品，既耗体力，又不安全；而对轻、小产品，由于频率较高，动作单调，易使工人得职业病。

3. 能有效地保证包装质量

机械包装可根据包装物品的要求，按照需要的形态、大小，得到规格一致的包装物，这是手工包装无法保证的。这对出口商品尤为重要，只有机械包装，才能达到包装规格化、标准化，符合集合包装的要求。

4. 能实现手工包装无法实现的操作

有些包装操作，如真空包装、充气包装、贴体包装、等压灌装等，都是手工包装无法实现的，只能用机械包装实现。

5. 有利于工人的劳动保护

对于某些严重影响身体健康的产品，如粉尘严重、有毒的产品有刺激性、放射性的产品，用手工包装难免危害健康，而机械包装则可避免，且能有效地保护环境不被污染。

6. 能可靠地保证产品卫生

某些产品，如食品、药品的包装，根据卫生法是不允许用手工包装的，因为会污染产品，而机械包装避免了人手直接接触食品、药品，保证了卫生质量。

7. 可降低包装成本，节省储运费用

对松散产品，如棉花、烟叶、丝、麻等，采用压缩包装机压缩打包，可大大缩小体积，从而降低包装成本。同时由于体积大为缩小，节省仓容，减少保管费用，有利于运输。

8. 可促进相关工业的发展

包装机械涉及材料、工艺、设备、电子、电器、自动控制等多种学科，要求各相关学科同步、协调地发展，任何学科的问题都将影响包装机械的整体性能。因此，包装机械的发展将有力地促进相关学科的进步。另外，为适应包装机械高速包装的需要，其相关的前后工序也势必与之适应，也就推动了相关工序的同步发展。

### (三) 包装设备的种类

包装设备是使产品包装实现机械化、自动化的根本保证。包装机的种类繁多，分类方法很多。按产品状态分，有液体、块状、散粒体包装机；按包装作用分，有内包装、外包装机；按包装行业分，有食品、日用化工、纺织品等包装机；按包装工位分，有单工位、多工位包装机；按自动化程度分，有半自动、全自动包装机等。

包装机械主要包括填充设备、罐装设备、封口设备、裹包设备、贴标设备、清洗设备、干燥设备、杀菌设备、捆扎机械、集装机械、多功能包装机械以及辅助包装机械和包装生产线等。以下简单介绍几种包装相关设备。

1. 充填机

充填机是将精确数量的包装品装入到各种容器内的包装机。其主要种类见表 8-1。

充填液体产品的机器通常称为灌装机。采用机械化灌装不仅可以提高劳动生产率，减少产品的损失，保证包装质量，而且可以减少生产环境与被装物料的相互污染。因此，现代化酒水生产行业一般都采用机械化灌装机。不同的装填物料（含气液体、不含气液体、膏状体等）和不同的包装容器（瓶、罐、盒、桶、袋等），使用灌装机的品种也不尽相同。

①常压灌装机：它在大气压力下靠液体自重进行灌装。这类灌装机又分为定时灌装和定容灌装两种，只适用于灌装低黏度不含气体的液体如牛奶、葡萄酒等。

②压力灌装机：它在高于大气压力下进行灌装，可分为两种，一种是储液缸内的压力与瓶中的压力相等，靠液体自动流入瓶中而灌装，称为等压灌装；另一种是储液缸内的压力高于瓶中的压力，液体靠压差流入瓶内，高速生产线多采用这种方法。压力灌装机适用于含气体的液体灌装，如啤酒、汽水、香槟酒等。

表 8-1 充填机的种类

| 序号 | 分类方法 | 型式 |
| --- | --- | --- |
| 1 | 按制动化程度分 | 手工灌装机，半自动灌装机，全自动灌装机，灌装压盖联合机 |
| 2 | 按结构分 | 直线式灌装机，旋转式灌装机 |
| 3 | 按定量装置分 | 容杯式灌装机，液面灌装机，转子式灌装机，柱塞式灌装机 |
| 4 | 按灌装阀头数分 | 单头灌装机，多头灌装机 |
| 5 | 按灌装原理分 | 真空灌装机，常压灌装机，反压灌装机，负压灌装机，加压灌装机 |
| 6 | 按供料缸结构分 | 单室供料灌装机，双室供料灌装机，多室供料灌装机 |
| 7 | 按包装容器升降结构分 | 滑道式升降灌装机，气动式升降灌装机，滑道气动组合升降灌装机 |

③真空灌装机：在瓶中的压力低于大气压力下进行灌装。这种灌装机结构简单，效率较高，对物料的黏度适应范围较广，如油类、糖浆、果酒等均可适用。

其流程一般为：装有空瓶的箱子堆放在托盘上，由输送带送到卸托盘机，将托盘逐个卸下，箱子随输送带送到卸箱机中，将空瓶从箱子中取出。空箱经输送带送到洗箱机，经清洗干净，再输送到装箱机旁，以便将盛有饮料的瓶子装入其中。从卸箱机取出的空瓶，由另一条输送带送入洗瓶机消毒和清洗，经瓶子检验机检验，符合清洁标准后进入灌装机。饮料由灌装机装入瓶中。装好饮料的瓶子经封盖机加盖封住并输送到贴标机贴标，贴好标签后送至装箱机装入箱中再送到堆托盘机，堆放在托盘上送入仓库。

④全自动灌装生产线：图 8-2 是防滴漏自动食用油灌装机，采用 PLC 可编程控制系统控制、各气动执行元件来完成灌装过程。该机集光、机、电、气于一体，定量准确，灌装精度高，操作简单，维护方便，适合各种规格瓶型的油类液体灌装；采用防滴漏灌装头，另加防滴漏接液盘，使灌装过程中不污染瓶子外壁。该机采用优质不锈钢制造，且封闭的灌装过程与外界隔离，保证灌装的卫生要求，广泛应用于花生油、菜籽油、色拉油、橄榄油、调和油、豆油、

香油、花椒油等植物油的自动化灌装。

⑤容积式充填机:是指将产品按预定容量充填到包装容器内的机器。适合于固体粉料或稠状物体填充的容积式充填机有量杯式、螺旋式、气流式、柱塞式、计量泵式、插管式和定时式等多种。

⑥称量式充填机:指将产品按预定质量充填至包装容器内的机器。充填过程中,称出预定质量的产品,然后填充到包装容器内。对于易结块或黏滞的产品,如红糖等,可采用在充填过程中产品连同包装容器一起称重的毛重式充填机。

⑦计数充填机:指将产品按预订数目充填至包装容器内的机器。按其计数方法不同,有单件计数与多件计数两类。

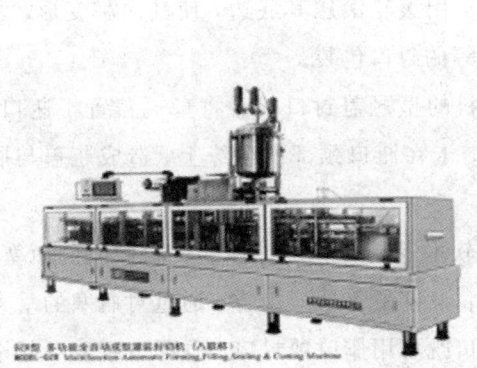

图8-1 多功能全自动成型灌装机(八联杯)

图8-2 全自动灌装生产线

3. 封口机

封口机是指在包装容器盛装产品后,对容器进行封口的机械。在产品装入包装容器后,为了使产品得以密封保存,保持产品质量,避免产品流失及劣变,需要对包装容器进行封口。这种操作是在封口机上完成的。

制作包装容器的材料很多,如纸类、塑料、玻璃、陶瓷、金属、复合材料等,包装材料不同则包装容器的形态及物理性能也各不相同。因此,所采用的封口形式及封口装置也不一样。

一般按包装材料的力学性能不同,可将其分为以下三类:

(1) 柔性容器封口装置

柔性容器是用柔性材料,如纸张、塑料薄膜、复合薄膜等制作的袋类容器。这类容器的封口多与制袋、充填构成联合机,很少独立使用。由于材料不同,其封口装置也不一样。

①纸袋封口装置。对于纸类材料,一般采用在封口处涂刷黏合剂,再施以机械压力封口。

②塑料薄膜袋及复合薄膜袋封口装置。很多塑料具有良好的热封性,用这类塑料制作的塑料袋或复合袋,一般采用在封口处直接加热并施以机械压力,使其熔合封口。

③口杯类容器封口装置。例如常见的豆浆杯、奶茶杯等。通过加热使杯沿和膜黏合，使容器密封。

(2)刚性容器封口机

刚性容器是指容器成型后其形状不易改变的容器，其封口多用不同形式的盖子，常用的封口机有以下几种：

①旋盖封口机。这种封盖事先加工出内螺纹，螺纹有单头或多头之分。如药瓶多用单头螺纹，罐头瓶多用多头螺纹。该机是靠旋转封盖，而将其压紧于容器口部。

②滚纹封口机。这种封盖多用铝制，事先未有螺纹，是用滚轮滚压铝盖，使之出现与瓶口螺纹形状完全相同的螺纹，而将容器密封。这种盖子在启封时将沿裙部周边的压痕断开，而无法复原，故又称"防盗盖"。该机多用于高档酒类、饮料的封口包装。

③滚边封口机。它是先将筒形金属盖套在瓶口，用滚轮滚压其底边，使其内翻变形，紧扣住瓶口凸缘而将其封口。该机多用于广口罐头瓶等的封口包装。

④压盖封口机。它是专门用于啤酒、汽水等饮料的皇冠盖封口机。将皇冠盖置于瓶口，该机的压盖模下压，皇冠盖的波纹周边被挤压内缩，卡在瓶口颈部的凸缘上，造成瓶盖与瓶口间的机械勾连，从而将瓶子封口。

⑤压塞封口机。这种封口材料是用橡胶、塑料、软木等具有一定弹性的材料做成的瓶塞，利用其本身的弹性变形来密封瓶口。该机封口时，将瓶塞置于瓶口上方，通过对瓶塞的垂直方向的压力将其压入瓶口来实现封口包装。压塞封口既可用作单独封口，也可与瓶盖一起用作组合封口。

⑥卷边封口机。该机主要用作金属食品罐的封口。它用滚轮将罐盖与罐身凸缘的周边，通过互相卷曲、钩合、压紧来实现密封包装。

(3)全自动填充封口机

主要用于塑料杯、塑料盒以及塑料瓶等容器的充填和封口，相应材料复合膜封口制品的生产。如果冻、果汁、牛奶、酸奶、饮料、快餐食品等物料的填充及封口。可适应于不同黏度的液、浆的充填物，可适应不同形状，容量的包装容器。

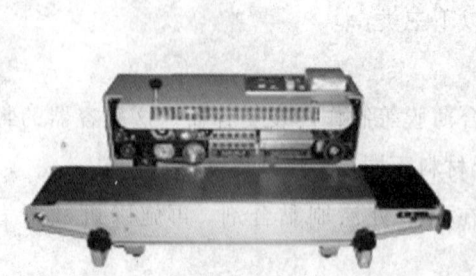  

图8-3 塑料封口机　　图8-4 易拉罐封口机　　图8-5 全自动充填封口机

3.裹包机

裹包机又称缠绕包装机、缠绕机,是用柔性的包装材料,全部或部分地将包装物裹包起来的包装机。广泛应用于外贸出口、食品饮料、塑胶化工、玻璃陶瓷、机电铸件等产品的集装,既可提高生产效率,又能防止货物在搬运过程的损坏,并起到防尘,防潮及保洁作用。

按照包装物被包裹程度可以分为:全裹式缠绕机(包括扭结式、覆盖式、贴体式、接缝式等裹机)和半裹式缠绕机(包括折叠式、收缩式、拉伸式、缠绕式等裹机)。

缠绕机按照结构可以分为:托盘缠绕机、无托盘缠绕机、水平缠绕机、悬臂缠绕机、环行缠绕机、滚筒缠绕机、钢带缠绕机。

缠绕机按照机械自动化程度分类:全自动缠绕机、半自动缠绕机、手动缠绕机。

缠绕机按膜架结构形式可分为预拉伸、阻拉伸和机械预拉伸。

目前市场上主流产品为托盘缠绕包装机、无托盘缠绕机、预拉伸缠绕机。

图8-6 全自动托盘缠绕机

图8-7 预拉伸薄膜缠绕机

4.多功能包装机

多功能包装机是指在一台整机上可以完成两个或两个以上包装工序的机器。其主要种类有:

①充填封口机。它具有充填、封口两种功能。

②成型充填封口机:是一种多功能的包装机,具有成型、充填、封口三种功能(见图8-8)。它成型的种类有袋成型、瓶成型、箱盒成型、泡罩成型、熔融成型等。

物料进入包装机的顶部后,计量部分将定好数量的产品依次送入物料通道。卷筒包装材料在通过物料通道的外壁时,被成形器卷绕成筒状,纵封器将其纵向缝焊封牢固。横封器完成包装袋的顶封和下一个袋子的底封,成为两道焊缝。由于下料通道被包装袋裹住,底封封焊后就可直接向袋内下料,随之移动一个工位完成顶封封口,并用切刀切断,完成包装工序。

③定型充填封口机。它具有定型、充填、封口功能。

④双面封箱机。它能同时封上盖和下底两个面。封箱时,箱子可侧放或立放(见图8-9)。

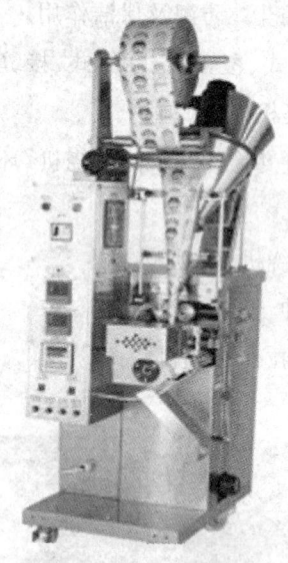
图8-8 成型充填封口机

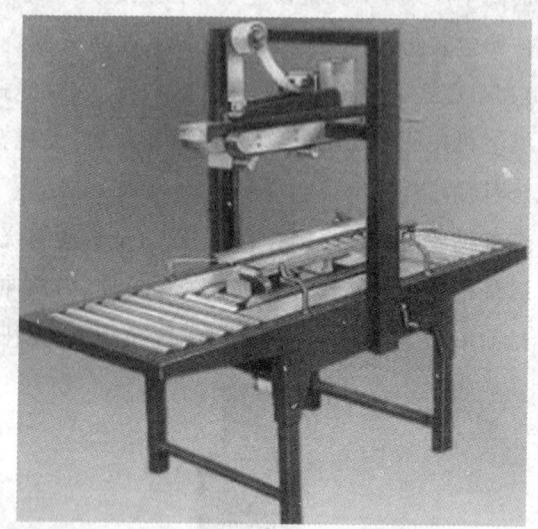
图8-9 双面封箱机

### (四)现代包装技术的主要趋势

随着科学技术的飞速发展,商品包装已成为促进销售、增强竞争力的重要手段。许多新技术、新工艺、新思维已被应用于包装设计、包装工艺、包装设备、包装新材料、包装新产业等方面。

目前世界包装工业的发展主要包括:全球化、品牌战略、零售、环境、技术革新、材料科学、印刷方法、设计、计算机和电子技术等。整个包装行业的发展趋势主要体现在以下几个方面:

1. 包装材料的改进及更新

随着材料科学、生物科学和包装技术的进步,包装材料发展也呈现了新的发展趋势。特殊功能包装材料和包装技术都成为各国包装行业研究的重点。如对防光污染包装材料、除菌包装材料、可食性包装材料、化学污染及重金属消除包装技术、环境(温、湿度)自适应包装技术、纳米包装材料、智能型包装等方面的研究,且在国内外都有所突破。在塑料包装材料发展方面:随着高阻隔性、多功能性薄膜技术水平不断提高。纸类包装材料向优质轻量化发展,生产低定量的多种纸、纸板和包装箱纸板,是当前世界各国纸制品的发展趋势。

2. 包装生产趋向多样化

整体来讲,目前国际上对商品的需求向多规格、多样化、特色化的方向发展,故对包装线的发展也趋向于提高其灵活性和机动性。随着产品更新速度的加快,通常开发一种新包装产品只需半年到一年产品就可上市。这充分说明,国际包装界开发新品种、新产品的速度快、时间短。

### 3. 包装设备发展趋势

目前,包装机械的特征趋于"三高":高速、高效、高质量。重点趋于节能降耗、质量和性能可靠、自动控制水平先进、稳定性好、自重轻、结构紧凑、占地空间小、噪声低、效率高、外观造型适应环境和操作人员心理要求,有利于环保等。

近些年来,发达国家一方面为满足现代商品包装多样化的需求,发展适应多品种、小批量的通用包装技术及设备;同时又紧跟当代高科技发展步伐,不断应用先进的技术,发展和开发应用高新技术的现代化专用型包装机械。所应用到的新技术有:航天工业技术(热管类)、微电子技术、磁性技术、信息处理技术、传感技术、激光技术、生物技术以及新的加工工艺、新的机械部件结构、新的光纤材料等,使许多包装机械已趋于智能化。

国内包装机械发展趋势,在引进消化、吸收的基础上,有了一定的创新,产品科技含量也正在不断地提高,这些包装机械产品正在向机电结合,主辅机结合,成套连线方向发展。

### 4. 包装设计发展趋势

目前,国际上包装设计方法和创意不断创新,并和不断发展的印刷工业技术联合起来追求精辟独到的原创性和独特视觉效果。这是整个包装设计发展的方向,同时注重以人、以企业为本。发展迅速的计算机技术将使未来的包装设计更具创意和个性化,同时更注重包装设计的合理化。

根据美国心理学家马斯洛提出的需要层次论与现代高速发达的包装科学技术来分析,现代包装技术的发展日益突出个性化、绿色化,并趋向于适合电子商务销售的包装设计及安全防伪包装设计等的开发研究。

### 5. 提倡绿色包装

包装作为产品的一部分,在满足生产、流通和消费的同时,由于其发展迅速,耗用过量,污染严重等问题,给人类生活和生态环境带来极大危害和不良影响。包装废弃物已经成为人类仅次于水质污染、海洋湖泊污染和空气污染的第四污染源,并且包装消耗了大量的能源与资源。在人们对环保意识的提高,以及如何实现可持续的发展背景下,绿色包装就显得特别重要的意义。

所谓的绿色包装是指包装产品在生产和使用过程中对人体和环境无危害,而且能够循环再生利用或能自然降解的适度包装。绿色包装应符合"4r+1d"准则,即 reduce(减少包装材料使用量,反对过分包装);reuse(可重复使用);recycle(可回收再生);recover(可利用包装废弃物获取能源或燃料);degradable(可降解腐化)。

目前,包装绿色化的研究主要集中在新的包装材料和环保型设计两个方面。在包装材料上的革新,有如:用于隔热、防震、防冲击和易腐烂的纸浆模塑包装材料;植物果壳合成树脂混合物制成的易分解的材料;天然淀粉包装材料;自动降解的包装材料。在设计上,力求减少后期不易分解的材料用于包装,尽量采用质量轻、体积小、易压碎或压扁、易分离的材料;尽量多采用不受生物及化学作用就易退化的材料,在保证包装的保护、运输、储藏和销售功能时,尽量减少材料的使用总量等。

## 二、物流仓储设备

### (一)仓储设备的概念

仓储在物流系统中起着缓冲、调节、集散和平衡的作用,是物流的一个中心环节。它的基本内容包括存储、养护、维护、管理活动。

仓储机械设备是指仓库进行生产作业以及保证仓库及作业安全所必需的各种机械设备的总称,是仓库进行保管维护、搬运装卸、计量检验、安全消防和输电用电等各项作业的劳动手段。

仓储机械设备是有效实现仓储作业的硬件基础,是企业仓储能力大小的直接反映。科学有效地应用仓储机械设备,加强仓储机械设备的管理,是保证仓库高效、低耗、灵活运行的关键。

物流仓储设备主要包括货架、堆垛机、室内搬运车、出入境输送设备、分拣设备、提升机、搬运机器人以及计算机管理和监控系统。这些设备可以组成自动化、半自动化、机械化的商业仓库,来堆放、存取和分拣承运物品。

### (二)仓储设备的分类

1. 按照用途和特征分类

按照用途和特征划分,仓储设备包括存储设备(如仓库、货架)、装卸搬运机械设备(如堆垛机、室内搬运车、出入境输送设备、分拣设备、提升机等)、计量设备、商品保养和检验设备和机械维修设备。

2. 按照使用范围分类

仓储机械设备按照使用范围可分为专用机械设备和通用机械设备。为提高仓储机械设备的作业效率,目前专用机械的应用越来越普及,比如立体库专用的堆垛起重机等。

3. 按照作业方式划分

仓储机械设备按照作业形式不同可分为固定式机械设备、移动式机械设备和半移动式。目前传统的固定式仓储作业正在逐渐地改变,移动式的仓储作业不断增加,因此,移动式机械设备的应用也在不断地扩大,比较典型的是移动式货架和移动式机器人。

### (三)仓储设备

仓储设备是指用于存放货物并保持其原有功能的设备,比如货架等。

1. 货架

(1)货架的概念及作用

货架泛指存放货物的架子。在仓库设备中,货架是指专门用于存放成件物品的保管设备。货架在现代物流活动中,起着相当重要的作用。仓库管理实现现代化,与货架的种类、功能有直接的关系。货架的作用及功能有如下几个方面:首先,货架是一种架式结构,可充分利用仓库空间,提高库容利用率,扩大仓库储存能力。其次,存入货架中的货物,互不挤压,物资损耗小,可完整保证物资本身的功能,减少货物的损失。再次,货架中的货物,存取方便,便于清点及计量,可做到先进先出。最后,货架可以保证存储货物的质量,可以采取防潮、防尘、防盗、防破坏等措施,以提高物资存储质量。很多新型货架的结构及功能有利于实现仓库的机械化及自动化管理。

(2)货架的种类

按货架的发展分为传统货架和新型货架。传统式货架包括:层架、层格式货架、抽屉式货架、橱柜式货架、U形架、悬臂架、栅架、鞍架、气罐钢筒架、轮胎专用货架等。新型货架包括:旋转式货架、移动式货架、装配式货架、调节式货架、托盘货架、进车式货架、高层货架、阁楼式货架、重力式 货架、屏挂式货架等。

货架按其适用性可以分为通用货架和专用货架。

按货架的制造材料可分为钢货架、钢筋混凝土货架、钢与钢筋混凝土混合式货架、木制货架、钢木合制货架等。

按货架的封闭程度分为敞开式货架、半封闭式货架、封闭式货架等。

按结构特点分为层架、层格架、橱架、抽屉架、悬臂架、三角架、栅型架等。

按货架的可动性分为固定式货架、移动式货架、旋转式货架、组合货架、可调式货架、流动储存货架等。

按货架结构分为整体结构式和分体结构式。前者货架直接支撑仓库屋顶和围棚,后者货架与建筑物分为两个独立系统。

按货架的载货方式分悬臂式货架、橱柜式货架、棚板式货架。

按货架的构造分为组合可拆卸式货架和固定式货架。

按货架高度分:低层货架,高度在5米以下;中层货架,高度在5~15米;高层货架,高度在15米以上。

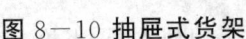

图8—10 抽屉式货架　　图8—11 高层货架　　图8—12 整体式货架和分体式货架

图 8-13 阁楼式货架　　图 8-14 贯通式货架　　图 8-15 立体式货架

按货架承载重量分：重型货架，每层货架载重量在 500 公斤以上；中型货架，每层货架（或搁板）载重量 150~500 公斤；轻型货架，每层货架载重量在 150 公斤以下。

2. 保管设备

保管设备是用于保护仓储商品质量的设备。主要可归纳为以下几种：

(1) 苫垫用品：起遮挡雨水和隔潮、通风等作用，包括苫布（油布、塑料布等）、苫席、枕木、石条等。苫布、苫席用在露天堆场。

(2) 存货用具：包括各种类型的货架、货橱。

货架：即存放货物的敞开式格架。根据仓库内的布置方式不同，货架可采用组合式或整体焊接式两种。整体式的制造成本较高，不便于货架的组合变化，因此较少采用。货架在批发、零售量大的仓库，特别是立体仓库中起很大的作用。它便于货物的进出，又能提高仓库容积利用率。

货橱：即存放货物的封闭式格架。主要用于存放比较贵重的或需要特别养护的商品。

3. 计量设备

计量设备是用于商品进出时的计量、点数，以及货存期间的盘点、检查等。如：地磅、轨道秤、电子秤、电子记数器、流量仪、皮带秤、天平仪以及较原始的磅秤、卷尺等。随着仓储管理现代化水平的提高，现代化的自动计量设备将会更多地得到应用。

4. 养护检验设备

养护检验设备是指商品进入仓库验收和在库内保管测试、化验以及防止商品变质、失效的机具、仪器。如：温度仪、测潮仪、吸潮器、烘干箱、风幕（设在库门处，以隔断内外温差）、空气调节器、商品质量化验仪器等。在规模较大的仓库这类设备使用较多。

5. 通风保暖照明设备

通风保暖照明设备是根据商品保管和仓储作业的需要而设。

6. 消防安全设备

消防安全设备是仓库必不可少的设备。它包括：报警器、消防车、手动抽水器、水枪、消防水源、砂土箱、消防云梯等。

### 三、集装单元器具

物料的大小、形状是千变万化的，集装单元就是把各式各样的物料集装成一个便于储运的单元。有人称集装单元化是物料搬运、物流作业的革命性改革。集装单元化器具不能单纯地看作一个容器，它是物料的载体，是物流机械化、自动化作业的基础。标准化后的单元化容器也是物流设备、物流设施、物流系统设计的基础，是高效联运、多式联运的必要条件。

以集装单元为基础来进行装卸、运输、保管等作业，统称为"集装单元化运输"。最常见的形式有"托盘运输"、"柔性集装袋运输"和"集装箱运输"。

1. 集装单元器具的概念

在货物的储运过程中，为便于装卸搬运，将一定数量的货物（相同的或不同的）汇集成一个扩大的作业单元，称为货物的集装单元化，被集装的货物称为单元货物。用于集装货物、便于机械搬运和储存的器具称为集装单元器具。它必须具备两个条件：一是能使货物集装成一个完整、统一的重量或体积单元；二是具有便于机械装卸搬运的结构，如托盘有叉孔，集装箱有角件吊孔等，这是它与普通货箱和容器的主要区别。

2. 集装单元化的发展

货物的集装单元化起源于装卸搬运，自古有之。现代物流技术中的集装单元化则是从20世纪30年代初随着叉车和托盘的使用而开始的，70多年来发展极为迅速。

从使用功能而言，集装单元化器具由装卸搬运工具发展成为储存工具、运输工具、货物流通工具以至于商场售货工具。集装单元化器具使用的范围已扩大到物流全过程。现代物流技术已离不开货物的集装单元化。集装单元化技术包括：模数和标准的制定、集装器具的改进和发展、托盘堆码和卸码技术以及薄膜包扎技术等，已成为物流技术中的一个重要分支。

3. 集装单元化的优越性

货物集装单元化之所以迅速发展，是因为它在物流过程中具有以下突出的优点：

(1) 便于装卸搬运，易于实现装卸搬运作业的机械化，从而提高装卸效率，降低劳动强度，还可加速运输工具的周转，缩短货物运输在途时间。

(2) 由于减少单件货物重复搬运的次数，从而减少物流过程中的货损和货差，提高运输质量，保证商品安全。

(3) 便于堆码，提高库房或货场的储存能力。

(4) 按单元交接，简化手续，节省时间，提高物流管理水平。

(5) 集装箱化还能节约包装材料和费用，降低物流成本；减少污脏货物对外界的污染；保证"全天候"作业，实行"门到门"运输。

(6) 自动化高层货架仓库和自动导向搬运车的装卸对象一般都是单元货物。因此，货物的集装单元化也是实现装卸搬运自动化的先决条件。

4.集装单元器具的类型

通常使用的集装单元器具主要有下列几种类型：

(1)捆扎类

用绳索、钢丝或打包铁皮把小件的货物扎成一捆或一叠,这是简单的集装单元化,如成捆的型钢、成扎的铝锭等。

(2)托盘类

托盘是为了便于货物装卸、运输、保管和配送等而使用的、由可以承载若干数量物品的负荷面和叉车插口构成的装卸用垫板。托盘是最基本的物流器具,有人称其为"活动的平台"、"可移动的地面"。它是静态货物转变成动态货物的载体,是装卸搬运、仓储保管以及运输过程中均可利用的工具,与叉车配合利用,可以大幅度提高装卸搬运效率;用托盘堆码货物,可以大幅度增加仓库利用率;托盘一贯化运输可以大幅度降低成本。托盘的利用最初始于装卸搬运领域,现在托盘单元化包装、托盘单元化保管、托盘单元化装卸搬运、托盘单元化运输处处可见。

托盘有平托盘、柱式托盘、箱式托盘、轮式托盘等类型。

(3)台车类

托盘或容器必须借助特殊的设备(如叉车、吊车)才能装卸搬运。在托盘或容器下面安装轮子,便形成台车或笼车,可以人力推动搬运,提高了单元货物的活性指数。

(4)集装箱

大型容器发展成为集装箱,集装箱配置半挂车又演变成大型的台车。集装箱是当前集装单元发展的最高阶段。集装箱是杂货物实现机械化、自动化运输的主要工具。对于一般杂货物来说,由于它们的规格、尺码相差悬殊、品类又十分繁多,致使装卸操作无法定型。因而只有通过集装箱的标准化来实现装卸、搬运、运输作业的机械化和自动化。以集装箱为搬动单元的运输方式,叫集装箱运输。

图8-16 集装袋　　图8-17 集装箱　　图8-18 平托盘

图8-19 柱式托盘　　图8-20 物流台车　　图8-21 仓储笼

(5)柔性集装袋

柔性集装袋又称吨装袋、太空袋等,是用柔性材料制成的、可折叠的大容量包装袋,适用于各种粉粒状物料的包装运输(图8－16)。集装袋是集装单元器具的一种,配以起重机或叉车,就可以实现集装单元化运输,适用于装运大宗散状粉粒状物料。集装袋是一种柔性运输包装容器,广泛用于食品、粮谷、医药、化工、矿产品等粉状、颗粒、块状物品的运输包装,发达的国家普遍使用集装袋作为运输、仓储的包装形式。

目前世界各国对粉粒状物料的包装运输方式已由原来采用小袋包装,逐步改为散运、半散运(即采用集装袋或集装箱运输)。由于集装袋价格便宜、制造容易、自重轻、可以折叠回收。因此,在某些条件下它比使用托盘或集装箱运输更为经济实用。日本对集装袋的包装运输很重视,发展较快,每年大约有4000余万吨粉粒状物料使用集装袋包装运输。

目前,我国塑编的集装袋主要出口日本、韩国,并正在大力开发中东、非洲、美国和欧洲的市场。因生产石油和水泥,中东地区对集装袋产品的需求很大;非洲地区,几乎所有的国营石油企业都以发展塑料编织制品为主,对集装袋的需求量也很大。美国和欧洲对集装袋的质量要求很高,中国的集装袋目前还达不到他们的要求。

5.集装单元化的基本原则

为了充分发挥货物集装单元化的优越性,以降低物流费用,提高社会的经济效益。在实现集装单元化时,必须遵循下列基本原则:

(1)通用化:集装单元化的通用化原则应贯彻在物流的全过程,集装单元器具应流通到物流的各个部门。因此,它必须适应于各个环节的工艺和设备,才能在各个环节之间通用。

(2)标准化:为了达到通用化的目的,计装器具必须有统一的标准。标准化包括:尺寸、规格、外形、重量、强度,以至标志、操作规范、管理办法等。国际上有国际标准化组织(ISO)标准,我国有国家标准,一个企业也可以有企业标准。

(3)系统化:集装单元化技术的内容甚广,它不仅指集装单元器具,还包括与之有关的配套设施和管理等。同时货物的集装单元化从工厂生产开始,一直到流通消费,存在于整个物流系统中。因此,集装单元化技术中的每一个问题都必须置于物流系统中来考虑,否则就难以付诸实施或难以获得成效。

## 四、装卸搬运设备

装卸搬运是物流系统中最基本的功能要素之一,存在于货物运输、储存、包装、流通加工和配送等过程中,贯穿于物流作业的始末。装卸搬运机械设备是实现装卸搬运作业机械化的基础。装卸搬运工作组织的好坏直接影响到物流系统效率、效益和效用。在装卸搬运作业中,要不断地进行装、搬、卸操作,这些都要靠装卸搬运设备有效地衔接。所以,合理配置和应用装卸搬运设备,安全、迅速、优质地完成货物的装卸、搬运、堆码、拆垛等作业,是装卸搬运机械化、促进物流现代化的一项重要内容。

## (一)装卸搬运设备的概念及作用

**1.装卸搬运设备的概念**

装卸搬运设备是指用于搬移、升降、装卸和短距离输送物料或货物的机械设备。它是物流系统中使用频度最大、使用数量最多的一类机械设备,是物流机械设备的重要组成部分。在物流系统中,装卸搬运作业是各环节相互连接的必不可少的作业,产品从出厂到用户手中,往往要经过多次周转,每经过一个流通终端,每转换一次运输方式都必须进行一次装卸搬运作业。装卸搬运的工作量和所花费的时间,耗费的人力、物力在整个物流过程中都占有很大的比重。因此,合理配置装卸搬运设备直接影响运输效率和运输成本。

**2.装卸搬运设备的作用**

装卸搬运设备是实现装卸搬运机械化、自动化的物质技术基础,是实现装卸搬运合理化、效率化、省力化的重要手段。主要作用如下:

(1)提高装卸搬运效率,节约劳动力,减轻劳动强度,改善劳动条件;

(2)缩短作业时间,加速车辆周转,加快货物的送达和发出;

(3)提高装卸质量,保证货物的完整和运输安全;

(4)降低装卸搬运成本,从而降低物流成本,提高经济效益;

(5)充分利用货位,加速货位周转,减少堆码的场地面积,提高车站、码头、仓库的利用率。

## (二)装卸搬运机械的分类

随着社会的发展,需要装卸搬运的货物种类越来越多,外形差异越来越大,如箱装、袋装、桶装、散货、易燃易爆品、剧毒品等。因此,需要各种各样的装卸搬运机械来满足各类货物的装卸需求。一般装卸搬运设备可按照以下方式进行分类:

**1.按主要用途和结构特征分类**

按照主要用途和结构特征,可分为起重机械、输送机械、装卸搬运车辆、专用装卸搬运机械。

(1)起重机械是用来垂直升降货物或兼作货物的水平移动,以满足货物的装卸、转载等作业要求的设备。起重机械是一种以间歇作业方式对物料进行起升、下降和水平移动的搬运机械。起重机械的作业通常带有重复循环的性质,一个完整的作业循环一般包括取物、起升、平移、下降、卸载等环节。经常起动、制动、正反向运动是起重机械的基本特点。广泛应用于工业、交通运输业、建筑业、商业和农业等。

(2)输送机械是沿着一定的线路从装货点到卸货点均匀输送货物的机械。输送机械是一种连续搬运货物的机械,其特点是在工作时连续不断地沿同一方向输送散料或者重量不大的单件物品,装卸过程无须停车,因此生产率很高。其优点是生产率高、设备简单、操作简便。输送机系统是由两个以上输送机及其附件,组成一个比较复杂的工艺输送系统,完成物料的搬运、装卸、分拣等功能。广泛应用于工厂企业的流水生产线、物料输送线；广泛应用于流通中心、配送中心物料的快速拣选和分拣。缺点是一定类型的连续输送机只适合输送一定种类的物品，不适合搬运很热的物料或者形状不规则的单件货物；只能沿一定线路定向输送，因而在使用上具有一定局限性。

根据用途和所处理货物形状的不同，输送机械可分为带式输送机、辊子输送机、链式输送机、重力式辊子输送机、伸缩式辊子输送机、振动输送机、液体输送机等。此外，还有移动式输送机和固定式输送机、重力式输送机和电驱动式输送机等多种输送机械。

（3）装卸搬运车辆是指依靠本身的运行和装卸机构的功能，实现货物的水平搬运和短距离运输、装卸的各种车辆。装卸搬运车辆机动性好，实用性强，广泛地用于仓库、港口、车站、货场、车间、船仓、车厢内和集装箱内作业。

图8-22 双梁起重机　　　图8-23 带式输送机　　　图8-24 装卸搬运车辆——叉车

（4）专用装卸搬运机械：指带有专用取物装置的装卸搬运机械，如托盘专用叉车、集装箱装卸桥（图8-25）等。

（5）堆垛机是专门用来堆码或提升货物的机械。普通仓库使用的堆垛机是一种构造简单、用于辅助人工堆垛、可移动的小型货物垂直提升设备。这种机械的特点是：构造轻巧，人力推移方便，能在很窄的走道内操作，减轻堆垛工人的劳动强度，且堆码或提升高度较高，仓库的库容利用率较高，作业灵活。所以在中小型仓库内广泛使用。它有桥式堆垛机、巷道式堆垛机（图-26）等类型。

图8-25 集装箱装卸桥　　　图8-26 巷道堆垛机　　　图8-27 集装箱叉车

**2.按作业性质分类**

按作业性质，装卸搬运设备可分为装卸机械、搬运机械和装卸搬运机械。前两种机械结构简单、专业作业能力强，作业效率高、成本低，但作业前后需要烦琐的衔接，会降低整个系

— 363 —

统的效率。第三种兼有装卸、搬运两种功能，可将两种作业合二为一。常见的装卸机械有手动葫芦(图 8-28)、固定式起重机等；常见的搬运机械有各种搬运车、带式送机(图 8-23)；常见的装卸搬运机械有叉车(图 8-24)、龙门起重机(图 8-30)等。

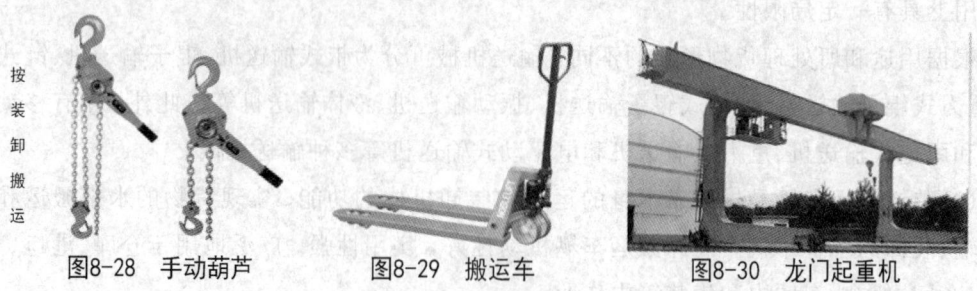

按装卸搬运

图8-28　手动葫芦　　　图8-29　搬运车　　　图8-30　龙门起重机

3. 按装卸搬运货物的种类分类

(1) 长大笨重货物装卸搬运机械

长大笨重货物如大型机电设备、各种钢材、原木等，具有长、大、重、结构和形状复杂的特点。这类货物的装卸搬运作业通常采用轨行式起重机和自行式起重机两种。前者如龙门式起重机、桥式起重机、轨道起重机，适合于运量较大、货流稳定的货场、仓库等场所；自行式起重机如汽车起重机、轮胎起重机和履带式起重机等，适合于运量不大，作业地点经常变化的场合。

(2) 散装货物装卸搬运机械

散装货物如煤、沙子、粮食、矿石等一般采用抓斗起重机、装卸机、连续输送机等进行机械装车；机械卸车主要有链斗式卸车机、螺旋式卸煤机(图 8-32)等；散装货物的搬运主要用连续输送机。

(3) 成件包装货物装卸搬运机械

成件包装货物如日用百货、五金器材等一般采用叉车并配以托盘进行作业，也可用牵引车和挂车、带式输送机等。

图8-31　抓斗起重机　　　图8-32　螺旋式卸煤机　　　图8-33　集装箱跨运车

(4)集装箱货物装卸搬运机械

1吨集装箱一般选用1吨内燃叉车或电瓶叉车作业,5吨及其以上集装箱采用龙门起重机或旋转起重机进行作业,还可以采用集装箱叉车、集装箱跨运车(图8-33)、集装箱搬运车、集装箱牵引车等机械进行装卸搬运。

## (三)选择装卸搬运设备应考虑的因素

各类装卸搬运设备都有其特定的用途和环境适应性,在选择装卸搬运设备时必须考虑以下因素:

### 1.商品特性

装卸搬运设备的作业对象是商品,因此不同的商品特性、单位重量与体积、包装方式与容器等都会影响到设备的适用程度。如单位货物的轻重,较轻的货物可能使感测器无法感应,甚至皮带输送机因货物与皮带之间的摩擦力太小而无法运送货物。因此,在设备规划选型时应将商品的相关特性列出加以综合考虑,如最大的最小的、最轻的最重的、货物的表面特性等。

### 2.作业方式与作业量

装卸搬运机械的选择与企业的经营目标、财务方式、作业流程、作业方式和作业量相配合。作业量越大,设备自动化程度可以配置得越高,相应的投资成本也越高,而产能大,产出量也会相应的增加。人工作业方式通常可以选用省力化、机械化设备来协助完成作业。

### 3.环境条件

在配置装卸搬运设备时,作业环境条件也是需要考虑的因素。一般配送作业都是在常温、灯光、室内环境下进行。作业如果在高温或低温下进行,需特别选用相应的皮带、轴承及驱动装置和润滑系统。输送系统等自动化设备还必须在清洁、干爽的环境下作业,而且要求作业环境在一定的温度范围内。同时,对于影响健康和安全的因素,在设计储存和输送系统时也必须认真考虑。

### 4.设备的维护

所有的装卸搬运设备都需要不同程度的维护。对于构造相对简单的重力式装卸搬运系统,只需要定期检查,以确保正常运转。对于复杂的设备,则应由供应商提供定期的维护和保养。在设备规划阶段,对复杂的装卸搬运设备,其维护成本需列入预算。

### 5.成本与需求的平衡

设备需要成本投入,在选择设备时,必须考虑投资成本与作业需求之间的平衡,在满足作业需求的前提下,尽量降低成本。

## 五、流通加工设备

### 1.流通加工设备的概念

流通加工是指物品从生产地到使用地的过程中,根据需要施加包装、分割、计量、分拣、刷标识、拴标签、组装等简单作业的简称。

流通加工设备是指在流通加工活动中所使用的各种机械设备和工具。流通加工设备的加工对象是进入流通过程的商品，它是通过改变或完善流通对象的原有形态来实现生产和消费的"桥梁和纽带"作用。

2. 流通加工设备的作用

通过流通设备改变或完善流通对象的原有形态把生产和消费联系起来，促进消费、维护产品质量、提高物流效率。利用流通加工设备进行流通加工的作用主要体现在以下几个方面：

(1) 可以提高原材料的利用率

通过流通加工可以集中下料，将生产厂商直接运来的简单规格产品，按用户的要求进行下料。例如将钢板进行剪板、切裁；木材加工成各种长度及大小的板等。集中下料可以优材优用、小材大用、合理套裁，明显地提高原材料的利用率，有很好的技术经济效果。

(2) 可以进行初级加工，方便消费者

生鲜食品属农副产品，大多是初级产品，在进入家庭消费之前，还需经过分类、加工、整理等活动，如对蔬菜去除老叶、清洗等，对鱼类食品剖腹、去鱼鳞等。

(3) 提高加工效率和设备利用率

在分散加工的情况下，加工设备由于生产周期和生产节奏的限制，设备利用时松时紧，使得加工过程不均衡，设备加工能力不能得到充分发挥。流通加工面向全社会，加工数量大，加工范围广，加工任务多。这样可以通过建立集中加工点，采用一些效率高、技术先进、加工量大的专门机具和设备，一方面提高了加工效率和加工质量，另一方面还提高了设备利用率。

(4) 提高物流效率、降低物流损失

有些商品本身的形态使之难以进行物流操作，而且商品在运输、装卸搬运过程中极易受损。因此，需要进行适当的流通加工加以弥补，从而使物流各环节易于操作，提高物流效率，降低物流损失。例如，造纸用的木材磨成木屑的流通加工，可以极大提高运输工具的装载效率；自行车在消费地区的装配加工可以提高运输效率，降低损失；石油气的液化加工，使很难输送的气态物转变为容易输送的液态物，也可以提高物流效率。

(5) 保护商品

在物流过程中，为了保护商品的使用价值，延长商品在生产和使用期间的寿命，防止商品在运输、储存、装卸搬运、包装等过程中遭受损失，可以采取稳固、改装、保鲜、冷冻、涂油等方式。例如，水产品、肉类、蛋类的保鲜、保质的冷冻加工、防腐加工等；丝、麻、棉织品的防虫、防霉加工等。还有为防止金属材料的锈蚀而进行的喷漆、涂防锈油等措施，运用手工、机械或化学方法除锈；木材的防腐朽、防干裂加工；煤炭的防高温自燃加工；水泥的防潮、防湿加工等。

(6) 衔接不同运输方式、使物流更加合理

在干线运输和支线运输的节点设置流通加工环节，可以有效解决大批量、低成本、长距离

的干线运输与多品种、少批量、多批次的末端运输和集货运输之间的衔接问题。在流通加工点与大生产企业间形成大批量、定点运输的渠道，以流通加工中心为核心，组织对多个用户的配送，也可以在流通加工点将运输包装转换为销售包装，从而有效衔接不同目的的运输方式。比如，散装水泥中转仓库把散装水泥装袋、将大规模散装水泥转化为小规模散装水泥的流通加工，就衔接了水泥厂大批量运输和工地小批量装运的需要。

3.流通加工设备的分类

流通领域的商品种类繁多，用于流通加工的机械设备类型也很多。就食品而言，涉及的流通加工项目主要有清洗打蜡、分级、切片、包装、分割、计量、分拣、组装、价格贴付、标签贴付等。食品流通加工业涉及的加工机械主要有以下几个方面：

（1）果蔬清洗机

通过浸泡、冲洗、喷淋等方式水洗或用干毛刷刷净某些果蔬产品，特别是块根、块茎类蔬菜，除去沾附着的污泥，减少病菌和农药残留，使之清洁卫生，符合商品要求和卫生标准，提高商品价值。

清洗机的结构一般由传送装置、清洗滚筒、喷淋系统和箱体组成。清洗使用的洗涤水一定要干净卫生，还可加入适量的杀菌剂，如次氯酸钠、漂白粉等。水洗后必须进行干燥处理，除去游离水分。干燥处理在气候干燥、水分蒸发快的地区可使用自然晾干的方法；气候潮湿，水分蒸发慢的地区可使用脱水机。目前脱水机有脱水器和加热蒸发器两种类型。脱水机有时和清洗机做成一体，安装在清洗机的出口附近。

（2）果蔬打蜡机

打蜡也称涂膜处理，即用蜡液或胶体物质涂在某些果蔬产品表面使其保鲜的技术。果蔬涂膜后，在表面形成一层蜡质薄膜，可改善果蔬外观，提高商品价值；阻碍气体交换，降低果蔬的呼吸作用，减少养分消耗，延缓衰老；减少水分散失，防止果皮皱缩，提高了保鲜效果；抑制病原微生物的侵入，减轻腐烂。若在涂膜液中加入防腐剂，防腐效果更佳。我国市场上出售的进口苹果、柑橘等高档水果，几乎都经过打蜡处理。

商业上使用的大多数涂膜剂是以石蜡和巴西棕榈蜡作为基础原料，石蜡可以很好地控制失水，而巴西棕榈蜡能使果实产生诱人的光泽。近年来，含有聚乙烯、合成树脂物质、防腐剂、保鲜剂、乳化剂和湿润剂的涂膜剂逐渐得到应用，取得了良好的效果。如金冠、红星等苹果在采后48小时内，用0.5%～1.0%的高碳脂肪酸蔗糖酯型涂膜剂处理，干燥后入储，在常温下可储藏1～4个月。美国戴科公司生产的果亮，是一种可食用的果蔬涂膜剂，用它处理果蔬后，不仅可提高产品外观质量，还可防治由青绿霉菌引起的腐烂。日本用淀粉、蛋白质等高分子溶液，加上植物油制成混合涂膜剂，喷在苹果和柑橘上，干燥后可在产品表面形成一层具有许多微细小孔的薄膜，抑制果实的呼吸作用，延长储藏时间3～5倍。

果蔬打蜡的方法有浸涂法、刷涂法、喷涂法等，涂膜处理一般使用机械涂膜。新型的涂膜机一般由洗果、干燥、喷涂、低温干燥、分级和包装等部分联合组成。我国目前已研制出果蔬打蜡机，但很多地方仍在使用手工打蜡。

图8-34 叶菜清洗机

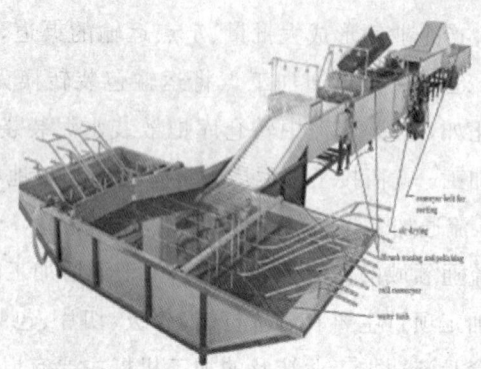
图8-35 水果清洗打蜡机

(3)分级选果机

分级是按照一定的品质标准，将水果和蔬菜分为若干个等级的措施，使产品标准化和商品化。分级后使产品的品质、色泽、大小、成熟度、清洁度等可达到基本一致，便于运输和储藏中的管理，减少损失。等级标准能给生产者、收购者和流通渠道中的提供贸易语言，为优质优价提供依据，有利于引导市场价格，有助于解决买方和卖方赔偿损失的要求，并根据产品标准出裁决。在挑选和分级过程中还可剔除残次，及时加工处理，减少浪费，降低成本。

传统的水果分级形式包括体积分级、质量分级、颜色分级3大类。分级的目的主要为统一产品外观规格，以便包装和提升销售档次，因此以体积分级应用最广泛。体积分级设备有滚筒式分级机、三辊筒式分级机和带式分级机等，其原理大同小异，均利用若干级别尺寸的孔框或缝隙进行筛选(图8-36)。质量分级设备则由早期的机械式称重分级形式发展到目前先进高速的动态电子称量分级形式。法国的MAF France公司的水果分级包装设备，不仅能对果蔬进行分级包装，还可以利用电子扫描分辨等计算机视觉处理系统，能对颜色、形态各异的果蔬进行识别，对果蔬表皮的瑕疵进行分选，从而实现在线分级分质。这是一种集光、机、电及编程运算于一体的智能化机型。这种分级分质技术较之传统的孔径和质量分级方式，是一个质的飞跃，因为它实现了非接触式的分级分质形式，精确、高速。

(4)气调保鲜包装机

复合气调保鲜包装也称气体置换包装，国际上称为MAP包装(Modified Atmosphere Packing)。其原理是采用复合气体(2-4种气体按被包装食品特性配比混合)对包装容器内的空气进行置换，改变包装容器内食品周围的气体环境，从而抑制细菌(微生物)的生长繁衍，减缓被包装食品的新陈代谢速度，延长食品的保鲜期或货架寿命。气调保鲜气体一般由二氧化碳($CO_2$)、氮气($N_2$)、氧气($O_2$)及少量特种气体组成。高浓度$CO_2$气体能阻碍引起食品腐败的大多数微生物的生长繁殖，延长其繁殖生长的停滞期(或潜伏期)和延缓其对数增长期，是保鲜气体中的主要抑菌成分；$O_2$可抑制大多数厌氧菌生长繁殖，高氧可保持鲜肉色泽而低氧在抑制新鲜果蔬呼吸速度的同时可保持果蔬新鲜状态的新陈代谢活动；$N_2$是惰性气体,与食品不起化学作用,作为填充气体可防止 $CO_2$ 逸出后使包装塌落,充氮包装可降低食品中的脂肪、芳香物和色泽的氧化。将 $CO_2$、$O_2$、$N_2$ 及特种气体组成复合保鲜气体,用于食品果蔬保鲜是当今保鲜包装的发展趋势。

把气调包装应用于食品的保鲜,可使食品的货架期大大延长。气调保鲜包装机广泛适用于生鲜肉、熟肉制品、鱼类、家禽、贝类、水果、咖啡、茶叶、蔬菜、面包等超市配送食品,气调包装具有使食品保质、保色、保形、保味的特点。

现代气调保鲜包装机集微机技术、真空技术、气动技术、光磁感应技术、程序控制技术及复合气体混合技术于一体,具有较高的技术含量及工艺性能要求。国外在20世纪80年代后期开始研究和应用,因其对食品保鲜效果明显而得以迅速发展。

图8-36 水果分级选果机

图8-37 气调保鲜包装机(双排式)

(5)果蔬切分、漂烫机

近年来,在我国大中城市的超市及快餐业中出现一种新式的果蔬加工产品,称为切割果蔬,也可叫半加工果蔬。它是指新鲜水果、蔬菜原料经清洗、整修、去皮、切分等步骤,最后用塑料薄膜袋或以塑料托盘盛装外覆塑料膜包装,供消费者立即食用或餐饮业使用的果蔬鲜食加工产品。切割果蔬虽然属于净菜范畴,但比普通净菜要求更高的科技含量,集蔬菜保鲜、加工技术于一体,是一个综合的技术工程。

速冻果蔬,有的需要去皮、去果柄或根须以及不能用的籽、筋等,并将较大的个体切分成大小一致,以便包装和冷冻。切分可用手工或机械进行,一般蔬菜可切分成块、片、条、丁、段、丝等形状。要求薄厚均匀,长短一致,规格统一。浆果类的品种一般不切分,只能整果冻,以防果汁流失。

适合切割的果蔬主要种类有苹果、梨、菠萝、香蕉、桃、洋葱、胡萝卜、马铃薯、生菜、甘蓝等,但不是所有的品种都适合半加工生产。如胡萝卜、马铃薯、芜菁、甘蓝、洋葱对品种选择就非常重要。例如,多汁的胡萝卜、芜菁、甘蓝品种不适合用来生产货架期较长的绞碎产品。对马铃薯来说，如果选用品种不适合，则易出现褐变及较差的风味。

烫漂主要用于蔬菜的速冻加工，目的是抑制其酶活性、软化纤维组织、去掉辛辣涩等味，以便烹调加工。一般来说，含纤维素较多或习惯于炖、焖等方式烹调的蔬菜，如豆角、菜花、蘑菇等，经过烫漂后食用效果较好。有些品种如青椒、黄瓜、菠菜、西红柿等，含纤维较少，质地脆嫩，则不宜烫漂，否则会使菜体软化，失去脆性，口感不佳。烫漂的温度一般为90～100℃，品温要达70℃以上。烫漂时间一般为1～5分钟，烫漂后应迅速捞起，立即放入冷水冷却，使品温降到10～12℃备用。

(6) 分装、充填、封口机

见包装设备部分内容。

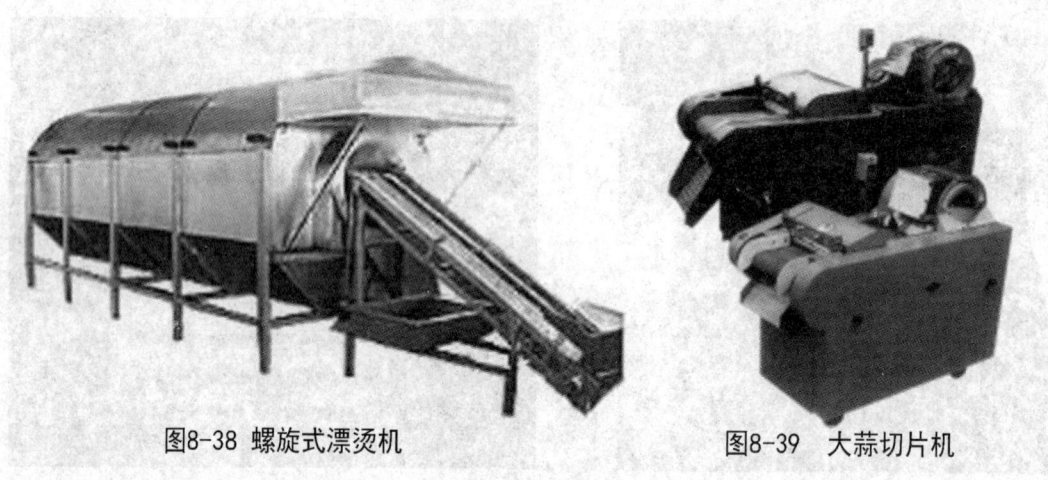

图8-38 螺旋式漂烫机　　　　　图8-39 大蒜切片机

## 六、运输设备

在物流活动中，运输始终处于核心地位，它承担了物品在空间各个环节的位置移动，解决了供给者和需求者之间场所的分离，是创造空间效用的主要功能要素，具有以时间换取空间的特殊功能。运输在物流中的独特地位对运输设备提出了更高的要求，要求运输设备具有高速化、智能化、通用化、大型化和安全可靠的特性，以提高运输的作业效率，降低运输成本，并使运输设备达到最优化利用。根据运输方式不同，运输设备可分为载货汽车、铁道货车、货船、空运设备和管道设备等。对于第三方物流公司而言，一般只拥有一定数量的载货汽车，而其他的运输设备就直接利用社会的公用运输设备。

根据运输方式不同，运输设备可分为公路运输设备、铁路运输设备、航空运输设备、船舶运输设备和管道运输设备。

### (一) 公路运输设备

公路运输设备主要包括运输车辆。公路上所使用的运输车辆主要是汽车。汽车主要分为客车、载货汽车和专用运输车辆。在物流运输中，物流企业用到的主要是专用运输车辆和载货汽车。

1. 专用运输车辆

这主要包括带有液压卸车机构的自卸车；带有进、卸粮口的散粮车；货箱封闭的标准挂车或货车，即箱式车；顶部敞开的敞车；平板车，即没有顶部和侧箱板的挂车；罐式挂车；冷藏车；能够增大车箱容积的高栏板车；设计独特具有特殊用途的特种车。

(1) 自卸式货车。这种货车动力大，通过能力强，可以自动后翻或侧翻，物品可以凭借本身的重力自行卸下。一般用于矿山和建筑工地及煤和矿石的运输。物流公司通常不会使用这种货车。

(2) 散粮车。散粮车的专用性很强，供承运粮食使用。

(3) 箱式车。由于箱式车结构简单，运力利用率高，适应性强，所以是物流领域应用前景最广泛的货车。箱式车的主要特点是车箱是全封闭的，车门便于装卸作业，能够实现"门到门"运输。封闭式的车厢不仅可以使货物免受风吹日晒和雨淋，还可以防止货物的散失，减少货损，提高运输质量。小型箱车通常兼有滑动式侧门和后开车门，便于装卸物品，而且因为小巧灵便，能够穿越大街小巷，可以把物品直接送达收货人。小型箱式车适用于运送运距较短、批量较小、对作业时间要求高的物品。尤其是在运送各种家用电器、纺织品等轻工业产品时，小型箱式车是物流公司的理想选择。总的来说，箱式货车的载货容积大，货箱密封性能好。随着车厢自重的降低(箱体材料趋向于轻质合金化)，箱式车在货运市场上的地位日益提高。

(4) 平板车。这种车主要用于运输钢材和集装箱等货物。

(5) 罐式货车。这种车具有密封性强的特点，适用于运输流体类物品(如石油)及易挥发、易燃等危险品。

(6) 冷藏车。这种车主要用于运送需对温度进行控制的易腐易变质的鲜活物品。

(7) 拦板式货车。这种车的特点是整车重心低，载重量适中，主要用于装载百货和杂品。

(8) 集装箱牵引车和挂车。集装箱牵引车专门用于拖带集装箱挂车或半挂车，两者结合组成车组，是长距离运输集装箱的专用机械，主要用于港口码头、铁路货场与集装箱堆场之间的运输。集装箱挂车按拖挂方式不同，分为半挂车和全挂车两种，其中半挂车最为常用。

图8-40　汽车运输车

图8-41　冷藏车

图8-42 蒙牛的冷藏罐车

图8-43 集装箱牵引车

2.载货汽车

载货汽车是指专门用于运送货物的汽车，又称载重汽车。

载货汽车分为轻型、中型、重型三种。各国分级方法和标准不尽相同。中国是按汽车载重量分级的，载重量3.5吨以下的为轻型载货汽车，4～8吨的为中型载货汽车，8吨以上的为重型载货汽车。载重量1吨以下的轻型载货汽车多是轿车底盘改制而成，主要用于城市运送食品、日用工业品等小批量货物；有的制成客货两用车。轻型载货汽车服务于规模不大、批量很小的货物运输，通常用于城市运输。重型载货汽车多用于经常性大批量货物运输，如大型建筑工地、矿山等地区的货物运输。中型载货汽车适用范围比较广泛，既可在城市承担短途运输，也可承担中长途运输。我国目前主要是中型载货汽车。

货厢分通用和专用两种。通用货厢有多种形式。运送大件箱装货物可用平板或低栏板货厢，运送轻浮货物则用高栏板或长货厢，运送牲畜家禽等宜用高栏板、双层或多层货厢。敞开式货厢的栏板可以一面或三面开放，以便于货物装卸。长货厢的栏板多隔为两段或三段，可分别开启，以防止其侧胀。封闭式货厢可减少货损货差，一般用薄钢型材或铝合金型材和铝板制造。专用货厢的形式更为繁多，装有专用货厢的汽车称为专用运输汽车，如冷藏汽车、液罐汽车、自卸汽车、散装水泥汽车等。

### (二)铁路运输设备

铁路运输设备是铁路行车和调车工作的基础，是运输组织活动正常进行的保证。

1.铁路车辆的种类

铁路车辆是铁路运输部门运送旅客、行包和货物的运载工具，它本身没有动力，只有在机车的牵引下，才能在数万公里的铁路线上运行。铁路车辆按其用途来说，可以分为货车和客车两大类。

(1)客车有硬座车、软座车、硬卧车、软卧车、餐车、行李车和邮政车等多种。

(2)货车的种类，按使用的用途分类如下：货车有棚车、敞车、平车、砂石车、罐车及特种用途车辆等多种。

① 棚车包括：棚车、保温车、加温车、家畜车、通风车。

② 敞车包括：敞车、煤车、矿石车、运灰车。

③ 罐车包括：水罐车、煤油罐车、轻油罐车、重油罐车、豆油罐车、硝酸罐车、盐酸罐车、阿摩尼亚罐车。

④ 特种用途的车辆包括：救援车、机械车、宿营车、发电车、检衡车、除雪车等。

货车按载重量可分为 30 吨、40 吨、50 吨、60 吨、90 吨及以上等。按车辆的轴数分，有四轴车、六轴车、八轴车等。轴数越多，车轮也越多，载重量就越大。

2.铁路车辆的特点

铁路货车具有下列 5 项基本特点：

(1)车轮必须在专门铺设的钢轨上运行；

(2)自导向；

(3)低运行阻力；

(4)成列运行；

(5)严格的外形尺寸限制。

## (三)水路运输设备

水路运输是利用船舶或其他浮动工具在海洋、江河、湖泊、水库及人工水道运送旅客和货物的一种运输方式。水路运输设备主要是船舶。

1.船舶的种类

海上运输船舶的种类繁多，按照其用途不同，可分为客船和货船两大类，后者又可分为干货船和液货船。

(1)客船

客船是指专门用于运送旅客及其可携带行李和邮件的船舶，对兼运少量货物的客船也称客货船。客船多为定期定线航行，又称为班轮或邮轮。根据 SOLAS ( international convention for safety of life at sea，即海上人命安全公约)公约规定，凡载客超过 12 人均视为客船。客船的特点是具有多层甲板的上层建筑，设有完善的餐厅、卫生和娱乐设施；配有足够的救生设备、消防设备和通信设备；减摇、避震、隔声等方面的舒适性要求高；航速较快和功率储备较大。客船的航速较高，一般为 16～20 节，大型高速客船可达 24 节左右。

按照航行地点和方式的不同，客船可分为海轮、渡轮、江轮等，其中海轮又依距离可分作近海和越洋两种，其中越洋的海轮客船转为观光旅游功能式的游轮。通常，客船分为海洋客船、旅游船、汽车客船、滚装客货船、高速客船和内河客船五种类型。

(2)干货船

根据所装货物及船舶结构、设备不同，可分为：

杂货船：一般是指定期航行于货运繁忙的航线，以装运零星杂货为主的船舶。这种船航行速度较快，船上配有足够的起吊设备。船舶构造中有多层甲板把船舱分隔成多层货柜，以满足装载不同货物的需要。

干散货船：是用于装载无包装的大宗货物的船舶。依所装货物的种类不同，又可分为粮谷船、煤船和矿砂船。这种船大都为单甲板，舱内不设支柱，但设有隔板，用于防止在风浪中运行的舱内货物错位。

冷藏船：是专门用于装载冷冻易腐货物的船舶。船上设有冷藏系统，能调节多种温度以满足不同货物对温度的需要。

木材船：是专门用于装载木材或原木的船舶。这种船舱口大，舱内无梁柱及其他妨碍装卸的设备。船舱及甲板上均可装载木材。为防甲板上的木材被海浪冲出舷外，在船舷两侧一般设置不低于1米的舷墙。

集装箱船：可分为部分集装箱船、全集装箱船和可变换集装箱船三种。部分集装箱船仅以船的中央部位作为集装箱的专用舱位，其他舱位仍装普通杂货。全集装箱船指专门用于装运集装箱的船舶。它与一般杂货船不同，其货舱内有格栅式货架，装有垂直导轨，便于集装箱沿导轨放下，四角有格栅制约，可防倾倒。集装箱船的舱内可堆放三至九层集装箱，甲板上还可堆放三至四层。可变换集装箱船，其货舱内装载集装箱的结构为可拆装式。因此，它既可装运集装箱，必要时也可装运普通杂货。

滚装船：又称滚上滚下船，主要用来运送汽车和集装箱。这种船本身无须装卸设备，一般在船侧或船的首、尾有开口斜坡连接码头，装卸货物时，货物如汽车等可直接开进或开出船舱。这种船的优点是不依赖码头上的装卸设备，装卸速度快，可加速船舶周转。

载驳船：又称子母船。是指在大船上搭载驳船，驳船内装载货物的船舶。载驳船的主要优点是不受港口水深限制，不需要占用码头泊位，装卸货物均在锚地进行，装卸效率高。目前较常用的载驳船主要有"拉希"型（Lighter Aboard Ship，缩写为 LASH）和"西比"型（Seabee）两种。

(3)液货船

是指专门载运散装液态货物的运输船舶。根据所载货物的种类不同可分为油船、液化气船、液体化学品船等。

2.船舶的组成和主要性能

船舶是水路运输的工具。船舶虽有大小之分，但其结构的主要部分大同小异。船舶主要由以下部分构成：

船壳：船壳即船的外壳，是将多块钢板铆钉或电焊结合而成的，包括龙骨翼板、弯曲外板及上舷外板三部分。

船架：船架是指为支撑船壳所用各种材料的总称，分为纵材和横材两部分。纵材包括龙骨、底骨和边骨；横材包括肋骨、船梁和舱壁。

甲板：甲板是铺在船梁上的钢板，将船体分隔成上、中、下层。大型船甲板数可多至六七层，其作用是加固船体结构和便于分层配载及装货。

船舱：船舱是指甲板以下的各种用途空间，包括船首舱、船尾舱、货舱、机器舱和锅炉舱等。

船面建筑:船面建筑是指主甲板上面的建筑,供船员工作起居及存放船具,包括船首房、船尾房及船桥。

### (四)航空运输设备

航空运输设备包括港站、航路和导航设备,是能实现空中飞行的移动设备。飞机最大的特点是速度快,并具有一定的机动性。现代喷气式运输机,时速一般在900km左右,比铁路列车快5~10倍,比海轮快20~25倍。

航空运输设备体系是由飞机和通信导航设备组成。

飞机依其分类标准的不同,可有以下划分方法:

按飞机的用途划分,有民用航空飞机和国家航空飞机两种。国家航空飞机是指军队、警察和海关等使用的飞机。民用航空飞机主要是指民用飞机和直升飞机,前者指民用的客机、货机和客货两用机。

按飞机发动机的类型分,有螺旋桨飞机和喷气式飞机之分。螺旋桨式飞机,包括活塞螺旋桨式飞机和涡轮螺旋桨式飞机,飞机引擎为活塞螺旋桨式,这是最原始的动力形式。它利用螺旋桨的转动将空气向机后推动,借其反作用力推动飞机前进。螺旋桨转速越高,则飞行速度越快。喷气式飞机,包括涡轮喷气式和涡轮风扇喷气式飞机。这种机型的优点是结构简单,速度快,一般时速可达500~600英里;燃料费用节省,装载量大,一般可载客400~500人或100吨货物。

按飞机的发动机数量分,有单机(动机)飞机、双发(动机)飞机、三发(动机)飞机、四发(动机)飞机。

按飞行的飞行速度分,有亚音速飞机和超音速飞机,前者又分低速飞机(飞行速度低于400公里/小时)和高亚音速飞机(飞行速度马赫数为0.8~8.9)。多数喷气式飞机为高亚音速飞机。

按飞机的航程远近分,有近程、中程、远程飞机之别。远程飞机的航程为11000公里左右,可以完成中途不着陆的洲际跨洋飞行。中程飞机的航程为3000公里左右,近程飞机的航程一般小于1000公里。近程飞机一般用于支线,因此又称支线飞机。中远程飞机一般用于国内干线和国际航线,又称干线飞机。

### (五)管道运输设备

管道运输具有130多年的历史,是输送原油和成品油最主要的方式之一。运输管道按输送物品的不同分为:输油管道(运送原油和成品油)、输气管道(输送天然气和油田伴生气)和固体料浆管道(如输送煤炭料浆)。

1.输油管道

输油管道(也称管线、管路)是由油管及其附件所组成,按照工艺流程的需要,配备相应的油泵机组,设计安装成一个完整的管道系统,用于完成油料接卸及输转任务。

常见的管道布置形式有单管系统、双管系统、独立管道系统。输油管道的敷设,为了减少阻力,一般都尽量采取直线敷设。敷设方法有地上、管沟和地下三种,在油库围墙以内的管道,都应在地上敷设。原已埋在地下的管道或已敷设在管沟里的管道,要结合油库的技术改造,也应尽可能地逐步地改为地上敷设。围墙以外的输油管道,为了不妨碍交通和占用农田,一般都把管道经过防腐处理后直接埋在地下,深度为0.5~0.8米。

2.输气管道

输气管道是只用于输送天然气的管道,主要是由矿场集气管网、干线输气管网、城市配气管等组成。这些设备从气田的井口装置开始,经矿场集气、净化及干线输送,再经配气管网送到用户,形成一个统一的、密闭的输气系统。

集气过程从井口开始,经分离、计量、调压、净化和集中等一系列过程,到向干线输送为止。集气设备包括井场,集气管网、集气站、天然气处理厂和外输总站。

输气站又称压气站。核心设备是压气机和压气机车间,任务是对气体进行调压、计量、净化、加压和冷却,使气体按要求沿着管道向前流动。由于长距离输气需要不断供给压力能,故沿途每隔一定距离设置一座中间压气站。首站也是第一个压气站,当地层压力大至可将气体送到第二站时,首站也可不设压缩机车间;第二站开始称为压气站,最后一站即干线网的终点:城市配气站。

干线输气是指从矿场附近的输气首站开始到终点配气站为止。由于输气管道输送的介质是可压缩的,其输量与流速、压力有关。压气站与管路是一个统一的动力系统,压缩机的出站压力就是该站所属管路的起点压力。

城市配气指从配气站(即干线终点)开始,通过各级配气管网和气体调压所按用户要求直接向用户供气的过程。配气站是干线的终点,也是城市配气的起点与枢纽。气体在配气站内经分离、调压、计量和添味后输入城市配气管网。

## 七、物流基础设施

物流是一个复杂系统,物流基础设施是衡量区域物流系统的一项重要指标。物流基础设施是保证和实现物流活动高效顺畅运行的必备的物质条件,完善的物流基础设施是现代物流发展的前提和保障。物流基础设施包括物流运输基础设施、物流运作基础设施和物流信息基础设施。这三种不同的设施在物流活动中发挥着不同的作用。

### (一)物流运输基础设施

运输是物流中的关键作业环节之一。我国物流运输基础设施是由物流运输线路(如铁路、公路、水运、民航和管道)和物流节点(仓库、港口、码头、货运站场、机场等)组成的。

1.铁路运输设施

(1)铁路的组成

狭义地讲,铁路是由线路、路基、道床、轨枕和钢轨所构成的运输线路,包括铁路桥梁、铁路隧道和各种辅助设施。道床、轨枕、钢轨和道岔叫作线路上部建筑。广义地讲，铁路是指铁路运输系统或铁路运输业。铁路运输系统的技术设备除线路外，还有机车、车辆和通信、信号、调车、装卸车设备等。铁路运输系统的生产经营活动有行车组织、客货运业务以及各项有关的组织和管理工作。

铁路线路是铁路横截面中心线在铁路平面中的位置，以及沿铁路横截面中心线所作的纵断面状况。铁路线路在平面上由直线和曲线组成，而曲线则采用圆曲线，并在圆曲线和直线之间插入缓和曲线，使作用在列车上的离心力平稳过渡。列车在曲线上须限速行驶。根据各级铁路旅客列车最高行车速度的要求，规定了圆曲线的最小半径。

为适应地形起伏以减少工程量，铁路线路可在纵断面上设置上坡、下坡和平道。列车在坡道上行驶时，其重量平行于坡道方向的分力便成为车辆行驶的阻力，称为坡道阻力。纵坡越大，其坡道阻力也越大，而机车克服坡道阻力后所剩余的牵引力就越小。这就影响到机车所能牵引的列车重量，也直接影响到线路的运输能力。

路基是铁路线路承受轨道和列车荷载的地面结构物。路基工程是道路工程中的一项重要工程。路基工程质量的好坏，直接影响到结构物的排水稳定、使用品质、旅客的舒适和正常的行车交通，对国民经济建设具有重要意义。路基工程有其特点和要求。主要是路线长，通过的地带类型多，技术条件复杂，受地形、气候和水文地质条件影响很大。路基按其断面的填挖情况分为路堤式、路堑式、半填半挖式三类。

路基顶面的宽度，根据铁路等级、轨道类型、道床标准、路肩宽度和线路间距等因素确定。路基两侧必须设置排水沟以保证线路排水、铁路畅通。

(2) 近几年我国铁路的发展

1876 年我国修建了第一条铁路，130 多年来我国的铁路运输业取得了长足的发展，建立了完整的铁路路网体系。"十一五"期间，全国铁路基本建设投资完成 1.98 万亿元，是"十五"投资的 6.3 倍；新线投产 1.47 万公里，是"十五"时期的 2 倍；复线投产 1.12 万公里、电气化投产 2.13 万公里，分别为"十五"时期的 3.1 倍和 3.9 倍。全路复线率、电气化率分别达到 41%、46%。

高速铁路建设取得突出成就。我国投入运营的高速铁路已达 8358 公里，全国铁路每天开行动车组列车近 1200 列，还有一大批高速铁路正在建设之中。其中，全长 1318 公里、列车最高运营时速可达 380 公里的京沪高铁完成全线铺轨。2010 年 12 月 3 日，"和谐号" CHR380 新一代高速动车组列车在京沪高铁枣庄至蚌埠段，创造了时速 486.1 公里的世界运营铁路试验最高速。

时速 350 公里的京津、武广、郑西、沪宁、沪杭高铁，时速 250 公里的石家庄—太原、济南—青岛、合肥—南京、合肥—武汉、宁波—台州—温州、温州—福州、福州—厦门、南昌—九江等高铁相继开通运营，投入运营的新建高铁达到 5149 公里。京沪、哈大、京石、石武等高铁正在加快建设，在建高铁 1.7 万公里。

区际干线建设取得重大进展。青藏铁路格尔木—拉萨段、太原—中卫(银川)、临策铁路临河—额济纳段、重庆—怀化、永州—茂名、铜陵—九江、宜昌—万州、包头—西安等区际干线建成投产。兰州—乌鲁木齐、昆明—南宁、南宁—广州、兰州—重庆、张家口—唐山、山西中南部铁路等项目进展顺利,在建里程1.4万公里。

图8—44 铁路货运站

(3)铁路货运站

铁路货运站是专门处理货物运输的车站,一般地处大中城市、工矿地区和重要港口,有大量的货物进出集中于此。按照货运站要处理的技术作业性质,根据要进行的技术作业内容、处理的技术作业量、车辆及货流的大小,依次分可为中间站、区段站及编组站。从发展来看,它不仅执行一般的物流职能,而且越来越多地执行整合、指挥、调度、信息等神经中枢的职能,是整个铁路物流网络的灵魂所在。

货运站是进行物流作业的重要组成部分,尤其是运输环节中的重要节点,是货物发运及装卸搬运作业的集中地。除了处理货物运输有关的重要作业,还要处理列车的接发、会让、解体编组等技术作业。它是保证货物安全运输、减少货物周转时间及作业环节、实现物流作业的连续有序及物资流动顺畅化的重要保障。

货运站是物流、信息流、资金流的汇合处,有大量的客户及供应商供需信息,以及物资的流向、流量、流程等信息汇集,是物流系统中信息的汇集地之一。

货运站是进行客户服务的主要组成部分,按时、保质、保量地完成物资运输任务是保持客户信任的重要手段。

2.公路运输设施

(1)公路的基本组成

公路是供汽车或其他车辆行驶的一种线形带状结构体。它是由路基、路面、桥梁、涵洞和隧道等基本部分组成。此外,还有路线交叉、防护工程和交通工程及沿线设施等。

路基是路面、路肩、边坡、边沟等部分的基础,是由土、石按照一定尺寸、结构要求建筑成的带状土工结构物。路基作为行车部分的基础,必须保证有足够的力学强度和稳定性,以保证行车部分的稳定性和防止自然破坏力的损害。公路路基的横断面由行车道、路肩、路缘带、边坡、截水沟、边沟和碎落台等组成。

路面是公路表面部分。它是用各种坚硬材料铺筑于路基顶面的单层或多层结构物，以供汽车安全、迅速和舒适行驶。路面要求平整，具有足够的强度，良好的稳定性和抗滑性能。路面质量的好坏，直接影响到行车的安全性、舒适性和车辆的通行能力。路面按其力学性质分有柔性路面和刚性路面两大类。路面的常用材料有：沥青、水泥、碎石、砾石、黏土、砂、石灰及其他工业废料等。

桥涵是公路跨越河流、山谷、通道等障碍物而架设的结构物。一般用钢筋混凝土、块石等材料建造而成。

隧道是连接山岭两侧公路的一条山洞。隧道修筑施工技术复杂，工程造价比一般路面高，但它缩短了两地间行车距离，提高了公路的技术等级，保证了行车快速安全，从而降低运输成本。

公路防护工程是对路基进行防护和加固，以保证路基的强度和稳定性，从而维持正常的汽车通行和行车安全。

(2) 公路发展状况

"十一五"时期全社会共完成公路水路交通建设投资约 4.7 万亿元，是"十五"时期的 2 倍多，创历史纪录。全国公路网总里程达到 398.4 万公里，其中高速公路长达 7.4 万公里，里程比"十五"时期末增长了 80%。"五纵七横"12 条国道主干线提前 13 年全部建成，西部开发 8 条省际通道基本贯通。据统计，"十一五"时期期间，全国新增农村公路 53.3 万公里，全国 96% 的乡镇通沥青（水泥）路，东中部 94% 的建制村通沥青（水泥）路，西部 98% 的建制村通公路。

"十一五"期交通建设的一个突出成就，是高速公路骨架基本形成，构建了城市间的公路运输通道，提高了综合运输通道能力，优化了综合运输体系结构。"十一五"期间的高速公路建设，强化了对铁路、机场和沿海港口的集疏运功能，促进了综合运输体系结构的优化。同时，高速公路建设、还促进了区域产业布局的调整和优化，支撑了经济功能区的发展。

按照国务院公布的高速公路网发展规划，我国高速公路网将在"十二五"期间完成 7 条首都放射线、9 条南北纵向线和 18 条东西横向线的建设，也被简称为"7918 网"。

普通干线公路覆盖范围在"十一五"期间得到进一步提高，促进了县域经济发展，推进了产业带、城镇带的形成。截至 2009 年底，国省干线公路里程达到 42.46 万公里，其中国道 15.85 万公里、省道 26.6 万公里，比"十五"末分别增加了 2.58 万公里和 3.23 万公里。路网中等级公路所占比例达到 79.2%，二级及以上公路占公路总里程比重达到 11%，分别较 2005 年提高了 15.2% 和 1.1%。

(3) 公路的分类

按行政等级划分可分为：国道、省道、县道、乡道、专用公路五个等级，一般把国道和省道称为干线，县道和乡道称为支线。

①国道是指具有全国性政治、经济意义的主要干线公路，包括重要的国际公路，国防公路，连接首都与各省、自治区、直辖市首府的公路，连接各大经济中心、港站枢纽、商品生产基地和战略要地的公路。国道中跨省的高速公路由交通部批准的专门机构负责修建、养护和管理。

②省道是指具有全省（自治区、直辖市）政治、经济意义，并由省（自治区、直辖市）公路主管部门负责修建、养护和管理的公路干线。

③县道是指具有全县（县级市）政治、经济意义，连接县城和县内主要乡（镇）、主要商品生产和集散地的公路，以及不属于国道、省道的县际间公路。县道由县、市公路主管部门负责修建、养护和管理。

④乡道是指主要为乡（镇）村经济、文化、行政服务的公路，以及不属于县道以上公路的乡与乡之间及乡与外部联络的公路。乡道由人民政府负责修建、养护和管理。

⑤专用公路是指专供或主要供厂矿、林区、农场、油田、旅游区、军事要地等与外部联系的公路。专用公路由专用单位负责修建、养护和管理，也可委托当地公路部门修建、养护和管理。

按使用任务、功能和适应的交通量划分可分为：高速公路、一级公路、二级公路、三级公路、四级公路五个等级。

根据我国交通部《公路工程技术标准》规定，高速公路是指"能适应年平均昼夜小客车交通量为25000辆以上、专供汽车分道高速行驶、并全部控制出入的公路"。一般能适应120公里/小时或者更高的速度，要求路线顺畅，纵坡平缓，路面有4个以上车道的宽度。中间设置分隔带，采用沥青混凝土或水泥混凝土高级路面。为保证行车安全，设有齐全的标志、标线、信号及照明装置；禁止行人和非机动车在路上行走，与其他线路采用立体交叉、行人跨线桥或地道通过。

根据中国现行的公路等级技术标准，一级公路是指供汽车分向、分车道行驶并可根据需要控制出入的多车道公路。一级公路是连接重要政治、经济中心，通往重点工矿区、港口、机场，专供汽车分道行驶并部分控制出入的公路。

二级公路是指设计速度在每小时60～80公里，双向行驶且无中央分隔带的双车道公路。二级公路与一级公路的最大区别就是，一级路有中央分隔带，分道行驶；二级路基本没有中央分隔带。

三级公路是指一般能适应按各种车辆折合成中型载重汽车2000辆以下的年平均昼夜交通量，为沟通县及县以上城市的公路。

四级公路是指一般能适应各种车辆折合成载重汽车的年平均昼夜交通量在200辆以下，沟通县、乡（镇）村等的支线公路。

(4)汽车货运站

公路汽车货运站是汽车货物运输的集散枢纽，是办理货物运输业务，进行货物装卸、中转、仓储保管的营业处所和作业场所。汽车货运站是公路货物的集散点，也是公路货运网络的节点，是实现货物"门到门"运输和直接为车主和货主提供多种服务的场所。在公路货运市场中，货运站起着集散货物、停放车辆、运行指挥和综合服务等重要作用。根据公路货物运输市场的客观要求，对于较大规模的汽车货运站，还应具备运输组织管理、中转换装、通信信息、多式联运、运输代理和综合服务等功能。并尽快建成具有多功能、全方位服务的面向社会开放的公共型汽车货运站。

当前，我国汽车运输企业的货运站，大致可分为零担货运站、集装箱货运站和整车货运站三类。

3. 水路运输设施

水路运输设施主要由港口、航道、导航等部分构成。

(1)港口

伴随着我国经济社会及世界经济的发展，我国港口作为多种交通运输方式的交汇点以及现代国际物流链的枢纽，发挥了连接内陆和海向物流、辐射国际和国内市场的重要作用，为我国经济社会、对外贸易的发展作出了巨大贡献，充分显示了港口产业具备的服务属性。如今我国港口的基础设施规模明显扩大、生产能力显著增强，港口布局日趋合理、结构不断优化升级、功能逐步拓展，港口的服务能力和水平明显提高。到2009年底，全国港口数量400多个，拥有生产用码头泊位31000多个，其中万吨级及以上泊位1400多个。2009年全国规模以上的港口完成货物吞吐量69.1亿吨，其中沿海港口完成47.3亿吨，内河港口完成21.8亿吨；规模以上港口完成集装箱吞吐量12100万TEU。我国港口吞吐量和集装箱吞吐量已经连续七年保持世界第一，拥有20个亿吨大港。

中国沿海港口建设重点围绕煤炭、集装箱、进口铁矿石、粮食、陆岛滚装、深水出海航道等运输系统进行，特别加强了集装箱运输系统的建设。政府集中力量在大连、天津、青岛、上海、宁波、厦门和深圳等港建设了一批深水集装箱码头，为中国集装箱枢纽港的形成奠定了基础；煤炭运输系统建设进一步加强，新建成一批煤炭装卸船码头。一些大港口年总吞吐量超过亿吨，上海港、深圳港、青岛港、天津港、广州港、厦门港、宁波港、大连港八个港口已进入集装箱港口世界50强。

按2010年、2020年中长期港口发展规划，将对长三角、环渤海、华南和东南沿海、西南沿海四大区域经济的港口货源进行整合，加快上海国际航运中心、20个枢纽港的建设，提高码头泊位大型化和专业化水平，增深长江口等出港航道水深，促使港口成为国际物流的核心枢纽。

(2)航道

航道是指在内河、湖泊、港湾等水域内供船舶安全航行的通道，由可通航水域、助航设施和水域条件组成。按形成原因分天然航道和人工航道,按使用性质分专用航道和公用航道,按管理归属分国家航道和地方航道。

(3)导航

导航是引导船舶等从指定航线一点运动到另一点的设备。导航分两类:(1)自主式导航:用于飞行器或船舶上的设备导航,有惯性导航、多普勒导航和天文导航等;(2)非自主式导航:用于飞行器、船舶、汽车等交通设备与有关的地面或空中设备相配合导航,有无线电导航、卫星导航。在军事上,还要配合完成武器投射、侦察、巡逻、反潜和援救等任务。

船舶通信导航设备主要有:中高频组合电台、卫星通信设备、导航雷达、GPS(全球定位系统)、SART(雷达应答器)、气象传真接收机、船舶内部通信系统等。

4.航空运输设施

航空运输设施是实现航空运输的物质基础,主要包括航路、航空港和通信导航设施等。

(1)机场

机场是供起飞、着陆、停驻、维护、补充给养、组织飞行保障活动所用的场所。机场是民航运输网络中的节点,是航空运输的起点、终点和经停点。机场可实现运输方式的转换,是空中运输和地面运输的转接点。机场主要是由飞行区、航站区和进出机场的地面交通系统构成。

按航线性质,机场可分为国际航线机场和国内航线机场;按其在民航运输网络中的作用可分为枢纽机场、干线机场和支线机场;按所在城市的性质和地位则可分为Ⅰ类机场、Ⅱ类机场、Ⅲ机场和Ⅳ机场;按服务对象可分为军用机场、民用机场和军民合用机场。

(2)航路

航路是根据地面导航设施建立的走廊式保护空域,是飞机航线飞行的领域。航路的划定是以连接各个地面导航设施的直线为中心线,在航路范围内规定上限高度、下限高度和宽度。对在其范围内飞行的飞机,要实施空中交通管制。

(3)航空港

航空港是由飞机场及有关服务设施构成的整体,是飞机安全起降的基地,也是旅客、货物、邮件的集散地。

(4)通信导航设施

通信导航设施是沟通信息、引导飞机安全飞行并到达目的地安全着陆(见航空领航)的设施。

## (二)物流运作基础设施

随着物流的逐步发展,为了提高物流服务供应能力和服务质量,提升物流运作水平,一批专业性极强的作为物流运作服务平台的基础设施,如物流园区、物流中心、配送中心以及仓储设施有了很大的发展。

1.物流园区

物流园区是我国现代物流业发展中产生的新型业态,近10年来出现了蓬勃发展的局面。

国家"十一五"规划纲要提出"加强物流基础设施整合,建设大型物流枢纽,发展区域性物流中心"。在已经制定物流发展规划的省市区和经济中心城市,都提出了物流园区建设的规划。到2008年,我国物流园区已经发展到475个。

(1) 定义及功能

物流园区(logistics park)是指在物流作业集中、几种运输方式衔接地,多种物流设施和不同类型的物流企业在空间上集中布局的场所,是一个有一定规模的和具有多种服务功能的物流企业的集结点。

目前,物流园区在国内和国外还没有统一通用的定义,不同国家对其的称谓也不一样。物流园区最早出现在日本东京,又称物流团地。日本从1965年起在规划城市发展的时候,政府从城市整体利益出发,为解决城市功能紊乱、缓解城市交通拥挤、减轻产业对环境压力、保持产业凝聚力、顺应物流业发展趋势,在郊区或城乡边缘带主要交通干道附近专辟用地,确定了若干集约运输、仓储、市场、信息、管理功能的物流团地。在欧洲,物流园区被称为货运村,是指在一定区域范围内,所有有关商品运输、物流和配送的活动,包括国际和国内运输,通过各种经营者实现。在国内,第一个物流园区是深圳平湖物流基地,始建于1998年12月1日,第一次提出物流基地这个概念,叫作"建设物流事业基础的一个特定区域",它的特征有三:一是综合集约性;二是独立专业性;三是公共公益性。

现代物流园区从大的方面讲,主要具有两大功能,即物流组织管理功能和依托物流服务的经济开发功能。作为城市物流功能区,物流园区包括物流中心、配送中心、运输枢纽设施、运输组织及管理中心和物流信息中心,以及适应城市物流管理与运作需要的物流基础设施;作为经济功能区,其主要作用是开展满足城市居民消费、就近生产、区域生产组织所需要的企业生产和经营活动。物流园区的内部功能可概括为8个方面,即综合功能、集约功能、信息交易功能、集中仓储功能、配送加工功能、多式联运功能、辅助服务功能、停车场功能。其中,综合功能的内容为:具有综合各种物流方式和物流形态的作用,可以全面处理储存、包装、装卸、流通加工、配送等作业方式以及不同作业方式之间的相互转换。

(2) 物流园区内涵

物流园区将众多物流企业聚集在一起,实行专业化和规模化经营,发挥整体优势,促进物流技术和服务水平的提高,共享相关设施,降低运营成本,提高规模效益。其内涵可归纳为以下三点:

①物流园区是由分布相对集中的多个物流组织设施和不同的专业化物流企业构成的具有产业组织、经济运行等物流组织功能的规模化、功能化的区域。这首先是一个空间概念,与工业园区、经济开发区、高新技术开发区等概念一样,具有产业一致性或相关性,拥有集中连片的物流用地空间。

②物流园区是对物流组织管理节点进行相对集中建设与发展的具有经济开发性质的城市物流功能区域。作为城市物流功能区,物流园区包括物流中心、配送中心、运输枢纽设施、运

输组织及管理中心和物流信息管理中心等适应城市物流管理与运作需要的物流基础设施。

③物流园区也是依托相关物流服务设施,以降低物流成本、提高物流运作效率和改善企业服务为目的进行流通加工、原材料采购和便于与消费地直接联系的生产等活动,具有产业发展性质的经济功能区。作为经济功能区,其主要任务是开展满足城市居民消费、就近生产、区域生产组织所需要的企业生产、经营活动。

(3) 物流园区的分布

目前我国物流园区的数量规模比较大、分布比较广,但地域差别明显。东部、南部以及北部三大沿海经济区的物流园区总量为260个,占全国物流园区总量的54.7%。其中,运营的物流园区79个,占全国运营物流园区的64.8%;在建的物流园区101个,占全国在建物流园区的46.1%;规划中的物流园区80个,占全国规划中的物流园区的59.7%。而且,运营效果相对较好的物流园区也主要集中在这三大沿海经济区域。

2. 物流中心

(1) 定义

物流中心是处于枢纽或重要地位的、具有较完整物流环节,并能将物流集散、信息和控制等功能实现一体化运作的物流据点。物流中心是物流系统中的基础设施。它的规划、筹建、运行与完善,涉及交通、物资、商业、外贸、工业、建筑、农业、金融等多个部门、多个行业。

不同类型的物流据点在物流链管理中的主要功能或侧重点也有所差别,诸如集货、散货、中转、加工、配送等。由于物流中心分布的地理位置及经济环境特征的不同,这种主要功能差别则带有区域经济发展要求的特点。

(2) 物流中心的类型

典型的物流中心主要有以下几类:

①集货中心:是将分散生产的零件、生产品、物品集中成大批量货物的物流据点。这样的物流中心通常多分布在小企业群、农业区、果业区、牧业区等地域。集货中心的主要功能是集中货物、初级加工、运输包装、集装作业、货物仓储。

②送货中心:将大批量运抵的货物换装成小批量货物并送到用户手中的物流据点。送货中心运进的多是集装的、散装的、大批量、大型包装的货物,运出的是经分装加工转换成小包装的货物。此类物流中心多分布在产品使用地、消费地或车站、码头、机场所在地。其主要功能是分装货物、分送货物、货物仓储等。

③转运中心:是实现不同运输方式或同种运输方式联合(接力)运输的物流设施,通常称为多式联运站、集装箱中转站、货运中转站等。转运中心多分布在综合运输网的节点处、枢纽站等地域。这类物流中心的主要功能是货物中转、货物集散与配载、货物仓储及其他服务等。

④加工中心:将运抵的货物经过流通加工后运送到用户或使用地点。这类物流据点侧重于对原料、材料、产品等的流通加工,配有专用设备和生产设施。尽管此类加工工艺并不复杂,但带有生产加工的基本特点,因而对流通加工的对象、种类均具有一定的限制与要求。

物流过程的加工特点是将加工对象的仓储、加工、运输、配送等形成连贯的一体化作业。这类物流中心多分布在原料、产品产地或消费地。经过流通加工后的货物再通过使用专用车辆、专用设备(装置)以及相应的专用设施进行作业,如冷藏车、冷藏仓库,煤浆输送管道、煤浆加压设施,水泥散装车、预制现场等,可以提高物流质量、效率并降低物流成本。

⑤配送中心:是将取货、集货、包装、仓库、装卸、分货、配货、加工、信息服务、送货等多种服务功能融为一体的物流据点,也称为配送中心(城市集配中心)。配送中心是物流功能较为完善的一类物流中心,应分布于城市边缘且交通方便的地带。

⑥物资中心:是依托于各类物资、商品交易市场,进行集货、储存、包装、装卸、配货、送货,信息咨询、货运代理等服务的物资商品集散场所。全国一些有影响的小商品市场、时装市场、布匹市场等也初步形成了为用户提供代购、代储、代销、代运及其他一条龙相关服务的场所和组织;有的已经成为全国性的专业性物流中心。

3.配送中心

(1)定义

配送中心是接受并处理末端用户的订货信息,对上游运来的多品种货物,根据用户订货要求进行拣选、加工、组配等作业,并进行送货的组织机构和物流设施。

配送中心具有采购、存储保管、配组、分拣、分装、集散、流通加工、送货、物流信息汇总及传递、衔接和服务等功能。

(2)配送中心主要类型

①按照配送中心的内部特性分类

储存型配送中心:有很强储存功能。大范围配送的配送中心,需要有较大库存,也可能是储存型配送中心。我国目前拟建的一些配送中心,都采用集中库存形式,库存量较大,多为储存型。瑞士 GIBA—GEIGY 公司的配送中心拥有世界规模的储存库,可储存 4 万个托盘;美国赫马克配送中心拥有一个有 163000 个货位的储存区。

流通型配送中心:基本上没有长期储存功能,仅以暂存或随进随出方式进行配货、送货的配送中心。这种配送中心的典型运作方式是,大量货物整进并按一定批量零出,采用大型分货机,进货时直接进入分货机传送带,分送到各用户货位或直接分送到配送汽车上,货物在配送中心里仅做少许停滞。日本的阪神配送中心,中心只有暂存,大量储存则依靠一个大型补给仓库。

加工配送中心:配送中心具有加工职能,根据用户的需要或者市场竞争的需要,对配送物进行加工之后进行配送的配送中心。在这种配送中心内,有分装、包装、初级加工、集中下料、组装产品等加工活动。世界著名连锁服务店肯德基和麦当劳的配送中心,就是属于这种类型的配送中心。

②按照配送中心承担的流通职能分类

供应配送中心:配送中心执行供应的职能,专门为某个或某些用户(例如连锁店、联合公司)组织供应物品。例如，为大型连锁超级市场组织供应的配送中心；代替零件加工厂送货的零件配送中心等。供应配送中心的主要特点是，配送的用户有限并且稳定，用户的配送要求范围也比较确定，属于企业型用户。

销售配送中心：执行销售的职能，以销售经营为目的、以配送为手段的配送中心。销售配送中心大体有三种类型：生产企业为本身产品直接销售给消费者的配送中心；流通企业作为本身经营的一种方式，建立配送中心以扩大销售；第三种，是流通企业和生产企业联合的协作型配送中心。

③按配送区域的范围分类

城市配送中心：以城市范围为配送范围的配送中心。由于城市一般处于汽车运输的经济里程，这种配送中心可直接配送到最终用户，且采用汽车进行配送。所以，这种配送中心往往和零售经营相结合，运距短，反应能力强。因而从事多品种、少批量、多用户的配送较有优势。我国已建的"北京食品配送中心"属于这种类型。

区域配送中心：以较强的辐射能力和库存准备，向省(州)际、全国乃至国际范围的用户配送的配送中心。这种配送中心配送规模较大，用户和配送批量也较大，往往是配送给下一级的城市配送中心，也可配送给营业所、商店、批发商和企业用户。阪神配送中心、美国马特公司的配送中心、蒙克斯帕配送中心等都属于这种类型。

④按配送货物种类分类

根据配送货物的属性，可以分为食品配送中心、日用品配送中心、医药品配送中心、化妆品配送中心、家用电器配送中心、电子(3C)产品配送中心、书籍产品配送中心、服饰产品配送中心、汽车零件配送中心以及生鲜处理中心等。

⑤按配送的专业程度划分

专业配送中心：大体上有两个含义，一是配送对象、配送技术是属于某一专业范畴，例如多数制造业的销售配送中心。目前，我国在石家庄、上海等地建的配送中心大多采用这一形式。专业配送中心第二个含义是，以配送为专业化职能。基本不从事经营的服务型配送中心，如蒙克斯帕配送中心。

柔性配送中心：这种配送中心不向固定化、专业化方向发展，而是对用户要求有很强适应性，不固定供需关系，不断向发展配送用户和改变配送用户的方向发展。

⑥按运营主体划分

以生产商为主的配送中心，是以家用电器、汽车、化妆品、食品等工厂为主。流通管理能力强的厂商，在建立零售制度的同时，通过配送中心使物流距离缩短，并迅速向顾客配送商品。其特点是环节少、成本低。但对零售商来说，因为从这里配送的商品，只局限于一个生产厂的产品，难以满足销售的需要，是一种社会化程度较低的配送中心。

以批发商为主的配送中心，是指专职流通业的批发商把多个生产厂的商品集中起来，作为主体商品，这些产品可以单一品种或者多品种搭配向零售商进行配送。这种形式，虽然多了一道环节,但是一次送货,品种多样。对于不能确定独立销售路线的工厂或本身不能备齐各种商品的零售店,是一种有效的办法。

以零售商为主的配送中心,一般是指特大型零售店或集团联合性企业所属的配送中心。从批发部进货或从工厂直接进货的商品,经过零售店自有的配送中心,再向自己的网点和柜台直接送货。

4.仓库

仓库又名货仓,是一些用作储存货物的建筑物,服务于生产商、商品供应商、物流组织。为方便合作,仓库通常邻近码头、火车站、飞机场等。

(1)仓库的作用

仓库在物流活动中发挥着不可替代的作用。主要有:

缩短供货时间:仓库可以靠近目标顾客的位置设置,更好地防止货物的短缺,缩短顾客预购货物的时间,为顾客提供满意的仓储服务。

调整供求:有的商品集中生产,却是持续消费,如粮食;有的商品是持续生产,却是集中消费,如皮装等季节性商品。诸如此类的商品都要靠仓库调节市场供求。

降低价格波动的风险:市场经济条件下的商品价格变幻莫测,经常给商家或是生产企业带来价格风险。厂家和商家可以在他们认为价格合适的时候采购或是储备,在原材料价格上涨前或商品价格下降时大量储存,减少损失。

避免缺货损失:缺货会使企业在经济和信誉上带来巨大的损失,其中有些损失是直接的,有些损失是间接的。为了对市场需求做出快速反应,企业必须保持一定的存货。另外,为了避免战争、灾荒等意外引起的缺货,国家也要储备一些生活物资、救灾物资及设备。

(2)仓库的分类

仓库可以按不同的标准进行分类,以便对不同类型的仓库实行不同的管理。

①按仓库在社会再生产过程中所处的位置不同分类

生产领域仓库:包括原材料仓库,半成品、在制品和产成品仓库。原材料仓库是指结束了流通阶段,进入生产准备阶段的原材料存放场所。产成品库,是指存放生产企业的已经制成并经检验合格,进入销售阶段但还未离开生产企业的成品的场所。半成品、在制品仓库,是指在企业生产过程中,处于各生产阶段之间的半成品库和在制品库,其目的在于衔接各生产阶段和保证生产过程连续不断地进行。

流通领域仓库:包括物流企业中转仓库和商业企业的自用仓库,主要用于商品的保管、分类、中转和配送。这种类型的仓库以商品的流通中转和配送为主要功能,机械化程度比较高、周转快、保管时间短、功能齐全。

储备型仓库:这种类型的仓库以物资的长期保管或储备为目的,货物在库时间长,周转速度慢,如国家粮食储备库。

②按仓库的使用范围分类

企业仓库：是指企业自己投资兴建，用于保管自己生产经营所需货物的仓库。

营业仓库：是指面向社会提供仓储服务而修建的仓库。这类仓库以出租库房和仓储设备，提供装卸、包装、流通加工、送货等服务为经营目的，功能比较齐全，服务范围比较广，进出货频繁，吞吐量大，使用效率较高。

公用仓库：是由国家或一个主管部门修建的，为社会物流业务服务的公用仓库，如车站货场仓库、港口码头仓库等。其特点是公共性、公益性强，功能比较单一，仓库结构相对简单。

③按仓库保管的条件分类

普通仓库：设施一般，只能保管无特殊要求的货物。

恒温保湿仓库：库房始终能保持一定的温度和湿度。

冷藏仓库：有冷冻设备，使库房保持一定的低温，用于需温度控制的物品储藏。

特种仓库：用于存放有特殊要求如易燃、易爆、有毒的货物。

④按仓库建筑的结构分类

简易仓库：构造简单，造价低廉，一般是在仓库能力不足而又不能及时建库的情况下，采取临时代用的办法，包括一些固定或活动的简易仓棚等。

平房仓库：构造较为简单，造价较低，一般只有一层，不设楼梯，有效高度不超过6米，适宜于人工操作，各项作业也较为方便简单。

楼房仓库：是指两层及两层以上的仓库。它可以减少土地占用，分摊的地价便宜，但进出库需要采用机械化或半机械化作业，日常装卸搬运费用比较高。

高层货架仓库：也称为立体仓库，是当前经济发达国家较普遍采用的一种先进仓库，主要采用电子计算机进行管理和控制，实行机械化、自动化作业。

罐式仓库：构造特殊，或球形或柱式，形状像一个大罐子，主要用于储存石油、天然气和液体化工产品等。

⑤按仓库所处的位置分类

港口仓库：设于港区供装船货物集结及卸船货物临时和短期储存的建筑物，一般仓库地址选择在港口附近，以便进行船舶的装卸作业。

车站仓库：是以铁路运输发到货物为储存对象的仓库，通常在火车货运站附近建库。

汽车终端仓库：是指在汽车货物运输的中转地点建设的仓库，为汽车运输提供方便条件。

工厂仓库：是在企业内建设的仓库，如原材料仓库、产成品仓库、半成品仓库等。

保税仓库：是存放保税货物的仓库。为满足国际贸易的需要，设置在一国国土之上，但在海关关境之外的仓库。

### (三)物流信息基础设施与设备

现代物流是以计算机信息管理和通信技术为核心的产业。现代物流企业通过严格的、科学的管理系统，实现事务处理信息化和信息处理电子化，充分利用计算机和计算机网络来处理信息，以提高自身竞争力。鲍尔索克斯在其著作《物流管理》中清晰地指出，在计算机技术可以广泛使用之前，没有理由认为物流的各种功能能够被综合，或者这种交叉功能的综合会提高整体性能。可见，物流的发展与信息及其技术的进步是息息相关的。

所谓物流信息系统就是利用计算机硬件、软件、网络通信设备以及其他办公设备，进行物流信息的收集、加工、传输、储存、更新和维护，以提高物流效率为目的，支持物流企业高层决策、中层控制、基层运作的集成化人机系统。物流信息系统是高层次的活动，是物流系统中最重要的方面之一，实际上是物流管理软件和信息网络结合的产物。物流信息系统涉及的设备设施主要有物流信息采集设备、信息处理和储存设备及信息传输设备等。

物流信息系统在现代物流中占有极其重要的地位。物流信息系统是整个物流系统的中枢神经，是现代物流企业的核心。物流信息系统能否与现代最新技术结合，以充分发挥其集成智能、快速、易用的特点，将在很大程度上决定物流企业的效益。据国外统计，现代物流信息技术的应用，可为传统的运输企业带来以下实效：网上货运信息发布及网上下单可增加商业机会 20%～30%；降低空载率 15%～20%；提高对在途车辆的监控能力，有效保障货物安全；无时空限制的客户查询功能，有效满足客户对货物运行情况的跟踪、监控，可提高业务量 40%；对各种资源的合理综合利用，可减少运营成本 15%～30%。

1. 计算机网络对现代物流的影响

(1) 计算机网络的应用把物流提升到前所未有的高度

计算机网络为物流创造了一个虚拟性的运动空间。在网络环境下，人们在进行物流活动时，物流的各种职能及功能可以通过虚拟化的方式表现出来，网络的应用最终将导致社会产业结构重组为制造业、物流业和信息业。在网络环境中，信息化是政务和商务事务处理的特点。随着绝大多数商店和银行的虚拟化，整个市场剩下的就只有实物物流处理工作了。因此，计算机网络的应用把物流业提升到了前所未有的高度。

(2) 计算机网络使物流需求产生新的变化

计算机网络的物理分布范围正在迅速扩展，比如因特网。因此，网络客户在地理分布上就是很分散的，这导致送货的地点不集中。现在物流网络并没有像因特网那样广的覆盖范围，无法经济合理地组织送货。在传统的经营模式下，物流职能一般由企业自身承担，导致物流的成本高、效率低，尤其对于小企业。在网络环境下的配送就是关键问题，在面对跨地区、跨国界的用户时，将会束手无策。

(3) 计算机网络对物流服务提出了便利性、时效性、集成性的要求

计算机网络的发展使得消费者在获得某种物流服务时比以往更加便利、更加周到、操作更为简单，这是对商品或服务的无形的增值。因为在网络环境下，物流的服务将提供完备的操作管理、现代化的设备和电子跟踪等体系，这样的物流是更为系统科学和更有信誉的物流。计算机网络环境要求物流的行为要有时效的保障，其核心在于提供服务、产品、信息和决策反

馈的及时性。因此物流企业要改善运输基础设施和设备(如修建高速公路)、优化配送中心和物流中心;设计合理的流通渠道、减少环节、简化过程,以提高物流系统的快速反应能力。

(4)计算机网络实现了物流环节的实时控制

计算机网络可使物流实现网络的实时控制。传统的物流活动在其运作过程中,不管其是以生产为中心,还是以成本或利润为中心,其实质都是以商流为中心,物流从属于商流活动。在计算机网络环境中,物流的运作是以信息为中心,信息不仅决定了物流的运动方向,而且也决定着物流的运作方式。在实际运作过程中,通过网络上的信息传递,可以有效地实现对物流的实时控制,实现物流的合理化。计算机网络对物流的实时控制是以整体物流来进行的。在传统的物流活动中,虽然也依据计算机对物流实时控制,但这种控制都是以单个的运作方式来进行的。

(5)计算机网络促进了物流基础设施的改善和提高

计算机网络高效率和全球性的特点,要求物流也必须与其一致。物流要达到这一目标,良好的交通运输网络、通信网络等基础设施则是最基本的保证。物流技术水平的高低是实现物流效率高低的一个重要因素,要建立一个适应计算机网络运作的高效率的物流系统,加快提高物流的技术水平则有着重要的作用。计算机网络将促进物流管理水平的提高。只有提高物流的管理水平,建立科学合理的管理制度,将科学的管理手段和方法应用于物流管理当中,才能确保物流的畅通进行,实现物流的合理化和高效化。

2.计算机信息管理技术与现代物流管理

现代物流高度依赖于对大量数据、信息的采集、分析、处理和即时更新,因此物流信息化是整个社会信息化的必然需求。在信息技术、网络技术高度发达的现代社会,从客户资料取得和订单处理的数据库化、代码化、物流信息处理的电子化和计算机化,到信息传递的实时化和标准化,信息化渗透至物流的每一个领域。这些现代技术和设施设备的应用大大提高了物流活动的效率,扩大了物流活动的领域,具体表现在以下几个方面:

(1)采购管理。依据系统提供正确、及时的采购信息,帮助企业管理者制订科学的采购策略,提供适时、适量、适价的采购管理,及时了解供应商的绩效。系统提供从采购申请到货物验收及质量监控等全程服务,实现对采购业务的全面管理。

(2)销售管理。依据系统提供的历史销售记录和信息,企业管理者可制定合理的销售计划,并实时监控每一个订单的处理过程。在处理过程中可随时查询客户信用和库存等信息,及时地进行调整使整个销售过程科学合理,高效高质满足客户需求。

(3)库存管理。存储越来越被认为是一个物流的过程而不只是一种静态的存储技术。通过应用缓冲站、积累区以及一些相关操作,仓储已不只是一个短暂的物料停留过程。利用该系统,管理人员可以实时获得动态的物料库存状况信息,以便更好地控制库存、提高效率,以及交货的及时性、改善客户服务水平,并通过智能分析,最终使企业达到降低库存成本、生产成本、及时反馈物流信息、加速资金运转等目的。

(4)供应链管理系统。支持各种商业模型,支持完整的供应链环节,支持与企业原有的后台ERP或MIS系统的接口,支持集成CRM、OA、电子商务、质量管理等系统,组成强大的企业信息中心;优良的体系结构设计在满足现有市场需求的基础上,具有充分的可扩展性,以满足企业未来的业务发展;采用了先进的数据加密技术,以保证数据在传输中的安全性;B/S结构降低维护工作量,支持远程办公,本系统完全采用B/S结构,客户端无须安装软件,无须配置,只通过IE就可以实现全部功能;基于.net架构,面向国际、面向未来。本产品设计架构、编码方法完全基于.net架构,符合国际行业标准,有利于未来的系统整合与扩展。

(5)客户关系管理。把客户数据库看作是一个数据中心,利用它,企业可以记录在整个市场与销售的过程中和客户发生的各种活动,跟踪各类活动的状态,建立各类数据的统计模型用于后期的分析和决策支持。

(6)机械设备管理。现代物流设备是在计算机科学和电子技术的基础上,结合传统的机械学科发展起来的机电一体化的设备。从物流系统的管理和控制来看,计算机网络和数据库技术的采用是整个系统得以正常运行的前提。物流所要解决的问题是物流活动的机械化、自动化和合理化,以实现物流系统的时间和空间效益。发展至今,物流系统是典型的现代机械电子相结合的系统。

3.物流信息设备的分类

物流信息系统具有数据的收集和录入、信息的储存、传输、处理和输出等功能。根据功能可以把物流信息设备分为数据采集设备、数据处理和传输设备。

(1)数据采集器

数据采集设备是现在物流系统中用于物流信息及时准确采集、传输与处理等的各种现代化设备和技术的总称。数据采集设备主要包括计算机及网络、信息识别装置、传票传递装置、通信设备等。

图8-45 数据采集器

数据采集器又称盘点机、掌上电脑,具有一体性、机动性、体积小、重量轻、高性能、适于手持等特点。它是将条码扫描装置与数据终端一体化,带有电池,可离线操作的终端电脑设备。数据采集器由中央处理器(CPU)、只读存储器(ROM)、可读写存储器(RAM)、键盘、屏幕显示器、与计算机接口数据等部分构成。采集器具备实时采集、自动存储、即时显示、即时反馈、自动处理、自动传输功能。为现场数据的真实性、有效性、实时性、可用性提供了保证。

数据采集器的使用,使企业数据记载各环节如进货、退货、出货、盘点等全部实现自动化,减少出错率,提高了工作效率。

(2) 信息处理设备

信息处理主要是利用计算机技术和信息技术对获取的信息进行整理分析的过程。计算机是一种能够按照事先存储的程序,自动、高速地进行大量数值计算和各种信息处理的现代化智能电子设备。计算机系统由计算机硬件和软件两部分组成。硬件包括中央处理器、存储器和外部设备等;软件是计算机的运行程序和相应的文档。计算机系统具有接收和存储信息、按程序快速计算和判断并输出处理结果等功能。

20世纪70年代以后,计算机的发展经历了微型计算机、电子管计算机、集成电路计算机和现代计算机四个阶段。

在现代计算机中,外围设备的价值一般已超过计算机硬件子系统的一半以上,其技术水平在很大程度上决定着计算机的技术水平。外围设备包括辅助存储器和输入输出设备两大类。辅助存储器包括磁盘、磁鼓、磁带、激光存储器、海量存储器和缩微存储器等;输入输出设备又分为输入、输出、转换、模式信息处理设备和终端设备。在这些品种繁多的设备中,对计算机技术面貌影响最大的是磁盘、终端设备、模式信息处理设备和转换设备等。外围设备技术的综合性很强,既依赖于电子学、机械学、光学、磁学等多门学科知识的综合,又取决于精密机械工艺、电气和电子加工工艺以及计量的技术和工艺水平等。

新一代计算机是把信息采集存储处理、通信和人工智能结合在一起的智能计算机系统。它不仅能进行一般信息处理,而且能面向知识处理,具有形式化推理、联想、学习和解释的能力,将能帮助人类开拓未知的领域和获得新的知识。

(3) 信息传输设备

信息传输是从一端将命令或状态信息经信道传送到另一端,并被对方所接收。包括传送和接收。传输介质分有线和无线两种,有线为电话线或专用电缆;无线是利用电台、微波及卫星技术等。信息传输过程中不能改变信息,信息本身也并不能被传送或接收,必须有载体,如数据、语言、信号等方式,且传送方面和接收方面对载体有共同解释。目前物流信息传输应用广泛的方式是计算机网络技术和卫星通信技术。

随着计算机网络技术的飞速发展,计算机网络已成为全球信息基础设施的主要组成部分。它在社会各个领域的作用日益强大,成为信息传输中不可缺少的基础设施,是承担传输以及交换信息的公用平台。计算机网络技术是通信技术与计算机技术相结合的产物,是按照网络协议,将地球上分散的、独立的计算机相互连接的集合。连接介质可以是电缆、双绞线、光纤、微波、载波或通信卫星。计算机网络具有共享硬件、软件和数据资源的功能,具有对共享数据资源集中处理及管理和维护的能力。

卫星通信是一种利用人造地球卫星作为中继站来转发无线电波而进行的两个或多个地球站之间的通信方式。卫星通信具有覆盖范围广、通信容量大、传输质量好、组网方便迅速、便于实现全球无缝链接等优点，被认为是建立全球个人通信必不可少的一种重要手段。卫星通信系统是由通信卫星和经该卫星连通的地球站两部分组成。

早在20世纪80年代沃尔玛就建立起自己的商用卫星系统。在强大的信息技术支持下，如今的沃尔玛已形成了"四个一"，即："天上一颗星"——通过卫星传输市场信息；"地上一张网"——有一个便于用计算机网络进行管理的采购供销网络；"送货一条龙"——通过与供应商建立的计算机连接，供货商自己就可以对沃尔玛的货架进行补货；"管理一棵树"——利用计算机网络把顾客、分店或山姆会员店和供货商像一棵大树有机地联系在一起。沃尔玛通过卫星通信技术和计算机网络技术构建了强大的物流信息系统，优化了供应链管理，实现了高效率的物流运作和成本控制。

## 本章小结

介绍了物流机械设备的发展情况与发展趋势，分析了现代物流机械设备的概念、特点和物流设施与设备在现代物流中的地位与作用；详细介绍了各种物流机械设备如包装设备、装卸搬运设备、仓储设备、流通加工设备运输设备等的概念、种类、功能，提出了合理配置、选择、运用和管理物流机械设备的基本方法；介绍了各种物流运输基础设施、物流运作基础设施和物流信息技术设施的含义、种类及其在物流中的作用。

## 复习思考题

### 一、名词解释

1.物流机械设备　2.装卸搬运设备　3.包装设备　4.仓储设备　5.货架　6.集装单元器具　7.流通加工设备　8.物流园区　9.物流中心

### 二、判断题

（　）1.结扎式封口机主要用于小包装件的集束封口，如糖果、面包等食品袋袋口的结扎。

（　）2.分拣系统基本上是由商品、设备、人、空间、时间5个基本元素组成。

（　）3.物流设备的智能化是物流自动化、信息化的更高层次。

（　）4."拉西"型船舶是集装箱船舶的一种子类型。

（　）5.用托盘装载货物，当各个托盘装载不同货物时，可以堆垛，以提高库容率。

（　）6.物流设备的安全性是指在其使用过程中保证人身安全。

（　）7. 可靠性是物流设备的一项基本性能指标，是设备功能在时间上的稳定性和保持性。所以物流设备的可靠性越高越好。

（　）8. 物流机械设备是物流系统的物质技术基础，是物流技术水平高低的主要标志。

（　）9. 水运工艺的第二次革命是指袋装运输改散装运输，第三次革命则是集装箱运输船的出现。

### 三、选择题

1. 门式起重机属于（　　）。
   A. 轻小型类起重机械　　　　　　B. 臂架类起重机械
   C. 桥式类起重机械　　　　　　　D. 堆垛类起重机械

2. 自动化立体仓库由高层货架、巷道堆垛机、（　　）和管理控制系统组成。
   A. 滚柱输送机　B. 光电控制器　　C. 输电线路　　　D. 周围出入搬运系统

3. 国际标准集装箱计量单位 TEU 为_____集装箱。（　　）
   A. 40ft　　　　B. 30ft　　　　　C. 20ft　　　　　D. 10ft

4. 下列哪种运输工具可以及时地提供"门到门"的联合运输服务？（　　）
   A. 汽车　　　　B. 火车　　　　　C. 杂货船　　　　D. 飞机

5. 下列集装箱中，属于通用集装箱，占整个集装箱总数 70%～80% 的是（　　）。
   A. 散货集装箱　B. 罐状集装箱　　C. 干货集装箱　　D. 冷藏集装箱

6. 下列机械中与其他三种不同的机械是（　　）。
   A. 装箱机　　　B. 灌装机械　　　C. 封口机械
   D. 剪板机　　　E. 移动式货架是一种带轮且可移动的货架

7. 下列属于集装箱单元化设备的有（　　）。
   A. 叉车　　　　B. 托盘　　　　　C. 木箱　　　　　D. 全集装箱船

8. 物流设备配置和选用的经济性原则是指设备的_____低。（　　）
   A. 购置费用　　B. 运行费用　　　C. 寿命周期成本　D. 维护保养费用

9. 自动化立体仓库以_____存取货物。（　　）
   A. 堆垛机械人　B. 叉车　　　　　C. 自动导向车　　D. 巷道堆垛机

10. 为解决鲜肉、鲜鱼和药品等在流通过程中保鲜及搬运装卸问题，采用的加工设备为（　　）
    A. 剪切加工设备　　B. 精制加工设备　　C. 分选加工设备　　D. 冷冻加工设备

11. 特别适合运输长距离高价值产品的运输方式是（　　）。
    A. 铁路运输　　B. 航空运输　　　C. 公路运输　　　D. 集装箱运输

12. 铁路运输以_____为主。（　　）
    A. 敞车　　　　B. 平车　　　　　C. 棚车　　　　　D. 集装车

13. 货架可以（　　）。

A.改变结构　　　B.减少储存成本　　　C.改变放置地点　　　D.提高库容率

14.矿山或建筑工地运送沙石一般采用（　）。

A.自卸式货车　B.厢式车　　　C.拦板式货车　　　D.罐式货车

15.物流设备的绿色化就是要达到环保要求，主要考虑的因素有（　）。

A.牵引动力　　B.使用环境　　C.操作安全　　　D.自动化程度

## 四、填空题

1. 选择物流设备需要遵循的原则是（　）、（　）、（　）、（　）和系统化原则。
2. 我国物流设备的发展具有（　）、（　）、（　）和绿色化的趋势。
3. 一般来说，物流设施设备可以分为（　）和（　）两大类。
4. 根据设备所完成的物流作业标准，物流机械设备可以分为（　）、（　）、（　）、（　）、（　）和运输设备。
5. 一般按包装材料的力学性能，封口机可分为（　）、（　）和（　）三类。
6. 交式包装技术主要有（　）、（　）和（　）三类。
7. 仓储机械设备按照作业形式不同可分为（　）、（　）、（　）。
8. 仓储机械设备按照使用范围可分为（　）和（　）。
9. 通常使用的集装单元器具主要有（　）、（　）、（　）、（　）和柔性集装袋。
10. 集装单元化应遵循（　）、（　）、（　）原则。
11. （　）它是物流系统中使用频度最大、使用数量最多的一类机械设备，是物流机械设备的重要组成部分。
12. 按照主要用途和结构特征，装卸搬运机械可分为（　）、（　）、（　）、（　）。
13. 根据运输方式不同，运输设备可分为（　）、（　）、（　）、（　）和管道运输设备。
14. 物流基础设施包括（　）、（　）、（　）。

## 五、简答题

1. 简述物流设备的种类。
2. 简述仓储设备的种类及其功能。
3. 简述装卸搬运机械的种类。

## 案 例 分 析

### 案例13 海尔国际物流中心设备的配置与运用

1. 海尔国际物流中心概况

海尔国际物流中心位于青岛海尔工业园区内，于2001年投入运营，是具有国际先进水平的自动化物流系统。整个系统的调度及各项业务流程都在计算机的管理控制下进行，并与海尔的 ERP 系统无缝对接，实现了物料的自动存取、自动输送以及信息的自动处理。

物流中心库区面积：148米×120米。按物料管理方式，自动化物流系统主要由两部分组成：原材料自动化仓库和成品件自动化仓库。

原材料自动化物流系统的主要功能是满足海尔工业园内各生产企业和车间的生产原料存储及搬运需要。该系统按照总部指令的生产计划安排，适时柔性变化自动仓库的原料供运量及库存量，并及时将库存信息传递给有关部门，使原材料可以方便地进行调度和管理，从而使企业资金得到高效利用。

成品自动化物流系统为海尔工业园内各生产企业和车间的成品提供存储功能，存储的产品品种包括冰箱、空调、小家电等制成品。同时该仓库作为青岛海尔集团产品配送的一级仓库。通过该系统，对集团生产的所有产品进行统一管理和控制，相关各部门可以实时获得产品库存信息，为产品的生产决策提供可靠依据。

2.海尔国际物流中心的主要设备构成

原材料自动化仓库：集装单元货物尺寸：1200×1000×1560(mm)

货位数量：12(排)×74(列)×11(层)＝9768 个

巷道堆垛起重机数量：6 台

巷道堆垛起重机载重量：1000kg

成品件自动化仓库：单元货物尺寸：2100×1200×2000(mm)

货位数量：16(排)×74(列)×8(层)＝9472 个

巷道堆垛起重机数量：4 台(双深)

巷道堆垛起重机载重量：1200kg

自动化仓库的共用系统：机械搬运叉车若干台

入出库输送机系统1套

LGV(激光导引小车)自动搬运系统1套

自动化控制系统1套

计算机监控和管理系统1套

大屏幕摄像监控系统1套

语言对讲调度系统1套

无线条码识别系统1套

3.自动化仓库的业务流程及设备运用情况

(1)原材料自动化仓库

原材料入库：原材料由供货厂家送至自动化物流中心，由叉车卸车后堆放在原料入库暂存区。海尔质检人员对到达的原材料进行检验，对于检验合格的标准包装物料，用手持数据终端扫描包装上的条码信息并将条码信息实时传输到后台仓库管理系统，将原材料运送到自动化仓库的入库暂存区。入库输送机系统获得系统的入库指令，原材料由输送机进行运送，进入输送机的原材料经外形尺寸检测、条码识别及自动称重后,由计算机管理系统指挥调度环形穿梭车将货物输送到相应的巷道堆垛机入库站台,根据计算机的指令将原材料运送到指定的货位,系统自动更新库存信息。

原材料出库:计算机系统根据提货清单,向巷道堆垛机发出出库指令。巷道堆垛机根据系统指定的货位将货位中的托盘货物取出,通过环形穿梭车将货物送往输送线,通过输送线将原料送到出库暂存区。输送机上设置有条码自动检测装置,物料通过时将自动识别物料信息,以确保出库货物的准确无误。到达出库暂存区的物料由搬运叉车提取出库,送到生产工厂或生产车间。

原材料拣选出入库:当原料需要按用户要求进行配盘时,在出入库暂存区设有原材料拣选配盘。拣选人员,按订单要求进行拣选组盘,然后对组盘后的托盘进行出入库作业。

(2)成品自动化仓库

成品入库:从生产线下线的成品由专用车辆送到自动化物流中心(含托盘),由叉车卸车后堆放在入库暂存区。计算机系统根据车间发来的成品信息向输送机系统发出入库指令,输送机根据入库指令在输送线上对产品进行外形尺寸检测、条码信息识别和自动称重后,将产品送到立体货架入库暂存区,再由计算机系统指挥调度LGV将产品送到立体货架相应货位的入库站台,此时,巷道堆垛机将货物取出,并将其送往指定的货位,系统对产品库存信息进行更新。

成品出库:首先计算机系统根据提货清单对巷道堆垛机发出取货指令,根据指令从相应货位中提取成品托盘,放入立体货架出货站台。此时,计算机系统调度到该站台取货,并将成品托盘送往立体货架出库发货站台。然后由输送机将货物运送到立体仓库的出库暂存区等待出库。

4.海尔自动化仓库的技术创新与收益

(1)海尔自动化仓库的技术创新

海尔自动化仓库采用了多项技术创新,如典型的创新项目是新颖的LGV系统。该系统使用了先进的激光导引方式、完善的小车调度管理软件。LGV具有结构紧凑、高速、行驶路线自由灵活、充电时间短和持续运行时间长等优点,同时,采用该系统的柔性化,能够满足未来自动化仓库出入库能力增加的需求。

新颖的LGV运用了单双托盘混合辊道式激光导引运输车型,提高了LGV的使用效率;采用多重安全保护装置,提高了LGV的安全性;采用智能交通管理技术,上位机计算机系统可以自动调度,具有远程控制功能;采用了自动快速智能充电系统,提高了LGV的使用效率,减少了LGV的配置数量。

(2)自动化仓库带来的收益

海尔自动化仓库的库区面积仅为148米×120米,但它相当于平面仓库近30万平方米,每天的吞吐量相当于40多个同样面积的普通平面仓库。库内原材料4小时可以送达车间工位，仅需要 19 名员工，其中叉车司机 9 名，其作业效率令人叹服。

自动化仓库的使用对海尔物流的改革起到了很大的推动作用。

(1) 提高了海尔物流的标准化运作水平

物流的标准化主要是指货物单元及托盘的标准化。由于采用了标准器具，所以顺利实现了搬运工具及物流作业流程的标准化。实施了标准化以后，大大地降低了入库的工作量，验收、清点、堆垛、抽检、出库等一系列程序作业的工作量，减少了人工成本。

(2) 增强了海尔物流服务能力

自动化仓库具有很好的灵活性和扩展性。刚开始设计立体仓库时考虑的只是存放空调事业部的货物，但是通过计算机系统管理后，只占很少的库容，海尔马上把冰箱、洗衣机、电脑全部都放进去，很快减少了这些厂的外租库。整个效果非常明显。

**通过以上案例分析：**

本案例中，海尔国际物流中心配置了哪些典型的物流技术装备？这些技术装备的主要作用是什么？海尔国际物流中心的投入运营对海尔集团带来了哪些收益？

# 主要参考文献

1. 陈锦权.食品物流学.北京:中国轻工业出版社,2007.
2. 吴清一.物流学.北京:中国物资出版社,2006.
3. 赵林度.零售业食品供应链管理.北京:中国轻工业出版社,2006.
4. 曾佑新.食品物流管理.北京:化学工业出版社,2007.
5. 郝渊晓.采购物流学.广州:中山大学出版社,2007.
6. 蒋祖星.物流机械与设备.北京:机械工业出版社,2004.
7. 陈宗道.食品物流安全的管理与技术.北京:化学工业出版社,2007.
8. 魏国辰.物流机械设备的运用与管理.北京:中国物资出版社,2002.
9. 屠康.食品物流学. 北京:中国计量出版社,2006.
10. 刘北林.食品保鲜与冷藏链[M].北京:化学工业出版社,2004.
11. 程黔.国内粮食物流发展现状、对策及趋势[J].粮食科技与经济,2006(5):30—31.
12. 张平,朱志强,任朝晖.国内外现代果蔬物流运输保鲜环境调控系统发展现状及展望.保鲜与加工,2010,10(2):1—4.
13. 张连军.浅析我国食品冷链物流的现状及对策[J].物流技术,2006(1):102—104.
14. 韩宇红.发展我国冷链物流的对策研究[J].农产品加工,2006,67(6):29—32.
15. 戚亚梅.欧盟食品和饲料快速预警系统及启示[J].中国畜牧杂志,2006,42(18):30—32.
16. 王立方,陆昌华.谢菊芳等.家畜和畜产品可追溯系统研究[J].农业工程学报,2005,21(7):168—174.
17. 浩锐.可追溯系统概述[J].中国禽业导刊,2006,23(14):30—31.
18. 唐晓纯,苟变丽.食品安全预警体系框架构建研究[J].食品科学,2005,26(12):246—250.
19. 杨天和,褚保金."从农田到餐桌"食品安全全程控制技术体系研究[J].食品科学,200526(3):264—268.

# 读者反馈意见

亲爱的读者：

　　感谢您对《食品物流学基础》的学习和热爱！为了今后能给您提供更优质的服务，请您抽出宝贵时间填写下面意见反馈表，以便我们更好地对本教材做进一步的改进。同时如果您在使用本教材的过程中遇到了什么问题，或者有什么好的建议，也请您来信、来电告诉我们。

　　地址：北京市丰台区科学城南极星大厦108室
　　电话：010－61229894 / 83794403
　　电子邮箱：2568858787@qq.com　　QQ：649319527　　1694299827

---

**教材名称**：《食品物流学基础》
**个人资料**：
　　姓名：_____　　年龄：_____　　所在院校/专业_____
　　文化程度：_____　　通讯地址：_____
　　联系电话：_____　　电子信箱：_____
**您使用本书是作为**：□指定教材、□选用教材、□辅导教材
**您对封面设计的满意度**：
　　□很满意、□满意、□一般、□不满意　改进建议_____
**您对本书印刷质量的满意度**：
　　□很满意、□满意、□一般、□不满意　改进建议_____
**您对本书的总体满意度**：
　　从语言质量角度看：□很满意、□满意、□一般、□不满意
　　从科技含量角度看：□很满意、□满意、□一般、□不满意
**本书最令您满意的是**：
　　□指导明确　□内容充实　□讲解详尽　□实例丰富
**您认为本书在哪些地方应进行修改？（可附页）**
_____
_____
**您希望本书在哪些方面需进行改进？（可附页）**
_____
_____